Fe y Desplazamiento

Fe y Desplazamiento

la investigación-acción misional ante la crisis colombiana del desplazamiento forzoso

CHRISTOPHER M. HAYS
MILTON ACOSTA
EDITORES

RESOURCE *Publications* • Eugene, Oregon

FE Y DESPLAZAMIENTO
la investigación-acción misional ante la crisis colombiana del desplazamiento forzoso

Copyright © 2022 Wipf and Stock Publishers. All rights reserved. Except for brief quotations in critical publications or reviews, no part of this book may be reproduced in any manner without prior written permission from the publisher. Write: Permissions, Wipf and Stock Publishers, 199 W. 8th Ave., Suite 3, Eugene, OR 97401.

Resource Publications
An Imprint of Wipf and Stock Publishers
199 W. 8th Ave., Suite 3
Eugene, OR 97401

www.wipfandstock.com

PAPERBACK ISBN: 978-1-6667-5421-6
HARDCOVER ISBN: 978-1-6667-5422-3
EBOOK ISBN: 978-1-6667-5423-0

11/21/22

Escrituras tomadas de la *Nueva Biblia de las Américas* (NBLA; © 2005 por *The Lockman Foundation*. www.NuevaBiblia.com) y de la *Santa Biblia, Nueva Versión International* (NVI; © 1999 por la Sociedad Bíblica Internacional). Usadas con permiso.

El capítulo 9 se publicará en inglés en K.K. Yeo y Gene L. Green, *Theologies of Land* (Eugene, OR: Cascade, 2023, de próxima aparición).

El capítulo 17 es una traducción de Christopher M. Hays y Milton Acosta, "A Concubine's Rape, an Apostle's Flight, and a Nation's Reconciliation: Biblical Interpretation, Collective Trauma Narratives, and the Armed Conflict in Colombia," *Biblical Interpretation* 28 (2020), publicado de nuevo con permiso.

Dedicado a Duberney Rojas Seguro
de bendita memoria.

Tabla de contenido

Agradecimientos   ix
Autores   xi
Abreviaturas   xiii

1. Introducción: una nación desplazada   1
   CHRISTOPHER M. HAYS

PARTE 1 | LA INVESTIGACIÓN-ACCIÓN MISIONAL Y LOS SEIS EQUIPOS DE FE Y DESPLAZAMIENTO

2. La investigación-acción misional: la teoría subyacente de *Fe y Desplazamiento*   23
   CHRISTOPHER M. HAYS

3. El equipo de Misiología   55
   CHRISTOPHER M. HAYS

4. El equipo de Pedagogía   83
   SASKIA ALEXANDRA DONNER

5. El equipo de Sociología   113
   LAURA MILENA CADAVID VALENCIA

6. El equipo de Economía   129
   CHRISTOPHER M. HAYS

7. El equipo de Psicología   167
   JOSEPHINE HWANG KOO, LISSETH ROJAS-FLORES Y DORIBETH TARDILLO

8. El equipo de Interacción con el sector público   185
   GUILLERMO MEJÍA CASTILLO

TABLA DE CONTENIDO

PARTE 2 | REFLEXIONES TEOLÓGICAS SOBRE LA REALIDAD SOCIAL DEL DESPLAZAMIENTO

9 Una teodicea colombiana de la migración forzada: interpretación bíblica desde y para la crisis del desplazamiento ... 205
CHRISTOPHER M. HAYS Y MILTON ACOSTA

10 El perdón crea comunidad y sana: exploración del perdón interpersonal con sobrevivientes del conflicto armado en Colombia ... 229
ROBERT W. HEIMBURGER

11 La teología cristiana y el avance económico de las personas en situación de desplazamiento: aportes bíblico-teológicos a la superación financiera de las víctimas ... 247
CHRISTOPHER M. HAYS

12 La necesidad de un acercamiento humilde a la enseñanza de PSD ... 269
SASKIA ALEXANDRA DONNER

PARTE 3 | CONTRIBUCIONES SOCIO-CIENTÍFICAS A LA PRAXIS DE LAS IGLESIAS

13 El papel de las iglesias comprometidas con el florecimiento de las PSD en la construcción de la paz en Colombia ... 289
JEIMAN DAVID LÓPEZ AMAYA

14 El lamento: terreno fértil de resiliencia política de las personas en situación de desplazamiento ... 310
GUILLERMO MEJÍA CASTILLO

15 El Dios de las personas en situación de desplazamiento ... 328
MILTON ACOSTA Y LAURA MILENA CADAVID VALENCIA

16 Avances y desafíos de las organizaciones basadas en la fe en los procesos de integración social de las personas en situación de desplazamiento en Colombia ... 347
IVÓN NATALIA CUERVO

17 La violación de una concubina, la huida de un apóstol y la reconciliación de una nación: interpretación bíblica, relatos de trauma colectivo y el conflicto armado en Colombia ... 362
CHRISTOPHER M. HAYS Y MILTON ACOSTA

18 Desplazamiento forzado en Colombia: ¿muerte o subjetivación política del campesinado? ... 391
DUBERNEY ROJAS SEGURO

19 Conclusión ... 405
MILTON ACOSTA

Bibliografía ... 413

Agradecimientos

Todo libro académico es un esfuerzo comunitario (de parte del autor, su editor, su institución, etc.). Toda colección de ensayos, aun más. Pero este tomo, el fruto de un proceso investigativo que fue a la vez participativo y comunitario, representa la destilación de los esfuerzos de literalmente centenares de personas. Aunque el espacio no nos permitirá nombrar a cada estudiante, pastor, líder comunitario y funcionario que contribuyó al proyecto de *Fe y Desplazamiento*, la decencia nos obliga a enumerar a ciertas personas sin las cuales este texto—y el proyecto misional que lo subyace—nunca habría llegado a existir.

En primer lugar, toca agradecer a la administradora de *Fe y Desplazamiento*, Luz Jacqueline Mestra. "Jacki" fue el tejido conectivo del proyecto: la persona que organizó cada viaje, que participó en cada evento, que contabilizó cada peso, que puso la cara en cada interacción relacional y que respaldó y animó al director de FyD como si fuera parte de su vocación cristiana. No es una exageración decir que, sin su constancia, excelencia y sacrificio, el proyecto se habría caído. Tiene nuestra gratitud profunda y cariño genuino.

Agradecemos a Carolina Pineda, cuyas contribuciones a lo largo del proyecto (en trabajo de campo, pruebas de currículo, apoyo en congresos) culminaron en la revisión estilística de este libro. Damos gracias a los diversos coinvestigadores del proyecto (nombrados en el capítulo 1), los coordinadores territoriales del diplomado de FyD y los investigadores académicos de cuatro continentes que participaron en las diversas etapas del proyecto. Expresamos nuestra gratitud a la Fundación Universitaria Seminario Bíblico de Colombia por su apoyo institucional del proyecto de *Fe y Desplazamiento*.

Numerosas entidades contribuyeron al proyecto con finanzas y personal. Sobre todo, el proyecto fue financiado por la *Templeton World Charity Foundation, Inc.* Damos gracias a los doctores Fiona Gatty, Andrew Briggs y Andrew Serazin por haber creído en *Fe y Desplazamiento* y por haber posibilitado su lanzamiento y extensión. Agradecemos el apoyo financiero adicional que recibimos de parte de *Stronger Philanthropy* y las diversas organizaciones que convocó a juntar recursos para apoyarnos

AGRADECIMIENTOS

(incluso *Bridgeway Foundation, Burro Foundation, River Dali Foundation, John & Rebecca Horwood, Kehila Foundation* y *Redleaf Foundation*). Estamos en deuda con *Fuller Theological Seminary* por su compañerismo desde el inicio del proyecto. Damos gracias a *Opportunity International* (especialmente a Genzo Yamamoto y Abbie Condi) y a la Fundación AGAPE (especialmente Brian Olarte, Berta Sierra y Mitzi Machado) por su apoyo tanto financiero como intelectual, en particular por habernos permitido adaptar e incorporar el Diagnóstico Shalom en FyD.

Esta publicación representa la investigación realizada como parte del proyecto "*Integral missiology and the human flourishing of internally displaced persons in Colombia*," proyecto de investigación de la Fundación Universitaria Seminario Bíblico de Colombia, registrado ante el Ministerio de Educación de Colombia bajo el título "Respondiendo al desplazamiento interno en Colombia." El proyecto se hizo posible gracias a dos subvenciones financieras de la *Templeton World Charity Foundation, Inc.* Las opiniones expresadas en la publicación son las de los autores y no necesariamente representan las perspectivas ni de la *Templeton World Charity Foundation, Inc.* ni de la Fundación Universitaria Seminario Bíblico de Colombia.

Autores

Dr. Milton Acosta. Profesor de Antiguo Testamento, Fundación Universitaria Seminario Bíblico de Colombia, Medellín, Colombia.

Mag. Laura Milena Cadavid Valencia. Profesional especializada, Agencia Presidencial de Cooperación, APC-Colombia.

Mag. Ivón Natalia Cuervo. Estudiante de doctorado interdisciplinario en Ciencias Humanas, *Universidad Federal de Santa Catarina*, Brasil.

Dra. Saskia Alexandra Donner. Profesora de educación y formación espiritual, Fundación Universitaria Seminario Bíblico de Colombia, Medellín, Colombia.

Dra. Josephine Hwang Koo. Psicóloga clínica, Pontificia Universidad Católica del Perú, Lima, Perú.

Dr. Christopher M. Hays. Presidente, *ScholarLeaders International*, EE. UU.

Dr. Robert W. Heimburger. Investigador en ética teológica, *University of Aberdeen*, Escocia.

Dr. Jeiman David López Amaya. Pastor general de la Comunidad Cristiana el Redil de las Asambleas de Dios en Bogotá, Colombia.

Mag. Guillermo Mejía Castillo. Profesor de Nuevo Testamento, Fundación Universitaria Seminario Bíblico de Colombia, Medellín, Colombia.

Mag. Duberney Rojas Seguro (q.e.p.d.). Estudiante de doctorado en la *Bergische Universität Wuppertal*, Alemania.

Dra. Lisseth Rojas-Flores. Profesora asociada de la Escuela Superior de Psicología de *Fuller Theological Seminary*, EE. UU.

Dra. Doribeth Tardillo. Escuela Superior de Psicología de *Fuller Theological Seminary*, EE. UU.

Abreviaturas

ABCD: *Asset-Based Community Development*

ELN: Ejército de Liberación Nacional

FARC(-EP): Fuerzas Armadas Revolucionarias de Colombia (-Ejército del Pueblo)

FTL: Fraternidad Teológica Latinoamericana

FyD: el proyecto *Fe y Desplazamiento*

IAM: Investigación-acción misional

IAP: Investigación-acción participativa

ISP: Interacción con el sector público

LBLA: *La Biblia de las Américas*

LPB: Lectura popular de la Biblia

NVI: *Nueva Versión Internacional*

OBF: Organización basada en la fe

PSD: Persona(s) en situación de desplazamiento

TWCF: *Templeton World Charity Foundation, Inc.*

1

Introducción
Una nación desplazada

CHRISTOPHER M. HAYS

La población de Uruguay es de 3,5 millones de personas. La población de Costa Rica es de cinco millones de personas. Nicaragua y El Salvador tienen aproximadamente 6,5 millones de personas. En Colombia, tenemos una población de 8,1 millones de personas . . . que han sido víctimas del desplazamiento forzoso debido al conflicto armado.[1] Tenemos una *nación* desplazada. Y aunque es cierto que Colombia es el tercer país de América Latina en términos de población, estos 8,1 millones de personas constituyen el 15% de la población nacional; casi uno de cada seis colombianos ha tenido que abandonar su pueblo y tierra para huir de la violencia.

Pero la huida es solamente el comienzo de su sufrimiento.[2] Cuando un colombiano se desplaza desde el campo a la ciudad, lo más probable es que va a sufrir la indigencia, ya que el 85% de tales personas están en situaciones de pobreza extrema.[3] Pocas superan su condición de pobreza, por razón de las muchas desventajas que les

---

1. Red Nacional de Información, *Registro único de víctimas*, https://www.unidadvictimas.gov.co/es/registro-unico-de-victimas-ruv/37394, fecha de último acceso 3 de mayo, 2022.

2. Para una introducción panorámica al flagelo del desplazamiento, véase Laura Milena Cadavid Valencia, "Elementos para comprender el desplazamiento forzado en Colombia: un recorrido por normas, conceptos y experiencias," en *Conversaciones teológicas del sur global americano: violencia, desplazamiento y fe*, eds. Oscar Garcia-Johnson y Milton Acosta (Eugene, OR: Wipf and Stock, 2016), 3–26.

3. Angela Consuelo Carillo, "Internal Displacement in Colombia: Humanitarian, Economic and Social Consequences in Urban Settings and Current Challenges," *International Review of the Red Cross* 91, n.º 875 (2009): 534. "Economic and Social Consequences in Urban Settings and Current Challenges," 91, n.º 875 (2009). Para detalles sobre las consecuencias económicas del desplazamiento forzado, véase Christopher M. Hays, "Justicia económica y la crisis del desplazamiento interno en Colombia," en *Conversaciones teológicas del sur global americano: violencia, desplazamiento y fe*, eds. Milton Acosta y Oscar Garcia-Johnson (Eugene, OR: Wipf and Stock, 2016), 45–52.

amarran. ¿Cómo pueden salir adelante cuando en promedio una persona en situación de desplazamiento (PSD)[4] cuenta con solamente cinco años de formación académica? ¿Cómo van a escapar la indigencia si no saben leer?

La mayoría de nosotros, en caso de perder el trabajo o encontrarnos con una calamidad, podemos depender de una red de relaciones familiares, pero esta es otra cosa que la persona desplazada ha perdido: ha tenido que dejar atrás los amigos, los primos, los tíos, y muy a menudo ha sufrido el desmembramiento familiar, por razón de la misma violencia que los obligó a huir. (No nos olvidemos que el número de homicidios que se deben al conflicto armado ha superado 1 millón).[5] ¿Quién hay, entonces, para ayudarles?

Muchas personas desplazadas tienen que luchar solo para levantarse de la cama día a día, debido a los altos índices de trauma psicológico entre esta población. Aunque los estudios indican que el 67% de los hogares desplazados han sido marcados por problemas psicosociales, solamente el 2% de ellos están recibiendo cuidado psicológico,[6] de modo que los fantasmas de su pasado los siguen acechando y sus cicatrices emocionales siguen sangrando.

"¿Dónde está el gobierno?" preguntamos. La Ley 1448 de 2011 estableció un sistema de asistencia y reparación integral, supuestamente para solucionar todos los problemas de las víctimas del conflicto armado. Pero francamente, la creación de una ley no es ninguna garantía de tal reparación. Los recursos presupuestales no alcanzan para el número de víctimas, sin hablar de la ineficiencia y corrupción de muchas oficinas de atención a víctimas.[7] La situación es de tal gravedad que la Corte Constitucional la ha declarado un estado de cosas *inconstitucional*. El mismo gobierno ha admitido que "el Estado no tiene capacidad para atender a todas las víctimas al mismo tiempo."[8]

---

4. Aunque "desplazado" es la forma coloquial de hacer referencia a una persona que ha sido víctima del desplazamiento forzado, este libro procura usar la frase más precisa "persona en situación de desplazamiento" o el acrónimo "PSD."

5. Información, "Registro único de víctimas."

6. Carillo, "Internal Displacement in Colombia," 541. Para información sobre el impacto psicológico del desplazamiento, véase Lisseth Rojas-Flores, "Desplazamiento de centroamericanos y colombianos: violencia, trauma y el ministerio de la iglesia," en *Conversaciones teológicas del sur global americano: violencia, desplazamiento y fe*, eds. Oscar Garcia-Johnson y Milton Acosta (Eugene, OR: Wipf and Stock, 2016), 27–43.

7. Hasta el final de marzo de 2021, la Unidad de Restitución de Tierras había emitido sentencias que han beneficiado a 32.723 personas . . . menos de la mitad del uno por ciento de una población de 8.100.000 personas desplazadas. Unidad de Restitución de Tierras, *Estadísticas de restitución de tierras*, https://www.restituciondetierras.gov.co/estadisticas-de-restitucion-de-tierras, fecha de último acceso 3 de mayo, 2021.

8. EFE, "'El Estado no tiene capacidad para atender a todas las víctimas al mismo tiempo,'" *El Espectador*, https://www.elespectador.com/noticias/judicial/el-estado-no-tiene-capacidad-para-atender-a-todas-las-victimas-al-mismo-tiempo/, abril 9, 2014. El gobierno tendría que gastar 45 *billones de pesos* más para indemnizar todas las víctimas actualmente registradas; Política, "Indemnizar a todas las víctimas cuesta 45 billones de pesos," *El tiempo*, https://www.eltiempo.com/politica/proceso-de-paz/director-de-unidad-de-victimas-dice-que-indemnizarlas-a-todas-cuesta-45-billones-470400, 8 de marzo, 2020.

Así, las personas viven décadas, 20 o 30 años, esperando una reparación integral a la cual supuestamente tienen derecho, una ayuda que a menudo nunca llega, y la vida se les escapa como agua entre los dedos.

8.100.000 personas. Están por todos lados: a veces en asentamientos de invasión en las márgenes de nuestras ciudades, a veces cubiertos con cartones y plástico al lado de las autopistas y debajo de los puentes, a veces tratando de cultivar un pedacito de tierra al cual no tienen derecho legal, en un sitio remoto donde esperan que los grupos armados no los encuentren de nuevo. Están por todos lados—uno de cada seis colombianos—pero no los vemos; por razón de su ubicuidad esta nación desplazada ha llegado a ser invisible.

Nos da vergüenza admitir que las PSD también eran invisibles para nosotros, los miembros del proyecto de *Fe y Desplazamiento* (FyD) de la Fundación Universitaria Seminario Bíblico de Colombia (FUSBC). Antes de iniciar nuestro trabajo, no habíamos captado la enormidad y el horror de esta crisis. Este capítulo, siendo la introducción a una serie de contribuciones de parte de diversos miembros del proyecto, brindará un recorrido panorámico de cómo llegamos a dimensionar esta problemática y qué decidimos hacer como respuesta.[9] Después, esbozará los contenidos del resto del volumen, diversos aportes interdisciplinarios de los investigadores de FyD. De esta forma se mostrará, brevemente, cuánto la teología académica, en conjunto con las ciencias sociales y las iglesias cristianas locales, puede contribuir para responder ante una crisis humanitaria de escala enorme.

PANORAMA HISTÓRICO DEL PROYECTO *FE Y DESPLAZAMIENTO*

Este proyecto de investigación tiene sus raíces en una conversación en agosto de 2013 entre miembros de la FUSBC y *Fuller Theological Seminary* (de Los Ángeles, California). En el marco de un nuevo convenio de cooperación interinstitucional, se decidió realizar un proyecto de investigación juntos, y nos tocó identificar un tema de interés mutuo. La gota propicia que cayó de nuestra lluvia de ideas fue la intersección de la migración y la violencia. Se propuso entonces dedicar el año 2014 a un proceso de investigación que culminaría en un congreso académico y la publicación de un volumen editado.

La exploración preliminar (2014)

En el trascurso de la investigación de 2014, varios miembros de la facultad de la FUSBC, bajo el liderazgo del profesor Milton Acosta, nos pusimos a estudiar y a escuchar de

---

9. Se incluyen fechas específicas para ayudar a los lectores a dimensionar precisamente cuánto tiempo el proyecto implicó, en caso de que otros quieran emprender un proyecto similar en su propio contexto.

personas que tenían recorrido extenso trabajando con las PSD. Paulatinamente, nos percatamos de la magnitud del fenómeno del desplazamiento y del daño multifacético que este genera. Al acercarse la fecha del congreso, llegamos a sentir que no podríamos dejar este tema suelto después de recopilar nuestras ponencias en un libro.

El congreso *Migración, exilio, desplazamiento y violencia* se realizó los días 19 y 20 de agosto, con siete ponentes de la FUSBC, cuatro de Fuller y una socióloga joven de nombre Laura Cadavid Valencia. Desde una perspectiva académica, el congreso fue todo un éxito. La asistencia fue excelente y la calidad de las ponencias fue tan sólida que se lograron publicar tal como se había planeado.[10]

No obstante, salimos del congreso con la sensación de que lo logrado era un mero comienzo, que abandonar el tema del desplazamiento después de la publicación del libro sería irresponsable, y quizás aun un pecado de omisión. En el trascurso del congreso, los participantes nos habían preguntado qué cosas concretas debían hacer ellos—siendo pastores, profesionales, miembros de ministerios proeclesiales—para subsanar el sufrimiento tan profundo de las PSD. Ante aquellas interrogaciones, nuestras reflexiones eruditas sonaron huecas . . . tal vez verdades en sí, pero insuficientes para orientar el ministerio real.

La Gran Pregunta, la hipótesis y las tres características claves

El problema no era que nuestra teología fuera poco rigorosa, por lo menos medida con relación a las expectativas dominantes del gremio teológico. El problema era que el gremio no esperaba que brindáramos liderazgo práctico ante semejantes temáticas, dado que la Academia teológica carece de la pericia económica, psicológica, social, política y pedagógica necesaria para enfrentar una crisis humanitaria de esta índole. Era demasiado fácil proponer ideas teológicas con la pinta de practicidad sin evaluar empíricamente su pertinencia y eficacia real. Sin superar estas deficiencias de la manera típica de hacer teología, lo más probable era que toda nuestra retórica y reflexión terminara reducida a un libro sobre el cual se amontonaría polvo en la biblioteca del seminario. Para evitar semejante destino, era necesario crear una forma de hacer teología que fuera a la vez práctica y rigorosa, radicada en la tradición evangélica y enriquecida por las ciencias sociales, teóricamente innovadora y empíricamente analizable.

Tuvimos claro que el concepto teológico en el cual radicaríamos la investigación era la idea de la *misión integral de la iglesia*, ya que nuestra investigación preliminar dejó claro cuán multifacético era el daño causado por el desplazamiento forzado. Pero también sabíamos que el concepto de la misión integral de la iglesia, por sí solo, sería insuficiente. Así, planteamos la siguiente Gran Pregunta para orientar nuestro estudio:

---

10. Oscar García-Johnson y Milton Acosta, eds., *Conversaciones teológicas del sur global americano: violencia, desplazamiento y fe* (Eugene, OR: Puertas Abiertas, 2016).

¿Cómo puede una teología renovada de la misión integral, enriquecida por el análisis socio-científico empírico, movilizar a las iglesias evangélicas locales a fomentar el florecimiento humano holístico (espiritual, social, psicológico y económico) de las personas desplazadas en Colombia?

Nuestra hipótesis inicial era que *el florecimiento de las PSD en Colombia se puede promover por medio de un "acercamiento humilde" a la misiología integral*. El lenguaje del "acercamiento humilde" se deriva de Sir John Templeton, el inversionista y filántropo que fundó la *Templeton World Charity Foundation, Inc.*, (TWCF), entidad que efectivamente financió la mayoría de nuestra investigación de 2016–2022. Él argumentaba que la teología debe tener la humildad de cooperar con otros campos del conocimiento y realizar estudios empíricos en aras de enriquecer nuestro conocimiento de Dios y su operación en el mundo.[11]

Nuestro propuesto acercamiento humilde a la misiología integral se distingue por *tres características claves*:

1. una cooperación rigurosa con las ciencias sociales, especialmente con la pedagogía, la economía, la sociología y la psicología;
2. la movilización del capital humano en las iglesias evangélicas locales por medio de educación teológica y no teológica;[12]
3. la investigación empírica para analizar las diversas experiencias del desplazamiento forzoso, para diseñar e implementar una intervención, y para evaluar la eficacia de la intervención.

Estructuración de la investigación (2015)

Equipos de investigación

Para facilitar la colaboración con las ciencias sociales (característica clave 1), organizamos seis equipos de trabajo. Estos equipos eventualmente crearon las seis "líneas" del proyecto (a veces las líneas tenían nombres distintos a los equipos), enumeradas a continuación. Los equipos y las líneas corresponden a las áreas que nuestra investigación preliminar identificó como especialmente pertinentes para la superación del desplazamiento.

Equipo	Línea
Misiología	La misión y el ministerio de la iglesia

---

11. John Templeton, *Possibilities for Over One Hundredfold More Spiritual Information: The Humble Approach in Theology and Science* (Philadelphia and London: Templeton Foundation Press, 2000), 14–15.

12. Este componente se basó tanto en nuestra identidad institucional (somos un seminario evangélico, y no una ONG) como en el entusiasmo manifestado por las iglesias en nuestro congreso de 2014.

Pedagogía	Enseñanza-aprendizaje
Economía	Economía
Psicología	Salud mental
Sociología	Relaciones sociales y comunitarias
Interacción con el sector público	Interacción con el sector público

Cada equipo incluyó una combinación de teólogos y científicos sociales, para garantizar que los teólogos recurrieran responsablemente a las ciencias sociales pertinentes, y para asegurar que las ideas socio-científicas se combinaran con la teología, de forma que facilitaran su implementación en la actividad eclesial. Adicionalmente, los equipos contaron con una persona profesional, seleccionada para ayudar a aterrizar el trabajo académico en acciones prácticas. Aunque el proyecto tenía numerosos integrantes internacionales (de cuatro continentes), cada equipo incluyó colombianos y miembros de la facultad de la FUSBC, para velar por la contextualización adecuada de cualquier idea generada en el exterior.[13]

Marco teórico: la investigación-acción misional

Nuestro mayor reto inicial fue asegurar la rigurosidad de la investigación empírica y de la colaboración interdisciplinar que propusimos realizar.[14] Como se describe en el capítulo 2, logramos tal rigor fusionando el concepto de la misión integral con componentes de la metodología de *Investigación-acción participativa* (IAP). La síntesis teórica resultante la hemos denominado *Investigación-acción misional*.

Este marco teórico y metodológico dio forma a nuestra investigación. En primer lugar, se decidió estructurar nuestro trabajo conforme a la siguiente secuencia de tareas.

1. Diagnóstico/reflexión preliminar
2. Construcción de una acción/intervención
3. Ejecución de la intervención
4. Evaluación sistemática de la intervención, en aras de continuar el ciclo de investigación
5. Ajuste del diagnóstico y/o la intervención, y nueva ejecución (potencialmente a una escala más grande).

Pero la investigación-acción misional también nos orientó en la organización de nuestro trabajo de campo.

---

13. La única excepción fue el equipo de psicología, pero ese equipo incluyó un integrante egresado del seminario y además, fue liderada por la colombiana Lisseth Rojas-Flores.

14. El estudio empírico y experimental de la teología era una pasión de Sir John Templeton; Templeton, *Possibilities*, 104–107.

INTRODUCCIÓN

Comunidades piloto y coinvestigadores

En aras de realizar el análisis empírico necesario—tanto para la investigación inicial como para la evaluación de la intervención creada con base en esa investigación—se decidió trabajar en seis comunidades "piloto" en las cuales una comunidad religiosa evangélica ya estaba activa, ministrando a las PSD y/o compuesta de PSD. Así, logramos estudiar no solamente la experiencia del desplazamiento, sino también cómo las comunidades religiosas locales ya contribuían al florecimiento holístico de las PSD (cf. la segunda característica clave del proyecto, arriba).

Las comunidades piloto fueron seleccionadas con base en los siguientes criterios:

1. La diversidad: colaboramos con una mezcla de comunidades de la costa caribeña, del centro del país y del sur. Se incluían comunidades mestizas, afrocolombianas e indígenas. Había un equilibrio de comunidades urbanas, semiurbanas y rurales.

2. La duración del desplazamiento: todas las comunidades eran PSD de primera generación y gozaban de estabilidad y cohesión suficientes para facilitar un estudio de una duración de varios años.

3. La seguridad: las comunidades eran suficientemente estables para permitir que un grupo pequeño de investigadores interactuara con las PSD sin altos niveles de riesgo a su seguridad personal.

4. La presencia de una comunidad religiosa evangélica local. Se incluyeron iglesias de las siguientes denominaciones: *Denominación de Iglesias Evangélicas del Caribe (AIEC), Asambleas de Dios, Alianza Cristiana y Misionera de Colombia, Iglesia Evangélica El Pacto* y *La Iglesia Cristiana Evangélica Nasa*.

Cabe resaltar la importancia de este último criterio. Dado que se seleccionaron comunidades piloto que ya contaban con ministerios evangélicos establecidos, no fue necesario iniciar nuestras relaciones con las PSD desde cero; nos beneficiamos de la confianza ya establecida con las PSD. Además, las iglesias locales han sido pioneras en el trabajo multifacético con la población en condición de desplazamiento. Por tal razón, las iglesias locales aportan al proyecto una variedad de estrategias y conocimientos, desarrollados por años de trabajo espiritual y social.

Las comunidades piloto fueron:

- El Granizal, en los límites entre Bello y Medellín, Antioquía. Es el segundo asentamiento más grande de las PSD en toda Colombia.
- La Granja, un asentamiento de PSD en los alrededores del municipio de Puerto Libertador, Córdoba.
- Santa Viviana y Santa Cecilia Alta, barrios en los márgenes de Bogotá con altas poblaciones de PSD.

INTRODUCCIÓN

- La Grandeza de Dios, un asentamiento de PSD de la tribu indígena colombiana nasa, cerca del municipio de Piendamó, Cauca.
- Batata, una vereda a 40 km del municipio de Tierralta, Córdoba. Batata ha sido el sitio de un conflicto prolongado entre grupos armados. Vivió múltiples desplazamientos forzosos, después de los cuales numerosos miembros de la población voluntariamente retornaron a sus hogares.
- Nelson Mandela, originalmente un barrio de invasión en Cartagena. La investigación en este barrio fue realizada en la Institución Educativa El Salvador.

Otro rasgo importante de la investigación-acción misional es el rol de la participación de miembros de las comunidades de estudio. En cada comunidad piloto, identificamos coinvestigadores. Los coinvestigadores fueron personas con experiencia extensiva en el trabajo con la comunidad piloto—o como un líder comunitario/eclesial no-desplazado, o como un miembro de la comunidad desplazada. Funcionaron como "*brokers* de confianza" entre FyD y la comunidad: convocaron a la gente para el trabajo de campo; brindaron conocimiento local y experiencia extensiva; manejaron la relación con la iglesia local; lideraron el lanzamiento de los materiales en las iglesias y comunidades; y apoyaron el análisis del impacto inicial de los mismos. Además, los coinvestigadores fueron invitados a desarrollar sus propios proyectos de investigación, los cuales alimentaron los currículos y cartillas de FyD.[15]

Crear una teoría para el proyecto, conformar equipos de trabajo e identificar coinvestigadores y comunidades piloto fue el trabajo de 2015. A principios de 2016, TWCF nos extendió financiación para tres años de investigación, lo cual nos permitió emprender el proyecto que llegó a llamarse *Fe y Desplazamiento*.

Fe y Desplazamiento Etapa 1 (julio 2016–junio 2019)

Los primeros tres años de FyD[16] se organizaron como un ciclo entero de IAP. Ese primer ciclo de actividad lo dividimos en tres "fases":

1. Investigación bibliográfica y de campo
2. Creación de la intervención
3. Lanzamiento y análisis de la intervención.

---

15. Sobre los coinvestigadores, véase *Informes de investigación* §1.4.
16. Retrospectivamente denominados "Etapa 1" cuando se propuso extender el proyecto por tres años más.

Fase 1: Investigación bibliográfica y de campo (1 de julio de 2016–30 de junio de 2017)

Durante los primeros meses de la fase de investigación, los equipos se dedicaron al estudio de la literatura académica ya disponible, trabajando mayoritariamente a distancia. Pero, del 29-31 de octubre de 2016, se llevó a cabo la primera sesión de colaboración intensiva. En aquella ocasión, los investigadores de los cuatro continentes viajaron a la FUSBC para comenzar a planificar el trabajo de campo. Eventualmente, los seis equipos elaboraron un total de 18 instrumentos de investigación de campo: encuestas, entrevistas, grupos focales y, aun, lectura popular de la Biblia.

Toda investigación que cuenta con participantes humanos necesita consideración cuidadosa de las ramificaciones éticas de la investigación, pero investigaciones con PSD requieren atención especial, dados los siguientes factores: el trauma ya vivido por las PSD; la posibilidad de estar en condiciones de riesgo continuado; la frecuente vulnerabilidad económica y social de las PSD; los bajos niveles de educación típicos de las PSD. Por tales razones, todos los protocolos de investigación de campo fueron revisados por el Comité de ética de la FUSBC. En el caso de los protocolos usados por el equipo de psicología en la primera fase de la investigación, el *International Review Board* de *Fuller Theological Seminary* realizó la revisión y dio su aprobación.[17]

Entre el 25 de noviembre de 2016 y el 29 de enero de 2017, representantes de los equipos viajaron a las comunidades piloto para implementar sus protocolos de investigación entre las comunidades desplazadas y las mismas iglesias. En seguida, los equipos comenzaron a analizar los hallazgos de su trabajo de campo, en preparación para la segunda sesión de colaboración intensiva, la cual tuvo lugar los días 11-13 de marzo. Los investigadores se reunieron presencialmente en Medellín para compartir sus hallazgos iniciales y para dialogar más a fondo sobre lo aprendido en el trabajo de campo.

Esos dos tiempos de colaboración presencial intensiva fueron claves, tanto para la cohesión de los grupos como para el trabajo interdisciplinar. Permitieron que los científicos sociales orientaran a los teólogos a la investigación empírica y facilitaron las conversaciones sobre las ramificaciones teológicas de lo aprendido en las comunidades piloto. Aunque los equipos trabajaron de forma remota durante la mayoría del proyecto, la síntesis interdisciplinar de sus hallazgos y la planificación constructiva se beneficiaron inmensamente de la colaboración presencial.

Fase 2: creación de la intervención (1 de julio de 2017–31 de junio de 2018)

Con base en los hallazgos del primer año de investigación, la segunda fase del proyecto se enfocó en la creación de los materiales educativos que sirvieron como herramientas para la intervención del proyecto.

---

17. Para mayor detalle sobre temas de ética y consentimiento informado, véase *Informes de investigación* §§1.5–6.

INTRODUCCIÓN

La estrategia básica de la intervención era movilizar al talento humano de las iglesias evangélicas y capacitar a los miembros de la congregación—especialmente los miembros profesionales—para que ellos a su vez aplicaran sus pericias para fomentar la recuperación de las PSD.[18] Así las cosas, la intervención se desarrollaba en tres pasos: primero, la orientación del liderazgo de la iglesia, segundo, la capacitación de los miembros profesionales de la congregación y tercero, el trabajo directo de los cristianos profesionales con las PSD.

Conforme con estos tres pasos, se crearon materiales para tres públicos: líderes eclesiales, cristianos profesionales y PSD. Se pidió que cada equipo creara por lo menos dos materiales para su respectiva línea:[19] una cartilla dirigida a cristianos profesionales con pericias afines a la temática del equipo, y un currículo para que aquellos profesionales, debidamente capacitados con la cartilla, lo realizaran con las personas desplazadas.[20]

Desde el periodo de planeación en 2015, nos fue claro que este proyecto—enfocado en una intervención educativa—viviría o moriría por la pedagogía. Entonces, en la Fase 2, el equipo de Pedagogía se volvió la reina del proyecto, en aras de asegurar la calidad de los materiales educativos creados.

Los que éramos profesores universitarios ya teníamos experiencia enseñando a personas con el perfil de profesional o de pastor. Pero la enseñanza de PSD presentó retos adicionales: los bajos niveles de alfabetismo entre las personas desplazadas y el impacto del trauma, que dificulta el aprendizaje abstracto. Por tal razón, el equipo de Pedagogía dedicó su investigación de campo de la Fase 1 al estudio de la enseñanza eficaz de personas desplazadas. Con base en su estudio, sintetizaron los siguientes *tres principios fundamentales*[21] para guiar la elaboración de los materiales educativos de la intervención:

1. Los procesos de enseñanza-aprendizaje deben ser forjadores de relaciones profundas y restauradoras entre la iglesia y las comunidades en situación de desplazamiento.

2. Los procesos de enseñanza-aprendizaje deben partir de las necesidades y los intereses de las PSD y aprovechar los recursos disponibles en sus comunidades.

3. Los procesos de enseñanza-aprendizaje deben ser participativos y no depender de la lectoescritura ni la aritmética.

Adicionalmente, los miembros del equipo de Pedagogía fueron asignados como asesores de la elaboración de cada cartilla y currículo de los demás equipos. Orientados

---

18. Cf. característica 2 de nuestro acercamiento humilde a la misiología integral, arriba.
19. Sobre la correspondencia entre los seis equipos y las seis líneas de FyD, véase arriba.
20. Solo los equipos de Misiología y Salud mental crearon materiales para pastores.
21. Véase además el capítulo 4.

y acompañados por el equipo de Pedagogía, los investigadores crearon muestras de sus materiales educativos propuestos entre los meses de julio y noviembre de 2017.

Los días 28–29 de noviembre se realizó el primer congreso de *Fe y Desplazamiento*, dirigido a académicos de diversas disciplinas, líderes de iglesias y ONGs, y representantes del gobierno. Las tres metas fundamentales del congreso fueron:

1. difundir conocimiento de FyD;
2. comunicar los hallazgos de la investigación de la Fase 1 del proyecto;
3. compartir muestras de los currículos y cartillas para recibir retroalimentación sobre sus contenidos y acercamientos pedagógicos.

Combinamos sesiones plenarias con talleres sobre cada línea del proyecto, y recolectamos sugerencias de los participantes (por medio de diálogos y encuestas escritas) sobre cómo se debían mejorar los materiales. Así, el congreso fue un mecanismo para facilitar la participación comunitaria, que es un rasgo de la investigación-acción misional (véase arriba y el capítulo 2), asegurándose que diversas partes interesadas pudieran aportar su experiencia y pericia a la creación de la intervención educativa del proyecto.

Con base en lo aprendido en el congreso, los equipos revisaron sus muestras y las transformaron en currículos y cartillas completas. Aunque la meta inicial del proyecto fue crear 12 materiales educativos (dos para cada línea de FyD), al finalizar la Etapa 1, se habían creado un total de 19 materiales, evidencia de la abundancia de aprendizajes pertinentes recopilados durante la Fase 1 de la investigación.

Fase 3: lanzamiento y análisis de impacto (30 de mayo de 2018–30 de junio de 2019)

Después de cumplir las metas para la elaboración de currículos en la Fase 2, la Fase 3 se dedicó a lanzar los currículos en las comunidades piloto y, después de varios meses, a evaluar su impacto inicial, en aras de armar un plan para la revisión de los currículos, conforme con la metodología cíclica de la investigación-acción misional (véase capítulo 2). Efectivamente, la Fase 3 fue la "prueba piloto" de FyD.

Como se explicó, el primer paso de la intervención de FyD consistió en orientar y organizar a los líderes de la iglesia local, para que ellos a su vez movilizaran miembros profesionales de su comunidad en el ministerio a favor de las PSD. El currículo diseñado para realizar este fin se titula: *La misión integral de la iglesia: cómo fortalecer o crear un ministerio a favor de personas en situación de desplazamiento*.[22] Este currículo (de cuatro lecciones) se envió al inicio de abril de 2018, para que los líderes eclesiales lo pudieran implementar con sus equipos de liderazgo. Con base en las

---

22. Christopher M. Hays, Isaura Espitia Zúñiga y Steban Andrés Villadiego Ramos, *La misión integral de la iglesia: cómo fortalecer o crear un ministerio a favor de personas en situación de desplazamiento: manual del facilitador* (Medellín: Publicaciones SBC, 2018).

actividades del currículo, decidieron cuáles de las otras líneas de FyD querían lanzar en sus comunidades.

Entre el 30 de mayo y el 15 de julio de 2018, miembros de los equipos se desplazaron por segunda vez a las comunidades piloto, conforme a las líneas de FyD que los líderes de las iglesias eligieron aplicar en su congregación y entre las PSD. Los investigadores explicaron los materiales de su línea a los profesionales de las congregaciones que contaban con pericias afines al enfoque de la línea, y guiaron a los participantes en la práctica de unos componentes de las lecciones. Después, se les entregaron los materiales a los profesionales, para que ellos se capacitaran con la cartilla de su línea y luego implementaran el currículo correspondiente con las PSD.[23]

Durante los siguientes meses (15 de julio–28 de noviembre de 2018), mientras las iglesias estudiaron e implementaron los materiales, los investigadores elaboraron un total de 20 nuevos protocolos de investigación (para entrevistas, grupos focales y encuestas) para analizar la eficacia y el impacto de sus materiales. Pero aún antes de volver a las comunidades piloto para aplicar aquellas herramientas, los equipos recibieron datos preliminares de las experiencias de los usuarios, ya que, al final de cada lección de cada material educativo, se había incluido un código QR. Esos códigos QR remitían a los participantes a una corta encuesta en línea, la cual solicitaba sus apreciaciones inmediatas de la lección realizada. Ese acercamiento, combinando encuestas cortas después de cada lección con protocolos de investigación más profunda, capturó una información más completa para los equipos, evitando que lapsos en la memoria de los participantes socavaran indebidamente la calidad de la información cosechada.

Los investigadores volvieron a las comunidades piloto por tercera vez entre el 29 de noviembre de 2018 y el 4 de febrero de 2019, y se registró que 372 personas participaron en la prueba piloto de FyD. Indagamos cuáles aspectos de los materiales educativos parecían más pertinentes a los participantes y cuál fue el impacto de los materiales en sus percepciones y vidas. Se exploró qué componentes de los materiales se tendrían que mejorar y cuáles eran especialmente útiles para los participantes.

En términos generales, las reacciones de los participantes fueron altamente positivas. En los capítulos 3–8 se explicarán en detalle los hallazgos de los seis equipos, pero por el momento, basta compartir un dato panorámico. En las entrevistas y grupos focales, se le pidió a cada participante comentar si, en su opinión, el currículo o la cartilla en que participó fue "deficiente," "pobre," "regular," "bueno," o "excelente." De las 219 respuestas tabuladas, siete personas (2%) dijeron que el material fue "regular"; 126 (44%) lo categorizaron como "bueno"; y 156 (54%) afirmaron que fue "excelente." Ningún participante caracterizó a un currículo como "deficiente" ni "pobre." El hecho de que el 98% de los participantes caracterizaran los materiales como "bueno" o "excelente" parece evidencia decisiva de la pertinencia y calidad pedagógica de los materiales creados.

---

23. Durante aquel periodo, las iglesias recibían acompañamiento regular de dos miembros de FyD, para contestar sus preguntas.

INTRODUCCIÓN

Estas evaluaciones generales respaldaron lo que escuchamos de las bocas de muchos participantes. No sobra incluir el testimonio del pastor Deiner Espitia, quien lideraba la iglesia Torre Fuerte en el municipio de Puerto libertador, Córdoba.

Mi nombre es Deiner Espitia. Tengo 37 años, estoy casado con Diana Prado, soy padre de tres hijos. Desafortunadamente hago parte de los más de 8 millones de personas que han tenido que sufrir en carne propia el flagelo de la violencia armada y por ende el agudo dolor del desplazamiento forzoso. Yo lo viví, y además de experimentar las secuelas del desplazamiento personalmente más de una vez, observé todos estos cambios en las vidas de las personas que tuve a cargo como pastor de la Iglesia Torre Fuerte.

Torre Fuerte es una iglesia compuesta en su mayoría por personas en situación de desplazamiento. Tanto en ellos como en mí, pude notar que, además de haberlo perdido todo, estábamos con una especie de anestesia general. Es decir, este flagelo muchas veces te hace olvidar todo lo que puedes hacer, tus habilidades, destrezas, capacidades y te vuelve un adicto dependiente de las posibles ayudas que te pueden dar.

Así estábamos, sucumbidos en la quietud, el olvido personal y en la dependencia de los demás. Sin embargo, esto no significa que estas condiciones no pueden cambiar. Lo que uno necesita es a alguien que le ayude a entender lo que este flagelo no nos quita: habilidades, destrezas, capacidades, ingenio. Lo que uno necesita es a alguien que le dé la esperanza de que sí se puede florecer en el nuevo lugar que se habita. Eso precisamente fue lo que hizo el proyecto *Fe y Desplazamiento*.

Al principio la expectativa era poca y se pensaba conforme piensa la persona en situación de desplazamiento: "de pronto estos hermanos nos dan una ayudita (cosas materiales o dinero)." Pero a medida que el proyecto avanzaba, nos dimos cuenta de que había una nueva esperanza de salir adelante.

El punto de pivote para nosotros como iglesia se dio mientras estudiamos el currículo *La misión integral de la iglesia*. En el marco de ese currículo, realizábamos un juego que se llama *Podemos*. El juego nos hizo recordar todas nuestras habilidades y todo lo que podíamos hacer con ellas. ¡Cuántas riquezas teníamos en nuestras manos! ¡Cuánta riqueza humana tenía la iglesia! El cambio de enfoque fue impresionante, las oportunidades que vimos nos ayudaron a comenzar a cambiarlo todo. Recuerdo que en este tiempo nos sentimos muy confrontados y al mismo tiempo conmovidos por la forma tan sencilla como Dios nos recordó las diferentes habilidades que él nos había dado. ¡Las caras de asombro en todos es un retrato indeleble en mi mente! Lo que comenzó como un juego para descubrir nuestras habilidades terminó en una oración de arrepentimiento que movió a la iglesia de la pasividad a un deseo de acción comunitaria.

Hablar con los hermanos después de esta experiencia era gratificante. Ahora las conversaciones tenían un tono productivo y constructivo, y comenzó a nacer la pregunta, "Pastor, ¿qué hacemos, qué negocio ponemos, hacia dónde nos proyectamos?" Muchos de ellos comenzaron a cambiar su estilo de vida, comenzaron a construir sus casas de materiales y hasta se aventuraron a abrir pequeñas tiendas. Puedo decir que muchos de los que participaron de este proyecto, entre esos yo, somos testimonio del fortalecimiento que este proyecto provocó en nosotros. Si a mí me preguntan "¿En qué te ayudó el proyecto *Fe y Desplazamiento* a ti como desplazado y en qué ayudó a la iglesia en Puerto Libertador?," las respuestas serían: a mí me ayudó a cambiar mi perspectiva del desplazamiento. Llegué a ver que sí se puede florecer sin importar qué tanto se haya perdido. Me ayudó a reconocer todas mis habilidades y lo que puedo hacer con ellas. Es más, a la iglesia en Puerto Libertador la ayudó a capacitarse para movilizarse a ayudar al florecimiento de todos aquellos que han vivido el flagelo del desplazamiento forzado. Es decir, la ayudó a ser una iglesia que se preocupa por llevar a cabo una misión integral.

Testimonios así confirmaron la eficacia de FyD. Sin embargo, las evaluaciones positivas no implican que la intervención no era susceptible de mejorar. Al escuchar las apreciaciones de los participantes, los equipos identificaron los componentes de sus materiales que se debían mejorar. Además, a nivel macro, se observaron ciertas deficiencias en la implementación de los materiales de FyD. Como se explicará más en el capítulo 3, algunas comunidades cometieron errores en la secuencia de implementación de los materiales de las líneas de FyD; además, a veces no cumplieron a cabalidad con las actividades claves de planeación del currículo introductorio *La misión integral de la iglesia*. Se concluyó entonces que un acompañamiento más estructurado, presencial y sostenido sería necesario para evitar esos errores en el futuro.

Al terminar el análisis de impacto, los investigadores habían completado un ciclo entero de la investigación-acción misional. En sus tres fases de trabajo, investigaron las dinámicas de desplazamiento forzado y la recuperación del mismo; crearon una intervención para subsanar las consecuencias negativas del desplazamiento; la implementaron y finalmente evaluaron su impacto. Con base en las experiencias de la Etapa 1 y las reacciones entusiastas de los participantes en los materiales de FyD, se concluyó que la intervención era digna de refinarse y aun de lanzarse a una escala más amplia. Así, se armó una propuesta para financiar otro ciclo de la investigación-acción misional; en la segunda mitad de 2019, la propuesta fue aprobada y financiada por TWCF y varias otras entidades (incluso una red de fundaciones canadienses colaborando juntos bajo el nombre *Stronger Together*). Entonces, al comienzo de 2020, lanzamos la Etapa 2 de FyD.

Etapa 2 de *Fe y Desplazamiento* (1 de enero de 2020–31 de diciembre de 2022)

La Etapa 2 tuvo dos enfoques principales: primero, fortalecer la intervención con base en lo aprendido en el análisis del impacto de la Etapa 1, y segundo, implementar la intervención revisada a una escala más grande.

INTRODUCCIÓN

Fortalecimiento de la intervención (1 de enero–3 de diciembre de 2020)

El fortalecimiento de la intervención consistía en dos componentes: la revisión micro curricular y la creación de un diplomado de *Fe y Desplazamiento*.

Cada equipo, con base en los aprendizajes del análisis de impacto, creó nuevas ediciones de sus materiales educativos. Tales revisiones a nivel micro curricular incluyeron la construcción de unas nuevas lecciones, el reemplazo de actividades inadecuadas con dinámicas más llamativas, la elaboración de nuevos videos instructivos, etc. En total, se crearon nuevas ediciones de 14 de los materiales educativos.[24]

Además de estas revisiones micro curriculares, éramos conscientes de la necesidad de elaborar una estrategia para lanzar FyD en más comunidades, de una forma más eficiente y económica, que prevendría los errores cometidos por varias comunidades en la Etapa 1. Bajo el liderazgo de la doctora Saskia Donner (quien se convirtió en codirectora en la Etapa 2), se diseñó un diplomado de *Fe y Desplazamiento*, aprovechando la popularidad de esta modalidad de educación continua entre las iglesias evangélicas de Colombia. Pero este no podía ser un diplomado común y corriente, enfocado en la transferencia de información teórica. Se propuso modificar la modalidad para que pudiera facilitar la creación de ministerios de FyD. Como se describe en mayor detalle en el capítulo 4, el diplomado fue creado, no para individuos, sino para equipos de iglesias, compuestos por personas cuyas pericias respectivas correspondieran a las diferentes líneas de FyD. Por medio de estos equipos, se esperaba catalizar la multiplicación de participantes desde iglesias locales, los cuales podrían cooperar en lanzar ministerios entre las PSD.

Se propuso que el diplomado se extendiera por siete meses, siendo compuesto de cuatro módulos. Cada módulo se iniciaría con una reunión presencial de un fin de semana, seguida por varias semanas de trabajo independiente. Las reuniones presenciales servirían para enseñar a los participantes a implementar los materiales educativos de FyD, con el fin de asegurar que, al volver a sus iglesias, los participantes se sintieran cómodos liderando las cartillas y currículos de FyD con los demás miembros de su comunidad.

Era necesario incorporar en el diplomado un componente nuevo: una estrategia para tender puentes iniciales con la población desplazada. Se decidió colaborar con la ONG *Opportunity International* y la Fundación AGAPE, para adaptar una herramienta llamada el "Diagnóstico shalom." Esta herramienta es una forma excelente de conocer las realidades, necesidades y esperanzas de una comunidad vulnerable, así que trabajamos con *Opportunity* y AGAPE para ajustar el Diagnóstico a los propósitos del diplomado.

El 25 de julio de 2020, se organizó el Congreso virtual de *Fe y Desplazamiento*. Inicialmente el evento se diseñó como una reunión presencial para mayo de 2020, pero

---

24. Los demás no se revisaron a fondo por razón de no haber sido lanzados en suficientes comunidades piloto como para brindar información significativa y confiable para la revisión.

por razón de la pandemia del COVID-19, fue necesario primero aplazar el congreso y después cambiar la modalidad a una reunión virtual. Este tercer congreso organizado por la FUSBC alrededor del tema del desplazamiento,[25] buscó divulgar conocimiento del diplomado de FyD y compartir información sobre toda la experiencia de investigación que culminó en la creación del diplomado. La reacción de los participantes fue entusiasta, y terminamos optimistas. En aquella época, no reconocimos que la necesidad de aplazar el congreso presagió desafíos inminentes para el diplomado.

Lanzamiento del diplomado de *Fe y Desplazamiento* (4 de diciembre de 2020–30 de noviembre de 2022)

El diplomado se lanzó en ejes territoriales estratégicos alrededor del país, en regiones que habían recibido un alto número de PSD. Inicialmente, seleccionamos seis sitios urbanos en el centro de tales regiones, para que la gente de las áreas circundantes pudiera acercarse al centro urbano para participar en los encuentros presenciales del diplomado; la meta inicial era convocar equipos de 10 iglesias en cada eje territorial. Pero la intensificación de la pandemia de COVID-19 resultó en la prohibición de reuniones masivas, de modo que nos vimos obligados a reducir el número de iglesias a un máximo de siete en cada eje territorial.[26]

El primer encuentro del diplomado en el primer eje territorial tuvo lugar en Medellín los días 4 y 5 de diciembre de 2020 y todo salió conforme a lo planeado. Sin embargo, un pico en la tasa de infección durante la temporada navideña nos obligó a aplazar el inicio de los siguientes diplomados. Luego, las condiciones de la pandemia, en conjunto con un temor generalizado, resultaron en un cierto nivel de deserción entre los participantes, pero la mayoría de las iglesias participantes perseveraron fielmente en el diplomado, convencidos de la importancia del ministerio para la población en situación de desplazamiento, población que se volvió aún más vulnerable durante los tiempos de la pandemia.

A pesar de tener que ajustar fechas para varios de los encuentros del diplomado en otros ejes territoriales, al fin y al cabo se logró realizar en su totalidad en ocho ejes territoriales: Medellín, Bogotá, Cartagena, Montería, Villavicencio, Cali, Ibagué y Bucaramanga. Aunque inicialmente habíamos programado diplomados en seis lugares, se subió el número de ejes territoriales a ocho para compensar en cierta medida la incidencia de deserción y los límites en el número de participantes permitidos en reuniones grandes. Y a la hora de redactar este libro, seguimos evaluando los resultados de estos diplomados, conforme con la metodología de autoevaluación cíclica y continua de la investigación-acción misional.

---

25. El primero fue en agosto de 2014, y el segundo en noviembre de 2017.

26. Además, diseñamos un riguroso protocolo de bioseguridad para implementar en cada encuentro presencial en aras de asegurar la protección de la salud de los participantes.

CONTENIDOS DE ESTE LIBRO

A lo largo del proyecto, los investigadores publicaron aspectos de sus hallazgos en diversas formas: el tomo editado de 2014,[27] revistas académicas en inglés y español, publicaciones populares, informes de investigación, un libro monográfico en inglés (*Eight Million Exiles*, publicación pendiente) y aun un libro artístico para una audiencia no académica. El libro actual, sin embargo, culmina el proceso de divulgación de FyD, recopilando en un solo volumen nuestras respuestas a la Gran Pregunta que anima todo este proyecto:

> ¿Cómo puede una teología renovada de la misión integral, enriquecida por el análisis socio-científico empírico, movilizar a las iglesias evangélicas locales a fomentar el florecimiento humano holístico (espiritual, social, psicológico y económico) de las personas desplazadas en Colombia?

Nuestra respuesta fundamental a esta Gran Pregunta viene en la forma de la investigación-acción misional, que combina los valores de la misiología integral con la metodología de la IAP para crear FyD. La Parte 1 de este libro explica cómo cada uno de los seis equipos contribuyó a este proyecto entre el 2016 y el 2021, enfocándose en cómo se combinaron aportes desde la teología con las disciplinas socio-científicas, todo dentro del marco de la investigación-acción misional. Se inicia con una explicación detallada de la teoría de la investigación-acción misional (capítulo 2), una teoría creada por el equipo de Misiología. El capítulo 3 se enfoca en los demás aportes del equipo de Misiología. El equipo de Pedagogía presenta sus hallazgos en el capítulo 4, puesto que su teoría gobernó la formación de los materiales educativos de los demás equipos. Entonces, uno por uno siguen los aportes de los equipos de Sociología (capítulo 5), Economía (capítulo 6), Psicología (capítulo 7) e Interacción con el sector público (capítulo 8).

El libro no se limita a narrar los diferentes aspectos de la investigación-acción misional que impulsan el proyecto. Otra suposición subyacente de este proyecto fue que la teología y las ciencias sociales se podrían enriquecer mutuamente:[28] la teología cristiana puede iluminar la realidad concreta del desplazamiento forzado, y las ciencias sociales pueden contribuir al quehacer de la iglesia.

Así las cosas, la Parte 2 recopila reflexiones teológicas sobre la realidad social del desplazamiento en Colombia. Incluye diversos aportes que ilustran cómo la fe cristiana facilita nuestra comprensión de la crisis del desplazamiento. Christopher Hays y Milton Acosta inician esta parte con una exploración del problema del mal que se presenta en la migración forzada colombiana, y proponen acercamientos bíblicos y filosóficos para creyentes y comunidades cuya fe se ve enfrentada al sufrimiento del desplazamiento (capítulo 9). Luego Robert Heimburger utiliza la lectura popular de

---

27. García-Johnson y Acosta, *Conversaciones teológicas*.
28. Véase característica 1 de nuestro acercamiento humilde a la teología.

INTRODUCCIÓN

Mateo 18:21–35 (la Parábola del deudor que no perdona) para analizar el impacto de la práctica cristiana del perdón en la política de los supervivientes del conflicto (capítulo 10) y Christopher Hays identifica cómo la teología cristiana puede contribuir al desarrollo económico de las víctimas después del desplazamiento (capítulo 11). La Parte 2 concluye con una indagación, redactada por Saskia Donner, sobre las formas en que el texto bíblico, y en particular el ejemplo de Jesús, deben informar las prácticas pedagógicas con las PSD (capítulo 12).

La Parte 3 de esta colección muestra la otra cara de esa misma moneda. En vez de partir desde la teología para enfrentar la realidad social, la Parte 3 examina cómo las ciencias sociales pueden contribuir a la práctica concreta de las iglesias evangélicas colombianas. Primero, David López examina cómo los estudios socio-científicos de la paz (*irenología*) y las experiencias concretas de comunidades colombianas iluminan y potencian el trabajo eclesial con las PSD (capítulo 13). Guillermo Mejía Castillo luego conecta los estudios recientes de la resiliencia con un estudio del lamento bíblico, proponiendo que la práctica cristiana del lamento puede fomentar la construcción de la resiliencia política de las PSD (capítulo 14). Pasando de la política a la sociología, Milton Acosta y Laura Cadavid Valencia examinan las perspectivas teológicas manifestadas por las PSD, en yuxtaposición con el libro de Jeremías (capítulo 15) e Ivón Natalia Cuervo analiza los retos y las posibilidades para organizaciones basadas en la fe que sirvan a las comunidades en situación de desplazamiento (capítulo 16). Christopher Hays y Milton Acosta aplican el concepto de narraciones de trauma a la experiencia colombiana y proponen que la interpretación bíblica puede nutrir la creación de narraciones reconciliadoras del trauma del desplazamiento (capítulo 17).

La Parte 3 se concluye con la publicación póstuma de un capítulo por Duberney Rojas Seguro, a cuya memoria dedicamos este libro. Además de ser un sociólogo y estudiante doctoral de ciencias políticas, Duberney dedicó años de su vida al servicio de niños y jóvenes marginados, usando el deporte como un mecanismo de discipulado y construcción de paz. En el capítulo 18, él combina un análisis teórico erudito desde la sociología con un estudio de campo juicioso de comunidades desplazadas cristianas y así demuestra el potencial de los campesinos desterrados de Colombia para movilizarse políticamente y contribuir a la transformación social de su nación. Duberney fue un estudioso brillante y un cristiano inspirador, y aunque lo extrañamos, su memoria sigue siendo una bendición para todos los miembros del equipo de *Fe y Desplazamiento*.

De estas diversas formas, este volumen demuestra cómo un acercamiento humilde a la teología puede contribuir al florecimiento holístico de las víctimas del desplazamiento forzado en Colombia. Narra en detalle los dos ciclos de este proyecto de investigación-acción misional, enriqueciendo la misiología integral con la metodología de la IAP. Además, se muestra cómo la teología agudiza nuestra comprensión de las realidades sociales del desplazamiento, y cómo las ciencias sociales fortalecen el trabajo de las iglesias evangélicas con las víctimas. Se espera que el testimonio de este pequeño seminario evangélico en las montañas de Colombia demuestre el potencial de la investigación-acción misional. Más a fondo, oramos que este libro sirva como un estudio de caso exhibiendo el poder de un acercamiento humilde a la teología.

BIBLIOGRAFÍA

Cadavid Valencia, Laura Milena. "Elementos para comprender el desplazamiento forzado en Colombia: un recorrido por normas, conceptos y experiencias." En *Conversaciones teológicas del sur global americano: violencia, desplazamiento y fe*, eds. Oscar Garcia-Johnson y Milton Acosta, 3–26. Eugene, OR: Wipf and Stock, 2016.

Carillo, Angela Consuelo. "Internal Displacement in Colombia: Humanitarian, Economic and Social Consequences in Urban Settings and Current Challenges." *International Review of the Red Cross* 91, n.º 875 (2009): 527–46.

EFE. "'El Estado no tiene capacidad para atender a todas las víctimas al mismo tiempo.'" *El Espectador*, April 9, 2014, https://www.elespectador.com/noticias/judicial/el-estado-no-tiene-capacidad-para-atender-a-todas-las-victimas-al-mismo-tiempo/.

García-Johnson, Oscar y Milton Acosta, eds. *Conversaciones teológicas del sur global americano: violencia, desplazamiento y fe*. Eugene, OR: Puertas Abiertas, 2016.

Hays, Christopher M. "Justicia económica y la crisis del desplazamiento interno en Colombia." En *Conversaciones teológicas del sur global americano: violencia, desplazamiento y fe*, eds. Milton Acosta y Oscar Garcia-Johnson, 44–64. Eugene, OR: Wipf and Stock, 2016.

Hays, Christopher M., Isaura Espitia Zúñiga y Steban Andrés Villadiego Ramos. *La misión integral de la iglesia: cómo fortalecer o crear un ministerio a favor de personas en situación de desplazamiento: manual del facilitador*. Medellín: Publicaciones SBC, 2018.

Información, Red Nacional de. "Registro único de víctimas." https://www.unidadvictimas.gov.co/es/registro-unico-de-victimas-ruv/37394. Fecha de último acceso 3 de mayo, 2022.

Política. "Indemnizar a todas las víctimas cuesta 45 billones de pesos." *El tiempo*, 8 de marzo, 2020, https://www.eltiempo.com/politica/proceso-de-paz/director-de-unidad-de-victimas-dice-que-indemnizarlas-a-todas-cuesta-45-billones-470400.

Rojas-Flores, Lisseth. "Desplazamiento de centroamericanos y colombianos: violencia, trauma y el ministerio de la iglesia." En *Conversaciones teológicas del sur global americano: violencia, desplazamiento y fe*, eds. Oscar Garcia-Johnson y Milton Acosta, 27–43. Eugene, OR: Wipf and Stock, 2016.

Templeton, John. *Possibilities for Over One Hundredfold More Spiritual Information: The Humble Approach in Theology and Science*. Philadelphia and London: Templeton Foundation Press, 2000.

Unidad de Restitución de Tierras. "Estadísticas de restitución de tierras." https://www.restituciondetierras.gov.co/estadisticas-de-restitucion-de-tierras. Fecha de último acceso 3 de mayo, 2021.

PARTE 1

La investigación-acción misional y los seis equipos de *Fe y Desplazamiento*

2

La investigación-acción misional
La teoría subyacente de Fe y Desplazamiento

Christopher M. Hays

INTRODUCCIÓN: ¿EL SIGUIENTE PASO PARA LA MISIÓN INTEGRAL?

Fue un día soleado en San José, Costa Rica, en julio de 2012. Centenares de líderes de cada rincón de América Latina y alrededor del globo estiraron los cuellos y desataron una explosión de flashes de sus cámaras, mientras René Padilla subía a la plataforma para dar el discurso plenario en el quinto Congreso Latinoamericano de Evangelización (CLADE V), la reunión decenal internacional de la Fraternidad Teológica Latinoamericana (FTL). Un teólogo ecuatoriano octogenario vivaz, con una chivera plateada y el cuello de la camisa permanentemente abierto, Padilla fue uno de los fundadores de la FTL y de su sello teológico distintivo, el concepto de la *misión integral de la iglesia*. Pero Padilla no había ascendido al atril para dormirse en sus bien merecidos laureles. Más allá de meramente celebrar el trabajo admirable de la FTL, Padilla empujó a los ministros, teólogos y líderes de organizaciones pro eclesiales que rodeaban el escenario a contestar una pregunta: ¿cuál será el siguiente paso para la misión integral?[1]

El apogeo teológico de la misiología integral se desarrolló en los años 70 y 80, mientras pensadores latinoamericanos jóvenes como Padilla, Samuel Escobar y Orlando Costas publicaron olas de monografías y libros. El movimiento iba ganando más adherentes y practicantes en los años 90 y 2000, pero simultáneamente,

---

1. Desafortunadamente, no existe ninguna transcripción ni grabación del discurso de Padilla en CLADE V, pero el sentimiento básico se confirmó en correspondencia privada con Padilla el 10 de julio, 2015.

la innovación teológica de la FTL comenzó a menguar paulatinamente (¡aunque indudablemente no desapareció!). Así, en CLADE V, Padilla empujó a los asistentes a imaginar cómo la misión integral podría avanzar más allá de lo promulgado en la segunda mitad del siglo XX.

Aquel día, en diferentes rincones del auditorio, con escarapelas identificándonos como miembros de facultades de diferentes instituciones, estaban sentados los editores de este libro. Ninguno de nosotros sabía que en menos de dos años emprenderíamos juntos un esfuerzo misional, el cual nos obligaría a dar nuestra propia respuesta al interrogante de Padilla. La iniciativa lanzada, que llegó a llamarse *Fe y Desplazamiento*, partió desde las premisas teológicas de la misión integral, pero requirieron de un avance teórico y metodológico más allá de la teología de la generación anterior de la FTL. Este capítulo pretende explicar las bases teóricas para nuestra apropiación de la misión integral.

Proponemos que la teoría misiológica que subyace a la misión integral (de aquí en adelante, llamada la "misiología integral")[2] se puede fortalecer fusionándose con la investigación-acción participativa (IAP), una metodología sociocientífica que floreció en América Latina concurrentemente con la explosión de la misiología integral. Es nuestra convicción que la IAP ofrece una estructura para el estudio penetrante interdisciplinario de diversos aspectos de los ministerios holísticos de la iglesia, y facilitan un nivel de rigor empírico que anteriormente no había marcado las iniciativas teológicas de la FTL (ni de la gran mayoría de teólogos en otros contextos). Efectivamente, la IAP ofrece un acercamiento sistemático para organizar y empíricamente enriquecer el trabajo de los misiólogos integrales. Esta fusión teórica la hemos denominado la *Investigación acción misional* (IAM).

Para presentar la IAM, este capítulo comienza con un resumen conciso de la misiología integral, seguido de una introducción similar a la IAP. Se demostrará la compatibilidad conceptual de esas dos teorías y se describirá cómo la IAM combina la IAP y la misiología integral para generar un nuevo calibre de rigor interdisciplinar y análisis empírico de las intervenciones misionales prácticas.[3]

---

2. Aunque la FTL mayoritariamente utiliza lenguaje de "misión integral" en vez de "misiología integral," una de sus contribuciones claves fue desarrollar la teoría misiológica que facilitó el movimiento misional.

3. Practicantes de desarrollo cristiano tales como Bryant Meyers de *World Vision* han abierto caminos en la aplicación de métodos participativas (p.ej. *Appreciative Inquiry* y *Participatory Learning and Action*) en su trabajo de desarrollo comunitario; Bryant L. Myers, *Walking with the Poor: Principles and Practices of Transformational Development* (Maryknoll, NY: Orbis, 1999), 147–80. Similarmente, estudiosos de la teología práctica en Inglaterra han creado el método de *Theological Action Research*, que aplica otras lecciones desde los métodos participativos de la investigación; Helen Cameron, Deborah Bhatti, Catherine Duce, James Sweeney y Clare Watkins, *Talking about God in Practice: Theological Action Research and Practical Theology* (London: SCM, 2010).

LA MISIOLOGÍA INTEGRAL

El concepto de "misión integral" nació en América Latina en los años 60. Denota una orientación hacia la misión cristiana que afirma el reinado de Dios sobre las dimensiones tanto espiritual como física de la humanidad. Funciona como un correctivo a las formas de la teología cristiana que dan prioridad a la espiritualidad, pero que se practica de espaldas a las necesidades materiales y sociales de las personas (y viceversa). En lo que sigue, se resumirá el contexto histórico del surgimiento de la misiología integral (incluso de su interlocutor clave, la teología de la liberación) y además sus compromisos cruciales. Se pone un énfasis especial en los escritos de René Padilla, quien es probablemente el teórico más importante del movimiento y la inspiración más directa de nuestro propio trabajo.

La teología de la liberación como un interlocutor clave de la misión integral

Sería útil iniciar con algo del contexto católico, ya que el catolicismo romano era y sigue siendo la forma dominante del cristianismo en América Latina. En agosto de 1968, el Consejo Episcopal Latinoamericano se reunió en Medellín[4] para considerar cómo aplicar los conceptos del Concilio Vaticano Segundo, en respuesta a *Ad gentes* (el decreto del Vaticano II sobre la misión de la Iglesia en el mundo moderno) y a la exhortación del Papa Juan XXIII, en clave de Mateo 16:3, a interpretar "los signos de los tiempos" (*Humanae salutis* 4). Al aplicar su análisis misiológico a temas de justicia, paz, educación y la juventud en América Latina, los obispos concluyeron que la misión de la iglesia se debe centrar en la realidad concreta de su contexto, de forma comprometida con la búsqueda de la justicia y el desarrollo en el mundo actual. Esto, a su vez, puso los cimientos oficiales para el surgimiento de la teología de la liberación.[5]

La teología de la liberación procura tanto entender las realidades de la pobreza como trabajar hacia la liberación de la opresión y el pecado (personal y estructural).[6] Especialmente en los años 70 y 80, teólogos de la liberación clamaron por la implementación del Reino divino de justicia por medio de la revolución social—específicamente, una revolución marxista. Estos eruditos interactuaron de forma seria con análisis político marxista y sobre eso construyeron edificios teóricos formidables

---

4. Para una exploración más extensa de cómo FyD realiza varias ambiciones y propuestas de los Documentos de Medellín, véase Christopher M. Hays, "El discipulado de los laicos para el servicio integral en el mundo: un experimento misiológico evangélico a favor de las personas en situación de desplazamiento en Colombia," *Albertus Magnus* 10, n.º 1 (2019): 13–32; Christopher M. Hays, "Teología económica para las víctimas del desplazamiento forzoso, a la luz del Documento de Medellín," *Albertus Magnus* 9, n.º 2 (2018): 13–33.

5. Stephen B. Bevans y Roger P. Schroeder, *Constants in Context: A Theology of Mission for Today* (Maryknoll, NY: Orbis, 2004), 312.

6. Gustavo Gutiérrez, *A Theology of Liberation: History, Politics, and Salvation*, ed. rev., trad. Sister Caridad Inda y John Eagleson (Maryknoll, NY: Orbis, 1973), 27–37.

que esperaban que contribuyeran al florecimiento humano.[7] Sus esperanzas políticas culminaron en desilusión, en buena medida por haber amarrado sus expectativas de liberación a un sistema económico que no ha sido exitoso en el contexto latinoamericano. Sin embargo, este movimiento católico fue un interlocutor crucial para las siguientes décadas del protestantismo en América Latina.

La emergencia de la misión integral

Comenzando en los años 60, evangélicos protestantes en América Latina inspiraron un renacimiento teológico similar dentro de su propia tradición, creando un acercamiento que ellos subsecuentemente pusieron en diálogo con la teología de la liberación.[8] Los evangélicos latinoamericanos criticaron componentes del análisis marxista de la teología de la liberación y su tendencia hacia el universalismo soteriológico (entre otras cosas). Sin embargo, querían afirmar, junto con los liberacionistas, que el Dios de la Biblia sí se preocupaba por realidades espirituales y sociales.[9] Así, una alternativa latinoamericana a la teología de la liberación emergió bajo el nombre "misión integral." El término "integral" hace hincapié en el hecho de que los humanos no son solamente seres espirituales, sino a la vez físicos, espirituales, psicológicos y sociales. Conforme con la convicción que el reino de Dios implica dominio sobre toda la creación, y no simplemente las almas, la misiología integral argumenta que la iglesia debe prestar atención a la totalidad del ser humano, a su integralidad.

La misión integral no fue, en primer lugar, un movimiento académico.[10] Creció a partir de una preocupación por las misiones y el evangelismo, haciendo hincapié en que las misiones contemporáneas deben abordar las necesidades físicas de las personas, así como las espirituales. Aunque esta preocupación había comenzado a percolar

---

7. Obras claves incluyen Gutiérrez, *A Theology of Liberation*; José Míguez Bonino, *Doing Theology in a Revolutionary Situation*, Confrontation Books (Philadelphia: Fortress, 1975); José Míguez Bonino, *Christians and Marxists: The Mutual Challenge to Revolution* (Grand Rapids: Eerdmans, 1976); Leonardo Boff, *Jesus Christ Liberator: A Critical Christology for Our Time*, trad. Patrick Hughes (Maryknoll, NY: Orbis, 1978).

8. Samuel Escobar, "Doing Theology on Christ's Road," en *Global Theology in Evangelical Perspective: Exploring the Contextual Nature of Theology and Mission*, ed. Jeffrey P. Greenman y Gene L. Green (Downer's Grove, IL: Intervarsity, 2012), 67–85; Ruth Irene Padilla DeBorst, "Integral Mission Formation in Abya Yala (Latin America): A Study of the *Centro de Estudios Teológicos Interdisciplinarios* (1982–2002) and Radical *Evangélicos*" (Boston University, 2016), 125–30. Cabe resaltar la labor de la revista *Misión* (luego llamada *Iglesia y misión*) de la FTL que interactuaba con la teología de la liberación desde su primer número.

9. Como se ve, por ejemplo, en la *Declaración de Medellín* de 1988, redactado por la Confederación evangélica de Colombia y el Seminario Bíblico de Colombia (¡al cual Milton Acosta asistió cuando era un pollito y trabajaba con Unidad Cristiana Universitaria!).

10. Para una historia más detallada del movimiento, véase C. René Padilla, "La trayectoria histórica de la misión integral," en *Justicia, misericordia y humildad: la misión integral y los pobres*, ed. Tim Chester (Buenos Aires: Kairós, 2008), 55–80.

en las mentes de figuras teológicas claves durante décadas anteriores[11]—especialmente en el primer CLADE, celebrado en Bogotá, Colombia en 1969—la conciencia del tema se introdujo en la etapa evangélica más amplia en el Congreso Internacional sobre la Evangelización Mundial de 1974, celebrado en Lausana, Suiza.[12] El pacto de Lausana afirmó,

> The results of evangelism include obedience to Christ, incorporation into His church, and responsible service in the world . . . . [E]vangelism and sociopolitical involvement are both part of our Christian duty . . . . When people receive Christ they are born again into his kingdom and must seek not only to exhibit, but also to spread, righteousness in the midst of an unrighteous world. The Salvation we claim should be transforming us in the totality of our personal and social responsibilities.[13]

Dos estudiosos latinoamericanos jóvenes llegaron a la vanguardia de las deliberaciones en Lausana, argumentando que el evangelismo no se puede desconectar de la responsabilidad social cristiana. Los académicos (que también desempeñaron papeles clave en el primer congreso CLADE) fueron el teólogo Samuel Escobar y el erudito bíblico René Padilla.[14]

Obras seminales y compromisos claves

Padilla y Escobar fueron miembros fundadores de la Fraternidad Teológica Latinoamericana, una sociedad académica de evangélicos latinoamericanos que continúa hasta el día de hoy.[15] La FTL fue la incubadora de la misiología integral, pero ningún erudito fue tan influyente en catalizar el movimiento como Padilla.[16] Un ensayista dotado, el libro seminal de Padilla fue *Misión integral: ensayos sobre el Reino y la*

---

11. Véase Brian Stanley, *The Global Diffusion of Evangelicalism: The Age of Billy Graham and John Stott*, A History of Evangelicalism, vol. 5 (Downer's Grove: IVP Academic, 2013), 151–5.

12. Para una exposición clave del Pacto, véase C. René Padilla, ed. *The New Face of Evangelicalism: An International Symposium on the Lausanne Covenant* (Downer's Grove: InterVarsity, 1976).

13. Lausanne Covenant §5, "Christian Social Responsibility"; John Stott, *The Lausanne Covenant: Complete Text with Study Guide*, Didasko files (Peabody, MA: Hendrickson, 2009), 28.

14. Para un registro robusto del rol de Padilla y Escobar en Lausana, véase J. Daniel Salinas, *Latin American Evangelical Theology in the 1970's: The Golden Decade*, Religion on the Americas (Leiden: Brill, 2009), 121–61; Stanley, *Global Diffusion of Evangelicalism*, 158–60, 163–73, 177–9.

15. Para más información sobre la historia de la FTL, véase Salinas, *Latin American Evangelical Theology*, 83–119; J. Daniel Salinas, *Taking Up the Mantle: Latin American Evangelical Theology in the 20th Century*, Global Perspective (Carlisle, UK: Langham Global Library, 2017), 101–7; Brian Stanley, *A World History of Christianity in the Twentieth Century*, Princeton History of Christianity (Princeton: Princeton University Press, 2018), 210–15.

16. Para más información sobre la biografía de Padilla, véase David C. Kirkpatrick, "C. René Padilla and the Origins of Integral Mission in Post-War Latin America," *Journal of Ecclesiastical History* 67, n.° 2 (2016): 351–71; cf. David R. Swartz, "Embodying the Global South: Internationalism and the American Evangelical Left," *Religions* 3 (2012): 892–4.

Iglesia (1986), el cual recopiló sus ensayos pioneros de 1974-1984. Dos capítulos merecen atención especial en este momento, ya que representan lineamientos claves de la misiología integral.

El capítulo epónimo del libro, "Misión integral,"[17] elaboró tres argumentos esenciales que llegaron a definir el movimiento a continuación.

1. América Latina ha sido bautizada, pero no ha sido discipulada ni convertida profundamente del animismo.

2. Las misiones desde el Norte Atlántico siguen siendo profundamente colonialistas, así que es necesario que las iglesias del mundo mayoritario desarrollen relaciones maduras y mutuas con las denominaciones de Europa y Norteamérica.

3. La atención a la justicia y al desarrollo deben ser componentes centrales de la misión cristiana.

Este tercer punto se elaboró más en el ensayo "Perspectivas neotestamentarias para un estilo de vida sencillo."[18] Aquí, Padilla (un erudito del Nuevo Testamento que realizó sus estudios doctorales bajo la supervisión de F.F. Bruce) elabora sus convicciones sobre la justicia para los pobres. De acuerdo con la teología de la liberación, Padilla confirma la preocupación central del Nuevo Testamento por los pobres e hizo eco del llamado de Jesús a cuidar de los necesitados de forma auto sacrificial. La monografía enfatiza las virtudes de la sencillez y la generosidad, implícitamente en contraste con la tesis liberacionista que los pobres se salvarían a través del comunismo.

Otro hito teológico que emergió de la FTL fue *Bases bíblicas de la misión: perspectivas latinoamericanas*.[19] Escrito por un equipo de líderes de la FTL (incluso Samuel Escobar, Juan Stam, Nancy Bedford y Catalina Feser de Padilla), el volumen incluye 11 capítulos que describen cómo diferentes textos bíblicos contribuyen a la visión de la misión integral. Adicionalmente, el volumen exhibe ensayos temáticos sobre el sufrimiento,[20] los laicos[21] y la corrupción.[22] La colección entonces pone de relieve los compromisos profundos de la misiología integral con:

---

17. C. René Padilla, *Misión integral: ensayos sobre el Reino y la iglesia* (Grand Rapids/Buenos Aires: Eerdmans/Nueva Creación, 1986), 123-35; este ensayo se escribió originalmente en 1978.

18. Padilla, *Misión integral*, 164-79; este ensayo originalmente se redactó en 1980.

19. C. René Padilla, ed. *Bases bíblicas de la misión: perspectivas latinoamericanas*, (Buenos Aires: Kairós, 1998).

20. Nancy Elizabeth Bedford, "La misión en el sufrimiento y ante el sufrimiento," en *Bases bíblicas de la misión: perspectivas latinoamericanas*, ed. C. René Padilla (Buenos Aires: Kairós, 1998), 383-403.

21. Catalina F. de Padilla, "Los 'laicos' en la misión en el Nuevo Testamento," en *Bases bíblicas de la misión: perspectivas latinoamericanas*, ed. C. René Padilla (Buenos Aires: Kairós, 1998), 405-35.

22. Arnoldo Wiens, "La misión cristiana en un contexto de corrupción," en *Bases bíblicas de la misión: perspectivas latinoamericanas*, ed. C. René Padilla (Buenos Aires: Kairós, 1998), 437-64.

- el rol de la *Biblia* en el quehacer teológico (en contraste con la primacía de la teología histórica y sistemática en el movimiento liberacionista),
- las *realidades sociales* de los contextos latinoamericanos, y
- *la participación de los laicos*[23] en el trabajo de la iglesia.

Estos tres compromisos de la misiología integral eventualmente fueron formativos para FyD,[24] así que merecen una mayor delineación aquí.

Teología arraigada en la Biblia

Algo que salta a la vista del lector al recorrer las obras seminales de la teología de la liberación y de la FTL de los años 70 y 80, es la diferencia masiva entre las fuentes autoritativas invocadas por los actores liberacionistas (católicos) y de la FTL (protestantes). Aunque ambos grupos elaboran teología desde contextos sociales similares y llegan a varias conclusiones similares, los autores católicos recurren especialmente a las proclamaciones eclesiales y a los teólogos sistemáticos, mientras los protestantes primariamente invocan textos escriturales y, de forma desproporcional, las obras de estudiosos bíblicos. Como se mencionó arriba, 11 de los capítulos de *Bases bíblicas de la misión* son exploraciones de cómo distintas porciones del canon bíblico contribuyen a la comprensión cristiana de la misión de la iglesia. Así las cosas, tal vez sorprendería saber que varios de los autores contribuyentes (Escobar, Bedford, Davies, Rooy, Saracco) fueron teólogos, misiólogos e historiadores de la iglesia, en vez de ser eruditos bíblicos.

Varios factores explican este fenómeno: la escasez general de teólogos protestantes calificados en América Latina ha significado que, durante los últimos 70 años, asignaturas de Biblia en los seminarios han sido enseñadas por profesores de cualquier especialidad, lo cual significa que los teólogos anteriormente mencionados seguramente habrían enseñado numerosos cursos en Biblia. Además, el protestantismo suele poner proporcionalmente mayor énfasis en las Escrituras *vis-à-vis* la tradición y la doctrina que los católicos. Pero el protestantismo latinoamericano en particular ha exhibido una cierta frialdad, y a veces aun sospecha, hacia la tradición y la doctrina, en contraste con su fervor por la Biblia. Esto no quiere decir que los evangélicos latinoamericanos tienen poco interés en la sistematización, sino que prefieren generar esquemas y estructuras en conversación directa e inmediata con las Escrituras. Aunque apelan a teólogos o a la historia de la Iglesia en el camino, teóricamente su

---

23. Aunque la palabra "laico" es más típica del catolicismo latinoamericano, se usará en este capítulo, por razones de facilidad y siguiendo el ejemplo de Catalina Feser de Padilla.

24. FyD ha interiorizado los tres argumentos de Padilla. 1) Nuestro acercamiento enfatiza el discipulado de creyentes hacia una mayor participación en la misión integral de la iglesia. 2) Nuestro equipo investigativo combina estudiosos de América Latina y del Norte en colaboraciones mutuamente enriquecedoras. 3) El enfoque global del proyecto está en avanzar la misión de la iglesia en la búsqueda de la justicia y el desarrollo de poblaciones marginadas.

meta es elaborar y contextualizar su teología primariamente con base en la Biblia. La FTL no fue una excepción a esta tendencia protestante más amplia, y la naturaleza explícitamente bíblica de su argumentación fue indudablemente un factor clave de su éxito. FyD adoptó el mismo acercamiento, perpetuamente conectando nuestras propuestas y currículos, no a categorías teológicas sistemáticas, sino a textos bíblicos.

La atención a las realidades sociales concretas en la misiología integral

Un segundo compromiso clave de la misiología integral es responder al sufrimiento real de contextos geográficos y culturales discretos, en contraste con proclamar un evangelio que es principalmente espiritual o doctrinal. La definición de Padilla de la misión de la iglesia enfatiza un holismo multifacético, identificándolo cómo una exigencia del testimonio bíblico:

> La misión sólo hace justicia a la enseñanza bíblica y a la situación concreta cuando es *integral*. En otras palabras, cuando es un *cruce de fronteras* (no sólo geográficas sino culturales, raciales, económicas, sociales, políticas, etc.) *con el propósito de transformar la vida humana en todas sus dimensiones*.[25]

El ministerio de Jesús también fue irreduciblemente práctica y concretamente orientado, en formas que la misiología integral sostiene que son paradigmáticas para los seguidores de Jesús.[26] Recurriendo a textos bíblicos tales como Lucas 4:18–19 y Miqueas 6:8, la misiología integral enfatiza la importancia de declarar buenas nuevas al pobre, actuar justamente, amar la misericordia y caminar humildemente con Dios.[27]

La centralidad de la participación de los laicos en la misiología integral

Así como la misiología integral no tolera ninguna dicotomía entre los aspectos espiritual y material de la misión de la iglesia, también rechaza la bifurcación eclesial entre los pastores (los cuales supuestamente "hacen" el ministerio) y los laicos (los cuales reciben o apoyan el ministerio).[28] Padilla asevera,

> The practice of integral mission assumes that the church and each of its members will give absolute priority to following Jesus in terms of a missionary

---

25. C. René Padilla, "Hacia una definición de la misión integral," en *El proyecto de Dios y las necesidades humanas*, ed. Tetsunao Yamamori y C. René Padilla (Buenos Aires: Kairós, 2000), 31, énfasis original.

26. C. René Padilla, "Introduction: An Ecclesiology for Integral Mission," en *The Local Church, Agent of Transformation*, ed. Tetsunao Yamamori y C. René Padilla (Buenos Aires: Kairós, 2004), 31; cf. Ricardo Gómez, *The Mission of God in Latin America* (Lexington, KY: Emeth, 2010), 186.

27. Padilla, "Ecclesiology," 49.

28. Padilla DeBorst, "Integral Mission Formation in Abya Yala (Latin America): A Study of the *Centro de Estudios Teológicos Interdisciplinarios* (1982–2002) and Radical *Evangélicos*," 67–69.

lifestyle: a way of life modeled on Jesus for the purpose of bearing witness, by word and action, to Jesus Christ the Lord . . .[29]

Padilla argumenta que las iglesias deben ayudar a los miembros a reflejar e incorporar la soberanía de Cristo en cada esfera de la vida.[30] Iglesias integrales enfatizan la importancia de hacer discípulos, lo cual se refleja en un estilo de vida transformado, en vez de solo un "alma salvada."[31]

La implementación de esta misión no depende primariamente de "profesionales" teológicos que han sido académicamente capacitados. Al contrario, "integral mission demands the 'declericalization' of ministries and a 'laicization' of the clergy. In other words, it requires recognition of the apostolic nature of the whole church."[32] No debe existir ni un trato preferencial de los cleros ni una exclusión de los laicos de las responsabilidades misionales; más bien, todos son llamados a participar en el amor y la justicia que ejemplifica Jesús. De este modo, esta teología invita a los laicos dentro de la iglesia a realizar su propio llamado y movilizar sus dones en servicio a otros.

Retos futuros de la misiología integral

Es poco arriesgado decir que la misiología integral es el aporte más significativo del evangelicalismo latinoamericano a la teología global,[33] como se evidencia en los tres congresos de Lausana y los cinco congresos CLADE, además de la Red Miqueas, cuyo objetivo es "motivar y equipar a una comunidad global de cristianos para que adopten y practiquen la misión integral."[34] Hasta la fecha, la Red Miqueas cuenta con más de 600 miembros, incluyendo grandes organizaciones basadas en la fe tales como *Compassion International*, *Tearfund*, Red Viva, *SIM International* y *World Vision*.

Es poco probable que la teología evangélica latinoamericana revierta a una misiología pre-integral. Pero no poder echar para atrás no significa que tampoco se pueda echar para adelante. Como cualquier teoría doctrinal y movimiento poderoso, la misiología integral tiene el potencial de desarrollarse más.

Dos oportunidades de enriquecimiento merecen atención; una tiene que ver con el rigor metodológico interdisciplinar y la otra se enfoca en el impacto verificable. En el primer sentido, cabe recordar que el interlocutor católico de la misiología integral, la teología de la liberación, se distinguió por una síntesis interdisciplinaria, especialmente vigorosa de la teología y el análisis político marxista. El nivel de interacción

---

29. Padilla, "Ecclesiology," 33.
30. Padilla, "Ecclesiology," 27.
31. Padilla, "Ecclesiology," 30.
32. Padilla, "Ecclesiology," 45.
33. Padilla DeBorst, "Integral Mission Formation in Abya Yala (Latin America): A Study of the *Centro de Estudios Teológicos Interdisciplinarios* (1982–2002) and Radical *Evangélicos*," 134–41.
34. Micah Network, "Visión y misión," *Micah Global*, https://www.micahnetwork.org/es/vision-mission/, fecha de último acceso 3 de febrero, 2021.

interdisciplinario constructivo de la teología de la liberación con las ciencias sociales, hasta la fecha no ha sido igualado por la misiología integral. Esto no quiere negar que existen algunos momentos brillantes de fusión; por ejemplo, el volumen de 1988 de *Boletín teológico* (la revista de la FTL), se enfocó en la importancia de relacionar la teología con las ciencias sociales,[35] y Padilla ha escrito obras dirigidas a las intersecciones de la economía, la teología y a veces la ecología.[36] La mayoría de estas exploraciones interdisciplinarias han sido breves y no sistemáticas, pero el compromiso fundamental de la misiología integral a servir la voluntad divina en cada esfera (económica, espiritual, sociopolítica y emocional) sugiere que una combinación más sistemática de la misiología integral con campos socio-científicos sería un paso natural para la teoría.

En segundo lugar, el impacto de la misión integral sigue siendo sub analizado. A pesar de que la misiología integral ha atravesado cinco décadas e impulsa numerosos ministerios locales e internacionales, sería valioso ampliar la evidencia empírica sobre cuáles aspectos de la misión integral son exitosos y cuáles no. Tal evaluación empírica podría brindar al movimiento y a sus teóricos numerosos beneficios, incluso la capacidad de determinar cuáles de sus intervenciones tienen el mayor impacto. Además, la evidencia estadística de impacto frecuentemente es requisito para conseguir financiación desde entidades académicas, sociales o gubernamentales.

A continuación, se propondrá que una síntesis de la misiología integral con la IAP brindaría a los misiólogos integrales una estructura para recopilar precisamente esta clase de datos empíricos y para facilitar la colaboración con otras disciplinas académicas.

INVESTIGACIÓN-ACCIÓN PARTICIPATIVA

Nos volcamos ahora a examinar la historia y los compromisos vitales de la investigación-acción participativa.

Trasfondo histórico: la investigación-acción

La metodología de la investigación-acción participativa es hija de la "Action Research" (investigación-acción), una expresión acuñada por Kurt Lewin en 1946.[37] Lewin,

---

35. Rubén Paredes, "Fe cristiana, antropología y ciencias sociales," *Boletín teológico* 20, n.º 31 (1988): 215–30; C. René Padilla, "Ciencias sociales y compromiso cristiano," *Boletín teológico* 20, n.º 31 (1988): 247–51.

36. C. René Padilla, "Economía y plenitud de vida," en *Economía humana y economía del Reino de Dios* (Buenos Aires: Kairos, 2002), 73–99; C. René Padilla, "Globalization, Ecology and Poverty," en *Creation in Crisis: Christian Perspectives on Sustainability*, ed. Robert S. White (London: SPCK, 2009), 175–91. Más hacia el lado práctico, también cabe mencionar la consultación de la FTL de 1987 en Haumpaní, Peru; Fraternidad teológica latinoamerica (FTL), "Hacia una transformación integral," *Boletín teológico* 19, n.º 28 (1987): 241–79.

37. Kurt Lewin, "Action Research and Minority Problems," *Journal of Social Issues* 2, n.º 4 (1946): 34–46.

quien en aquella época estudiaba relaciones interraciales en los EE. UU., propuso que la investigación de semejantes temas no debe terminar con las publicaciones académicas, sino que debe generar acción social. Aunque Lewin era psicólogo, sostenía que la investigación-acción debe abarcar varias disciplinas sociocientíficas,[38] y sugirió que colaboren estudiosos de distintos campos en el desarrollo de teorías, en la elaboración de intervenciones para probar sus teorías y luego en la evaluación de la eficacia de su intervención en aras de modelar un plan de acción a una escala mayor.[39] El trabajo de Lewin desencadenó una serie de métodos investigativos,[40] los cuales se formaron en diversas maneras.[41] En el norte, mucho de la investigación-acción se enfocaba en procesos y prácticas industriales y gerenciales; en campos como la medicina, la investigación-acción iba dirigida a las prácticas profesionales;[42] y en el sur, la investigación-acción solía aplicarse a procesos agrícolas[43] o cambio sociopolítico radical.[44]

La investigación-acción se ha criticado por haberse divergido de formas más "objetivas" o "desinteresadas" de la investigación sociocientífica, las cuales buscan describir fenómenos sociales en formas generalizables, mientras conservan una distancia objetiva. La investigación-acción, por contraste, comienza con un problema, aun una injusticia o una "herida,"[45] y se acerca al problema o la herida a un nivel local.[46] La investigación-acción comienza por preguntar, por decirlo así, "Cuéntame dónde duele" y escuchar las respuestas de las personas. Después, en vez de brindar una mera caracterización descriptiva de lo que se escuchó, la investigación-acción procura *hacer algo frente al dolor*, diseñando una intervención para disminuir el problema.

---

38. Su artículo seminal menciona específicamente la psicología, la sociología, la antropología cultural y la economía; Lewin, "Action Research," 36.

39. Lewin, "Action Research," 38.

40. Incluso *Participatory Rural Appraisal, Participatory Learning and Action*, and *Participatory Learning Research*, el cual en cambio fue fundamental para modelos de movilización comunitaria como el *Asset-Based Community Development* (véase el capítulo 3). Para una introducción panorámica de las diferencias entre la investigación-acción y varias formas de investigación participativa, véase Jarg Bergold y Stefan Thomas, "Participatory Research Methods: A Methodological Approach in Motion," *Forum Qualitative Sozialforschung* 13, n.º 1 (2012): §§5–9.

41. Véase el esquema conciso de Cameron et al., *Talking about God in Practice*, ubicación Kindle 762.

42. Para ejemplos del acercamiento industrial, véase los capítulos 1–11 de William Foote Whyte, ed. *Participatory Action Research*, (London: Sage, 1991).

43. Para ejemplos de aplicaciones agrícolas, véase capítulos 12–16 de Whyte, *Participatory Action Research*.

44. Para ejemplos de aplicaciones más revolucionarias, véase capítulos 4–9 de Orlando Fals-Borda y Mohammad Anisur Rahman, eds., *Action and Knowledge: Breaking the Monopoly with Participatory Action Research* (New York: Apex, 1991).

45. La selección de esta palabra es inspirada por Mary McClintock Fulkerson, *Places of Redemption: Theology for a Worldly Church* (Oxford: Oxford University Press, 2007), 12, quien caracteriza la teología como "a response to a wound."

46. Ernest T. Stringer, *Action Research*, 3.a ed. (Los Angeles: Sage, 2007), 19; William Foote Whyte, Davydd J. Greenwood y Peter Lazes, "Participatory Action Research: Through Practice to Science in Social Research," en *Participatory Action Research*, ed. William Foote Whyte (London: Sage, 1991), 40.

En este sentido, la investigación no es simplemente un prerrequisito de ayudar a la gente; ayudar a la gente es un componente intrínseco de la investigación. En palabras de William Foote Whyte,

> Although no mainstream behavioral scientist would argue that research in his or her field is entirely devoid of a practical significance, the prevailing view . . . is to assume that it is up the behavioral scientist to discover the basic facts and relationships, and it is up to others to somehow make use of what social researchers discover. . . . [T]he mainstream researcher nevertheless assumes that good science must eventually lead to improved practice. Here the important word is eventually. How long must we wait before what mainstream researchers discover eventually gets implemented in practice?[47]

En algunas versiones de la investigación-acción, especialmente las versiones enfocadas en temas industriales o profesionales de Norte América, los cambios prácticos concebidos son modestos: "subtle transformations brought about by the development of new programs or modifications in existing procedures."[48] En contraste, en versiones políticas y sureñas de la investigación-acción, las metas son más revolucionarias: "Generar cambios estructurales . . . no es solucionar problemas individuales sino tener un poder político, con el fin de llevar a cabo el cambio necesario."[49] Por razón de la ubicación de este proyecto en Colombia, se ha prestado más atención a las variedades latinoamericanas de la investigación-acción.

Características de la IAP

La investigación-acción echó raíces en suelo latinoamericano en los años 60 y 70[50] y su popularidad acá persistió después de haber perdido adherentes en el Atlántico Norte durante los años 80 y 90 (precisamente por causa de sus asociaciones con el activismo político de izquierda).[51] Lejos de simplemente reproducir el modelo de Lewin, sociocientíficos latinoamericanos avanzaron la investigación-acción una etapa más, aumentando dramáticamente el énfasis en la *participación de comunidades de base* en la investigación. El Simposio Internacional de Cartagena en 1977 resultó ser un punto de inflexión en el desarrollo de la teoría, agregando la palabra "participativa" a

---

47. William Foote Whyte, "Introduction," en *Participatory Action Research*, ed. William Foote Whyte (London: Sage, 1991), 8.

48. Stringer, *Action Research*, 208.

49. Olga Consuelo Vélez Caro, "El quehacer teológico y el método de investigación acción participativa: una reflexión metodológica," *Theologica Xaveriana* 67, n.º 183 (2017): 192.

50. Orlando Fals Borda, *El problema de como investigar la realidad para transformala por la praxis*, 7.a ed. (Bogotá: Tercer mundo, 1997), 15.

51. Stringer, *Action Research*, 10; cf. Mariane Krause, "Investigación-acción-participativa: una metodología para el desarrollo de la autoayuda, participación y empoderamiento," en *Experiencias y metodología de la investigación participativa*, ed. John Durston y Francisca Miranda, Políticas sociales, vol. 58 (Santiago, Chile: Naciones Unidas, 2002), 41.

"investigación-acción"[52] y así afirmando que la participación del sujeto había llegado a ser un rasgo distintivo de (lo que llegó a llamarse) la investigación-acción participativa (IAP).

La IAP latinoamericana se desarrolló con mayor fuerza en dos disciplinas sociocientíficas: la sociología y la pedagogía.[53] El teórico sociólogo catalizador fue el colombiano Orlando Fals Borda, uno de los convocantes del simposio de Cartagena en 1977. Fals Borda—con el cura-sociólogo-guerrillero-revolucionario Camilo Torres Restrepo—fundó el primer departamento colombiano de sociología en la Universidad Nacional y se convirtió en una eminencia intelectual colombiana. El teórico pedagógico álgido de la IAP fue el brasileño Paulo Freire.[54] Aunque la IAP se ha divulgado ampliamente en la escena global, las características distintivas de la teoría siguen llevando la impresión de estos dos teóricos.

Cuatro rasgos de la metodología IAP merecen un énfasis especial:

- el rol integral de una acción (es decir, una intervención),
- la ciclicidad,
- la participación comunitaria,
- la devolución de conocimiento a la comunidad.

Acción

Manteniendo el impulso original de Lewin,[55] Fals Borda rechazó la noción de la neutralidad investigativa académica[56] y argumentó que la buena investigación se debe orientar hacia la acción social.[57] "The principle criterion of the research should be to obtain knowledge useful for the promotion of just causes."[58] La IAP no tiene ninguna

---

52. Orlando Fals Borda, "Orígenes universales y retos actuales de la IAP," *Análisis político* 38 (1999): 84; Eduardo Leal, "La investigación acción participativa, un aporte al conocimiento y la transformación de Latinoamérica, en permanente movimiento," *Revista de investigación* 67, n.º 33 (2009): 23.

53. Ana Mercedes Colmenares E., "Investigación-acción participativa: una metodología integradora del conocimiento y la acción," *Voces y silencios: revista latinoamericana de educación* 3, n.º 1 (2012): 103–5.

54. Particularmente debido a su libro pionero *Pedagogy of the Oppressed*; Paulo Freire, *Pedagogy of the Oppressed*, 30th Anniversary ed., trad. Myra Bergman Ramos (New York: Continuum International, 2000).

55. Orlando Fals Borda, "Remaking Knowledge," en *Action and Knowledge: Breaking the Monopoly with Participatory Action Research*, ed. Orlando Fals Borda y Muhammad Anisur Rahman (New York: Apex, 1991), 160.

56. Fals Borda, "Orígenes universales," 71.

57. Colmenares E., "Investigación-acción participativa," 106.

58. Fals Borda, "Orígenes universales," 75. Este sentimiento llama la mente el criterio hermenéutico de Agustín que una buena interpretación bíblica es una que contribuye al amor de Dios y del prójimo: "Whoever, then, thinks that he understands the Holy Scriptures, or any part of them, but puts such an interpretation upon them as does not tend to build up this twofold love of God and our

pretensión de la objetividad científica imparcial, sino que es explícitamente impulsada por valores y comprometida con el florecimiento humano.[59] Rechazando la noción del estudio objetivo desinteresado o emocionalmente impasible, Fals Borda arguyó,

> la ciencia bien concebida exige tener una conciencia moral, y la razón habrá de ser enriquecida—no dominada—con el sentimiento. Cabeza y corazón tendrían que elaborar juntos, enfocando desafíos que no se pueden encarar sino con posiciones éticas que busquen equilibrar lo ideal con lo posible mediante la aplicación de una epistemología holística.[60]

Fals Borda concluyó entonces que la acción social—praxis—no fue meramente una parte de la investigación sino también lo que valida (o descalifica) a cualquier teoría.

> Tomando en cuenta que el "el criterio de la corrección del pensamiento es, por supuesto, la realidad," el último criterio de validez del conocimiento científico venía a ser, entonces, la praxis, entendida como una unidad dialéctica formada por la teoría y la práctica.[61]

Por consiguiente, la investigación-acción no meramente elabora hipótesis sobre problemas sociales, sino también crea "intervenciones experimentales." Estas intervenciones sirven, por un lado, para probar sus hipótesis, y, por otro lado, para generar un beneficio social. Estos dos componentes no se pueden separar, ya que el beneficio social generado es precisamente la evidencia que confirma o falsifica la hipótesis.[62] Como se dice en inglés, "The proof of the pudding is in the eating."

Ciclicidad

Una segunda característica clave de la IAP es su naturaleza cíclica. La IAP dio un paso más allá de la formulación de Lewin y propuso que el proceso investigativo se debe caracterizar por *un ciclo o ritmo de reflexión y acción*.[63] Uno comienza con una reflexión sobre la realidad, y con base en ella propone una intervención para probar la reflexión. Luego, analiza el impacto de la intervención en aras de refinarla y probarla

---

neighbour, does not yet understand them as he ought" (Augustine, *Doctr. chr.* 1.36.40).

59. Así Elaine Graham, "Is Practical Theology a Form of 'Action Research,'" *International Journal of Practical Theology* 17, n.º 1 (2013): 152.

60. Fals Borda, "Orígenes universales," 76.

61. Fals Borda, *Por la praxis*, 28. Las resonancias con la primacía praxeológica de la teología latinoamericana de la liberación son inconfundibles y no son coincidencias, ya que los dos movimientos se informaban mutuamente.

62. Chris Argyris y Donald Schön, "Participatory Action Research and Action Science Compared: A Commentary," en *Participatory Action Research*, ed. William Foote Whyte (London: Sage, 1991), 86; Stringer, *Action Research*, 12. Así también desde una perspectiva teológica, Vélez Caro, "El quehacer teológico," 205–6.

63. Fals Borda, "Orígenes universales," 78.

de nuevo. Este acercamiento cíclico refleja la comodidad de la IAP con la naturaleza provisional del conocimiento. Lejos de suponer que produce análisis intachables, la IAP es sospechosa de las teorías acabadas, las cuales suelen tomar el acercamiento de Procusto a la interpretación de la realidad, estirando los hechos y recortando los datos inconvenientes que no parecen cuadrar con la teoría.[64]

En términos más esquemáticos, los proyectos IAP se dividen en varias fases repetidas,[65] conforme con los siguientes lineamientos:

1. diagnóstico/reflexión preliminar
2. construcción de una acción/intervención
3. ejecución de la intervención
4. evaluación sistemática de la intervención, en aras de continuar el ciclo de investigación por
5. ajustar el diagnóstico y/o la intervención, y ejecutarlo de nuevo (potencialmente a una escala más grande).

Estos pasos se implementan en los mismos contextos locales, reconociendo que la precisión óptima resultará de tener una continuidad directa entre la comunidad en la que el diagnóstico preliminar se realizó, y aquella en la cual la intervención se implementa. Aunque otras ciencias sociales enfatizan la generalizabilidad de los resultados, la IAP es precavida ante la tendencia de apresurarse hacia la generalización, reconociendo que toda comunidad local es distinta, y que mayores grados de generalización probablemente diluirán la eficacia de la intervención.[66]

Teóricamente, la naturaleza cíclica de la IAP permitiría la repetición de la espiral investigativa *ad infinitum*, puesto que cada reintervención ajustada posiblemente puede sugerir más revisiones con beneficios sustanciales. Pero cuando una intervención refinada logra un nivel razonable de eficacia, se puede difundir a una escala más grande.[67] Naturalmente, una debida sensibilidad a las diferencias entre los contextos

---

64. Fals Borda, *Por la praxis*, 22–24; Krause, "Investigación-acción-participativa," 49; Maggie Walter, "Participatory Action Research," en *Social Research Methods*, ed. Maggie Walter (Oxford: Oxford University Press, 2010), 3–4.

65. Colmenares E., "Investigación-acción participativa," 107–08; Fabricio E. Balcazar, "Investigación acción participativa (iap): aspectos conceptuales y dificultades de implementación," *Fundamentos en humanidades* 4, n.º 1/2 (2003): 62–63; Fals Borda, *Por la praxis*, 24–25.

66. Así Stringer, *Action Research*, 5:

> The objective and generalizable knowledge embodied in social and behavioral research often is only marginally relevant to the situations [practitioners] encounter in their daily lives and has little application to the difficulties they face. Action research, however, is based on the proposition that generalized solutions may not fit particular contexts or groups of people and that the purpose of inquiry is to find an appropriate solution for the particular dynamics at work in a local situation . . . Generalized solutions must be modified and adapted in order to fit the context in which they are used.

67. Jan Irgens Karlsen, "Action Research as Method: Reflections from a Program for Developing

originales donde la intervención se desarrolló y los demás contextos en los cuales se generaliza, requiere que la difusión de la intervención también sea evaluada sistemáticamente y quizás revisada para tomar en cuenta variaciones entre las comunidades objetivo anterior (pequeña) y subsecuente (grande).

En la práctica, las herramientas utilizadas en los procesos de diagnóstico y reflexión de la IAP suelen ser cualitativos en vez de cuantitativos,[68] con una preferencia especial por las entrevistas y los grupos focales.[69] Este no es un asunto de necesidad estricta, pero refleja las convicciones de que (a) los métodos investigativos deben corresponder a las habilidades y la situación de los coinvestigadores y la población objetivo,[70] y que (b) los métodos cualitativos, por razón de ser abiertos, son menos propensos a predisponer las reacciones de los respondientes locales. Además, (c) los métodos cuantitativos suelen ser menos eficaces en suscitar la participación activa de miembros de la comunidad de base. Esto nos lleva al tercer y probablemente más complicado rasgo de la IAP.

La participación de investigadores no-académicos

La marca distintiva de la IAP, recalcada en el Simposio de Cartagena de 1977, es la *participación* de personas no académicas en el proceso investigativo. Fals Borda enfatizó el valor del conocimiento de "las gentes del común,"[71] fortaleciendo así un componente que estaba presente en el acercamiento de Lewin,[72] a pesar de no ser enfatizado por todos los teóricos de la investigación-acción.[73] Con "las gentes del común," Fals Borda no hizo referencia meramente a los no académicos que son profesionales; señaló el trabajo con las mismas personas que uno busca beneficiar con la IAP, las cuales a menudo son vulnerables y marginadas. Resistiendo la tendencia de reducir las comunidades marginadas a objetos de la investigación—colocándolas en láminas de vidrio debajo del microscopio del investigador—la IAP percibe los miembros de la comunidad no académica como "coinvestigadores," que observan sus propias situaciones en el microscopio y colaboran con los académicos en los ciclos de reflexión y acción.

Buscando superar la polarización entre el experto y el cliente, la IAP percibe ambas partes como "sentipensantes." Esta atención al componente afectivo del

---

Methods and Competence," en *Participatory Action Research*, ed. William Foote Whyte (London: Sage, 1991), 151. Aunque él describe el desarrollo de nuevas prácticas como un proceso cíclico, representa la difusión de resultados como una "salida" del ciclo de investigación-acción.

68. Colmenares E., "Investigación-acción participativa," 106.

69. Bergold y Thomas, "Participatory Research Methods," §§66–70.

70. Bergold y Thomas, "Participatory Research Methods," §63.

71. Fals Borda, "Orígenes universales," 74.

72. Clem Adelman, "Kurt Lewin and the Origins of Action Research," *Educational Action Research* 1, n.º 1 (1993): 9, 13–14.

73. Bergold y Thomas, "Participatory Research Methods," §8.

conocimiento deriva, según Fals Borda, de "Pascal's dictum in his *Thoughts*: 'the heart has its *reasons* which reason itself does not at all perceive',"[74] lo cual quiere decir que a menudo existen razones excelentes para sostener una perspectiva, aún en caso de que alguien en algún momento particular no puede enunciar la lógica de su convicción. A veces, el investigador académico puede ayudar a hacer explícito el "conocimiento tácito" del no académico, quien probablemente posee la comprensión más lúcida de su propia situación,[75] aun si la "siente" más de lo que la entiende cerebralmente.

En virtud del esfuerzo que los académicos invierten en aprender a pensar como un académico, no es fácil superar la sospecha (o desdeño descarado) del conocimiento de las comunidades marginadas. De forma similar, no es extraño que las comunidades de base echen a un lado las perspectivas académicas (especialmente si se presentan en una manera recóndita que es opaca a la persona no académica). A la inversa, es posible que la gente idolatre el conocimiento del otro y menosprecie su propia perspectiva. Esto sucede con mayor frecuencia entre las comunidades marginadas, las cuales han llegado a desesperarse con su propia eficacia e inteligencia, pero a veces también sucede entre académicos cuya sensibilización a las dinámicas poscoloniales puede causar una elevación dispareja de la perspicacia de los pobres. Ninguno de esos extremos es óptimo.

Kathryn Herr y Gary Anderson representan varias perspectivas frente los conocimientos de *outsiders* e *insiders* como "Cuatro cuadros del saber" (véase a continuación). La tabla representa de forma esquemática las posibilidades del optimismo o pesimismo sobre el conocimiento del grupo de uno mismo y del grupo del otro. Aunque el cuadrante IV es el menos común entre los investigadores y los activistas (siendo nihilista frente el conocimiento), los cuadrantes II y III son comunes. "The goal of collaborative research," proponen ellos, "is to reduce the tendencies of quadrants II and III and to expand quadrant I."[76]

Los cuatro cuadros del saber[77]

I Nosotros sabemos Ellos saben	II Nosotros no sabemos Ellos saben
III Nosotros sabemos Ellos no saben	IV Nosotros no sabemos Ellos no saben

Aunque el investigador académico y el coinvestigador no académico surjan de trasfondos diferentes y cuenten con formas de pensar que son ampliamente divergentes

---

74. Fals Borda, "Remaking Knowledge," 150.
75. Graham, "Practical Theology," 152.
76. Kathryn Herr y Gary L. Anderson, *The Action Research Dissertation: A Guide for Students and Faculty* (Thousand Oaks, CA: Sage, 2012), 41.
77. Herr y Anderson, *Action Research Dissertation*, 41.

(académicas en vez de experiencia) en su investigación colaborativa, ellos, sin embargo, se comprometen al proceso de escucharse mutua y empáticamente,[78] trabajando juntos en busca de convergencias entre conocimientos académico y popular,[79] en aras de alcanzar una transformación social real. Este compromiso compartido permite que las divergencias en sus formas de conocimiento se superen en un proceso dialógico.

> The sum of knowledge from both types of agents . . . makes it possible to acquire a much more accurate and correct picture of the reality that is being transformed. Therefore academic knowledge combined with popular knowledge and wisdom may result in total scientific knowledge of a revolutionary nature which destroys the previous unjust class monopoly.[80]

En un escenario ideal (aunque tal vez difícil de lograr), la IAP involucra a actores locales en cada etapa del proceso de investigación: la identificación del problema/tema a investigarse, la identificación de la información que se buscará, la elaboración de los protocolos investigativos que se aplicarán,[81] la recolección y análisis de datos, el diseño de una intervención y la reflexión con relación a su eficacia.[82]

Pero la naturaleza participativa de un proyecto IAP ideal se extiende más allá de las comunidades marginadas. La IAP busca fomentar la participación de todos los actores pertinentes al problema, no solo las víctimas, sino cualquier número necesario de entidades adyacentes (ONGs, poblaciones no victimizadas, grupos religiosos, grupos gubernamentales) con el fin de facilitar la cooperación y el beneficio óptimos. Esta tendencia hacia la inclusión también pretende abordar cada faceta pertinente de un problema (económica, social, política, religiosa, etc.)[83] y de forma correspondiente movilizar todas formas pertinentes de pericia (académica y experiencial), en reconocimiento del hecho de que, cuando la única herramienta que uno tiene es un martillo, cada problema parece un clavo.

---

78. Fals Borda, "Orígenes universales," 80, elabora:
Aprendimos a desarrollar una actitud de empatía con el Otro, actitud que llamamos "vivencia" (el Erfahrung de Husserl). Nos fue fácil así, con el toque humano de la vivencia y la incorporación de la simetría en la relación social, escuchar bien aquellos discursos que provenían de orígenes intelectuales diversos o que habían sido concebidos en sintaxis culturales diferentes.

79. Fals Borda, "Orígenes universales," 75.

80. Fals Borda, "Some Basic Ingredients," en *Action and Knowledge: Breaking the Monopoly with Participatory Action Research*, eds. O. Fals Borda y M. A. Rahman (New York: Apex, 1991), 4; cf. Fals Borda, "Remaking Knowledge," 152.

81. Fals Borda, "Orígenes universales," 79; S. Kindon, R. Pain y M. Kesby, "Participatory Action Research," en *International Encyclopedia of Human Geography*, ed. Rob Kitchin y Nigel Thrift (Amsterdam: Elsevier, 2009), 93.

82. Colmenares E., "Investigación-acción participativa," 106–08; Rodrigo Contreras O., "La investigación acción participativa (IAP): revisandos sus metodologías y potencialidades," en *Experiencias y metodología de la investigación participativa*, ed. John Durston y Francisca Miranda, Políticas sociales, vol. 58 (Santiago, Chile: Naciones Unidas, 2002), 10–12; Leal, "Investigación acción participativa," 25.

83. Stringer, *Action Research*, 35.

Desde la perspectiva académica, los beneficios de semejante acercamientos son obvios:

1. Los coinvestigadores locales poseen conocimientos matizados y de primera mano de sus experiencias, de modo que

    a. pueden diagnosticar su propia situación en términos endógenos[84]

    b. y pueden identificar las deficiencias de intervenciones potenciales, tomando en cuenta dinámicas que serían opacas a personas ajenas a la comunidad.

2. Involucrar a investigadores locales contribuye a la proactividad y el sentido de propiedad de la comunidad con relación a la investigación, generando datos más matizados y significativos, e intervenciones más contextualmente viables.

3. Todo esto conduce a un mayor compromiso comunitario con la intervención propuesta, lo cual, en cambio, mejora la probabilidad del éxito de la intervención.[85]

Sin embargo, los beneficios académicos de la IAP no deben ensombrecer el hecho de que, conforme con los compromisos de Paulo Freire, la versión latinoamericana de la investigación-acción procura contribuir a la concientización (*conscientização*) de los investigadores no académicos y apoyarlos con conocimientos y habilidades para que puedan defender sus propios intereses y cambiar sus propias circunstancias.[86]

La devolución del conocimiento a la comunidad en diversas formas

Por esta razón, un aspecto esencial del carácter participativo de la IAP es el compromiso de *devolver el conocimiento* a las comunidades locales.[87] En contraste con los procesos investigativos que son puramente extractivistas, la IAP genera conocimiento en conjunto con coinvestigadores no académicos y circula aquel conocimiento a sus coinvestigadores y la comunidad más amplia. Este proceso implica un compromiso con el desarrollo de mecanismos comunicativos no académicos, para asegurar que la carencia común de formación secundaria o terciaria entre las comunidades de base no resulte en su exclusión del conocimiento que la comunidad misma ayudó a generar. En palabras de Fals Borda,

---

84. Véase, por ejemplo, el argumento de Robert Chambers sobre las diferencias entre como la pobreza es entendida por gente del mundo mayoritario en contraste con los paradigmas de los investigadores del norte atlántico; Robert Chambers, "Poverty and Livelihoods: Whose Reality Counts?," *Environment and Urbanization* 7, n.º 1 (1995): 173–204. Chambers es un pionero de *Participatory Rural Appraisal*, un primo metodológico de la IAP.

85. Cf. Andrea Cornwall y Rachel Jewkes, "What is Participatory Research?," *Social Science & Medicine* 41, n.º 12 (1995): 1668; Hella von Unger, "Partizipative Gesundheitsforschung: Wer partizipiert woran?," *Forum: Qualitative Sozialforschung* 13, n.º 1 (2012): §9.

86. Freire, *Pedagogy of the Oppressed*, 65–69; Fals Borda, "Orígenes universales," 76.

87. Fals Borda, "Some Basic Ingredients," 9.

> tuvimos que modificar nuestras costumbres de informar al público para que éste entendiera bien los datos y mensajes reportados. Desarrollamos así una técnica diferencial de comunicación según nivel de alfabetización... Desarrollamos cuentos-casetes, folletos ilustrados, vallenatos y salsas protesta, retratos hablados y mapas culturales.[88]

La importancia de la difusión de la información en géneros múltiples y a audiencias múltiples no se puede exagerar. Esto no niega la necesidad de la publicación académica (Fals Borda fue un académico prolífico), sino que socava el "monopolio de la palabra escrita." Fals Borda urgió a los investigadores a emprender múltiples niveles de comunicación simultáneamente, dependiendo del público al cual el conocimiento se difunde.[89]

De forma similar, Ernest Stringer anima a los investigadores a ampliar su repertorio genérico, incorporando estrategias utilizadas por periodistas y escritores de ficción, en aras de aprender cómo combinar la información factual con el tipo de lucidez interpretativa e ímpetu retórico que facilita la comprensión de lo que los datos significan, no solo en abstracto sino personal, práctica y políticamente. Diferentes géneros literarios, voces y estilos

> will provide more effective ways of knowing, other ways of feeling our way into the experiences of others. Such writing... will reveal the meaning of events given by interacting individuals, focusing on experience that is deeply embedded in and derived from local cultural contexts that will include homes, offices, schools, streets, factories, clinics, hotels, and so on.[90]

Esta exhortación encaja bien con la descripción de la IAP de los participantes cómo "sentipensantes," cuyo conocimiento se interpreta y se expresa a través de emociones y en circunstancias concretas. Consecuentemente, los informes de la IAP, si son fieles a los tipos de datos construidos por los coinvestigadores, no se pueden reducir exclusivamente a abstracciones frías y desapasionadas.

> They must be empathetic, evocative accounts that embody the significant experiences embedded in the taken-for-granted world of people's everyday lives. They must record the agonies, pains, tragedies, triumphs, actions, behaviors, and deeply felt emotions—love, pride, dignity, honor, hate, and envy—that constitute the real world of human experience.[91]

Cabe agregar que la incorporación de expresiones hermosamente evocativas de los datos no es de pertinencia exclusiva a públicos no académicos, como si la falta de

---

88. Fals Borda, "Orígenes universales," 79; cf. Fals Borda, *Por la praxis*, 39–40; Kindon, Pain y Kesby, "Participatory Action Research," 94.
89. Fals Borda, "Some Basic Ingredients," 9.
90. Stringer, *Action Research*, 207.
91. Stringer, *Action Research*, 208, cf. 15.

capacitación académica de estos grupos requiriera la condescendencia del estudioso para comunicar en formas afectivamente conmovedoras. Si un público académico debe entender el conocimiento de los coinvestigadores no académicos, ellos también tendrán que activar su empatía; la tendencia de los académicos hacia el conocimiento puramente cerebral no es una fortaleza, sino una deficiencia, ya que la verdad no es meramente un asunto de datos racionales. Además, si el público erudito es *cambiado* por un proyecto de IAP (teniendo en mente que el impacto de un proyecto de IAP no se tiene que limitar a los participantes locales), se tiene que alcanzar tanto a los niveles intelectual como emocional.

En términos resumidos, el acercamiento participativo implica beneficios tanto para la calidad *emic* (endógena) de la investigación como para la difusión de los hallazgos en y más allá de círculos académicos.

Desafíos y críticas de la IAP

A pesar de los muchos beneficios, la IAP presenta dificultades también. Las críticas y los desafíos de la IAP incluyen:

- la percibida falta de controles metodológicos en proyectos de la IAP;[92]
- una tendencia de parte de la IAP a menospreciar métodos investigativos convencionales;[93]
- los límites y vulnerabilidades del conocimiento de la comunidad de base;[94]
- la incompatibilidad de la IAP con la rigidez calendárica de las universidades y las instituciones que patrocinan investigaciones;[95]
- la presión de generar siempre mayor número de productos académicos;
- la dificultad—en ciertos casos la imposibilidad—de realizar un proyecto a una escala grande y generar un consenso entre todos los participantes cuando un tema de investigación abarca los intereses de diversos sectores y estratos de la sociedad.[96]

Esto nos lleva a retomar el tema de la concientización de la IAP. Dadas sus raíces marxistas, un compromiso central de la IAP es la generación de una conciencia crítica

---

92. Walter, "Participatory Action Research," 6–7; Bergold y Thomas, "Participatory Research Methods," §78; Balcazar, "Investigación acción participativa," 70.

93. Kindon, Pain y Kesby, "Participatory Action Research," 93.

94. Kindon, Pain y Kesby, "Participatory Action Research," 93; Fals Borda, *Por la praxis*, 34.

95. Bergold y Thomas, "Participatory Research Methods," §§82–83; Cornwall y Jewkes, "What is Participatory Research?," 1674.

96. Geoff Mead, "Muddling Through: Facing the Challenges of Managing a Large-Scale Action Research Project," en *The SAGE Handbook of Action Research: Participative Inquiry and Practice*, ed. Peter Reason y Hilary Bradbury (Los Angeles: SAGE, 2008), 637–39; Ann W. Martin, "Action Research on a Large Scale: Issues and Practices," en *The SAGE Handbook of Action Research: Participative Inquiry and Practice*, ed. Peter Reason y Hilary Bradbury (Los Angeles: SAGE, 2008), 399.

en grupos marginados para que ellos puedan tomar control de sus propios destinos y llegar a ser actores políticos autónomos.[97] Es por tal razón que un proceso lento de participación es tan central a la IAP, porque sin ello la gente no adquiere la anhelada conciencia crítica.

Empero—sin menospreciar el valor de la concientización—toca resaltar que la construcción de una conciencia crítica no es la única meta legítima de un proyecto de investigación, y que ciertas metas se pueden alcanzar mejor con los métodos de investigación convencionales. En la medida en que un grupo marginado no sufra meramente por razón de la opresión, sino por desventajas psicológicas, económicas o educacionales, el diseño de un proyecto no se debe limitar indebidamente por la preocupación marxista sobre dinámicas de poder político. Esto es relevante para FyD, puesto que el sufrimiento de las PSD no se puede reducir a un desapoderamiento político o a falta de acceso a los medios de producción. Su sufrimiento resulta de una combinación de factores (espirituales, emocionales, económicos, educacionales, interpersonales, etc.). Entonces FyD busca evitar cualquier reduccionismo que—como resultado de una marginación metodológica de la investigación convencional a favor de acercamientos puramente participativos—impida la meta fundamental de fomentar el florecimiento humano holístico de las personas desplazadas.

LA COMPATIBILIDAD DE LA IAP Y LA MISIOLOGÍA INTEGRAL

A pesar del hecho de que la misiología integral y la IAP emergieron en diferentes disciplinas académicas, los compromisos fundamentales de ambos métodos las hacen aliadas naturales. Como se delineó arriba, tres de los componentes principales de la misiología integral son:

1. el rol central de la *Biblia* en el quehacer teológico,
2. el compromiso de responder a las *realidades sociales concretas* de la Iglesia, y
3. la priorización de la *participación de los laicos* en la misión de la Iglesia.

Además, los compromisos vitales de la IAP son:

1. la creación de una *acción*, una intervención, como respuesta a un problema del mundo real,
2. la naturaleza *cíclica* de reflexión, intervención y evaluación,
3. la necesidad de la *participación no académica* en el proceso de investigación, y
4. *la devolución de conocimiento a la comunidad* en diversas formas.

---

97. Véase, por ejemplo, Balcazar, "Investigación acción participativa," 67–69; Leal, "Investigación acción participativa," 25.

Dos de los compromisos críticos de cada teoría tienen contraparte en la otra. La dedicación de la misiología integral a responder de forma concreta a las realidades sociales tiene su contraparte en el compromiso de la investigación, acción para crear una intervención como respuesta a las problemáticas que enfrenta. Los dos marcos teóricos están dedicados a la transformación activa de las realidades materiales y sociales.[98]

Similarmente, el énfasis de la IAP en la participación no académica en procesos de investigación viene como anillo al dedo al énfasis de la misiología integral en la participación de los laicos. Es más, la IAP ayuda a desagregar el grupo monolítico de "laicos" en diferentes tipos de actores (profesionales, líderes de comunidades, víctimas, etc.), facilitando así distinciones que superan la división sencilla entre líder y laico. En resumen, *ambos movimientos buscan responder a problemas sociales reales combinando los esfuerzos de líderes tradicionales con las contribuciones de no especialistas.*

Los demás compromisos de las dos teorías no obstaculizan su compatibilidad mutua. Por ejemplo, no hay ninguna incompatibilidad entre la misiología integral y el acercamiento cíclico de la IAP, ni entre la IAP y el énfasis de la misiología integral en el rol que la Biblia juega para la Iglesia en busca de realizar su misión. Se podría imaginar, *hipotéticamente*, que un biblicismo misiológico podría provocar un cortocircuito en la colaboración con las ciencias sociales, en caso de concebir las Escrituras como la fuente *exclusiva* de conocimiento sobre las realidades concretas a las cuales la Iglesia responde. Pero semejantes reduccionismo epistemológico ha sido categóricamente rechazado por los misiólogos integrales. El congreso de la FTL de 1988, "Fe cristiana y las ciencias sociales en América Latina" explícitamente argumentó contra tal oscurantismo. Similarmente, la Comunidad de Estudios Teológicos Interdisciplinarios (CETI)—fundada por la comunidad Kairós para capacitar a la gente en la reflexión teológica sobre diversos aspectos (profesional, social, familiar etc.) de sus vidas cotidianas—enfatiza la importancia de la colaboración interdisciplinar no solo en el título de su escuela[99] sino también en su diseño curricular.[100] Finalmente, las obras de estudiosos como Padilla manifiestan entusiasmo por incorporar el análisis socio-científico al lado de la reflexión teológica.[101]

Aunque la IAP en sí no cuenta con compromisos religiosos, no existe ninguna incompatibilidad intrínseca entre un compromiso cristiano y la metodología IAP. El cristianismo fue formativo para los teóricos fundadores de la IAP en el gremio sociológico: Camilo Torres fue un cura católico; Fals Borda comenzó su trabajo como presbiteriano y, a pesar de que eventualmente dejara de identificarse como cristiano,

---

98. Vélez Caro, de manera paralela, ha anotado las similitudes entre la IAP y la teología de la liberación con relación a la prioridad de la praxis; Vélez Caro, "El quehacer teológico," 196–97.

99. Comunidad de Estudios Teológicos Interdisciplinares [CETI], "Historia," http://ceticontinental.org/portal/quienes_somoshistoria/, fecha de último acceso 26 de noviembre, 2021.

100. Padilla DeBorst, "Integral Mission Formation," 236–55.

101. Padilla, "Ciencias sociales y compromiso cristiano," 247–52; C. René Padilla, *Economía humana y economía del Reino de Dios* (Buenos Aires: Kairos, 2002); Padilla, "Globalization, Ecology and Poverty," 175–91.

su trabajo seguía siendo marcado por rasgos cristianos.[102] Por otro lado, la teoría pedagógica de Paulo Freire fue clave en el diseño curricular de CETI[103] y prominente en el discurso de Lausana dado por el miembro de la FTL, Orlando Costa.[104] Entonces parece razonable concluir que la misiología integral se puede enriquecer más por la aplicación de la IAP, sin poner en peligro sus propios compromisos fundamentales; en cambio, los principios de la misiología integral no tienen por qué socavar el rigor de la IAP.

LA INVESTIGACIÓN-ACCIÓN MISIONAL

En virtud de los beneficios que la IAP podría generar para nuestro trabajo, y de la compatibilidad esencial de la IAP con la misiología integral, se decidió sintetizar las dos teorías en un acercamiento titulado la *Investigación-acción misional* (IAM).

La definición de la IAM

La IAM (1) responde a problemas del mundo real emprendiendo un proyecto que (2) incluye una intervención concreta (3) implementada según la secuencia de la IAP (4) a través de la movilización de comunidades cristianas locales. (5) La IAM incorpora diversos participantes (seleccionados de los directamente afectados por el problema, además de académicos, profesionales, líderes religiosos y laicos) y (6) presta atención sostenida a las fuentes religiosas del conocimiento, especialmente la Biblia, en diversos niveles del proyecto, (7) fusionándolas con fuentes no religiosas de conocimiento y (8) devolviendo ese conocimiento a las comunidades afectadas y al gremio académico, vía medios genéricamente diversos.

Se elaborará a continuación cada uno de esos puntos secuencialmente.

(1) La IAM no está interesada en la investigación meramente teórica o académica; es "a response to a wound."[105] Aunque es genuinamente académica, la IAM confronta y busca aliviar *problemas concretos*, especialmente de grupos vulnerables, como una expresión de la misión integral de la iglesia.

(2) Intrínsecas al quehacer de la IAM son la creación e implementación de una *intervención* diseñada para responder a la pérdida, dolor o injusticia confrontada. Aunque la IAM está profundamente interesada en enriquecer la teología por medio de la interacción con la población afectada, el refinamiento de la comprensión teológica

---

102. Gabriel Restrepo, "Seguir los pasos de Orlando Fals Borda: religión, música, mundos de la vida y carnaval," *Investigación y desarrollo* 24, n.º 2 (2016): 199–239; Nancy Milena Contreras Lara y José Daniel Gutiérrez Rodríguez, "La parte religiosa e ignorada de Orlando Fals Borda" (Corporación Universitaria Minuto de Dios, 2012).

103. Padilla DeBorst, "Integral Mission Formation," 295–99.

104. Stanley, *Global Diffusion of Evangelicalism*, 167.

105. McClintock Fulkerson, *Places of Redemption*, 12.

es ancilar a la meta primaria de avanzar el Reino de Dios por medio de la misión de la iglesia, y la evaluación de un proyecto IAM depende de este criterio.

(3) La IAM sigue la *secuencia* de la IAP. Comienza por (a) hacer un <u>diagnóstico preliminar del problema</u>, aplicando las herramientas (literatura, encuestas, entrevistas, grupos focales, etc.) de la investigación socio-científica y las fuentes de conocimiento (teológicas, sociológicas, experiencias) de todas las partes interesadas para formular una caracterización multidimensional del problema. Con base en ese diagnóstico preliminar, el equipo de IAM (b) <u>construye una intervención</u> para responder a la "herida." Las partes interesadas cooperan para (c) <u>ejecutar la intervención</u> en comunidades reales, idealmente las mismas donde se realizó el diagnóstico preliminar. A continuación, el efecto de la intervención es evaluado, utilizando herramientas empíricas de las ciencias sociales. Con esos hallazgos a la mano, el equipo (d) <u>interpreta el efecto de su intervención</u>, midiendo su eficacia e identificando cómo se podría mejorar. Sobre esta base, el equipo (e) <u>revisa la intervención como parte de un ciclo investigativo continuado</u>, potencialmente <u>difundiendo la intervención a una escala más grande</u>, si la eficacia inicial de la intervención lo justifica. En la medida de lo apropiado, el proceso IAM se podría continuar cíclicamente para afinar la intervención o ajustarla al haberla aplicado a un círculo más amplio de comunidades.

(4) Un componente de la IAM no contemplado directamente por la IAP es la *movilización de iglesias cristianas*. Tal como lo indica la "M" del acrónimo, la IAM sirve la *misión* de la iglesia. Sin negar el valor de los seminarios y las organizaciones pro eclesiales dentro del cuerpo de Cristo, el agente principal del Reino es la iglesia, la cual, a pesar de su naturaleza universal, existe y opera especialmente como comunidades locales de fe. Asimismo, la IAM busca colaborar con, aprender de, brindar recursos a y apoyar a iglesias cristianas locales en su trabajo misional, en vez de emprender su propia iniciativa misional en paralelo a la de la iglesia local.

(5) La movilización de las iglesias cristianas es pertinente a la incorporación de varios *participantes*. Bajo la guía de la misiología integral, la IAM trabaja tanto con líderes eclesiales como con laicos cristianos, reconociendo las diversas formas en las que son dotadas las diferentes partes del cuerpo de Cristo. Bajo la guía de la IAP, la IAM incorpora miembros de la población directamente afectada por el problema que se está enfrentando—además de académicos, líderes eclesiales y profesionales.

La IAM también recurre a formas de conocimiento que son (6) *religiosas* y a la vez (7) *no religiosas*. Convencida que "all truth is God's truth,"[106] que tanto la revelación especial como general se derivan de la misma fuente, la IAM no escatima ningún aprendizaje que podría avanzar la misión de la iglesia. Todas las formas del conocimiento—científicas, socio-científicas o humanistas; religiosas o seglares; académicas o empíricas—se deben explorar. Para sacar provecho del conocimiento académico y empírico, los practicantes de la IAM recurren a la literatura científica y la investigación de campo. Pero, conforme con los compromisos de la misión integral, la

---

106. Así Arthur F. Holmes, *All Truth is God's Truth* (Grand Rapids: Eerdmans, 1977).

Biblia recibe atención especial, siendo a la vez una fuente de la verdad y una fuente de inspiración y motivación para los participantes. Esto no niega las otras mediaciones de la revelación especial (tradicional, carismática, experiencial), sino que reconoce que, en particular en contextos protestantes, la Biblia es de importancia irreducible para mover los corazones y las manos de las comunidades cristianas.

(8) Finalmente y conforme con la IAP, la IAM se compromete con la *devolución del conocimiento*, en primer lugar, a las comunidades inmediatamente afectadas, y, en segundo lugar, al mundo eclesial y académico más amplio. Para respaldar la misión de la iglesia (y asegurar que las carreras académicas no son avanzadas simplemente narrando el sufrimiento de otros), la IAM prioriza la distribución de conocimiento a los que han sido más inmediatamente afectados por el problema abordado, y como segunda prioridad difunde esa información a otros públicos (sean académicos o eclesiales). Esto va en contra de las prioridades típicas de la investigación académica, y como tal requiere de un acercamiento atípico a la distribución del conocimiento. La IAM entonces persigue la eficacia pedagógica y la innovación para asegurar que el conocimiento supuestamente "devuelto" a la comunidad no se haga solo teóricamente disponible, sino que efectivamente se imparta y luego se implemente en la comunidad.

Ventajas de la IAM

El acercamiento de la IAM ofrece numerosos beneficios para teólogos y comunidades cristianas misionales.[107] En primer lugar, la IAM crea una estructura para la colaboración interdisciplinaria entre teólogos y sociocientíficos. La secuencia IAM permite que los teólogos y sociocientíficos cooperen de forma alineada. Ellos trabajan juntos para decidir cuáles conceptos (teológicos y socio-científicos) quieren explorar con la población objetivo. Los sociocientíficos pueden guiar el proceso de crear protocolos de investigación de campo, y junto con los teólogos, analizan los datos, tomando en cuenta los rasgos inmanentes y trascendentes de sus hallazgos. Los teólogos, en cambio, pueden adoptar categorías de las ciencias sociales con la colaboración de sus colegas no teólogos, cuya participación protege contra cualquier lapso en apropiaciones reduccionistas de teorías sociocientíficas que a veces caracterizan las propuestas teológicas interdisciplinares. Con el apoyo de sociocientíficos, los teólogos pueden incorporar aspectos pertinentes del pensamiento sociocientífico sin tener que volverse expertos en aquellos campos. Similarmente, sociocientíficos creyentes son apoyados por los teólogos en la exploración de los aspectos trascendentes de su investigación, sin caer en la búsqueda de "textos prueba" de la Biblia ("proof texting") ni en el reduccionismo teológico.

---

107. Lo cual quiere decir que la IAM es una herramienta útil, no que es de alguna forma la mejor herramienta para toda investigación misiológica o práctico teológica; cf. Whyte, "Introduction," 8; Whyte, Greenwood, and Lazes, "Participatory Action Research," 19.

Además de estructurar las colaboraciones interdisciplinares, la IAM facilita la aplicación concreta de las reflexiones teológicas a la práctica eclesial. Aunque la misiología tal vez es una de las subdisciplinas teológicas más orientadas hacia la aplicación (mucho más que, por ejemplo, los estudios bíblicos o la teología filosófica), dado que la aplicación y la reevaluación cíclica son intrínsecas a la IAM, un análisis en profundidad de las ramificaciones de nuevas teorías es parte integral de la indagación teológica y misional de la IAM. El hecho de que el desarrollo de una intervención sea incorporado en la IAM debe ser particularmente ameno para los misiólogos integrales, los cuales durante muchos años han enfatizado la importancia de las aplicaciones prácticas de una teoría misional (véase, por ejemplo, los manuales *Iglesia, comunidad y cambio*[108] creados por la comunidad Kairós).[109]

Naturalmente, las ventajas de este tipo de colaboración no se aplican meramente a los teólogos. Los sociocientíficos se benefician de las habilidades del teólogo al hacer sus hallazgos accesibles y amenos a las comunidades religiosas locales, ya que la cercanía de los teólogos a los ministerios de enseñanza y predicación de las iglesias típicamente implica que estos gozan de mayor experiencia que otros eruditos en comunicar sus ideas a personas no académicas.

Más allá de crear e implementar una intervención, la IAM fortalece los esfuerzos de los teólogos en evaluar empírica y multidimensionalmente la eficacia de sus intervenciones. Esto facilita la revisión de las intervenciones de formas que van más allá de los ajustes impresionistas que los practicantes habitualmente realizan, lo cual en cambio mejora la eficacia de la intervención en aplicaciones futuras. La evaluación empírica de distintas intervenciones también podría brindar a practicantes los datos concretos a menudo exigidos por entidades (denominaciones, gobiernos, organizaciones para la financiación de actividades académicas, etc.) que tendrían interés en financiar proyectos futuros.

Finalmente, la IAM acerca al investigador académico a la comunidad afectada. Al hacer investigaciones de campo en conjunto con coinvestigadores locales, los académicos ganan una comprensión más profunda de las realidades tan complicadas de la comunidad. Además, el imperativo de devolver el conocimiento en formas accesibles a la comunidad impide la tendencia de los académicos a conseguir los datos que requieren para la publicación académica y después desaparecer a sus universidades. En términos resumidos, la IAM puede fortalecer la endogeneidad, la interdisciplinariedad, el rigor empírico, la financiación y el impacto social de investigaciones cristianas que procuran avanzar la misión integral de la iglesia.

---

108. Comunidad Kairós, *Iglesia, comunidad y cambio: manual de actividades* (Buenos Aires: Kairós, 2002); Comunidad Kairós, *Iglesia, comunidad y cambio: manual del coordinador* (Buenos Aires: Kairós, 2002); Comunidad Kairós, *Iglesia, comunidad y cambio: manual del facilitador* (Buenos Aires: Kairós, 2002).

109. La comunidad Kairós es un practicante clave de la misión integral y una hija de la FTL.

CONCLUSIÓN

Este capítulo ha presentado la investigación-acción misional, la propuesta teórica que subyace al proyecto de FyD. La IAM es una metodología que procura robustecer la misiología integral incorporando componentes del método investigativo de la IAP. Comenzó resaltando aspectos claves de la misión integral, recalcando el compromiso del movimiento con la Biblia, con el abordaje de problemas sociales concretos y con la participación de laicos en la misión de la iglesia. Luego se bosquejó el trasfondo histórico de la IAP y sus cuatro compromisos claves: la creación de una acción con base en la investigación; la naturaleza cíclica de la investigación; la priorización de la participación de personas no académicas en el proceso investigativo; y la devolución de conocimiento a la comunidad.

Con base en estos análisis, se argumentó que las dos teorías son mutuamente compatibles, especialmente en su compromiso con la praxis concreta y la participación de los no especialistas. Se propuso entonces combinarlos en un acercamiento que se denominó la investigación-acción misional, una metodología de trabajo colaborativo que combina rasgos de cada teoría en un proceso investigativo que moviliza a iglesias locales e incorpora aportes de fuentes religiosas y no religiosas de conocimiento. Se propuso que la IAM generaría beneficios significativos para la investigación de la misiología integral, estructurando una interacción más sostenida con las ciencias sociales, facilitando el análisis empírico de las teorías y asegurando el diseño de intervenciones más eficaces. Aunque semejante colaboración interdisciplinar y empírica indudablemente sería un desafío para el teólogo, los beneficios del acercamiento recompensan los retos con creces.

En resumen, la IAM es nuestra respuesta al llamado de René Padilla a avanzar la misiología integral. Aunque este capítulo se ha enfocado en la teoría, el resto del libro es testimonio de su eficacia en el avance de la misión de la iglesia de Colombia a favor de las víctimas del desplazamiento forzado en el país. La teoría funciona en la realidad.

BIBLIOGRAFÍA

Adelman, Clem. "Kurt Lewin and the Origins of Action Research." *Educational Action Research* 1, n.º 1 (1993): 7-24.

Argyris, Chris y Donald Schön. "Participatory Action Research and Action Science Compared: A Commentary." En *Participatory Action Research*, ed. William Foote Whyte, 85-96. London: Sage, 1991.

Balcazar, Fabricio E. "Investigación acción participativa (iap): aspectos conceptuales y dificultades de implementación." *Fundamentos en humanidades* 4, n.º 1/2 (2003): 59-77.

Bedford, Nancy Elizabeth. "La misión en el sufrimiento y ante el sufrimiento." En *Bases bíblicas de la misión: perspectivas latinoamericanas*, ed. C. René Padilla, 383-403. Buenos Aires: Kairós, 1998.

Bergold, Jarg y Stefan Thomas. "Participatory Research Methods: A Methodological Approach in Motion." *Forum Qualitative Sozialforschung* 13, n.º 1 (2012): 110 paragraphs.

Bevans, Stephen B. y Roger P. Schroeder. *Constants in Context: A Theology of Mission for Today*. Maryknoll, NY: Orbis, 2004.

Boff, Leonardo. *Jesus Christ Liberator: A Critical Christology for Our Time*. Trad. de Patrick Hughes. Maryknoll, NY: Orbis, 1978.

Cameron, Helen, Deborah Bhatti, Catherine Duce, James Sweeney y Clare Watkins. *Talking about God in Practice: Theological Action Research and Practical Theology*. London: SCM, 2010.

Chambers, Robert. "Poverty and Livelihoods: Whose Reality Counts?" *Environment and Urbanization* 7, n.º 1 (1995): 173–204.

Colmenares E., Ana Mercedes. "Investigación-acción participativa: una metodología integradora del conocimiento y la acción." *Voces y silencios: revista latinoamericana de educación* 3, n.º 1 (2012): 102–15.

Comunidad de Estudios Teológicos Interdisciplinares (CETI). "Historia." http://ceticontinental.org/portal/quienes_somoshistoria/. Fecha de último acceso November 26.

Contreras Lara, Nancy Milena y José Daniel Gutiérrez Rodríguez. "La parte religiosa e ignorada de Orlando Fals Borda." Corporación Universitaria Minuto de Dios, 2012.

Contreras O., Rodrigo. "La investigación acción participativa (IAP): revisandos sus metodologías y potencialidades." En *Experiencias y metodología de la investigación participativa*, eds. John Durston y Francisca Miranda, 9–17. Políticas sociales, vol. 58. Santiago, Chile: Naciones Unidas, 2002.

Cornwall, Andrea y Rachel Jewkes. "What is Participatory Research?" *Social Science & Medicine* 41, n.º 12 (1995): 1666–76.

Escobar, Samuel "Doing Theology on Christ's Road." En *Global Theology in Evangelical Perspective: Exploring the Contextual Nature of Theology and Mission*, eds. Jeffrey P. Greenman y Gene L. Green, 67–85. Downer's Grove, IL: Intervarsity, 2012.

Fals-Borda, Orlando y Mohammad Anisur Rahman, eds. *Action and Knowledge: Breaking the Monopoly with Participatory Action Research*. New York: Apex, 1991.

Fals Borda, Orlando. *El problema de como investigar la realidad para transformala por la praxis*. 7th ed. Bogotá: Tercer mundo, 1997.

———. "Orígenes universales y retos actuales de la IAP." *Análisis político* 38 (1999): 71–88.

———. "Remaking Knowledge." En *Action and Knowledge: Breaking the Monopoly with Participatory Action Research*, eds. Orlando Fals Borda y Muhammad Anisur Rahman, 146–66. New York: Apex, 1991.

———. "Some Basic Ingredients." En *Action and Knowledge: Breaking the Monopoly with Participatory Action Research*, eds. Orlando Fals Borda y Muhammad Anisur Rahman, 3–12. New York: Apex, 1991.

Fraternidad teológica latinoamerica (FTL). "Hacia una transformación integral." *Boletín teológico* 19, n.º 28 (1987): 241–79.

Freire, Paulo. *Pedagogy of the Oppressed*. 30th Anniversary ed. Trad. de Myra Bergman Ramos. New York: Continuum International, 2000.

Gómez, Ricardo. *The Mission of God in Latin America*. Lexington, KY: Emeth, 2010.

Graham, Elaine. "Is Practical Theology a Form of 'Action Research'." *International Journal of Practical Theology* 17, n.º 1 (2013): 148–78.

Gutiérrez, Gustavo. *A Theology of Liberation: History, Politics, and Salvation*. Rev. ed. Trad. de Sister Caridad Inda and John Eagleson. Maryknoll, NY: Orbis, 1973.

Hays, Christopher M. "El discipulado de los laicos para el servicio integral en el mundo: un experimento misiológico evangélico a favor de las personas en situación de desplazamiento en Colombia." *Albertus Magnus* 10, n.º 1 (2019): 13–32.

———. "Teología económica para las víctimas del desplazamiento forzoso, a la luz del Documento de Medellín." *Albertus Magnus* 9, n.º 2 (2018): 13–33.

Herr, Kathryn y Gary L. Anderson. *The Action Research Dissertation: A Guide for Students and Faculty*. Thousand Oaks, CA: Sage, 2012.

Holmes, Arthur F. *All Truth is God's Truth*. Grand Rapids: Eerdmans, 1977.

Kairós, Comunidad. *Iglesia, comunidad y cambio: manual de actividades*. Buenos Aires: Kairós, 2002.

———. *Iglesia, comunidad y cambio: manual del coordinador*. Buenos Aires: Kairós, 2002.

———. *Iglesia, comunidad y cambio: manual del facilitador*. Buenos Aires: Kairós, 2002.

Karlsen, Jan Irgens. "Action Research as Method: Reflections from a Program for Developing Methods and Competence." En *Participatory Action Research*, ed. William Foote Whyte, 143-57. London: Sage, 1991.

Kindon, S., R. Pain y M. Kesby. "Participatory Action Research." En *International Encyclopedia of Human Geography*, eds. Rob Kitchin y Nigel Thrift, 90–95. Amsterdam: Elsevier, 2009.

Kirkpatrick, David C. "C. René Padilla and the Origins of Integral Mission in Post-War Latin America." *Journal of Ecclesiastical History* 67, n.º 2 (2016): 351–71.

Krause, Mariane. "Investigación-acción-participativa: una metodología para el desarrollo de la autoayuda, participación y empoderamiento." En *Experiencias y metodología de la investigación participativa*, eds. John Durston y Francisca Miranda, 41–56. Políticas sociales, vol. 58. Santiago, Chile: Naciones Unidas, 2002.

Leal, Eduardo. "La investigación acción participativa, un aporte al conocimiento y la transformación de Latinoamérica, en permanente movimiento." *Revista de investigación* 67, n.º 33 (2009): 13–34.

Lewin, Kurt. "Action Research and Minority Problems." *Journal of Social Issues* 2, n.º 4 (1946): 34–36.

Martin, Ann W. "Action Research on a Large Scale: Issues and Practices." En *The SAGE Handbook of Action Research: Participative Inquiry and Practice*, eds. Peter Reason y Hilary Bradbury, 394–406. Los Angeles: SAGE, 2008.

McClintock Fulkerson, Mary. *Places of Redemption: Theology for a Worldly Church*. Oxford: Oxford University Press, 2007.

Mead, Geoff. "Muddling Through: Facing the Challenges of Managing a Large-Scale Action Research Project." En *The SAGE Handbook of Action Research: Participative Inquiry and Practice*, eds. Peter Reason y Hilary Bradbury, 629–42. Los Angeles: SAGE, 2008.

Micah Network. "Visión y misión." https://www.micahnetwork.org/es/visionmission/. Fecha de último acceso 3 de febrero.

Míguez Bonino, José. *Christians and Marxists: The Mutual Challenge to Revolution*. Grand Rapids: Eerdmans, 1976.

———. *Doing Theology in a Revolutionary Situation*. Confrontation Books. Philadelphia: Fortress, 1975.

Myers, Bryant L. *Walking with the Poor: Principles and Practices of Transformational Development*. Maryknoll, NY: Orbis, 1999.

Padilla, C. René, ed. *Bases bíblicas de la misión: perspectivas latinoamericanas*. Buenos Aires: Kairós, 1998.

———. "Ciencias sociales y compromiso cristiano." *Boletín teológico* 20, n.º 31 (1988): 247–51.

———. *Economía humana y economía del Reino de Dios*. Buenos Aires: Kairos, 2002.

———. "Economía y plenitud de vida." En *Economía humana y economía del Reino de Dios*. Buenos Aires: Kairos, 2002.

———. "Globalization, Ecology and Poverty." En *Creation in Crisis: Christian Perspectives on Sustainability*, ed. Robert S. White, 175-91. London: SPCK, 2009.

———. "Hacia una definición de la misión integral." En *El proyecto de Dios y las necesidades humanas*, eds. Tetsunao Yamamori y C. René Padilla, 19-33. Buenos Aires: Kairós, 2000.

———. "Introduction: An Ecclesiology for Integral Mission." En *The Local Church, Agent of Transformation*, eds. Tetsunao Yamamori y C. René Padilla, 19-49. Buenos Aires: Kairós, 2004.

———. "La trayectoria histórica de la misión integral." En *Justicia, misericordia y humildad: la misión integral y los pobres*, ed. Tim Chester, 55-80. Buenos Aires: Kairós, 2008.

———. *Misión integral: ensayos sobre el Reino y la iglesia* Grand Rapids/Buenos Aires: Eerdmans/Nueva Creación, 1986.

———, ed. *The New Face of Evangelicalism: An International Symposium on the Lausanne Covenant*. Downer's Grove: InterVarsity, 1976.

Padilla, Catalina F. de. "Los 'laicos' en la misión en el Nuevo Testamento." En *Bases bíblicas de la misión: perspectivas latinoamericanas*, ed. C. René Padilla, 405-35. Buenos Aires: Kairós, 1998.

Padilla DeBorst, Ruth Irene. "Integral Mission Formation in Abya Yala (Latin America): A Study of the *Centro de Estudios Teológicos Interdisciplinarios* (1982-2002) and Radical *Evangélicos*." Boston University, 2016.

Paredes, Rubén. "Fe cristiana, antropología y ciencias sociales." *Boletín teológico* 20, n.º 31 (1988): 215-30.

Restrepo, Gabriel. "Seguir los pasos de Orlando Fals Borda: religión, música, mundos de la vida y carnaval." *Investigación y desarrollo* 24, n.º 2 (2016): 199-239.

Salinas, J. Daniel. *Latin American Evangelical Theology in the 1970's: The Golden Decade*. Religion on the Americas. Leiden: Brill, 2009.

———. *Taking Up the Mantle: Latin American Evangelical Theology in the 20th Century*. Global Perspective. Carlisle, UK: Langham Global Library, 2017.

Stanley, Brian. *The Global Diffusion of Evangelicalism: The Age of Billy Graham and John Stott*. A History of Evangelicalism, vol. 5. Downer's Grove: IVP Academic, 2013.

———. *A World History of Christianity in the Twentieth Century*. Princeton History of Christianity. Princeton: Princeton University Press, 2018.

Stott, John. *The Lausanne Covenant: Complete Text with Study Guide*. Didasko files. Peabody, MA: Hendrickson, 2009.

Stringer, Ernest T. *Action Research*. 3rd ed. Los Angeles: Sage, 2007.

Swartz, David R. "Embodying the Global South: Internationalism and the American Evangelical Left." *Religions* 3 (2012): 887-901.

Vélez Caro, Olga Consuelo. "El quehacer teológico y el método de investigación acción participativa: una reflexión metodológica." *Theologica Xaveriana* 67, n.º 183 (2017): 187-208.

von Unger, Hella. "Partizipative Gesundheitsforschung: Wer partizipiert woran?". *Forum: Qualitative Sozialforschung* 13, n.º 1 (2012): 79 paragraphs.

Walter, Maggie. "Participatory Action Research". En *Social Research Methods*, ed. Maggie Walter. Oxford: Oxford University Press, 2010.

Parte 1

Whyte, William Foote. "Introduction." En *Participatory Action Research*, ed. William Foote Whyte, 1–14. London: Sage, 1991.

———, ed. *Participatory Action Research*. London: Sage, 1991.

Whyte, William Foote, Davydd J. Greenwood y Peter Lazes. "Participatory Action Research: Through Practice to Science in Social Research." En *Participatory Action Research*, ed. William Foote Whyte, 19–55. London: Sage, 1991.

Wiens, Arnoldo. "La misión cristiana en un contexto de corrupción." En *Bases bíblicas de la misión: perspectivas latinoamericanas*, ed. C. René Padilla, 437–64. Buenos Aires: Kairós, 1998.

3

El equipo de Misiología

Christopher M. Hays

INTRODUCCIÓN

La perdurabilidad e intratabilidad del sufrimiento resultante del desplazamiento forzado se debe, en parte, a la interconectividad de los aspectos de la vida dañados por haber sido violentamente expulsado del hogar de uno. Para ilustrar: la expulsión de la tierra resulta en una pobreza extrema, de la cual es a veces imposible de recuperarse, en caso de sufrir, p.ej., del TPET, lo cual obstaculiza la capacidad de conseguir y mantener un trabajo.[1] En cambio, el trauma psicológico difícilmente se trata de forma individual en una sociedad colectivista, cuando las personas fueron arrebatadas de su comunidad y perdieron su tejido social;[2] si la identidad de uno está radicada en la comunidad, el desarraigo de la comunidad impide la recuperación psicológica. Además, en un país religioso, la salud mental va directamente de la mano con la espiritualidad, de modo que las cuestiones emocionales están entrelazadas con preguntas acerca de Dios. Al halar un hilo en la vida de la persona en situación de desplazamiento (PSD), se encuentra que está conectado a toda una tela de sufrimiento. Así, toca prestar una atención multidimensional a las víctimas si uno espera contribuir a su recuperación.

---

1. Christopher M. Hays, "Justicia económica y la crisis del desplazamiento interno en Colombia," en *Conversaciones teológicas del sur global americano: violencia, desplazamiento y fe*, eds. Milton Acosta y Oscar Garcia-Johnson (Eugene, OR: Wipf and Stock, 2016), 49–50.

2. Christopher M. Hays y Milton Acosta, "A Concubine's Rape, an Apostle's Flight, and a Nation's Reconciliation: Biblical Interpretation, Collective Trauma Narratives, and the Armed Conflict in Colombia," *Biblical Interpretation* 28 (2020): 58–60.

Fue como resultado de caer en cuenta de esta dinámica que se decidió crear los diversos equipos de *Fe y Desplazamiento*, a fin de responder a los aspectos más apremiantes para la recuperación de las PSD (la economía, las relaciones sociales, la salud mental, el aprendizaje, la política). Pero nos confrontó la pregunta de ¿cómo integrar las actividades de estos equipos de forma coherente? Y, teniendo en cuenta que el público más pertinente para un proyecto radicado en un seminario protestante son las iglesias evangélicas, ¿cómo movilizar las comunidades cristianas para responder multidimensionalmente al sufrimiento de las PSD?

A nivel teológico, recurrimos al concepto de la misión integral de la iglesia, que argumenta que el quehacer del cuerpo de Cristo abarca la totalidad de la necesidad humana (véase capítulo 2). Sin embargo, nos pareció poco probable que la invocación de la misión integral por sí sola, bastaría para encaminar el tipo de ministerio polifacético sostenido que se requiere para fomentar la recuperación holística de las PSD. Así, buscamos combinar la misión integral con prácticas e ideas de otros campos de conocimiento y trabajo social. Formulamos la hipótesis que una misiología integral, enriquecida por otras disciplinas académicas y por el análisis empírico, puede promover la movilización de las iglesias cristianas para fomentar el florecimiento humano holístico de las PSD.

El equipo de Misiología se conformó para poner a prueba esta hipótesis en formas teóricas y prácticas.[3] El capítulo 2 describe el aporte teórico clave del equipo de misiología: la investigación-acción misional (IAM). El capítulo actual describe, de forma resumida y sintética, las otras formas en que la misiología integral se enriqueció por las ciencias sociales y humanas, confirmando así la eficacia de nuestra teoría de la IAM. A continuación, se narran los pasos sucesivos de nuestro trabajo, comenzando con nuestra investigación inicial y la intervención creada con base en la misma. Acto seguido se explica lo aprendido al implementar la intervención y cómo se revisó para responder a aquellos aprendizajes. Así se demuestra cómo aportes de otras disciplinas y del estudio empírico pueden catalizar iglesias en ministerios a favor de personas amarradas por un sufrimiento que parecía ser insuperable.

INVESTIGACIÓN INICIAL (2016-2017)

El equipo de Misiología dedicó su primer año a investigaciones bibliográficas y empíricas. Enfocándose inicialmente en la literatura académica, Christopher Hays, con el apoyo de Ricardo Gómez, elaboró el marco teórico que gobierna todo el proyecto (lo cual resultó en la IAM; véase capítulo 2). En otra dirección, Fernando Mosquera exploró cómo la antropología filosófica puede enriquecer la misiología integral.

---

3. El equipo fue conformado por Christopher M. Hays, Fernando Abilio Mosquera Brand (filósofo y teólogo, FUSBC), Ricardo Gómez (misiólogo, FUSBC), Rosa Camargo (directora de *Tearfund*, Colombia), Isaura Espitia (especialista en gerencia educativa), Steban Andrés Villadiego Ramos (seminarista, FUSBC) y coinvestigador Olger Emilio González Padilla (pastor de la iglesia El Libertador).

Examinando filósofos como Platón, Thomas Hobbes, Martin Buber y Raúl Cuero, explicó diversos aspectos del conflicto armado dentro de los marcos de la antropología orética, noética y existencial (entre otras).[4] El pastor y coinvestigador Olger González contribuyó en un informe desde su experiencia pastoral, en una iglesia que respondió a la llegada de varias olas de PSD; describe el sufrimiento multifacético que envuelve a una PSD.[5] Rosa Camargo contribuyó en un estudio de la metodología *Umoja* de *Tearfund*,[6] la cual se enfoca en identificar las habilidades y recursos de iglesias y la comunidad circundante, y las moviliza para transformar sus propias circunstancias. *Umoja* se rige por nueve principios fundamentales,[7] los cuales cuadran con los compromisos de las dos teorías subyacentes de FyD: la investigación-acción participativa y la misión integral.[8]

Sin embargo, lo que más nos interesa en este momento es el trabajo de campo realizado para explorar las misiologías y actividades misionales de las iglesias en las comunidades piloto (las cuales se seleccionaron en buena medida por razón de tener ministerios establecidos entre las PSD). Se quería aprender cuál fue la visión de misiología que las conmovía y cuáles fueron los resultados de esa visión, además de analizar la disposición de los miembros de las congregaciones a participar en ministerios a favor de las PSD, y los impedimentos a su participación. El equipo, entonces, implementó una entrevista semiestructurada a líderes de iglesias[9] y una encuesta a las personas profesionales de las iglesias.[10] A continuación se resumen los resultados de la investigación en forma sintética, ya que las dos herramientas exploraron varios temas en común.

Misiología y servicio a las PSD

La entrevista comenzó con una pregunta cerrada, diseñada para precisar cuál era la misiología operativa de cada participante. Los entrevistados tuvieron que escoger cuál de las siguientes definiciones de la misión de la Iglesia mejor representaba su perspectiva personal.

4. Véase *Informes de investigación* §2.4.2.2.
5. Véase *Informes de investigación* §2.4.2.4.
6. Véase *Informes de investigación* §2.4.2.3.
7. Autogestión por las comunidades; fundamento bíblico; liderazgo de la iglesia local; construcción de relaciones de confianza; empoderamiento de comunidades; participación de todos miembros de la comunidad, especialmente los marginados; trabajo abierto y no prescriptivo; utilización de los recursos propios de la comunidad; continuidad autosostenida.
8. Los principios 2, 3 y 6 reflejan la influencia de la misiología integral en *Umoja*. Los principios 1 y 4–9 son congruentes con la IAP y los métodos participativos de trabajo comunitario.
9. Se realizaron 13 entrevistas a un total de 50 personas (las entrevistas a menudo fueron grupales).
10. La encuesta se aplicó en seis iglesias (Comunidad Cristiana El Shalom, El Redil, El Encuentro, Cristo el Rey, El Libertador y Centro Evangélico Blas de Lezo), y un total de 170 personas la rellenaron.

Parte 1

1. La misión de la iglesia es llevar la gente a la salvación espiritual y apoyar el desarrollo de su relación personal con Dios. Cuidar de las necesidades económicas, sociales o psicológicas no forma parte de la misión de la Iglesia.

2. La misión de la iglesia es llevar la gente a la salvación espiritual y apoyar el desarrollo de su relación personal con Dios. Es bueno cuidar de las necesidades económicas, sociales o psicológicas de la gente dentro y fuera de la Iglesia, pero no forma parte de la misión de la Iglesia.

3. La misión de la iglesia incluye dimensiones espirituales, sociales, económicas y psicológicas. La dimensión más importante es la espiritual (el perdón de pecados y el desarrollo de la relación con Dios).

4. La misión de la iglesia incluye dimensiones espirituales, sociales, económicas y psicológicas, y todas son de igual importancia.

Las primeras dos definiciones son definiciones no-integrales (es decir, conciben la misión en términos esencialmente espirituales) y la tercera y cuarta son definiciones integrales (afirman que la misión abarca temas económicos, sociales y psicológicos, además de dimensiones espirituales).

Los resultados (Gráfica 1) evidencian una preferencia fuerte por definiciones integrales de la misión de la iglesia (definiciones 3 y 4), con una tendencia de priorizar elementos espirituales por encima de elementos no-espirituales (definición 3). Aunque esta preferencia tan marcada a favor de la misiología integral no predomina entre las iglesias evangélicas, casi todas los entrevistados fueron seleccionados porque ya tenían ministerios con la población desplazada. Los únicos entrevistados que eligieron definiciones no-integrales fueron líderes de iglesias de poblaciones desplazadas en Batata y en Torre Fuerte. Esto sugiere una correlación entre una misiología integral y un ministerio a la población desplazada.

Gráfica 1: la misiología de líderes de iglesias con ministerios entre PSD

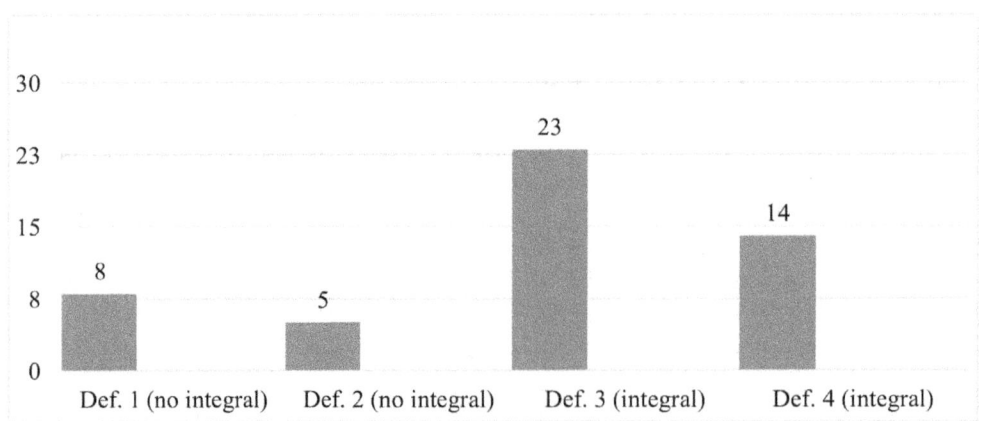

Dirigimos la misma pregunta a miembros profesionales de las congregaciones (véase Gráfica 2).[11] Ellos también evidenciaron una preferencia para misiologías integrales—seguramente bajo la influencia de sus pastores—aunque se observa una incidencia más alta de misiologías no-integrales entre los miembros de las congregaciones que entre sus respectivos líderes.[12]

Gráfica 2: la misiología de los cristianos profesionales de iglesias con ministerios entre PSD

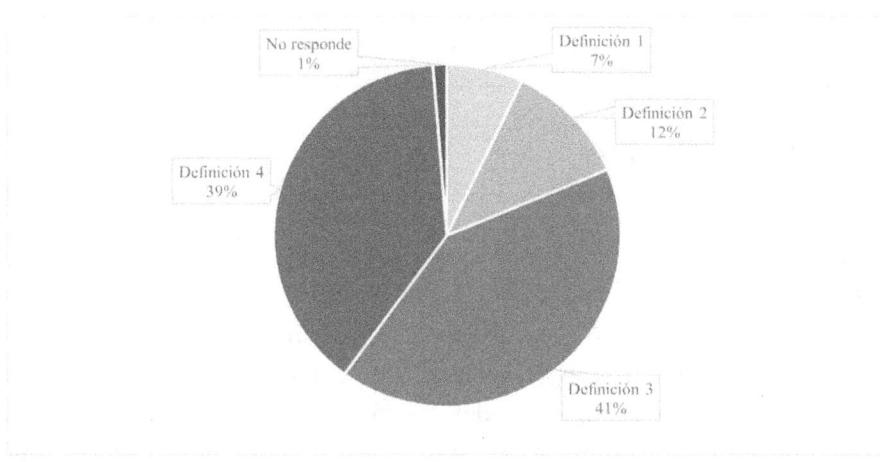

Además, el 87% de los encuestados expresaron que sus habilidades profesionales serían de beneficio a las PSD (Gráfica 3) y 90% dijo que estarían dispuestos a compartirlas con las PSD (Gráfica 4).

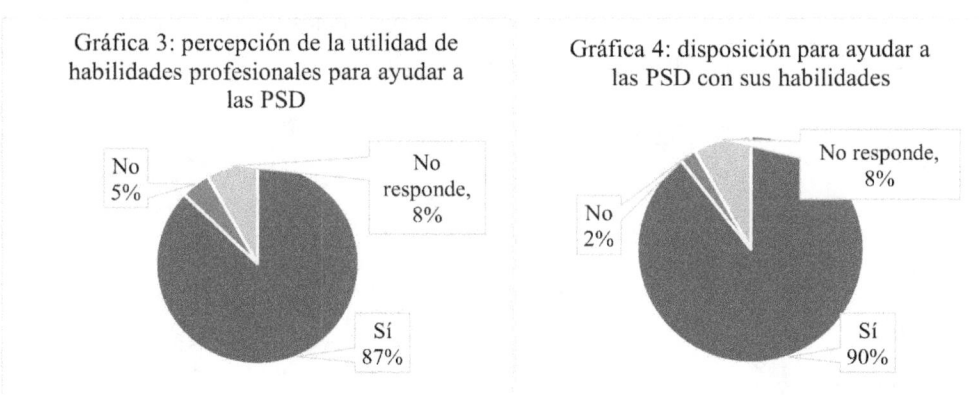

11. Agradezco a Wilcar Martínez por su trabajo de análisis estadístico y su elaboración de estas gráficas.

12. Esta encuesta no se administró en La Grandeza de Dios ni en Torre Fuerte (las comunidades que escogieron las definiciones no-integrales revisar idioma de la palabra (¿no-integrales?) de la misión registradas en la Gráfica 1), ya que aquellas comunidades desplazadas no cuentan con personas profesionales en el sentido clásico occidental.

Sin embargo, según las encuestas, de las personas que expresaron una disposición de trabajar con las PSD, solo el 29% lo hace actualmente. Es más, según las entrevistas a los pastores (Gráfica 5), entre el 2% y el 7% de la congregación actualmente sirve en los ministerios a las PSD (salvo en el caso de la Comunidad Cristiana El Shalom).

Gráfica 5: participación de miembros de la congregación en ministerios a PSD

	Número aproximado de participantes	Número aproximado de congregantes (excluyendo niños)	Porcentaje de congregantes que participan
El Encuentro	20–30	430	4.7–7%
El Redil	5	250	2%
El Libertador	20	280	7.1%
Centro Evangélico Blas de Lezo	10	300	3.3%
Comunidad Cristiana El Shalom	13	70	18.6%

Cuando se analiza esta información a la luz de la teoría de misiología adoptada por cada encuestado (Gráfica 6), se observa poca diferencia de *disposición* entre las personas que tienen una misiología integral (definiciones 3 y 4) y las personas que seleccionaron definición 2 (una misiología no integral que todavía reconoce el valor de ministerios que no son espirituales), aunque personas que adoptaron la definición 1 manifestaron una disposición inferior a ayudar a la población desplazada. Adicionalmente, hay una relación positiva entre la selección de una misiología integral y el trabajo *actual* con las personas en condiciones de desplazamiento, a pesar de la aparente falta de diferencia entre las disposiciones de las personas que seleccionaron definición 2 y las personas que seleccionaron definiciones 3 y 4. Todo esto recalca el valor de comunicar una misiología integral a las iglesias.

Gráfica 6: misiología y el apoyo a las PSD

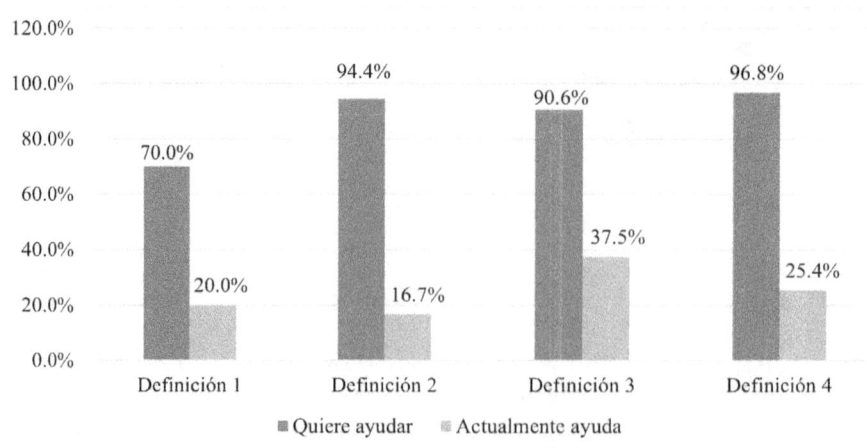

Ministerios actuales entre las PSD

Los entrevistados luego compartieron la historia del ministerio de su iglesia con la población desplazada, aclarando cómo abordaron temas espirituales, económicos, psicológicos, sociales, educacionales y de interacción con el sector público. Ciertos patrones emergieron.

Positivamente, todas las iglesias realizaron actividades *espirituales* con la población desplazada (evangelización, estudios bíblicos, reuniones de oración, fundación de iglesias), lo cual no es sorprendente, dada la priorización de temas espirituales manifestada por 36 de las 50 respuestas (definiciones 1–3) a la pregunta sobre la definición de la misiología. Además, casi todas las iglesias dedican atención a temas de *educación*. La Comunidad Cristiana El Shalom organizó una mesa de educación.[13] Se abrieron colegios y programas para niños en Bogotá, Cartagena, Puerto Libertador y La Grandeza de Dios; y en Tierralta se ofreció apoyo educativo a niños desplazados. Finalmente, la mayoría de las iglesias se habían esforzado por facilitar la interacción con el *sector público*, más frecuente con ONGs, y no tanto con el gobierno en sí. La iglesia Torre Fuerte colabora con *Compassion International*; el Centro Evangélico Blas de Lezo cooperó con la Fundación Amigos de Suecia; los nasa fueron apoyados por la organización *Time to Build*. En varios casos, la iglesia creó una fundación social para ser su brazo social.[14]

Algunas se involucraron en el *bienestar económico* de la población desplazada, típicamente iniciando con ayudas asistencialistas (p. ej. mercados y ropa). Luego, exploraron acercamientos más auto sostenibles: enseñando artesanías (CC El Shalom), ofreciendo microcréditos (El Encuentro, Centro Evangélico Blas de Lezo) y elaborando proyectos de microemprendimiento (El Encuentro, Santa Cecilia Alta). El éxito de estos proyectos económicos fue limitado,[15] aunque sí existen casos dignos de celebración.[16]

---

13. Astrid Cristina Durango Cárdenas *et al.* (Equipo de liderazgo de la Comunidad Cristiana El Shalom), entrevista con Christopher M. Hays, Medellín, 3 de diciembre, 2016.

14. La Comunidad Cristiana El Shalom abrió la *Fundación Gente con Futuro* y el *Proyecto Social Transformación Comunitaria para la Paz*. El Encuentro formó la *Fundación Social El Encuentro*; José Fernando Valencia Rayo (pastor de la iglesia El Encuentro), entrevista con Christopher M. Hays, El Polo Club, Bogotá, 2 de diciembre, 2016. El Redil fundó la *Fundación CreativaMente*; Stefanith Castro Hernández, Tania Marsella Herrán Correa y Samuel Alberto Ospina Cevallos (Líderes de la iglesia El Redil y la Fundación CreativaMente), entrevista con Christopher M. Hays, Fontibón, Bogotá, 2 de diciembre, 2016. El Libertador tiene la *Fundación Libertad Integral*; Olger Emilio González Padilla (pastor de la iglesia El Libertador), entrevista con Christopher M. Hays, Puerto Libertador, Córdoba, 10 de diciembre, 2016.

15. El programa del Centro Evangélico Blas de Lezo fue cerrado después de problemas administrativos; Alberto E. Martín D. (Pastor del Centro Evangélico Blas de Lezo), entrevista con Christopher M. Hays, Cartagena, 27 de enero, 2017. La iglesia El Libertador inició un grupo de ahorro comunitario en La Granja, el cual falló; González Padilla, entrevista.

16. Véase el capítulo 6 para más detalle.

Por otro lado, las iglesias prestaron poca atención a temas de apoyo *psicológico* (fuera del marco de trabajo pastoral normal) y a la reconstrucción de tejido *social*, por lo menos concebido en términos de proyectos elaborados con estos propósitos específicos.[17] Algunos líderes señalaron la falta de personal capacitado para tal trabajo.[18]

A la luz de estos hallazgos, fue claro que FyD no debía priorizar la creación de materiales sobre el cuidado espiritual de las PSD, ni para contribuir a la educación de niños, ni para crear fundaciones, ya que las iglesias suelen dedicarse a estas actividades independientemente. Entonces, las seis líneas se enfocaron primariamente en la creación de materiales para facilitar el avance económico, la interacción con el gobierno, la pedagogía eficaz de adultos, el cuidado psicológico y la formación de tejido social.

Necesidades y obstáculos del ministerio con PSD

Para aprender cómo superar la brecha entre la disposición del 90% de las personas a ayudar a las PSD y la realidad de que el 95% no colabora con semejantes ministerios, se preguntó a los encuestados qué necesitarían para comenzar a trabajar con PSD (Gráfica 7). Fue una pregunta abierta, así que tocó agrupar las respuestas en categorías inductivas, las más comunes de las cuales eran: tiempo, condiciones, oportunidades, capacitación.

Tiempo	La falta de tiempo obstaculiza el ministerio con las PSD.
Condiciones	Faltan espacios, infraestructura, recursos, etc. para trabajar con PSD.
Oportunidades	Se requiere de una invitación, convocación o espacio ministerial específico para iniciar el trabajo. Por ejemplo: "Que la iglesia o misión a la cual pertenezco empiece a generar ese tipo de proyectos en los que mi profesión pueda ayudar más directamente."
Capacitación	Se necesita una orientación, formación o entrenamiento. Por ejemplo: "Contar con apoyo de literatura, material impreso y digital, que posibiliten llevar una secuencia en el proceso formativo." "Capacitación . . . Con entrenamiento creo que se pudiera hacer la obra."

Gráfica 7: necesidades para empezar a colaborar con las PSD

---

17. La Comunidad El Shalom ha buscado brindar un acompañamiento psicosocial a la población desplazada en El Granizal y a los niños en el hogar *Casa de Paz*.

18. Leonardo Rondón Sáenz (Asesor de la Iglesia Cristiana Evangélica Nasa), entrevista con Christopher M. Hays, Silvia, Cauca, 13 de enero, 2017; Pedro Ramón González Yanes y Leonardo López González (Líderes de la iglesia Cristo el Rey), entrevista con Christopher M. Hays, Tierralta, 23 de enero, 2017; Castro Hernández, Herrán Correa y Ospina Cevallos, entrevista.

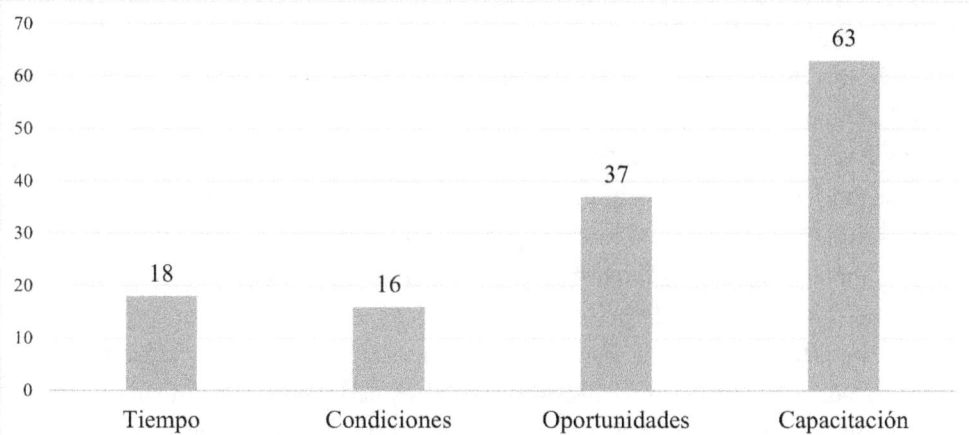

Aunque se había anticipado que la falta de tiempo sería la opción más señalada, el número de personas que expresaron que necesitan oportunidades era el doble de las que dijeron que no tienen tiempo. La necesidad más frecuentemente resaltada, además, fue la de una capacitación. Esto resaltó la urgencia de crear una intervención diseñada tanto para capacitar a las personas profesionales como para generar oportunidades estructuradas para trabajar con las PSD.

ELABORACIÓN DE LA INTERVENCIÓN (2017-2018)

Esta investigación inicial contribuyó a los dos materiales curriculares del equipo de Misiología.[19] Los materiales combinan aportes desde la teología y otros estudios "seculares" (especialmente los estudios de desarrollo comunitario y la antropología filosófica), además de la investigación empírica. Aquí se ofrece una orientación a cada material,[20] señalando su propósito, demostrando cómo fue influenciado por la investigación inicial y compartiendo un ejemplo de una dinámica pedagógica clave.

El currículo *La misión integral de la iglesia*

El currículo *La misión integral de la iglesia* es la "punta de lanza" de nuestra intervención, el primer material que una iglesia interesada en ministrar a las PSD realiza dentro del marco de FyD. Busca cultivar una visión de la misión integral de la iglesia, particularmente a favor de la comunidad en situación de desplazamiento. Se argumenta que esta misión se debe realizar especialmente por medio de la movilización de los miembros de las congregaciones en la aplicación de sus habilidades profesionales a las diversas necesidades de las PSD. Además, enfatiza el valor irreducible de la

---

19. Para una explicación de los principios pedagógicos que guiaron el proceso, véase capítulo 4.
20. Para más detalle, véase *Informes de investigación* §2.5.

contribución de las PSD en gestionar las actividades de la misión integral a favor de sus comunidades.

El diseño de este currículo está arraigado en varias lecciones de la investigación inicial. El trabajo de campo reveló una correlación positiva entre una creencia en la misiología integral y la participación en actividades a favor de las PSD. Adicionalmente, se evidenció una correspondencia entre la misiología de un pastor y la de su congregación. Así, el currículo inicia con un enfoque en la misiología integral.[21]

El trabajo empírico también mostró que, aun en iglesias que ya ministran entre las PSD, solo una pequeña fracción de las personas interesadas en apoyar a las PSD actualmente están haciéndolo. Esto reveló la importancia de activar la participación de esas personas, lo cual se procuró hacer a través de (a) una lección sobre el rol de los laicos en la misión,[22] y (b) dos herramientas de *Asset Based Community Development* (el juego *Podemos* y el *Inventario de habilidades*)[23] que sensibilizan a la gente al potencial de los miembros de la congregación.

Finalmente, el material se enriqueció con aportes de líderes no académicos. En su informe de investigación, el coinvestigador Olger González describió el perfil de las personas desplazadas y acercamientos propicios para movilizar la congregación para el servicio de las PSD. Estos comentarios se transformaron en dos videos originales, protagonizados por el mismo pastor Olger.[24] Similarmente, durante el congreso de FyD en 2017, el pastor Fernando Valencia (de la iglesia El Encuentro, Bogotá) dio voz a advertencias para iglesias emprendiendo ministerios entre las PSD, las cuales se cristalizaron en un listado de "Errores comunes," incorporado en la tercera lección del currículo.[25] Finalmente, transcripciones de entrevistas con PSD sirvieron como textos base para grabaciones dramatizadas que sensibilizan a los participantes del currículo a los obstáculos enfrentados por las PSD.[26]

Un enfoque en habilidades más que en necesidades: el juego Podemos y el Inventario de habilidades

Una estrategia notable del currículo es la de enfatizar la abundancia de habilidades ya existentes entre los miembros de las congregaciones y el potencial que tienen las

---

21. Christopher M. Hays, Isaura Espitia Zúñiga y Steban Andrés Villadiego Ramos, *La misión integral de la iglesia: cómo fortalecer o crear un ministerio a favor de personas en situación de desplazamiento: manual del facilitador* (Medellín: Publicaciones SBC, 2018), 17–30; Christopher M. Hays, Isaura Espitia Zúñiga y Steban Andrés Villadiego Ramos, *La misión integral de la iglesia: cómo fortalecer o crear un ministerio a favor de personas en situación de desplazamiento: cuadernillo para participantes* (Medellín: Publicaciones SBC, 2018), 13–22.

22. Hays, Espitia Zúñiga y Villadiego Ramos, *La misión integral: manual*, 45–56.

23. Hays, Espitia Zúñiga y Villadiego Ramos, *La misión integral: manual*, 31–39, 60–64.

24. Hays, Espitia Zúñiga y Villadiego Ramos, *La misión integral: manual*, 28–30, 53–56.

25. Hays, Espitia Zúñiga y Villadiego Ramos, *La misión integral: manual*, 82–83.

26. Hays, Espitia Zúñiga y Villadiego Ramos, *La misión integral: manual*, 57–60.

PSD para participar en ministerios a su favor. Aunque sí se busca sensibilizar a las congregaciones ante las dificultades enfrentadas por las PSD, el currículo pone menos énfasis en las necesidades que en las habilidades de las personas. Esta distribución de atención procura evitar los errores comunes de iniciativas de desarrollo comunitario que, al enfatizar las necesidades de las personas, habitualmente terminan cosificando a las personas a las que se pretende ayudar, recalcando cada vez más la dependencia, el fatalismo y la pasividad.[27] El resultado final es que se socava la independencia y la recuperación a largo plazo de las personas en situación de desplazamiento.

En aras de no caer en esos errores, el currículo utiliza estrategias de un movimiento de desarrollo comunitario que se llama "Desarrollo comunitario basado en capacidades" (en inglés, *Asset-Based Community Development*, o ABCD),[28] que se enfoca en los talentos y las habilidades de las comunidades de base, incluso de las personas en situaciones difíciles.[29] A partir de las fortalezas de los miembros de una comunidad y coordinar su cooperación, ABCD evita la tendencia de cosificar a los necesitados. Siguiendo estos lineamientos, el acercamiento de este currículo está en movilizar 1) el talento humano de las iglesias cristianas y 2) las mismas PSD. En un esfuerzo cooperativo, la comunidad colabora más efectivamente, y las PSD se sienten respetadas y animadas a jugar un papel más proactivo en su propia recuperación.

Se adaptaron dos herramientas de ABCD para incorporación en *La misión integral de la iglesia*.[30] La primera es un juego, titulado *Podemos*.[31] Este juego, que se implementa en la primera lección del currículo, ayuda a las iglesias a reconocer el capital humano abundante de sus miembros. Les muestra el potencial subutilizado de la congregación, y los estimula a soñar en grande sobre lo que su congregación podría hacer.

El juego *Podemos* conlleva a la implementación del *Inventario de habilidades*, otra herramienta de ABCD.[32] Este Inventario se aplica (física o digitalmente) a la congregación para sistematizar sus habilidades profesionales y personales. Esta sistematización, que se realiza después de la segunda lección del currículo, forma la base

---

27. See e.g. Steve Corbett y Brian Fikkert, *When Helping Hurts: How to Alleviate Poverty without Hurting the Poor . . . and Yourself* (Chicago: Moody, 2012); Robert D. Lupton, *Toxic Charity: How Churches and Charities Hurt Those They Help (and How to Reverse It)* (New York: HarperCollins, 2011).

28. See e.g. John P. Kretzmann y John McKnight, *Building Communities from the Inside Out: A Path Toward Finding and Mobilizing a Community's Assets* (Evanston, IL: Asset-Based Community Development Institute, 1993).

29. También incorpora estudios bíblicos y una dramatización para comunicar cómo el cristianismo valora a los aportes de todos los miembros de la comunidad de fe, especialmente las personas históricamente marginadas; Hays, Espitia Zúñiga y Villadiego Ramos, *La misión integral: manual*, 50–53, 73–81.

30. Para una explicación detallada de ABCD y del proceso de adaptación, Steban Andrés Villadiego Ramos y Andrés Steban Villadiego Ramos, "Una apropiación misio-teológica de una estrategia de desarrollo comunitario para la movilización de laicos y PSD (personas en situación de desplazamiento) en ministerios a favor de las PSD" (Fundación Universitaria Seminario Bíblico de Colombia, 2018), 30–72.

31. Hays, Espitia Zúñiga y Villadiego Ramos, *La misión integral: manual*, 31–39.

32. Hays, Espitia Zúñiga y Villadiego Ramos, *La misión integral: manual*, 60–62.

de las reflexiones de la cuarta lección, que ayuda a identificar la correspondencia entre el talento humano de la congregación y las necesidades de las PSD. Por medio de una dinámica grupal de oración, y con el apoyo de una presentación Prezi (que brinda un panorama de todos los materiales curriculares de FyD),[33] se identifican cómo las iglesias pueden servir a las PSD y cuáles líneas de FyD esperan lanzar.

Así, al incorporar ABCD con teología cristiana y prácticas espirituales, el currículo inspira y capacita a sus participantes a lanzar un ministerio de FyD en su comunidad.

La cartilla *Misiología y antropología*

Otro material del equipo de Misiología es la cartilla para profesionales *Misiología y antropología: un enfoque bíblico-filosófico*. Explora sucintamente la "antropología" bíblico-filosófica, examinando la pregunta ¿qué significa *ser humano*?, con relación particular al fenómeno del desplazamiento forzado. La meta es ayudar al profesional cristiano que ya se encuentra trabajando en una de las otras líneas de FyD a entender mejor a las PSD, con sus respectivos valores, necesidades, esperanzas y desesperanzas, lo mismo que la percepción que ellos tienen de sí mismos y de sus futuros. Esta cartilla se basa en el estudio de la antropología filosófica realizado por Fernando Abilio Mosquera Brand en la investigación inicial del proyecto, y se alimentó con aprendizajes de entrevistas realizadas en el trabajo de campo.

El meollo de la información en la cartilla se comunica en la narración de una conversación, inspirada por los diálogos socráticos clásicos.[34] A través de una serie de charlas memorables entre el sabio Don Sofizo y el curioso estudiante Mathaio, la cartilla expone las ideas filosóficas y teológicas claves. El personaje de Mathaio facilita el proceso de anticipar y responder a dudas y malentendidos comunes, y la personalidad de Sofizo combina precisión filosófica con la calidez de un profesor querido.

La cartilla incluye actividades y materiales de apoyo con el fin de fortalecer el aprendizaje. Algunas de esas actividades incorporan preguntas de reflexión sobre las experiencias de las PSD, y formas más eficaces de servir a esta población.[35] Se complementa con un video original[36] y fotos ilustrativas.

ANÁLISIS DE IMPACTO (2018-2019)

El currículo *La misión integral de la iglesia* se logró implementar en seis iglesias (El Encuentro en Bogotá, El Redil en Bogotá, Comunidad Cristiana el Shalom en

---

33. Hays, Espitia Zúñiga y Villadiego Ramos, *La misión integral: manual*, 100–116.

34. Véase p.ej. Fernando Abilio Mosquera Brand y Isaura Espitia Zúñiga, *Misiología y antropología: un enfoque bíblico-filosófico* (Medellín: Publicaciones SBC, 2018), 17–26.

35. Véase por ejemplo Mosquera Brand y Espitia Zúñiga, *Misiología y antropología*, 26–27, 44–45, 69, 86–87.

36. Mosquera Brand y Espitia Zúñiga, *Misiología y antropología*, 11.

Medellín,[37] Cristo el Rey en Tierralta, El Libertador en Puerto Libertador,[38] y el Centro Evangélico de Blas de Lezo en Cartagena) y se elaboraron las siguientes herramientas para evaluarla:[39]

- una entrevista semiestructurada a facilitadores del currículo[40]
- un grupo focal de participantes en el currículo[41]
- una entrevista a facilitadores del juego *Podemos* y el *Inventario de habilidades*[42]
- encuestas de realimentación para cada lección del currículo.[43]

El siguiente resumen avanza selectiva y temáticamente, resaltando los hallazgos que más influyeron en la subsecuente revisión de la intervención.

Evaluación general

En términos globales, las reacciones al currículo fueron altamente positivas. Al final de los grupos focales, se preguntó si, en términos generales, consideran que el material fue "Deficiente," "Pobre," "Regular," "Bueno," o "Excelente." El 31% de los respondientes lo calificaron como "Bueno," y el 69% afirmaron que el currículo fue "Excelente"; nadie lo calificó como "Deficiente," "Pobre" o "Regular."

Adicionalmente, se incluyeron encuestas al final de cada lección, para cosechar reacciones inmediatas de los facilitadores. Las preguntas fueron cerradas, típicamente pidiendo que las personas respondieran con las siguientes calificaciones: Deficiente, Pobre, Regular, Bueno, Excelente. Estas calificaciones se convirtieron a números, usando una escala de 1–5. Se calcularon los promedios de cada pregunta en cada lección y, en el caso de clases de preguntas que se repitieron en varias lecciones, también se calculó el promedio de respuestas a cada clase de pregunta.[44] El currículo se considera exitoso con relación a cualquier tema que recibió respuestas en promedio por encima de 4.0.

Para la gran mayoría de las preguntas, las respuestas fueron alentadoras.

- La claridad y suficiencia de las instrucciones para el desarrollo de la lección: 4.3.
- La utilidad de los videos para explicar los principios importantes de la lección: 4.0.

---

37. A este grupo focal también vinieron los participantes PSD de la iglesia Shalom del Oasis de Paz, del Granizal.

38. A esto grupo focal vinieron participantes PSD de la iglesia Torre Fuerte.

39. La cartilla *Misiología y antropología* solo se aplicó dos veces; por razón de la implementación limitada de la cartilla, su análisis no se incluye en este capítulo.

40. Realizado ocho veces; *Informes de investigación*, §2.6.1.1.

41. Realizado seis veces; *Informes de investigación*, §2.6.1.3.

42. Realizado diez veces; *Informes de investigación*, §2.6.1.4.

43. Cuatro en total; *Informes de investigación*, §2.6.1.2.

44. Resultados detallados en *Informes de investigación* §2.9, apéndice 7.

Parte 1

- La eficacia de actividades claves con relación a sus objetivos cognoscitivos: 4.6.[45]
- La eficacia de actividades claves con relación a sus objetivos afectivos o prácticos: 4.3.[46]
- La percepción de los facilitadores sobre la calidad de la experiencia de los participantes: 4.4.
- El nivel de interacción de los participantes en las actividades de la lección: 4.5.

Las encuestas resaltaron dos aspectos del currículo para mejorar.

- La suficiencia del tiempo asignado para cada actividad: 3.9.
- Cuántos de los participantes realizaron las reflexiones devocionales del *Cuadernillo de participantes*: 3.3.

Comprensión de la misión integral

Los grupos focales y entrevistas permitieron una indagación más matizada en las experiencias de los usuarios. Se indagó primeramente en la eficacia del currículo en enseñar el concepto de la misión integral.

Cada entrevista y grupo focal demostró que el concepto de la misión integral fue claramente captado por los participantes y facilitadores. Los respondientes subrayaron la importancia del trabajo social de la iglesia, más allá del enfoque principalmente espiritual que es marcado en la mayoría de las iglesias evangélicas de Colombia.[47] Hayden Cardenas, de Bogotá, dijo:

> La palabra "integral" engloba todo un conjunto de necesidades que van más allá de lo estrictamente espiritual que hacen las iglesias; tiene que ver un poco con la parte emocional, con la parte económica, con la parte afectiva de las personas . . . Nos hemos equivocado como iglesia que siempre queremos poner el

---

45. Un ejemplo de esta clase de pregunta, de la primera lección, es: "La lección comunicó que la misión de la iglesia debe ser integral de manera: [Deficiente, Pobre, Regular, Bueno, Excelente]."

46. Un ejemplo de esta clase de pregunta, de la cuarta lección, es: "La 'Actividad de oración y reflexión grupal' les ayudó a tomar decisiones sobre cuáles líneas del proyecto quisieran lanzar, y cuáles miembros de la iglesia podrían participar en cada línea seleccionada de manera: [Deficiente, Pobre, Regular, Bueno, Excelente]."

47. Olger Emilio González Padilla (Facilitador del currículo *La misión integral de la iglesia*), entrevista con Christopher M. Hays, Iglesia El Libertador, Puerto Libertador, Córdoba, 2 de febrero, 2019; María Cristina Monsalve, Carlos Eduardo Díaz y John Fredy Zea (Facilitadores del currículo *La misión integral de la iglesia*), entrevista con Christopher M. Hays, Comunidad Cristiana El Shalom, Medellín, 9 de febrero, 2019; Monsalve, Díaz y Zea, entrevista; Stefanith Castro Hernández (Facilitadora del currículo *La misión integral de la iglesia*), entrevista con Christopher M. Hays, Iglesia El Redil, Bogotá, 24 de enero, 2019; David López Amaya (Facilitador del currículo *La misión integral de la iglesia*), entrevista con Christopher M. Hays, Iglesia El Redil, Bogotá, 25 de enero, 2019; Maribel Colina Hernández y Rachel Caraballo Garcia (Facilitadores del currículo *La misión integral de la iglesia*), entrevista con Christopher M. Hays, Centro Evangélico Blas de Lezo, Cartagena, 26 de enero, 2019.

evangelio por delante cuando quien busca y viene trae otro tipo de necesidades; ... tal vez, al sentirse atendido en ellas, aceptan más fácil el amor del evangelio.[48]

Varios facilitadores agregaron que los participantes se sintieron retados y capacitados para aplicar sus habilidades al ministerio con las PSD.[49] En las palabras de Maribel Colina de Cartagena, los participantes "se sintieron sensibilizados, se sintieron motivados y se sintieron descubiertos como *American Idol*, como '¡Ay, tengo este talento!'"[50]

Por supuesto, la misiología integral no se acepta en muchas iglesias colombianas. Previo a la prueba piloto de FyD, el tema de la misión integral había causado una separación en la iglesia en El Granizal. Sin embargo, John Fredy, el pastor de la iglesia Oasis de Paz en El Granizal, manifestó que, como resultado del currículo, las comunidades separadas se reconciliaron y decidieron trabajar en conjunto. Dijo, "hay un gran acercamiento, pues, pleno y redundando. Hubo sanidad."[51]

No sobra mencionar que el currículo fue diseñado para congregaciones con una población profesional, para que ellas trabajaran con las PSD de Colombia, pero se tuvo en mente, como una audiencia secundaria, iglesias compuestas de PSD. En tres de las comunidades piloto (Cartagena, Puerto Libertador y Medellín), los facilitadores implementaron el currículo con la población desplazada, con consecuencias altamente positivas.[52] Por ejemplo, las PSD en El Granizal arrancaron con trabajo social gracias al currículo. Después de la lección sobre la construcción del muro por Nehemías,[53] decidieron reconstruir un muro caído de un miembro de la comunidad, organizar la calle no pavimentada de la iglesia y patrocinar a una vendedora de arepas en la comunidad.[54] Estas acciones demuestran cómo el currículo inspira a los participantes desplazados a participar en la misión integral de la iglesia.

---

48. "Percepciones de participantes del currículo *La misión integral de la iglesia* en el Encuentro, Bogotá," Grupo focal, Iglesia El Encuentro, Bogotá, 30 de noviembre, 2018. Participantes: Hernando Manrique Naranjo, et al.. En contraste con el comentario del Señor Cárdenas, Ruth Rodríguez, también de El Encuentro, priorizó la faceta espiritual por encima de los otros aspectos de la misión integral; Ruth en El Encuentro; "Participantes—El Encuentro," Grupo focal.

49. Pedro Ramón González Yanes y Walberto Manuel Yeneris Lozano (Facilitadores del currículo *La misión integral de la iglesia*), entrevista con Christopher M. Hays, Tierralta, Córdoba, 18 de enero, 2019; González Padilla, entrevista; Castro Hernández, entrevista; López Amaya, entrevista; Colina Hernández y Caraballo Garcia, entrevista; Nicolai Orjuela Pamplona y Marcela Zambrano (Facilitadores del currículo *La misión integral de la iglesia*), entrevista con Christopher M. Hays, Iglesia El Encuentro, Bogotá, 30 de noviembre, 2018; Deiner Espitia (Facilitador del currículo *La misión integral de la iglesia*), entrevista con Christopher M. Hays, Fundación Universitaria Seminario Bíblico de Colombia, Medellín, 31 de enero, 2019.

50. Colina Hernández y Caraballo Garcia, entrevista.

51. Monsalve, Díaz y Zea, entrevista.

52. Monsalve, Díaz y Zea, entrevista; Colina Hernández y Caraballo Garcia, entrevista; Espitia, entrevista.

53. Hays, Espitia Zúñiga y Villadiego Ramos, *La misión integral: manual*, 97–100.

54. Monsalve, Díaz y Zea, entrevista.

Parte 1

Fortalecimiento del ministerio a las PSD

Todas las comunidades participantes lanzaron líneas de FyD,[55] por lo menos para capacitar a los miembros de sus congregaciones para el trabajo. Los facilitadores comentaron que el currículo los hizo sentir motivados sobre el futuro y potencial de sus ministerios.[56] Los participantes llegaron a sentir que pueden aportar a las líneas de FyD a través de sus habilidades profesionales[57] y los participantes desplazados afirmaron que ellos, sin ser profesionales, pueden colaborar en el proceso, con base en su conocimiento "empírico."[58]

El currículo también respaldó a los ministerios ya existentes a favor de las PSD. Con base en *La misión integral de la iglesia*, la Comunidad Cristiana El Shalom decidió ampliar su ministerio *Gente con futuro*, expandiendo su comedor y construyendo un segundo;[59] además, la iglesia Cristo el Rey creó un proyecto de generación de ingresos con albañiles.[60]

La misión integral de la iglesia contribuyó a la movilización de nuevos voluntarios (más allá de los mismos participantes en el currículo) en los ministerios de las iglesias a las PSD, en Bogotá (El Encuentro, 3;[61] El Redil, 10[62]), Medellín (tanto en La Comunidad Cristiana El Shalom, 3–4, y en la iglesia Shalom de Oasis de Paz en El Granizal[63]) y Cartagena (3–4).[64] Los entrevistados manifestaron que el *Inventario de habilidades* fue clave en incorporar nuevas personas en el proyecto.[65] El pastor David López explicó,

---

55. González Yanes y Yeneris Lozano, entrevista; Colina Hernández y Caraballo Garcia, entrevista; López Amaya, entrevista; Monsalve, Díaz y Zea, entrevista; Orjuela Pamplona y Zambrano, entrevista; Espitia, entrevista.

56. Colina Hernández y Caraballo Garcia, entrevista; Monsalve, Díaz y Zea, entrevista.

57. "Percepciones de participantes del currículo *La misión integral de la iglesia* en Medellín," Grupo focal, Comunidad Cristiana El Shalom, Medellín, 9 de febrero, 2019. Participantes: Adriana Patricia Herrera Martínez, et al; "Participantes—El Encuentro," Grupo focal; "Percepciones de participantes del currículo *La misión integral de la iglesia* en El Redil, Bogotá," Grupo focal, Iglesia El Redil, Bogotá, 24 de enero, 2019. Participantes: Gianni Gravier, et al; "Percepciones de participantes del currículo *La misión integral de la iglesia* en Puerto Libertador," Grupo focal, Iglesia El Libertador, Puerto Libertador, Córdoba, 2 de febrero, 2019. Participantes: Luz Medis Benítez, et al; "Percepciones de participantes del currículo *La misión integral de la iglesia* en Tierralta," Grupo focal, iglesia Cristo el Rey, Tierralta, Córdoba, 18 de enero, 2019. Participantes: Luis Carlos Sierra, et al; "Percepciones de participantes del currículo *La misión integral de la iglesia* en Cartagena," Grupo focal, Centro Evangélico Blas de Lezo, Cartagena, 26 de enero, 2019. Participantes: Alberto Martín Díaz, et al..

58. "Participantes—Cartagena," Grupo focal; "Participantes—Puerto Libertador," Grupo focal; "Participantes—Medellín," Grupo focal.

59. Monsalve, Díaz y Zea, entrevista.

60. González Yanes y Yeneris Lozano, entrevista.

61. Orjuela Pamplona y Zambrano, entrevista.

62. Castro Hernández, entrevista.

63. Monsalve, Díaz y Zea, entrevista.

64. Colina Hernández y Caraballo Garcia, entrevista.

65. Castro Hernández, entrevista; López Amaya, entrevista; Monsalve, Díaz y Zea, entrevista; Colina Hernández y Caraballo Garcia, entrevista.

> El *Inventario de habilidades*, para nosotros fue una herramienta, un ejercicio muy, muy poderoso... [N]os permitió identificar dones, capacidades, talentos, y hasta llamados y eso también nos permitió poder motivar al involucramiento de estas personas nuevas.[66]

No obstante, las comunidades no siempre lograron reclutar tantos voluntarios nuevos como se había esperado, por varias razones. Dos pastores confesaron que no reclutaron personas formalmente a incorporarse en una de las líneas del proyecto.[67] Unos entrevistados culparon a los miembros de la congregación por no sumarse al proyecto, diciendo que no querían ayudar a los demás, que no tenían tiempo, que no se creen capaces de ayudar o que no tenían la fuerza física.[68] Sin descontar completamente esas observaciones, los investigadores interpretan que los casos de reclutamiento bajo se deben especialmente al incumplimiento de los facilitadores en la implementación del *Inventario de habilidades* y en terminar a cabalidad la cuarta lección del currículo.

Adicionalmente, las dos iglesias en Bogotá tuvieron dificultades en lanzar el ministerio con PSD después de capacitar a los miembros de su congregación. La iglesia El Redil manifestó que fue difícil conectar con la población de las PSD en su sector de Fontibón. Desde 2018, se había incrementado de manera precipitada la violencia en contra de líderes comunitarios de Colombia y los líderes en Fontibón habían recibido amenazas, razón por la cual se suspendieron las reuniones y encuentros de las líderes locales de la mesa de víctimas en Fontibón.[69] El Pastor David López agregó que, en Bogotá, las PSD han sido sobre diagnosticadas por los investigadores sin haber recibido un beneficio como resultado de la investigación, por lo que tienden a ser prevenidas.[70] Así las cosas, las revisiones a la intervención de FyD buscaron formas de entablar relaciones con la población desplazada y de subir el número de nuevos voluntarios movilizados por el currículo.

Involucramiento de la PSD

El currículo anima a los facilitadores a incorporar miembros de la comunidad desplazada entre los participantes del currículo. En cuatro de las comunidades piloto, lograron integrar a PSD (8 personas en Puerto Libertador, 1 en Tierralta, 18–20 en El Granizal y aún más en Cartagena, en los diversos sitios donde implementaron el currículo). Los facilitadores afirmaron que la presencia de PSD genera confianza con la comunidad desplazada[71] y que su participación en el liderazgo del proyecto aumenta

---

66. López Amaya, entrevista.
67. González Padilla, entrevista; Orjuela Pamplona y Zambrano, entrevista.
68. González Yanes y Yeneris Lozano, entrevista; Colina Hernández y Caraballo Garcia, entrevista.
69. Castro Hernández, entrevista.
70. López Amaya, entrevista.
71. Orjuela Pamplona y Zambrano, entrevista.

la probabilidad de su éxito.[72] Deiner Espitia, quien ha sufrido el desplazamiento forzoso en carne propia tres veces, comentó,

> Si hay alguien que tiene la experiencia, la autoridad y el carácter para ser parte de su ministerio, son las mismas personas que están en situación de desplazamiento... Porque estamos hablando de experiencias vivas de desplazamiento, estamos hablando de aportes reales... Nos pueden ayudar a encaminar todas estas cosas.[73]

Algunas personas subrayaron que involucrar a las PSD en el currículo también contribuye a su continuada sanación y recuperación.[74] Rachel Carabello, facilitadora en Cartagena, compartió la reacción de su hermana desplazada al currículo:

> Ella comentaba que cuando ella llegó a Cartagena desplazada, ella no sabía qué hacer, no sabía qué hacer porque, lógico, el trauma. Ella vino y el Estado lo que hizo fue hacer una parte de asistencialismo en primera instancia y después la dejó. [Pero] ellos no sienten que eso sea lo que realmente ellos necesitan... no se ha trabajado la parte emocional con ellos... y menos la espiritual... Yo me di cuenta que yo los estoy preparándolos a ellos para que ellos ayuden a otros, pero a la vez, Christopher, me di cuenta que ellos están sanando sus propias heridas.[75]

Las PSD participantes expresaron que el currículo fue respetuoso en su manera de hablar de las PSD,[76] que es sensible a sus realidades espirituales y emocionales.[77] También resaltaron que el currículo los anima a colaborar con la obra, aun sin ser personas profesionales.[78] Jaider Mercado, un joven desplazado, mencionó:

> La estructura, y la metodología, creo que es lo más adecuado que se puede para iniciar dentro de la iglesia, ya que esto nos enfoca... a mirar directamente cuál es la fortaleza que tiene la iglesia [y] cada miembro que va a ser partícipe dentro de este ministerio... Está muy adecuado para tomar iniciativas, y así formalizar todo. Entonces, a mí me parece la metodología muy correcta.[79]

John Fredy, el pastor de la iglesia de PSD en El Granizal, narró la reacción de las señoras desplazadas que decidieron apoyar como resultado del currículo:

---

72. Orjuela Pamplona y Zambrano, entrevista; Colina Hernández y Caraballo Garcia, entrevista; Espitia, entrevista.

73. Espitia, entrevista.

74. Espitia, entrevista; Colina Hernández y Caraballo Garcia, entrevista; González Yanes y Yeneris Lozano, entrevista; Orjuela Pamplona y Zambrano, entrevista; González Padilla, entrevista.

75. Colina Hernández y Caraballo Garcia, entrevista.

76. "Participantes—Medellín," Grupo focal; "Participantes—Puerto Libertador," Grupo focal.

77. "Participantes—Tierralta," Grupo focal.

78. "Participantes—Medellín," Grupo focal; "Participantes—Puerto Libertador," Grupo focal; Espitia, entrevista; Monsalve, Díaz y Zea, entrevista.

79. "Participantes—Puerto Libertador," Grupo focal.

la hermana escuchó que íbamos a ayudar con las arepas, se puso toda contenta. La otra que escuchó que íbamos a organizar lo del muro, se puso a llorar, dijo "¡Ay! . . . Yo no esperaba esto pastor, de aquí . . . " Eso le impactó mucho a ella, porque ella me dice que ella nunca había visto pues un cristianismo así.[80]

Fortalezas del material

Todos fueron invitados a compartir cuáles componentes del material les parecían especialmente útiles, y cuáles eran susceptibles a mejores. Entre otras cosas, muchos celebraron los estudios bíblicos;[81] la dramatización de la colecta de Pablo[82] fue especialmente popular.[83] El pastor John Fredy recalcó cómo los estudios bíblicos lo motivaron:

> La motivación es muy buena porque viene desde la Palabra . . . Me motiva mucho porque creo que desde allí se recogen todo lo que son las realidades de los trabajos sociales . . . a nivel integral como dice el mismo nombre [del currículo]. Entonces eso a mí me motiva mucho, sí, cuando vemos algo que parte de la realidad tanto bíblica y se expande . . .[84]

Numerosos facilitadores y participantes resaltaron la importancia de las dos herramientas de ABCD: el juego *Podemos*[85] y el *Inventario de habilidades*.[86] Con respecto al Inventario, se manifestó que este "permite estructurar a la iglesia de manera ministerial y a la vez ayuda a que cada miembro de la congregación sirva de acuerdo a sus capacidades, habilidades y de acuerdo a su vocación."[87] Muestra que de veras es posible realizar un trabajo integral tanto en la iglesia como con las PSD, con base en las habilidades de

---

80. Monsalve, Díaz y Zea, entrevista.

81. "Participantes—El Encuentro," Grupo focal; "Participantes—El Redil," Grupo focal; "Participantes—Puerto Libertador," Grupo focal; López Amaya, entrevista; Monsalve, Díaz y Zea, entrevista; González Padilla, entrevista.

82. Hays, Espitia Zúñiga y Villadiego Ramos, *La misión integral: manual*, 71–79.

83. Orjuela Pamplona y Zambrano, entrevista; Castro Hernández, entrevista; Monsalve, Díaz y Zea, entrevista; González Padilla, entrevista; "Participantes—El Redil," Grupo focal; "Participantes—Tierralta," Grupo focal. En el Granizal la dramatización sirvió para involucrar personas más reservadas o aun "recias" en la lección; Monsalve, Díaz y Zea, entrevista.

84. Monsalve, Díaz y Zea, entrevista.

85. Orjuela Pamplona y Zambrano, entrevista; Castro Hernández, entrevista; López Amaya, entrevista; Colina Hernández y Caraballo Garcia, entrevista; González Yanes y Yeneris Lozano, entrevista; Espitia, entrevista; "Participantes—El Encuentro," Grupo focal; "Participantes—El Redil," Grupo focal; "Participantes—Cartagena," Grupo focal; "Participantes—Tierralta," Grupo focal; "Participantes—Puerto Libertador," Grupo focal.

86. López Amaya, entrevista; Monsalve, Díaz y Zea, entrevista; González Yanes y Yeneris Lozano, entrevista; Espitia, entrevista; "Participantes—El Encuentro," Grupo focal; "Participantes—Medellín," Grupo focal; "Participantes—Puerto Libertador," Grupo focal.

87. Olger Emilio González Padilla (Facilitador del juego *Podemos* y el *Inventario de habilidades*—versiones de misiología), entrevista con Steban Andrés Villadiego Ramos, iglesia El Libertador, Puerto Libertador, Córdoba, 15 de junio, 2018.

la congregación.[88] Un pastor aun admitió que inicialmente percibía una reticencia de servir en algunos de los miembros de sus congregación, pero que, una vez que realizaron el juego y el Inventario, manifestaron una gran disposición a contribuir.[89]

Los entrevistados afirmaron que el juego fue lleno de risas y jocosidad,[90] mientras reveló la abundancia de habilidades que había en su congregación.[91]

> El juego *Podemos* nos permitió descubrir . . . un sinnúmero de habilidades . . . Ahora la iglesia *El Libertador* está haciendo unos trabajos materiales, y la mayoría de los que están ejerciendo ese trabajo son personas de *Torre Fuerte* que en su momento dijeron "Podemos."[92]

El pastor Olger González afirmó que *Podemos* sirve para identificar rápidamente cómo las personas pueden servir en la iglesia. "En un solo juego se puede obtener . . . lo que yo . . . en uno, dos o tres meses conseguía . . . de clases y de discipulado."[93]

Adicionalmente, las herramientas ABCD cambiaron la perspectiva de una iglesia de PSD, la cual pasó de una actitud asistencialista a reconocer que tenían habilidades pertinentes para contribuir a su comunidad. Su pastor explicó su cambio de perspectiva de la siguiente manera:

> El juego *Podemos* y el *Inventario de habilidades* nos confronta . . . Estábamos en el papel y en el rol de desplazado, esperando de que alguien de afuera viniera y pusiera sus habilidades al servicio nuestro. Pero ahora nos damos cuenta

---

88. Walberto Manuel Yeneris Lozano (Facilitador del juego *Podemos* y el *Inventario de habilidades*—versiones de misiología), entrevista con Steban Andrés Villadiego Ramos, iglesia Cristo el Rey, Tierralta, Córdoba, 1 de agosto, 2018; Stefanith Castro Hernández (Facilitadora del juego *Podemos* y el *Inventario de habilidades*—versiones de misiología), entrevista con Steban Andrés Villadiego Ramos, iglesia El Redil, Bogotá, 6 de julio, 2018; Deiner Espitia (Facilitador del juego *Podemos* y el *Inventario de habilidades*—versiones de misiología), entrevista con Steban Andrés Villadiego Ramos, iglesia El Libertador, Puerto Libertador, Córdoba, 15 de junio, 2018; Jaider Andrés Mercado Figuera (Facilitador del juego *Podemos* y el *Inventario de habilidades*—versiones de misiología), entrevista con Steban Andrés Villadiego Ramos, iglesia El Libertador, Puerto Libertador, Córdoba, 15 de junio, 2018; Pedro Ramón González Yanes (Facilitador del juego *Podemos* y el *Inventario de habilidades*—versiones de misiología), entrevista con Steban Andrés Villadiego Ramos, iglesia Cristo el Rey, Tierralta, Córdoba, 31 de agosto, 2018; González Padilla, entrevista; Fabian Orjuela Pabón (Facilitador del juego *Podemos* y el *Inventario de habilidades*—versiones de misiología), entrevista con Steban Andrés Villadiego Ramos, iglesia El Encuentro, Bogotá, 21 de septiembre, 2018; Nicolai Orjuela Pamplona (Facilitador del juego *Podemos* y el *Inventario de habilidades*—versiones de misiología), entrevista con Steban Andrés Villadiego Ramos, iglesia El Encuentro, Bogotá, 2018; Luis Carlos Sierra Ramos (Facilitador del juego *Podemos* y el *Inventario de habilidades*—versiones de misiología), entrevista con Steban Andrés Villadiego Ramos, iglesia Cristo el Rey, Tierralta, Córdoba, 29 de junio, 2018.

89. González Yanes, entrevista.

90. Orjuela Pabón, entrevista; Espitia, entrevista; Castro Hernández, entrevista; González Yanes, entrevista; Mercado Figuera, entrevista; Orjuela Pamplona, entrevista; Yeneris Lozano, entrevista.

91. Espitia, entrevista; González Yanes, entrevista; Castro Hernández, entrevista; González Padilla, entrevista; David López Amaya (Facilitador del juego *Podemos* y el *Inventario de habilidades*—versiones de misiología), entrevista con Steban Andrés Villadiego Ramos, iglesia El Redil, Bogotá, 6 de julio, 2018.

92. Espitia, entrevista.

93. González Padilla, entrevista.

[de] que tenemos habilidades que debemos poner al servicio de los demás. Entonces, sí, la perspectiva de los líderes que participaron en este currículo ha cambiado bastante.[94]

En esta iglesia de PSD, la realización de *Podemos* conmovió a los participantes desplazados a un acto de arrepentimiento espontáneo porque observaron que tenían una abundancia de habilidades que no aplicaban a sus vecinos.[95]

Debilidades del material

Los participantes ofrecieron valiosas sugerencias para mejorar el material. Varios expresaron que no había suficiente tiempo asignado para algunas de las actividades, de modo que las lecciones a menudo se extendían más allá de las dos horas estimadas.[96] En Cartagena se sugirió incluir una actividad de visitar un barrio de PSD y conocer su realidad.[97] Con relación al manual y el cuadernillo del material, se sugirió incluir más imágenes[98] y se pidió activar los enlaces a los recursos electrónicos en el PDF del manual, para lectores usando dispositivos electrónicos.[99]

El componente que más se sugirió revisar fue el *Inventario de habilidades*.[100] Se sugirió reducir la extensión y complejidad del Inventario[101] y agregar videos instruccionales cortos.[102] Algunos tuvieron dificultades con el manejo de la aplicación Android;[103] otros, con la tabulación de los resultados del *Inventario*.[104] Un facilitador propuso que el *Inventario* indicara directamente cómo las habilidades señaladas corresponden a las diferentes líneas de FyD.[105]

De pronto, las críticas más fundamentales del currículo vinieron del mismo investigador, quien observó que varias iglesias no terminaron la última lección del currículo a cabalidad, fuera por razones de manejo de tiempo o la percibida complejidad

---

94. Espitia, entrevista.

95. Espitia, entrevista.

96. Orjuela Pamplona y Zambrano, entrevista; Monsalve, Díaz y Zea, entrevista; Espitia, entrevista; "Participantes—Medellín," Grupo focal; "Participantes—El Encuentro," Grupo focal; se expresó lo mismo en la encuesta de retroalimentación al final de la lección 4.

97. "Participantes—Cartagena," Grupo focal.

98. "Participantes—El Redil," Grupo focal.

99. "Participantes—El Encuentro," Grupo focal.

100. López Amaya, entrevista; Orjuela Pamplona y Zambrano, entrevista; Castro Hernández, entrevista.

101. Orjuela Pamplona y Zambrano, entrevista; Castro Hernández, entrevista; González Yanes y Yeneris Lozano, entrevista; "Participantes—El Redil," Grupo focal.

102. González Yanes y Yeneris Lozano, entrevista.

103. González Padilla, entrevista; Castro Hernández, entrevista; Espitia, entrevista.

104. Orjuela Pamplona, entrevista; Castro Hernández, entrevista; González Padilla, entrevista; Mercado Figuera, entrevista.

105. Orjuela Pamplona y Zambrano, entrevista.

la lección. Salió que en Medellín, Tierralta, Batata y Cartagena, el Inventario se aplicó de forma parcial y no se analizó adecuadamente. Como resultado, las líneas lanzadas por las iglesias no correspondieron siempre a las habilidades reales de la congregación (por ejemplo, en Tierralta no se lanzó la línea de Enseñanza-aprendizaje, a pesar de contar con numerosos docentes).

En términos resumidos, los participantes consideraron *La misión integral de la iglesia* pedagógicamente eficaz, espiritualmente inspirador y prácticamente pertinente; además, el currículo logró movilizar las iglesias en ministerios a favor de las PSD. Sin embargo, el análisis de impacto reveló que el material pudo ser más eficiente en movilizar nuevos voluntarios para ministerios de FyD, y en facilitar la elaboración inicial de relaciones con comunidades en situación de desplazamiento. Además, se concluyó que las iglesias requieren de un acompañamiento más directo para saber cuáles líneas deben lanzar a la luz de lo aprendido a través del currículo.

AJUSTES A LA INTERVENCIÓN (2020)

En respuesta a lo descubierto en el análisis de impacto, en 2020, el equipo de Misiología se dedicó a la revisión micro curricular y la creación del diplomado de *Fe y Desplazamiento*, en aras de aumentar el impacto de *La misión integral de la iglesia* y de los demás materiales curriculares de FyD que se desprenden de ello.

Preparación para el currículo: el diplomado de *Fe y Desplazamiento*

El descubrimiento fundamental de la prueba piloto fue que algunas iglesias requieren una orientación presencial para aplicar un currículo a cabalidad; a pesar de las instrucciones escritas detalladas del currículo, su implementación a menudo fue parcial. Así, se decidió crear el diplomado de FyD para brindar una capacitación presencial y concreta al currículo y al proyecto.

El primer encuentro del diplomado dedica un fin semana a enseñar a los equipos de las iglesias a lanzar *La misión integral de la iglesia* en su propia comunidad. Incluye tiempos para realizar la primera lección de currículo en su totalidad, y para practicar la aplicación del *Inventario de habilidades* en forma electrónica. Adicionalmente, enfatiza la importancia de utilizar el *Inventario* para involucrar a nuevos miembros de la congregación en el ministerio a favor de las PSD, lo cual fue una debilidad relativa de las implementaciones en las comunidades piloto.[106]

Para fortalecer las relaciones con la comunidad desplazada, se incorporó una nueva herramienta en el currículo: el *Diagnóstico shalom*. El Diagnóstico fue creado por *Opportunity International* y probado en diversos países, incluso Colombia. El Diagnóstico invita a miembros comunitarios a compartir historias de sus vidas y así

---

106. Saskia Alexandra Donner, *Diplomado de Fe y Desplazamiento: cuaderno de trabajo* (Medellín: Publicaciones SBC, 2020), 22–24.

revela sus sueños y más apremiantes necesidades. Se adaptó el Diagnóstico para FyD y se incorporó en la nueva edición de *La misión integral de la iglesia*,[107] y el diplomado incluye una capacitación extensa en la aplicación de la herramienta,[108] además de facilitar el análisis de las historias recolectadas.[109] Así, el Diagnóstico sensibiliza a las congregaciones a las necesidades de las PSD y les ayuda a entablar una relación constructiva con la comunidad desplazada.

El diplomado también acompaña a las iglesias a tomar decisiones sobre cuáles líneas de FyD se deben lanzar con base en (a) lo que el *Diagnóstico shalom* revela acerca de la comunidad PSD en su contexto y (b) lo que el *Inventario de habilidades* muestra sobre el capital humano de la iglesia.[110] Donde las habilidades de la iglesia se encuentran con las necesidades de las PSD, se propone iniciar un trabajo ministerial utilizando los materiales curriculares pertinente de FyD.[111]

Durante el análisis de impacto, se nos pidió ayudar a las iglesias a establecer un vínculo con las PSD y a aprender de primera mano sobre las realidades de la población desplazada local. Además de inspirar la adaptación del *Diagnóstico shalom* para FyD, esta solicitud afectó otros aspectos del diplomado. Por ejemplo, al inscribirse para el diplomado, las iglesias reciben un informe sobre las comunidades desplazadas en su territorio y un instructivo sobre cómo tomar el contacto inicial con líderes en una comunidad desplazada. Además, después de aplicar el *Diagnóstico shalom* en el módulo 1, la relación con la comunidad desplazada se sigue fortaleciendo a través de actividades cortas que se planifican y ejecutan en el módulo 2,[112] para que, cuando se lancen los currículos entre las PSD en módulo 3, ya se haya cultivado la confianza de la comunidad desplazada.

Mejoras a los materiales del currículo

El currículo se adaptó en conjunto con la creación del diplomado. Ya que varios participantes observaron que las actividades de las lecciones demoraron más tiempo de

---

107. Christopher M. Hays, Isaura Espitia Zúñiga y Steban Andrés Villadiego Ramos, *La misión integral de la iglesia: cómo fortalecer o crear un ministerio a favor de personas en situación de desplazamiento: manual del facilitador*, 2.ª ed. (Medellín: Publicaciones SBC, 2020), 111-3.

108. Donner, *Diplomado*, 25-37.

109. Donner, *Diplomado*, 50-55.

110. Donner, *Diplomado*, 56-57.

111. En la primera edición de currículo, estas decisiones se tomaron en la lección 4 (Hays, Espitia Zúñiga y Villadiego Ramos, *La misión integral: manual*, 100-17). Luego, el currículo se ajustó de modo que se tomaran esas decisiones en el módulo 2 del diplomado, con la guía del equipo de FyD. Véase Hays, Espitia Zúñiga y Villadiego Ramos, *La misión integral: manual*, 111-3; Donner, *Diplomado*, 56-57.

112. Donner, *Diplomado*, 65-73.

lo anticipado, se recortaron algunos estudios bíblicos, los dos videos del pastor Olger y la actividad de planeación en la lección 4.[113]

Al *Cuadernillo de participantes* se agregaron más imágenes y se enumeraron los objetivos de cada lección.[114] En el PDF del *Manual del facilitador*, se activaron los enlaces a páginas web.[115] Finalmente, con los dos materiales impresos, se usó una encuadernación de calidad superior, para que el cuadernillo no se deshiciera al usarse.

El *Inventario de habilidades* se revisó dramáticamente. La versión física del Inventario fue reducida de 21 a siete páginas. Para la versión digital, se actualizaron la aplicación y el servidor (cambiando de *ODK Aggregate* a *KoBoToolbox*). Se crearon herramientas nuevas para analizar los resultados del Inventario y resaltar su relevancia a las líneas de FyD, y se elaboraron tres videos instruccionales para complementar la capacitación práctica del diplomado.[116] Así, la aplicación del Inventario y de todo el currículo se facilitó bastante.

CONCLUSIÓN

Este capítulo se ha dedicado a demostrar cómo el equipo de Misiología de FyD, dentro del marco de la Investigación-acción misional, enriqueció la misiología integral con aportes desde los estudios seculares (*Asset Based Community Development* y la filosofía antropológica) y con el análisis empírico. El trabajo de campo inicial del equipo identificó la relevancia de una misiología integral para promover un ministerio entre la PSD, pero además reveló que solo un pequeño porcentaje de los teóricamente interesados en contribuir a semejante ministerio realmente lo hacen, sintiéndose en necesidad de una capacitación pertinente y una oportunidad concreta para emprender el trabajo. Consecuentemente, se crearon los materiales de la línea de Misiología, incorporando los hallazgos de la investigación de campo y aportes desde el ABCD, la filosofía antropológica, la estrategia de *Umoja* y las vivencias del coinvestigador, Olger González.

El currículo *La misión integral de la iglesia* fue el que más se implementó y cuyo impacto se estudió con entrevistas, grupos focales y encuestas. Se aprendió que el currículo en sí logró sus objetivos cognoscitivos y afectivos, y que fue exitoso en movilizar las iglesias en ministerios nuevos y fortalecidos para con las PSD. Sin embargo, no todas las actividades del currículo se cumplieron a cabalidad, lo cual socavó el impacto del material. Así, y con base en sugerencias de los participantes en la prueba piloto, se revisó el material (especialmente el *Inventario de habilidades*), agregando

---

113. Hays, Espitia Zúñiga y Villadiego Ramos, *La misión integral: manual*, 25–27, 28–30, 54–56, 57–59, 105–10, 113–6.

114. Véase p. ej. Christopher M. Hays, Isaura Espitia Zúñiga y Steban Andrés Villadiego Ramos, *La misión integral de la iglesia: cómo fortalecer o crear un ministerio a favor de personas en situación de desplazamiento: cuadernillo del participante*, 2.ª ed. (Medellín: Publicaciones SBC, 2020), 27–32.

115. Véase p. ej. Hays, Espitia Zúñiga y Villadiego Ramos, *La misión integral: manual*, 48, 88.

116. Hays, Espitia Zúñiga y Villadiego Ramos, *La misión integral: manual*, 62–66.

nuevas herramientas (como el *Diagnóstico shalom*) y se creó el Diplomado de FyD, el cual busca asegurar el lanzamiento eficaz de nuevos ministerios de FyD y el establecimiento de nuevas relaciones entre comunidades eclesiales y desplazadas.

Gracias al estudio empírico y los aportes desde las ciencias sociales y humanas, el equipo de Misiología contribuyó al avance de la misión integral a favor de las PSD de Colombia, y según los participantes, logra su meta. En las palabras de Alejandro Beltrán, de la iglesia El Redil en Bogotá:

> [*La misión integral de la iglesia*] es un currículo [que] no se ve en la iglesia. Es necesario para la iglesia . . . Yo llevo 30 años en el evangelio y siempre nos hemos enfatizado en la parte espiritual y emocional de las vidas—lo cual es muy importante y no hay que dejarlo a un lado—, pero siempre tuvimos como iglesia a un lado la actividad social . . . Era necesario un currículo o algo que despierte a la iglesia, que nos haga pensar: "Ustedes tienen mucho que dar, y no se pueden limitar sólo a lo espiritual, sino que hay una necesidad que Dios nos demanda también suplir que es la física, la económica, el acompañamiento"; y no solo hacerlo por ganarnos los adeptos a la iglesia . . . Vayamos y amemos, y ya la persona toma su decisión. Hagámoslo sin esperar nada a cambio . . . ¡Amemos! Es la respuesta.[117]

BIBLIOGRAFÍA

"Percepciones de participantes del currículo *La misión integral de la iglesia* en Medellín." Grupo focal. Comunidad Cristiana El Shalom, Medellín, 9 de febrero de 2019. Participantes: Adriana Patricia Herrera Martínez, *et al.*

"Percepciones de participantes del currículo *La misión integral de la iglesia* en el Encuentro, Bogotá." Grupo focal. Iglesia El Encuentro, Bogotá, 30 de noviembre de 2018. Participantes: Hernando Manrique Naranjo, *et al.*

"Percepciones de participantes del currículo *La misión integral de la iglesia* en El Redil, Bogotá." Grupo focal. Iglesia El Redil, Bogotá, 24 de enero de 2019. Participantes: Gianni Gravier, *et al.*

"Percepciones de participantes del currículo *La misión integral de la iglesia* en Puerto Libertador." Grupo focal. Iglesia El Libertador, Puerto Libertador, Córdoba, 2 de febrero de 2019. Participantes: Luz Medis Benítez, *et al.*

"Percepciones de participantes del currículo *La misión integral de la iglesia* en Tierralta." Grupo focal. iglesia Cristo el Rey, Tierralta, Córdoba, 18 de enero de 2019. Participantes: Luis Carlos Sierra, *et al.*

"Percepciones de participantes del currículo *La misión integral de la iglesia* en Cartagena." Grupo focal. Centro Evangélico Blas de Lezo, Cartagena, 26 de enero de 2019. Participantes: Alberto Martín Díaz, *et al.*

Castro Hernández, Stefanith (Facilitadora del currículo *La misión integral de la iglesia*). Entrevista con Christopher M. Hays. Iglesia El Redil, Bogotá, 24 de enero de 2019.

---

117. "Participantes—El Redil," Grupo focal.

———. (Facilitadora del juego *Podemos* y el *Inventario de habilidades*—versiones de misiología). Entrevista con Steban Andrés Villadiego Ramos. iglesia El Redil, Bogotá, 6 de julio de 2018.

Castro Hernández, Stefanith, Tania Marsella Herrán Correa y Samuel Alberto Ospina Cevallos (Líderes de la iglesia El Redil y la Fundación CreativaMente). Entrevista con Christopher M. Hays. Fontibón, Bogotá, 2 de diciembre de 2016.

Colina Hernández, Maribel y Rachel Caraballo Garcia (Facilitadores del currículo *La misión integral de la iglesia*). Entrevista con Christopher M. Hays. Centro Evangélico Blas de Lezo, Cartagena, 26 de enero de 2019.

Corbett, Steve y Brian Fikkert. *When Helping Hurts: How to Alleviate Poverty without Hurting the Poor. . .and Yourself.* Chicago: Moody, 2012.

Donner, Saskia Alexandra. *Diplomado de Fe y Desplazamiento: cuaderno de trabajo.* Medellín: Publicaciones SBC, 2020.

Durango Cárdenas, Astrid Cristina, *et al.* (Equipo de liderazgo de la Comunidad Cristiana El Shalom). Entrevista con Christopher M. Hays. Medellín, de 2016.

Espitia, Deiner (Facilitador del currículo *La misión integral de la iglesia*). Entrevista con Christopher M. Hays. Fundación Universitaria Seminario Bíblico de Colombia, Medellín, 31 de enero de 2019.

———. (Facilitador del juego *Podemos* y el *Inventario de habilidades*—versiones de misiología). Entrevista con Steban Andrés Villadiego Ramos. iglesia El Libertador, Puerto Libertador, Córdoba, 15 de junio de 2018.

González Padilla, Olger Emilio (Facilitador del currículo *La misión integral de la iglesia*). Entrevista con Christopher M. Hays. Iglesia El Libertador, Puerto Libertador, Córdoba, 2 de febrero de 2019.

———. (Facilitador del juego *Podemos* y el *Inventario de habilidades*—versiones de misiología). Entrevista con Steban Andrés Villadiego Ramos. iglesia El Libertador, Puerto Libertador, Córdoba, 15 de junio de 2018.

———. (Pastor de la iglesia El Libertador). Entrevista con Christopher M. Hays. Puerto Libertador, Córdoba, 10 de diciembre de 2016.

González Yanes, Pedro Ramón (Facilitador del juego *Podemos* y el *Inventario de habilidades*—versiones de misiología). Entrevista con Steban Andrés Villadiego Ramos. iglesia Cristo el Rey, Tierralta, Córdoba, 31 de agosto de 2018.

González Yanes, Pedro Ramón y Leonardo López González (Líderes de la iglesia Cristo el Rey). Entrevista con Christopher M. Hays. Tierralta, 23 de enero de 2017.

González Yanes, Pedro Ramón y Walberto Manuel Yeneris Lozano (Facilitadores del currículo *La misión integral de la iglesia*). Entrevista con Christopher M. Hays. Tierralta, Córdoba, 18 de enero de 2019.

Hays, Christopher M. "Justicia económica y la crisis del desplazamiento interno en Colombia." En *Conversaciones teológicas del sur global americano: violencia, desplazamiento y fe*, eds. Milton Acosta y Oscar Garcia-Johnson, 44–64. Eugene, OR: Wipf and Stock, 2016.

Hays, Christopher M. y Milton Acosta. "A Concubine's Rape, an Apostle's Flight, and a Nation's Reconciliation: Biblical Interpretation, Collective Trauma Narratives, and the Armed Conflict in Colombia." *Biblical Interpretation* 28 (2020): 56–83.

Hays, Christopher M., Isaura Espitia Zúñiga y Steban Andrés Villadiego Ramos. *La misión integral de la iglesia: cómo fortalecer o crear un ministerio a favor de personas en situación de desplazamiento: cuadernillo del participante.* 2.ª ed. Medellín: Publicaciones SBC, 2020.

———. *La misión integral de la iglesia: cómo fortalecer o crear un ministerio a favor de personas en situación de desplazamiento: cuadernillo para participantes*. Medellín: Publicaciones SBC, 2018.

———. *La misión integral de la iglesia: cómo fortalecer o crear un ministerio a favor de personas en situación de desplazamiento: manual del facilitador*. Medellín: Publicaciones SBC, 2018.

———. *La misión integral de la iglesia: cómo fortalecer o crear un ministerio a favor de personas en situación de desplazamiento: manual del facilitador*. 2.ª ed. Medellín: Publicaciones SBC, 2020.

Kretzmann, John P. y John McKnight. *Building Communities from the Inside Out: A Path Toward Finding and Mobilizing a Community's Assets*. Evanston, IL: Asset-Based Community Development Institute, 1993.

López Amaya, David (Facilitador del currículo *La misión integral de la iglesia*). Entrevista con Christopher M. Hays. Iglesia El Redil, Bogotá, 25 de enero de 2019.

———. (Facilitador del juego *Podemos* y el *Inventario de habilidades*—versiones de misiología). Entrevista con Steban Andrés Villadiego Ramos. iglesia El Redil, Bogotá, 6 de julio de 2018.

Lupton, Robert D. *Toxic Charity: How Churches and Charities Hurt Those They Help (and How to Reverse It)*. New York: HarperCollins, 2011.

Martín D., Alberto E. (Pastor del Centro Evangélico Blas de Lezo). Entrevista con Christopher M. Hays. Cartagena, 27 de enero de 2017.

Mercado Figuera, Jaider Andrés (Facilitador del juego *Podemos* y el *Inventario de habilidades*—versiones de misiología). Entrevista con Steban Andrés Villadiego Ramos. iglesia El Libertador, Puerto Libertador, Córdoba, 15 de junio de 2018.

Monsalve, María Cristina, Carlos Eduardo Díaz y John Fredy Zea (Facilitadores del currículo *La misión integral de la iglesia*). Entrevista con Christopher M. Hays. Comunidad Cristiana El Shalom, Medellín, 9 de febrero de 2019.

Mosquera Brand, Fernando Abilio y Isaura Espitia Zúñiga. *Misiología y antropología: un enfoque bíblico-filosófico*. Medellín: Publicaciones SBC, 2018.

Orjuela Pabón, Fabian (Facilitador del juego *Podemos* y el *Inventario de habilidades*—versiones de misiología). Entrevista con Steban Andrés Villadiego Ramos. iglesia El Encuentro, Bogotá, 21 de septiembre de 2018.

Orjuela Pamplona, Nicolai (Facilitador del juego *Podemos* y el *Inventario de habilidades*—versiones de misiología). Entrevista con Steban Andrés Villadiego Ramos. iglesia El Encuentro, Bogotá, de 2018.

Orjuela Pamplona, Nicolai y Marcela Zambrano (Facilitadores del currículo *La misión integral de la iglesia*). Entrevista con Christopher M. Hays. Iglesia El Encuentro, Bogotá, 30 de noviembre de 2018.

Rondón Sáenz, Leonardo (Asesor de la Iglesia Cristiana Evangélica Nasa). Entrevista con Christopher M. Hays. Silvia, Cauca, 13 de enero de 2017.

Sierra Ramos, Luis Carlos (Facilitador del juego *Podemos* y el *Inventario de habilidades*—versiones de misiología). Entrevista con Steban Andrés Villadiego Ramos. iglesia Cristo el Rey, Tierralta, Córdoba, 29 de junio de 2018.

Valencia Rayo, José Fernando (Pastor de la iglesia El Encuentro). Entrevista con Christopher M. Hays. El Polo Club, Bogotá, 2 de diciembre de 2016.

Villadiego Ramos, Steban Andrés y Andrés Steban Villadiego Ramos. "Una apropiación misio-teológica de una estrategia de desarrollo comunitario para la ⊠movilización de

PARTE 1

laicos y PSD (personas en situación de desplazamiento) en ministerios a favor de las PSD." Fundación Universitaria Seminario Bíblico de Colombia, 2018.

Yeneris Lozano, Walberto Manuel (Facilitador del juego *Podemos* y el *Inventario de habilidades*—versiones de misiología). Entrevista con Steban Andrés Villadiego Ramos. iglesia Cristo el Rey, Tierralta, Córdoba, 1 de agosto de 2018.

4

El equipo de Pedagogía

SASKIA ALEXANDRA DONNER

INTRODUCCIÓN

Cuando una persona que ha sufrido el desplazamiento llega a un nuevo lugar, entre los múltiples retos que enfrenta se incluye la necesidad de adquirir conocimientos y habilidades nuevos que le permitan hacer frente a sus circunstancias y desempeñarse en la siguiente etapa de su vida. Es usual que necesite aprender a sostenerse económicamente de maneras diferentes a las que lo hacía anteriormente, pues ya no tiene acceso a los medios necesarios para su antiguo sustento; necesita aprender a relacionarse con los diferentes actores sociales en su nuevo entorno; necesita aprender a manejar las complejas secuelas emocionales y mentales que ocasiona el desplazamiento forzado y la pérdida del tejido social, y necesita aprender a acceder a las ayudas y oportunidades que le brinda el gobierno. El desafío para alcanzar estos y otros aprendizajes es que las personas en situación de desplazamiento (PSD) tienen características particulares que les dificultan participar en procesos de enseñanza-aprendizaje tradicionales, donde se depende de las exposiciones magistrales, la lectura y la escritura.[1]

El propósito del proyecto investigativo *Fe y Desplazamiento* (FyD) era crear maneras de brindar una formación más integral a las PSD por medio de la movilización de la iglesia local, a partir de las capacidades de sus profesionales y con un fundamento bíblico-teológico claro. Mediante un enfoque interdisciplinar, FyD se propuso crear

---

1. Carolina Andrea Castiblanco-Castro, "Efectos del desplazamiento forzado sobre el acceso a la educación en Colombia," *Revista de investigación desarrollo e innovación* 10, n.º 2 (2020): 307, doi: 10.19053/20278306.v10.n2.2020.10241.

materiales de capacitación para los profesionales de las iglesias locales y las PSD. Las cartillas para profesionales los prepararían para poner sus conocimientos y habilidades al servicio de las PSD. Los currículos para PSD los capacitarían en las áreas de economía, interacción con el sector público, relaciones comunitarias y salud mental.

En este esfuerzo, era vital asegurar que cada material curricular siguiera un modelo pedagógico apropiado para la población con la cual se quería trabajar: las PSD (particularmente los adultos), los profesionales de las iglesias que trabajarían directamente con dicha población y los líderes de estas iglesias. Por tal razón, el equipo de Pedagogía se encargó de buscar los mejores acercamientos pedagógicos para una enseñanza eficaz de estas poblaciones, aunando los principios de la teología con los de la educación, para plantear principios orientadores que guiaran la elaboración de los materiales curriculares de FyD.[2] Como resultado de esta investigación, el equipo de Pedagogía encontró que los procesos de enseñanza-aprendizaje que mejor promueven el florecimiento humano holístico de las PSD se caracterizan por ser forjadores de relaciones interpersonales, partir de los intereses de las PSD y aprovechar los recursos que tienen disponibles en su entorno, y utilizar acercamientos creativos y participativos. El reconocimiento de estos principios fundamentales para la enseñanza de PSD permite la elaboración de materiales apropiados para ellos y también una adecuada capacitación de los profesionales y líderes que orientan sus procesos de enseñanza-aprendizaje.

Este capítulo presenta el proceso que siguió el equipo de Pedagogía para la identificación y aplicación de los principios orientadores antes mencionados para los procesos de enseñanza-aprendizaje con PSD y capacitación de líderes y profesionales. Primero, describe la investigación inicial para conocer las características y necesidades de los diferentes aprendices. Segundo, explica la dinámica de elaboración de materiales curriculares del equipo de Pedagogía y la orientación en la elaboración de los materiales de otros equipos. Tercero, narra cómo fue el lanzamiento de estos materiales en seis comunidades piloto, el análisis de impacto de los mismos y las formas en que se incorporaron los hallazgos del análisis de impacto en los materiales curriculares del equipo de Pedagogía. Por último, reseña los principales aprendizajes obtenidos a lo largo del proceso de investigación y las estrategias generadas para la ampliación del impacto de la intervención.

INVESTIGACIÓN INICIAL SOBRE LAS CARACTERÍSTICAS Y NECESIDADES DE LOS APRENDICES

La primera fase de la investigación se enfocó en identificar las características y necesidades de las diferentes poblaciones a las cuales se quería capacitar, principalmente a las PSD. Para esto, el equipo de Pedagogía entrevistó a nueve maestros que tienen

---

2. Para mayor información sobre la pregunta investigativa que orientó el trabajo del equipo de Pedagogía y la hipótesis con la cual trabajó, véase *Informes de investigación* §7.2.2.

experiencia en la enseñanza de personas en situación de desplazamiento o situaciones similares y a catorce líderes de enseñanza de adultos en las iglesias. El equipo de Pedagogía también realizó grupos focales con las PSD con el fin de identificar su disposición hacia las artes como una estrategia de enseñanza. Por último, en esta etapa inicial se llevó a cabo una observación sistemática de un proceso de enseñanza de líderes con el fin de identificar buenas prácticas de enseñanza.

Entrevistas a maestros y líderes

Con el fin de aprender de su experiencia, a los maestros y líderes se les hicieron preguntas en tres grandes áreas. En el área metodológica, se les preguntó qué estrategias didácticas eran particularmente útiles para el trabajo con las PSD, o, por el contrario, particularmente ineficaces, y qué formas de estructurar las lecciones o capacitaciones funcionaban mejor. En el área logística, se les preguntó sobre el tiempo que consideraban se debe dedicar a diferentes actividades y a las clases en total; cuáles son los mejores lugares o ambientes para las capacitaciones; la frecuencia ideal para los encuentros; el mejor tamaño de los grupos para un buen trabajo, y los buenos horarios para trabajar. Por último, se les preguntó qué características debe tener un maestro para poder trabajar bien con PSD.

La información recogida mediante estas entrevistas y una investigación bibliográfica inicial proveyó una idea clara acerca de las necesidades de las PSD como aprendices. Con base en esta información, se definieron tres principios que orientarían la elaboración de los materiales curriculares de los diferentes equipos de FyD. A continuación, se explica cada uno de estos principios.

Principio 1: los procesos de aprendizaje deben ser forjadores de relaciones profundas y restauradoras entre la iglesia y las comunidades en situación de desplazamiento.

El énfasis de este primer principio en la dimensión relacional toma en cuenta aspectos de la teología, la pedagogía y la cultura. Teológicamente, se asigna un alto valor a las relaciones de comunidad como aspecto formador de la persona, y se afirma que las relaciones de amor deben ser una característica de todo aquel que es seguidor de Jesús (Jn 13:34-35; Mt 22:39; Mc 12:31). En varias teorías pedagógicas se valora altamente la dimensión social del aprendizaje, particularmente entre adultos.[3] En el contexto cultural colombiano, las relaciones interpersonales también son de gran valor, y las PSD, en la mayoría de los casos, han perdido relaciones interpersonales cercanas.[4]

---

3. Véase Etienne Wenger, *Communities of Practice: Learning, Meaning, and Identity* (Cambridge, U.K.: Cambridge University Press, 1998).

4. Ana María Ibáñez y Andrea Velásquez, "El impacto del desplazamiento forzoso en Colombia: condiciones socioeconómicas de la población desplazada, vinculación a los mercados laborales y

Al desarrollar procesos de aprendizaje que promueven el aspecto relacional, no solamente se aprovechan al máximo las oportunidades de formación que se dan en una comunidad, sino que se contribuye de diversas maneras a la restauración de la vida de las PSD mediante la generación de una nueva red de relaciones de apoyo. Como lo expresó la maestra Clara Orozco: "Muchas veces las clases se convierten en momentos de sanación, desahogo",[5] lo cual es algo que con frecuencia necesitan las PSD para procesar lo que han vivido.

Las PSD son personas que han experimentado traumas, tanto por las circunstancias que rodearon su desplazamiento original como por lo que han tenido que enfrentar en su lugar de llegada. Estos traumas tienen un impacto significativo en la mente de las personas, afectando sus procesos cognitivos.[6] Así, tales personas tienen dificultades para concentrarse, pues están constantemente vigilantes de todo lo que ocurre a su alrededor, de modo que su atención está dispersa.[7] Además, puede ser difícil para ellos arriesgarse a participar en actividades cuando temen no tener la capacidad de realizarlas bien.[8]

Por otro lado, la actitud negativa que suele darse en la sociedad hacia quienes han vivido el desplazamiento impacta la manera en que se perciben a sí mismos y sus habilidades.[9] En aquellos casos en que la PSD se ve obligada a participar en actividades que van en contra de sus valores personales para poder sobrevivir, se agrega la vergüenza a la estigmatización social.[10] Estos factores afectan significativamente la autoestima de la persona y, por ende, su percepción de su capacidad de aprender. Los procesos de aprendizaje que fomentan las relaciones interpersonales son procesos que dignifican y honran al participante.

Para poder fomentar las relaciones profundas, es de suma importancia la actitud y el acercamiento que tienen los facilitadores o maestros que vienen a trabajar con las PSD. Los maestros que trabajan con PSD deben ser especialmente cuidadosos en su trato, amables en la manera de presentar las actividades y proveer acompañamiento para las mismas, de modo que las PSD puedan sentirse seguras y más dispuestas a asumir los riesgos que requiere un proceso de aprendizaje. De manera particular, es importante mostrar respeto por las PSD y sus vivencias. La maestra Silvia Polo

---

políticas públicas," *Políticas sociales* 145 (2008): 23.

5. Clara Orozco, entrevista con Leonela Orozco Álvarez, Medellín, 18 de septiembre, 2017.

6. Bruce D. Perry, "Fear and Learning: Trauma-Related Factor in the Adult Education Process," en *New Directions for Adult and Continuing Education* 110 (2006): 22, doi: 10.1002/ace.215.

7. Perry, "Fear and Learning," 24.

8. Perry, "Fear and Learning," 24.

9. Donny Meertens, "Desplazamiento e identidad social," *Revista de estudios sociales* 11 (2002): 101, http://journals.openedition.org/revestudsoc/27596.

10. Linda Morrice, "Learning and Refugees: Recognizing the Darker Side of Transformative Learning," *Adult Education Quarterly* 63, n.º 3 (2012): 262, doi: 10.1177/0741713612465467; Alejandro Valencia Arias, "De la Colombia rural a la alienación urbana," *Revista migraciones forzadas* 40 (2012): 12, http://hdl.handle.net/10045/25025.

destaca, por ejemplo, la importancia de conocer algo sobre el desplazamiento forzado en Colombia antes de iniciar el trabajo. Dice "que el facilitador no tenga idea de dónde vienen desplazadas [las personas] y qué fue lo que vivieron, es una falta de respeto".[11] Además de saber un poco acerca de lo que han vivido las personas, es importante tomar tiempo para escuchar sus historias durante los tiempos de clase. El maestro Efraín Gallego dice:

> se deben privilegiar estrategias en donde las personas son escuchadas, atendidas y se les respeta su historia . . . En lo personal, considero que es cuando ellos son escuchados que están dispuestos a escuchar: cuando hay un serio interés en las particularidades de las personas, cuando se aprecia y respeta la confianza, cuando se establecen vínculos de confianza.[12]

Además de escuchar a las personas, la forma de responder a lo que ellos expresan también es importante. La maestra Enith dice:

> Algo que nos ha ayudado es respetar sus sentimientos, si quiere llorar, llora, si quiere decir malas palabras, golpear, como una señora que casi rompe la silla de la rabia, respetamos sus actos. Y yo siempre digo: "mira, yo hubiese hecho lo mismo", porque es un dolor increíble. Y el que no quiere perdonar, también, nosotros lo respetamos.[13]

Los aportes que hacen los maestros con experiencia en la enseñanza de PSD proveen lineamientos importantes para que se puedan generar relaciones restauradoras entre la iglesia y la comunidad desplazada. Al implementar actividades que permitan escuchar con respeto y honrar las historias de los participantes, será posible cultivar buenas relaciones. El segundo principio orientador, que se presenta a continuación, busca que la selección de temas esté alineada con las estrategias antes mencionadas para el fomento de buenas relaciones.

Principio 2: los procesos de enseñanza-aprendizaje deben partir de las necesidades y los intereses de las PSD y aprovechar los recursos disponibles en sus comunidades.

Este segundo principio reconoce que las mismas PSD son las que mejor conocimiento tienen de sus necesidades de aprendizaje. Diversos estudios han demostrado que la calidad del aprendizaje que se da entre personas refugiadas es mejor cuando se permite que sean ellas quienes determinen los contenidos a trabajar e identifiquen los recursos que se necesitan para el aprendizaje.[14] La metodología de Investigación-

---

11. Silvia Polo, entrevista con Leonardo Ramírez Oviedo, Medellín, 12 de julio, 2017.
12. Efraín Gallego, entrevista con Jhohan Centeno, Medellín, 20 septiembre 2016.
13. Enith Díaz, entrevista con Leonardo Ramírez, Medellín, 11 de julio, 2017.
14. Sven B. Andersson e Ingrid Andersson, "Authentic Learning in a Sociocultural Framework: A case study of non-formal learning," *Scandinavian Journal of Educational Research* 49, n.º 4 (2005): 430, doi: 10.1080/00313830500203015; Peter Pausigere, "Education and Training Initiatives at the Central

acción participativa utilizada en FyD[15] permite la identificación de estas necesidades de aprendizaje mediante el diálogo directo con las PSD y la posterior confirmación de la utilidad de los temas trabajados. La maestra Silvia Polo dice:

> Ellos son quienes nos van a decir, por lo general a través de un diagnóstico ... qué necesidades hay, qué vacíos hay, qué cosas, con qué recursos cuenta la misma comunidad, el potencial que tiene la comunidad.[16]

Permitir que sean las PSD las que determinan qué necesitan aprender requiere de humildad por parte de quienes desean trabajar con ellos, pues estos suelen tener un conocimiento teórico que los hace pensar que saben más que las PSD acerca de sus necesidades reales. Varios de los maestros y líderes entrevistados describieron la actitud que debe tener el maestro en este aspecto. La líder María Alejandra Mazo en Puerto Libertador, dice:

> Les sugiero a esas personas que pretenden trabajar, que primero no digan, 'Bueno, quiero hacer una charla, listo', sino que busquen el problema. Cuando uno quiere dar una charla es porque ya tiene conocimiento del problema que está afectando a la sociedad o a esa comunidad.[17]

Además de garantizar la relevancia de los temas tratados para las PSD, es importante asegurar que los procesos de aprendizaje aprovechan los recursos disponibles en las comunidades. Esto facilita la continua aplicación de los conocimientos y habilidades adquiridos, ya que el aprendizaje ha estado firmemente arraigado en el contexto de la PSD. El aprovechamiento de los recursos presentes en el contexto también capacita a las PSD para hacer uso de aquello que tienen disponible en su entorno inmediato para suplir sus necesidades de vida.[18]

Con frecuencia la reubicación de las PSD implica que los conocimientos de vida, las habilidades que habían desarrollado y fortalecido en su contexto original, no pueden aplicarse de manera igual en el contexto nuevo.[19] Personas adultas que eran capaces de proveer para su familia, orientar los procesos de crianza de sus hijos y desenvolverse en medio de una comunidad particular, encuentran en la reubicación que las estrategias que utilizaban para estas actividades ya no son aplicables. Es el caso de personas que dependían de la agricultura para su sustento económico y la

---

Methodist Church Refugee House in Johannesburg," *Perspectives in Education* 31, n.º 2 (2013): 48, https://journals.ufs.ac.za/index.php/pie/article/view/1804.

15. Véase el capítulo 2.

16. Polo, entrevista.

17. María Alejandra Mazo, entrevista con Milton Acosta, Puerto Libertador, 9 de diciembre, 2016.

18. Cf. los valores del acercamiento de *Umoja* descritos en el capítulo 2 y los de *Asset-Based Community Development* delineados en el capítulo 3.

19. Per Andersson y Andreas Fejes, "Mobility of Knowledge as a Recognition Challenge: Experiences from Sweden," *International Journal of Lifelong Education* 29, n.º 2 (2010): 203, doi: 10.1080/02601371003616624.

alimentación de su familia, y que ahora están en una ciudad en la que no pueden cultivar nada. O el de familias que encuentran que sus hijos están acoplándose a las costumbres del lugar de acogida, tienen comportamientos que serían inaceptables en el lugar de origen, y se resisten a los métodos de corrección que eran usuales para sus padres.[20] Esta realidad hace que la desorientación interior sea parte de la experiencia del desplazamiento.[21] El maestro Efraín Gallego dice:

> Observo que las personas que han sufrido el desplazamiento, generalmente están tratando de enfrentar lo inmediato para la subsistencia, esto se suma a una constante presencia de desesperanza y desespero, lo que las hace un tanto desinteresadas en procesos formativos . . . Sin embargo, algunas personas se muestran atentas a los aprendizajes en temas que les aportan en este aspecto, tales como formación para un oficio o en relación con aprendizajes para la exigibilidad de derechos.[22]

A la luz de estas realidades, es necesario reconocer que usualmente las PSD requieren de capacitación y acompañamiento para la realización de tareas que parecen básicas para otros adultos. Los procesos de enseñanza-aprendizaje deben, a la vez, reconocer la madurez y las capacidades del adulto que ha logrado sobrevivir al desplazamiento, y brindarle formación en aquellos aspectos fundamentales de la vida en los cuales el cambio de cultura y ubicación haya causado desorientación.

Principio 3: los procesos de enseñanza-aprendizaje deben ser participativos y no depender de la lectoescritura ni la aritmética.

El tercer y último principio plantea la necesidad de utilizar actividades participativas que no dependan de la lectoescritura. Esto no es solamente para responder a las realidades educativas comunes entre las PSD.[23] Al fomentar las actividades participativas como diálogos o debates, cantos, dramas y juegos, entre otros, se propicia el desarrollo de relaciones mencionado en el primer principio orientador. Vale la pena resaltar que estas actividades participativas y creativas deben ser significativas, de manera que contribuyan claramente al aprendizaje y no sean simplemente actividades o trabajo de relleno.[24]

Varios de los maestros y líderes afirmaron que son las actividades participativas las que les dan valor a las experiencias de aprendizaje. Dice la maestra Fiona Christie:

> Realmente dónde yo siempre he sentido que hay algo, un valor agregado, un valor especial por ser desplazados, digamos, es todo lo que sale de su

20. Valencia Arias, "De la Colombia rural," 12.
21. Meertens, "Desplazamiento e identidad," 2.
22. Gallego, entrevista.
23. Castiblanco-Castro, "Efectos del desplazamiento forzado," 301.
24. Jane Vella, *Learning to Listen, Learning to Teach* (San Francisco: Jossey-Bass, 2002), 9.

experiencia, y eso es como cambiar la relación y dejar de ser el experto sino sencillamente escuchar sus historias. Y cualquier momento en donde ellos están dando su testimonio o reflexionando sobre sus experiencias yo siento que ahí es donde la enseñanza, el aprendizaje siempre florece, donde ellos están en el centro y su experiencia está en el centro y no somos más nosotros que estamos llegando a decir que así deben pensar o deben actuar, sino nosotros, sencillamente preguntándoles acerca de su experiencia, estamos diciendo [que] sus experiencias tienen valor, pueden avanzar si reflexionan acerca de sus experiencias, y estamos dándoles un espacio para eso. Y ahí es donde yo he sentido pues algo que sea especial por ser desplazados.[25]

La participación debe incluir actividades en las que la PSD aprende mediante el hacer. Fiona Christie explica: "Eso es lo que hemos descubierto, contando nosotros desde adelante, diciendo 'así se hace', no funciona. Hay que hacerles practicar todo desde el primer momento, y es realmente en todo lo que hacemos . . . estamos pensando cuál es la cosa práctica que van a aplicar".[26] La maestra Katia Bello, con respecto al mismo tema, recalca: "Desarrollamos inmediatamente lo que vamos a trabajar . . . porque sabemos que con ellos debemos ser muy prácticos . . . Entonces empezamos enseguida a desarrollar el tema y vamos poniendo tareas".[27] Y Silvia Polo observa: "Estoy segura que las personas, sobre todo en las comunidades rurales y las etnias, van a asimilar más cuando llega el punto práctico, lo van a asimilar más, entonces eso es clave. Si es solo teoría, va desligado, es complicado".[28] La participación en actividades prácticas no solo contribuye a un mejor aprendizaje, también facilita que lo aprendido se aplique de manera rápida en la vida de los participantes.

El uso de actividades que no requieren de lectoescritura está relacionado con el nivel de escolaridad de los adultos desplazados, el cual suele ser bajo. Aunque hay excepciones, se ha encontrado en algunos estudios que la tasa de analfabetismo entre las PSD es del 24%, y que, en promedio, los adultos han estudiado hasta el grado 5 o 6.[29] Esta situación implica que es necesario valerse de herramientas diversas para fomentar la reflexión y la adquisición de conocimientos y habilidades por parte de las PSD. La dependencia de la lectura, la escritura y la aritmética entorpecerá los procesos de aprendizaje. La maestra Carolina Ruíz describe su propia práctica de la siguiente manera:

> Ellos empezaron a trabajar haciendo, o sea, aprender haciendo y . . . hacíamos un proceso desde lo más sencillo hacia lo más complejo . . . Por ejemplo, si yo llego con un taller magistral que dura dos horas y lo que hago es dar teoría, bueno, realmente [las PSD] no van a responder al taller, ni el aprendizaje va a ser significativo. Entonces con los adultos hemos tratado de que se haga

25. Fiona Christie, entrevista con Jhohan Centeno, Medellín, 13 septiembre 2016.
26. Christie, entrevista.
27. Katia Milena Bello Leclerc, entrevista con Leonardo Ramírez, El Bagre, 10 de julio, 2017.
28. Polo, entrevista.
29. Ibáñez y Velásquez, "El impacto del desplazamiento forzoso," 18.

de una manera sencilla, con un lenguaje sencillo y utilizando estrategias que les permitan a ellos, o sea, un poco más visuales que auditivas, ¿ya?, y que la escritura y la lectura, porque a veces son personas que, pues, no tienen un muy buen nivel de escritura y lectura, o que realmente pues no saben ni leer, ni escribir. Y la idea es que todos estén como en el mismo, en la misma tónica, o sea, que nadie se sienta excluido precisamente porque han sido personas golpeadas emocionalmente. Entonces lo que tratamos de hacer es que sean muy dinámicos, lo que te digo, el aprendizaje significativo es muy importante, donde se plantean casos, donde se plantean situaciones, donde se les dice—"bueno, listo, este es un ejemplo, esto pasó aquí, ¿qué harían ustedes?" Entonces se los lleva a reflexionar más que a darles el conocimiento y a hacer que ellos te escuchen a ti, es algo como un poco más conversacional y situacional, digámoslo así.[30]

Los maestros entrevistados compartieron otras razones por las cuales es importante utilizar herramientas participativas que no dependen de la lectoescritura: el hecho de que en muchas de sus culturas prima la oralidad por encima de la comunicación escrita;[31] los escasos niveles de educación formal, que implican que la comprensión de los temas es básica y la atención poca;[32] las personas pueden sentirse mal porque pueden cometer errores en la escritura o tienen dificultades para encontrar las palabras precisas.[33] Por lo tanto, recomiendan que no se use la escritura en el tablero por las dificultades de lectura,[34] ni otros materiales escritos,[35] ya que aún aquellos que saben leer, están poco habituados a la lectura.[36] Estas limitaciones se hacen aún más notables en comunidades cuyo primer idioma no es el español.[37] Los maestros concordaron en que la enseñanza magistral, los temas abstractos y académicos, la memorización, se deben evitar al máximo.[38] Katia Bello lo explica de esta manera:

> Lo que ya sabemos que no nos funciona es precisamente sacarlos de sus áreas de trabajo y traerlos a auditorios y presentar diapositivas, eso es fatal, es algo que primero ellos no las entienden, segundo los cansa y terminan saliendo de la conferencia diciendo que tienen mucho dolor de cabeza y que no entendieron nada.[39]

30. Carolina Ruíz Koch, entrevista con Leonardo Ramírez, Pasto, Julio 6, 2017.
31. Polo, entrevista.
32. Gallego, entrevista.
33. Bello Leclerc, entrevista.
34. Díaz, entrevista.
35. Christie, entrevista.
36. Humberto Sánchez Drago, entrevista con Guillermo Mejía, Cartagena, 29 de enero, 2017.
37. David Edén, entrevista con Jhohan Centeno, Piendamó, 13 de enero, 2017.
38. Christie, entrevista; Nelson Martínez, entrevista con Leonardo Ramírez, Medellín, 28 de julio, 2017; Polo, entrevista; Bello Leclerc, entrevista.
39. Bello Leclerc, entrevista.

El hecho de no utilizar actividades de lectoescritura no significa que no haya manera de que los participantes se lleven algo que les permita recordar o repasar lo aprendido. Uno de los líderes de las iglesias, quien es maestro universitario, enfatizó la importancia de tener contenido audiovisual y usar videos o audios cortos que se puedan compartir con los participantes de modo que ellos puedan volver a escuchar conceptos claves por fuera de la clase.[40] De esta manera se puede aprovechar el tiempo por fuera de clase, se pueden asignar actividades para la casa, pero sin necesidad de recurrir a la lecto-escritura.

Además de los asuntos relacionados con los tres grandes principios orientadores, las entrevistas con los maestros y los líderes proveyeron directrices en cuanto a los aspectos logísticos de la enseñanza tales como la selección de horarios y fechas. En algunos casos, por las distancias, las personas pueden asistir a pocas reuniones, pero pueden quedarse en ellas durante más tiempo, incluso todo el día. En otros casos, las personas solamente pueden venir a reuniones de hora y media, una vez termine su jornada laboral. Los maestros y líderes destacaron la importancia de tener actividades variadas, cuya extensión no fuera demasiado larga, sino que antes de que las personas comenzaran a cansarse, se cambiara de actividad.[41] Ante todo, enfatizaron la importancia de consultar con los participantes acerca de los aspectos logísticos y tener cuidado de no imponer una forma de hacer las cosas.

Grupos focales sobre el uso de las artes para la enseñanza de adultos

Además de la investigación general sobre principios de enseñanza de PSD, el equipo de Pedagogía investigó de manera más específica la utilidad de las artes como una herramienta que pudiera facilitar el aprendizaje reflexivo y la formación de relaciones interpersonales que llevaran al florecimiento de las PSD. La investigación bibliográfica preliminar reveló que las artes hacen que los procesos de enseñanza-aprendizaje sean más amigables, pueden expandir la comprensión de las realidades propias y de otros participantes, facilitan la reflexión sobre diversos temas, además de no requerir conocimientos de lectoescritura.[42] A raíz de estos hallazgos, se determinó ahondar en una comprensión de la relación que tienen las PSD con las artes mediante grupos focales.

Se realizaron cuatro grupos focales con adultos mayores de 40 años en diferentes comunidades piloto, con preguntas que exploraban la sensibilidad de los participantes frente a diferentes tipos de arte, en especial la música, los relatos o cuentos y las

---

40. Sánchez Drago, entrevista.

41. Para una mayor descripción de estos aspectos logísticos y la forma en que se incorporaron en la elaboración del informe, véase *Informes de investigación* §7.4.3.

42. Para una discusión más completa de las formas en las cuales el uso de actividades artísticas contribuye al aprendizaje de adultos, véase Saskia A. Donner, "Using Art in Adult Christian Education: An Option for Reflecting on Scripture and Building Relationships amongst Internally Displaced Adults in Colombia," *Christian Education Journal* 17, n.º 1 (2020): 38–51.

artesanías.[43] Además de preguntas por preferencias e historias personales, se incluyeron preguntas acerca de las tradiciones culturales artísticas de los participantes con el fin de averiguar la conexión entre estas y la identidad de los participantes. El análisis temático de los datos recopilados en estas entrevistas evidenció cuatro tipos de relación de los participantes con las artes, las cuales se explican brevemente a continuación.

1. *Relaciones de conocimiento y desconocimiento de las tradiciones culturales artísticas.* En tres de los grupos focales se manifestó un conocimiento general de las tradiciones culturales propias de la región, particularmente en lo relacionado con géneros musicales y artesanías. Sin embargo, en varios casos lo que compartían los participantes estaba más relacionado con sus propias experiencias familiares que con un conocimiento amplio de su cultura. A pesar de las diferencias culturales regionales, las historias o leyendas que se contaban durante la infancia eran similares (la Patasola, la Madremonte). Las otras historias que se contaron eran relatos de experiencias personales que de alguna manera reflejaban costumbres culturales. Por ejemplo, en Granizal se contaron historias de experiencias con duendes y con el pollo maligno; en Piendamó se recordaron experiencias relacionadas con las prácticas para el compromiso matrimonial. Así, fue evidente que la tradición familiar o de la comunidad inmediata era más significativa en la vida de las personas que las tradiciones artísticas asociadas con su región o cultura.

2. *Relaciones emocionalmente significativas.* Fueron notorias las asociaciones emocionales de los participantes con las artes musicales. En algunos casos, los participantes recordaban música popular que les traía a la memoria a familiares fallecidos o momentos vividos. En otros casos, la música que preferían les hacía sentir que podían expresar sus emociones a Dios. También era evidente la emoción al relatar historias de su pasado, en algunos casos de experiencias difíciles y, en otros, de momentos de alegría. En tres de los grupos focales, los participantes expresaron alegría por la oportunidad de conversar, recordar y relatar sus experiencias, lo cual demuestra el valor para las personas no solo de las artes en sí, sino también de la oportunidad que brindan para interactuar con otros de maneras que propician la formación de relaciones interpersonales.

3. *Relaciones de rechazo.* En algunos de los grupos focales se manifestó un rechazo marcado hacia ciertas tradiciones culturales por motivos relacionados con la fe cristiana. Esto se notó en tres de los grupos en relación con la música, donde los participantes expresaron escuchar solamente música cristiana. En uno de los grupos focales realizados con indígenas, los participantes expresaron también rechazo al uso que tenían originalmente algunas de sus artesanías, sin embargo, conservaban la artesanía, pero con un uso diferente. Este fue el caso de las cuetanderas, bolsos que anteriormente se usaban para cargar la hoja de coca, pero

---

43. Para más información sobre las comunidades y entrevistadores y el proceso de análisis de la información véase *Informes de investigación* §7.4.2.

que ahora utilizan para cargar sus Biblias. Es importante notar estas relaciones de rechazo con el fin de ser sensibles en la selección de actividades artísticas para practicar con las PSD y evitar aquellas que pueden ser ofensivas.

4. *Relaciones de conservación.* Aunque los participantes reconocieron que muchas de las historias y las tradiciones artísticas no serían bien recibidas por los jóvenes actuales, sí manifestaron interés en conservar algunas de ellas. Particularmente, los indígenas nasa manifestaron interés en conservar su idioma y poder hablarlo sin pena en cualquier lugar. Además, quisieran conservar sus prácticas de siembra, sus artesanías, y los relatos históricos que fortalecen su identidad.

La identificación de estas relaciones permitió determinar que las artes sí podrían ser una buena estrategia para enseñar a grupos de PSD, en particular por las relaciones emocionalmente significativas que tenían con ellas. Las artes permitirían fomentar relaciones que dignifican a las personas; aprender de maneras creativas y agradables, sin necesidad de la lectoescritura, y pueden adaptarse a una variedad de contextos, haciendo uso de aquello que está presente en cada región.

Observación de una enseñanza de líderes eclesiales

En vista de que la intervención de FyD no implicaba trabajar directamente con las PSD, sino capacitar líderes de iglesias para que trabajaran con ellos, fue importante también explorar las maneras en que este perfil de personas aprendía mejor, y tener los cuidados necesarios para asegurar un buen proceso de aprendizaje. Con este fin, se hizo la observación y análisis de una conferencia preparada por el equipo de Psicología (Salud mental) para pastores y líderes en la ciudad de Medellín. Aunque la mayoría de los investigadores contaba con amplia experiencia en el campo de la educación formal de adultos, la observación permitió analizar las particularidades de una experiencia de enseñanza-aprendizaje no-formal para así enriquecer el acercamiento a esta población.

La planeación de la conferencia observada tuvo en cuenta principios de la enseñanza de adultos como la necesidad de interacción, de actividades participativas y de elementos audiovisuales, además de varias sesiones presentadas en formato magistral. En esta conferencia varios maestros hicieron presentaciones, lo cual permitió observar una diversidad de estilos de enseñanza. La observación de esta conferencia se realizó en un formato que utilizaba escalas de Likert de 1–5 para medir los niveles de atención y participación en intervalos de diez minutos, comenzando cinco minutos después de iniciar cada conferencia o actividad. Los tres observadores del equipo de Pedagogía se reunieron posteriormente para comparar sus observaciones y análisis y aunar conclusiones acerca de los elementos que causaron mayor atención y participación, y aquellos que las obstaculizaron.[44] A la luz de este análisis, se

---

44. Para mayor información acerca de los detalles metodológicos y los resultados de esta

plantearon las siguientes recomendaciones para la elaboración de las cartillas y las instrucciones para su desarrollo:

- Brindar instrucciones claras y completas para cada actividad.
- Compartir información concreta acerca de diferentes problemáticas y dar sugerencias prácticas para enfrentarlas.
- Utilizar actividades participativas, interactivas y respaldar el contenido con elementos audiovisuales.
- Calcular bien el tiempo para cada actividad de modo que se alcance a desarrollar de manera completa.

La observación de esta conferencia permitió identificar y prevenir algunos errores comunes en la enseñanza de adultos. En la elaboración de materiales curriculares se tuvieron en cuenta las buenas prácticas de la teoría de enseñanza y todos los principios y recomendaciones identificados mediante la investigación sobre la enseñanza de PSD y de profesionales. A continuación, se describe el proceso mediante el cual se elaboraron los materiales curriculares en los que se aplicaron los hallazgos de la investigación inicial.

ELABORACIÓN DE MATERIALES CURRICULARES

Una vez se identificaron los principios orientadores generales para la enseñanza de PSD y líderes eclesiales, se procedió a la elaboración de los materiales curriculares. En este proceso el equipo de Pedagogía ofreció acompañamiento a los otros equipos de FyD para utilizar estrategias que facilitarían la enseñanza-aprendizaje de sus contenidos. Además, el equipo de Pedagogía elaboró dos materiales propios: una cartilla para capacitar a los maestros en el uso de las herramientas artísticas para la enseñanza de adultos y un currículo para PSD en el cual se utilizan diferentes tipos de arte para enseñar acerca del proceso de reconstrucción de vida.

Acompañamiento a diferentes equipos

El equipo de Pedagogía diseñó un proceso de acompañamiento a los diferentes equipos de *Fe y Desplazamiento* con el fin de asegurar que se incorporaran los principios y recomendaciones anteriormente mencionados. A cada equipo de FyD se le asignó un miembro del equipo de Pedagogía que lo asesorara en la elaboración de sus currículos para PSD y otro para la elaboración de sus cartillas para profesionales. Este asesor era responsable de reunirse con los miembros del equipo y orientar la planeación de cada lección. Debía asegurar que cada lección tuviese objetivos claros y actividades que permitieran alcanzar esos objetivos, realizando sugerencias acerca

---

observación, véase *Informes de investigación* §7.4.4.

de cómo mejorar cada aspecto de la lección con el fin de ser más apropiado para la población a la cual iba dirigido.

Una vez el asesor de un equipo considerara que el material se había elaborado de una manera apropiada, este se le enviaba a otro miembro del equipo de Pedagogía asignado para una segunda revisión. Este revisor verificaba que el material cumpliera con los principios planteados para su elaboración y realizaba sugerencias puntuales para su mejoramiento. Una vez este revisor aprobara el material, se pasaba a la fase de diseño y aprobación para la prueba piloto.

Con respecto al proceso de asesoría, vale la pena resaltar dos aspectos de la dinámica de trabajo. En primer lugar, la asignación de acompañantes principales y revisores se realizó teniendo en cuenta las diferentes pericias de los miembros del equipo de Pedagogía en aspectos de enseñanza-aprendizaje y en las temáticas de los diferentes equipos. En segundo lugar, durante el acompañamiento pedagógico se hizo el esfuerzo de respetar las preferencias de los autores de los materiales, ya que todos ellos son personas con experiencia en la enseñanza de adultos y por lo tanto tienen preferencias y convicciones acerca de cómo deben darse los procesos de enseñanza-aprendizaje. A raíz de esto, se pueden notar diferencias considerables en el contenido de los materiales curriculares de los diferentes equipos, ya que reflejan las idiosincrasias de sus autores más que las preferencias de los miembros del equipo de Pedagogía.

Los materiales curriculares del equipo de Pedagogía

Luego de asegurar que las artes ofrecían una estrategia de enseñanza que se acomodaba a las características de las PSD, el equipo de Pedagogía procedió a la elaboración de dos materiales curriculares y una guía de consejos prácticos. A continuación, se describen el propósito y contenido de cada uno de ellos.

Currículo Una nueva identidad

El currículo *Una nueva identidad*[45] se desarrolló para promover y evaluar la eficacia de las artes como herramientas de enseñanza-aprendizaje. Este material se implementó en una prueba proto-piloto para obtener una retroalimentación inicial acerca de la estructura, la presentación y las actividades del currículo, de modo que se pudieran hacer ajustes antes de elaborar los demás materiales curriculares. El currículo utiliza actividades como la música, el drama, el dibujo y el collage para llevar a las PSD a lamentar aquello que habían perdido con el desplazamiento, a reconocer su situación actual con sus dificultades y oportunidades, a soñar con un mejor futuro y a identificar virtudes necesarias para poder alcanzar esos sueños.

---

45. Saskia A. Donner, con Jhohan E. Centeno, Isabel Orozco, Leonela Orozco y Leonardo Ramírez, *Una nueva identidad* (Medellín: Publicaciones SBC, 2018).

La primera edición de *Una nueva identidad* se componía de cuatro lecciones estructuradas en cuatro momentos: primero, una reflexión y conexión con la experiencia del participante, usualmente por medio de la elaboración de un cuadro comunitario que ilustra algún aspecto de la realidad. Segundo, la adquisición de nuevo conocimiento mediante el estudio de un pasaje bíblico por medio de actividades como la música, el drama, las imágenes, el dibujo o el diálogo. Tercero, el ensayo de opciones de aplicación, mediante la planeación de actividades o la creación de una historia en secuencia. Por último, un momento en el cual los participantes asumen un compromiso de aplicación en su vida diaria de lo aprendido. En la sesión dos, por ejemplo, los participantes ilustran con recortes de revista en un cuadro comunitario su visión de su realidad actual, usan el dibujo para reflexionar sobre las quejas de Elías en 1 Reyes 19:1–18, expresan mediante metáforas de comida aquello que les agrada y les desagrada, y relatan una historia comunitaria con dos personajes que buscan mejorar el lugar en el que están viviendo.[46]

El currículo *Una nueva identidad* se enseñó en una prueba proto-piloto, luego de la cual se hicieron ajustes a algunas actividades que habían demostrado ser demasiado abstractas para los participantes. El resultado de la prueba proto-piloto mostró que la metodología artística era una manera eficaz de trabajar con las PSD, ya que permitió que se formaran relaciones entre los participantes y los facilitadores, generó reflexión y aprendizaje sobre los temas planteados, y permitió dar pasos concretos en el mejoramiento de las vidas actuales de los participantes. El material también se dio a conocer en el Congreso de *Fe y Desplazamiento* realizado en noviembre de 2017, en el cual los participantes expresaron una apreciación bastante positiva del mismo.[47]

Cartilla *Las artes: una herramienta eficaz para la enseñanza de adultos en situación de desplazamiento*

Con el fin de capacitar a los profesionales en el área de enseñanza, el equipo de Pedagogía elaboró una cartilla titulada *Las artes: una herramienta eficaz para la enseñanza de adultos en situación de desplazamiento* que enseña cómo usar las artes para enriquecer todos los procesos pedagógicos con PSD.[48] Aunque las estrategias artísticas pueden utilizarse con niños y adolescentes, el material se enfocó particularmente en la enseñanza de adultos ya que esta es una población a la cual se suele enseñar de maneras menos creativas, pues se piensa que, al ser adultos, ya no tienen interés en actividades dinámicas.

En el congreso de noviembre 2017 se presentaron muestras de este material, y con base en la retroalimentación obtenida, se realizaron cambios significativos en

---

46. Donner et al., *Una nueva identidad*, 20–24.
47. Para los datos específicos de esta retroalimentación, véase *Informes de investigación* §7.5.3.
48. Saskia A. Donner y Leonela Orozco, *Las artes: una herramienta eficaz para la enseñanza de adultos en situación de desplazamiento* (Medellín: Publicaciones SBC, 2018).

su estructura general y en algunas de las lecciones.[49] En la versión final, el material tiene una lección introductoria y seis lecciones sobre diferentes tipos de arte. En la lección introductoria se trabajan asuntos generales relacionados con lo que implica el uso de las artes en la enseñanza de adultos en situación de desplazamiento, una forma de estructurar las clases y otros asuntos prácticos relacionados con el material. Luego, hay seis lecciones enfocadas en: el arte pictórico, oral, dramático, musical, manual y los juegos. Cada una de estas lecciones tiene una actividad inicial que le permite al lector practicar el tipo de arte en el cual se enfoca el capítulo, seguido por una explicación sencilla acerca de por qué este tipo de arte fomenta la reflexión y el aprendizaje. Luego hay un ejercicio práctico en el que se le pide a los participantes elegir actividades artísticas para enseñar temas específicos y una invitación a utilizar el tipo de arte estudiado en la enseñanza de adultos. Cada lección incluye un banco de ideas que presenta diversas aplicaciones del tipo de arte estudiado en la lección, que pretende servir como punto de partida para que los participantes piensen en maneras de utilizar este tipo de arte para la enseñanza.

Guía de Consejos prácticos

Con base en la información obtenida en las entrevistas con maestros y líderes de iglesias, se elaboró un pequeño manual de *Consejos prácticos*[50] para maestros de PSD. Esta guía incluye secciones sobre cómo fomentar buenas relaciones con los participantes, cómo planear las actividades de una clase y qué elementos logísticos tener en cuenta al enseñarles a las PSD. El propósito de este manual es proveer orientación para los profesionales que van a enseñar los currículos de FyD a personas que han vivido el desplazamiento, de modo que se alcancen los objetivos de estos materiales y se facilite el florecimiento de los participantes.

LANZAMIENTO DE LOS MATERIALES CURRICULARES Y ANÁLISIS DE IMPACTO

El equipo de Pedagogía realizó el lanzamiento de su material en las seis comunidades piloto. El lanzamiento incluyó una presentación general de ambos materiales y la práctica de algunas actividades. Finalmente, tres de las comunidades decidieron implementar esta línea en sus iglesias. Seis meses después de la visita de lanzamiento, se regresó a estas comunidades para recibir retroalimentación acerca del proceso de estudiar la cartilla y enseñar el currículo a PSD. En el análisis de impacto se implementaron dos protocolos diseñados específicamente para evaluar los materiales de la línea de Enseñanza-aprendizaje. Además, se aplicaron dos protocolos más para evaluar los

---

49. Para los datos específicos de esta retroalimentación, véase *Informes de investigación* §7.5.3.

50. Disponible en https://www.feydesplazamiento.org/materiales/ensenanza-aprendizaje/manuales-de-facilitadores.

componentes pedagógicos de los materiales en general, y uno para evaluar el proceso de lanzamiento en sí. A continuación, se explican estos protocolos, su propósito y los resultados obtenidos con ellos.

Retroalimentación de los materiales curriculares de Enseñanza-aprendizaje

Con el fin de evaluar la eficacia de los materiales curriculares de la línea de Enseñanza-aprendizaje se aplicaron dos entrevistas que se podían realizar de manera individual o grupal. La primera entrevista iba dirigida a los líderes que estudiaron la cartilla *Las artes* y facilitaron el currículo *Una nueva identidad* con PSD. Esta entrevista consistía de dos secciones: una sobre la cartilla y otra sobre el currículo. La sección sobre la cartilla incluía seis preguntas en las cuales los entrevistados podían compartir si consideraban que sí estaban en capacidad de utilizar las artes para enseñarles a PSD luego de estudiar la cartilla. Además, pedía sus opiniones acerca de la claridad de la cartilla, la facilidad de utilizarla, si habían usado alguna de las actividades propuestas en la enseñanza de PSD y qué sugerencias tenían para el mejoramiento de la cartilla. Finalmente, se pedía una evaluación global de la cartilla. Esta sección de la entrevista se realizó en tres comunidades piloto.

La sección de evaluación del currículo incluía ocho preguntas de apreciación. Estas indagaban por asuntos como la claridad de las instrucciones, la eficacia de las actividades, el logro de los objetivos del currículo en la vida de los participantes, la participación de los asistentes, la evidencia de fortalecimiento en las relaciones entre participantes y facilitadores, sugerencias de mejoramiento y una evaluación global del currículo. Esta sección de la entrevista se aplicó en dos de las comunidades piloto.

Apreciaciones de los profesionales sobre los materiales curriculares de Enseñanza-aprendizaje

En cuanto a la cartilla *Las artes: una herramienta eficaz para la enseñanza de adultos en situación de desplazamiento*, los entrevistados concordaron en la utilidad del material para capacitar a los maestros. En sus respuestas resaltaron la claridad de la estructura de la cartilla y la utilidad de los componentes de cada lección para alcanzar los propósitos de enseñanza-aprendizaje. Al hablar de actividades específicas, una profesional expresó que "el teatro es una forma . . . de motivarlos a ser más despiertos; que tengan más posibilidad de socializarse entre ellos mismos y tener una comunicación efectiva".[51] Se destacó también la orientación práctica que brinda la lección introductoria y la diversidad de herramientas y tipos de arte, que permiten trabajar con poblaciones variadas. Los entrevistados manifestaron sentirse capacitados para utilizar herramientas artísticas en procesos de enseñanza-aprendizaje con PSD. Plantearon

---

51. Johana Díaz Sierra, entrevista con Leonardo Ramírez, Puerto Libertador, 4 de febrero, 2019.

que las herramientas artísticas motivan a las PSD a aprender y a relacionarse unos con otros, a aumentar su creatividad y a incorporar en su vida diaria aquello que han aprendido en las lecciones.

Los entrevistados también sugirieron algunas mejoras para la cartilla. Específicamente, pidieron que se incluyeran indicaciones acerca del trabajo con niños y adolescentes. Por otro lado, una profesional mencionó que algunas de las actividades de los bancos de ideas eran bastante costosas y "algunos elementos no son muy fáciles para conseguir",[52] aunque otros agregaron que un buen número de las actividades son gratuitas o de bajo costo.

En el proceso de revisión de los materiales, en respuesta a los comentarios de las comunidades piloto, se agregó una sección en la lección introductoria que explica cómo se pueden utilizar las actividades con niños y adolescentes y plantea algunas recomendaciones para asegurar un trabajo eficaz con estas poblaciones. Además, al lado de cada actividad en los bancos de ideas se señaló si esta era apta para trabajar con niños y adolescentes. Con el fin de aclarar los costos de las actividades se indicó en cada una si su costo era bajo, moderado o alto. Vale la pena destacar que la gran mayoría de las actividades son de costo bajo o sin costo, y aquellas que son de costo más alto son actividades que se trabajarían durante varias clases, por ejemplo, la elaboración de mantas o colchas de retazos.[53]

La retroalimentación recibida de las dos comunidades que enseñaron el currículo *Una nueva identidad* a grupos de PSD fue positiva. Quienes enseñaron este currículo notaron que las actividades realizadas les permitieron a los participantes alcanzar los objetivos trazados y participar activamente en el proceso de aprendizaje, relacionándose bien unos con otros. En cuanto al formato de las lecciones, les pareció que estas eran organizadas, sus temas eran apropiados y había un hilo conductor claro a lo largo de todo el currículo. Un maestro en Puerto Libertador recalcó que "lo que se requería dentro de cada momento, dentro de cada lección, fue muy claro, entonces las personas lo encontraron muy fácil".[54] Fue sencillo tomar el material y enseñarlo, ya que no requería de mucha planeación adicional pues las instrucciones estaban completas y claras.

Algunos maestros encontraron que las actividades artísticas, en particular la composición del canto de lamento en la primera sesión, además de ayudarles a los participantes a procesar su duelo, sensibilizó a los maestros frente a la realidad del desplazamiento que habían experimentado los participantes. Una maestra de Cartagena expresó que al desarrollar la primera lección

> Se evidenció que había mucho dolor en todos ellos, porque yo creo que ahí no hubo quien no llorara... pero también ellos se dieron cuenta y al finalizar el proceso... ellos veían como una luz de esperanza, ya ellos sentían que no

52. Yaneth Correa, entrevista con Leonardo Ramírez, Puerto Libertador, 4 de febrero, 2019.
53. Saskia A. Donner y Leonela Orozco, *Las artes: una herramienta eficaz para la enseñanza de adultos en situación de desplazamiento*, 2.ª ed. (Medellín: Publicaciones SBC, 2020), 93.
54. Jaider Mercado, entrevista con Leonardo Ramírez, Puerto Libertador, 4 de febrero, 2019.

estaban solos, ya ellos se veían, aterrizaban un poco más a lo real que tiene una nueva oportunidad.[55]

Otros maestros destacaron la buena participación e iniciativa de los asistentes, aunque algunos prefirieron no participar en ciertas actividades. Recalcaron el valor de la historia comunitaria y de los trabajos artísticos como evidencias del proceso de reflexión e interiorización que hicieron los participantes de los temas estudiados.

Los participantes en los grupos focales sugirieron que se incluyera en el currículo un componente evangelístico. A raíz de estas peticiones se agregó una nueva lección en medio del material, titulada "Quién soy en Cristo: Jesús se identifica conmigo".[56] En esta lección se exploran momentos de sufrimiento en la vida de Jesús para que los participantes puedan ver que Dios entiende su sufrimiento y que Jesús vivió el sufrimiento con el fin de darles una nueva identidad como hijos de Dios. Además de este cambio, se aclararon las instrucciones del estudio bíblico en la lección final para enfatizar los diferentes valores que se pueden ver en el texto bíblico y se revisaron los tiempos que es necesario dedicar a las diferentes actividades. Estos últimos cambios correspondían también a sugerencias realizadas por los maestros.[57]

Apreciaciones de los participantes sobre los materiales de Enseñanza-aprendizaje

Se aplicó una segunda entrevista a las PSD que habían participado en la enseñanza del currículo *Una nueva identidad*. Esta entrevista consistía de nueve preguntas en las que se pedía su opinión acerca de la utilidad de las lecciones y la temática trabajada en el currículo para sus propias vidas. Además, se les preguntó acerca del impacto del material en sus relaciones interpersonales y si habían hecho algún cambio en sus vidas a raíz de su participación en este currículo. Por último, se pedía una evaluación global de todo el currículo, según su apreciación. Esta entrevista se aplicó de manera grupal en dos comunidades piloto.

Los participantes en estas entrevistas grupales valoraron los temas trabajados en el currículo y su impacto sobre sus propias vidas. Una participante de Puerto Libertador compartió:

> Fueron muy importantes estos temas porque nos ayudaron a recordar muchas cosas, de que sí es bueno de lamentarse siempre y cuando nuestros lamentos se los contemos a Dios. Y que debemos mirar hacia el futuro y que no debemos quedar ahí y que luchemos por nuestros sueños.[58]

---

55. Alexandra Espitia, entrevista con Jhohan Centeno, Cartagena, 26 de enero, 2019.

56. Saskia A. Donner con Jhohan E. Centeno, Isabel Orozco, Leonela Orozco y Leonardo Ramírez, *Una nueva identidad*, 2.ª ed. (Medellín: Publicaciones SBC, 2020), 24.

57. Para mayor información acerca de las entrevistas realizadas en el análisis de impacto con profesionales de la línea de Enseñanza-aprendizaje, véase *Informes de investigación* §7.6.1.2.2.

58. Natalia Arteaga, entrevista con Leonardo Ramírez, Puerto Libertador, 2 de febrero, 2019.

Otros expresaron que habían disfrutado de las clases y quisieran seguir recibiendo más clases similares. Un asunto que destacaron fue la preparación y el trato que les dieron sus maestros, lo cual les ayudó a superar temores y a generar buenas relaciones con otros. Además, compartieron algunas maneras concretas en las que la participación en este currículo había afectado sus vidas. Una participante pudo aceptar un cambio significativo en la relación con un hermano; otra mencionó haber reconocido que no era la única que había sufrido con el desplazamiento, y que en sus manos estaba poder ayudarles a otros.[59]

Evaluación general de los materiales

Debido al rol del equipo de Pedagogía en el proceso de elaboración de los materiales de diferentes equipos, durante las visitas de análisis de impacto se aplicaron dos protocolos de entrevista dirigidos a facilitadores y participantes de currículos de las diferentes líneas de FyD. La primera entrevista iba dirigida a aquellos líderes de las iglesias que habían sido entrevistados durante las visitas iniciales, quienes habían aportado ideas y recomendaciones acerca de la enseñanza a las PSD. El objetivo era evaluar la incorporación en los materiales curriculares de las directrices sugeridas por estos maestros y recopilar cualquier evidencia del impacto del uso de estas metodologías y consejos en la enseñanza de los currículos en diferentes contextos. Esta entrevista se aplicó a doce líderes en cuatro comunidades piloto.

Los líderes entrevistados manifestaron que sí habían notado el uso de ilustraciones, testimonios, anécdotas y diversas actividades participativas del tipo que ellos habían recomendado en las entrevistas iniciales. Una maestra lo expresó así: "Realmente el material es bastante sencillo de aplicar, bastante entendible, bastante comprensible, no solo para nosotros como profesionales... sino también para esas personas que están receptivas... la metodología que han utilizado, pues bastante acertada, teniendo en cuenta el tipo de población a la cual está dirigido".[60] Expresaron que los materiales ayudaron a fortalecer las relaciones de confianza entre los facilitadores y los participantes, como también entre los mismos participantes. Mencionaron algunas dificultades que tuvieron al planear las actividades en horarios difíciles, como al final del día cuando la gente está cansada, o después de un culto en la iglesia. Además, expresaron la dificultad de realizar algunas de las actividades debido a confusiones o asuntos circunstanciales que no lo permitían. Una maestra explicó que "nosotros teníamos que reducir unas cositas porque primero, era de noche, la gente andaba cansada entonces no podíamos darle todo el contenido así porque si no nos llevaba más tiempo".[61] Estos líderes resaltaron la importancia de tener tiempo suficiente para

---

59. Para mayor información acerca de las entrevistas realizadas en el análisis de impacto con PSD que participaron en la línea de Enseñanza-aprendizaje, véase *Informes de investigación* §7.6.1.3.2.

60. Estefany Méndez, entrevista con Jhohan Centeno, Cartagena, 26 de enero, 2019.

61. Maribel Colina, entrevista con Jhohan Centeno, Cartagena, 26 de enero, 2019.

desarrollar las actividades y sugirieron que en los materiales se destacaran los aspectos más importantes de los temas, ya que en muchos casos no alcanzaba el tiempo debido a la alta participación de los asistentes.

Un segundo protocolo de entrevista iba dirigido a las PSD que participaron en alguno de los currículos, y pretendía recopilar sus percepciones acerca de la eficacia de los facilitadores y asuntos logísticos de enseñanza. Esto permitiría afianzar la descripción de las características de un maestro excelente en la enseñanza de población en situación de desplazamiento. Además, permitiría identificar los aspectos logísticos más importantes que se deberían tener en cuenta en la enseñanza de población en situación de desplazamiento. Esta entrevista se aplicó en seis comunidades piloto, con un total de 56 participantes.

En las respuestas a esta entrevista, los participantes expresaron su gratitud por los facilitadores que les habían enseñado los currículos. Un participante de Cartagena explicó "La manera de enseñarnos [permitió] como perder un poco ese miedo de ocultar . . . perder ese miedo a contar lo que nos ha sucedido".[62] Manifestaron su afecto y admiración por las maneras en que los motivaron, en que les explicaron pacientemente los temas hasta lograr su comprensión. La actitud de los maestros les permitió sentirse cómodos y enfocarse en el aprendizaje. Una participante describió a sus maestros como "unos mentores que han compartido con nosotros sus experiencias y hemos tenido mucha confianza con ellos."[63] Además, el desarrollo de actividades en las que podían escuchar acerca de las experiencias de otros participantes y unirse a ellos para alcanzar algún objetivo, permitió que fortalecieran las relaciones con quienes ya conocían y desarrollaran relaciones nuevas. Valoraron el fundamento bíblico de las actividades y el hecho de que las actividades era participativas en vez de magistrales.

Al igual que lo habían hecho los líderes, los participantes hablaron de dificultades con el tiempo. En algunos casos, tuvieron dificultad para sacar tiempo para asistir, aunque consideraban que los contenidos eran importantes y los procesos de aprendizaje eran agradables. Les hubiese gustado trabajar los temas de manera más pausada, con mayor reflexión y profundización. Dijeron haberse sentido seguros en los lugares de las reuniones, de modo que podían expresarse con confianza y sin temor.[64]

Evaluación del proceso de lanzamiento

Hacia el final de las visitas de lanzamiento de materiales curriculares, se vio la necesidad de hacer una evaluación del proceso de lanzamiento en las comunidades piloto, en la cual se analizaran los aciertos y las dificultades presentadas en cada iglesia en el proceso de implementar los materiales curriculares. Al visitar las iglesias, se notó que algunas comunidades no estaban debidamente preparadas para recibir los materiales

---

62. Anónimo, entrevista con Jhohan Centeno, Cartagena, 26 de enero, 2019.
63. Ana Cristina Hoyos, entrevista con Leonardo Ramírez, Puerto Libertador, 2 de febrero, 2019.
64. Para mayor información sobre estas entrevistas, véase *Informes de investigación* §7.6.1.4.2.

de las diferentes líneas e implementarlos. A la luz de esto se determinó evaluar desde dos puntos de vista diferente el lanzamiento de los materiales: el de los investigadores que habían participado en los lanzamientos y el de los encargados de coordinar la implementación de materiales en sus comunidades eclesiales.

Para conocer el punto de vista de los investigadores, se realizaron entrevistas en las cuales se les preguntaba por sus apreciaciones acerca de los aspectos favorables y difíciles de la logística en los lanzamientos, las dificultades que se presentaron en los lanzamientos y la manera en que se manejaron, lo que funcionó bien y lo que contribuyó a que funcionara bien, el cumplimiento de las expectativas, cualquier preocupación que hubiese surgido sobre sus propios materiales, y cualquier experiencia particularmente positiva o negativa que quisieran destacar. La mayoría de los investigadores envió sus respuestas por escrito. El director del proyecto respondió en una entrevista oral que permitió compartir con más detalle acerca de las diferentes experiencias. Además, se entrevistó a la administradora del proyecto, quien estuvo presente en todas las visitas de lanzamiento y quien estaba encargada de hacer el seguimiento a las comunidades durante el proceso de implementación. En total se entrevistaron siete investigadores que habían participado en los procesos de lanzamiento de los materiales.

Apreciaciones de los investigadores sobre el proceso de lanzamiento

En general, la apreciación de los investigadores fue que los aspectos logísticos y de contenido del lanzamiento fueron positivos. Consideraron que los lugares, los materiales y las actividades fueron excelentes para presentar los materiales curriculares, permitirles a las personas que se familiarizaran con ellos y animarlos a implementar las diferentes líneas en sus comunidades. El investigador Francis Pineda resaltó la eficacia del proceso como parte de la metodología de Investigación-acción participativa:

> Creo que la forma que se escogió para compartir el material permitió que los participantes sintieran que realmente fueron parte del proceso de "creación del material" . . . que no se trataba simplemente de contarles algo sino de hacerlos parte de algo.[65]

Los investigadores también destacaron el apoyo de los pastores de las comunidades y los coinvestigadores para poder realizar un trabajo eficaz en cada lugar de lanzamiento.

Las dificultades que notaron estaban relacionadas con dos asuntos particulares: primero, que varias de las comunidades piloto no habían desarrollado de manera completa el currículo *La misión integral de la iglesia,* entonces desconocían ciertos elementos básicos de FyD que se explicaban allí y que eran necesarios para avanzar en el lanzamiento de materiales curriculares. Así lo describió el director del proyecto: "El desarrollo del currículo de misiología, que era la punta de lanza del proyecto,

---

65. Francis Alexis Pineda, entrevista con Saskia A. Donner, en línea, 5 de agosto, 2018.

varió mucho en términos de la precisión con la que se desarrolló de una iglesia a otra".[66] Además, la información que habían brindado las iglesias acerca de su avance en el proceso estaba incompleta, de modo que no fue posible prever estas confusiones antes de llegar a cada lugar de lanzamiento. En segundo lugar, las convocatorias en las comunidades piloto no se realizaron según los lineamientos que se habían provisto. Se les había pedido convocar grupos de cinco a ocho personas profesionales para cada una de las líneas que les interesaba lanzar. En lugar de esto, varias comunidades realizaron convocatorias abiertas, dando como resultado grupos más grandes de lo anticipado. Estas dificultades se manejaron mediante la división en subgrupos, explicaciones adicionales y procesos de identificación de personas claves para cada línea, de modo que se pudieran establecer grupos de trabajo para las actividades de las diferentes líneas.

Apreciaciones de los coordinadores en las iglesias sobre el proceso de lanzamiento

En el análisis de impacto, se implementó un protocolo para conocer el punto de vista de las iglesias acerca del proceso de lanzamiento de los materiales. En esta entrevista se preguntó por aquellos aspectos que funcionaron bien en el proceso de lanzamiento y lo que contribuyó a que fuera así. Por otro lado, se preguntó por aquello que funcionó mal o causó dificultades y lo que contribuyó a que fuese así. Finalmente, se pidieron sugerencias para mejorar el proceso de implementación y una explicación de por qué esos cambios sí mejorarían el proceso. En total se entrevistaron 25 líderes que coordinaron procesos de lanzamiento de FyD en sus iglesias.

En estas entrevistas, los coordinadores de las diferentes comunidades piloto resaltaron como elementos positivos del proceso la calidad de los materiales curriculares y materiales de apoyo, los cuales fueron agradables para trabajar con los líderes de las iglesias y con las PSD. Apreciaron el apoyo de los investigadores y la administradora durante el proceso de lanzamiento, de modo que pudieran resolverse dudas a medida que fueran surgiendo. Consideraron que el trabajo que se desarrolló durante los lanzamientos y en las iglesias con los profesionales en el estudio de cartillas y la enseñanza de currículos fue agradable y organizado. Uno de los pastores coordinadores en Bogotá comentó:

> El acompañamiento de ustedes también es fundamental, o sea, realmente no pienso que funcione igual si ustedes mandan los materiales y los llaman por teléfono... a mí me reta la calidad de su trabajo, la dedicación, el profesionalismo, pero también ese sentido de servicio.[67]

Las dificultades más significativas que mencionaron los coordinadores estaban relacionadas con obstáculos que se presentaron para desarrollar el material de

---

66. Christopher Hays, entrevista con Saskia A. Donner, Medellín, 25 de julio, 2018.
67. Fabián Orjuela, entrevista con Saskia A. Donner, Bogotá, 1 de diciembre, 2018.

La misión integral de la iglesia o algunas de sus actividades. Consideraron que estas dificultades se debieron a fallas en la comunicación al interior de las mismas comunidades, el no leer bien las instrucciones o la información que se enviaba, o el nivel de complejidad de las mismas actividades (como en el caso del *Inventario de habilidades*). Otros factores que influyeron fueron los problemas con enlaces, vocabulario desconocido, dificultades en el manejo del tiempo para completar todas las actividades de las lecciones y aún circunstancias climáticas o de transporte que impidieron la participación de algunas personas. Una coordinadora en Cartagena describió una de estas dificultades:

> Se presentó un inconveniente para que ellos entendieran 'trauma'. De pronto ellos habían oído un trauma y estaban pensando que es golpe, ¿verdad?, pero no, ese golpe podía ser interno, . . . entonces fue un poquito complicado que ellos lo pudieran entender.[68]

En algunos casos, las iglesias mencionaron de manera directa que necesitaban mayor acompañamiento para poder lanzar su ministerio con personas en situación de desplazamiento. Esto surgió principalmente con aquellas comunidades piloto que no tenían un ministerio social especializado para las PSD. Esta evaluación del proceso de lanzamiento fue fundamental para tomar decisiones acerca de los ajustes que se deberían realizar para una distribución más amplia de los materiales entre iglesias locales.[69]

APRENDIZAJES DE LOS ANÁLISIS DE IMPACTO

Las entrevistas realizadas con los facilitadores y los participantes de los materiales curriculares de FyD confirmaron la importancia de los principios que habían orientado la elaboración de dichos materiales. Además, proveyeron una comprensión de otros factores claves que se deben tener en cuenta en los procesos de enseñanza-aprendizaje con PSD. Estos factores se suman a los tres principios orientadores que se expusieron anteriormente en este capítulo.

En primer lugar, fue evidente que el proceso de enseñanza-aprendizaje con personas en situación de desplazamiento debe ser pausado y sin afanes. Es de suma importancia que en las clases o encuentros se tenga el tiempo suficiente para que todos los presentes puedan dialogar, hacer sus preguntas y compartir sus historias. En los casos en que esto no se da, ya sea porque el tiempo de la reunión es muy corto o porque hay demasiadas actividades o demasiado contenido en el plan de clase, tanto los facilitadores como los participantes sienten que el proceso ha fallado.

---

68. Rachel Caraballo, entrevista con Jhohan Centeno, Cartagena, 26 de enero, 2019.

69. Para mayor información sobre los hallazgos de las entrevistas con coordinadores, véase *Informes de investigación* §7.6.1.6.3.

En segundo lugar, el proceso debe ser sencillo y contextualizado. El vocabulario que se utiliza debe ser fácil de comprender, las ilustraciones deben ser propias del contexto para que los participantes puedan reconocerlas, y los conceptos se deben explicar con claridad. El uso de diferentes actividades de enseñanza-aprendizaje en las cuales el participante puede comprender con facilidad lo que se espera de él y unirse a la actividad, es fundamental para que pueda disfrutar del proceso y sentir que ha alcanzado los objetivos de aprendizaje propuestos.

En tercer lugar, la actitud y el desempeño del maestro o facilitador tiene un impacto fuerte en el proceso de enseñanza-aprendizaje. Para los participantes, es el facilitador quien genera un espacio en el que ellos pueden expresarse con tranquilidad, compartir sus historias y sentir que son valoradas. Además, la paciencia de los maestros, su puntualidad y preparación fueron aspectos que les comunicaron a los participantes un sentido de la importancia del proceso de aprendizaje y los motivó a esforzarse por aprender.

Por último, los aspectos logísticos influyen significativamente en los procesos de enseñanza-aprendizaje con PSD. Aunque difícilmente se pueda encontrar un lugar y horario que sea ideal para todos los involucrados, es importante que las reuniones se den con regularidad en un horario consistente, preferiblemente cuando los participantes no estén demasiado cansados. Es mejor trabajar con grupos pequeños, de unos diez participantes, de modo que pueda haber buena interacción y diálogo. Los lugares en los cuales se realizan las reuniones deben ser espacios conocidos para los participantes, donde se sientan tranquilos, además de estar bien ventilados, tener buena luz, mobiliario y materiales adecuados. Como lo dijo un participante: "Nos sentíamos seguros, satisfechos, porque estábamos en un lugar donde nosotros somos habitantes de este sector y por la cual somos conocidos y conocemos también el ambiente".[70]

CREACIÓN DEL DIPLOMADO DE *FE Y DESPLAZAMIENTO*

En el proceso de lanzamiento de los materiales y el subsecuente análisis de impacto, se notaron dos cuestiones importantes. En primer lugar, los materiales curriculares sí eran eficaces para el trabajo con la población en situación de desplazamiento. Tanto los líderes de las comunidades como las PSD que participaron en los diferentes currículos, expresaron que los materiales eran fáciles de utilizar, habían sido bien recibidos por los participantes y habían brindado buenos resultados en sus vidas. En segundo lugar, se hizo evidente que faltaba más acompañamiento para las comunidades que quisieran implementar dichos materiales. En el primer lanzamiento, en varios casos se dependió de la información escrita, ya fuera en cartas o en las introducciones de los materiales, para orientar el proceso. Además, como las comunidades piloto eran iglesias que ya tenían una trayectoria de trabajo con poblaciones vulnerables (en su

---

70. Plinio Mendoza, entrevista con Jhohan Centeno, Cartagena, 27 de enero, 2019.

mayoría poblaciones en situación de desplazamiento), no había sido necesario proveer orientación acerca de cómo iniciar una relación con una comunidad desplazada para poder trabajar con ella.

A la luz de esto, se vio la necesidad de generar un mecanismo que permitiera extender el impacto de los materiales curriculares que se habían creado y que las comunidades piloto habían evaluado, mayormente, como buenos o excelentes. Este mecanismo debía proveer un acompañamiento más cercano a las iglesias que quisieran utilizar los materiales para asegurar su correcta implementación y debía orientarlos en la identificación y el inicio de una relación con una población desplazada con la cual quisieran trabajar. Luego de considerar diferentes opciones, se decidió crear un diplomado que brindara la capacitación y el acompañamiento necesario.[71]

El formato de un diplomado se consideró apropiado para estos fines por varias razones: es un modelo de capacitación conocido en el entorno colombiano, particularmente entre profesionales; la FUSBC ya conoce las exigencias necesarias para ofrecer diplomados, y es un formato flexible que se puede adaptar según el contenido que se desee trabajar y los resultados de aprendizaje que se quieran obtener. Sin embargo, era evidente que sería necesario hacer algunos ajustes a la expectativa que genera un diplomado a la luz del tipo de capacitación que se quería ofrecer. En primer lugar, la expectativa de un diplomado es recibir capacitación en conocimiento teórico, con poca exigencia de tareas por parte del estudiante, mientras que el diplomado de FyD requeriría de una cantidad significativa de trabajo independiente por parte de los participantes. En segundo lugar, es común que el interés principal de las personas al participar en un diplomado sea la obtención de un certificado, pero el objetivo del diplomado de FyD era el lanzamiento de un ministerio. Este diplomado iría más allá de compartir la información recopilada en la investigación de *Fe y Desplazamiento*: llevaría a los participantes paso a paso por el proceso de establecer una relación con una comunidad en situación de desplazamiento, capacitar a los líderes de sus iglesias e iniciar un ministerio con la población en situación de desplazamiento mediante la enseñanza de algunos de los currículos elaborados por *Fe y Desplazamiento*.

Fundamentación del diplomado

En la planeación del diplomado se tuvieron en cuenta las teorías de aprendizaje de adultos más reconocidas en el momento: la teoría de aprendizaje transformador y la de aprendizaje experiencial. Además, se tuvieron en cuenta aspectos de la teoría de comunidades de aprendizaje. A la luz de estas teorías se optó por un modelo que invitara al cuestionamiento y cambio de paradigmas con respecto a la responsabilidad del creyente y de la iglesia para con las personas en situación de desplazamiento, de modo que los participantes evaluaran a la luz de la Biblia los conceptos que manejan

---

71. Cf. el capítulo 1.

acerca de estos temas. Además, se incorporaron diversas actividades en el diplomado, como el *Diagnóstico shalom*, que requerirían que desde temprano las iglesias tuvieran contacto directo con personas en situación de desplazamiento, conocieran su realidad al escuchar sus historias y entablaran relaciones con ellos, de modo que, al llegar el momento de enseñar los currículos de *Fe y Desplazamiento*, ya existiera cierto grado de conocimiento y confianza entre la iglesia y la población en situación de desplazamiento. Esto, unido a las actividades que ya estaban contempladas en los materiales de FyD, tales como el *Inventario de habilidades* y el juego *Podemos*, que llevan a la iglesia a identificar las capacidades que tienen los miembros con el fin de ponerlas a disposición de un ministerio de *Fe y Desplazamiento*.[72]

Por último, se tomó la decisión de ofrecer el diplomado a equipos de personas que provinieran de una misma iglesia, en lugar de ofrecerlo de manera individual. Esto se hizo con el fin de facilitar y fomentar el lanzamiento de los ministerios con PSD, ya que un equipo que trabajara de manera unida tendría mayores posibilidades de realmente lanzar un ministerio con personas en situación de desplazamiento. Cada equipo de iglesia debía incluir un miembro del equipo pastoral, y un profesional capacitado en cada una de las líneas de FyD: Economía, Salud mental, Interacción con el sector público, Relaciones sociales y comunitarias y Enseñanza-aprendizaje. Vale la pena notar que estos "profesionales" podían ser personas con un título académico, o personas que por su experiencia laboral y de vida estuvieran capacitadas en una de estas áreas.

En la estructura del diplomado, además de combinar los encuentros presenciales con el trabajo independiente, se prepararían ciertos contenidos clave mediante videos. Esto permitiría que personas pertenecientes a cada una de las líneas de FyD explicaran los materiales elaborados por su línea y les enseñaran a los participantes del diplomado a utilizarlos, sin necesidad de trasladar un equipo grande de maestros a cada localidad donde se enseñara el diplomado.

Diseño de los módulos del diplomado

Una vez se trazaron estas directrices generales, se procedió a la preparación del diplomado. El diseño del mismo combina un acercamiento coherente a los materiales elaborados por FyD con una secuencia lógica de actividades que lleva a los equipos de las iglesias a lanzar un ministerio con un grupo de personas desplazadas. Para lograr esto, se creó un diplomado con cuatro módulos, cada uno de los cuales incluye un encuentro presencial y trabajo independiente de los participantes.

El propósito del primer módulo es comunicarles a los participantes la visión de la misión integral de la iglesia, con el objetivo de movilizar personas con conocimientos y capacidades que pueden ayudar a las personas en situación de desplazamiento. Para

---

72. Para mayor información sobre el juego *Podemos*, el *Inventario de habilidades* y el *Diagnóstico shalom*, véase el capítulo 3.

esto, se presenta durante el encuentro presencial el currículo de *La misión integral de la iglesia*, que contiene herramientas como el *Inventario de habilidades* y el juego *Podemos* para identificar las capacidades de los miembros de la iglesia local. Durante el tiempo de trabajo independiente después del encuentro del módulo, los participantes deben estudiar este currículo y aplicar sus herramientas con un grupo de personas en su iglesia local. Durante el encuentro del módulo, también se les enseña a los participantes a aplicar el *Diagnóstico shalom*, una encuesta mediante la cual los participantes del diplomado pueden tener un acercamiento inicial a PSD y conocer algunas de sus historias, necesidades y anhelos de vida. Los participantes aplican este diagnóstico a varias PSD como parte del trabajo independiente del módulo.

El segundo módulo se enfoca en la capacitación de los miembros de las iglesias que, por medio del *Inventario de habilidades* han mostrado tener afinidad con las líneas de *Fe y Desplazamiento* que la iglesia haya decidido lanzar como parte del diplomado. Para esto, durante el encuentro del diplomado, se hace una presentación de los hallazgos más significativos del *Diagnóstico shalom*, y se guía a cada equipo de participantes a comparar las necesidades de la población desplazada con las fortalezas de la comunidad eclesial, con el fin de identificar aquellas líneas más pertinentes para el lanzamiento en la comunidad de PSD. Los participantes del diplomado reciben capacitación en las cartillas de FyD para que puedan estudiarlas con otros profesionales afines de su iglesia local como parte del trabajo independiente. Además, los participantes reciben capacitación desde la sociología para poder seguir entablando relaciones de confianza con la población en situación de desplazamiento mediante la planeación y realización de dos actividades específicas con la comunidad con la cual están trabajando.

El tercer módulo se enfoca en la enseñanza de los currículos de FyD a las PSD. Durante este módulo los participantes reciben capacitación desde la pedagogía y la psicología para el trabajo directo con población en situación de desplazamiento. Esta capacitación provee buenas prácticas para el desarrollo de las clases con las PSD y advierte acerca de algunos peligros y los cuidados que se deben tener para evitarlos. También son capacitados mediante el uso de videos para utilizar y enseñar bien los currículos elaborados por las diferentes líneas de *Fe y Desplazamiento*. Como parte del trabajo independiente de este módulo, cada equipo de participantes debe enseñar dos o tres de los currículos a las PSD con las cuales están trabajando.

En el cuarto y último módulo, se hace una evaluación a fondo del proceso de lanzamiento de ministerio con las PSD que se ha realizado hasta el momento. Luego, se hace un ejercicio de soñar con lo que podría ser la vida de una familia desplazada que ha florecido y se sueña también con lo que sería un ministerio fuerte para personas en situación de desplazamiento. Por último, se planean los aspectos prácticos como el voluntariado, la consecución de recursos y las actividades específicas que se realizarán como parte de este ministerio.

5

El equipo de Sociología

Laura Milena Cadavid Valencia

INTRODUCCIÓN

Este capítulo presenta el trabajo desarrollado en la línea de Relaciones sociales y comunitarias, el cual tuvo como base principal los aportes teóricos y metodológicos de la sociología y el diálogo interdisciplinar con la teología.[1] En su primera parte, incluye una fundamentación conceptual desde la sociología sobre la relevancia de los estudios religiosos, los cuales se encuentran en el centro del desarrollo teórico en la disciplina. La segunda parte presenta las herramientas utilizadas en el proceso de investigación y los hallazgos obtenidos, y posteriormente se exponen las propuestas de intervención desarrolladas por el equipo de investigación,[2] así como su valoración por parte de aquellos que implementaron los materiales sugeridos, con base en lo cual se realizaron modificaciones a los materiales que serán detalladas en la parte final.

Un aspecto destacable de la investigación lo constituyó la posibilidad de producir materiales de intervención social para apoyar a las iglesias evangélicas en su quehacer y en las acciones para atender a poblaciones en situación de desplazamiento forzado. Este componente fue esencial en cuanto la investigación se basó en la metodología

---

1. También se generaron debates y contribuciones con la psicología y la ciencia política.

2. El equipo fue conformado por Líder del equipo: Dr. Milton Acosta (Profesor de Antiguo Testamento, FUSBC), Ivón Cuervo (Socióloga, estudiante de Doctorado Interdisciplinar en Ciencias Humanas, en Brasil), Mag. Laura Cadavid (Socióloga, Magíster en Estudios Políticos, Colombia), Mag. Duberney Rojas (Sociólogo, cursando doctorado en Alemania) y Mg. María Cristina Monsalve (Socióloga, coinvestigadora líder de la Comunidad Cristiana El Shalom).

Investigación Acción Participativa (IAP), y a partir de la cual se vincularon representantes de las iglesias como coinvestigadores. Adicionalmente, planteó a los investigadores el reto de construir propuestas de intervención social que permitan a las iglesias fortalecer sus acciones a favor de las personas víctimas del conflicto, particularmente del desplazamiento forzado.

El desplazamiento forzado por causa del conflicto armado ha afectado en Colombia a más de 8.130.000 personas,[3] y la iglesia no ha sido ajena a este fenómeno. Las iglesias cristianas evangélicas en Colombia se han destacado por su expansión en el territorio nacional, aún en los municipios más afectados por el conflicto.[4] Su influencia en los municipios y sectores rurales ha sido visible, entre otras, al incorporar visiones del protestantismo sobre la justicia, el perdón y la reconciliación.[5] Comunidades de fe víctimas del conflicto armado han mostrado que otras formas de justicia son posibles en zonas de conflicto armado, pero esto a su vez les ha traído dificultades con grupos armados, los que han identificado a las iglesias y sus líderes como objetivos militares.[6] Justapaz ha registrado casos individuales y colectivos de victimización en el marco del conflicto armado en comunidades evangélicas.[7] Para el 2020, afirmaron haber documentado 1.082 hechos de violencia en el marco del conflicto armado durante los últimos 25 años.[8]

Las iglesias y comunidades de fe han sido victimizadas por actores armados, pero a su vez han sido lugares de refugio, espacios de reintegración, inclusión que han crecido en lugares donde se ubican personas víctimas y otros grupos excluidos. En esa línea, este capítulo presenta los resultados de la investigación realizada por el grupo de sociología denominado Línea de relaciones sociales y comunitarias, que recogen el potencial de las iglesias como espacios de integración e inclusión para víctimas del desplazamiento forzado.

A modo de tesis: el propósito de la Investigación

Este capítulo expone cómo las disciplinas de la sociología y la teología entraron en diálogo en el proyecto de investigación *Fe y Desplazamiento* (FyD) para generar conocimiento y propuestas de intervención para las comunidades de fe evangélica

---

3. Unidad para las Víctimas, https://www.unidadvictimas.gov.co/es/registro-unico-de-victimas-ruv/37394, último acceso 31 de mayo, 2021.

4. William M. Beltrán Cely, "Pluralización religiosa y cambio social en Colombia," *Theologica Xaveriana* 63, 145 (2013): 62–70.

5. Justapaz y la comisión de restauración, vida y paz (CEDECOL), "Las iglesias colombianas documentan su sufrimiento y su esperanza," *Un llamado profético informe* 1 (2006), https://www.justapaz.org/wp-content/uploads/PDF/llamado-profetico-informe1.pdf.

6. Beltrán, "Pluralización religiosa," 74; Justapaz y CEDECOL, "Las iglesias colombianas."

7. Justapaz, "Oseas," *Justapaz*, https://www.justapaz.org/observatorio-de-realidades/, último acceso 31 de mayo, 2021.

8. Justapaz y CEDECOL, "Las iglesias colombianas," 17.

colombianas, con la intención de promover el florecimiento social y comunitario de las personas en situación de desplazamiento (PSD) en sus comunidades de influencia. Se consideró que aportes teóricos y metodológicos de la sociología fortalecerían la proyección social de iglesias evangélicas fundadas en la teología de la misión integral, así como sus líderes y profesionales de estas comunidades que trabajan activamente a favor de las PSD. Cuatro reflexiones fueron la base para la propuesta de investigación del grupo:[9]

1. La base compartida de valores, creencias y modos de actuar que promueven las iglesias guiadas por los postulados teológicos del cristianismo contribuyen a la formación de lazos de solidaridad, empatía, perdón y reconciliación.
2. Las iglesias cristianas pueden promover redes sociales y relacionales que facilitan el florecimiento social de las personas, su inclusión y participación.
3. Por el compromiso con sus comunidades de influencia, las iglesias cristianas desarrollan permanentemente procesos sociales, programas y proyectos que promueven el desarrollo individual, familiar y comunitario en sus contextos locales.
4. Puesto que el florecimiento humano es influenciado por factores económicos, emocionales y sociales, se puede apoyar más significativamente en un contexto eclesial que, simultáneamente al cuidado espiritual, presta atención al desarrollo social, económico, emocional y moral.

LA MIRADA DESDE LA SOCIOLOGÍA

La reflexión sobre la religión no ha sido ajena a la sociología, y en ese sentido para avanzar en el desarrollo de la investigación y la propuesta de intervención social iniciaremos con el reconocimiento del lugar que la religión ha ocupado en el desarrollo teórico de la disciplina, ya que la sociología, desde sus primeros exponentes, se ha preocupado por estudiar el fenómeno religioso.

Entre los principales teóricos que se han ocupado del fenómeno religioso se encuentran Émilie Durkheim, Max Weber y Peter Berger, en cuya producción se incluye la sociología de la religión como una línea de investigación y, sus resultados y reflexiones, a su vez, han sido base para la consolidación teórica. Los aportes de estos autores nos permiten comprender de modo general el hilo conductor que a nivel teórico enlaza las apuestas de investigación del grupo.

Émile Durkheim, uno de los principales autores de la Sociología Clásica, estudió *las formas elementales de la vida religiosa*, planteando la interrelación entre religión y conocimiento, en la medida que la religión expresa, de acuerdo con el autor, formas de conocer la realidad.[10] Durkheim plantea una premisa fundamental: todas las religio-

---

9. *Informes de investigación* §3.
10. Émile Durkheim, *Las formas elementales de la vida religiosa* (Madrid: Alianza, 1993), 39.

nes comparten una distinción entre lo *sagrado* y lo *profano*. Esta tesis es central en su producción teórica, por su carácter analítico y explicativo sobre el funcionamiento de las religiones, las cuales tienen una función en los dispositivos mediante los cuales los individuos se insertan en las sociedades. Según la teoría de Durkheim, la forma como se comprende lo *sagrado* unifica a la colectividad al generar formas de *identidad*, por modos comunes de ver y actuar en el mundo. Al respecto, Durkheim expresa que:

> Todas las creencias religiosas conocidas, sean simples o complejas, presentan un mismo carácter: suponen una clasificación de las cosas, reales o irreales, en dos géneros opuestos, que traducen bastante bien las palabras profano y sagrado... La cosa sagrada es, por excelencia, aquello que lo profano no debe, no puede tocar impunemente.[11]

En este marco, la religión se explica como un sistema solidario de *creencias* y *prácticas* relativas a cosas sagradas, a partir del cual, unifican en una *comunidad moral* a todos los que se adhieren a ella, lo que conocemos como *iglesia*.[12] En la producción teórica de Durkheim, la relación entre *religión* e *iglesia* se presenta de forma continua, en tanto la iglesia se define como un espacio donde prevalece la *comunidad* a partir del carácter unificador en las concepciones de mundo y cultos practicados. La comunidad de la iglesia se basa en las definiciones compartidas y creencias sobre aquello que se considera *sagrado* y aquello que se considera *profano*. De esta propuesta teórica, conceptos como *creencias*, *identidad*, *comunidad*, lo *sagrado* y lo *profano* en las comunidades evangélicas, serán relevantes para comprender la tesis del grupo sobre la iglesia como espacio de inclusión, integración, restauración de redes sociales y promoción comunitaria.

Un segundo autor de la sociología clásica reconocido en el análisis de la religión ha sido Max Weber. En los ensayos contenidos en *La ética protestante y el espíritu del capitalismo*, el autor se ocupa de la conexión entre el surgimiento del sistema capitalista, la economía y la religión.[13] Para Weber la importancia de las ideas religiosas radica en su impacto en cursos y cambios históricos. Esta reflexión del autor mantiene su actualidad al introducir la noción del cambio social, la cual resulta relevante cuando se resalta el impacto de las iglesias en sus comunidades en contextos de conflicto y otras formas de vulnerabilidad.

El análisis de Weber se enmarca en el significado de la experiencia religiosa, y su incidencia en el sentido de la acción de las personas, principalmente sus conductas en el ámbito económico. En el texto mencionado anteriormente, el autor plantea que las creencias religiosas de protestantes luteranos y calvinistas fueron determinantes para la constitución de prácticas capitalistas, a partir de tipos de acción (*medios*) que

---

11. Durkheim, *Las formas elementales*, 85–87.
12. Durkheim, *Las formas elementales*, 98.
13. Max Weber, "La ética protestante y el espíritu del capitalismo," en *Obras selectas* (Buenos Aires: Distal, 2003).

alcanzan ciertos *fines* en personas creyentes o no, pero que hacen parte de las prácticas sociales cotidianas *(racionalización)*.[14] En la actualidad los discursos protestantes se caracterizan por su creciente pluralización, es por esto que el análisis de discursos y prácticas cobran interés en la disciplina sociológica, por su creciente diversidad, y su incidencia en hábitos, actitudes, acciones y tipos de comportamiento.

En la sociología contemporánea, Peter Berger y Thomas Lukmann plantean la experiencia de la modernidad como un proceso donde se ha resquebrajado el predominio de las instituciones religiosas históricas en su poder para orientar la identidad, las creencias y la acción de los individuos. Así, la modernidad viene de la mano de la *secularización*, resultante de la independencia de los ámbitos políticos y económicos respecto a la religión, y el *pluralismo*, caracterizado por múltiples comunidades de sentido que proponen ideas, creencias y ritos diversos frente a lo *sagrado*.

Peter Berger resalta que, en este proceso de secularización de las sociedades modernas, las creencias religiosas siguen siendo crecientes e influyentes. A mayor modernización no necesariamente se genera un decrecimiento de la religión, sino que las sociedades siguen siendo fuertemente religiosas, pero con discursos y opciones plurales que tienden a multiplicarse. Un aspecto fundamental es que, al igual que Weber, Berger reconoce la influencia de los discursos religiosos en discursos seculares.[15]

La propuesta de Berger nos permite centrar nuestra atención en la diversidad de comunidades de sentido o comunidades de fe. El análisis de los investigadores del grupo profundiza en la relación entre los discursos "seculares," de los ámbitos políticos y académicos con discursos y prácticas de seis comunidades-iglesias evangélicas alrededor del desplazamiento forzado. Nos interesaron las opciones integración de las PSD, la explicación a las violencias que ofrecen las comunidades de fe a las comunidades víctimas del desplazamiento forzado, y las prácticas que surgen de dichos discursos.

INVESTIGACIÓN INICIAL Y HERRAMIENTAS DE INVESTIGACIÓN

El equipo de investigación de Relaciones sociales y comunitarias se propuso conocer las afectaciones del desplazamiento forzado en las personas en el plano de sus relaciones sociales, a través de i) la pertenencia a grupos y redes, ii) la participación política y el liderazgo, y iii) la seguridad en su vida familiar y comunitaria. Para ello, el equipo de trabajo diseñó e implementó cuatro herramientas de investigación, las cuales fueron revisadas y aprobadas por el comité de ética de la Fundación Universitaria Seminario Bíblico de Colombia (FUSBC):

---

14. Por ejemplo, doctrinas y creencias que fomentan el ahorro.

15. Peter Berger, *El dosel sagrado: elementos para una teoría sociológica de la religión*, 2.ª ed. (Buenos Aires: Amorrortu Editores, 1969).

1. Se elaboró un protocolo para el desarrollo de grupos focales con PSD, implementado en conjunto con el equipo de Psicología[16] y aplicado en cinco grupos de hombres y mujeres de las comunidades piloto.

2. Se creó una guía de preguntas para realizar entrevistas a fondo sobre historias de vida de líderes de fe en situación de desplazamiento forzado, desarrollado con cinco líderes de iglesia víctimas de desplazamiento forzado.

3. Se diseñó un instrumento de entrevista a líderes y pastores sobre violencia sexual, su conocimiento y experiencias en el liderazgo sobre este fenómeno, el cual fue aplicado a 22 líderes, pastoras y pastores de las iglesias en las comunidades piloto.

4. Se desarrolló una guía general para la lectura popular de la Biblia con PSD, la cual fue aplicada en tres ocasiones, en dos veredas del Cauca.

HALLAZGOS EN LA INVESTIGACIÓN DE CAMPO

Los principales hallazgos de la investigación se dan en cuatro ejes: i) el papel de las iglesias en la reconstrucción del tejido social; ii) la agencia política y ejercicio de derechos de las personas en situación de desplazamiento; iii) atención a la violencia sexual en la iglesia; y iv) el papel de la lectura popular de la Biblia como espacio de estudio colectivo. Cada uno de estos ejes de trabajo fue desarrollado por los integrantes del equipo de investigación, a partir de los cuales se desarrollaron informes, artículos y ponencias. A continuación, se presentarán los principales aportes en la línea de investigación.

El papel social de la iglesia en la reconstrucción del tejido social

Esta temática fue desarrollada por la socióloga Ivón Cuervo, quien, a partir de los testimonios presentados en los grupos focales desarrollados, analizó necesidades de las PSD y los aciertos de las iglesias y comunidades de fe en la atención a esta población para promover la superación de las afectaciones que genera el desplazamiento forzado. A nivel general, la investigadora resaltó el contraste entre el sentimiento que las personas tienen hacia el gobierno relacionado con la frustración en, contraste con las expresiones relacionadas con las iglesias cristianas. La investigadora reconoció una reiteración en la necesidad de la atención continua de las instituciones del gobierno. De acuerdo con los testimonios, la ayuda humanitaria ha sido esporádica y no resuelve la situación de las personas que fueron desplazadas forzadamente. Por ejemplo, José cuenta cómo fue su experiencia de llegada a la cabecera municipal de Tierralta:

---

16. El International Review Board de Fuller Theological Seminary también los revisó y dio su aprobación.

> Las ayudas que nos han dado aquí, pa' mí ha sido muy poco... una semana [nos dijeron] "que les van a repartir un mercado a los desplazados." Pasábamos todo el santo día y nos daban por ahí tres libras de arroz, unos diez platanitos, una yuquita, un frasquito de manteca y así... eran cositas que nos daban.[17]

Varios campesinos y campesinas afrontan la dificultad de encontrarse "fuera de lugar" en la ciudad y los nuevos municipios del reasentamiento, debido a que en estos nuevos lugares a los que se han visto forzados a desplazarse, no logran ejercer su oficio de labrar la tierra. Por eso resaltan en sus testimonios que lo más recomendable desde su experiencia, en cuanto a los programas de intervención, es incentivar proyectos productivos sostenibles. Dice Iván:

> Guardabosques fue un proyecto para que la gente trabajara acá en el campo. Acá vinieron con un proyecto de cacao. Daban la semilla grandecita y entonces ahí nos fuimos levantando un poco con eso y esa fue la ayuda en la que el gobierno nos extendió la mano más directamente. Lo demás, sí, lo del mercadito, ayudas pequeñas...[18]

Se sugiere en los testimonios, que la principal falla en la implementación de este tipo de proyectos es que son inversiones a corto plazo, y los campesinos todavía dependen de recibir los insumos y la asistencia técnica. Entonces, cuando dejan de recibir lo básico, el proyecto se cae.

Al continuar indagando por lugares donde las personas habían buscado en las ciudades y municipios del reasentamiento, identificaron en segundo lugar a las iglesias como comunidades potencialmente restauradoras, después del apoyo de las redes familiares y de amigos, lo que le permite a la investigadora señalar el reconocimiento de las PSD del papel social de la iglesia en la reconstrucción del tejido social perdido a causa del desplazamiento forzado. En los grupos focales los participantes resaltaron la intervención con programas sociales y productivos, como ejes fundamentales de la restauración en el marco de la atención de las comunidades de fe, así como también el rol de la fe y el perdón: se expresó en los grupos focales que la fe en Dios es fundamental, que "aunque lo demás falle" la fe les permite tener una motivación interna para sobreponerse a las adversidades y las injusticias del desplazamiento forzado. Encontramos que la creencia en un Dios justo que interviene en sus vidas se convierte en un mecanismo para convivir en paz y fomentar la reconciliación.

Para finalizar, la autora resaltó las expectativas expresadas por las PSD en cuanto a los programas de intervención que consideran necesarios para mejorar su situación y que podrían ser abordadas por las comunidades de fe. Entre las necesidades mencionadas con más frecuencia estuvieron:

---

17. "Grupo focal Psicología—Sociología," grupo focal, Zonas rurales de Tierralta, 22 de enero, 2017.
18. "Grupo focal Psicología—Sociología," grupo focal.

- acompañamiento psicosocial para hacer frente al trauma y las afectaciones individuales y familiares ocasionadas por el desplazamiento forzado,
- mayor conocimiento de las rutas de atención de entidades públicas,
- proyectos productivos que permanezcan a largo plazo, y que rompan la dependencia de la asistencia externa.

Las personas en situación de desplazamiento como agentes políticos

En segundo lugar, encontramos la apuesta investigativa del sociólogo Duberney Rojas, quien indagó los cambios en la identidad política de las PSD a partir de la aplicación de entrevistas a profundidad de personas que ejercen el pastorado y a su vez son víctimas de desplazamiento forzado. Según sus hallazgos, la identidad política de las PSD se modificó debido al desplazamiento forzado y la participación en comunidades de fe evangélica.

Estas transformaciones derivarían en lo que el investigador identificó como *identidades combativas* o *identidades en tensión*, las cuales surgen como consecuencia del desplazamiento forzado al provocar una "deconstrucción" y una "subjetividad política." Esto se puede observar, por ejemplo, en las personas que se identifican aún como campesinos, pero que en el proceso del desplazamiento forzado han vivido el despojo, por lo cual se constituye la identidad de los "campesinos sin tierra." Esta identidad transformada por el desplazamiento forzado les genera tensión a nivel personal y social, al reconocerse como *campesinos*, pero encontrarse *sin tierra* como base para la producción y el trabajo y al contrario habitar en escenarios urbanos sin poder desarrollar sus conocimientos, habilidades y anhelos.

De acuerdo con el investigador, esta deconstrucción de la identidad campesina y sus formas de expresarse políticamente se viven a través de una *desidentificación* como consecuencia del desplazamiento forzado.[19] Rojas ejemplificó esta identidad en tensión también con la autoidentificación como "Nasa cristiano" que se encontró particularmente en el Cauca en líderes de una comunidad indígena evangélica, cuya nueva identidad está fuertemente entrelazada con el proceso del desplazamiento forzado. Esta lucha identitaria se genera por la reivindicación del derecho a adoptar formas de fe sin renunciar a la identidad indígena, lo que les ha puesto en tensión con las creencias, ritos y formas de identificación con sus comunidades de origen. En este caso, la tensión inclusión-exclusión es evidente en la medida que las creencias compartidas son base para la identidad y la integración como analizamos anteriormente con Durkheim.

Así mismo, resaltó que la transformación de la identidad tiene que ver con la *subjetividad política* relacionada con el proceso del desplazamiento forzado, el cual lleva a las personas a la gestión de derechos, acceso a servicios del Estado e incluso

---

19. Véase el capítulo 18.

la incorporación de un lenguaje legal. Las personas en situación de desplazamiento deben adoptar un *discurso político* y están de una u otra forma expuestos a la construcción de una *identidad política*. Al respecto, el investigador resaltó el papel de las mujeres desplazadas al momento de gestionar los recursos públicos y privados.

En las historias de vidas (herramienta diseñada por el investigador) se reflejó un aumento de las capacidades de gestión, asociación y resistencia en las personas a pesar de las múltiples afectaciones del desplazamiento forzado. Basado en este análisis el autor creó un material para el liderazgo con jóvenes a partir de intervenciones comunitarias basadas en formación en fútbol y la resolución de conflictos que se presentará más adelante.

El lugar que ocupa la atención a los casos de violencia sexual en la agenda pastoral

El rol de las iglesias en la atención a personas sobrevivientes a la violencia sexual fue abordado por la autora de este capítulo, Laura Cadavid Valencia, profesional en sociología. Este enfoque investigativo surgió por el reconocimiento de la prevalencia del fenómeno de la violencia sexual en el proceso del desplazamiento forzado. La violencia sexual suele vivirse en silencio y temor y afecta las relaciones familiares y comunitarias de las personas sobrevivientes a la violencia sexual, ámbito de interés del equipo.

En la investigación se indagó sobre la experiencia de pastores y líderes de iglesias en la atención a casos de violencia sexual, ya que los líderes de las comunidades de fe pueden ser actores claves para el cambio social en favor de las PSD, excluidas y doblemente segregadas cuando son víctimas de violencia sexual. Las experiencias sobre atención a la violencia sexual son diversas en las comunidades de fe; en el momento de las entrevistas los líderes contaban con experiencias previas en las cuales se identificó que las rutas, espacios y escenarios existentes en las iglesias son poco estructurados y en algunas ocasiones inexistentes. En el área urbana de Bogotá, una líder expresa lo siguiente:

> ... en la iglesia a raíz de un caso, tuvimos que comenzar a trabajar el tema de violencia sexual y comenzarlo a trabajar de una manera preventiva también ... nos ha faltado el espacio, pero sí lo tenemos que hacer dentro del trabajo con el brazo social de la iglesia que es la fundación.[20]

El reconocimiento de este tipo de problemáticas plantea la falta de espacios como una situación que debe ser superada, así como la necesidad de diseñar estrategias para la prevención y para el acompañamiento a casos. En esta línea, en Córdoba, se planteó que atender la violencia sexual debe incluir a las redes familiares, comunitarias y vecinales, ya que el trabajo social que la comunidad de fe desarrolla, usualmente tiene un impacto más amplio en la comunidad.

20. Estefany Castro, entrevista con Ivón Cuervo, Bogotá, 15 de enero, 2017.

> ... en la iglesia donde era miembro fui presidente de jóvenes ocho años y, y dos veces hubo mayores que violaron niñas ... No eran de la iglesia, pero sí eran de la comunidad ... [Uno] vino donde mí llorando, la fiscalía ya andaba buscándolo ... Entonces, allí es que uno tiene, bueno, más que todo depender de Dios y decir lo que tenga que decir, lo que esté de acuerdo con la justicia, lo que realmente está de acuerdo con lo que Dios dice en la Palabra. Aunque a veces duele, pero bueno, hay que decirlo.[21]

A través de las entrevistas se encontró que, aunque la ausencia de espacios adecuados y herramientas en la iglesia para atender los casos de violencia sexual prevalece, existe una expectativa del rol que los líderes de las iglesias pueden tener para tramitar este tipo de situaciones. La atención de una iglesia preparada y sensible al abuso y la violencia sexual puede constituirse en el único espacio que encuentra una persona víctima para ser acogida, debido a la baja capacidad de atención institucional y la desconfianza hacia la atención del Estado.

Es también de resaltar que se identificaron dos iglesias con buenas prácticas en términos de atención a niños, niñas, jóvenes y mujeres víctimas de violencia sexual en Medellín y Cartagena. Estas comunidades pueden servir de referente para incrementar la prestación de servicios que permitan la restauración de las personas quebrantadas por el abuso. La capacidad para atender la violencia sexual se caracterizó por pastores y líderes con *formación profesional y/o especializada* para atender la violencia sexual, articulación con instituciones responsables de atender este flagelo, formación en derechos humanos y sociales, y la creación de espacios de participación e inclusión.

Estudios bíblicos grupales a través de la lectura popular de la Biblia para comprender el desplazamiento forzado

El teólogo Milton Acosta basó su investigación en el uso del texto bíblico para entender el proceso de desplazamiento forzado. A partir del libro de Rut, que narra un desplazamiento humano, los participantes pudieron interpretar su realidad con una metodología similar a la del grupo focal. Las personas en situación de desplazamiento se identificaron con los personajes del relato del libro de Rut en cuanto a las experiencias de pérdida, vulnerabilidad actual y esperanza futura:

- Mujeres viudas se identificaron con la experiencia de Noemí en cuanto a las pérdidas de familiares cercanos y su forma de vida. Esto fue especialmente claro para las mujeres de El Granizal; tres de ellas dijeron "yo soy como Noemí."[22] Luego contaban brevemente la experiencia de pérdida de sus esposos y algunos de sus hijos.

---

21. Anónimo, entrevista con Ivón Cuervo, Córdoba, 23 de enero, 2017.
22. "Rut," Lectura popular de la Biblia, por Milton Acosta, El Granizal, diciembre, 2016.

- Hombres y mujeres, mestizos e indígenas, describieron sentimientos de abandono, tristeza y pérdida desde el relato de Noemí cuando pierde a su esposo y sus dos hijos.

- Pero a su vez expresaron que no se identificaban con Noemí en los reclamos que le hace a Dios, al declarar que ha sido Dios quien le ha causado las pérdidas que le trajeron amargura.

El investigador reflexiona sobre las diferencias de género a la hora de interpretar el tema de las causas y la culpa de la experiencia de pérdida, desarraigo y pobreza de Noemí. Mientras encontró hombres que expresaron que efectivamente se puede culpar a Dios por algo trágico que ocurre o porque no contesta, encontró testimonios de mujeres que no vieron esta posibilidad o expresaron incluso que pudo deberse a que Noemí andaba en "malos caminos." Esto le resultó intrigante puesto que la persona que protesta contra Dios en la historia bíblica es una mujer.

A partir de estas experiencias de lectura comunitaria de la Biblia, fue posible observar que entre las PSD que también son creyentes, existe una tendencia a buscarle una explicación que exonere a Dios de las muertes de los hombres en esta historia y de la culpa que Noemí quiere echarle. En otras palabras, lo que Noemí dice de Dios no sería cierto de acuerdo con la interpretación presentada en los grupos de estudio. Frente a esta situación, resalta que el texto de Rut en ninguna parte condena o censura a Noemí por sus palabras.

Sobresale la inclinación a la solidaridad, en El Granizal se encontraron afirmaciones como: "No podemos ser ajenos a las necesidades de los demás," "tenemos que identificarnos con Rut," "que seamos Rut para otras personas a nuestro alrededor," "tener el corazón dispuesto para ayudar a las personas necesitadas que llegan."[23] Les llamó especialmente la atención que Rut nunca abandonó a su suegra. Además de identificarse con Noemí en las pérdidas, se identifican con Rut, quien en su necesidad se acerca a otros. Reflexionando sobre las situaciones que hacen a personas vulnerables, resaltaron grupo etarios en sus comunidades:

- Los jóvenes, principalmente en edad escolar por la pobreza, la prevalencia de bandas en sus barrios y el microtráfico.

- Niños y niñas, por los riesgos de violencia y el maltrato, así como por la soledad debido a que padres y madres deben salir a trabajar dejándolos solos.

- Las mujeres cabeza de familia, principalmente por la pobreza y la violencia sexual.

- Los adultos mayores por la soledad y el abandono.

Aparte de los problemas como la exposición de los jóvenes al consumo y tráfico de drogas y la violencia, existen otros ocasionados por el hacinamiento y la precariedad económica. Frente a estas reflexiones, se encontró la necesidad de fortalecer el

---

23. "Rut," Lectura popular de la Biblia, por Milton Acosta, El Granizal, diciembre, 2016.

papel de la comunidad cristiana como refugio y fuente de protección para las personas más vulnerables, donde se pueda expresar el dolor y el desarrollo de los fundamentos teológicos de la piedad. Así mismo reflexiona el investigador Acosta sobre la utilidad de esta metodología para el estudio bíblico ya que generó un alto grado de participación de todas las personas, rompiendo la relación tradicional del profesor que "dicta" la clase y estudiantes que se limitan a escuchar. Concluyó que la lectura popular de la Biblia permite introducir conceptos teológicos como *piedad, perdón, dolor* para que los participantes los reelaboren, se identifiquen con los personajes e interpreten el texto bíblico desde sus propias experiencias.

Basados en los tres enfoques abordados por Ivón Cuervo, Laura Cadavid y Milton Acosta, los autores prepararon dos materiales que tuvieron énfasis en las relaciones comunitarias de jóvenes, el fortalecimiento en el ejercicio de derechos y el liderazgo.

ELABORACIÓN DE LA INTERVENCIÓN CURRICULAR/EDUCATIVA

En el trabajo de campo encontramos que las iglesias plantearon iniciativas con PSD con el objetivo de promover el mejoramiento de la calidad de vida y el desarrollo de vínculos solidarios para enfrentar los efectos del desplazamiento forzado en sus comunidades. Algunas de estas acciones surgieron de manera informal, sin contar con todas las herramientas, el personal o los recursos necesarios. Es por ello por lo que, retomando elementos de la intervención sociológica, aportes metodológicos de las ciencias sociales para el desarrollo de proyectos sociales y comunitarios, se estructuró la cartilla *Enfoques y metodologías participativas, dar voz a las comunidades*.[24] Esta cartilla busca fortalecer las iniciativas de intervención social de las comunidades de fe, promoviendo la inclusión de mujeres, jóvenes y diversas poblaciones en las iniciativas sociales y comunitarias. El contenido desarrolla cuatro temáticas en sus lecciones:

1. *El enfoque de derechos y el reconocimiento de la diversidad para aliviar sufrimientos de la población en situación de desplazamiento.* En esta lección se destaca el enfoque de derechos como un marco conceptual y metodológico para promover el desarrollo humano y social en comunidades víctimas de desplazamiento forzado y se señala su aporte al reconocimiento de la diversidad cultural, el enfoque diferencial y la resolución de conflictos.

2. *Enfoque y metodologías participativas, amplificar la voz de las comunidades.* En esta lección se identifican elementos prácticos del enfoque participativo, que pueden fortalecer la gestión de iniciativas sociales en el marco de la iglesia y las organizaciones aliadas a este trabajo.

---

24. Laura Milena Cadavid Valencia e Ivón Natalia Cuervo Fernández, *Enfoque y metodologías participativas: dar voz a las comunidades* (Medellín: Publicaciones SBC, 2018).

3. *Introducción a la Acción sin daño: planeación y participación para reducir el riesgo.* En esta lección se presenta una introducción a la "Acción sin daño," enfoque en el que se comprende al individuo en el contexto de relaciones sociales complejas, motivando la reflexión sobre los modos de prevenir el daño no intencionado en las comunidades con las que trabajan las iglesias y otras organizaciones aliadas a ellas.

4. *Enfoque de capacidades.* Esta última lección aborda el enfoque de capacidades como una forma de promover el desarrollo individual y social. Se hace énfasis en la capacidad de resiliencia y en la integración social como caminos para lograr metas comunes en la comunidad, con el respaldo del Estado y apoyados por las iglesias que asumen su rol social como instituciones de la sociedad civil.

De esta cartilla vale la pena resaltar que tiene un enfoque práctico. Plantea desde el inicio ejercicios que permiten aplicar las herramientas propuestas en las comunidades de fe y sus iniciativas sociales. Adicionalmente, preparamos dos currículos orientados a jóvenes entre los 12 y 28 años, debido a que es un grupo poblacional que sufre de manera crítica el desplazamiento forzado y otras violencias asociadas a este, como desapariciones y asesinatos de familiares, violencia sexual, pobreza, entre otras, como se resaltó en el análisis de la lectura popular de la Biblia. Así mismo, encontramos la importancia del diálogo intergeneracional, la necesidad de formación en derechos, y mayor protección frente a la inseguridad y la violencia que viven en sus lugares de asentamiento.

Estos dos currículos les permitirán a profesionales en sociología, ciencias sociales y otras profesiones, así como líderes involucrados en la planeación y ejecución de proyectos e iniciativas sociales en las comunidades de fe, fortalecer el trabajo con jóvenes desde una perspectiva de derechos. Contarán con lecciones, herramientas, actividades, y guías paso a paso para para desarrollar un trabajo con jóvenes orientado a resultados y el ejercicio de sus derechos.

El currículo titulado Acompañamiento social a jóvenes en situación de desplazamiento: un camino de reflexión personal, empoderamiento y trabajo colectivo,[25] tiene como objetivo brindar herramientas pedagógicas para el trabajo con jóvenes en situación de desplazamiento, con el fin de que conozcan sus derechos como ciudadanos, fortalezcan su capacidad de resiliencia y generen acciones concretas orientadas al cambio social en su comunidad. El desarrollo de las guías incluye:

- el *enfoque de Derechos Humanos* y aspectos básicos de la reparación a las víctimas de desplazamiento forzado en Colombia,

- el fortalecimiento del individuo como un ser social, haciendo énfasis en la capacidad de *resiliencia individual y colectiva,*

---

25. Ivón Natalia Cuervo Fernández y Laura Milena Cadavid Valencia, *Acompañamiento social a jóvenes en situación de desplazamiento: un camino de reflexión personal, empoderamiento y trabajo colectivo* (Medellín: Publicaciones SBC, 2018).

- un estudio bíblico por medio de la metodología *Lectura Popular de la Biblia* para promover el diálogo intergeneracional,
- y ejercicios de *planeación participativa* para promover el liderazgo.

En la misma línea, el currículo titulado *Torneo conciliadores de paz: una propuesta de desarrollo de capacidades en entornos de conflicto*,[26] pone a disposición de las comunidades pautas básicas para implementar un programa deportivo destinado a la intervención entre jóvenes (mujeres y hombres) a fin de fortalecer y desarrollar capacidades para la gestión pacífica de sus conflictos cotidianos. Este currículo incluye lecciones para:

1. Formular una *visión positiva del conflicto*, asumiendo la conflictividad en términos de oportunidad de transformación positiva.
2. Reconocer algunos *elementos básicos de la negociación* y asumir roles como negociadores con principios.
3. Identificar los intereses mutuos como base de la *negociación de conflictos*.
4. Comprender los conflictos y su papel positivo en el *florecimiento comunitario*.

ANÁLISIS DE IMPACTO

En este proyecto tuvimos la ventaja de lograr obtener una retroalimentación por parte de personas que estudiaron y utilizaron los materiales creados. En el año 2019 sostuvimos un grupo focal con mujeres profesionales en Bogotá que habían estudiado la Cartilla *Enfoques y metodologías participativas, dar voz a las comunidades.*

En el grupo focal se resaltó la relevancia de la cartilla en la reflexión que plantea sobre los Derechos Humanos y su importancia en la intervención social desde las comunidades de fe, debido a que se consideró que no es un enfoque prevalente en el contexto de las iglesias. Adicionalmente sugirieron fortalecer la cartilla con mayores recursos y herramientas sobre el enfoque de la participación. Por supuesto, estas sugerencias fueron incorporadas en la segunda edición de los materiales en el 2020.

En esta guía se propuso un ejercicio transversal a todas las lecciones basado en un "proyecto de reflexión." La actividad propone que se seleccione un proyecto social con población en situación de desplazamiento u otros en su defecto que hayan desarrollado, estén desarrollando o quiera comenzar a desarrollar. Posteriormente, en el desarrollo de los capítulos se proponen algunas actividades basadas en dicho proyecto.

En el grupo focal nos expresaron que no comprendieron la relevancia de esa primera tarea y avanzaron teniendo dificultades posteriormente para aplicar todos los ejercicios, por ello se solicitó ampliar la preparación del ejercicio y las indicaciones

---

26. Duberney Rojas Seguro, *Torneo conciliadores de paz: una propuesta de desarrollo de capacidades en entornos de conflicto* (Medellín: Publicaciones SBC, 2018).

para recoger información y realizar las actividades. Atendiendo a esta solicitud, se realizaron modificaciones en el material con el objetivo de ampliar la información para que profesionales que desarrollen la guía puedan recolectar los datos requeridos y realizar las actividades propuestas sin pasar por alto pasos fundamentales que serán requeridos en las diferentes lecciones.[27]

En segundo lugar, se amplió la lección "Enfoque y metodologías participativas, amplificar la voz de las comunidades," en los conceptos y el desarrollo de la lección. Particularmente se amplió el apartado referente a la "Participación de poblaciones vulnerables" teniendo en cuenta el concepto de la participación como derecho. Así mismo, se incluyó un apartado de referencias bibliográficas con fuentes, documentos y bases de datos sobre conceptos, herramientas sobre la participación comunitaria y la participación en proyectos sociales.[28]

Vale la pena resaltar que los resultados de la investigación y los materiales fueron insumos básicos para la preparación del módulo 3 en el Diplomado Fe y Desplazamiento. En dicho módulo se preparó una guía para que profesionales de las diferentes comunidades participantes conocieran los currículos y adicionalmente prepararan su implementación. La preparación incluyó la apropiación de los materiales, la puesta en escena a través de juego de roles entre los participantes, lecturas grupales, y la planeación de los primeros pasos para identificar y convocar jóvenes en situación de desplazamiento forzado.

CONCLUSIÓN

El equipo de investigación avanzó desde el inicio en la reflexión de cómo la sociología puede apoyar los procesos sociales y comunitarios que desarrollan las comunidades de fe. De este ejercicio investigativo surgieron debates y diálogos sobre la forma como los problemas de investigación podían ser abordados desde la base teórica de la sociología.

Resaltan aspectos como integración, inclusión, protección, atención, cuidado, entre otros. Basados en los aportes teóricos y metodológicos de la sociología, buscamos no sólo comprender la acción de las comunidades de fe afectadas por el desplazamiento forzado, sus liderazgos, procesos de atención y discursos, entre otros, sino que también planteamos una reflexión propositiva, la cual fue plasmada en la cartilla y los currículos.

Consideramos que herramientas como el estudio popular de la Biblia, que fue incorporada en un marco de formación y reflexión sobre derechos, resiliencia,

---

27. En la página 12, se incluyó la aclaración de que "a lo largo de la cartilla se solicitará tomar dicho proyecto como base para desarrollar diferentes actividades," y otras indicaciones sobre su uso posterior en el desarrollo de la cartilla.

28. En la lección 2 de la página 37 a la 44 se fortaleció el desarrolló conceptual, en la página 45 se incorporó un listado de documentos y bases de datos de libre acceso para la consulta.

diversidad, conflicto, entre otros, tienen un potencial destacable en las comunidades de fe. El conjunto de las actividades propuestas permite trabajar temáticas de uso "secular," y también "teológicas" sin que sean excluyentes unas de otras y, al contrario, resaltando su complementariedad.

Para finalizar, el ejercicio parte y finaliza con el reconocimiento de la dedicación y entrega de líderes de fe, que aun en contextos de alto riesgo y conflictividad, continúan trabajando para aliviar los sufrimientos y atender necesidades de las personas afectadas por el conflicto armado. Dichas acciones les pueden poner en riesgo, y no se realizan sin enfrentar diferentes retos.

BIBLIOGRAFÍA

Beltrán Cely, William M. "Pluralización religiosa y cambio social en Colombia." *Theologica Xaveriana* 63, n.º 175 (2013): 57–85.

Berger, Peter. *El dosel sagrado: elementos para una teoría sociológica de la religión*. 2.ª ed. Buenos Aires: Amorrortu Editores, 1969.

Cadavid Valencia, Laura Milena, e Ivón Natalia Cuervo Fernández. *Enfoque y metodologías participativas: dar voz a las comunidades*. Medellín: Publicaciones SBC, 2018.

Cuervo Fernández, Ivón Natalia, y Laura Milena Cadavid Valencia *Acompañamiento social a jóvenes en situación de desplazamiento: un camino de reflexión personal, empoderamiento y trabajo colectivo*. Medellín: Publicaciones SBC, 2018.

Durkheim, Émile. *Las formas elementales de la vida religiosa*. Madrid: Alianza, 1993.

Justapaz. "Oseas." *Justapaz*. https://www.justapaz.org/observatorio-de-realidades/. Ultimo acceso 31 de mayo del 2021.

Justapaz y la comisión de restauración, vida y paz (CEDECOL). "Las iglesias colombianas documentan su sufrimiento y su esperanza." *Un llamado profético informe* n.º 1 (2006):5–38. https://www.justapaz.org/wp-content/uploads/PDF/llamado-profetico-informe1.pdf

Rojas Seguro, Duberney. *Torneos conciliadores de paz: una propuesta de desarrollo de capacidades en entornos de conflicto*. Medellín: Publicaciones SBC, 2018.

Unidad para las Víctimas. "Registro único de víctimas." https://www.unidadvictimas.gov.co/es/registro-unico-de-victimas-ruv/37394. Último acceso el 31 de mayo de 2021.

Weber, Max. "La ética protestante y el espíritu del capitalismo." En *Obras selectas*. Buenos Aires: Distal, 2003.

6

El equipo de Economía

Christopher M. Hays

INTRODUCCIÓN

Entre las consecuencias perjudiciales del desplazamiento forzado, la más ampliamente reconocida es la indigencia que sufren las víctimas.[1] En promedio, las víctimas del desplazamiento sostienen una pérdida de más del 50% de sus activos (sin incluir el valor de sus tierras; el 55% de las familias desplazadas anteriormente contaban con acceso a tierras, en promedio parcelas de 13.2 hectáreas).[2] Por razones de esta pérdida, sus bajos niveles de alfabetización y la incompatibilidad entre sus habilidades agrícolas y el mercado laboral urbano, las personas que se trasladan de sitios rurales a lugares urbanas son marcadas por una tasa de pobreza extrema del 85%.[3] Es más, esta pobreza frecuentemente resulta ser intergeneracional.[4] Consecuentemente,

---

1. Sobre el impacto económico del desplazamiento forzado, véase Christopher M. Hays, "Justicia económica y la crisis del desplazamiento interno en Colombia," en *Conversaciones teológicas del sur global americano: violencia, desplazamiento y fe*, eds. Milton Acosta y Oscar Garcia-Johnson (Eugene, OR: Wipf and Stock, 2016), 45–52.

2. Ana María Ibáñez y Andrés Moya, "Do Conflicts Create Poverty Traps? Asset Losses and Recovery for Displaced Households in Colombia," en *The Economics of Crime: Lessons for and from Latin America*, eds. Rafael Di Tella, Sebastian Edwards y Ernesto Schargrodsky (Chicago: University of Chicago Press, 2010), 155.

3. Angela Consuelo Carillo, "Internal Displacement in Colombia: Humanitarian, Economic and Social Consequences in Urban Settings and Current Challenges," *International Review of the Red Cross* 91, n.º 875 (2009): 534.

4. Ibáñez y Moya, "Do Conflicts Create Poverty Traps? Asset Losses and Recovery for Displaced Households in Colombia," 169; Ana María Ibáñez y Andrés Moya, "Vulnerability of Victims of Civil

la recuperación de la independencia económica de las personas en situación de desplazamiento (PSD) es una de las tareas más apremiantes para los que procuran apoyar a la población víctima de Colombia.[5]

El equipo de Economía de *Fe y Desplazamiento*[6] se dedicó a esta tarea, combinando teorías y prácticas desde la teología cristiana y las ciencias sociales para fomentar la superación económica de las PSD, desde la base de la misión integral de iglesias evangélicas locales. Este capítulo demuestra cómo diversas disciplinas (de los campos de la economía, la pedagogía, la Biblia, los negocios y el desarrollo comunitario) se combinaron para movilizar el capital humano de las comunidades evangélicas y de las PSD, en aras de aumentar el florecimiento económico de las PSD. El capítulo se desarrolla conforme a la secuencia de la Investigación-Acción Participativa (IAP), la cual estructuró el proyecto,[7] comenzando con un recuento de nuestra investigación inicial, seguido por un resumen de la intervención educativa elaborada con base en esa investigación. Se resaltan entonces los hallazgos del análisis de impacto de la intervención, y las revisiones clave que se aplicaron con base en ese análisis.

Por razón de las numerosas herramientas empíricas aplicadas (dos encuestas,[8] dos entrevistas, cuatro grupos focales) y la cantidad de materiales educativos creados (dos cartillas y cuatro currículos), este capítulo brindará una síntesis de las actividades del equipo,[9] enfocándose en la integración de los aportes socio-científicos en su trabajo. Se mostrará cómo esta fusión de la teología y las ciencias sociales resultó en la cooperación entre iglesias cristianas y PSD, de modo que estas señalaron que habían recuperado su capacidad de soñar con un futuro mejor y aun pusieron en marcha nuevos emprendimientos para convertir aquellos sueños en realidades.

Conflicts: Empirical Evidence for the Displaced Population of Colombia," *World Development* 38, n.º 4 (2009): 138–9.

5. Sobre las responsabilidades económicas de las iglesias cristianas frente el desplazamiento, véase Hays, "Justicia económica," 52–60.

6. El equipo fue liderado por Christopher M. Hays, y contó con Lina Marcela Cardona Sosa (Economista, Banco de la República), Alex Fajardo Sánchez (CEO, Fundación Social el Encuentro), Steve Rehner (Entrenador en fundación de microempresas), Steban Andrés Villadiego Ramos (seminarista), H. Leonardo Ramírez (Director Fundación Vive) y el coinvestigador Pedro Ramón González Yanes (un pastor y presidente de una ASVIDAS [Asociación para la Vida Digna y Solidaria] entre PSD).

7. Véase el capítulo 2.

8. Sin mencionar las encuestas de retroalimentación de cada lección de cada material curricular y de los instructivos del *Inventario de habilidades*, 38 en total.

9. Una explicación más sistemática se encuentra en *Informes de investigación*, §6, disponible en https://feydesplazamiento.org/investigacion.

INVESTIGACIÓN INICIAL (2016–2017)

Puesto que el líder del equipo de Economía dedicó los años de 2014–2015 al estudio del *impacto* económico dañino del desplazamiento forzoso,[10] en 2016 se enfocó la investigación en la *recuperación* económica después del desplazamiento, específicamente:

- la eficacia de estrategias convencionales de desarrollo económico para las PSD;
- las percepciones de las PSD frente a distintas formas de generación de ingresos;
- las percepciones de los empleadores frente a las PSD;
- la teología relevante a la economía de las PSD;
- la informalidad laboral en Colombia.

Las herramientas elaboradas para examinar estos temas incluyeron:

- una entrevista a informadores clave (líderes locales que trabajan con PSD);[11]
- un grupo focal para PSD;[12]
- una encuesta para los participantes en dicho grupo focal;[13]
- una encuesta para empresarios cristianos;[14]
- un informe sobre la experiencia económica de la comunidad desplazada de Batata (elaborado por el coinvestigador Ramón González);[15]
- un estudio bibliográfico del empleo informal en Colombia (hecho por Lina Marcela Cardona Sosa);[16]
- un estudio de nuevas estrategias para el desarrollo económico de las PSD (elaborado por Alexander Fajardo);[17]
- un análisis de currículos para el desarrollo económico (realizado por Steve Rehner);[18]
- una teología para el desarrollo económico de las PSD (véase el capítulo 11 de este libro).

---

10. Hays, "Justicia económica," 45–52.
11. Aplicada 10 veces, en siete sitios, a un total de 15 personas; *Informes de investigación*, §6.4.1.1.
12. Realizado cinco veces con un total de 32 participantes; *Informes de investigación*, §6.4.1.2.
13. *Informes de investigación*, §6.4.1.3.
14. 77 respondientes de seis iglesias; *Informes de investigación*, §6.4.1.4.
15. *Informes de investigación*, §6.4.3.2.
16. *Informes de investigación*, §6.4.2.1.
17. *Informes de investigación*, §6.4.2.2.
18. *Informes de investigación*, §6.4.2.3.

Aunque el espacio no permite un recorrido sistemático de cada herramienta, en lo que sigue se recopilan los aprendizajes que más influyeron en la intervención del equipo.

Percepciones de distintas maneras de generar ingresos

Una prioridad alta fue indagar sobre los intereses laborales de las PSD, de modo que los grupos focales exploraron sus percepciones de, p. ej. el trabajo agrícola, el empleo formal y la creación de un negocio propio. Los participantes fueron invitados a describir lo beneficioso y lo desventajoso de cada forma de generación de ingresos. Las siguientes tablas incluyen una síntesis de los resultados.

Creación de un negocio propio

Ventajas	Desventajas
La independencia	La inestabilidad
La capacidad de trabajar en su propia casa y cuidar de la familia	Requiere conocimiento
No tener que recibir órdenes de otro	La gente recurre al fiado y después no paga
Mejores márgenes de ingresos	El dueño tiene que trabajar constantemente
El potencial de generar empleo para otros	La posibilidad de pérdida

Cada grupo expresó una actitud marcadamente favorable hacia la posibilidad de crear su propio negocio.[19] La mayoría de la gente instintivamente imaginaba que el negocio tendría lugar en la casa (por tal razón, se resaltó la ventaja de poder cuidar de los niños) y solía hablar del negocio como una tienda para vender productos básicos. Solamente en El Granizal y Batata algunos participantes manifestaron conocimiento de los retos de fundar su propio negocio.

---

19. "Economía y desplazamiento," grupo focal, El Granizal, 28 de noviembre, 2016. Participantes: Sofia Paquita, Falco Nery, Pepa, Luz Deni, Manuela; "Economía y desplazamiento," grupo focal, La Granja, Puerto Libertador, 2016. Participantes: Sofia Mercedes Peña Alarcón, Yulisa, Isabel, Lenis Arrieta Perez, Verónica, Margarita, Claudia y Vanessa; "Economía y desplazamiento," grupo focal, La Grandeza de Dios, Piendamó, Cauca, 14 de enero, 2017. Participantes: Nubia Eva Estela, Marco Tulio Cuspián, Milena Jeremías, Ricardo, Victoriano, Yamil; "Economía y desplazamiento," grupo focal, Batata, Córdoba, 21 de enero, 2017. Participantes: Eder Ramos Ángel Darío Lobo Nuñez, Manuel Errique Altamirranda, Plutarco, Pedro, José, Vicente Manuel Fernandez Lozano; "Economía y desplazamiento," grupo focal, Nelson Mandela, Cartagena, 27 de enero, 2017. Participantes: Elvira Letizaida, Miriam y Maria.

Empleo en el negocio de un tercero

Ventajas	Desventajas
Una fuente estable de ingresos	Sumisión a un horario fijo
Prestaciones sociales	Malos jefes
Ningún riesgo financiero personal	Experiencias degradantes
	Ajeno a la cultura
	Insuficiente tiempo para descansar
	Falta de autonomía
	Pérdida de una porción significativa del sueldo (por razón de prestaciones sociales, impuestos)

Las PSD tuvieron actitudes intensamente negativas ante la posibilidad de ser empleados en el negocio de otra persona. La mayoría de los participantes concebía este tipo de empleo en términos de trabajar en una pequeña tienda del barrio; pocos imaginaron laborar en una empresa grande. Opinaban que los jefes abusan de los empleados ("Casi siempre que el patrón es muy mala persona con el trabajador"[20]); también manifestaron un disgusto fuerte de un horario fijo. En Piendamó y Batata, las dos comunidades más rurales, se expresó que trabajar como empleado iba en contra de su crianza y cultura (campesina y/o indígena).

Trabajo agrícola

Las PSD tenían una apreciación clara de los retos y riesgos que implica la agricultura y sin embargo hablaron con entusiasmo sobre la agricultura. Claramente es una vocación por la cual los colombianos rurales son apasionados, y el hecho de que sirve como una fuente de seguridad alimentaria es una gran ventaja para las PSD.[21] Similarmente, entrevistas realizadas por el equipo de Interacción con el sector público revelaron que los campesinos que se desplazaron a zonas urbanas a menudo sueñan con volver al campo para adquirir una "tierrita" y cultivarla.[22]

---

20. Miriam en "Economía—Cartagena," grupo focal.

21. "Economía—Batata," grupo focal; "Economía—Piendamó," grupo focal.

22. Por ejemplo, una mujer de la tercera edad en Bogotá habló de su sueño de volver al campo y cultivar su propia "tierrita" . . . a pesar de estar soltera y caminar con bastón; "María Fernanda," entrevista con Milton Acosta, Fontibón, Bogotá, 2 de diciembre, 2016.

Ventajas	Desventajas
La independencia	Baja rentabilidad
La seguridad nutricional	Precios inestables
La preservación de las tradiciones	Dificultad física
La creación de un producto comercializable	Riesgo de perder la cosecha
	El desafío de calcular el valor neto de los cultivos
	No interesa a los jóvenes

En resumen, las PSD suelen expresar percepciones negativas del empleo en el negocio de otro. Las PSD rurales reconocen lo difícil que es la agricultura, y sin embargo manifiestan un fuerte interés en ella. Típicamente consideran la creación de un negocio propio como una opción atractiva, pero con frecuencia desconocen las dificultades de administrar un negocio.

Las posibilidades y dificultades del microemprendimiento

Si bien el microemprendimiento llama la atención de la población desplazada, la gran pregunta es si efectivamente funciona para las PSD, y cuáles estrategias facilitan su éxito. La entrevista a informadores claves entonces preguntó si los entrevistados personalmente conocen casos en los que las PSD crearon microempresas que sirvieron para mantener a su familia o se convirtieron en fuentes de empleo para otros.

Varios entrevistados habían presenciado microemprendimientos que fracasaron;[23] las microempresas exitosas parecen ser la excepción en vez de la regla.[24] El alto nivel de fracaso se atribuyó a:

- el gasto de microcréditos de maneras no productivas;[25]
- la falta de acompañamiento;[26]
- la administración ineficaz o deshonesta.[27]

23. Susana (Trabajadora del proyecto social Transformación comunitaria para la paz), entrevista con Christopher M. Hays, Medellín, 29 de noviembre, 2016 (nombre cambiado para proteger la identidad de la entrevistada); Pedro Ramón González Yanes (Pastor de la iglesia Cristo el Rey), entrevista con Christopher M. Hays, Tierralta, 23 de enero, 2017.

24. Angélica Pinilla Mususú (trabajadora de la Fundación Social El Encuentro), entrevista con Christopher M. Hays, Santa Viviana, Bogotá, 3 de diciembre, 2016; Alexander Fajardo Sánchez (Director de la Fundación Social El Encuentro), entrevista con Christopher M. Hays, Polo Club, Bogotá, 2 de diciembre, 2016.

25. Susana, entrevista; Pinilla Mususú, entrevista; Deiner Espitia (Pastor de la iglesia Torre fuerte), entrevista con Christopher M. Hays, La Granja, Puerto Libertador, 9 de diciembre, 2016.

26. Pinilla Mususú, entrevista; Alberto Martín (Pastor de la iglesia Centro Evangélico en Blas de Lezo), entrevista con Christopher M. Hays, Blas de Lezo, Cartagena, 27 de enero, 2017.

27. González Yanes, entrevista; Martín, entrevista.

Una entrevistada subrayó que elementos emocionales y sociales contribuyen al fracaso de las microempresas entre las PSD, puesto que con frecuencia les falta confianza en sí mismas, temen que serán desplazados de nuevo o dependen de la asistencia gubernamental en vez de aplicar sus propias habilidades.[28]

Sin embargo, numerosos entrevistados nombraron casos de microempresas que apoyan la familia del emprendedor desplazado, y en ciertos casos llegaron a brindar empleo a otros.[29] Las historias más alentadoras salieron de una pequeña iglesia en Santa Clarita Alta (Bogotá). La pastora "Lucecita" (quien había sido capacitada como trabajadora social) creó varios programas para generación de ingresos:

- una asociación de mujeres que recibieron un microcrédito para comprar seis carritos para vender chorizos y arepas (ellas ya reembolsaron el préstamo y contrataron empleados para atender los carritos);
- un programa que entrena en la costura (como resultado de este programa, 12 mujeres habían hallado empleo en otros negocios, un empleo formal en nueve casos);
- un programa que capacita mujeres en panadería (tres participantes habían recibido empleo formal en panaderías).

Estrategias aplicadas para aumentar la probabilidad de éxito de microemprendimientos incluyen la capacitación,[30] el desarrollo colaborativo de un plan de negocios,[31] el seguimiento regular[32] y la preselección de personas con un perfil emprendedor.[33] Lucecita hace hincapié en el proceso lento de construir amistades con la gente, y la atención holística a las necesidades espirituales y psicológicas de la gente.[34]

---

28. Pinilla Mususú, entrevista.

29. Pinilla Mususú, entrevista; Lucecita (Pastora de la iglesia de la Alianza Cristiana y Misionera Colombiana de Santa Cecilia Alta), entrevista con Christopher M. Hays, Santa Cecilia Alta, Bogotá, 3 de diciembre, 2016; Stephanith Castro Hernández, Tanya Marsella Herrán Correa, Samuel Alberto Ospina Cevallos, Laura Lizeth Beltrán Puerto, David Lopez Amaya y Jeison Leguizamon Rodriguez (Líderes de la Fundación Creativamente y la iglesia El Redil), entrevista con Christopher M. Hays, Fontibón, Bogotá, 2 de diciembre, 2016; Marco Tulio Cuspián (Coordinador de la comunidad La Grandeza de Dios), entrevista con Christopher M. Hays, La Grandeza de Dios, Piendamó, Cauca, 13 de enero, 4103; Leonardo Rondón (Misionero sirviendo a la Iglesia Cristiana Evangélica Nasa), entrevista con Christopher M. Hays, Silvia, Cauca, 13 de enero, 2017; Martín, entrevista; Jesús Alfonso Laza (Profesor y capellán de la Institución Educativa El Salvador), entrevista con Christopher M. Hays, Nelson Mandela, Cartagena, 27 de enero, 2017.

30. Castro Hernández et al., entrevista.

31. Fajardo Sánchez, entrevista.

32. Fajardo Sánchez, entrevista; Pinilla Mususú, entrevista; cf. Martín, entrevista.

33. Fajardo Sánchez, entrevista.

34. Lucecita, entrevista.

Parte 1

El empleo informal[35]

El microemprendimiento, sin embargo, habitualmente se inicia de manera informal en Colombia, lo cual dificulta el florecimiento económico a largo plazo.[36] El concepto de informalidad cuenta con dos aristas: la actividad informal y el trabajador informal. La primera se define como una actividad compuesta de transacciones legales que evade el pago de impuestos y de las prestaciones sociales de los trabajadores.[37] La actividad informal conlleva a la existencia de trabajadores informales, puesto que el incumplimiento de la empresa con las contribuciones de los trabajadores *de facto* significa que los trabajadores son informales.[38]

La informalidad es afectada por la cantidad de regulaciones y trámites en el país. Entre una lista de 189 países, Colombia ocupa el puesto 61 cuando se analiza el número de pasos necesarios para abrir un negocio; el puesto 139 con relación a impuestos; y el 174 (¡de 189!) en lo que tiene que ver con el cumplimiento de los contratos.[39] Además de la carga tributaria y procedimental, los costos no salariales exigidos por la legislación colombiana encarecen el costo del trabajo formal, desincentivando la contratación de trabajadores formales.[40] Todo esto contribuye a la tendencia hacia la informalidad laboral.

Aproximadamente el 60% de las empresas pequeñas colombianas son informales.[41] Con relación a otros países de la región (Imagen 1), Colombia es uno de los países con la proporción más alta de empleo informal (medido por la ausencia de contribución a pensión), superada solo por El Salvador y Paraguay.[42]

---

35. Esta sección incluye contendido redactado por Lina Marcela Cardona Sosa, que se encuentra en *Informes de investigación*, §6.4.2.1.

36. Véase p. ej. Hays, "Justicia económica," 45, 52.

37. Friedrich Schneider y Dominik Enste, "Shadow Economies: Size, Causes and Consequences," *Journal of Economic Literature* 38 (2000): 77–114; Mauricio Cárdenas y Carolina Mejía, "La informalidad en Colombia: nueva evidencia," *Fedesarrollo Working Papers* 35 (2007).

38. Cárdenas y Mejía, "Informalidad en Colombia."

39. World Bank, *Doing Business 2016: Ease of Doing Business* (Washington, DC: World Bank, 2016).

40. Fabio Sánchez Torres y Oriana Alvarez Vos, "La informalidad laboral y los costos laborales en Colombia 1984–2009: diagnóstico y propuestas de política," *Documentos CEDE* 009238 (2011).

41. Tomado de José D. Uribe Escobar, "Informalidad laboral: ¿qué hemos aprendido y qué falta?," *Revista del Banco de la República* 89, n.° 1060 (2016).

42. Uribe Escobar, "Informalidad laboral."

Imagen 1: Población ocupada en zonas urbanas de América Latina sin contribución a pensiones, 2014.

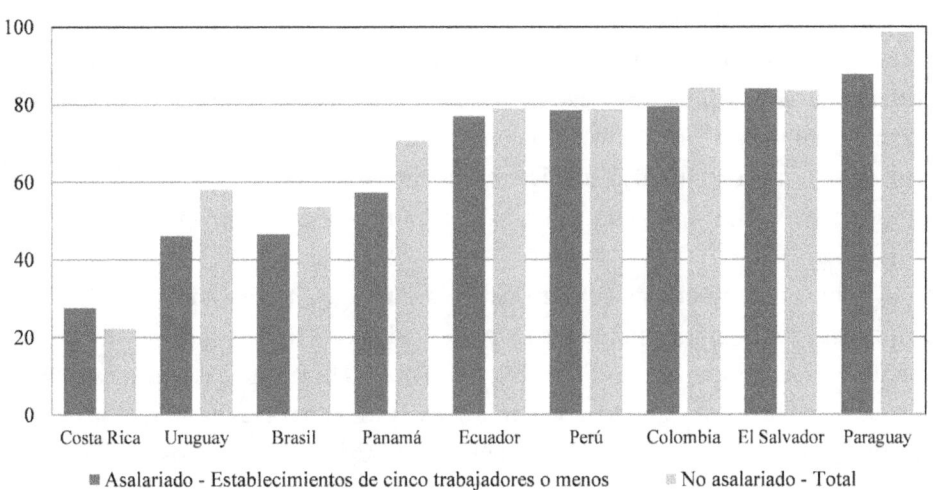

Fuente: Uribe Escobar, "Informalidad laboral."

Las empresas informales son menos productivas, y tienen menor acceso al crédito y a la capacitación laboral.[43] Reciben menores beneficios de programas gubernamentales y tienen menor cobertura en temas de justicia.[44] Pero hay una alta probabilidad de que las PSD se limiten a la actividad informal, por razones de su bajo nivel educativo, su aspiración salarial baja y su percepción de carecer de la capacitación para laborar formalmente.

Las barreras a la superación de la informalidad son formidables, pero no son insuperables, y los beneficios de formalizarse son significativos. Así, se decidió apoyar a esta población en la búsqueda de la formalización, aunque esto choca con sus experiencias previas o tradiciones.[45]

El rol de las relaciones sociales en la recuperación económica

Un tema inesperado que surgió en la investigación fue la importancia de las relaciones sociales. Se notó inicialmente en los grupos focales con las PSD. Se le pidió a cada grupo trabajar juntos para elaborar un "mapa económico" de su comunidad (dónde cada persona trabaja, compra, surte sus negocios, paga los servicios públicos, etc.). La actividad delineó los rasgos económicos distintivos de cada comunidad, pero también

43. Mauricio S. Cárdenas y Sandra Rozo, "Informalidad empresarial en Colombia: problemas y soluciones," *Desarrollo y Sociedad* 63, n.º 1 (2009): 211–43.

44. Cárdenas y Mejía, "Informalidad en Colombia."

45. El coinvestigador Ramón González comentó que tal formalización es vital, tanto en las ciudades como en contextos como Batata (una vereda rural).

arrojó un hallazgo inesperado sobre la relación entre la cohesión social y la recuperación económica.

La comunidad en la que los investigadores observaron la trayectoria más rápida de recuperación económica fue la comunidad indígena nasa en la Grandeza de Dios. En tres años, esta comunidad alcanzó la autosuficiencia nutricional; construyó casas rústicas para cada familia, y renovó la mayoría de ellas en cooperación con una ONG cristiana; recibió tres préstamos (dos para abrir tiendas, uno para construir invernaderos de tomates); adquirió un sistema de filtración de agua; y fundó un colegio. Logró todo esto sin el apoyo financiero gubernamental que se proporciona (¡teóricamente!) a las PSD.

El mapa creado por esta comunidad (véase Imagen 2) evidencia un nivel de detalle que excede dramáticamente los mapas creados en otros grupos focales. Los participantes saben dónde vive cada familia (el mapa incluye una casa para cada una de las 50 familias de la comunidad, con símbolos distintos para las casas que habían sido renovadas)[46] y lo que se cultiva en cada parcela; dibujaron los cultivos y el ganado con detalle impresionante (Imagen 4).

Imagen 2: el mapa económico de la Grandeza de Dios, Piendamó

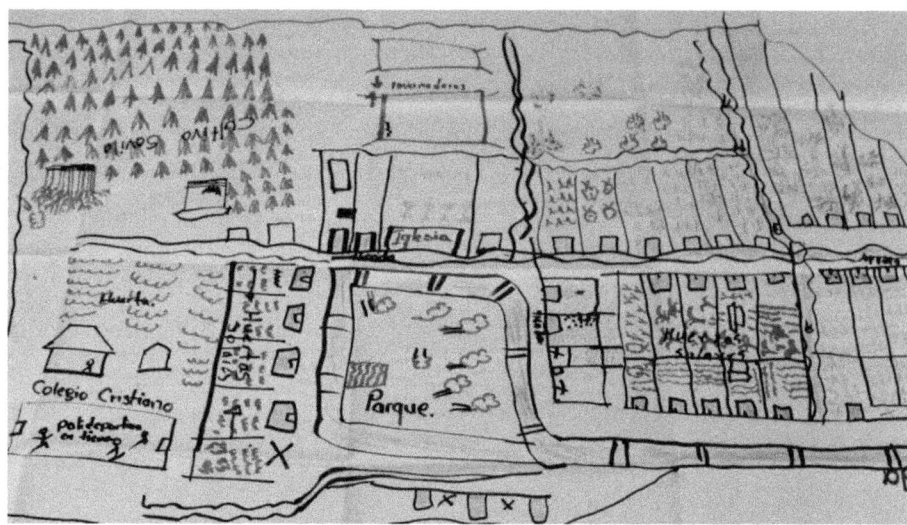

---

46. Véase Imagen 3; los cuadros rojos representan las casas mejoradas y los X negros son casas que no se han mejoradas.

Imagen 3: detalle del mapa económico de la Grandeza de Dios

Imagen 4: detalle del mapa económico de la Grandeza de Dios

Parte 1

Los participantes explicaron que la comunidad trabajó en conjunto para diseñar el asentamiento y distribuir parcelas para casas y cultivos a cada familia. También cooperan en iniciativas agrícolas más grandes (el cultivo de sábila y tomates para la venta). Además, el liderazgo del gobernador del asentamiento, Ananías Quetumbo, y del coordinador de la comunidad, Marco Tulio Cuspián, facilita su productividad. Es nuestra interpretación que la cohesión social dramática de las comunidades desplazadas nasa—la cual tiene que ver con su cultura indígena, su fe cristiana y la forma en que su desplazamiento colectivo galvanizó las relaciones en la comunidad—ha facilitado la trayectoria económica de la Grandeza de Dios.[47]

Las otras comunidades piloto no evidenciaron ninguna cohesión que se aproxime a la de Piendamó. En Cartagena, por ejemplo, la comunidad de Nelson Mandela ha avanzado significativamente en los últimos 25 años, debido al apoyo gubernamental que han recibido. Pero los participantes en el grupo focal no manifestaron ningún tipo de dinamismo económico como en Piendamó. Tampoco lograron cooperar en la creación del mapa económico (Imagen 5).[48] A pesar de las instrucciones y los esfuerzos de persuasión del facilitador, en vez de dibujar un solo mapa integrado, cada participante dibujó en su propio rincón del pliego de papel e identificó dos o tres elementos de importancia económica para ella. No hay ninguna interconexión entre los dibujos que las mujeres realizaron, aunque las mujeres se conocían y sus niños asistan al mismo colegio cristiano local.

Imagen 5: mapa económico del barrio Nelson Mandela, Cartagena

47. "Economía—Piendamó," grupo focal.
48. "Economía—Cartagena," grupo focal.

Obviamente diversos factores contribuyen a las dinámicas económicas de una comunidad, pero la cohesión social y la cooperación parecen jugar roles importantes. Los economistas han establecido que las PSD, como resultado de sus traumas, evidencian una preferencia por actividades económicas de bajo riesgo y baja recompensa,[49] de modo que pocos están en capacidad de hacer el trabajo emprendedor riesgoso que es necesario para recuperarse económicamente después del desplazamiento. Sin embargo, en el caso de los nasa, la cohesión comunitaria le permitió a la gente superar sus limitaciones individuales, especialmente bajo el liderazgo de personas que pueden concebir e implementar un plan de acción para la comunidad. Esto sugiere que una manera de apoyar la recuperación económica sería fortalecer el tejido social entre las PSD y con personas no-desplazadas.[50]

Otras herramientas confirman esta percepción. Como se señaló arriba, los informadores claves subrayaron que el acompañamiento personal e integral era vital para el éxito de los microemprendimientos de las PSD. Además, nuestras encuestas revelaron que el 94% de las PSD que participaron en los grupos focales tendrían interés en recibir una especie de apadrinamiento, en forma de asesoría (88%), charlas educacionales (81%) y/o apoyo con procesos de formalización empresarial (66%), registro mercantil (56%) y estudios del mercado (53%); esto resalta cuánto sienten que el acompañamiento de otra persona sería de utilidad en su avance financiero. Afortunadamente, el 88% de los empresarios encuestados afirmó estar dispuesto a apadrinar a una PSD. El equipo decidió entonces prestar atención a la cohesión social en el diseño de sus materiales curriculares.

La ética

Varias herramientas arrojaron datos sobre la ética en la vida económica. Naturalmente, economistas han publicado estudios sobre los beneficios que resultan de una cultura empresarial moral.[51] De forma complementaria, nuestros entrevistados señalaron la administración deshonesta como una causa común del fracaso de microemprendimientos,[52] e identificaron cómo la colaboración con grupos delincuenciales obstaculiza el avance económico de la comunidad.[53] Asimismo, el informe

---

49. Andrés Moya, "Violence, Emotional Distress and Induced Changes in Risk Aversion among the Displaced Population in Colombia," *Working Paper* No. 105, Programa dinámicas territoriales rurales (2012), https://www.rimisp.org/wp-content/files_mf/1366287774N1052012ChangesRiskAversionDisplacedPopulationColombiaMoya.pdf, fecha de último acceso 11 de febrero, 2014.

50. Cf. Robert D. Putnam, *Bowling Alone: The Collapse and Revival of American Community* (New York: Simon & Schuster, 2000), 319–25.

51. Para un análisis equilibrado, véase Donald Hay, "Do Markets Need a Moral Framework?," en *Integrity in the Private and Public Domains*, eds. Alan Montefiore y David Vines (London: Routledge, 1999), 258–68.

52. González Yanes, entrevista; Martín, entrevista.

53. Christopher M. Hays, "Collaboration with Criminal Organisations in Colombia: An Obstacle

Parte 1

del coinvestigador Ramón González identificó factores morales que estorbaron la asociación ASVIDAS en Batata, incluso: la desconfianza, la pasividad y la deshonestidad.[54]

Un hallazgo llamativo relacionado surgió de las encuestas a las PSD y a los empresarios. Se preguntó sobre cuáles son los cuatro atributos que un empleador más valora en sus empleados, y luego se compararon las percepciones de los dos grupos. Como se ve en la Imagen 6, los cuatro rasgos de un empleado más valorados por los empresarios son la honestidad, la responsabilidad, la iniciativa y la puntualidad, aunque las PSD no parecen captar qué tan centrales son la honestidad y la responsabilidad a los empleadores potenciales.[55] Esta brecha de percepciones influyó en la creación de la intervención del equipo.

Imagen 6: características que empleadores más valoran

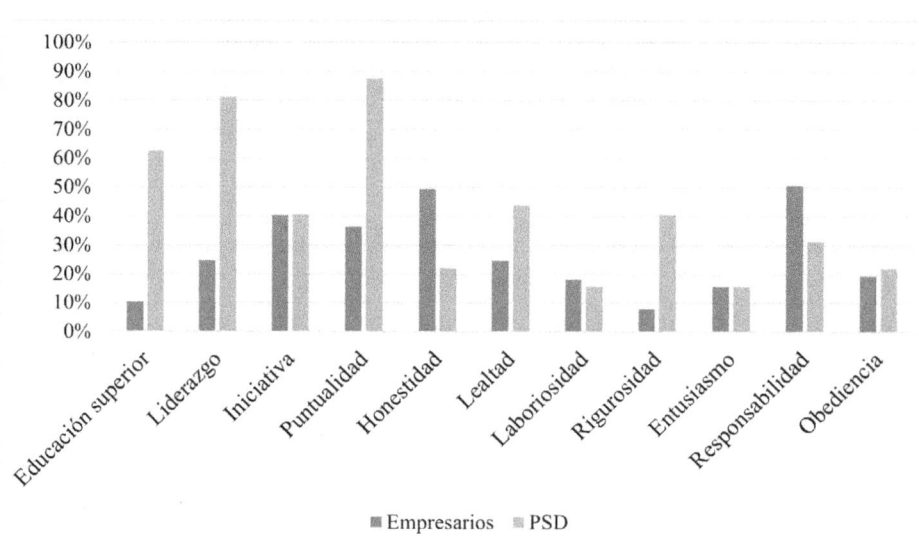

La relación entre la religión y la economía

El grupo focal también indagó cómo las PSD perciben las conexiones entre su espiritualidad y su economía. Los participantes fueron invitados a compartir historias de cómo un texto bíblico, una idea espiritual o una práctica religiosa fue significativo en responder a aspectos económicos de su desplazamiento.

Las PSD en general manifiestan una tendencia literal en su lectura de las Escrituras, tal como en el caso de una mujer quien dejó de pedir prestado de prestamistas

---

to Economic Recovery," *Forced Migration Review* 58 (2018): 26–28; *Informes de investigación* §6.4.1.1.4.

54. *Informes de investigación* §6.9, apéndice 8.

55. Se nota también que las PSD tienen una percepción altamente exagerada de la importancia de la educación superior y del liderazgo a un empleador potencial.

porque Romanos 13:8 dice que no se debe ser un deudor.[56] Compartieron experiencias de dificultades financieras que atribuyeron a no diezmar; explicaron que, cuando comenzaron a diezmar, conforme con Malaquías 3:11, comenzaron a prosperar.[57] Enfatizaron que Dios proveerá para ellos,[58] que Dios no los cargará con más de lo que puedan aguantar (1Co. 10:13),[59] que Dios les quiere dar buenas cosas (Mt. 7:11; Lc. 11:13; Stg. 1:17)[60] y que todas cosas cooperan para el bien de los que aman a Dios (Ro. 8:28).[61]

Los participantes eran reticentes a decir que su desplazamiento había retado sus ideas religiosas. Atribuyeron dudas a otras personas (personas con una falta de formación cristiana),[62] pero negaron que ellos mismos se sienten así.[63] Una cartagenera enfatizó que las experiencias difíciles de la vida son necesarias, y que Dios quería que la gente se desplazara para mejorar sus circunstancias (ostensiblemente a largo plazo).[64]

La reticencia a hablar de dudas espirituales refleja tendencias teológicas del evangelicalismo y pentecostalismo colombiano (p.ej. la confesión positiva). No obstante, los no evangélicos eran más propensos a discrepar con las narraciones optimistas de sus vecinos. En Batata, un hombre habló de una crisis que recientemente había experimentado cuando la pierna de su padre fue amputada; este suceso implicó que él tendría que proveer para las necesidades de su propia familia, sus padres y la familia de su hermano.[65] De manera similar, Manuel, quien no es un "cristiano," discrepó con la aseveración que "todas cosas cooperan para bien" (Ro. 8:28). Manuel sugirió que esta creencia sirve para personas que no perdieron miembros de la familia en el conflicto violento, pero que tales reflexiones no consuelan a quienes perdieron a un padre, un niño o un hermano.[66]

Estos hallazgos sobre la hermenéutica y la espiritualidad de las PSD influyeron en la creación de los estudios bíblicos y actividades pedagógicas del equipo de Economía, tema al cual se dirige la atención a continuación.

---

56. Falco Nery, en "Economía—Granizal," grupo focal.

57. Ricardo y Milena en "Economía—Piendamó," grupo focal.

58. Manuel en "Economía—Batata," grupo focal; Elvira, Miriam y María en "Economía—Cartagena," grupo focal.

59. Ángel Darío en "Economía—Batata," grupo focal.

60. Eder y Plutarco en "Economía—Batata," grupo focal; María en "Economía—Cartagena," grupo focal.

61. José en "Economía—Batata," grupo focal.

62. Ricardo en "Economía—Piendamó," grupo focal.

63. Isabel en "Economía—Puerto Libertador," grupo focal.

64. Miriam en "Economía—Cartagena," grupo focal.

65. "Economía—Batata," grupo focal.

66. Manuel en "Economía y desplazamiento," grupo focal, 21 de enero, 2017.

PARTE 1

ELABORACIÓN DE LA INTERVENCIÓN (2017-2018)

Con base en la investigación inicial, en 2017 se procedió a crear los materiales educativos que formaron la base de nuestra intervención, buscando fomentar la recuperación económica de las PSD en cooperación con profesionales de las iglesias evangélicas locales.[67] Cada currículo combinó aportes de las disciplinas de la economía, la teología y los estudios de negocios, integrando la perspectiva cristiana con aprendizajes de la investigación inicial.

Se elaboraron seis materiales, los cuales se pueden combinar selectivamente conforme con los rasgos de cada comunidad (véase Imagen 7). Aquí se ofrece una orientación a cada material,[68] señalando el propósito de cada uno, demostrando cómo fueron influenciados por la investigación inicial y compartiendo ejemplos de dinámicas pedagógicas claves.

Imagen 7: materiales de la línea de Economía

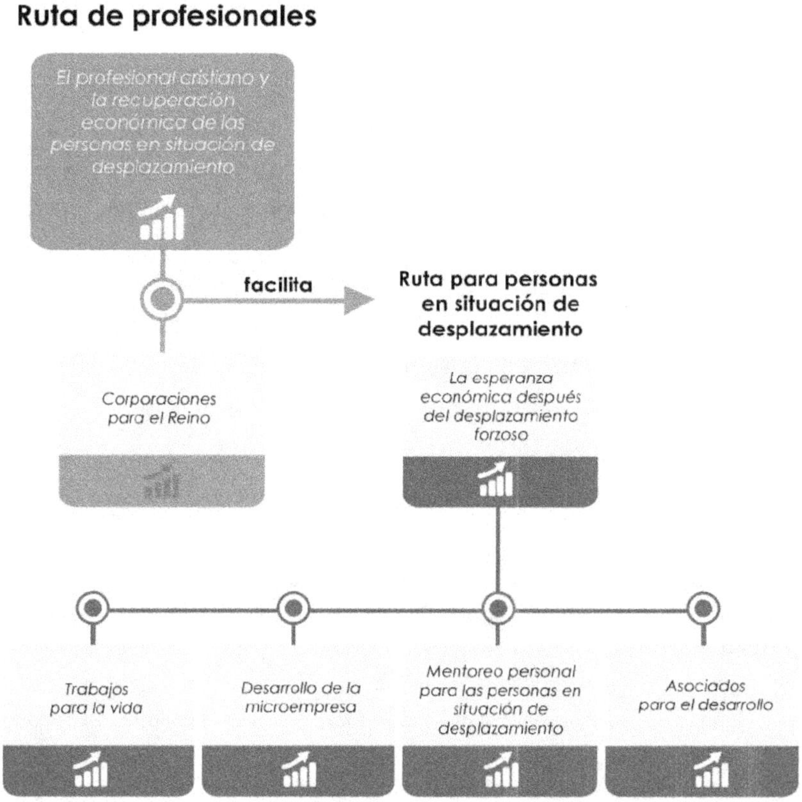

Ruta de profesionales

El profesional cristiano y la recuperación económica de las personas en situación de desplazamiento

facilita → **Ruta para personas en situación de desplazamiento**

La esperanza económica después del desplazamiento forzoso

- Corporaciones para el Reino
- Trabajos para la vida
- Desarrollo de la microempresa
- Mentoreo personal para las personas en situación de desplazamiento
- Asociados para el desarrollo

---

67. Para una explicación de los principios pedagógicos que guiaron el proceso, véase capítulo 4; cf. Christopher M. Hays, "Teología económica para las víctimas del desplazamiento forzoso, a la luz del Documento de Medellín," *Albertus Magnus* 9, n.° 2 (2018): 18-19.

68. Para más detalle, véase *Informes de investigación* §6.5.

El profesional cristiano y la recuperación económica de las personas en situación de desplazamiento

El punto de partida para las iglesias es una cartilla dirigida a cristianos con pericia en asuntos financieros (empresarios, emprendedores, etc.): *El profesional cristiano y la recuperación económica de las personas en situación de desplazamiento* (de aquí en adelante, *El profesional cristiano*). Esta cartilla orienta a estos creyentes acerca de la relevancia de sus habilidades profesionales para la misión integral de la iglesia y los prepara para trabajar temas económicos con la población desplazada.

El diseño de la cartilla está arraigado en la investigación de campo. La encuesta a los empresarios cristianos mostró que tienen altos grados de interés en aplicar sus habilidades para contribuir a la recuperación de las PSD. Las encuestas también revelaron que las PSD desean recibir el mentoreo, hallazgo que cuadra con las disposiciones de los encuestados en las iglesias. Así, la cartilla anima a los participantes a poner sus habilidades al servicio de la misión de la iglesia a favor de las PSD[69] y a ofrecerse como mentores.[70]

La investigación inicial también mostró que las situaciones económicas y los perfiles demográficos de las iglesias son tan variados que no se deben aplicar las mismas estrategias a las PSD en diversos contextos. De modo que la cartilla orienta a los participantes a las posibilidades de capacitar a las PSD sea para el empleo formal o para el microemprendimiento, y los anima a considerar la posibilidad de crear nuevas corporaciones para brindarles trabajo a las PSD.[71] Adicionalmente, dado que esta cartilla comunica características económicas de una PSD típica,[72] y comparte casos de éxito de PSD que han salido adelante financieramente,[73] fue alimentada por los grupos focales y las encuestas a las PSD.

No se pretende esbozar aquí todas las estrategias pedagógicas de *El profesional cristiano*, pero se resaltará una faceta particular de la cartilla: el esfuerzo de evitar la revictimización de las PSD. Aunque la cartilla sensibiliza a los participantes ante las dificultades de las PSD, coloca mayor énfasis en sus habilidades que en sus necesidades. Este enfoque procura evitar los errores comunes de trabajos caritativos que, al enfatizar las necesidades de las personas, habitualmente terminan cosificando a las personas a las que se pretende ayudar, recalcando cada vez más la dependencia, el fatalismo y la pasividad.[74] El resultado final es que se socava la recuperación a largo plazo de las PSD.

---

69. Christopher M. Hays, *El profesional cristiano y la recuperación económica de las personas en situación de desplazamiento* (Medellín: Publicaciones SBC, 2018), 24–28, 35–42, 55–59.

70. Hays, *El profesional cristiano*, 98–99; asimismo, Christopher M. Hays y H. Leonardo Ramírez, *La esperanza económica después del desplazamiento forzoso: manual del facilitador* (Medellín: Publicaciones SBC, 2018), 5, 9, 87, 90–91.

71. Hays, *El profesional cristiano*, 88–97.

72. Hays, *El profesional cristiano*, 15–17, 22–24, 51–53.

73. Hays, *El profesional cristiano*, 82–84.

74. Véase p. ej. Steve Corbett y Brian Fikkert, *When Helping Hurts: How to Alleviate Poverty*

En aras de no caer en estos errores, *El profesional cristiano* tiene una lección titulada "El potencial y la participación de las personas en situación de desplazamiento" para comunicar que el cristianismo celebra los aportes de todos los miembros de la comunidad de fe, especialmente los marginados.[75] Este mensaje se comunica por medio de una actividad dialógica, un video original (titulado "El poder y el perfil de las personas en situación de desplazamiento") y un estudio bíblico. Así combina diversas técnicas pedagógicas para comunicar un mensaje que es a la vez teológico y práctico.

La esperanza económica después del desplazamiento forzoso

Después de haberse capacitado con *El profesional cristiano*, los empresarios arrancan en su ministerio directo con las PSD. La plataforma de lanzamiento del ministerio es el currículo *La esperanza económica después del desplazamiento forzoso* (más brevemente, *La esperanza económica*). Está diseñado para PSD que buscan fortalecer sus ingresos por medio del trabajo productivo. Afirma la capacidad y el llamamiento vocacional de la PSD, cultiva su esperanza en el plan de Dios para su futuro y les ayuda a discernir cuál estrategia productiva quisieran adoptar para salir adelante.

El diseño del currículo refleja aprendizajes de la investigación de campo. Por ejemplo, las entrevistas con informadores claves repetidamente subrayaron la gravedad de los problemas del fatalismo, la desesperanza y el asistencialismo en la población PSD.[76] De modo que el currículo comunica un mensaje de esperanza y aporta una perspectiva bíblica sobre la dignidad e importancia del trabajo.[77]

Los grupos focales también descubrieron que las PSD tienen entusiasmo por la creación de su propio negocio, y una marcada reticencia ante la posibilidad de volverse empleados. Sin embargo, las entrevistas mostraron que la tasa de éxito de microempresas emprendidas por PSD es baja. La investigación bibliográfica también subrayó que hay limitados trabajos formales disponibles, y que la formalización laboral es de gran importancia para la recuperación económica a largo plazo. Este conjunto de evidencias reveló la urgencia de educar a la gente sobre distintas opciones para su futuro laboral, lo cual se hace en la última lección del currículo.[78]

Adicionalmente, la investigación sugirió que la cohesión comunitaria y la ética son factores propicios para la recuperación económica, y que las PSD subestiman la importancia de la moralidad para un empleador. Consecuentemente, la tercera

---

without Hurting the Poor. . .and Yourself (Chicago: Moody, 2012); Robert D. Lupton, *Toxic Charity: How Churches and Charities Hurt Those They Help (and How to Reverse It)* (New York: HarperCollins, 2011).

75. Hays, *El profesional cristiano*, 49–60.

76. Pinilla Mususú, entrevista; González Yanes, entrevista; Fajardo Sánchez, entrevista. Véase también Hays, "Teología económica," 21–22.

77. Hays y Ramírez, *La esperanza económica: manual*, 18–22.

78. Hays y Ramírez, *La esperanza económica: manual*, 79–92.

lección del currículo se tituló "Dos claves para avanzar: la ética y la cooperación."[79] Inicia con el vídeo "El mejor gol del mundial de Brasil 2014," un evento famoso en Colombia puesto que el gol fue realizado por el colombiano James Rodríguez. La discusión subsecuente muestra que el triunfo de James se debía a la cooperación excelente de los miembros de su equipo. Después, la atención gira a un estudio de Esdras y Nehemías, que hablan del retorno de los israelitas después de su desplazamiento forzoso a Babilonia: ellos enfrentaron graves injusticias al volver a Jerusalén, pero las superaron a través de la integridad y la cooperación comunitaria. El estudio bíblico es acompañado por imágenes visuales del día de hoy para facilitar la conexión entre el texto antiguo y el mundo actual. Acto seguido, la lección ofrece estudios de caso sobre cuatro principios éticos importantes (los cuatro rasgos que los empresarios señalaron que más valoran en un empleado): la puntualidad, la iniciativa, la honestidad y la responsabilidad. Así, esta lección responde a los hallazgos de la investigación de campo entretejiendo reflexiones teológicas con técnicas didácticas aptas para PSD (vídeos, diálogos, imágenes, etc.).

Desarrollo de la microempresa

La lección final de *La esperanza económica* ayuda a las PSD a seleccionar una estrategia para productividad económica que cuadra con sus habilidades y su situación, para entonces proceder a estudiar un currículo enfocado en esa estrategia.[80] El más popular de estos currículos es *Desarrollo de la microempresa*. Adaptado del material *What's in Your Hand?*, creado por la organización *Global Disciples*, *Desarrollo de la microempresa* provee capacitación para emprender un nuevo negocio. Ayuda a las PSD a identificar una oportunidad para un microemprendimiento rentable y armar un plan de acción para iniciarlo.

Se decidió adaptar este currículo para FyD por razón del entusiasmo que manifestaron los grupos focales frente el microemprendimiento. Además, teniendo en cuenta que la investigación inicial reveló la centralidad de la Biblia en la interpretación de las experiencias económicas de las PSD, se incorporaron textos bíblicos en cada lección de currículo. Finalmente, para responder a los hallazgos sobre las dificultades y beneficios de la formalización, se incluyó una orientación sobre la formalidad empresarial.[81]

Un ejemplo de la pedagogía llamativa de *Desarrollo de la microempresa* se encuentra en la lección seis, la cual enseña cómo fijar precios en un negocio.[82] La lección comienza con una breve reflexión bíblica sobre Santiago 1:5, y habla de la importancia

---

79. Hays y Ramírez, *La esperanza económica: manual*, 53–72.

80. Christopher M. Hays y H. Leonardo Ramírez, *La esperanza económica después del desplazamiento forzoso: manual del facilitador*, 2.ª ed. (Medellín: Publicaciones SBC, 2020), 135–55.

81. Global Disciples *et al.*, *Desarrollo de la microempresa* (Medellín: Publicaciones SBC, 2018), 130–36.

82. Disciples et al., *Microempresa*, 105–17.

de la sabiduría para el manejo de un negocio, específicamente para calcular precios de productos y servicios. Para ilustrar la complejidad del proceso, se realiza una dramatización, titulada "¿Son ladrones los vendedores del mercado?" Luego se explica la importancia de considerar todos los costos en el proceso de suministro y ventas (transporte, trabajadores, empaque, etc.) y brinda una formula sencilla para calcular los precios. Así, se enseña una técnica empresarial importante combinando una reflexión bíblica con una actividad pedagógica divertida.

Trabajos para la vida

El currículo de *Trabajos para la vida* capacita a quienes buscan empleo en una empresa formalizada. Fue adaptado (del currículo *Jobs for Life*) con el propósito de orientar a las PSD para la cultura del empleo en las empresas, preparándolos para presentar entrevistas y ofreciéndoles pautas para adaptarse a la vida laboral.

La adaptación de este currículo se fundamentó en varias lecciones de la investigación de campo.[83] La encuesta a los empresarios cristianos mostró que están dispuestos a emplear PSD. Asimismo, la investigación bibliográfica subrayó que, por limitada que sea la oferta de trabajos formales, la informalidad obstaculiza la recuperación económica. Todo esto justifica la capacitación en la búsqueda del empleo formal.[84] Sin embargo, ya que las entrevistas subrayaron la tendencia de la población desplazada hacia el fatalismo, la desesperanza y el asistencialismo, el currículo proporciona una perspectiva bíblica que reconoce la dignidad y la importancia del trabajo, inclusive como empleados.[85]

Las encuestas también revelaron una brecha entre las percepciones de los empresarios y las PSD sobre los rasgos de un buen empleado. Por tal razón, se incluyó una lección titulada "Construir una buena relación con el empleador."[86] La lección abre con una actividad en que cada participante presenta al grupo su "Comercial personal" en 60 segundos (un "Elevator pitch") y aplica las claves de un buen lenguaje corporal (aprendidas en una lección anterior). Después, se incluye una reflexión sobre Proverbios 22:29 y se reproduce un vídeo original con el título "Fórmulas probadas para aumentar la satisfacción del empleador." A continuación, la lección incluye tres casos para facilitar entrevistas simuladas, cada caso con un perfil del candidato y un perfil del entrevistador, para que cada participante pueda practicar una entrevista y tener la experiencia de ser un entrevistador, poniéndose en zapatos de un jefe. Así, se combinan la reflexión teológica y la práctica concreta para preparar a las PSD para sus propias entrevistas.

---

83. Para un resumen del proceso de adaptación, véase *Informes de investigación* §6.9, apéndice 13.

84. Véase entonces Jobs for Life, Alexander Fajardo Sánchez y Christopher M. Hays, *Trabajos para la vida* (Medellín: Publicaciones SBC, 2018), 53-60.

85. P. ej. Life, Fajardo Sánchez y Hays, *Trabajos para la vida*, 31-33, 130-31.

86. Life, Fajardo Sánchez y Hays, *Trabajos para la vida*, 125-48.

Asociados para el desarrollo

Otra opción curricular para las PSD, en conjunto con miembros de la iglesia local, es *Asociados para el desarrollo*. El propósito del currículo es guiar la construcción de asociaciones con personería jurídica que permitan la postulación para financiación de entes gubernamentales o privadas y facilitan la generación de proyectos productivos colectivos.

El currículo se creó porque la investigación de campo reveló las limitaciones del empleo formal disponible y la dificultad que las PSD tienen con el microemprendimiento. Se reconoció la necesidad de crear nuevas fuentes de ingresos para las PSD, sin exigir que las PSD sean los motores exclusivos en la creación de nuevas iniciativas. Entonces, pensando especialmente en contextos rurales, se decidió prestar atención al modelo de ASVIDAS (Asociación Solidaria para un Vida Digna), destacado por el coinvestigador Ramón González e implementado en numerosas comunidades costeñas por la ONG cristiana CORSOC. CORSOC nunca había formalizado su procedimiento para fundar ASVIDAS, así que el equipo de Economía decidió cristalizar su modelo en el marco pedagógico de FyD. *Asociados para el desarrollo* entonces enseña una metodología probada en Colombia, pero aun poca conocida, que fomenta la cohesión y cooperación entre miembros de la comunidad.

Corporaciones para el Reino

Otro material que pretende generar nuevos proyectos productivos, especialmente en contextos más urbanos, es la cartilla *Corporaciones para el Reino*, la cual va dirigida a cristianos que son empresarios o tienen una pericia relacionada. La cartilla anima a los participantes a facilitar la productividad laboral de las PSD a través de la creación de corporaciones con capacidad para construir proyectos en alianza con otros organismos sociales, gubernamentales o instituciones multilaterales.

En la investigación de campo, la encuesta a los empresarios cristianos mostró que el 82% de estos tienen interés en aplicar sus habilidades profesionales para contribuir a la recuperación de las PSD.[87] Además, las entrevistas revelaron que la mayoría de los microemprendimientos lanzados por las PSD no son exitosos y que hay limitada oferta laboral formal para las PSD. Esto sugiere que sería valioso crear corporaciones sostenibles y robustas, que puedan ser garantes de mejores índices de empleabilidad. El diseño de esta cartilla está fundamentado en la experiencia de corporaciones ya existentes y en diálogos con organismos especializados en emprendimientos sociales.[88]

---

87. Esta información va de la mano con los hallazgos del equipo de Misiología, que recalcan que la gente de las iglesias requiere capacitación y oportunidades para saber cómo pueden poner sus habilidades a servicio de la misión de la iglesia. Véase el capítulo 3.

88. La argumentación a favor de la estrategia fue elaborada por Alexander Fajardo en *Informes de investigación* §6.4.2.2.

Parte 1

ANÁLISIS DE IMPACTO (2018-2019)

Tres de estos seis materiales (*El profesional cristiano*, *La esperanza económica* y *Desarrollo de la microempresa*) se lograron implementar en varias de las comunidades piloto del proyecto durante nuestra prueba piloto. El equipo elaboró las siguientes herramientas para evaluar sus materiales:

- Un grupo focal de profesionales que participaron en *El profesional cristiano* y/o lideraron los currículos para PSD;[89]
- Un grupo focal de participantes en *La esperanza económica*;[90]
- Un grupo focal de participantes en *Desarrollo de la microempresa*;[91]
- Encuestas de retroalimentación para cada lección de cada material;[92]
- Una entrevista a facilitadores del juego *Podemos* y del *Inventario de habilidades*.[93]

El siguiente resumen avanza selectiva y temáticamente, resaltando los hallazgos que más influyeron en la subsecuente revisión de la intervención.

Evaluación general

En términos generales, las reacciones a los materiales fueron altamente positivas. Al final de los grupos focales, se preguntó si, en términos generales, consideran que cada material es "Deficiente," "Pobre," "Regular," "Bueno," o "Excelente." Los resultados se ven en la siguiente tabla.

	Deficiente	Pobre	Regular	Bueno	Excelente
El profesional cristiano	0%	0%	0%	53%	47%
La esperanza económica	0%	0%	0%	48%	52%
Desarrollo de la microempresa	0%	0%	17%	51%	32%

En total, el 6% de los encuestados calificaron los materiales como "Regulares," el 50%, "Buenos," y el 45%, "Excelentes"; nadie los calificó como "Deficientes" ni "Pobres." El hecho de que el 94% de los respondientes los calificaron como "Buenos" o "Excelentes" es una gran afirmación.

Adicionalmente, se incluyeron encuestas al final de cada lección de cada material, para cosechar reacciones inmediatas a cada lección. Las preguntas fueron cerradas, típicamente pidiendo que las personas respondieran con las siguientes calificaciones: Deficiente, Pobre, Regular, Bueno, Excelente. Estas calificaciones se convirtieron a

---

89. Realizado cuatro veces; *Informes de investigación*, §6.6.1.
90. Realizado tres veces; *Informes de investigación*, §6.6.2.
91. Realizado dos veces; *Informes de investigación*, §6.6.3.
92. 38 en total.
93. Aplicada a 56 personas; *Informes de investigación*, §6.6.5.

números, usando una escala de 1–5. Se calcularon los promedios de cada pregunta en cada lección y, en el caso de clases de preguntas que se repitieron en varias lecciones, también se calculó el promedio de respuestas a cada clase de pregunta.[94] El currículo se considera exitoso con relación a cualquier tema que recibió respuestas en promedio por encima de 4.0.

	El profesional cristiano	*La esperanza económica*	*Desarrollo de la microempresa*
La eficacia de actividades claves con relación a sus objetivos cognoscitivos	4.5	4.5	4.5
La eficacia de actividades claves con relación a sus objetivos afectivos o prácticos	4.2	4.7	4.4
La claridad y suficiencia de las instrucciones	-	4.7	4.4
La suficiencia del tiempo asignado	-	4.6	4.5
La calidad de la experiencia de los participantes	4.5	4.8	4.7
El nivel de interacción de los participantes	-	4.7	4.7
Cumplimiento de las tareas por realizar en casa	-	4.5	3.5

Estas encuestas indican que los materiales son pedagógicamente eficaces y agradables. El mayor problema notado fue el incumplimiento en las tareas de *Desarrollo de la microempresa* que se debían haber realizado en casa.

Sensibilización a las habilidades de la población

El análisis de impacto prestó atención a un énfasis transversal de los materiales: las capacidades que las personas (sean profesionales o PSD) ya tienen que pueden servir a la recuperación económica de las PSD. Así, se les preguntó a los participantes en *El profesional cristiano* si la cartilla fortaleció su percepción de la pertinencia de sus habilidades profesionales a la misión integral de la iglesia. De los cuatro grupos focales, todos respondieron afirmativamente y con entusiasmo.[95] Los encuestados subrayaron que, para servir a la iglesia, uno no tiene que dedicarse a tareas popularmente considerados "espirituales."[96] El currículo les ayudó a comprender que el concepto de la vocación abarca más que el mero empleo.[97] Iván Beltrán, de la iglesia El Redil (Asambleas de Dios), dijo,

---

94. Resultados detallados en *Informes de investigación* §6.9, apéndice 11.

95. "Percepciones de facilitadores de la línea de Economía," grupo focal, Iglesia El Encuentro, Bogotá, 1 de diciembre, 2018. Participantes: Hayden Cardenas Ramírez, et al; "Percepciones de facilitadores de la línea de Economía," grupo focal, Iglesia El Redil, Bogotá, 25 de enero, 2019. Participantes: Iván Andrés Beltrán Puerto, et al; "Percepciones de facilitadores de la línea de Economía," grupo focal, Iglesia El Libertador, Puerto Libertador, Córdoba, 2 de febrero, 2019. Participantes: Deyanira Rosa Pérez, Ingrid Tatiana Lora Jimenez y Jorge Eliecer Tapia Génez; "Percepciones de facilitadores de la línea de Economía," grupo focal, La Grandeza de Dios, Piendamó, Cauca, 12 de enero, 2019. Participantes: Marco Tulio Cuspián y Loida Cuspián Quebrada.

96. "Facilitadores—El Encuentro," grupo focal; "Facilitadores—El Redil," grupo focal.

97. "Facilitadores—El Encuentro," grupo focal.

Esta cartilla llegó . . . en un momento en el que estaba buscando algunas respuestas y fue para mí de parte de Dios que llegara la cartilla . . . Me respondió una pregunta de cómo enfocar mis dones y talentos a futuro . . . Me siento bendecido e impactado en ese sentido, que yo sí me siento que aclaré para qué o en qué puedo invertir mis dones y talentos en la iglesia y hacia el mundo.[98]

De forma similar, el grupo focal sobre *La esperanza económica* preguntó a las PSD si sienten que tienen habilidades que podrían ayudarles a salir adelante en el futuro. Todos los participantes respondieron de manera afirmativa,[99] resaltando sus habilidades en la agricultura, artesanías, bisutería, enseñanza, reparación de electrodomésticos y paredes, diseño de ropa, operación de máquina plana, preparación de comida y aseo.[100]

Manuel Murillo de Batata explicó cómo el currículo les sensibilizó a cuántas habilidades tienen:

Desconocemos las habilidades . . . Entonces al respecto de estos libros, hemos podido encontrar que en nuestra comunidad de la iglesia y fuera de la iglesia sí encontramos cantidades de habilidades . . . , que sí somos capaces de hacer lo que no hacemos . . . Como desplazamiento [*sic*] quedamos totalmente desmoralizados, pero . . . con nuestras habilidades, sí podemos . . . Sí podemos porque todavía Dios nos ha permitido vida y nosotros sí podemos tener otra clase de trabajo, de unirnos como grupos, por grupos en conjunto y hacer muchas actividades como cooperativas o microempresas.[101]

Herramientas ABCD

En aras de inspirar la gente y de superar el patrón de generar dependencia y asistencialismo, la línea de Economía recurrió a estrategias de *Asset-Based Community Development* (ABCD),[102] que se enfoca en los talentos y las fortalezas de las comunidades

---

98. "Facilitadores—El Redil," grupo focal.

99. "Percepciones de participantes de los currículos de la línea de Economía," grupo focal, Iglesia El Libertador, Puerto Libertador, Córdoba, 2 de febrero, 2019. Participantes: William Antonio Mendoza Fuentes, Crucita Isabel Mendoza Gonzálo y Ana Cristina Hoyos Machego; "Percepciones de participantes de los currículos de la línea de Economía," grupo focal, La Grandeza de Dios, Piendamó, Cauca, 12 de enero, 2019. Participantes: Marco Tulio Cuspián, et al; "Percepciones de participantes de los currículos de la línea de Economía," grupo focal, Iglesia Nuevo Horeb, Batata, Córdoba, 19 de enero, 2019. Participantes: Iris Margot Postrana Montalbo, et al; "Percepciones de participantes de los currículos de la línea de Economía," grupo focal, iglesia Cristo el Rey, Tierralta, Córdoba, 20 de enero, 2019. Participantes: Dollys Rosio Jaramillo Herrera, et al.

100. "Participantes—Batata," grupo focal; "Participantes—Piendamó," grupo focal; "Participantes—Puerto Libertador," grupo focal.

101. "Participantes—Batata," grupo focal.

102. Véase p. ej. John P. Kretzmann y John McKnight, *Building Communities from the Inside Out: A Path Toward Finding and Mobilizing a Community's Assets* (Evanston, IL: Asset-Based Community Development Institute, 1993).

para evitar la tendencia a cosificar a los necesitados. Así, el acercamiento de FyD está en movilizar 1) el talento humano de las iglesias cristianas y 2) a las mismas PSD. En un esfuerzo cooperativo, la comunidad colabora de manera más cohesiva, y las PSD se sienten respetadas y animadas a jugar un papel proactivo en su propia recuperación.

Se adaptaron dos herramientas de ABCD para *El profesional cristiano* y *La esperanza económica*.[103] La primera de las dos herramientas es un juego, titulado *Podemos*. Este juego, incorporado en la primera lección de *La esperanza económica*, despierta a las PSD a la abundancia de talento humano suyo que desconocen. Demuestra el potencial subutilizado de la comunidad y así estimula a los participantes a soñar en grande sobre sus futuros laborales.

El juego *Podemos* sirve para enganchar a los participantes en la implementación del *Inventario de habilidades*, otra herramienta de ABCD. El *Inventario de habilidades* se puede aplicar, de manera física o digital, a miembros de la iglesia (lo cual se hace en *El profesional cristiano*) y de la comunidad desplazada (lo cual se hace en *La esperanza económica*), con el fin de sistematizar las habilidades profesionales y personales de la gente. Esta sistematización ayuda a identificar cuáles aptitudes tienen ellos para generar ingresos y así cuáles materiales de la línea de Economía deben implementar al terminar *La esperanza económica*.

Llegó a ser evidente que el juego *Podemos* y el *Inventario de habilidades* cambiaron significativamente la percepción que los facilitadores tenían respecto a las PSD. Manifestaron que anteriormente suponían que las PSD no contaban con capacidades para sobreponerse a su situación.[104] Al respecto una facilitadora dijo, "Inicialmente uno los ve como personas vulnerables, que no tienen capacidad."[105]

> Cuando nosotros iniciamos . . . , íbamos con unas expectativas muy bajas en [sic] frente a ellos . . . Esta actividad [el juego *Podemos*] como primer punto fue una estrategia muy valiosa, o sea, es una estrategia muy bien implementada dentro del currículo . . . en gran parte ellos fueron los que nos motivaron a nosotros.[106]

Todos los entrevistados afirmaron que el juego fue divertido y generó mucha risa, y que los participantes quedaron encantados con el juego.[107] Pero la contribución

---

103. Para una explicación detallada de ABCD y del proceso de adaptación, véase *Informes de investigación* §6.9, apéndice 14, capítulos 3 y 4.

104. Elis Fadith Argel Fernández (Facilitador del juego *Podemos* y el *Inventario de habilidades*—versiones de Economía), entrevista con Steban Andrés Villadiego Ramos, iglesia Cristo el Rey, Tierralta, Córdoba, 31 de enero, 2019; Deyanira Rosa Pérez (Facilitadora del juego *Podemos* y el *Inventario de habilidades*—versiones de Economía), entrevista con Steban Andrés Villadiego Ramos, iglesia El Libertador, Puerto Libertador, Córdoba, 29 de enero, 2019; Ingrid Tatiana Lora Jimenez (Facilitadora del juego *Podemos* y el *Inventario de habilidades*—versiones de Economía), entrevista con Steban Andrés Villadiego Ramos, iglesia El Libertador, Puerto Libertador, Córdoba, 12 de febrero, 2019.

105. Argel Fernández, entrevista; "Facilitadores—Puerto Libertador," grupo focal.

106. Lora Jimenez, entrevista.

107. Lora Jimenez, entrevista; Loida Cuspián Quebrada (Facilitadora del juego *Podemos* y el

clave del juego consistió en que los participantes reconocieron su capacidad de realizar diversos oficios.[108] Deyanira Pérez compartió que un participante desplazado, al terminar el juego, dijo asombrado, "Yo no sabía que tenía tantas habilidades."[109]

El *Inventario de habilidades* construye sobre el fundamento puesto por el juego. Los entrevistados afirmaron que ayuda a los participantes a reconocer la abundancia extrema de sus capacidades y lo que pueden hacer a través de ellas para su desarrollo económico.[110] Ingrid Tatiana Lora Jiménez explicó de manera animada, "una de las herramientas más importantes y significativas . . . es el *Inventario de habilidades* . . . Nos abre un panorama de inquietudes, de interés, de mirar . . . hasta dónde nos va a llevar todo este estudio. Entonces, para mí, la verdad, ha sido muy significante." Luego ella volvió al tema:

> Sigo insistiendo en el *Inventario de habilidades*, ¿cierto? Yo no sé si en ese momento ellos [los autores de los currículos] pensarían . . . lo importante que iba a hacer el *Inventario de habilidades* . . . Me atrevería a decir que sostiene todos estos libros; que le dan peso, que le dan base . . . No sé si en ese momento se tendría [en mente] el impacto que iba a tener el *Inventario de habilidades*.[111]

A través del Inventario, las PSD se motivaron a fundar sus propios negocios.[112] Deyanira Pérez dijo, "ellos están muy animados y ellos dicen que al finalizar los currículos . . . son capaces . . . de formar un grupo y de colocar un negocio."[113] Una PSD de su comunidad, Ana Cristina Hoyos Machego, comentó con relación al *Inventario*:

> Pude descubrir que muchas veces tenemos habilidades, pero no sabemos que las tenemos . . . No las estamos ejerciendo, pero sí tenemos habilidades. Entonces, me pareció muy bueno este estudio, *La esperanza económica*, porque es una esperanza que nosotros tenemos si le damos la oportunidad a las habilidades que nosotros tenemos.[114]

Inventario de habilidades—versiones de Economía), entrevista con Steban Andrés Villadiego Ramos, La Grandeza de Dios, Piendamó, Cauca, 26 de enero, 2019; Pérez, entrevista; Argel Fernández, entrevista; Marco Tulio Cuspián (Facilitador del juego *Podemos* y el *Inventario de habilidades*—versiones de Economía), entrevista con Steban Andrés Villadiego Ramos, La Grandeza de Dios, Piendamó, Cauca, 28 de enero, 2019.

108. Cuspián Quebrada, entrevista; Lora Jimenez, entrevista; Argel Fernández, entrevista; Pérez, entrevista.

109. Pérez, entrevista.

110. Cuspián Quebrada, entrevista; Lora Jimenez, entrevista; Argel Fernández, entrevista "Percepciones de facilitadores de la línea de Economía," grupo focal, iglesia Cristo el Rey, Tierralta, Córdoba, 20 de enero, 2019. Participantes: Elis Fadith Argel Fernández y Rhonal Antonio Lemos Pérez; "Facilitadores—Puerto Libertador," grupo focal; "Facilitadores—El Encuentro," grupo focal.

111. "Facilitadores—Puerto Libertador," grupo focal.

112. Pérez, entrevista; Lora Jimenez, entrevista; Cuspián Quebrada, entrevista.

113. Pérez, entrevista.

114. "Participantes—Puerto Libertador," grupo focal.

La comunidad nasa en Piendamó comenzó a llevar a cabo proyectos de emprendimiento a través de las habilidades identificadas por el Inventario. Su facilitadora, Loida Cuspián Quebrada, compartió,

> Las mujeres pues me decían, "Yo sé hacer tejidos y . . . puedo enseñar a los demás"; otro decía que también iba a hacer una ruana . . . Eso nos motivó de que [sic] las mujeres podían hacer un grupo y empezar a hacer para entrar en el negocio. En este momentico . . . hubo una visita . . . del ejército . . . . Ya empezamos a sacar productos de artesanías y ellos quedaron sorprendidos con las labores que se estaban haciendo . . . . Con estos currículos nos ayudó bastante para poder reflexionar y empezar a decir, "Nosotros sí podemos sacar para hacer un negocio de emprendimiento y salir adelante."[115]

Percibidas fortalezas curriculares

Los participantes fueron invitados a indicar cuáles aspectos de los materiales les parecían más útiles o interesantes. Con relación a *El profesional cristiano*, las afirmaciones eran abundantes. Unos celebraron que la cartilla les mostró que su profesión puede ser parte de su vocación cristiana.[116] Soraida Marcela Sicachá Díaz, una empresaria en Bogotá, expresó con alegría que la cartilla le

> rompió el paradigma diciendo . . . "El hecho de que tú no tengas un ministerio no quiere decir que tu trabajo sea menos o más" . . . Si tú eres un empresario, un emprendedor, puedes ayudar a la obra de Dios. O sea, la obra de Dios no solamente se realiza dentro de la iglesia, sino fuera de ella . . . Para mí fue liberador porque yo llevo 22 años siendo empresaria y llevo 3 años conociendo de Dios . . . Para mí fue como "¡Wow!" Entonces, entiendo que todo lo que viví como empresaria no fue en vano.[117]

Muchos resaltaron el valor de los videos curriculares.[118] Por ejemplo, hablando del video "Las vocaciones y las máscaras de Dios," Hayden Cárdenas dijo,

> el tema de que Dios ordeña las vacas a través de la vocación de los ordeñadores,[119] me pareció una frase, pero, demoledora, demoledora, porque me responde a mí el gran divorcio que a veces tiene uno entre profesión e iglesia ¿no? Entonces, le rompe a uno totalmente ese paradigma con el que

---

115. Cuspián Quebrada, entrevista.
116. "Facilitadores—El Encuentro," grupo focal.
117. "Facilitadores—El Encuentro," grupo focal.
118. "Facilitadores—El Encuentro," grupo focal; "Facilitadores—El Redil," grupo focal; "Facilitadores—Piendamó," grupo focal; "Facilitadores—Puerto Libertador," grupo focal; "Participantes—Batata," grupo focal.
119. Un dicho de Martín Lutero incorporado en el video.

siempre es iglesia allá y vida profesional acá ... Son de un poder impresionante esas figuras.[120]

Las personas también expresaron aprecio por varias de las actividades concretas de *Desarrollo de la microempresa,* tales como: el análisis del mercado;[121] el estudio de la competencia;[122] cómo fijar precios;[123] la creación de un presupuesto semanal.[124] Otros resaltaron los temas de atención al cliente[125] y la diferenciación entre deseos y necesidades.[126]

Todos los grupos focales subrayaron el beneficio de los estudios bíblicos, mencionando por nombre los estudios sobre José, Moisés, Rut, Pablo, Dios el padre, Jesús y la hormiga.[127] Las PSD habían asimilado el mensaje de los currículos sobre la importancia del trabajo productivo; explicaron que la Biblia apoya el trabajo, que Dios mismo trabaja y Pablo también.[128] Celebraron que José, a pesar de ser desplazado, se superó y lideró un gran proceso económico.[129] Compartieron que Dios nos formó para trabajar y colabora con nuestro trabajo;[130] que uno no se debe quedar quieto, como lo hicieron los judíos al llegar inicialmente a Babilonia (Jer. 29);[131] que, sin trabajar, no habrá de comer;[132] que el trabajo nos permite ayudar al necesitado.[133] El entusiasmo por el rol de la Biblia en los materiales, y la eficacia de la Biblia en comunicar los mensajes curriculares, fueron sumamente marcados.

Para cerrar esta sección sobre las fortalezas pedagógicas del material, cabe citar a Jorge Tapia, un maestro en Puerto Libertador: "Me gustó el material porque es aplicable, prácticamente, en cualquier medio ... Es un buen material y es entendible, es entendible bastante, no es complejo."[134] Él agregó,

---

120. "Facilitadores—El Encuentro," grupo focal.

121. "Participantes—Tierralta," grupo focal; "Participantes—Batata," grupo focal; véase Disciples et al., *Microempresa.*

122. "Participantes—Batata," grupo focal; véase Disciples et al., *Microempresa,* 82–84.

123. "Participantes—Batata," grupo focal; "Participantes—Tierralta," grupo focal; véase Disciples et al., *Microempresa,* 114–16.

124. "Participantes—Piendamó," grupo focal; véase Disciples et al., *Microempresa,* 96–99.

125. "Participantes—Tierralta," grupo focal; véase Disciples et al., *Microempresa,* 80–82.

126. "Participantes—Batata," grupo focal; véase Disciples et al., *Microempresa,* 94–95.

127. "Participantes—Batata," grupo focal; "Facilitadores—El Encuentro," grupo focal; "Facilitadores—El Redil," grupo focal "Facilitadores—Puerto Libertador," grupo focal; "Facilitadores—Piendamó," grupo focal.

128. "Participantes—Batata," grupo focal; "Participantes—Puerto Libertador," grupo focal.

129. "Participantes—Piendamó," grupo focal.

130. "Participantes—Puerto Libertador," grupo focal; "Participantes—Batata," grupo focal.

131. "Participantes—Puerto Libertador," grupo focal.

132. "Participantes—Piendamó," grupo focal.

133. "Participantes—Piendamó," grupo focal; "Participantes—Batata," grupo focal.

134. "Participantes—Batata," grupo focal.

Esas personas se han empoderado tan fuertemente de los contenidos y de las enseñanzas de estos libros que, dentro de su léxico, ya ellos manejan esas palabras claves que antes no usaban y ahora lo hablan con una propiedad porque tienen ese concepto tan claro. Por ejemplo, el caso del mentoreo, de habilidades, de visión de microempresa y una serie de palabras claves en estos libros que, ellos en su léxico no estaban y ahora los manejan con una propiedad que nos deja sorprendidos.[135]

Inspiración para avanzar

Pensando en el impacto afectivo de la intervención, varios expresaron que los materiales inspiraron los participantes. Por ejemplo, con relación a la segunda lección de *La esperanza económica,* "Soñar y perseverar para avanzar,"[136] los facilitadores de Puerto Libertador compartieron:

Jorge: "Ellos al final nos dicen, 'Nos están poniendo a soñar.'"
Ingrid: "Ellos ya se ven soñadores".
Jorge: "Sí, sí ya, no, dicen 'Estamos soñando, estamos soñando.'"[137]

Participantes en Batata y Piendamó expresaron que el currículo, con sus estudios bíblicos, les ayudó a superar el fatalismo que resultó de sus traumas anteriores. Hernán Martínez habló de renovar sus esfuerzos después de haber perdido lo que previamente había construido:

El libro de la Economía me ha gustado bastante porque vemos ejemplos bíblicos . . . Veo el ejemplo del apóstol Pablo que dice que trabajar con nuestras manos para ayudar a los necesitados . . . Después del desplazamiento . . . nos queda en mente, "¿Para qué voy a trabajar si lo que yo tenía lo perdí? Entonces si trabajo de nuevamente, lo voy a perder." Entonces a través de estos libros . . . he aprendido que debemos trabajar para ayudar al necesitado y para el sustento de nuestra familia.[138]

Yony Oviedo explicó que el currículo lo estimuló a superar el asistencialismo:

En estos libros hemos aprendido de que no solamente tenemos que depender del gobierno, de que nos venga una ayuda para nosotros poder seguir hacia delante o poder trabajar. Aquí aprendemos . . . que, dependiendo de nosotros mismos y aprendiendo, pues, podemos trabajar y abrir microempresas o . . .

---

135. "Facilitadores—Puerto Libertador," grupo focal.
136. "Facilitadores—Puerto Libertador," grupo focal; "Facilitadores—Tierralta," grupo focal.
137. "Facilitadores—Puerto Libertador," grupo focal.
138. "Participantes—Batata," grupo focal.

pensar en un futuro de nuestros hijos que también sufrieron esta forma de desplazamiento.[139]

Similarmente, un participante en Piendamó comentó que el currículo le inspira a salir de la dependencia y a trabajar para ayudar a personas aún más necesitadas.

> Pablo no era una persona que solamente iba y predicaba y que lo que los hermanos o lo que la iglesia le diera, sino que él trabajaba e incluso él ayudaba a los demás, ¿sí? Entonces, . . . no solamente [debemos] estar esperando de que el Estado, de que el gobierno venga y nos ayude . . . sino que nosotros podemos trabajar y ser autosuficientes o sostenibles. Entonces, eso es lo que en sí me ayudó a entender este currículo.[140]

Las personas que más habían puesto en práctica *Desarrollo de la microempresa* fueron las PSD de Batata. A pesar de solo haber realizado el currículo unas pocas semanas antes de nuestra visita para el análisis del impacto, varios ya habían lanzado negocios. Una participante mencionó, "Desde que inició el libro, yo empecé a iniciar el negocio y lo inicié con siete mil pesos . . . Ahora aproximadamente va por 150 [mil pesos], entonces sí, a mí me gustaría hacer otro negocio."[141]

Mario José Blanco comentó,

> Gracias a Dios y la ayuda del currículo, pues, creo que hemos tenido conocimiento en . . . cómo generar o trabajar el negocio . . . En este año con base al currículo—siempre me ha gustado la piscicultura y también la cocherisa— bueno, este año también ya empecé a hacer un pozo, gracias a Dios, y estoy en pos de un negocio. Y también tengo en mente, con la ayuda que me ha dado el currículo, de hacer una cocherisa . . . de cerdos . . . Esto nos abre mucho, mucho nuestra mente y nuestro modo de trabajar también, ya que a veces tenemos una mente cerrada . . . Tantas cosas que nos enseña este currículo que ha sido de mucha importancia para nosotros.[142]

Debilidades y dificultades

Naturalmente, no todo fue color de rosa, pero uno de los propósitos de la metodología IAP es probar intervenciones en aras de encontrar debilidades y eliminarlas. Algunas cosas fáciles de solucionar salieron en las conversaciones, por ejemplo, que la encuadernación de los cuadernillos del participante se deterioró rápido,[143] o que se debe usar una letra más grande en los cuadernillos para facilitar la lectura de las

---

139. "Participantes—Batata," grupo focal.
140. "Participantes—Piendamó," grupo focal; cf. Hays, *El profesional cristiano*, 25–26.
141. "Participantes—Batata," grupo focal.
142. "Participantes—Batata," grupo focal.
143. Mencionado por los participantes en las encuestas de retroalimentación en línea.

personas mayores con ojos débiles.[144] Los participantes en *Desarrollo de la microempresa* en Tierralta y Piendamó también tuvieron dificultades en realizar el análisis FODA (*Fortalezas, Oportunidades, Debilidades y Amenazas*),[145] lo cual fue una deficiencia más significativa.[146]

Errores de planeación

Los problemas más grandes que subyacieron a varias formas de incumplimiento entre los participantes se debían al manejo del calendario y la falta de atención a las indicaciones sobre la secuencia apropiada de los materiales de la línea. En Tierralta, los facilitadores realizaron *Desarrollo de la microempresa* primero, después *La esperanza económica* y nunca hicieron *El profesional cristiano*;[147] en la entrevista admitieron que habría sido mucho más lógico hacer los currículos en el orden indicado. Este error fue posible—a pesar de haberles orientado a la secuencia de los currículos cuando se lanzaron en las comunidades piloto en 2017—porque se les entregaron todos los materiales a la vez. Así las cosas, ellos simplemente escogieron los materiales que más les llamaron la atención.

Por otro lado, en Piendamó, explicaron que implementaron los currículos a medias, porque era diciembre y se apresuraban para finalizar antes de vacaciones.[148] Como resultado, la gente no terminó a cabalidad varias de las actividades en los materiales de *Desarrollo de la microempresa*, especialmente las más complicadas.

Reproducción de videos

A pesar del entusiasmo de la mayoría de los participantes por los videos, estos no se reprodujeron en todos los contextos. En las veredas alrededor de Batata, el único sitio donde se usaron los videos fue Severa, y el pastor Jorge Arango expresó que fue un error no usar los apoyos audiovisuales en las demás veredas.[149] En Tierralta, los facilitadores dijeron que omitieron los videos porque querían conversar más y porque el clima a veces fue difícil.[150] Sin embargo, el grupo focal con PSD en el mismo sitio arrojó que ellos habrían querido ver vídeos (¡los participantes nos sugirieron que elaboráramos vídeos para el currículo, puesto que no sabían que ya existían videos!). Se sospecha que las explicaciones dadas por los facilitadores de Tierralta fueron excusas elaboradas para no admitir que les fue difícil organizar la reproducción; no

---

144. "Participantes—Tierralta," grupo focal.
145. Disciples et al., *Microempresa*, 59–68.
146. "Facilitadores—Tierralta," grupo focal; "Facilitadores—Piendamó," grupo focal.
147. "Facilitadores—Tierralta," grupo focal.
148. "Facilitadores—Piendamó," grupo focal.
149. "Participantes—Batata," grupo focal.
150. "Facilitadores—Piendamó," grupo focal.

cayeron en cuenta de la estrategia de los facilitadores en Puerto Libertador, que reprodujeron los videos en celulares.[151]

En Piendamó, donde no hay internet y solo hay luz intermitente, no pudieron reproducir los videos. Sin embargo, los facilitadores aprovecharon del guion escrito de los videos (incluido en el manual) para entonces parafrasear el contenido oralmente en Nasayube. Compartieron que la gente quedó interesada, a pesar de la improvisación oral del contenido.[152]

Dificultades con el Inventario de habilidades

Aunque en su mayoría los entrevistados manifestaron que no les pareció difícil la aplicación del *Inventario de habilidades*,[153] especialmente cuando se implementó de forma impresa,[154] algunos tuvieron dificultades con la aplicación del Inventario en forma digital, por razón de no saber cómo manejar la aplicación o no tener acceso al internet.[155] Las encuestas a los participantes en *El profesional cristiano* revelaron que el Inventario se aplicó a menos personas de lo proyectado. Varios pidieron que el Inventario se simplificara, eliminando preguntas percibidas como "redundantes."[156] Los facilitadores en Puerto Libertador sugirieron que se presentara la versión impresa del Inventario como la opción preferida para las PSD.[157] Estas reacciones cuadraron con las observaciones hechas con relación a la versión del Inventario utilizado en el currículo *La misión integral de la iglesia* (capítulo 3), indicando que una revisión de la herramienta era necesaria.

Al concluir el análisis de impacto de los materiales curriculares, no cabía duda de que los participantes los consideraron inspiradores, educacionales y eficaces. Sin embargo, arrojó luz en varios elementos que se podrían ajustar en aras de mejorar su impacto y facilidad.

AJUSTES A LA INTERVENCIÓN (2020)

Consecuentemente, en 2020 el equipo de Economía se dedicó a la revisión micro curricular y a contribuir a la creación del diplomado de *Fe y Desplazamiento*, en aras de eliminar las deficiencias que socavaron los materiales.

151. "Facilitadores—Puerto Libertador," grupo focal.
152. "Facilitadores—Piendamó," grupo focal.
153. Pérez, entrevista; Lora Jimenez, entrevista; Argel Fernández, entrevista; Cuspián Quebrada, entrevista.
154. "De entrada con los participantes lo hicimos manual y nos funcionó perfectamente, o sea, no tendría nada que decir que fue difícil, que fue complicado." Lora Jimenez, entrevista.
155. Lora Jimenez, entrevista; Argel Fernández, entrevista.
156. Argel Fernández, entrevista; "Facilitadores—El Redil," grupo focal; lo mismo se comentó en las encuestas.
157. "Facilitadores—Puerto Libertador," grupo focal.

Las dificultades más problemáticas resultaron de no haber implementado los materiales curriculares en la debida secuencia o con suficiente tiempo para realizarlos completamente. Para prevenir semejantes errores, el diplomado de *Fe y Desplazamiento* se diseñó de tal forma que su segundo módulo se enfoca exclusivamente en las cartillas de las líneas (en el caso de Economía, *El profesional cristiano*), y no entrega a los participantes ningún material excepto la cartilla, para asegurar que se termine antes de iniciar los currículos en el tercer módulo. Además, el diplomado recalca la necesidad de realizar *La esperanza económica* antes de los demás currículos, y en el tercer encuentro del diplomado se realiza una lección entera de *La esperanza económica*, para asegurar que ese material se implemente primeramente con las PSD. Finalmente, los encuentros incluyen ejercicios de planeación para fijar fechas para cada lección de cada cartilla y currículo, y para identificar las personas responsables de convocatorias, logística y facilitación de las lecciones.[158]

Para evitar la omisión de los videos curriculares, se agregaron capturas de los videos a los manuales y los cuadernillos, las cuales llaman la atención de los participantes y aseguran que se identifique el video correcto. Adicionalmente, los encuentros de los diplomados reproducen varios de los videos, para demostrar su calidad y valor. Finalmente, se activaron los hipervínculos en los PDFs de los manuales para facilitar el acceso directo a los videos.[159]

Los manuales y cuadernillos se ajustaron bastante. Para compensar las críticas del cuadernillo en cuanto al tamaño de la letra y la calidad del empastado, duplicamos el tamaño del cuadernillo y reforzamos la encuadernación. También se agregaron más imágenes a los cuadernillos, especialmente las derivadas de nuestro trabajo de campo en las comunidades piloto, y en todos los manuales se incluyeron numerosos anexos visuales para facilitar la comprensión.

Varias actividades se ajustaron conforme con las críticas de los participantes. Por ejemplo, en *Desarrollo de la microempresa*, se creó una lección adicional para brindar más tiempo al análisis FODA.[160] Además, se incorporaron más estrategias didácticas (un rompecabezas sobre el análisis FODA, un mapa mental sobre formalización empresarial y un drama sobre la importancia de tener un plan de negocios) para dinamizar la realización del material.[161]

La herramienta más ajustada fue el *Inventario de habilidades*. Se decidió borrar el Inventario de *El profesional cristiano*, para quitar una redundancia indebida

---

158. Saskia Alexandra Donner, *Diplomado de Fe y Desplazamiento: Cuaderno de trabajo* (Medellín: Publicaciones SBC, 2020), 69, 91–92.

159. Véase, por ejemplo, Christopher M. Hays, *El profesional cristiano y la recuperación económica de las personas en situación de desplazamiento*, 2.ª ed. (Medellín: Publicaciones SBC, 2020), 15, 36, 48, 67, 74; Hays y Ramírez, *La esperanza económica: manual*, 78, 109, 37; Christopher M. Hays y H. Leonardo Ramírez, *La esperanza económica después del desplazamiento forzoso: cuadernillo para participantes*, 2.ª ed. (Medellín: Publicaciones SBC, 2020), 17, 26, 46.

160. Global Disciples et al., *Microempresa*, 2.ª ed. (Medellín: Publicaciones SBC, 2020), 59–93.

161. Disciples et al., *Microempresa*, 68, 204–12, 241–3.

(una versión del Inventario se aplica a toda la iglesia antes del segundo encuentro del diplomado). Además, se eliminó la opción de implementar el Inventario en forma digital en *La esperanza económica*, para enfocar la gente en la versión impresa de la herramienta, que fue más accesible a las PSD. Se redujo la extensión del Inventario de forma dramática (de 18 a 7 páginas) y además se crearon dos videos instructivos para orientar los participantes a su uso.[162] De esa forma se eliminarán obstáculos a la implementación de la herramienta.

CONCLUSIÓN

Este capítulo ha iluminado la combinación multidimensional de aportes teológicos y socio-científicos del equipo de Economía, y el valor de juntar estos distintos campos de conocimiento. Como es tal vez de esperar para un equipo trabajando desde un seminario evangélico, nuestro acercamiento está profundamente arraigado en el cristianismo. Nuestra estrategia es una apuesta por las iglesias locales, el talento empresarial de las cuales se moviliza como parte de su misión integral a favor de las PSD. Cada lección incluye un estudio bíblico como fuente principal tanto de inspiración como de educación. Los materiales incorporan la oración y reflexiones devocionales, y también entrelazan aportes desde la teología (por ejemplo, la doctrina de la vocación) y la ética cristiana.

Sin embargo, lo que distingue el acercamiento de FyD de otros proyectos teológicos es la integración sistemática y perpetua de las ciencias sociales. Se fundamentó en investigaciones bibliográficas y de campo, utilizando estrategias socio-científicas para crear los materiales curriculares. Todas las lecciones están impregnadas de aportes desde los estudios de negocios, de la economía y del desarrollo comunitario (i.e. herramientas ABCD). El diseño curricular se basó en las buenas prácticas pedagógicas identificadas por el equipo de Enseñanza-aprendizaje. Toda la secuencia investigativa se estructuró dentro del marco de la Investigación-Acción Participativa. Finalmente, el análisis de impacto y la revisión de la intervención se realizaron por medio de métodos empíricos aprendidos de las ciencias sociales.

El resultado de esta colaboración interdisciplinar sostenida ha sido la movilización de iglesias locales y del talento humano de las mismas PSD a favor de la recuperación de las víctimas del conflicto armado. ¡Y no sobra celebrar que el acercamiento sí funciona! Entonces, para cerrar, vale la pena citar la siguiente conversación que tuvo lugar durante un grupo focal en Puerto Libertador.

> *Ingrid*: Yo creo que cuando . . . ellos [las PSD] dicen "nos están colocando a soñar," o "estamos soñando," es porque . . . esta línea de Economía nos tiene en una expectativa de que . . . algo bueno va a salir de aquí, o sea . . .
> *Deyanira*: La esperanza.

162. Hays y Ramírez, *La esperanza económica: manual*, 78, 87–89.

Ingrid: Nosotros nos vemos en esa esperanza . . . Ellos hablan mucho de que ellos no saben aún por qué Dios los colocó ahí o por qué Dios les permitió vivir todo eso, pero lo que ellos sí saben ahora—con el desarrollo de estas lecciones y con el conocimiento que están adquiriendo—es que es para algo bueno. Entonces, nosotros también esperamos que . . . [Risas]

Deyanira: También estamos soñando.

Ingrid: Sí, haciendo cosas que pensamos que no podíamos hacer y que no podíamos hacer.

Deyanira: Ha sido muy espectacular esa experiencia.[163]

BIBLIOGRAFÍA

"Economía y desplazamiento." Grupo focal. El Granizal, 28 de noviembre de 2016. Participantes: Sofia Paquita, Falco Nery, Pepa, Luz Deni, Manuela.

"Economía y desplazamiento." Grupo focal. La Granja, Puerto Libertador, de 2016. Participantes: Sofia Mercedes Peña Alarcón, Yulisa, Isabel, Lenis Arrieta Perez, Verónica, Margarita, Claudia y Vanessa.

"Economía y desplazamiento." Grupo focal. La Grandeza de Dios, Piendamó, Cauca, 14 de enero de 2017. Participantes: Nubia Eva Estela, Marco Tulio Cuspián, Milena Jeremías, Ricardo, Victoriano, Yamil.

"Economía y desplazamiento." Grupo focal. Batata, Córdoba, 21 de enero de 2017. Participantes: Eder Ramos Ángel Darío Lobo Nuñez, Manuel Errique Altamirranda, Plutarco, Pedro, José, Vicente Manuel Fernandez Lozano.

"Economía y desplazamiento." Grupo focal. Nelson Mandela, Cartagena, 27 de enero de 2017. Participantes: Elvira Letizaida, Miriam y Maria.

"Percepciones de facilitadores de la línea de Economía." Grupo focal. Iglesia El Encuentro, Bogotá, 1 de diciembre de 2018. Participantes: Hayden Cardenas Ramírez, *et al.*

"Percepciones de facilitadores de la línea de Economía." Grupo focal. Iglesia El Redil, Bogotá, 25 de enero de 2019. Participantes: Iván Andrés Beltrán Puerto, *et al.*

"Percepciones de facilitadores de la línea de Economía." Grupo focal. Iglesia El Libertador, Puerto Libertador, Córdoba, 2 de febrero de 2019. Participantes: Deyanira Rosa Pérez, Ingrid Tatiana Lora Jimenez y Jorge Eliecer Tapia Génez.

"Percepciones de participantes de los currículos de la línea de Economía." Grupo focal. Iglesia El Libertador, Puerto Libertador, Córdoba, 2 de febrero de 2019. Participantes: William Antonio Mendoza Fuentes, Crucita Isabel Mendoza Gonzálo y Ana Cristina Hoyos Machego.

"Percepciones de facilitadores de la línea de Economía." Grupo focal. La Grandeza de Dios, Piendamó, Cauca, 12 de enero de 2019. Participantes: Marco Tulio Cuspián y Loida Cuspián Quebrada.

"Percepciones de participantes de los currículos de la línea de Economía." Grupo focal. La Grandeza de Dios, Piendamó, Cauca, 12 de enero de 2019. Participantes: Marco Tulio Cuspián, *et al.*

---

163. "Facilitadores—Puerto Libertador," grupo focal.

Parte 1

"Percepciones de participantes de los currículos de la línea de Economía." Grupo focal. Iglesia Nuevo Horeb, Batata, Córdoba, 19 de enero de 2019. Participantes: Iris Margot Postrana Montalbo, et al.

"Percepciones de facilitadores de la línea de Economía." Grupo focal. iglesia Cristo el Rey, Tierralta, Córdoba, 20 de enero de 2019. Participantes: Elis Fadith Argel Fernández y Rhonal Antonio Lemos Pérez.

"Percepciones de participantes de los currículos de la línea de Economía." Grupo focal. iglesia Cristo el Rey, Tierralta, Córdoba, 20 de enero de 2019. Participantes: Dollys Rosio Jaramillo Herrera, et al.

Argel Fernández, Elis Fadith (Facilitador del juego *Podemos* y el *Inventario de habilidades*—versiones de Economía). Entrevista con Steban Andrés Villadiego Ramos. iglesia Cristo el Rey, Tierralta, Córdoba, 31 de enero de 2019.

Cárdenas, Mauricio, y Carolina Mejía. "La informalidad en Colombia: nueva evidencia." *Fedesarrollo Working Papers* 35 (2007).

Cárdenas, Mauricio S., y Sandra Rozo. "Informalidad empresarial en Colombia: problemas y soluciones." *Desarrollo y Sociedad* 63, n.º 1 (2009): 211-243.

Carillo, Angela Consuelo. "Internal Displacement in Colombia: Humanitarian, Economic and Social Consequences in Urban Settings and Current Challenges." *International Review of the Red Cross* 91, n.º 875 (2009): 527-46.

Castro Hernández, Stephanith, Tanya Marsella Herrán Correa, Samuel Alberto Ospina Cevallos, Laura Lizeth Beltrán Puerto, David Lopez Amaya y Jeison Leguizamon Rodriguez (Líderes de la Fundación Creativamente y la iglesia El Redil). Entrevista con Christopher M. Hays. Fontibón, Bogotá, 2 de diciembre de 2016.

Corbett, Steve y Brian Fikkert. *When Helping Hurts: How to Alleviate Poverty without Hurting the Poor. . .and Yourself*. Chicago: Moody, 2012.

Cuspián, Marco Tulio (Coordinador de la comunidad La Grandeza de Dios). Entrevista con Christopher M. Hays. La Grandeza de Dios, Piendamó, Cauca, 13 de enero de 4103.

———. (Facilitador del juego *Podemos* y el *Inventario de habilidades*—versiones de Economía). Entrevista con Steban Andrés Villadiego Ramos. La Grandeza de Dios, Piendamó, Cauca, 28 de enero de 2019.

Cuspián Quebrada, Loida (Facilitadora del juego *Podemos* y el *Inventario de habilidades*—versiones de Economía). Entrevista con Steban Andrés Villadiego Ramos. La Grandeza de Dios, Piendamó, Cauca, 26 de enero de 2019.

Donner, Saskia Alexandra. *Diplomado de Fe y Desplazamiento: Cuaderno de trabajo*. Medellín: Publicaciones SBC, 2020.

Espitia, Deiner (Pastor de la iglesia Torre fuerte). Entrevista con Christopher M. Hays. La Granja, Puerto Libertador, 9 de diciembre de 2016.

Fajardo Sánchez, Alexander (Director de la Fundación Social El Encuentro). Entrevista con Christopher M. Hays. Polo Club, Bogotá, 2 de diciembre de 2016.

Global Disciples, et al. *Desarrollo de la microempresa*. Medellín: Publicaciones SBC, 2018.

———. *Microempresa*. 2.ª ed. Medellín: Publicaciones SBC, 2020.

González Yanes, Pedro Ramón (Pastor de la iglesia Cristo el Rey). Entrevista con Christopher M. Hays. Tierralta, 23 de enero de 2017.

Hay, Donald. "Do Markets Need a Moral Framework?" En *Integrity in the Private and Public Domains*, eds. Alan Montefiore y David Vines, 258-68. London: Routledge, 1999.

Hays, Christopher M. "Collaboration with Criminal Organisations in Colombia: An Obstacle to Economic Recovery." *Forced Migration Review* 58 (2018): 26-28.

———. *El profesional cristiano y la recuperación económica de las personas en situación de desplazamiento*. Medellín: Publicaciones SBC, 2018.

———. *El profesional cristiano y la recuperación económica de las personas en situación de desplazamiento*. 2.ª ed. Medellín: Publicaciones SBC, 2020.

———. "Justicia económica y la crisis del desplazamiento interno en Colombia." En *Conversaciones teológicas del sur global americano: violencia, desplazamiento y fe*, eds. Milton Acosta y Oscar Garcia-Johnson, 44–64. Eugene, OR: Wipf and Stock, 2016.

———. "Teología económica para las víctimas del desplazamiento forzoso, a la luz del Documento de Medellín." *Albertus Magnus* 9, n.º 2 (2018): 13–33.

Hays, Christopher M. y H. Leonardo Ramírez. *La esperanza económica después del desplazamiento forzoso: cuadernillo para participantes*. 2.ª ed. Medellín: Publicaciones SBC, 2020.

———. *La esperanza económica después del desplazamiento forzoso: manual del facilitador*. 2.ª ed. Medellín: Publicaciones SBC, 2020.

———. *La esperanza económica después del desplazamiento forzoso: manual del facilitador*. Medellín: Publicaciones SBC, 2018.

Ibáñez, Ana María y Andrés Moya. "Do Conflicts Create Poverty Traps? Asset Losses and Recovery for Displaced Households in Colombia." En *The Economics of Crime: Lessons for and from Latin America*, eds. Rafael Di Tella, Sebastian Edwards y Ernesto Schargrodsky, 137–72. Chicago: University of Chicago Press, 2010.

———. "Vulnerability of Victims of Civil Conflicts: Empirical Evidence for the Displaced Population of Colombia." *World Development* 38, n.º 4 (2009): 647–63.

Kretzmann, John P. y John McKnight. *Building Communities from the Inside Out: A Path Toward Finding and Mobilizing a Community's Assets*. Evanston, IL: Asset-Based Community Development Institute, 1993.

Laza, Jesús Alfonso (Profesor y capellán de la Institución Educativa El Salvador). Entrevista con Christopher M. Hays. Nelson Mandela, Cartagena, 27 de enero de 2017.

Life, Jobs for, Alexander Fajardo Sánchez y Christopher M. Hays. *Trabajos para la vida*. Medellín: Publicaciones SBC, 2018.

Lora Jimenez, Ingrid Tatiana (Facilitadora del juego *Podemos* y el *Inventario de habilidades*— versiones de Economía). Entrevista con Steban Andrés Villadiego Ramos. iglesia El Libertador, Puerto Libertador, Córdoba, 12 de febrero de 2019.

Lucecita (Pastora de la iglesia de la Alianza Cristiana y Misionera Colombiana de Santa Cecilia Alta). Entrevista con Christopher M. Hays. Santa Cecilia Alta, Bogotá, 3 de diciembre de 2016.

Lupton, Robert D. *Toxic Charity: How Churches and Charities Hurt Those They Help (and How to Reverse It)*. New York: HarperCollins, 2011.

Martín, Alberto (Pastor de la iglesia Centro Evangélico en Blas de Lezo). Entrevista con Christopher M. Hays. Blas de Lezo, Cartagena, 27 de enero de 2017.

Moya, Andrés. "Violence, Emotional Distress and Induced Changes in Risk Aversion among the Displaced Population in Colombia," *Working Paper* No. 105, Programa dinámicas territoriales rurales (2012). https://www.rimisp.org/wp-content/files_mf/1366287774N 1052012ChangesRiskAversionDisplacedPopulationColombiaMoya.pdf.

Pérez, Deyanira Rosa (Facilitadora del juego *Podemos* y el *Inventario de habilidades*— versiones de Economía). Entrevista con Steban Andrés Villadiego Ramos. iglesia El Libertador, Puerto Libertador, Córdoba, 29 de enero de 2019.

PARTE 1

Pinilla Mususú, Angélica (Trabajadora de la Fundación Social El Encuentro). Entrevista con Christopher M. Hays. Santa Viviana, Bogotá, 3 de diciembre de 2016.

Putnam, Robert D. *Bowling Alone: The Collapse and Revival of American Community*. New York: Simon & Schuster, 2000.

Rondón, Leonardo (Misionero sirviendo a la Iglesia Cristiana Evangélica Nasa). Entrevista con Christopher M. Hays. Silvia, Cauca, 13 de enero de 2017.

Sánchez Torres, Fabio, y Oriana Alvarez Vos. "La informalidad laboral y los costos laborales en Colombia 1984-2009: diagnóstico y propuestas de política." *Documentos CEDE* 009238 (2011).

Schneider, Friedrich, y Dominik Enste. "Shadow Economies: Size, Causes and Consequences." *Journal of Economic Literature* 38 (2000): 77–114.

Susana (Trabajadora del proyecto social Transformación comunitaria para la paz). Entrevista con Christopher M. Hays. Medellín, 29 de noviembre de 2016.

Uribe Escobar, José D. "Informalidad laboral: ¿qué hemos aprendido y qué falta?" *Revista del Banco de la República* 89, n.º 1060 (2016).

World Bank. *Doing Business 2016: Ease of Doing Business*. Washington, DC: World Bank, 2016.

7

El equipo de Psicología

Josephine Hwang Koo, Lisseth Rojas-Flores y Doribeth Tardillo

INTRODUCCIÓN

Según el Alto Comisionado de las Naciones Unidas para los Refugiados, las personas en situación de desplazamiento son consideradas "de las personas más vulnerables del mundo."[1] El desplazamiento implica una serie de situaciones y condiciones que constituyen factores de riesgo para la salud y el bienestar integral de las personas afectadas,[2] y su impacto no termina con el retorno ni con la reubicación.[3] Es bien sabido que, en muchos de los casos, la situación de desplazamiento es de por vida y suele involucrar múltiples desplazamientos.[4] Más aún, la violencia y la condición de vulnerabilidad que en un primer momento impulsan la migración forzada caracterizan la misma situación de desplazamiento, resultando en que las personas

---

1. Alto Comisionado de la Naciones Unidas para los Refugiados (ACNUR), *Personas desplazadas internas,* https://www.acnur.org/personas-desplazadas-internas.html, último acceso 31 de octubre, 2021.

2. Giorgia Davidovic, Simren Herm-Singh y Luke Stuttgen, *Internally Displaced People and Their Access to Health Care in the Metropolis: The Case of Bogotá* (París: Human Development Research Initiative, 2018).

3. Lorenzo Guadagno, "Moving from One Risk to Another: Dynamics of Hazard Exposure and Disaster Vulnerability for Displaced Persons, Migrants and Other People on the Move," *Internal Displacement Monitoring Centre* (2021), https://www.internal-displacement.org/global-report/grid2021/downloads/background_papers/background_paper-risk.pdf

4. Nicholas Crawford et al., *Protracted Displacement: Uncertain Paths to Self-Reliance in Exile* (Londrés: Humanitarian Policy Group, 2015), https://cdn.odi.org/media/documents/9851.pdf.

enfrenten actos violentos, pérdidas y la repetida violación de sus derechos humanos a lo largo del proceso.[5]

Las personas en situación de desplazamiento (PSD) subsisten en condiciones precarias, especialmente en las ciudades populosas, muchos en condiciones de hacinamiento, expuestos al riesgo de ser revictimizadas y de desarrollar problemas de salud mental.[6] Esta situación es particularmente exacerbada para poblaciones vulnerables, como niños, adolescentes, mujeres y minorías étnicas.[7] A todo esto, se suma un acceso limitado a los servicios básicos y la ayuda humanitaria.[8]

El limitado acceso al apoyo del gobierno, la atención poco oportuna y la saturación de las entidades públicas dedicadas a la protección de los ciudadanos han resultado en una desconfianza en las instituciones estatales. Ante este panorama, las organizaciones comunitarias y religiosas constituyen un recurso importante para las PSD. En un país altamente cristiano como Colombia, donde un 79% se identifica como católico y 13% evangélico,[9] las iglesias locales y los líderes eclesiales suelen contar con la confianza y el respeto de las comunidades.[10] Por ello, los líderes de fe ocupan una posición única para responder a las necesidades espirituales, prácticas y emocionales de las PSD.

A través de los años, organizaciones religiosas, tanto católicas como evangélicas, han sido instrumentales en el cuidado de personas en situación de desplazamiento en Colombia.[11] Sin embargo, a pesar de la labor que las iglesias y otras organizaciones cristianas realizan en comunidades desplazadas, existe una comprensión limitada y una escasa documentación desde la psicología y otras ciencias sociales acerca del rol que cumplen los líderes de fe de las iglesias locales para apoyar a las personas en situación de desplazamiento.

Como parte del proyecto multidisciplinar *Fe y Desplazamiento* de la Fundación Universitaria Seminario Bíblico de Colombia (FUSBC), financiado por la Templeton World Charity Foundation, el equipo de Psicología se propuso examinar el rol de los

---

5. James Schultz et al., "Internal Displacement in Colombia: Fifteen Distinguishing Features," *Disaster Health* 2, n.º 1 (2014). Schultz y colegas describen 15 rasgos característicos del desplazamiento interno en Colombia. Detallan además algunos de los factores coadyuvantes, así como las implicancias de estos rasgos.

6. Schultz et al., "Internal displacement."

7. Office for the Coordination of Humanitarian Affairs (OCHA), *Humanitarian needs overview 2018—Colombia,* https://www.humanitarianresponse.info/en/operations/colombia/document/humanitarian-needs-overview-colombia-2017, último acceso 15 de julio, 2021.

8. ACNUR, *Personas desplazadas internas.*

9. Pew Research Center, *Religion in Latin America: Widespread change in a historically Catholic region,* https://www.pewresearch.org/religion/2014/11/13/religion-in-latin-america/, fecha de publicación 13 de noviembre, 2014.

10. Elisabet le Roux et al., "Getting Dirty: Working with Faith Leaders to Prevent and Respond to Gender-Based Violence," *The Review of Faith & International Affairs* 14, n.º 3 (2016): 22–35.

11. Stella Sacipa et al., "Understanding Peace through the Lens of Colombian Youth and Adults," *Peace and Conflict: Journal of Peace Psychology* 12, n.º 2 (2006): 157–174, doi: 10.1207/s15327949pac1202_4.

líderes de fe y las iglesias locales al responder a las necesidades de las PSD y contribuir al desarrollo de las capacidades personales y organizacionales de los líderes.

Este capítulo demuestra una forma de integrar la teología y la ciencia de la psicología para aportar a la formación de ministerios sensibilizados a la salud mental de las PSD con el fin de cultivar el bienestar y florecimiento integral de las PSD y sus comunidades. El capítulo se compone de tres partes principales. En primer lugar, se detalla el estudio de investigación-acción misional (IAM) que se llevó a cabo. En la investigación inicial, se utilizaron métodos mixtos para levantar datos empíricos a través de entrevistas, grupos focales y una encuesta. En la segunda parte del capítulo, se describen los tres materiales educacionales, dos cartillas y un currículo, que fueron elaborados a partir de la información recogida en la investigación. En tercer lugar, se examina la evaluación del proceso realizada con base en la aplicación de los materiales en cinco comunidades piloto. Esta evaluación de proceso se centró en la implementación de los instrumentos por los líderes de fe en sus respectivas comunidades y permitió la identificación de subsecuentes ajustes a realizar a los materiales. Por último, el capítulo cierra con algunas conclusiones y recomendaciones para futuras intervenciones que busquen avanzar la integración de la teología y la psicología a favor del florecimiento de las PSD.

I. INVESTIGACIÓN INICIAL

El estudio de investigación acción misional del equipo de Psicología se desarrolló en dos fases principales. La primera fase fue cualitativa y tuvo como objetivo principal conocer el rol percibido de los líderes de fe en su respuesta a las necesidades de las comunidades desplazadas. Se recogió información por medio de grupos focales con PSD y entrevistas con líderes de fe entre noviembre del 2016 y enero del 2017. La segunda fase consistió en un estudio cuantitativo llevado a cabo en marzo del 2017 con pastores y líderes de fe para examinar la comprensión que ellos tienen acerca de las PSD y sus propias capacidades percibidas para responder a las necesidades de las PSD. Para ello, se aplicó una encuesta a un grupo de líderes de fe. El levantamiento de datos se realizó en colaboración con la FUSBC y con la aprobación institucional de la FUSBC en Medellín, Colombia y *Fuller Theological Seminary* en Pasadena, California, Estados Unidos. A continuación, se describen los procedimientos que se siguieron y algunos de los principales hallazgos.

Primera fase

En la primera fase buscamos conocer el rol percibido de los líderes de fe en el cuidado de las PSD a través de la identificación de las necesidades más salientes de las PSD y el tipo de apoyo que ellas habían recibido por parte de diversas entidades religiosas y estatales. La información fue recogida a través de grupos focales con PSD en cinco comunidades en diferentes partes de Colombia: 2 rurales y 3 urbanas. Además, en cada comunidad se entrevistó a por lo menos un líder de fe con un mínimo de dos años de experiencia ministerial.

En total, 32 PSD en edades de 20 a 76 años (42% varones) participaron, compartiendo sus opiniones y experiencias. Un 63.88% ($n = 24$) de los participantes reportó que la razón de su desplazamiento fue para escapar de la violencia y el conflicto armado. En cuanto al número de desplazamientos, un 69.44% de los participantes reportó haber sido desplazado forzosamente una vez en el transcurso de sus vidas, 22.22% dos veces y 5.55% tres veces.[12] Este capítulo reporta un resumen de los resultados más importantes obtenidos de dos de las comunidades: una rural y otra urbana.[13] En total, 14 PSD participaron en los grupos focales: seis de la zona rural y ocho de la zona urbana.

La información obtenida fue codificada y analizada por nueve codificadores utilizando el proceso de codificación abierta de la Teoría Fundamentada.[14] Los codificadores fueron entrenados específicamente para esta tarea y realizaron la codificación de manera independiente. Una investigadora a cargo del análisis supervisó todo el proceso y coordinó la resolución colectiva de discrepancias que pudieran surgir entre los codificadores. Al finalizar la codificación, la frecuencia y la extensión de los comentarios fueron calculados con el objetivo de examinar el significado de cada tema para los participantes.[15]

Siete temas surgieron, tanto en los grupos focales como en las entrevistas, acerca de las necesidades sentidas de las PSD y los tipos de apoyo que habían recibido por parte de entidades religiosas y estatales. Entre las más mencionadas por los participantes, resaltaron las dimensiones físicas, espirituales, vocacionales, psicológicas y sociales.

---

12. Para mayores detalles acerca del perfil sociodemográfico de las PSD participantes en los grupos focales y del levantamiento de datos, véase §4.4 en *Informes de investigación*.

13. El análisis completo de los resultados de las dos comunidades se encuentra en la tesis doctoral de Doribeth Tardillo, "The Role of the Christian Church in the Face of Internally Displaced Communities in Colombia" (tesis doctoral, Fuller Theological Seminary, 2019).

14. Anselm Strauss y Juliet Corbin, *Basics of Qualitative Research: Techniques and Procedures for Developing Grounded Theory* (Thousand Oaks, CA: Sage, 1998).

15. Richard Krueger, *Analyzing & Reporting Focus Group Results: Focus Group Kit* (Thousand Oaks, CA: Sage, 1998).

Citas representativas de los cinco temas más tratados

	PSD en grupos focales (n =14)	Líderes de fe entrevistados (n = 2)
Necesidades físicas	"Entonces, los hermanos allá se trazaban también una, una recolectación [sic] de canasta familiar...Esas canastas me tocó a mí varias veces. Porque yo era una persona recién llegada, no tenía fuerzas para, económicamente, para la comida."	"Hemos aprendido a mirar a la persona de una manera integral. Es decir, la persona, además de ser un espíritu..., necesita el alimento, el vestido,... unas condiciones para que pueda desarrollarse de una manera satisfactoria."
Necesidades espirituales	"Si uno no busca de Dios, el corazón diario está lleno de maldad y de odio."	"La iglesia ha venido trabajando en la restauración integral del ser humano."
Necesidades vocacionales	"A mí me hubiera gustado como que dictaran un cursito como para uno tener un negocio independiente, uno que es madre soltera."	"... abordar el problema de las personas, no dejarlas, simplemente en puro sentimiento '¡ay qué pesar!' o 'venga oremos' y chao."
Necesidades psicológicas	"La ayuda psicológica es muy buena [para] las personas que por cualquier motivo ha sido atropellado como nosotros, atropellados por la violencia."	"La iglesia creo que debe estar muy pendiente del estado de la persona. O sea, se ven conflictos internos que muchas veces... son producidos por la secuela que traen de... su condición de desplazado. Algunas personas no han podido superar eso."
Necesidades sociales	"Yo tampoco tuve apoyo así del gobierno, nada de eso, la familia me apoyo en ese entonces."	"Yo creo que... hay una pérdida de, de confianza... específicamente de seguridad de ellos para con... las personas que por un momento son sus cercanos... padrastro, papá, un hermano, un tío... creando inseguridad para ellos en confiar en otra persona."

Se observa que todos estos temas consisten en elementos básicos y esenciales de la vida, como el alimento, la vivienda, el bienestar espiritual, el bienestar psicológico, el trabajo y la comunión y convivencia. Este hallazgo se alinea con el hecho de que la situación de desplazamiento representa la condición de ser desposeídos de lo más básico y elemental de la vida diaria, haciendo que las principales necesidades sentidas también se encuentren en un nivel básico y elemental.

Estas dimensiones no fueron consideradas como independientes por los participantes. Más bien, tanto las PSD en los grupos focales así como los líderes de fe en las entrevistas, afirmaron la importancia del bienestar integral, compuesto por la satisfacción simultánea de las diversas necesidades. Así, las necesidades expresadas se construyeron como altamente interdependientes y como factores que, en su conjunto, contribuyen a la salud integral y la dignidad de las PSD. Por ejemplo, las necesidades físicas, como la alimentación y la vivienda, no fueron considerados elementos independientes y separados de las necesidades vocacionales, psicológicas, sociales y espirituales. La comida es experimentada cercanamente en relación a las capacidades y oportunidades laborales, dado que estos últimos permiten la satisfacción de las necesidades físicas. Del mismo modo, el poder alimentar a la familia gracias a un trabajo digno afirma un aspecto importante del bienestar psicológico y emocional, y el florecimiento integral de las PSD.

Los participantes reportaron, además, haber enfrentado mayores obstáculos para recibir apoyo proveniente de las entidades estatales que de las entidades religiosas. Esto podría deberse principalmente al hecho de que los participantes tuvieron mayores expectativas respecto al apoyo del gobierno y que estas no fueron satisfechas. En cambio, la ayuda por parte de las organizaciones religiosas e iglesias locales, especialmente por iglesias evangélicas, probablemente resultó inesperada y, al llenar una brecha, experimentada como satisfactoria.

La situación se presenta porque iglesias suelen tener un contacto directo con las PSD, dado que los líderes de fe muchas veces conviven con las PSD en sus comunidades y en algunos casos han vivido el desplazamiento en carne propia. Como resultado, los líderes tienen un conocimiento cercano de las necesidades percibidas por las PSD y están en una posición privilegiada de servir como un eslabón, conectando a las PSD con ayuda ofrecida por el gobierno o por organizaciones sin fines de lucro. Estas observaciones refuerzan el rol importante que las iglesias y los líderes de las organizaciones basadas en la fe pueden cumplir en sus respectivas comunidades, respondiendo a las necesidades de las PSD en espacios donde la intervención del gobierno ha sido desbordada, es escasa o insatisfactoria.[16]

Cabe señalar que se encontraron diferencias entre las dos comunidades analizadas, siendo algunas dimensiones más salientes para una comunidad en comparación con la otra. Una de estas dimensiones fue la psicológica, donde se observó que la necesidad de recibir cuidado psicológico fue mayor en la comunidad urbana en comparación con la rural, tanto en lo expresado por las PSD de los grupos focales como los líderes de fe entrevistados.

Se considera que este hallazgo refleja el deterioro de la salud mental que resulta del desplazamiento forzado del campo hacia las ciudades.[17] El primer momento de desplazamiento rural en dirección hacia lo urbano representa una disrupción

---

16. Karina Wong, *Colombia: A Case Study in the Role of the Affected State in Humanitarian Action* (London: Overseas Development Institute, 2008), https://cdn.odi.org/media/documents/3419.pdf.

17. Una de las tendencias principales del desplazamiento interno en Colombia ha sido el movimiento del campo en dirección hacia la ciudad o rural-urbano. Migraciones entre zonas urbanas han solido caracterizar desplazamientos subsecuentes al primero. Para mayor información, véase Schultz et al., "Internal Displacement."

significativa: además de la pérdida del hogar y las tierras, las personas que se ven obligadas a huir de los campos enfrentan la desaparición de una comunidad de apoyo y las prácticas colectivas de ayuda mutua propias de un contexto rural. La separación y muerte de familiares, amigos y vecinos constituyen la pérdida del tejido social, el cual es un recurso sumamente importante para la salud mental.

> En el desplazamiento yo perdí a mi mamá, perdí dos hermanos y lo perdimos económicamente todo. Pero, bueno, uno dice: lo que perdí económicamente lo puedo recuperar si lucho . . . pero ya la familia no la recupera uno: hermanos, mamá, no los recupera, no los va a ver más. Entonces, eso sí afecta a uno bastante. (PSD y pastor, varón, 38 años, zona rural).

Adicional a ello, las personas desplazadas en la mayoría de los casos no cuentan con la orientación, la información ni las habilidades laborales necesarias para responder a las demandas ocupacionales de las ciudades, resultando en el desempleo o subempleo. A esto se suman los desafíos psicosociales propios de la exclusión social y la discriminación de la situación de desplazamiento.[18] Se puede concluir que el desplazamiento forzado interno rural-urbano representa una carga considerable en la salud mental, y consta de retos y dificultades distintas a lo que se enfrentaría en las zonas rurales.

> Antes del desplazamiento, tenía como que muchas metas y todo como que se le va truncando a uno . . . . ¿Será que lo voy a alcanzar? ¿No lo voy a alcanzar? Porque como que le cogen y le atan las manos a uno . . . emocionalmente uno, o sea, pierde como que la visión. (PSD y pastor, varón, 38 años, zona rural).

Es importante aclarar que este hallazgo no significa una ausencia de trauma y otras necesidades psicológicas urgentes entre las PSD de los sectores rurales. El hallazgo llama la atención con respecto al indudable impacto multidimensional que tiene el desplazamiento en la salud mental, así como las diferentes demandas y barreras que se pueden enfrentar dependiendo del contexto. La evidencia indica que, si bien las PSD son una población vulnerable en general, no conforman un grupo homogéneo; las necesidades que experimentan y por consiguiente su florecimiento están determinados en gran parte por los contextos particulares que las PSD viven y habitan.

La pérdida traumática debido al desplazamiento y las condiciones derivadas del mismo sí se observaron en ambas comunidades, y se evidencia la necesidad de ofrecer a las PSD servicios informados por el trauma. En las entrevistas, los líderes de fe afirmaron que observan síntomas del duelo complicado y del estrés postraumático en la PSD con las que trabajan. Por ejemplo, una líder de fe de una zona urbana afirmó lo siguiente ante la pregunta, *¿qué crees que deberían hacer las iglesias cristianas con las personas que han sufrido desplazamiento?*

---

18. Schultz et al., "Internal Displacement."

> Creo que la mayoría no han podido hacer duelos. Eso es lo que más me llama la atención: la necesidad de elaborar duelos. Porque todo ha ocurrido en su vida tan rápido, entonces me parece que simplemente están respondiendo a una situación . . . pero no les da tiempo de hacer los duelos y aún creo que algunos pueden estar en shock. El que llega a la ciudad, ya comienza a condicionar su historia a una realidad, como la ciudad lo recibe, entonces comienza ya a vacunarse en el sentido de que comienza a reforzar [la coraza]. (Líder de iglesia, mujer, edad desconocida).

Los líderes de fe también resaltaron la necesidad de tener más capacitaciones en el área de la salud mental y especialmente en el manejo de trauma y su recuperación. Además, los líderes eclesiales describieron su necesidad de aprender a manejar su propia carga emocional que resulta de estar diariamente expuestos al trauma de las PSD en su ministerio.

> Yo pienso que la iglesia debe capacitarse más . . . académicamente, porque estos lugares que están apartados acá . . . porque de pronto la iglesia que están en las ciudades tiene personas profesionales . . . personas capacitadas, pero las iglesias que están acá en el campo, por lo regular no hay un profesional . . . Es muy raro que en la iglesia se reúna una persona que sea profesional . . . Pero si la iglesia tiene personas capacitadas . . . se hace mucho mejor el trabajo. (PSD y pastor, varón, 38 años, zona rural).

Entrevistas a mujeres en situación de desplazamiento y sobrevivientes de la violencia sexual

Como parte de la investigación inicial, el equipo de Psicología, en conjunto con dos miembros del equipo de Sociología, buscó profundizar en el tema de la violencia sexual a través de un grupo focal y tres entrevistas individuales con mujeres en situación de desplazamiento y sobrevivientes de la violencia sexual en una comunidad de Medellín.[19]

La triple vulnerabilidad causada por el desplazamiento forzado—la vulnerabilidad emocional asociada con la experiencia de violencia sexual y la desigualdad socio-estructural de género—hace a las mujeres más susceptibles a un mayor riesgo psicosocial de experimentar retos en su salud mental. Por lo tanto, se reconoce que la iglesia debe entender y abordar de manera informada las necesidades y fortalezas de las mujeres en situación de desplazamiento y sobrevivientes de la violencia sexual.

---

19. Las entrevistas fueron transcritas y analizadas principalmente por los miembros del equipo de Sociología. El análisis completo de los resultados de las entrevistas se encuentra en Stephanie Banuelos, "Sexual Violence and Moral Injury among Internally Displaced Women in Colombia" (Tesis de maestría, Fuller Theological Seminary, 2019). Para mayor información, véase §4.4.1.3 en *Informes de investigación*, y Elizabet Le Roux y Laura Cadavid Valencia, "'There's No-one You can Trust to Talk to Here': Churches and Internally Displaced Survivors of Sexual Violence in Medellín, Colombia," *HTS Theological Studies* 75, n.°4 (2019): 1–10.

Al respecto, el equipo de Psicología se concentró en entender cómo el estrés o daño moral[20] impide la sanidad y florecimiento de mujeres en situación de desplazamiento y sobrevivientes de la violencia sexual. El daño moral es un tema de importancia crítica para la iglesia y para aquellas personas que trabajan con mujeres que lo han sufrido. El bienestar que se busca para estas mujeres debe abordarse de manera práctica y ética. El daño moral puede ser experimentado dentro de sistemas sociales públicos y también eclesiales,[21] y las personas que han sido expuestas a eventos traumáticos y la estigmatización social suelen ser más vulnerables. Dentro de este marco, la pregunta central de esta parte del estudio inicial fue, ¿experimentan las mujeres sobrevivientes de violencia sexual y desplazamiento forzado estrés moral/daños morales? En caso afirmativo, ¿cómo describen los efectos emocionales de eventos percibidos como moralmente perjudiciales en el contexto de la iglesia?

Basado en las entrevistas con mujeres, Stephanie Banuelos identificó que todas las participantes reportaron 11 sentimientos asociados con el estrés moral/daño moral. El aislamiento social, la culpa, la desconfianza, la vergüenza y la ira fueron entre los más mencionados por ellas. Tales sentimientos son resultados de la experiencia de violencia sexual y la falta de apoyo recibido por parte de la iglesia, y pueden impedir la recuperación y restauración de las mujeres. A partir de estos hallazgos, se concluyó que existe una necesidad de nuevas visiones sobre las mujeres en situación de desplazamiento y sobrevivientes de la violencia sexual en los discursos y las prácticas de la iglesia, al igual que más capacitaciones y herramientas para enfrentar el estrés moral que ellas usualmente experimentan dentro de la iglesia.

Segunda fase

Habiendo identificado algunas de las necesidades más salientes para las comunidades en situación de desplazamiento, se llevó a cabo una segunda fase[22] del estudio inicial con el fin de examinar la comprensión de los líderes acerca de las PSD y sus percibidas capacidades, tanto individuales como organizacionales. A partir de ello, se identificaron algunas necesidades percibidas de los líderes de fe en su labor de acompañamiento y apoyo a personas a las PSD. El estudio cuantitativo consistió en una encuesta y una batería de instrumentos validados que abordaban el trabajo con las PSD, las capacidades percibidas por los líderes para su ministerio con PSD, la salud mental personal y experiencia subjetiva de la labor eclesial.

---

20. Joseph M. Currier et al., "Development and Evaluation of the Expressions of Moral Injury Scale: Military Version," *Clinical Psychology Psychotherapy* 25, n.°3 (2018): 474–88.

21. Zachary Moon, *Lo que tu iglesia debe saber sobre el daño moral de la guerra*, https://static1.squarespace.com/static/5c9a4a3951f4d4d72672aa1a/t/5daa1e13211c951f7bdaffd5/1571429908794/Moral_stress_monograph_es.pdf, último acceso 10 de octubre, 2021.

22. Véase §4.3.1.7 en *Informes de investigación* para mayor información acerca de este proceso.

Completaron la encuesta 201 líderes de fe quienes estaban participando en un taller acerca del trauma y el desplazamiento en la ciudad de Medellín en marzo del 2017. El taller gratuito fue ofrecido por miembros del equipo de Psicología. Antes del inicio del taller, el equipo invitó la participación libre y voluntaria de los líderes en el rellenado de la encuesta.[23]

De los hallazgos obtenidos, cabe señalar que la mayoría de los participantes mostró conocimiento de que el desplazamiento interno forzado impacta la salud mental de las PSD y expresó interés en ofrecer servicios y ministerios en sus iglesias para las PSD. Los líderes además identificaron que les faltaba información acerca del desplazamiento y la salud mental para poder crear y brindar un apoyo adecuado para las PSD, y que preferirían recibir esta información por medio de actividades vivenciales, talleres y materiales escritos, entre otros. Con base en estos hallazgos, sumado a lo recogido en la primera fase del estudio, se determinó elaborar tres materiales educacionales detallados a continuación.

II. ELABORACIÓN DE MATERIALES

Con base en la investigación inicial, entre julio del 2017 y octubre del 2018 el equipo de Psicología elaboró tres recursos educacionales para las comunidades de fe: una cartilla para pastores y líderes de fe, una cartilla para profesionales de la salud mental y un currículo para ser desarrollado por los líderes de fe con las PSD en sus congregaciones.[24]

El primer material, titulado *Líderes de las iglesias como agentes de sanidad después del trauma*,[25] es una cartilla para líderes de fe que trabajan con las PSD y busca responder a la necesidad expresada por tener mayor información acerca del impacto del desplazamiento forzado en la salud mental. Su enfoque principal es definir y describir el trauma que resulta del desplazamiento forzado interno y brindar herramientas para la creación de ministerios dirigidos a la comunidad de PSD. Además, la cartilla explora el impacto indirecto que el trauma puede tener en los líderes de fe a través del concepto del trauma vicario y ofrece estrategias de autocuidado para proteger de dicho efecto indirecto.

La cartilla consiste en ocho capítulos. Incorpora elementos conceptuales y prácticos, e incluye una variedad de actividades dinámicas para facilitar el aprendizaje, como preguntas, reflexiones, casos y tareas de práctica semanal. El diseño de la cartilla fue para uso individual y aprendizaje autodirigido, recomendándose un desarrollo semanal de las lecciones. Esta primera cartilla se considera la base para el uso de los demás

23. Algunos de los resultados también han sido publicados en Joseph Currier et al., "Spiritual Struggles and Ministry-Related Quality of Life among Faith Leaders in Colombia," *Psychology of Religion and Spirituality* 11, n.º 2 (2019): 148–156.

24. El proceso de elaboración se encuentra narrado con mayor detalle en §4.3.2 en *Informes de investigación*.

25. Lisseth Rojas-Flores et al., *Líderes de las iglesias como agentes de sanidad después del trauma* (Medellín: Publicaciones SBC, 2018).

materiales del equipo de Psicología y se indica a los usuarios completarla antes de trabajar con los otros libros, especialmente el currículo que se detallará más adelante.

El segundo material, *La iglesia y el trauma: una guía de recursos para profesionales de salud mental*,[26] es para profesionales de la salud mental que trabajan con personas en situación de desplazamiento en las iglesias y organizaciones cristianas. La primera parte de este material consta de tres lecciones dirigidas específicamente a los profesionales acerca de su rol en la iglesia local y la integración efectiva de teorías psicológicas al ministerio con las PSD. En la segunda parte del libro, se ofrece una lista de recursos, en su mayoría disponibles en línea sin costo, sobre la creación de ministerios adecuados para PSD.

El tercer y último material, *Concientización sobre el trauma y la recuperación para la comunidad cristiana*,[27] es un currículo para las PSD. Este currículo tiene como propósito proveer a las PSD con un marco a través del cual puedan comprender sus situaciones de desplazamiento interno y brindarles un lenguaje que facilite la expresión de sus experiencias. El currículo fue diseñado para ser aplicado en grupos pequeños de PSD bajo la dirección de dos facilitadores líderes de fe. Como se señaló previamente, se indica que ambos facilitadores deben completar el primer material (la cartilla para líderes) y también revisar la segunda parte de la cartilla para profesionales antes de aplicar el currículo en contexto grupal con las PSD.

El material en sí consta de un manual para los dos facilitadores; no hay un material impreso aparte para las PSD participantes. El manual provee indicaciones y herramientas básicas para facilitar conversaciones sensibles acerca del trauma a la luz de las Sagradas Escrituras en un grupo pequeño y seguro de PSD. Es importante aclarar que el currículo no es un material de terapia grupal y, por ello, no se debería considerar una intervención psicológica, aunque podría tener efectos positivos y terapéuticos en las personas.

El diseño grupal del currículo fue intencional. Tiene como objetivo el cultivo de espacios seguros en las iglesias locales donde las PSD puedan empezar a articular sus experiencias y compartirlas con otras personas. Esta decisión fue tomada por el equipo de Psicología a partir de la investigación inicial, considerando que el desplazamiento forzado en Colombia tiene, en su esencia, la destrucción y desintegración del tejido social a través de la violencia y la separación, y que el trauma se perpetúa por medio del aislamiento y el silenciamiento de las personas. En este contexto, la conexión comunitaria y la reconstrucción de relaciones interpersonales son imprescindibles para la recuperación del trauma. Por lo tanto, se consideró esencial que este currículo fuera de aplicación grupal bajo la supervisión y facilitación de dos líderes de fe.

---

26. Josephine Hwang Koo et al., *La iglesia y el trauma: una guía de recursos para profesionales de la salud mental cristianos que trabajan con personas en situación de desplazamiento en sus congregaciones* (Medellín: Publicaciones SBC, 2019).

27. Lisseth Rojas-Flores et al., *Concientización sobre el trauma y la recuperación para la comunidad cristiana: currículo para personas en situación de desplazamiento* (Medellín: Publicaciones SBC, 2018).

Los tres materiales fueron desarrollados dentro de un marco bíblico, informados por la ciencia de la psicología, y diseñados para la formación de ministerios informados por el trauma. Cabe esclarecer en este punto que ministerios y servicios *informados por el trauma* hacen referencia a la adopción de un enfoque de trauma, incorporando una sensibilidad hacia el impacto multidimensional del desplazamiento forzado en las personas afectadas. Esto implica, por ejemplo, una adecuada caracterización de las comunidades desplazadas, el uso de un lenguaje sensible que evite la retraumatización, la consideración consciente de las necesidades de las PSD, y la creación y adaptación de servicios accesibles para las PSD.

Asimismo, en la elaboración de todos los recursos se consideró una prioridad presentar los conceptos psicológicos de manera sensible a la fe cristiana de los usuarios. Esto significó una adecuación lingüística y cultural, y la inclusión de ejemplos y actividades que sean congruentes con el texto bíblico y las prácticas espirituales. Este tipo de contextualización, por un lado, genera confianza en los materiales y, por otro lado, permite que las personas en sus respectivos contextos puedan acceder con mayor facilidad a los conceptos y las teorías psicológicas.

III. ANÁLISIS DE IMPACTO Y REVISIÓN

Los tres materiales elaborados fueron enviados a cinco comunidades piloto y, hacia finales del año 2019, un miembro del equipo de Psicología visitó a las comunidades con el fin de evaluar la implementación.[28]

Es importante notar que no hubo suficiente tiempo de implementación para realizar una evaluación de impacto de los materiales. Por ello, el equipo de Psicología determinó que la evaluación más adecuada para esta etapa sería una evaluación de proceso, con el fin de examinar la implementación de los materiales, identificar los ajustes necesarios para la siguiente edición de los libros y elaborar recomendaciones para futuras intervenciones. Esta información se recogió por medio de entrevistas y grupos focales con los participantes que completaron los materiales. De los tres materiales, solamente la cartilla para líderes y pastores se desarrolló en las cinco comunidades, aunque con diferentes tasas de cumplimiento. La cartilla para profesionales de la salud mental se completó en dos comunidades y el currículo para las PSD se aplicó en una sola comunidad.

En general, las reacciones hacia los materiales fueron positivas. Tanto los pastores y líderes de fe como las PSD que participaron en el currículo, expresaron entusiasmo por contar con un material que refleja sus experiencias y les da un lenguaje para expresar las vivencias del desplazamiento. Se valoró particularmente el enfoque del trauma y la forma como los conceptos psicológicos abordados facilitaron una comprensión de las experiencias del desplazamiento. Asimismo, todos los participantes notaron

---

28. Mayores detalles de este proceso se encuentran en §4.3.3 en *Informes de investigación*.

la perspectiva bíblica adoptada en los materiales y describieron que los ejemplos y ejercicios de lectura bíblica fueron de particular utilidad.

En la única comunidad donde se aplicó el currículo, las PSD participantes y los facilitadores del grupo resaltaron de manera favorable la dimensión colectiva de las actividades realizadas, así como el impacto positivo del compartir acerca de sus experiencias de desplazamiento con otras personas, muchas veces por primera vez. Es notable, además, que los participantes observaron el rol fundamental de los facilitadores en fomentar la confianza en el grupo e invitar la participación de todos los asistentes. Específicamente, describieron que la sensibilidad de los facilitadores hacia las experiencias y necesidades de los participantes fue significativa, así como el acompañamiento que los facilitadores ofrecieron a cada uno de los participantes.

En cuanto a la implementación, se observó que las comunidades piloto no siempre siguieron las indicaciones dadas para el uso de los materiales. Fue evidente que la mayoría de los líderes no habían leído la sección introductoria que describe el uso óptimo y recomendado del material, ni las indicaciones orales ofrecidas por el equipo de Psicología en las reuniones de lanzamiento.[29] Como resultado, se determinó que la implementación de los materiales fue distinta a lo indicado.

Entre los cambios adoptados durante la implementación de la cartilla para pastores y líderes de fe, en varios casos los líderes completaron la cartilla entera en el transcurso de pocos días o en sesiones intensivas de estudio grupal. También se observó que en la mayoría de los casos se completó la cartilla en grupos pequeños, sin estudio individual antes ni después de la reunión; en una comunidad, los líderes de fe estudiaron el material en clases magistrales dictadas por un pastor. Como resultado de la intensidad en el desarrollo de la cartilla y de las diversas aplicaciones grupales, no todos los participantes completaron la cartilla en su totalidad. Por ejemplo, si alguien faltaba a una sesión de estudio grupal, también se saltaba la porción desarrollada ese día, o en casos donde se completaba el material con rapidez, el líder omitía ejemplos, ejercicios semanales o hasta secciones enteras.

Aunque estos cambios realizados por los usuarios no concuerdan con el diseño original de los materiales, se rescata la necesidad sentida por los líderes de desarrollar las cartillas en grupos pequeños. Cuando se consultó al respecto, los líderes indicaron que completar la cartilla con otras personas facilitó la lectura y la comprensión del contenido, especialmente en situaciones de bajos niveles de escolaridad y alfabetización. En el contexto de escasos hábitos de lectura y estudio individual, el estudio colectivo ayudó a completar los materiales. Además de ello, los participantes afirmaron que el tener diversas perspectivas acerca del material leído contribuía al proceso de aprendizaje, enriqueciendo la lectura individual y cultivando un análisis colectivo, crítico y contextualizado.

En cuanto a la implementación del currículo para las PSD, se pudo apreciar que los líderes facilitadores del grupo leyeron todas las indicaciones y completaron las

---

29. Véase §4.3.3.1 en *Informes de investigación*.

otras dos cartillas antes de convocar el grupo pequeño de PSD. Asimismo, procuraron tener reuniones semanales y lograron completar la cartilla, de inicio a final, en aproximadamente 10 semanas. Sin embargo, debido a ciertas limitaciones propias del contexto, les fue imposible seguir las indicaciones en su totalidad. Por ejemplo, el grupo de participantes no fue conformado enteramente por PSD y la asistencia fue poco consistente, resultando en que el grupo que dio inicio al material no fuera el mismo grupo que la terminó. Los facilitadores hicieron diversos esfuerzos para dar seguimiento y apoyo individual a los participantes, en algunos casos prestando el manual de facilitadores a los participantes o desarrollando algunas sesiones fuera del horario con las personas que habían faltado. Aunque estos esfuerzos alternativos para compensar las limitaciones son altamente valorados, especialmente fomentan la relación facilitador-participante, se consideran contraindicados, ya que podrían resultar en potenciales daños indeseados, como la retraumatización, e interferencia con el proceso grupal sobre el cual se basa el currículo.

A partir de la evaluación de proceso, se identificaron algunos ajustes a realizar en los materiales elaborados. Por un lado, una retroalimentación recibida por parte de los líderes de fe tenía que ver con la incomprensión de algunos términos, especialmente aquellos relacionados con los conceptos psicológicos abordados. Por ello, se invitó a un pastor colombiano al equipo de Psicología para que realizase una lectura minuciosa de todos los materiales e identificase el lenguaje a simplificar. Asimismo, se agregó al final de las cartillas un glosario con los términos técnicos. Por otro lado, se recibió una retroalimentación favorable sobre los ejemplos y las imágenes utilizadas. La mayoría de los líderes que se expresaron sobre el tema indicaron que estos dos componentes apoyan la comprensión de los conceptos y pidieron una mayor inclusión de estos. Por lo tanto, en la revisión de los materiales, se incorporaron ejemplos e imágenes adicionales como apoyo complementario a la lectura.

Además, a fin de facilitar la lectura y el cumplimiento de las indicaciones dadas en los materiales, se incluyeron a lo largo de los libros referencias específicas a las indicaciones. Se espera que los usuarios sigan esta orientación de modo que resulte en un uso óptimo de los materiales. El equipo de Psicología consideró que esto sería especialmente importante en los aspectos concernientes al trato de las PSD y la adopción de un enfoque sensible al trauma en el ministerio. La evaluación de proceso también resultó en varios aprendizajes importantes que se detallarán en la última parte de este capítulo.

Para futuras iniciativas que deseen emplear métodos de aprendizaje autodirigidos en temas psicológicos, se recomienda ofrecer una orientación acerca de los materiales diseñados al momento de ser entregados. En el caso del equipo de Psicología, la presentación y lanzamiento de los materiales se dio varios meses antes del envío de los mismos a las comunidades y este lapso de tiempo puede haber impactado el proceso de implementación, resultando en desviaciones. Durante la orientación, se podría hacer una lectura colectiva de las indicaciones y desarrollar una lección ejemplo juntos para modelar el uso de los materiales. Esto sería especialmente importante con materiales tipo currículo y para temas de particular sensibilidad tales como el trauma. Adicionalmente, se recomienda dar un acompañamiento cercano a los participantes durante el uso de los materiales por medio de un contacto regular y directo con el equipo de intervención a través de talleres y otros tipos de capacitaciones que potencien y profundicen los temas estudiados. Este tipo de contacto contribuiría a la implementación fiel y óptima de los materiales, asegurando en últimas la efectividad de la intervención.

Complemento virtual para la cartilla de pastores y líderes de fe

Para ofrecer un tipo de seguimiento y orientación, el equipo de Psicología creó un módulo de estudio virtual[30] que complementa la cartilla para pastores y líderes de fe por medio de la plataforma de liderazgo de Fuller Theological Seminary. Este recurso complementario resume las ideas fuerza de la cartilla, repasando los conceptos psicológicos y conectando los usuarios a otros recursos virtuales, como videos cortos, que podrían aportar a una mejor comprensión. El enlace para este complemento virtual se provee en la cartilla para pastores y se puede acceder libremente usando cualquier navegador virtual.

Diplomado de la línea de salud mental

Otra iniciativa de acompañamiento es el diplomado "Fe y Desplazamiento" que la FUSBC ha creado para las iglesias que deseen aplicar los materiales elaborados en el proyecto *Fe y Desplazamiento*. Por medio de cuatro módulos, el diplomado acompaña a los pastores y líderes participantes para que aprendan a aplicar adecuadamente los tres materiales creados por el equipo de Psicología y logren los objetivos propuestos en el diseño de los materiales. Los módulos del diplomado se ofrecen en una forma híbrida, compuesta de videos y trabajo en grupo. El diplomado crea un aprendizaje dinámico y permite la adaptación a diversos tipos de estilos de trabajo y aprendizaje, trasfondos, niveles de escolarización y contextos de los participantes. Este tipo de acompañamiento, además, aporta al desarrollo de habilidades necesarias para que los cambios logrados a partir de la intervención se puedan sostener a mediano y largo plazo en las comunidades.

Sin embargo, y conforme con los valores de revisión cíclica y autoevaluación que caracterizan la investigación-acción misional, se han identificado formas de seguir fortaleciendo la intervención del equipo de Psicología.

---

30. Lisseth Rojas-Flores y Josephine Hwang Koo, *Líderes de la iglesia y el trauma,* https://platformstore.fuller.edu/product/lideres-de-la-iglesia-y-trauma?lang=es.

Parte 1

CONCLUSIONES

Toda la información recogida en las actividades del equipo de Psicología refuerza la posición estratégica de los líderes de fe para responder a las necesidades de personas en situación de desplazamiento. Como tal, afirmamos que el apoyo y la capacitación a líderes de fe es un componente necesario e importante en el cuidado de las PSD dentro de las iglesias locales y en las comunidades donde se encuentran las iglesias.

Uno de los aportes más fundamentales de la experiencia del equipo de Psicología es la reivindicación de la estrategia de combinar aportes desde la psicología con los de la teología cristiana. Un aspecto apreciado por los participantes en la prueba piloto fue el desarrollo de temas psicológicos desde una perspectiva bíblica. Entonces, para concluir este capítulo, rescatamos dos aprendizajes importantes y una sugerencia.

En primer lugar, existe una gran apertura y necesidad de comprender las experiencias del desplazamiento. El enfoque del trauma desde la psicología en particular resuena con las personas, tanto en los líderes de fe que trabajan con PSD, las PSD mismas y los líderes de fe que también han vivido personalmente el desplazamiento. Comprender el desplazamiento desde el trauma valida la gravedad de los efectos multidimensionales y reconoce que las secuelas desgarradoras no desaparecen fácilmente con el retorno y la reubicación. En tal sentido, la psicología ofrece un marco útil y necesario para darle sentido al impacto del desplazamiento y un lenguaje con que expresar las experiencias vividas.

En segundo lugar, se observa la importancia de encuadrar el trauma del desplazamiento dentro de una cosmovisión bíblica, reconciliando los horrores experimentados, la injusticia y la opresión continua con la narrativa de un Dios de amor, salvación y perdón. Es por ello imprescindible tratar el tema del desplazamiento dentro de la iglesia, tanto desde el púlpito como dentro de la comunión de hermanos. En las comunidades piloto, se observó que los líderes de fe y las PSD valoraron el contar con espacios de confianza y seguridad para compartir sus experiencias, sabiendo que en ellas serían aceptados y no silenciados con respuestas fáciles. Adicionalmente, cabe señalar que el entablar estas conversaciones acerca del trauma desde una perspectiva bíblica puede cultivar la confianza entre las personas y transmite el mensaje que es aceptable, importante, válido y necesario tratar estos temas dentro de la comunidad cristiana. Esto es fundamental para la integración de las PSD a las iglesias locales y es potencialmente un elemento significativo en el proceso de sanidad y florecimiento.

Por último, aparte de una orientación cercana y un acompañamiento constante, como los que brinda el diplomado de "Fe y Desplazamiento," se sugiere elaborar materiales cortos diseñados para estudio grupal, tanto para líderes de fe como para las PSD. Esto respondería a la tendencia de esta población a trabajar en grupos pequeños en el desarrollo de una lectura o actividad en lapso de tiempo limitado. También podría potencialmente permitir una mejor dosificación de los contenidos y desanimar estrategias de estudio ineficientes, como completar los materiales en unas pocas sesiones o convocar largas horas de estudio grupal.

BIBLIOGRAFÍA

Alto Comisionado de las Naciones Unidas para los Refugiados (ACNUR). *Personas desplazadas internas.* https://www.acnur.org/personas-desplazadas-internas.html. Último acceso 31 de octubre de 2021.

Banuelos, Stephanie. "Sexual Violence and Moral Injury Among Internally Displaced Women in Colombia." Tesis de maestría, Fuller Theological Seminary, 2019.

Crawford, Nicholas, et al. *Protracted Displacement: Uncertain Paths to Self-Reliance in Exile.* Londrés: Humanitarian Policy Group, 2015. https://cdn.odi.org/media/documents/9851.pdf.

Currier, Joseph M. et al. "Development and Evaluation of the Expressions of Moral Injury Scale: Military Version." *Clinical Psychology Psychotherapy* 25, n.°3 (2018): 474–488.

Currier, Joseph M. et al. "Spiritual Struggles and Ministry-Related Quality of Life among Faith Leaders in Colombia." *Psychology of Religion and Spirituality* 11, n.°2 (2019): 148–156.

Davidovic, Giorgia, Simren Herm-Singh, y Luke Stuttgen. *Internally Displaced People and Their Access to Health Care in the Metropolis: The Case of Bogotá.* París: Human Development Research Initiative, 2018.

Guadagno, Lorenzo. "Moving from One Risk to Another: Dynamics of Hazard Exposure and Disaster Vulnerability for Displaced Persons, Migrants and Other People on the Move." *Internal Displacement Monitoring Centre*, 2021. https://www.internal-displacement.org/global-report/grid2021/downloads/background_papers/background_paper-risk.pdf

Hwang Koo, Josephine et al. *La iglesia y el trauma: una guía de recursos para profesionales de la salud mental cristianos que trabajan con personas en situación de desplazamiento en sus congregaciones.* Medellín: Publicaciones SBC, 2018.

Krueger, Richard. *Analyzing & Reporting Focus Group Results: Focus Group Kit.* Thousand Oaks, CA: Sage, 1998.

Le Roux, Elisabet et al. "Getting Dirty: Working with Faith Leaders to Prevent and Respond to Gender-Based Violence." *The Review of Faith & International Affairs* 14, n.°3 (2016): 22–35.

Le Roux, Elisabet y Laura Cadavid Valencia. "'There's No-one You Can Trust to Talk to Here': Churches and Internally Displaced Survivors of Sexual Violence in Medellín, Colombia." *HTS Theological Studies* 75, n.°4 (2019): 1–10.

Moon, Zachary. *Lo que tu iglesia debe saber sobre el Daño Moral de la guerra.* https://bpfna-bautistasporlapaz.squarespace.com/ https://static1.squarespace.com/static/5c9a4a3951f4d4d72672aa1a/t/5daa1e13211c951f7bdaffd5/1571429908794/Moral_stress_monograph_es.pdf. Último acceso 10 de octubre de 2021.

Office for the Coordination of Humanitarian Affairs (OCHA). *Humanitarian Needs Overview 2018—Colombia.* https://www.humanitarianresponse.info/sites/www.humanitarianresponse.info/files/documents/files/hno_2018_en_0.pdf https://www.humanitarianresponse.info/en/operations/colombia/document/humanitarian-needs-overview-colombia-2017. último acceso 15 de julio de 2021.

Pew Research Center. *Religion in Latin America: Widespread Change in a Historically Catholic Region*. https://www.pewforum.org/2014/11/13/religion-in-latin-america. Fecha de publicación 13 de noviembre de 2014.

Rojas-Flores, Lisseth y Josie Hwang Koo. *Líderes de la iglesia y el trauma*. https://platformstore.fuller.edu/p roduct/lideres-de-la-iglesia-y-trauma?lang=es.

Rojas-Flores, Lisseth et al. *Líderes de las iglesias como agentes de sanidad después del trauma*. Medellín: Publicaciones SBC, 2018.

Rojas-Flores, Lisseth et al. *Concientización sobre el trauma y la recuperación para la comunidad cristiana: currículo para personas en situación de desplazamiento*. Medellín: Publicaciones SBC, 2018.

Sacipa, Stella, et al. "Understanding Peace through the Lens of Colombian Youth and Adults." *Peace and Conflict: Journal of Peace Psychology* 12, n.º 2 (2006): 157–174. doi: 10.1207/s15327949pac1202_4.

Schultz, James M. et al. "Internal Displacement in Colombia: Fifteen Distinguishing Features." *Disaster Health* 2, n.º 1 (2014): 13–24.

Strauss, Anselm y Juliet Corbin. *Basics of Qualitative Research: Techniques and Procedures for Developing Grounded Theory*. Thousand Oaks, CA: Sage, 1998.

Tardillo, Doribeth. "The Role of the Christian Church in the Face of Internally Displaced Communities in Colombia." Tesis doctoral, Fuller Theological Seminary, 2019.

Wong, Karina. *Colombia: A Case Study in the Role of the Affected State in Humanitarian Action*. Lóndres: Overseas Development Institute, 2008. https://cdn.odi.org/media/documents/3419.pdf.

8

El equipo de Interacción con el sector público

Guillermo Mejía Castillo

INTRODUCCIÓN

El entendimiento cada vez más comprehensivo del evangelio y de la teología del reino de Dios devela la imperiosa necesidad de una interacción de la misiología integral con el sector público, de cara al desbordamiento del Estado y al desdén de la iglesia evangélica frente a la política, particularmente en relación con la catástrofe del desplazamiento forzoso en Colombia. La promoción de tal interacción a favor de las personas en situación de desplazamiento (PSD) constituye un desafío enorme. El equipo de Interacción con el sector público (ISP) de *Fe y Desplazamiento*[1] exploró pautas y estrategias viables y sostenibles para comenzar a enfrentar este desafío desde la misiología integral.

Dicha exploración se hizo de manera interdisciplinaria, juntando saberes provenientes de la teología, la historia, la sociología, la filosofía y la política; aprendiendo unos de otros. El equipo se propuso desde el inicio, no solo formular explicaciones intelectuales sino también destacar la voz sabia y creativa de los que sufren en su piel y en su espíritu la catástrofe colombiana del desplazamiento forzoso, en las seis

1. El equipo fue liderado por Guillermo Mejía Castillo (Profesor de Nuevo Testamento, FUSBC) y contó con la participación de Robert Heimburger (Capellán asociado del Pastorado de Oxford, editor de la revista IFES *Palabra y Mundo* y líder del grupo asesor en Teología de la *International Fellowship of Evangelical Students*), David López Amaya (Consultor del Ministerio del Interior en asuntos de libertad religiosa y cultos y pastor general de la Comunidad Cristiana El Redil de las Asambleas de Dios en Bogotá), Fernando Mosquera (Profesor de Teología y de Antiguo Testamento, FUSBC) y Duberney Rojas (estudiante de doctorado en la Bergische Universität Wuppertal, Alemania. QEPD).

comunidades piloto de *Fe y Desplazamiento*. El presente capítulo refleja cómo las diversas disciplinas mencionadas se coligaron entre sí y con los saberes de las PSD para enfrentar este desafío, trazando pautas y estrategias viables y sostenibles para la movilización de las comunidades evangélicas y de las PSD a favor del florecimiento político-burocrático de estas personas. Para ello, se relacionan las actividades de nuestro equipo, destacando la integración de los aportes socio-científicos, pero también del conocimiento explícito e implícito de las PSD a través de sus expresiones emocionales como seres sentipensantes; como dice Nivael Gladys Benítez, "uno tiene que explorar lo que siente."[2]

Este capítulo demuestra así que sí existen condiciones para crear un ambiente propicio en las iglesias para interactuar con el sector público a favor de las PSD, entendiendo la iglesia como el instrumento de Dios para promover y ejemplificar la realidad del perdón y de la justicia como virtudes que, a partir de un compromiso férreo a favor del florecimiento de las PSD, ejerce su inmensa capacidad de incidencia pública. Comenzamos con una breve descripción del desafío que para la misiología integral representa la catástrofe humanitaria del desplazamiento forzoso en Colombia y el "estado de cosas inconstitucional" para enfrentarla. Luego hacemos un recuento de nuestra investigación inicial relacionada con Iglesia y empoderamiento político-burocrático de las PSD. A renglón seguido se da cuenta de los materiales trabajados en el equipo, explorando pautas y estrategias para el florecimiento político-burocrático de las PSD. Finalmente se describe la evaluación, el análisis de impacto y la revisión de los materiales, y se presentan un par de aportes del equipo ISP al diplomado de *Fe y Desplazamiento*.

DESAFÍO DE LA CATÁSTROFE HUMANITARIA DEL DESPLAZAMIENTO FORZOSO

La catástrofe humanitaria, con sus más de ocho millones de personas en situación de desplazamiento (PSD) que representan más del 16% del total de nuestra población de cerca de 48 millones de habitantes, ha desbordado la capacidad y la voluntad del Estado colombiano para hacerle frente, a tal punto que la misma Presidencia de la República ha reconocido su incapacidad para atender a todas las víctimas al mismo tiempo.[3] La Corte Constitucional confirma el desbordamiento del Estado, al declarar que la situación de las PSD en Colombia constituye un estado de cosas inconstitucional debido a la falta de concordancia entre la gravedad de la afectación de los derechos

---

2. Nivael Gladys Benítez (mujer en situación de desplazamiento), entrevista con Ivonne Cuervo, Batata, 22 de enero, 2017. Véase también Ernest T. Stringer, *Action Research*, 3.ª ed. (Los Angeles: Sage, 2007), 208.

3. Presidencia de la República de Colombia, "El Estado no tiene capacidad para reparar a todas las víctimas de un día para otro," *Presidencia de la República,* http://wsp.presidencia.gov.co/Prensa/2014/Abril/Paginas/20140409_01-El-Estado-no-tiene-capacidad-para-reparar-a-todas-las-victimas-de-un-dia-para-otro-Presidente-Santos.aspx, fecha de publicación el 9 de abril, 2014.

reconocidos constitucionalmente y los pocos recursos que el gobierno destina para el restablecimiento de los derechos vulnerados de dichas personas.[4]

El estado de cosas inconstitucional se da a pesar de la Ley 1448 de 2011 (Ley de Víctimas y Restitución de Tierras), por cuyo medio el Estado se comprometió a reparar a las víctimas, individual y colectivamente, durante un periodo de 10 años. Esta ley no se ha cumplido y su vigencia tuvo que ser ampliada por otros diez años por la Ley 2078 del 8 de enero de 2021. La Ley 387 de 1997 tampoco ha logrado su cometido rimbombante de prevención del desplazamiento forzoso y la atención, protección, consolidación y estabilización socioeconómica de las personas en situación de desplazamiento interno. A la fecha (junio de 2021), "se han realizado 1'235.018 giros, que corresponden a la indemnización (administrativa y judicial) de 1'163.650 víctimas, es decir, el 13 por ciento de la población total del registro de víctimas."[5] A este ritmo, el Estado tardaría más de 60 años para indemnizar a todas las víctimas; pero el conflicto armado continúa y la catástrofe sigue su embestida. Es evidente pues la poca voluntad y capacidad política y económica del gobierno colombiano para paliar la catástrofe humanitaria del desplazamiento forzoso, prolongando así, de manera indefinida, la victimización de las personas en situación de desplazamiento y profundizando su pauperización.

Una nota sobre Colombia de la Unidad de Inteligencia de la revista *The Economist* indica que los episodios de agitación social del año 2021 debilitaron políticamente al presidente Iván Duque y que la gobernabilidad se deterioraría por consideraciones electorales de cara a las elecciones del año 2022. *The Economist* señala además que el riesgo de más olas de agitación social se mantiene alto, con la recesión económica acrecentando las actuales tensiones sociales.[6] Este panorama, aunado a la falta de voluntad política gubernamental, presagia la continuada postergación del resarcimiento que el Estado colombiano le debe a las PSD por su incapacidad de proteger sus derechos a la vida, honra y bienes consagrados en la Constitución Política.

Este escenario se complica aun más con las trayectorias globales identificadas por el Concejo Nacional de Inteligencia de los Estados Unidos para los próximos veinte años que incluyen mayores tensiones internacionales y al interior de los países por la creciente falta de correspondencia entre las necesidades y expectativas públicas, por un lado, y por otro lado, la capacidad y voluntad de los gobiernos para satisfacerlas.[7] Además, las manifestaciones populares son cada vez más enérgicas y desafi-

---

4. Corte Constitucional, "Sentencia T-025 de 2004," *Corte Constitucional,* http://www.corteconstitucional.gov.co/relatoria/2004/T-025–04.htm, fecha de publicación el 17 de junio, 2004.

5. El Tiempo, "¿Ha cumplido el país en la reparación de víctimas?, *El Tiempo,* https://www.eltiempo.com/politica/proceso-de-paz/ley-de-victimas-ha-cumplido-el-pais-en-reparacion-de-las-victimas-594859, publicado el 10 de junio, 2021.

6. The Economist Group, "In Brief," *Economist Intelligence (EIU),* https://country.eiu.com/colombia, último acceso 20 de mayo, 2021.

7. The National Intelligence Council, "Global Trends 2040: A More Contested World," *Office of the Director of National Intelligence,* https://www.dni.gov/index.php/gt2040–home/emerging-dynamics/state-dynamics, último acceso 8 de abril, 2021.

antes en países como Colombia, desenmascarando la fragilidad de sus instituciones de democracia formal, la ineptitud de sus gobernantes, la tentación autoritaria, la cada vez mayor inequidad social y económica, los niveles exacerbados de corrupción que estrangulan la confianza de la gente en el gobierno y en la viabilidad democrática.

Pero no es solo el desbordamiento del Estado frente a la catástrofe del desplazamiento lo que configura este desafío, sino también cierto desdén de importantes sectores de la iglesia no católica hacia lo político que se traduce en una indiferencia deplorable hacia las necesidades político-burocráticas de las personas en situación de desplazamiento. David López identifica este desdén a partir de unas relaciones de estas iglesias con lo público que tiende a limitarse a la reivindicación política confesional de los derechos de libertad religiosa.[8] Aún sectores de estas iglesias que sí hacen política electoral como algunos movimientos neopentecostales y los partidos políticos Mira y Colombia Justa Libres evidencian poca deferencia hacia el florecimiento de las PSD. Este desdén se ve reflejado en el poco entusiasmo que han tenido los materiales del equipo ISP en nuestras comunidades piloto, como se muestra más abajo en el análisis de impacto. Surge así la tarea de concienciarnos como comunidades de fe acerca de la gestión político-burocrática, no necesariamente electoral, a favor de las PSD, como ejercicio legítimo y válido de la misión de la iglesia. El cumplimiento de tal tarea es un paso importante para la creación de un ambiente propicio en las iglesias para interactuar con el sector público a favor de las PSD. David López ha destacado la enorme oportunidad de cooperación entre la Iglesia y el Estado a favor de las PSD, como constitutiva de una alternativa a la instrumentalización de la religión para fines políticos partidistas.[9]

IGLESIA Y EMPODERAMIENTO POLÍTICO-BUROCRÁTICO DE LAS PSD: LA INVESTIGACIÓN INICIAL

El equipo ISP comenzó, en lineamiento con la secuencia de la IAP,[10] con la creación de una investigación preliminar dialogante (2016-2017). La pregunta que impulsó la investigación fue ¿cómo pueden la teología cristiana, el sector público (organizaciones cívicas y gobierno) y las iglesias locales cooperar para superar los desafíos que acompañan el desplazamiento forzoso y para fomentar el florecimiento humano holístico de las PSD? La hipótesis fue una formulación afirmativa de esa pregunta: el impacto de la contribución de la iglesia cristiana y del sector público en el florecimiento de las PSD será mayor si ambas trabajan cooperativamente que si cada uno trabaja de manera independiente. La descripción breve de la investigación preliminar que se da a continuación insinúa la inmensa capacidad de incidencia pública que la iglesia

---

8. Ver *Informes de investigación* §5.4.4.3.
9. Ver *Informes de investigación* §5.4.4.3.
10. Véase el capítulo 2.

tiene y que se puede encausar a favor del empoderamiento político-burocrático de las personas en situación de desplazamiento.

Se adelantó una investigación bibliográfica preliminar entre el 1 de julio y el 28 de octubre de 2016. Para ello, los investigadores del equipo echaron mano de sus diferentes saberes en las disciplinas de teología, historia, sociología, filosofía y política, y exploraron pautas y estrategias viables y sostenibles para comenzar a enfrentar el desafío de la necesaria interacción de la misiología integral con el sector público a favor del empoderamiento político-burocrático de las PSD. Se elaboró, por ejemplo, una teoría de la justicia que se pueda integrar con la vivencia de las comunidades piloto, haciendo una clara distinción entre la justicia *nouménica* y la justicia fenoménica.[11] Se desarrolló una conceptualización del perdón, comenzando en la esfera individual para desplazarse luego como realidad vivencial, existencial, espiritual y social a esferas eclesiales y políticas, y concibiendo el perdón como una realidad política necesaria para el fomento de una mayor y mejor reconciliación y para el florecimiento más robusto de las PSD. También se identificaron barreras e impedimentos que dificultan una adecuada cooperación entre las iglesias, las PSD y el sector público. Se analizó, además, la deconstrucción identitaria vivenciada entre las víctimas campesinas del desplazamiento forzoso, más específicamente aquella que expresa una potenciación de la capacidad política del campesinado y se sugiere una interacción productiva entre iglesia, sector público y PSD que aproveche ese nuevo o potenciado capital político de la PSD en su camino al florecimiento. Finalmente, se exploró la construcción de una ruta de resiliencia política de la PSD.

Para tratar de integrar los saberes de las PSD, el equipo desarrolló cuestionarios para entrevistas individuales y para grupos focales en noviembre de 2016, con la revisión previa del Comité de Ética de la FUSBC. Estos cuestionarios buscaron identificar estrategias viables y sostenibles de florecimiento político-burocrático de las PSD en cuanto a la subjetivación política, el relacionamiento entre las iglesias y el sector público, el perdón y la justicia como realidades políticas, y la resiliencia política de las PSD. Las personas entrevistadas y las que participaron en grupos focales, entre noviembre de 2016 y enero de 2017, evidenciaron con creces sus realidades de seres sentipensantes y de vivir procesos de concientización política. Por ejemplo, el silencio prolongado de Jonás, cuando indicó que "esos sueños se fueron a tierra . . . nuestras tierras quedaron solas [silencio] . . . se dio muy difícil regresar a nuestra tierra," constituye manifestación elocuente del desgarramiento emocional generado por el desplazamiento.[12] Jonás, además, se refiere al cinismo de los politiqueros que

---

11. "*Nouménica*" proviene del sustantivo griego *nous* que significa razón, mente, espíritu. Lo *nouménico* es lo que solo es posible mirar desde el concepto, desde la teoría. Lo "fenoménico," que viene de *fenomena*, se refiere a la manera como las cosas se manifiestan visiblemente a la experiencia humana.

12. Jonás (seudónimo. Hombre en situación de desplazamiento), entrevista con Fernando Mosquera, Iglesia Nuevo Horeb, Batata, 21 de enero, 2017.

abusan, en tiempos electorales, de las necesidades apremiantes de infraestructura vial para prometer soluciones y tratar de obtener votos, pero sin resoluciones de fondo.[13]

De forma similar, Eliécer, a pesar de estar en un municipio con dinámicas vigentes de violencia política, denuncia, con una clara conciencia política, la corruptela politiquera que da lugar al deterioro del tejido social y económico de los ciudadanos,

> hemos visto que hay personas aquí en el municipio que se han tomado mucho las cosas para beneficiarse, . . . y esto ha llevado a que muchas personas hoy estén sufriendo, no tengan techo, no tengan el sustento diario, no tengan un empleo. Porque a veces la política hace que muchas personas suban al trono, pero también cojan a personas y las lleven hacia el suelo.[14]

El pastor Lazcario Ballestero tiene claro el momento de violencia política que vive el país aun en el contexto de la negociación del acuerdo de paz entre el gobierno y la guerrilla: "ahora está en proceso de diálogo la guerrilla, eh, ha mejorado bastante [la violencia de parte de la guerrilla] pero de los otros [actores] han aumentado más" y asocia la falta de educación y de oportunidades económicas con la decisión de algunas personas de unirse a la guerrilla.[15] Queilón, que ha adelantado gestiones político-burocráticas, se cansó de "tanta mentira, tanta cosa [porque] si uno se pone a brincar tanto hoy en día, no cuesta nada sacarlo del paso para que deje de molestar."[16] Este mismo Queilón define la gestión como "trabajar por la comunidad, hacer lo posible que fuera."[17] Es evidente que la tragedia del desplazamiento ha dejado, entre otras cosas, un capital político subutilizado de las personas en situación de desplazamiento.

También se identificó un alto nivel de capacidades, saberes y fortalezas políticos de las PSD. La investigación de campo mostró que las PSD se caracterizan por haber obtenido algunos beneficios gubernamentales contra viento y marea, y por transitar con determinación de la indefensión hacia la condición de sobreviviente y por el ejercicio vigoroso de la ciudadanía política. Tal es el caso de Diana Patricia quien, aunque manifiesta no saber leer, haber sido abusada sexualmente a la edad de once años, haber sido desplazada, y haber sufrido el asesinato de su hijo de veinte años de edad, entre otros vejámenes, gestionó y obtuvo un apartamento como indemnización

---

13. Jonás, entrevista.

14. "Mateo 18 y el perdón—Puerto Libertador," lectura popular de la Biblia, Puerto Libertador, 10 de diciembre, 2016. Participantes: Gine Arlés Abad Herrera, Polígena Chica, Yadira Gamboa, Pablo Emilio Gonzáles, Ana María González Zarante, Eliécer Oviedo, Yerlenis Padillo, Deyarina Pérez Rodeo, Manuel Enrique Ramos, Euloyo José Sabal.

15. Lazcario Ballestero Murillo (pastor Iglesia Nuevo Horeb), entrevista con Ivonne Cuervo, Iglesia Nuevo Horeb, Batata, 22 de enero, 2017.

16. Queilón (seudónimo, hombre en situación de desplazamiento), entrevista con Ivonne Cuervo, Iglesia Nuevo Horeb, Batata, 21 de enero, 2017. La expresión "brincar tanto" connota protesta y denuncia contra los malos manejos de los recursos públicos, y "no cuesta nada sacarlo del paso" connota el pago que se hace por el asesinato del que proteste.

17. Queilón, entrevista.

del gobierno nacional por su condición de PSD.[18] Diana Patricia transita con determinación de la indefensión, implícita en la condición de víctima, hacia la condición de sobreviviente que reclama acciones del Estado y de la Iglesia, y ejerce así su ciudadanía política. Con ello, se inscribe en la identificación que hace Ximena Ochoa:

> Cuando se ha dado el paso desde la indefensión y la soledad implícitas en la condición de víctima hacia la de sobreviviente, que dignifica nuestra naturaleza y reclama nuestra acción, empezamos a ser ciudadanos conscientes de los derechos que nos asisten.[19]

En la siguiente conclusión, Diana Patricia evidencia vigorosamente su propuesta política para que cese el conflicto armado, al tiempo que nos interpela a todos, y no solo a las víctimas, con su llamado a luchar por la paz en Colombia.

> Para mí, a pesar del atropello de salir y dejar las cosas, todo tirado, creo en la paz y debiéramos de luchar por eso, por la paz en Colombia; todos, no solo nosotras las víctimas sino todos, porque todos estamos afectados . . . queremos salir adelante, no queremos más conflicto, no queremos que haya más derramamiento de sangre.[20]

María, quien a diferencia de Diana Patricia no vive en la gran ciudad, sino que es habitante de un barrio de invasión con gran presencia de PSD en un pueblo con situación de seguridad aun compleja, también evidencia un alto nivel de capacidades, saberes y fortalezas políticas.[21] María, sola y con insistencia, gestionó ante la Secretaría de salud de la Alcaldía y logró la fumigación para eliminar un brote de paludismo en su barrio. Además, junto con su vecina, promovió un esfuerzo comunitario y gestionó y obtuvo ayuda de la Secretaría de infraestructura de la Alcaldía para cambiar varios postes de la electricidad en dos calles de su barrio. María demuestra así que ella también transita de la indefensión a la resiliencia política, a pesar de haber sufrido el desplazamiento hace unos trece años y el asesinato de su padre en la plaza del pueblo hace solo un par de años.

Tenemos pues que Diana Patricia ha logrado una fuerte familiarización con el ejercicio de sus derechos. A su vez, esa familiarización crea un círculo virtuoso que refleja un fuerte empoderamiento político de una persona que otrora era indefensa. Por su parte, María, aun en medio del duelo, apela a instancias gubernamentales del nivel municipal y a la movilización de sus vecinos para resolver necesidades

---

18. Diana Patricia (seudónimo de persona en situación de desplazamiento), entrevista con Milton Acosta, Santa Viviana, Bogotá, 2 de diciembre, 2016.

19. Óscar Acevedo, *El corazón de las víctimas: aportes a la verdad para la reconciliación en Colombia* (Bogotá: San Pablo, 2016), 86. Pronunciamiento de Ximena Ochoa, campesina ganadera, cuya madre fue víctima de secuestro extorsivo.

20. Diana Patricia, entrevista.

21. María (seudónimo de persona en situación de desplazamiento), entrevista con el autor, Puerto Libertador, Córdoba, 9 de diciembre, 2016.

urgentes de la comunidad en materia de salud y otros servicios públicos. Personas empoderadas políticamente como Diana Patricia y María, quienes han recibido cierto acompañamiento y acogida en iglesias cristianas en Bogotá y en Puerto Libertador, respectivamente, son claves para generar confianza en otras PSD que todavía no han transitado de la indefensión hacia la resiliencia y animarlas a ejercer sus derechos y su ciudadanía política.

Para algunas de las personas participantes en grupos focales sobre el perdón, el perdonar o no es una elección entre recoger o no la basura, entre comunidad y algo que no es comunidad, entre dejar vivir y matar, entre la vida en la gloria y en el infierno. Algunas de estas personas han decidido perdonar por su convicción de que el rencor y la venganza son destructivos, mientras que el perdón posibilita la convivencia pacífica. Algunas de estas personas ya son gestores político-burocráticos, evidenciando así resiliencia política.[22] Carmelo, por su parte, vincula sentimientos de cargar un peso cuando no perdona y de descanso y alivio cuando finalmente logró perdonar,

> cuando uno no perdona siente un peso y ese peso no me dejaba vivir tranquilo. Eh, en el momento que perdoné sentí que descansé. O sea, la carga que lleva no era su . . . no no no tenía la suficiente fuerza pa' llevarla y en el momento que me despojé de aquello sentí un alivio, por eso lo hice.[23]

A partir de los saberes de las personas en situación de desplazamiento, manifestados de manera explícita, pero también implícita, en la investigación de campo, el equipo destacó los siguientes hallazgos y aprendizajes:

- Evidencias de la capacidad limitada del Estado para responder a las PSD, lo cual representa una oportunidad para que las iglesias colaboren con organizaciones del sector público.

- Presencia de referentes lingüísticos que ayudaron a identificar el proceso de potenciación o subjetivación política del campesinado tras ser sometido al despojo violento de sus tierras.

- Conciencia de varios de los factores sociopolíticos que dieron lugar al desplazamiento forzoso y de las responsabilidades del Estado en esta tragedia.

- Experiencia del perdón como un fenómeno comunitario y político.

---

22. "Mateo 18 y el perdón—Puerto Libertador," lectura popular de la Biblia. En este capítulo y en los materiales educativos creados por nuestro equipo se define resiliencia política como la habilidad de recuperar el equilibrio y de florecer como agentes políticos. Véase Andrew Zolli y Ann Marie Healy, *Resilience: Why Things Bounce Back* (Nueva York: Free Press, 2012) y Bruce Evan Goldstein, ed., *Collaborative Resilience: Moving Through Crisis to Opportunity* (Cambridge, MA: The MIT Press, 2012), 7.

23. "Mateo 18 y el perdón—Batata," lectura popular de la Biblia, Batata, Córdoba, 21 de enero, 2017. Participantes: Pedro Ramón González Yanes, Santiago E. Ramos Espitia, cuatro hombres anónimos y cuatro mujeres anónimas.

Los investigadores cotejaron sus investigaciones bibliográficas con los hallazgos y aprendizajes aportados por las PSD y las iglesias. Ese cotejo descubrió a los ojos de los investigadores la enorme capacidad de incidencia pública que la iglesia tiene para convertir los valores cristianos de perdón y justicia en estrategias viables y sostenibles de empoderamiento político-burocrático de las PSD. Dicho cotejo permitió identificar que las PSD participantes hablaban con desparpajo sobre sus propias emociones y realidades sociopolíticas en el ambiente seguro de la iglesia, tal como reflejan los anteriores testimonios. La intervención posterior (2017–2018) tuvo en cuenta el enorme potencial de incidencia pública a favor del empoderamiento político-burocrático de las PSD que tiene la iglesia, pero del que desafortunadamente ha utilizado muy poco debido en gran parte a su desdén frente a la política.

Las iglesias cristianas, tanto su espacio físico como su realidad comunitaria y espiritual, pueden y deben propiciar este tipo de espacios vitales para compartir las vicisitudes de la vida, pero también para compartir transiciones que han hecho estas personas, de la indefensión a la resiliencia política, construyendo así conciencia terapéutica de las injusticias que aumente la capacidad y la solidaridad comunitarias y que, a su vez, empodere políticamente a otras PSD. La apuesta pues de este modelo de resiliencia política es la de identificar y promocionar las capacidades, los saberes y las fortalezas en las personas ultrajadas en sus derechos ciudadanos a través de una conversación robusta que conduzca a una mayor movilización comunitaria.

PAUTAS Y ESTRATEGIAS PARA EL FLORECIMIENTO POLÍTICO-BUROCRÁTICO DE LAS PSD

Entre julio y noviembre de 2017, el equipo ISP desarrolló propuestas de una cartilla para profesionales de las iglesias y de un currículo para las personas en situación de desplazamiento, a partir de nuestras investigaciones bibliográficas y de campo iniciales. El equipo buscó identificar pautas y estrategias viables y sostenibles para la movilización de las comunidades evangélicas y de las PSD a favor del florecimiento político-burocrático de estas personas. Además, el equipo trató de asegurar que los materiales promuevan una comprensión de las condiciones históricas del desplazamiento forzoso, la aplicación de valores cristianos como la justicia, la confesión y el perdón, y el uso de una ruta de resiliencia política.

La retroalimentación recibida por el equipo ISP en el Congreso de *Fe y Desplazamiento* (28 y 29 de noviembre de 2017) fue significativa para ser más conscientes de la complejidad de interacción entre la iglesia y el sector público, así como del desdén de las instancias del Estado hacia la iglesia y viceversa, y del peligro de cooptación de la iglesia por tendencias políticas polarizadoras. El diálogo fluido entre los más de treinta participantes del taller de nuestro equipo en el Congreso confirmó sin embargo la oportunidad e importancia de cooperación entre la iglesia y el Estado a favor del empoderamiento político-burocrático de las PSD. Además, se aplaudió el esfuerzo para identificar a las personas en situación de desplazamiento como actores políticos, y se llamó la atención sobre la necesidad de distinguir el perdón de la impunidad, de manera que no se dé el malentendido de que la promoción del perdón equivalga a favorecer la impunidad. Finalmente, se recalcó el lamento como parte esencial de la liturgia de la iglesia que se debe recuperar como campo fértil para confrontar las injusticias.[24]

De esta manera, el equipo ISP elaboró, entre el 30 de noviembre de 2017 y el 29 de mayo de 2018, la cartilla para profesionales y el currículo para personas en situación de desplazamiento. Este material desarrolla una formulación afirmativa y preliminar de nuestra hipótesis, en el sentido de que el impacto de la contribución de la iglesia cristiana y del sector público en el florecimiento de las PSD será mayor si ambos trabajan cooperativamente que si cada uno trabaja de manera independiente. El desarrollo de dicha formulación se da a través de la exploración de las siguientes estrategias viables y sostenibles para la movilización de las comunidades evangélicas y de las PSD a favor del florecimiento político-burocrático de estas personas: dimensionar lo que dicen y hacen las víctimas respecto al perdón y la justicia; potenciar los saberes y praxis de las PSD y traducirlos en planes de acción; así como la estructuración de una ruta de resiliencia política.

La cartilla para profesionales, *Iglesia, política y desplazamiento*, contiene reflexiones que orientan las sugerencias de acciones concretas, particularmente la de construir una ruta de resiliencia política, en beneficio del profesional en ciencias humanas, sociales, jurídicas o afines, pero también del líder que por su experiencia y compromiso posea las competencias y el compromiso que se requieren para movilizar a su iglesia local y para valorar y motivar a las personas en situación de desplazamiento, en cuanto a gestión político-burocrática, desde una praxis de la fe cristiana. Esta cartilla responde a la necesidad de aprovechar el capital político subutilizado tanto de las iglesias como de las PSD y encaminarlo para movilizar, acompañar y potencializar la gestión político-burocrática que las PSD sí tienen. Ese capital político se hace manifiesto y se fortalece en el continuo gestionar de recursos públicos y privados por parte de la población en situación de desplazamiento. Las investigaciones bibliográfica y de campo permitieron identificar esa necesidad como se desprende de los hallazgos señalados en la sección anterior. Entre los objetivos principales de la cartilla se encuentran: 1. Forjar y/o consolidar una conciencia política y social desde la fe cristiana a favor de las personas en situación de desplazamiento, particularmente de que sí es posible mejorar la percepción con relación al Estado en beneficio de una cooperación entre la iglesia y el sector público para el florecimiento político-burocrático de estas personas y 2. Demostrar que los profesionales, en cuanto a sus capacidades y compromiso ético desde su fe, sí pueden ayudar a generar un ambiente propicio para que estas personas se empoderen políticamente. La cartilla *Iglesia, política y desplazamiento*, con las pautas y estrategias viables que ofrece, constituye así un instrumento

---

24. Ver el reporte de la retroalimentación más completa en *Informes de investigación* §5.3.2.2.

promisorio para el profesional cristiano que se quiera comprometer a aprovechar el capital político subutilizado de las iglesias y de las PSD.[25]

El siguiente es un ejemplo de una dinámica que hace parte de la estrategia viable y sostenible de dimensionar lo que dicen y hacen las víctimas respecto al perdón y la justicia. Se trata de la lección "Perdón y política: una lectura popular de Mateo 18:21–35," que combina recursos derivados de la teología política, la ética política, así como de la misiología integral, y se encuentra contenida en la cartilla para profesionales. Esta dinámica permite desarrollar el empoderamiento político-burocrático de las PSD, a partir de la reflexión sobre el valor cristiano del perdón y utilizando la metodología pedagógica de la lectura popular de la Biblia. La lección pide leer el texto bíblico en grupos focales, de manera dramatizada o repetidas veces, asegurando que las personas involucradas capten bien la narración bíblica y su mensaje. Además, las personas involucradas tienen la oportunidad de participar activamente no solo en la lectura del texto bíblico, sino también en la discusión de las implicaciones políticas del perdón y en la interacción respetuosa con las experiencias que sobre el perdón han tenido. Esa participación se hace a partir de descubrir el lugar donde se ubican los miembros del grupo a sí mismos y a su comunidad dentro de la historia, preguntándoles sobre el personaje con el que se identifican y cuáles personajes de la historia bíblica se asemejan a personas en su comunidad. Finalmente, las preguntas se enfocan en las consecuencias políticas que se darían si las personas en su comunidad actuaran como el rey que perdona o el deudor que no perdona. Esa dinámica, bien liderada, constituye un campo fértil para identificar el potencial político-burocrático existente en las personas participantes, al tiempo que le permite a la iglesia cumplir con un aspecto clave de su misiología integral de promover el perdón. Los grupos focales en los que ya hemos desarrollado esta dinámica corroboran que esta genera un ambiente propicio para traducir en estrategias de gestión político-burocrática concretas aun las manifestaciones de seres sentipensantes de las PSD, alrededor de un tema de las entrañas de la iglesia y su misión como es la promoción del perdón.[26]

El video "Un transitar de la indefensión a la resiliencia política,"[27] cuyo material se incorporó a la cartilla, muestra la ruta de resiliencia política que Diana Patricia ha transitado.[28] El video trata de aprovechar este testimonio para ayudar al profesional a fortalecer su conciencia sobre la importancia de los testimonios de las personas en situación de desplazamiento que han transitado de la indefensión a la resiliencia

---

25. Véase Robert W. Heimburger et al., *Iglesia, política y desplazamiento: cartilla para profesionales* (Medellín: Publicaciones SBC, 2018) y David López Amaya, y Guillermo Mejía Castillo, *Iglesia, política y desplazamiento: cartilla para profesionales*, 2.ª ed. (Medellín: Publicaciones SBC, 2020).

26. Véase el capítulo sobre el perdón en este libro y la lección "Perdón y política: una lectura popular de Mateo 18:21–35" en López Amaya y Mejía Castillo, *Iglesia, política y desplazamiento: cartilla*, 69.

27. Véase "Un transitar de la indefensión a la resiliencia política," *Fe y Desplazamiento*, https://feydesplazamiento.org/videos/interaccion-con-el-sector-publico; López Amaya y Mejía Castillo, *Iglesia, política y desplazamiento: cartilla*, 19–21.

28. Diana Patricia, entrevista.

política para incentivar a otras PSD que todavía están en el estado de indefensión a que sí es posible gestionar y acceder al resarcimiento del Estado por los derechos conculcados.

Otro material del equipo ISP es el currículo *Iglesia, política y desplazamiento* para personas en situación de desplazamiento. El currículo también presenta pautas y estrategias viables y sostenibles para el florecimiento político-burocrático de las PSD. Se entiende este florecimiento como la disposición firme de las PSD para adelantar las gestiones necesarias en las oficinas del gobierno en aras del resarcimiento de sus derechos como ciudadanos colombianos. El florecimiento se predica especialmente con relación a los derechos que han sido quebrantados por el desplazamiento forzoso, reconociendo que estas gestiones son, con frecuencia, demoradas y complicadas. Las personas en situación de desplazamiento pueden desarrollar las lecciones del currículo por sí solas, pero es preferible que lo hagan con el acompañamiento de la iglesia local a través de un facilitador. Este material aporta pasos prácticos en resiliencia política, en formación de una conciencia histórica, en gestión política comunitaria, y en promoción de principios y valores de justicia y perdón en el marco de la fe cristiana para que las personas en situación de desplazamiento se conviertan en verdaderos agentes políticos, no necesariamente en el sentido electoral sino como gestores de sus derechos. El ambiente propicio puede surgir cuando se cumplen los objetivos de este material como son, entre otros, los de comprender la dimensión política del desplazamiento y reconocer las potencialidades de agencia y resiliencia política de las personas en situación de desplazamiento.

Es oportuno reconocer que, si bien el currículo ha sido bien recibido en las comunidades piloto en las ciudades de Medellín y Bogotá, el desarrollo de la dinámica pedagógica 'tejiendo política' de la lección 'Yo hago política de la buena' no fue efectivo en la comunidad piloto indígena en Piendamó. Ello a pesar de nuestro mejor cuidado de seleccionar previamente a ocho personas (hombres y mujeres) de dicha comunidad, en quienes percibimos alguna afinidad con este material. Nuestro material no logró compenetrarse con las formas y conceptualizaciones de las personas de esa comunidad; lo que constituye un desafío aún vigente.[29]

El video "María teje política"[30] muestra la condición de agente político de María en gestiones concretas que favorecen el florecimiento de las personas en situación de desplazamiento.[31] Este video está asociado con la lección "Yo puedo hacer política de la buena."[32] La reflexión que tiene como referente el contenido del video busca concientizar a las PSD de que ellas sí son o pueden llegar a ser agentes político-burocráticos.

---

29. Véase *Informes de investigación* §5.3.3.1.

30. "María teje política," *Fe y Desplazamiento*, https://feydesplazamiento.org/videos/interaccion-con-el-sector-publico.

31. María, entrevista.

32. Véase David López Amaya y Guillermo Mejía Castillo, *Iglesia, política y desplazamiento: currículo para personas en situación de desplazamiento*, 2.ª ed. (Medellín: Publicaciones SBC, 2020), 11.

Las dinámicas que orientan la reflexión incluyen la identificación de cómo María "tejió política" a partir de las cosas que ella hizo para ayudar a resolver algunas de las necesidades de su comunidad.

Dimensionar lo que dicen y hacen las víctimas respecto al perdón y la justicia, potenciar los saberes y praxis de las PSD, particularmente en cuanto a la gestión político-burocrática y la creación de una ruta de resiliencia política de las PSD son varias de las pautas y estrategias que se explicitan en los materiales del equipo ISP. Dichas pautas y estrategias surgieron de la investigación bibliográfica, pero principalmente de los aprendizajes obtenidos en la investigación de campo. Aunque ellas no constituyen una camisa de fuerza para las comunidades de fe, sí orientan el esfuerzo que se adelante para el florecimiento político-burocrático de las PSD, como quiera que fueron labradas a partir de las realidades sentipensantes y de conciencia política de las personas que han sufrido en carne propia la tragedia del desplazamiento forzoso, así como de su trasegar político-burocrático en aras de recibir el resarcimiento del Estado por los derechos conculcados.

EVALUACIÓN Y REVISIÓN DE LOS MATERIALES

La evaluación y la revisión de los materiales del equipo ISP (10 de julio de 2018—31 de agosto de 2020) se enfocaron en la comprensión de las herramientas conceptuales y metodológicas sobre resiliencia política, barreras y condicionamientos de la interacción entre la iglesia y el sector público, justicia, gestión política, y perdón y sus efectos políticos. Evaluamos su aplicabilidad en la iglesia local para articular una estrategia de acompañamiento al florecimiento político de las personas en situación de desplazamiento. El equipo procuró facilitar, cada vez más, la comprensión de los componentes políticos del desplazamiento, el reconocimiento de potencialidades en gestión política y la asunción de conciencia histórica (comprensión del conflicto armado y de los daños causados) y de conciencia político-burocrática comunitaria. Dicha evaluación permitió integrar mejor la reflexión sobre el lamento, el perdón y la justicia con la gestión comunitaria del resarcimiento de los derechos de las PSD como agentes político-burocráticos. También permitió la identificación de las actividades, conceptos y otros aspectos desarrollados en el currículo que fueron más relevantes para los participantes.

El ámbito de la evaluación y el análisis de impacto de los materiales fue muy reducido y se limitó a una entrevista en la Iglesia El Encuentro y a dos grupos focales en la Iglesia El Redil; ambas en Bogotá. Las personas participantes manifestaron gran complacencia por la buena calidad de los materiales, tanto en su contenido como en la forma. Destacaron, sin embargo, lo demasiado denso de las lecciones del currículo y la necesidad de incluir más actividades lúdicas y menos contenido técnico. Como acierto de nuestros materiales, los consultados destacaron, entre otras, la inclusión de estrategias que reducen la lecto-escritura, los espacios que sugiere para que el lector exprese sus puntos de vista, la diversidad de fuentes intelectuales que se cruzan en las lecciones (filosofía, teología, derecho, sociología y política).

Más específicamente, se percibió una respuesta positiva en cuanto al impacto de la cartilla en el plano teórico a propuestas conceptuales, como el de *adhocracia* y el de resiliencia política. Stefanith Castro Hernández destacó: "hay dos términos que me gustaron mucho que fue el de *adhocracia*, que yo aun siendo abogada y todo, pero cuando lo vi era nuevo para mí, [. . .] y se refiere a la dinámica de trabajar en situación de voluntariado" y el de "resiliencia política" que le permite, según ella, conectar con otros temas como el de justicia transicional.[33] Otro concepto altamente valorado fue el del lamento como componente de una ruta de resiliencia política para el florecimiento de las PSD, particularmente "en la exigencia de atmósferas de confianza entre quien se lamenta y quien escucha."[34]

En el plano del impacto emocional y espiritual, se destacó la virtud de las lecciones de vincular temáticas típicamente teológicas y/o filosóficas, como perdón y justicia, asociándolas, no solo con las exigencias rutinarias de la PSD, sino también como elementos necesarios hacia el florecimiento colectivo. En el plano práctico/estratégico, se destacó la facilidad para transitar de la teoría a la práctica, como sugiere Chilatra al definir la cartilla como "acción concreta"[35] en favor de la PSD. Chilatra, Castro y Ortiz concuerdan con los autores de la cartilla sobre el papel positivo del perdón, la justicia y la resiliencia política, como rutas alternativas necesarias para cambios estructurales, incluso en contextos típicamente complejos y violentos como el del conflicto armado colombiano. En torno a la cualificación del saber, se valoró la capacidad de los materiales para incorporar saberes específicos, como marcos legales constitucionales emparentados con el problema del desplazamiento forzoso, teología del perdón, teoría de la justicia y puntos de conexión entre religión y política. No obstante, la articulación de esos saberes no desemboca en dictaduras teóricas que cierran la posibilidad de diálogo de saberes, tal como lo manifiesta Chilatra, "para mí es un material excelente, porque me permite, pues aparte de tomar una información que está allí plasmada, también expresar mi punto de vista."[36]

Como debilidades, los participantes en la evaluación y análisis de impacto de los materiales destacaron, entre otras, la necesidad de mejorar la asociación entre los conceptos con las realidades prácticas de las PSD, así como la cantidad insuficiente de material interactivo y de ejemplos de la vida cotidiana para aclarar los conceptos

---

33. Stefanith Castro Hernández, "Evaluación de los materiales de la línea de interacción con el sector público," Grupo focal, Iglesia El Redil de Bogotá, 26 de enero, 2019. Participantes: Stefanith Castro Hernández y Yency Lisneidi Ortiz Velasco.

34. Yency Lisneidi Ortiz Velasco, "Evaluación de los materiales de la línea de interacción con el sector público," Grupo focal, Iglesia El Redil de Bogotá, 26 de enero, 2019. Participantes: Stefanith Castro Hernández y Yency Lisneidi Ortiz Velasco.

35. William Chilatra, entrevista con Guillermo Mejía Castillo, Iglesia el Encuentro de Bogotá, 1 de diciembre, 2018.

36. Chilatra, entrevista.

complejos. Con relación al currículo y de manera similar, se identificó la necesidad de aclarar aun más los conceptos y de enriquecerlo con experiencias cotidianas de la vida de las PSD. También se identificó, particularmente para el currículo, la necesidad de estructuración de mecanismos para mejorar la comprensión de los postulados conceptuales más complejos como la política, la justicia, y los diferentes ámbitos del perdón (personal, familiar, político), entre otros. Para ello, sugirieron entre otras cosas, crear espacios de confianza no solo para la práctica del lamento, sino también para involucrar a los lectores, de un modo seguro, en la ruta de la resiliencia política, y profundizar en temas como deberes y derechos de las PSD, y crear una visión de los temas políticos y de las instituciones gubernamentales que deben contribuir a la reducción de la brecha paradigmática que considera los espacios gubernamentales como "algo muy grande que ellos [las PSD] no pueden abarcar."[37]

Tanto la cartilla para profesionales como el currículo para las personas en situación de desplazamiento fue revisado a la luz de la evaluación y del análisis de impacto a los que fueron sometidos. Se tuvo en cuenta, particularmente, la aclaración de conceptos filosóficos, teológicos y políticos, así como la articulación de las diferentes lecciones a través de actividades transversales y repetitivas pero relevantes al contenido de cada lección. De esa manera, el material revisado goza de mayor continuidad y cohesión en la identificación consistente de conceptos fundamentales y el aprovechamiento de los productos artísticos que *Fe y Desplazamiento* tiene, como pinturas, canciones y poemas. También se subsanó la falta de cohesión entre las diferentes lecciones, tanto de la cartilla como del currículo.

Así las cosas, los cambios de contenido en la cartilla *Iglesia, política y desplazamiento* fortalecen la articulación de cada una de sus cinco lecciones alrededor de la construcción de una ruta de resiliencia política por parte de las iglesias participantes a favor de las personas en situación de desplazamiento, teniendo en cuenta las posibilidades y circunstancias cotidianas de dichas iglesias y de dichas personas. Estos cambios incluyen reflexiones, preguntas y actividades relacionadas con la articulación de la ruta de resiliencia política. Se articuló, por ejemplo, el poema "Alma grande" como lamento perturbador sobre la catástrofe humanitaria del desplazamiento forzoso en Colombia con la tarea de construir una ruta de resiliencia política para responder cristianamente a esa catástrofe.[38]

Los cambios introducidos en el currículo *Iglesia, política y desplazamiento*, por su parte, tienen el propósito de profundizar aún más la integración y la simplificación de conceptos, es decir, evitar la duplicidad de conceptos en las diferentes lecciones. Para ello, se identificaron conceptos fundamentales de todo el currículo que se utilizan

37. Castro Hernández, "Evaluación de los materiales," Grupo focal.
38. Véase López Amaya y Mejía Castillo, *Iglesia, política y desplazamiento: cartilla*, 11. Otro ejemplo es la inclusión, en la lección sobre las barreras y condicionamientos de la interacción entre la iglesia y el sector público de la cartilla para profesionales, de la tarea de identificar las capacidades que se estén desarrollando en resiliencia política. López Amaya y Mejía Castillo, *Iglesia, política y desplazamiento: cartilla*, 35–37.

en las diferentes lecciones. Los conceptos claves de tejer política y de agenciamiento político, por ejemplo, se desarrollan como la capacidad de adelantar trámites o gestiones en las oficinas gubernamentales para el resarcimiento de los derechos vulnerados.[39] También se integró el concepto de tejer política a través de la actividad "Tejiendo política: transferencia a mi historia futura" en la lección # 2 sobre mapa histórico del presente y del futuro de las personas en situación de desplazamiento en el que las personas en situación de desplazamiento imaginan un futuro posible, teniendo en cuenta sus propios contextos, pero también la construcción de capacidades de agenciamiento político que estas lecciones brindan.[40]

APORTES AL DIPLOMADO

Varios de los ajustes que se hicieron en la revisión micro-curricular se reflejaron en los aportes del equipo ISP al diplomado de *Fe y Desplazamiento* para las iglesias, como se dio en los videos para la presentación de la cartilla y del currículo de la línea de interacción con el sector público. El aporte del equipo ISP al diplomado parte del reconocimiento de que la misiología integral percibe al ser humano de manera integral, incluyendo la dimensión político-burocrática. Ello se tradujo en la necesidad de desarrollar una conciencia política y social desde la fe cristiana para trabajar el empoderamiento político-burocrático de las personas en situación de desplazamiento. Dicha necesidad se aborda a partir de la creación de ambientes propicios para escuchar los lamentos, gritos y lecciones del alma política de las PSD que, a su vez, reflejan sus profundas convicciones y su mejor disposición para hacer y "tejer" política, adelantando las gestiones pertinentes en las oficinas del gobierno para el resarcimiento de sus derechos conculcados con el desplazamiento. Se busca con ello, gestionar comunitariamente los derechos de las PSD como agentes políticos y con resiliencia, utilizando el lamento, el perdón y la justicia, entre otros, como ejes transversales; valores y prácticas que hacen parte insoslayable del ADN del pueblo de Dios.

Asimismo, en la presentación del currículo, *Iglesia, política y desplazamiento* en el tercer módulo del diplomado, utilizamos la lección "Perdón y política: una lectura popular de Mateo 18:21–35" como modelo para entender la metodología y las dinámicas y pautas planteadas en dicho currículo. Esta lección permite demostrar nuestra convicción de que se puede identificar, fortalecer, activar y poner en práctica la resiliencia política a través de una práctica de la piedad cristiana como es el perdón para descubrir el alma política y la resiliencia política de las PSD. Además, permite crear un ambiente favorable para que las personas en situación de desplazamiento compartan sus convicciones políticas más profundas y fortalezcan su resiliencia política al comentar sus lamentos, dolores y tragedias. De esta manera, se refleja en la presentación del currículo la necesidad de complementar el estudio del currículo con

---

39. Véase López Amaya y Mejía Castillo, *Iglesia, política y desplazamiento: currículo*, 13.
40. Véase López Amaya y Mejía Castillo, *Iglesia, política y desplazamiento: currículo*, 32.

experiencias cotidianas de la vida de las PSD; necesidad que se identificó en nuestro análisis de impacto de nuestros materiales.

El aporte del equipo ISP para el módulo "La vocación del profesional cristiano en la reconstrucción de vidas de las personas en situación de desplazamiento," del diplomado de *Fe y Desplazamiento*, incluye una lectura y reflexión alrededor del poema "Alma grande." Este poema es un lamento perturbador sobre la catástrofe humanitaria del desplazamiento forzoso en Colombia. Tanto el poema, pero también la reflexión sobre él, buscan incomodar nuestra pasividad e intrascendencia, e invitarnos a salir de nuestras trincheras axiológicas perversas que siguen la tendencia del "deje así" de nuestro entorno. Las trincheras axiológicas perversas aquí se refieren a la pasividad complaciente que como profesionales cristianos exhibimos frente a las desgracias de nuestra patria y en las que nos refugiamos con valores y creencias que no reflejan el verdadero evangelio de Jesucristo. La inclusión de la lectura y reflexión de este poema responde al cambio que surgió de nuestro análisis de impacto, en cuanto a la necesidad de aprovechar los productos artísticos de *Fe y Desplazamiento*, como pinturas, canciones y poemas.[41]

CONCLUSIÓN

Este capítulo ha mostrado que sí existen condiciones para crear un ambiente propicio en las iglesias para interactuar con el sector público a favor del florecimiento político-burocrático de las personas en situación de desplazamiento. La experiencia del equipo de Interacción con el sector público, descrita brevemente aquí, ha develado el potencial de los valores y prácticas de la piedad cristiana, como el perdón, la justicia, y el lamento, de ser ejes transversales para promover la resiliencia político-burocrática de las PSD. Esta experiencia ha sido permeada constantemente por la interacción sistemática de la teología con ciencias socio-científicas como la ciencia política, la filosofía, la sociología y la historia, así como con la voz sabia y creativa de los que sufren en su piel y espíritu la catástrofe colombiana del desplazamiento forzoso en Colombia. También se corroboró la necesidad vigente del acompañamiento de la iglesia a las PSD en este proceso, particularmente frente al desafío que representa el "estado de cosas inconstitucional" por la continuada postergación del resarcimiento que debe pagar el Estado por no poder proteger los derechos conculcados de las PSD.

Sin ambages, pero con humildad, se afirma que la exploración e identificación de pautas y estrategias viables y sostenibles, desde la misiología integral, para movilizar a laicos en las iglesias a favor del florecimiento político-burocrático de las personas en situación de desplazamiento, como se ha registrado en este capítulo, no es una quimera. Se identificaron pautas y estrategias viables y sostenibles como la de dimensionar lo que dicen y hacen las PSD respecto al perdón, potenciar los saberes

---

41. Véase López Amaya y Mejía Castillo, *Iglesia, política y desplazamiento: cartilla*, 11.

y praxis de las víctimas y traducirlos en planes de acción, y la de desarrollar una ruta de resiliencia político-burocrática, entre otras. Ciertamente el desbordamiento del Estado para paliar la catástrofe del desplazamiento forzoso y el desdén de la Iglesia no católica hacia lo político-burocrático se yerguen como desafíos enormes. No obstante, un compromiso férreo a favor del florecimiento político-burocrático de las personas en situación de desplazamiento, por parte de la iglesia, cuenta ahora con recursos formidables en los materiales del equipo IPS para enfrentar esos desafíos y ejercer su enorme capacidad de incidencia pública.

BIBLIOGRAFÍA

Acevedo, Óscar. *El corazón de las víctimas: aportes a la verdad para la reconciliación en Colombia*. Bogotá: San Pablo, 2016.

Corte Constitucional, Sentencia T-025 de 2004. *Corte Constitucional* http://www.corteconstitucional.gov.co/relatoria/2004/T-025-04.htm. Fecha de publicación el 17 de junio de 2004.

Goldstein, Bruce Evan. Ed. *Collaborative Resilience: Moving Through Crisis to Opportunity*. Cambridge, MA: The MIT Press, 2012.

El Tiempo. "¿Ha cumplido el país en la reparación de víctimas? *El Tiempo.* https://www.eltiempo.com/politica/proceso-de-paz/ley-de-victimas-ha-cumplido-el-pais-en-reparacion-de-las-victimas-594859. Publicado el 16 de junio de 2021.

López Amaya, David, y Guillermo Mejía Castillo. *Iglesia, política y desplazamiento: cartilla para profesionales*. 2.ª ed. Medellín: Publicaciones SBC, 2020.

———. *Iglesia, política y desplazamiento: currículo para personas en situación de desplazamiento*. 2.ª ed. Medellín: Publicaciones SBC, 2020.

"María teje política." *Fe y Desplazamiento.* https://feydesplazamiento.org/videos/interaccion-con-el-sector-publico.

Heimburger, Robert W. et al. *Iglesia, política y desplazamiento: cartilla para profesionales*. Medellín: Publicaciones SBC, 2018.

Presidencia de la República de Colombia. "El Estado no tiene capacidad para reparar a todas las víctimas de un día para otro." *Presidencia de la república.* http://wsp.presidencia.gov.co/Prensa/2014/Abril/Paginas/20140409_01-El-Estado-no-tiene-capacidad-para-reparar-a-todas-las-victimas-de-un-dia-para-otro-Presidente-Santos.aspx. Fecha de publicación el 9 de abril de 2014.

Stringer, Ernest T. *Action Research*. 3.a ed. Los Angeles, CA: Sage, 2007.

The Economist Group. "In Brief." *Economist Intelligence (EIU).* Mayo de 2021. https://country.eiu.com/colombia. Accedido el 20 de mayo de 2021.

The National Intelligence Council. "Global Trends 2040: A More Contested World." *Office of the Director of National Intelligence.* https://www.dni.gov/index.php/gt2040-home/emerging-dynamics/state-dynamics. Último acceso 8 de abril de 2021.

"Un transitar de la indefensión a la resiliencia política." *Fe y Desplazamiento,* https://feydesplazamiento.org/videos/interaccion-con-el-sector-publico.

Zolli, Andrew, y Ann Marie Healy. *Resilience: Why Things Bounce Back*. Nueva York: Free Press, 2012.

PARTE 2

Reflexiones teológicas sobre la realidad social del desplazamiento

9

Una teodicea colombiana de la migración forzada
Interpretación bíblica desde y para la crisis del desplazamiento[1]

Christopher M. Hays y Milton Acosta

INTRODUCCIÓN

Justo al norte de la frontera de la ciudad de Medellín, posado alto en la montaña, se encuentra el segundo asentamiento más grande de personas forzosamente desplazadas en Colombia: El Granizal. Allí, más de 27.000 sobrevivientes procuran reconstruir sus vidas bajo el peso de una pandilla viciosa, cuidando las heridas psicológicas y físicas que resultaron de haber sido expulsados de sus hogares por fuerzas guerrilleras o paramilitares. Se preguntan, "¿Por qué? ¿Por qué pasó eso? ¿Dónde está Dios en todo esto?"

Este capítulo está dedicado a estas preguntas. Exploraremos lo que la Biblia dice sobre por qué Dios causa o permite la migración forzada, utilizando dos estrategias distintas para suscitar el testimonio del canon bíblico. Para ilustrar nuestro método, considere la siguiente analogía.

Para llegar a El Granizal, toca ascender las lomas empinadas de Medellín, y pasar por el barrio Santo Domingo. Se puede pasar por las calles estrechas a pie, navegando el tráfico peatonal congestionado y los gritos de los vendedores ambulantes. O, con un tiquete de menos de $3000, se puede tomar el Metrocable, un teleférico público, del cual se pueden observar los mismos barrios desde otra perspectiva, ojeando los techos y callejones escondidos que son invisibles desde la calle. Ambos acercamientos recorren el mismo terreno, pero distintos rasgos del barrio se vuelven más obvios desde

---

1. Este capítulo también se publicará en inglés en K.K. Yeo y Gene L. Green, *Theologies of Land* (Eugene, OR: Cascade, 2023, publicación pendiente).

diferentes ángulos. Para conocer más completamente al barrio, es mejor recorrerlo de ambas formas.

Este capítulo explora el testimonio bíblico sobre la migración forzosa de manera análoga. Primero se examina el texto bíblico con una perspectiva *desde* Colombia, a la luz de la experiencia del conflicto armado. Luego repasaremos las Sagradas Escrituras por segunda vez, leyendo la Biblia *para* la situación colombiana, pero recurriendo a los aportes de teodiceas mayoritariamente no colombianas.

Cabe aclarar que ninguno de los autores actuales es una persona en situación de desplazamiento (PSD). Nuestra meta, entonces, no es decirles a las víctimas cómo "deben" ellas interpretar el rol de Dios en su migración forzada. Más bien, nuestro anhelo es brindar recursos bíblicos a creyentes colombianos que luchan con esta pregunta, compartiendo con ellos cómo otros miembros del pueblo de Dios a lo largo de la historia han interpretado sus propias situaciones análogas del sufrimiento. Entre las personas cuyas perspectivas se comparten, sin embargo, incluiremos las voces de creyentes colombianos que sobrevivieron al desplazamiento.[2]

LAS RAZONES DEL DESPLAZAMIENTO FORZADO EN LA BIBLIA

Iniciamos nuestra indagación de la teodicea examinando cinco explicaciones diferentes que la Biblia ofrece sobre por qué la gente es obligada a migrar, y analizando el testimonio de las Escrituras a la luz de la crisis colombiana del desplazamiento.

A veces las personas son forzadas a migrar (1) como *consecuencia de las acciones malvadas de un tercero*. El libro de los Hechos describe numerosas migraciones que resultaron de la persecución.[3] Por ejemplo, después del martirio de Esteban, "se desató una gran persecución contra la Iglesia en Jerusalén, y todos, excepto los apóstoles, se dispersaron por las regiones de Judea y Samaria" (Hch 8:1).[4] Luego, Pedro huye de Jerusalén para evitar una sentencia de muerte (12:17). Priscila y Aquila se trasladaron a Corinto como resultado de la expulsión de los judíos de Roma (18:2). Pablo fue transferido como preso de Jerusalén a Cesarea y luego a Roma (23:23–31;

---

2. Debemos dejar claro que nuestra investigación de campo con sobrevivientes del conflicto armado nunca preguntó específicamente sobre temas de la teodicea, ni tampoco creamos materiales educativos enfocados en el problema del mal y su relación con la migración forzosa. Sin embargo, en el trascurso de nuestra investigación, nosotros y nuestros entrevistados nos encontramos una y otra vez con esta temática, aún de forma no sistemática. La monografía actual es entonces una combinación de nuestro propio pensamiento bíblico y filosófico con las reflexiones teológicas sobre la teodicea que ofrecieron las PSD durante nuestras entrevistas y grupos focales enfocados en otros temas. No originalmente, buscamos aprender de la teodicea con las PSD, pero en la medida en que ellos la abordaron, hemos intentado escuchar sus voces e identificar cómo ellas contribuyen a los discursos de filósofos y estudiosos bíblicos.

3. Véase además Christoph W. Stenschke, "Migration and Mission: According to the Book of Acts," *Missionalia* 44, n.º 2 (2016): 129–51.

4. Al menos que se indique el contrario, las citas bíblicas son de la NVI.

27:23–24; cf. 20:22–23). En todos estos casos, los creyentes no hicieron nada para merecer su desplazamiento; los actos malvados de otros los obligaron a migrar.

Sin embargo, Dios no se queda con los brazos cruzados mientras su pueblo es empujado de un lugar a otro. Aunque Hechos no llega a afirmar que Dios causó estos eventos de desplazamiento, indica que Dios *usa* estas migraciones para extender el evangelio desde Jerusalén hasta los confines de la tierra (cf. Hch 1:8). Así, después de que la persecución esparció a los creyentes de Jerusalén "por las regiones de Judea y Samaria . . . los que se habían dispersado predicaban la palabra por dondequiera que iban" (8:4). La reubicación imprevista de Priscila y Aquila en Corinto los conectó con Pablo y los transformó entonces en agentes claves de la expansión del evangelio a lo largo del norte del Mediterráneo (18:1–3, 26).[5] La transferencia de Pablo desde Jerusalén a Cesarea permitió que él le predicara a Félix, Festo y Herodes Agripa (Hch 24–26), y luego en Roma (28:17–31; cf. 23:11; 27:23–24). Aunque Hechos presagia cómo Pablo sufriría como resultado de proclamar el evangelio (9:15–16), no llega al punto de decir que las migraciones forzadas de Pablo son directamente la obra de Dios. Dios logra su plan tanto por medio de la migración voluntaria de sus predicadores como, cuando las acciones de gente malvada lo hacen necesario, a través de la migración forzada de sus mensajeros. En estos casos, se indica que Dios redime el desplazamiento de su pueblo, sin causar las acciones malas que lo desplazaron.

En otros relatos bíblicos, las personas son forzadas a migrar, no como resultado de los pecados de otros, sino como (2) *una consecuencia de sus propias acciones malas*. Moisés, por ejemplo, huyó de Egipto después de cometer un asesinato (Ex 2:11–15).[6] Empero, Dios no abandonó a Moisés después de su huida, sino que le otorgó una esposa en Madián (2:15–22) y se encontró con Moisés allí para comunicarle su vocación profética (3:1–4:17). La Biblia no sugiere que Dios *quería* que Moisés asesinara al egipcio; sin embargo, Dios redime la huida que resultó del asesinato que Moisés cometió.

A veces las Escrituras describen la migración forzada no meramente como una *consecuencia* de los pecados humanos, sino como (3) *un castigo divino por las acciones malas de las personas*. Piense en la expulsión de Adán y Eva del jardín (Gn 3:23–24), el desplazamiento de Caín después de matar a Abel (Gn 4:12–16) y el exilio de Israel (Dt 28:64; Lm 1:1–5). En estos textos, la migración es la voluntad directa de Dios, un castigo por las obras malas de las personas. Sin embargo, aun cuando Dios castiga a su pueblo, no lo abandona. Al contrario, Dios cose ropa para Adán y Eva (Gn 3:21), protege a Caín con una marca (Gn 4:15) y promete que rescatará a Israel del exilio (Dt 30:3–4).

Algunos pasajes afirman que (4) *Dios había planeado la migración forzosa en aras de generar un beneficio para su pueblo*. José, por ejemplo, fue traficado a Egipto

---

5. De forma similar, según la tradición de la Iglesia, después de huir de Herodes, Pedro evangelizó a Asia menor (Eusebio, *Hist. eccl.* 3.1.2; Jerónimo, *De vir. ill.* 1; cf. 1P 1:1).

6. Sobre la legalidad (o no) del anhelo de que Faraón asesinara a Moisés, véase Patricia Berlyn, "The Pharaohs Who Knew Moses," *Jewish Bible Quarterly* 39, n.º 1 (2011): 8.

por sus hermanos (Gn 37:25-36). Pero Génesis luego revela que el desplazamiento de José no se debía meramente, ni aun primariamente, a sus hermanos. Famosamente, José les explica sus hermanos, "Ustedes pensaron hacerme mal, pero Dios transformó ese mal en bien para lograr lo que hoy estamos viendo: salvar la vida de mucha gente" (50:20). En otra ocasión, José afirma tres veces que fue *Dios quien lo mandó* a Egipto para preservar a su pueblo (45:5, 7-8). José interpreta su propio tráfico humano y esclavitud, no como tragedias que Dios meramente redimió, sino como una parte intencional del plan divino.

Finalmente, a veces la Biblia sugiere que Dios desplaza a su pueblo (5) *tanto para castigarlo como para bendecirlo*. Esto es patente en Jeremías 29:4-11, una carta a los exiliados en babilonia. El profeta afirma que, aunque fue Dios quien mandó al pueblo al exilio (29:4), Dios también promete a los exiliados que, mientras estén en Babilonia, tendrán casas, viñedos y descendientes. Estos son precisamente los beneficios de la *fidelidad* al pacto delineados en Deuteronomio 28, y sin embargo, Dios les ofrece a los israelitas durante el exilio, el castigo definitivo de la *infidelidad* al pacto.[7]

Jeremías explica que Dios devolvería generaciones futuras a la Tierra prometida y les asegura a los exiliados, "Yo sé muy bien los planes que tengo para ustedes . . . , planes de *shalom* y no de calamidad, a fin de darles un futuro y una esperanza" (29:11). La interpretación más natural de este versículo es como una afirmación de que los planes de Dios para el bienestar de los exiliados incluyen no solo el retorno eventual de sus descendientes a la tierra, sino también su propio florecimiento en Babilonia.[8] Así, de forma paradójica, Jeremías afirma que Dios puede exiliar a su pueblo tanto para castigar la infidelidad al pacto como para brindar las bendiciones del pacto.

La relevancia de explicaciones bíblicas de la migración forzada para la crisis colombiana

¿Cómo encaja el testimonio de las Escrituras sobre la migración involuntaria con la experiencia colombiana? La migración forzada en Colombia es una consecuencia de la agresión de actores armados (conforme con la primera explicación bíblica mencionada arriba); esta es la correspondencia más obvia entre las explicaciones bíblicas del desplazamiento forzoso y la experiencia colombiana, en la medida en que millones han huido después de ver a sus hijos secuestrados, sus hijas violadas, sus esposos decapitados. Agresores viles, en el pasado y en la actualidad, desplazan a sus víctimas a tierras lejanas.

---

7. Véase además Christopher M. Hays, "¿Buscar el bienestar de la ciudad, o marcharse mientras ella quema? Una lectura política e intertextual de Jeremías 29 y Lucas 17 con relación a las crisis migratorias del siglo XXI," *Theologica Xaveriana* 71 (2021); cf. Leslie C. Allen, *Jeremiah: A Commentary*, Old Testament Library (Louisville, KY: Westminster John Knox, 2008), 324.

8. La palabra para "bienestar" en el versículo 11, *shalom*, también se utilizó en el versículo 7: "Busquen el *shalom* de la ciudad a donde los he deportado . . . porque el *shalom* de ustedes depende del *shalom* de la ciudad."

Además, *algunas* PSD han sido miembros de grupos armados y huyen debido a la retaliación de sus enemigos (así, la segunda explicación bíblica). Este es un tema delicado, precisamente porque uno de los prejuicios contra los sobrevivientes del conflicto es que son supuestos actores armados, de modo que "se lo tenían bien merecido" cuando se convirtieron en víctimas. Aunque no queremos descender a la "culpabilización de la víctima," una minoría pequeña de los desplazados sí huye, como Moisés, por temor a represalias por sus propias acciones violentas.[9] Cuando se piensa en cómo los niños son forzosamente reclutados por grupos armados y tienen el cerebro lavado para que peleen en apoyo a su "causa," se entiende cómo los culpables pueden ser víctimas a la vez.

Una vez yo (Christopher) me senté en un cambuche con paredes de guadúa, la lluvia golpeando el tejado de zinc, y entrevisté a un padre joven quien mecía a su niño sobre las rodillas. Cuando surgió el tema de sus experiencias pasadas, se volvió ansioso y entró en un conflicto interno: anhelaba compartir sus experiencias conmigo "para ayudar a los demás," pero temía las ramificaciones imprevistas de una divulgación poco cautelosa. Temblando, reveló que previamente había sido un miembro de las FARC antes de ser desplazado con el resto de su comunidad. Había luchado con la culpa de saber que había causado a otros el mismo sufrimiento que su comunidad sobrevivió, y vivía con el temor que algún día las FARC lo encontrarían y lo castigarían por haber desertado. Mientras calculé en mi cabeza un cronograma de su vida (infiriendo que él tenía, por mucho, veinte y pico de años y recordando que había sido desplazado hace tres años, algo después de su propia deserción), me di cuenta de que había sido un combatiente guerrillero cuando era apenas un adolescente. Llegué a apreciar aún más la realidad compleja que un migrante forzoso puede ser a la vez víctima y victimario.

¿Cuál es el rol de Dios en todo esto? Se podría proponer que el desplazamiento es un castigo divino por los pecados de las víctimas o de la nación (explicación bíblica tres; cf. Ez 21:1–32). Los autores actuales se repliegan ante semejante afirmación, a sabiendas de que el mismo argumento se ha propuesto para explicar el huracán Katrina, la epidemia de SIDA, la pandemia del COVID-19, etc., y porque reconocemos que Jesús rechazó por lo menos algunos ejemplos de este tipo de argumento (Lc 13:1–5). En términos estrictos, no podemos excluir que Dios tal vez usaría el sufrimiento para castigar a la gente, pero evitaremos la elaboración de cualquier argumento así con relación a algún evento particular de desplazamiento.

La faceta más interesante de esta indagación tiene que ver con si Dios *pretende* el desplazamiento como un mecanismo para bendecir a la gente, o simplemente *redime* el sufrimiento de las personas. Esta pregunta surgió, sin solicitarla, una y otra vez en nuestras conversaciones con las víctimas del conflicto violento, y se justifica compartir

---

9. Sobre la ética de reconocer que algunos migrantes son culpables de la violencia, véase también Christopher M. Hays, "What is the Place of My Rest? Being Migrant People(s) of the God of All the Earth," *Open Theology* 7, n.º 2 (2021): 155.

sus perspectivas en algo de detalle, ya que la diversidad de sus perspectivas ilustra la complejidad de la temática. Las PSD cristianas a menudo resaltan cómo Dios los ha beneficiado a través de su desplazamiento (cf. explicaciones bíblicas cuatro y cinco), sin aseverar que Dios había planeado su desplazamiento para ese propósito. En las palabras de un pastor desplazado de nombre Alfonso,

> para algunos, este desplazamiento ha sido una oportunidad . . . Porque algunos se han hecho profesionales . . . Donde el colegio no llegaba allá, acá afuera se han capacitado sus hijos, hoy son profesionales . . . Se presentan oportunidades en la vida y más cuando nosotros encontramos en la Biblia que Dios está con nosotros, que Dios provee, que Dios es nuestro socorro, que Dios abre puertas.[10]

En el testimonio del pastor Alfonso, Dios no es el agente del desplazamiento, pero ayuda a las víctimas a recuperarse y salir adelante. Los sobrevivientes a menudo tuvieron que escoger entre dos alternativas: ser asesinados o ser desplazados. ¿Debemos suponer que el desplazamiento es mejor que la muerte? Esta creencia indudablemente emerge en algunos de los testimonios de las PSD: están agradecidos con Dios por sus vidas. Están felices, no por haberse desplazado, sino por razón de estar vivos y poder gozar, en medio de sus dificultades, de nuevas oportunidades para sí mismos y para sus hijos, en contraste sombrío con sus amigos y parientes que fueron asesinados. Sin embargo, la perspectiva de Lamentaciones 4:9 aplica a algunos también; ciertos sobrevivientes de grandes tragedias opinan que los que murieron tuvieron mejor suerte.

Aunque algunas PSD se consuelan porque sus vidas eventualmente mejoraron después del desplazamiento, apelar a este argumento puede resultar contraproducente. Una interacción reveladora surgió en la vereda montañosa remota de Batata, en una comunidad que había retornado a sus hogares dos veces, después de haber sido expulsados primero por las FARC y luego por un grupo paramilitar. En un diálogo sobre el impacto económico del desplazamiento, un participante evangélico de nombre Amador[11] invocó Romanos 8:28, diciendo "La Biblia dice que, para los que aman a Dios, todas las cosas les ayudan a bien. Mire, el desplazamiento fue algo duro y doloroso, pero eso nos ha servido de mucho a nosotros." Amador entonces describió cómo un profeta había venido a su comunidad y había anunciado en nombre de Dios, "Les voy a dar más de lo que ustedes tenían." Después Amador observó que muchas personas de la vereda ahora cuentan con más tierra de lo que tenían antes de su desplazamiento, y aún tienen motos. Amador argumentó que Dios había transformado su desplazamiento en mayor prosperidad material, y varios otros miembros del grupo asintieron con él de forma entusiasta.[12]

10. Alfonso Narváez, entrevista con Christopher M. Hays, Tierralta, Córdoba. 23 de enero, 2017.

11. Se cambió el nombre del entrevistado para proteger su identidad. Algunos nombres dados a continuación son seudónimos, pero no todos, en la medida en que algunas PSD desean que sus historias y reflexiones sean reportados en sus nombres reales.

12. Durante el estudio bíblico con PSD de la tribu Nasa en Matarredonda, Piendamó, dialogamos

Sin embargo, la conversación se volvió sobria cuando un caballero de nombre Jerónimo respondió,

> De pronto les sirvió a las personas que no perdieron un familiar, que no le mataron dos hijos, tres hijos, que no le mataron un hermano, que no le mataron el papá, que no le mataron la madre. Porque al que le mataron un hermano, un hijo, ha podido conseguir lo que sea, pero nunca es igual a ese familiar que perdió.[13]

Luego, el pastor local compartió que Jerónimo había anteriormente sido evangélico, pero, al perder miembros familiares por la violencia, abandonó su fe.

Cuando yo (Christopher) inicialmente comencé a trabajar con las PSD, me incomodaba apelar a la soberanía divina en medio de la violencia, precisamente porque tal argumento, en caso de hacerse de forma poco cuidadosa, podría dañar a las víctimas y potencialmente sería vulnerable a refutaciones quejumbrosas tal como la expresada por Jerónimo. A pesar de eso, sería incorrecto ocultar cuán vital es una fe en la soberanía para muchos sobrevivientes del conflicto, aun mientras luchan para explicar precisamente cómo Dios pudo permitir su sufrimiento. Roder Hernández, por ejemplo, quien había huido de la región de Batata después del asesinato de su padre en 2008, compartió la importancia de la fe para él y su madre en los años después de la muerte de su padre:

> El hecho de estar cerca la iglesia y estar cerca de Dios, eso es algo que nos llevó quizá no a superar sino a asimilar eso . . . Es difícil, pero hemos entendido, porque Dios tiene propósitos, Dios es soberano sobre todas las cosas, todo lo que él permite es porque ha sido su voluntad y al final es para ayudarnos.[14]

Algunas PSD creyentes expresan incertidumbre sobre cómo hablar de la soberanía de Dios en medio de su sufrimiento, especialmente si la violencia les quitó un familiar no creyente que quizás entonces sería condenado. Keylon, que había perdido a su hermano no cristiano y a su madre cristiana, expresó un conflicto interno sobre si Dios o Satanás fue el responsable de lo que había sucedido. Él dijo:

> uno no sabe cómo explicar las cosas porque, si eso sería de parte de Dios o sería de parte de Satanás . . . [La muerte] de mi mamá no me duele tanto

---

sobre la afirmación de Rut 1:6 que Noemí dejó a Moab porque "se enteró de que el Señor había acudido en ayuda de su pueblo al proveerle de alimento." Un participante de aquella comunidad—todos los cuales viven en cambuches construidos de plásticos y bambú—dijeron que Dios ya los había visitado para bendecirlos porque, "Conseguimos la comida para los niños, para nosotros y para la comunidad" y porque no vivían más bajo la amenaza de la muerte. Un miembro de este grupo de unos 15 adultos, la mayoría de la cual tenían menos de 30 años, concordó con esta interpretación de su situación. Su argumento era que, en contraste con Noemí, ellos no tuvieron necesidad de retornar a la tierra de la cual habían huido.

13. Grupo focal realizado por Christopher M. Hays, Batata, Córdoba, 21 de enero, 2017.

14. Roder David Hernández Montiel, Tierralta, Córdoba, 23 de enero, 2017. Entrevista realizada por Ivón Cuervo.

porque ella era cristiana, pero mi hermano no . . . No creo que el Señor iba a permitir que él muriera sin convertirse. Entonces, uno no sabe explicar esa parte. Esa parte uno no la sabe explicar.[15]

Sin embargo, la mayoría de las PSD evitan dar voz al escepticismo de Jerónimo o aún a la incertidumbre de Keylon. Aun los que todavía no pueden elaborar un relato de cómo sus fortunas han mejorado después de su desplazamiento, insistirán de forma tenaz que el desplazamiento fue la voluntad de Dios. Miriam, una mujer afrocolombiana en Cartagena, reflexionó sobre este tema de forma extensa.

> Miriam: "Si Dios existe, ¿por qué estamos en esto?" dicen las personas que yo he escuchado. "Si Dios existe, ¿por qué estamos pasando tanta hambre, porque estamos pasando este problema?" Hay personas que dicen eso, los que no entienden dicen así. Pero otros que sí sabemos por qué estamos pasando problemas y dificultades, sabemos que eso es necesario, que tiene que pasar en nuestras vidas.[16]
> Entrevistador: ¿Por qué sería necesario?
> Miriam: Es necesario para mejorar nuestras vidas . . . Estuve leyendo en la Biblia, a Jesús se le apareció el diablo a tentarlo. Lo supo contestar, porque él supo a qué vino, él supo defender la honra de su Padre. Él le dijo al diablo, "No, no solo de pan vive el hombre, yo sé con quién confío, con mi Padre, mi Padre celestial." . . . Todos tenemos que pasar por problemas para mejorar nuestras vidas . . . Todo lo que nos pasó a nosotros en el desplazamiento, todo es cosa de Dios, ¿ya? . . . Lo que Dios tiene para uno, no lo evita nadie. Entonces, este problema que nos pasó en el desplazamiento, eso tenía que pasar. Con la ayuda de él salimos. Entonces, todo problema, adversidad, con la ayuda de él salimos adelante, con fe. Y tiene que pasar.[17]

Los comentarios de Miriam evidencian un entrelazamiento de creencias que el desplazamiento fue directamente de Dios, que el desplazamiento últimamente resultará en bendiciones y que la ayuda de Dios es esencial para superar el desplazamiento. En cierta medida, la perspectiva de Miriam es como la de Jeremías 29, al creer que Dios había causado su desplazamiento, que Dios pretende bendecirla por medio de ello (aun si todavía no ha recibido ninguna bendición) y que Dios es su socorro. También se percibe una preocupación que una falta de fe pondría en peligro su oportunidad de recibir la ayuda de Dios, de modo que rápidamente enfatiza su fe inquebrantable en la soberanía de Dios sobre su desplazamiento; a la vez, ella compara a los que dudan

---

15. Keylon, Batata, Córdoba, 21 de enero, 2017. Entrevista realizada por Ivón Cuervo.

16. Conforme con la explicación bíblica cuatro, Walberto Manuel Yeneris Lozano, un coinvestigador PSD del proyecto, comentó, "Desde la parte de puntos bíblicos, sí yo veo que muchas veces es necesario . . . A pesar de que la aflicción o las circunstancias o el conflicto llegue a nuestra vida, pero siempre vamos a tener esa certeza de que detrás de eso siempre va a haber un propósito de Dios para con nosotros." Tierralta, Córdoba, 23 de enero, 2017. Entrevista realizada por Ivón Cuervo.

17. Grupo focal, Cartagena, 27 de enero, 2017.

con el diablo cuando tentó a Cristo. Decir que lo que ella sufrió "tiene que pasar" es efectivamente su forma de "defender la honra de su Padre."

LA TEODICEA Y EXPLICACIONES BÍBLICAS DE LA MIGRACIÓN FORZOSA

Al haber examinado las explicaciones escriturales dadas para la migración forzada y al haber visto cómo las experiencias de sobrevivientes colombianos del conflicto conectan con las perspectivas bíblicas, nos acercamos ahora al canon desde otro ángulo, utilizando teodiceas selectas para estimular nuestra reflexión sobre el testimonio bíblico. La teodicea brinda un lente adecuado para esta indagación, en la medida que la pregunta de por qué Dios causa o permite la migración forzada está íntimamente conectada al problema del mal.

El problema del mal se puede resumir de la siguiente forma:

1. Si Dios es omnipotente, Dios puede prevenir todo mal.
2. Si Dios es perfectamente bueno, Dios desearía prevenir todo mal.
3. El mal está ampliamente esparcido en las experiencias humanas (por ejemplo, en el conflicto colombiano).
4. Consecuentemente, o Dios no es perfectamente bueno, o Dios no es omnipotente, o Dios no existe.

En lo que sigue, se presentarán seis teodiceas y preguntaremos si estas se pueden defender con textos bíblicos, en particular, los relacionados con la migración. Esto no implica que las teodiceas cristianas requieren de apoyo bíblico para ser válidas. Pero el propósito de este capítulo es ayudar a la respuesta de la Iglesia colombiana al desplazamiento forzoso; ya que los protestantes colombianos tienen una tendencia biblista fuerte, es probable que las teodiceas les serán más convincentes en la medida en que se presenten por medio de textos bíblicos.

Teísmo escéptico

Comenzaremos con el acercamiento del "teísmo escéptico," el cual se enfoca en la disyunción lógica entre (a) nuestra incapacidad actual de ofrecer una explicación satisfactoria "Dio-justificante" para ciertos males, y (b) la conclusión que tales explicaciones no existen.[18] Este acercamiento se llama "escéptico" con relación a la presunción que los humanos razonablemente pueden esperar que tendrán la capacidad de identificar razones Dio-justificantes de la maldad en el mundo. Muchas cosas pueden

---

18. Michael Bergmann, "Skeptical Theism and the Problem of Evil," en *The Oxford Handbook of Philosophical Theology*, eds. Thomas P. Flint y Michael C. Rea (Oxford: Oxford University Press, 2011), 374.

ser ciertas aun si nuestras capacidades cognitivas o sensoriales no las pueden percibir. Como señala Michael Bergman,

> We can't use our failure to see any insects in the garage (when taking a look from the street) to conclude that it's unlikely that there are any insects in the garage.... We can't (for chess novices) use our failure to detect a good reason for a particular chess move made by world champion chess player to conclude that it's unlikely that there is any good reason for that chess move.[19]

Asimismo, el teísmo escéptico resiste la noción que nuestra incapacidad de identificar razones Dio-justificantes del mal equivale a una negación de la existencia de semejantes razones; quizás Dios sencillamente tiene razones que no entendemos.

El teísmo escéptico fácilmente se apoya en las Escrituras. Por ejemplo, en respuesta a la demanda de Job de una explicación de su sufrimiento, Dios expone la disparidad enorme entre el poder y el entendimiento de Job y los de Dios mismo (Job 38–41; cf. Ec 8:17; 1Co 2:6; 13:11–12; Ro 11:3), indicando así que Job no es suficientemente inteligente para comprender las razones que Dios tiene para su sufrimiento. Dicho de otra forma, la teodicea de Job es, en gran medida, el teísmo escéptico.[20]

Un texto bíblico que invoca el teísmo escéptico con relación a la migración involuntaria es Isaías 55:8–9, en el cual Dios afirma "Mis pensamientos no son los de ustedes, ni sus caminos son los míos . . . Mis caminos y mis pensamientos son más altos que los de ustedes; ¡más altos que los cielos sobre la tierra!" Este argumento es similar a la defensa de Dios en Job 38–41, pero se aduce explícitamente para explicar el exilio y la promesa del fin del mismo (véase Is 55:12: "ustedes saldrán con alegría y serán guiados en paz"; cf. 43:5–6; 49:11–12; 51:11; 60:4). Así, si uno se inclina a responder a la tragedia del desplazamiento forzoso invocando el teísmo escéptico, Isaías 55 brinda punto de partida adecuado.

Este acercamiento a la pregunta del mal sería ameno a muchos colombianos. El testimonio de Miriam (citado arriba) ilustra su instinto tenaz de defender "el honor del Padre" aunque todavía no puede explicar por qué fue desplazada. Sin embargo, el teísmo escéptico quizás reforzaría algunos rasgos de la cultura colombiana que no son los más productivos o positivos. Para ilustrar este punto, considere el rol de "la Divina Providencia" en la piedad colombiana popular. La Divina Providencia a menudo se invoca cuando las cosas salen mal; es una especie de resignación religiosa que atribuye a Dios los eventos incomprensibles y acepta que solo Dios sabe por qué suceden cosas malas. La expresión también se utiliza como una explicación cuando las cosas van bien. Dicho de otra forma, los seres humanos siempre dependen de la misericordia de la Divina Providencia. Aunque no es problemático en sí mismo creer esta idea, semejante resignación puede resultar en un fatalismo, o indolencia, o en no

---

19. Bergmann, "Skeptical Theism," 378–9.

20. Marilyn McCord Adams, "Horrendous Evils and the Goodness of God," *Proceedings of the Aristotelian Society, Supplementary Volumes* 63, n.º 297–310 (1989): 305–6.

estar completamente consciente de la capacidad y el potencial que uno tiene. Así, el éxito se vuelve meramente "buena suerte" en vez de ser el resultado del esfuerzo y de la disciplina; y el fracaso es una cuestión de mala suerte, en vez de pereza y negligencia.

Esta forma de encontrar sentido en un mundo cuyos eventos carecen de explicación y de razón es prominente en muchas de las novelas de Gabriel García Márquez. Por ejemplo, en *El amor en los tiempos del cólera*, el doctor Juvenal Urbino se encomienda en las manos de la Divina Providencia cuando es atormentado por múltiples problemas. Este médico también interpreta la condición de una habitación donde murió un fotógrafo con un paradigma similar: "Con el tiempo terminó por suponer que su desorden [del cuarto] obedecía tal vez a una determinación cifrada de la Divina Providencia."[21] Tal como el doctor Urbino, numerosos colombianos pasan por la vida atribuyendo tanta la buena como la mala fortuna a la Divina Providencia, a menudo de formas que corren el riesgo de convertir a Dios en el autor del mal y socavar la responsabilidad que cargan los humanos por mucho de lo que disfrutan y sufren.

Teodicea del libre albedrío

Esto nos lleva al tema del libre albedrío, el cual es la columna de la mayoría del discurso sobre la teodicea. Afirmando una explicación no compatibilista de las agencias divinas y humanas, la teodicea del libre albedrío sostiene que, si los humanos verdaderamente son agentes libres, Dios no los puede crear de tal forma que nunca cometerían ningún mal. Cualquier intención de parte de Dios excluye la posibilidad de que los humanos libremente decidan cometer el mal; efectivamente sería una abrogación del libre albedrío. Argumentar que Dios puede crear humanos que tengan el libre albedrío y que no puedan escoger lo que Dios no desee es una imposibilidad lógica, equivalente a sostener que Dios puede crear círculos cuadrados.[22]

La teodicea del libre albedrío continúa argumentando que un mundo sin el libre albedrío es uno en el cual los bienes morales mayores no se pueden lograr: uno no puede expresar las formas más valiosas de la misericordia, la valentía, el perdón o el sacrificio en un mundo sin la maldad. Tal vez de la forma más teológicamente significativa, un mundo sin el libre albedrío y sin la maldad es un mundo sin la expiación de Cristo, la cual es el mayor de todos los bienes.[23] Así, al crear un mundo con la posibilidad de los bienes morales más valiosos, Dios también fue obligado a crear un mundo

---

21. Gabriel García Márquez, *El amor en los tiempos del cólera*, trad. de Edith Grossman (New York: Penguin, 1985), 12.

22. Véase, p. ej., Richard Swinburne, *Providence and the Problem of Evil* (Oxford: Clarendon, 1998), 127; Alvin Plantinga, "The Free Will Defense," en *The Analytical Theist: An Alvin Plantinga Reader*, ed. James F. Sennett (Grand Rapids: Eerdmans, 1998), 27; Peter van Inwagen, "The Argument from Evil," en *Christian Faith and the Problem of Evil*, ed. Peter van Inwagen (Grand Rapids: Eerdmans, 2004), 64.

23. Alvin Plantinga, "Supralapsarianism, or 'O Felix Culpa,'" en *Christian Faith and the Problem of Evil*, ed. Peter van Inwagen (Grand Rapids: Eerdmans, 2004), 10–11; Swinburne, *Providence*, 215–6.

con libre albedrío serio[24] y consecuentemente con la posibilidad de males serios. Cualquier disminución de la libertad de los agentes o la gravedad moral de las acciones disponibles también disminuiría el valor del bien moral que potencialmente se podría realizar.[25] Sin embargo, siempre que el equilibrio del valor o desvalor morales, a fin de cuentas, resulta en una cantidad superior de bien a mal, Dios es justificado en haber creado un mundo con el libre albedrío.[26]

Cuadrar esta teodicea con el testimonio bíblico no requiere de gimnasia mental. Varios textos bíblicos afirman o suponen la libertad humana y la responsabilidad de sus decisiones morales, pero Deuteronomio 30 se destaca como especialmente pertinente, ya que forma parte del marco del pacto dentro del cual el exilio se presenta como la cúspide de la infidelidad al pacto: "Al cielo y a la tierra pongo hoy como testigos contra vosotros de que he puesto ante ti la vida y la muerte, la bendición y la maldición. *Escoge*, pues, la vida . . . *para que habites en la tierra* que el Señor juró dar a tus padres" (Dt 30:19–20, LBLA; véase también Gn 2:15–17; Sir 15:14–17). Este marco deuteronómico facilita la discusión de textos bíblicos sobre el exilio dentro del marco de una teodicea del libre albedrío. Además, una teodicea del libre albedrío sería compatible con la mayoría de las explicaciones bíblicas de la migración involuntaria delineadas en la primera parte de este capítulo (por ejemplo, que el desplazamiento forzado es una consecuencia de las acciones malvadas de uno, la consecuencia de las acciones malvadas de un tercero o un castigo divino de las acciones malvadas de uno). Así, fácilmente se podría entrelazar una teodicea del libre albedrío en una interpretación migración-céntrica de las narrativas del desplazamiento forzado de Adán y Eva, Caín, Moisés, la nación de Israel o la Iglesia apostólica.

Una teodicea del libre albedrío seguramente es pertinente para Colombia, puesto que el desplazamiento forzado es una consecuencia de las acciones malas libres de fuerzas guerrilleras y nacionales, grupos paramilitares, pandillas y carteles. Una comunicación más eficaz de la teodicea del libre albedrío implicaría beneficios psicológicos y espirituales significativos para PSD, ayudando a evitar la tendencia a atribuir su desplazamiento a la acción divina. A pesar de lo obvio que parezca decir que las personas desplazadas son víctimas del ejercicio malvado del libre albedrío humano, enfatizar este punto ayudará a las PSD (a) a dejar de sentir que Dios las está castigando, (b) a lamentar su pérdida sin temer que están sucumbiendo a una falta de fe y (c) a librarse de la carga de intuir la razón divina o el bien superior de su desplazamiento.

No se propone que uno desanime categóricamente a las personas a recurrir a argumentos basados en bienes superiores; se puede decir que el desplazamiento es la consecuencia del abuso del libre albedrío humano y, sin embargo, afirmar que Dios puede redimir o mitigar aquel mal en la creación de bienes superiores. No obstante,

---

24. Swinburne, *Providence*, 88.

25. Swinburne, *Providence*, 159.

26. Stephen T. Davis, "Free Will and Evil," en *Encountering Evil: Live Options in Theodicy*, ed. Stephen T. Davis (Atlanta: Westminster John Knox, 1981), 71; Plantinga, "Free Will," 29–38.

en caso de que alguien no sea capaz de identificar un bien lo suficientemente excelente como para justificar su sufrimiento, no debe sentirse obligado a abandonar su fe en Dios, como fue el caso de Jerónimo, quien rechazó argumentos con base en bienes superiores por razón de su poder explicativo insuficiente ante la muerte de sus parientes. Para Jerónimo, la atribución fácil de la muerte de un ser querido a la soberanía divina no era meramente un tema de infelicidad teológica; hizo su fe añicos por completo, con el resultado de que fue privado del consuelo tanto de su Dios como de su familiar.

La teodicea bíblica es más compleja que meramente entonar "Dios es bueno, todo el tiempo" y atribuir cualquier miseria que experimentamos a nuestra propia acción como humanos libres. Más bien, una teodicea robustamente bíblica del libre albedrío simultáneamente puede aceptar la responsabilidad de nuestras propias acciones libres y a la vez llamarle a Dios a tomar responsabilidad de sus acciones. Un libro veterotestamentario donde la complejidad de este punto emerge es Lamentaciones. Esta oración larga se puede resumir en cuatro puntos. (1) Reconoce que Judá ha pecado y que Dios, a la luz del pacto, tiene todo el derecho de castigarlo (Lm 4:12–17). Sin embargo, (2) eso no significa que lo que les había pasado era bueno o que lo que el imperio babilonio les hizo fue justificado. La invasión y el desplazamiento babilonios son actos aborrecibles de crueldad (3:61–66). (3) reconocer su pecado no significa que Dios los abandonará a su propio destino. Ellos siguen insistiendo que Dios los tiene que salvar (véase especialmente 5:19–22). Finalmente, a pesar de reconocer sus pecados, (4) Lamentaciones incluye un componente de protesta; la gente se queja de que el castigo de Dios es desproporcionado con respecto a los pecados que ellos cometieron. La oración aún da voz a una queja rechazada por Jeremías y Ezequiel (Jer 31:29; Ez 18:2–3): "Nuestros padres pecaron y murieron, pero a nosotros nos tocó el castigo" (Lm 5:7). En términos resumidos, la teodicea en Lamentaciones no está meramente interesada en justificar a Dios al admitir la desobediencia anterior de la nación a Dios. También es una demanda de la justicia, una llamada a Dios a mitigar su sufrimiento.

La teodicea, por lo menos en Lamentaciones, es litúrgica. Tal teodicea es un acto público de adoración en el cual los creyentes claman por justicia, lamentan su sufrimiento, confiesan sus pecados y le piden a Dios que los trate mejor, todas estas cosas a la vez.[27] Como demuestran los textos bíblicos mencionados arriba, existen diferentes maneras de entender la maldad, incluso en los casos que resultan en el desplazamiento, y estos textos variados van de la mano juntos en la liturgia y no se deben leer en aislamiento. Forman parte de la totalidad de una fe que se realiza completamente dentro de una comunidad que comparte una historia y una serie de actos litúrgicos por los cuales esa historia se acuerda y se interpreta.

---

27. En ese sentido, la teodicea puede funcionar como una narrativa colectiva del trauma; véase Christopher M. Hays y Milton Acosta, "A Concubine's Rape, an Apostle's Flight, and a Nation's Reconciliation: Biblical Interpretation, Collective Trauma Narratives, and the Armed Conflict in Colombia," *Biblical Interpretation* 28 (2020): 56–83.

La complejidad de esta liturgia, como aparece en Lamentaciones, es que la maldad es a la vez aceptada y rechazada; se asume como una violación del pacto y también se considera desproporcionada a los pecados cometidos: Dios tiene razón, pero sus acciones son exageradas. Pero las acciones malas de los perpetradores siguen siendo malignas.

Teodicea forma-almas

Un complemento potencial a este argumento basado en el libre albedrío es la teodicea "forma-almas" (*soul-making*). Un proponente de este acercamiento es John Hick, quien construye sobre la forma en que Ireneo describe a Adán y Eva como seres inmaduros en vez de perfectos, que tenían la responsabilidad de avanzar hacia la madurez y la perfección.[28]

En esta teodicea, se atribuye un rol vital a la práctica, es decir, el proceso de adquirir la fibra moral por medio de la selección y repetición de acciones correctas. Como enfatiza Richard Swineburne:

> All human choices are character forming—each good choice makes it easier for the agent to make his next choice a good one . . . . Aristotle famously remarked that we become just by doing just acts, prudent by doing prudent acts, brave by doing brave acts. That is, by doing a just act when it is difficult . . . we make it easier to do a just act the next time.[29]

Una teodicea forma-almas argumenta que el esfuerzo, la lucha, implicados en este proceso de formación de carácter realza el valor de las virtudes resultantes.[30] Consecuentemente, cuando al ser humano por último madura hasta alcanzar la unión con Dios y un carácter conforme con su reino, sus comportamientos no coaccionados habrán producido el valor moral óptimo.

¿Existen textos bíblicos relacionados con la migración involuntaria que son amenos a una exposición en el marco de una teodicea forma-almas? No hay que tomar muchas libertades con el relato de José para interpretarlo de esta forma, contrastando la arrogancia e insensibilidad del José de 17 años (Gn 37:2-11), con el hombre que tenía suficiente prudencia para administrar los recursos de una nación durante 14 años (Gn 41:15-27), y que era suficientemente gentil y humilde como para perdonar a sus hermanos sus ofensas y llorar por su temor de que él, tal vez, se vengaría de ellos (Gn 50:15-19). Parece plausible que las experiencias de esclavitud, encarcelamiento y de perseguir la voluntad de Dios con paciencia en medio de la adversidad, contribuyeron

---

28. John H. Hick, "An Irenaean Theodicy," en *Encountering Evil: Live Options in Theodicy*, ed. Stephen T. Davis (Atlanta: Westminster John Knox, 1981), 40-42.

29. Richard Swinburne, "An Irenaen Approach to Evil," en *Finding Ourselves After Darwin: Conversations on the Image of God, Original Sin, and the Problem of Evil*, eds. Stanley P. Rosenberg, et al. (Grand Rapids: Baker Academic, 2018), 282.

30. Hick, "Irenaean Theodicy," 44-45.

al avance del carácter de José en el relato de Génesis; en otras palabras, la historia de José fácilmente se puede interpretar en el marco de una teodicea forma-almas.

También se podría elaborar una interpretación forma-almas del desarrollo moral de Pablo, incluyendo explícitamente sus experiencias como migrante. Considere su afirmación en Filipenses 4:11–13 de haber aprendido αὐτάρκεια, la virtud estoica/cínica del contento o la autosuficiencia:

> He aprendido a estar αὐτάρκης [autosuficiente] en cualquier situación en que me encuentre. Sé lo que es vivir en la pobreza, y lo que es vivir en abundancia. He aprendido a vivir en todas y cada una de las circunstancias, tanto a quedar saciado como a pasar hambre, a tener de sobra como a sufrir escasez. Todo lo puedo en Cristo que me fortalece.

¿Cómo aprendió Pablo a estar satisfecho en situaciones de hambre y necesidad? Ostensiblemente, lo aprendió al haber sufrido hambre y necesidad (y haber respondido con ecuanimidad y autocontrol), tal como él narra que fue su experiencia repetida en gran medida como resultado de sus migraciones:

> Tres veces naufragué, y pasé un día y una noche como náufrago en alta mar. Mi vida ha sido un continuo ir y venir de un sitio a otro; en peligros de ríos, peligros de bandidos... peligros en el campo, peligros en el mar... He pasado muchos trabajos y fatigas, y muchas veces me he quedado sin dormir; he sufrido hambre y sed, y muchas veces me he quedado en ayunas; he sufrido frío y desnudez (2Co 11:25–27; cf. 11:32–33).

Pablo describe su experiencia extensa con los males del hambre, desnudez y peligro en relación explícita con sus sufrimientos como migrante. Indudablemente, tales experiencias forman la base de la afirmación de Filipenses 4:11–13 de haber aprendido Pablo la αὐτάρκεια. La formación del alma de Pablo tuvo lugar en gran medida por haber sufrido los males que causan y acompañan la migración. Asimismo, Filipenses 4 y 2 Corintios 11 se prestan al pastor colombiano que busca incorporar una teodicea forma-almas en su respuesta a la crisis del desplazamiento.[31]

Teodicea de no-identidad

Estos argumentos sobre el rol formativo del sufrimiento nos llevan entonces a la "teodicea de no-identidad." Desarrollada en su forma más completa por el filósofo cristiano Vincent Vitale,[32] quien construye sobre el trabajo de Robert Adams,[33] una

---

31. Toca ser cauteloso en cómo expresar esto, ya que las iglesias a veces revictimizan a los supervivientes con el argumento de que los pecadores "se purifican por el sufrimiento"; Julian Esteban García, "'Dios nos guía': teodicea del desplazamiento forzado y ciudadanías liminales," *Maguaré* 31, n.º 2 (2017): 214.

32. Vincent Vitale, "Non-Identity Theodicy," *Philosophia Christi* 19, n.º 2 (2017): 269–90.

33. Robert Merrihew Adams, "Existence, Self-Interest, and the Problem of Evil," *Nous* 13, n.º 1

teodicea de no-identidad observa que las identidades humanas específicas existen solo como consecuencia de una matriz de eventos, interacciones y aún males a lo largo de las vidas de las personas y extendiéndose hacia atrás en el tiempo (incluyendo, por ejemplo, los primeros encuentros de sus padres y abuelos); sin esta matriz precisa de eventos, no seríamos quiénes somos, sino personas diferentes. Al contrario de la pregunta como un "¿Por qué no me creó Dios en un mundo perfecto?," Vitale observa que, en un mundo perfecto, tú no serías tú, porque en un mundo perfecto el "tú" que es no existiría. Aun si uno quisiera afirmar una ontología abstracta del alma separable de la biografía y la biología, según la cual el alma de uno se podría haber creado en un mundo inmaculado, todo lo que más se valora en la vida real de uno—relaciones, memorias, logros—sencillamente no existiría en aquel mundo, lo cual efectivamente significa que la persona potencial allí no sería la misma persona (es "no-idéntica" con aquella persona) que actualmente existe acá.[34] Por consiguiente, si las personas que realmente existen en el mundo real sienten que sus vidas en términos generales son dignas de vivir, una teodicea de la no-identidad sostiene que no deben resentir las dinámicas prerrequisitos de su existencia.[35]

Se podría preguntar si—a pesar de aceptar mi existencia como este ser particular—la creación de seres pecaminosos y mediocres revela un defecto en Dios. ¿Sería más adecuado de Dios crear seres perfectos? A esto, la teodicea de no-identidad responde que dos de las características que definen a Dios son el amor y la gracia, lo cual explicaría la decisión de Dios de crear seres imperfectos.

Todos nosotros que amamos sabemos que existen cosas no adorables en nuestro amado. A pesar de esto, no consideramos nuestro amor defectuoso por esta razón. Al contrario, en caso de conocer a alguien cuyo amor estuviera supeditado a la perfección del otro, o quien amenazara reemplazar al amado que actuara de forma deficiente, de pronto dudaríamos de la autenticidad de su supuesto amor. Lo mismo aplica a Dios. En palabras de Vitale,

> Non-identity theodicy suggests that God acts as a lover of particular individuals, and further, the lover can have significant reasons for acting, in virtue of being a lover, other than those that impartially maximize general value . . . . God is no bureaucrat . . . and he makes some of his most significant decisions—including decisions of what type of universe to create—based on love for particular individuals.[36]

Entonces, la teodicea de no-identidad afirma que Dios creó al mundo con los atributos que tiene precisamente por razón de su amor por personas particulares imperfectas como tú y yo, las cuales Dios preconocía desde la eternidad.

(1979): 53–65; Robert Merrihew Adams, "Love and the Problem of Evil," *Philosophia* 34 (2006): 243–51.

34. Adams, "Existence," 60; Vitale, "Non-Identity Theodicy," 273–4.
35. Adams, "Existence," 53–54.
36. Vitale, "Non-Identity Theodicy," 277.

El concepto de la precognición divino de individuos particulares facilita la radicación de una teodicea de no-identidad en las Escrituras. Por ejemplo, Dios le dijo a Jeremías, "Antes que yo te formara en el seno materno, te conocí . . . Te puse por profeta a las naciones (Jer 1:4–5, LBLA; cf. Sal 139:13). Los cristianos suelen generalizar esta afirmación de Jeremías, aplicándola a todas las personas, parcialmente bajo la influencia de Efesios 1:4–5, que afirma que Dios escogió al apóstol y a los creyentes de Éfeso "antes de la fundación del mundo, para que fuéramos santos y sin mancha delante de él."[37] Para los que afirman la precognición divina de personas particulares, una teodicea de no-identidad tiene el potencial de ser un consuelo poderoso, en la medida en que demuestra que el sufrimiento del mundo no es una consecuencia de un esfuerzo divino desalmado de maximizar el valor moral abstracto, sino una necesidad inexorable del deseo de Dios de amarnos a cada uno de nosotros específicamente.

Aunque ningún texto bíblico elabora una teodicea de no-identidad completa, los pasajes previamente mencionados ofrecen un punto de partida para una exposición bíblicamente mediada de la teodicea de no-identidad, incluso con relación a los sufrimientos que implica la migración forzada. La afirmación de que Dios conocía a Pablo desde la eternidad (Ef 1:4–5) indica que Dios, al conocerlo de antemano, también conocía las luchas que llegaron a ser constitutivas de su identidad, incluso las experiencias de migración que tanto le formaron (otra vez, 2Co 11; Flp 4). Se podría usar una maniobra interpretativa similar con relación a cualquier de los migrantes forzados de las Escrituras (Jacobo, José, Jesús, etc.), pero la gran distinción entre una teodicea forma-almas y la teodicea de no-identidad, es que esta última no requiere que el intérprete identifique cómo contribuyó la migración forzada a la santificación de la persona; es suficiente saber que las personas particulares que eran Jacobo, José y Jesús se constituyeron en buena medida debido a su sufrimiento y desplazamiento.

Esta teodicea de no-identidad tiene gran potencial, pastoral y teológicamente, para sobrevivientes del conflicto violento. En contraste con las teodiceas forma-almas u otras apelaciones a bienes superiores que enumeran los beneficios que pueda generar el desplazamiento, la teodicea de no-identidad no requiere que el migrante se hubiera vuelto más virtuoso o adinerado como resultado de su sufrimiento. No tienen que lucirse religiosamente ni fingir la felicidad. Una teodicea de no-identidad permite que la PSD diga, sea lo que sea yo en este momento—aun si me encuentro peor ahora que antes de ser expulsado de mi tierra y de haber perdido mi familia—Dios me ama así. Anhelamos que Miriam tuviera acceso a este marco pastoral-teológico, en vez de adscribir su desplazamiento a la voluntad inescrutable de un Padre, cuyo honor ella estaba obligada a defender, a pesar de ser ella su víctima.

---

37. Vincent Vitale, "A Response of Grace," en *Why Suffering? Finding Meaning and Comfort When Life Doesn't Make Sense*, eds. Ravi Zacharias y Vincent Vitale (New York: Faithwords, 2015), 71.

PARTE 2

Sufrimiento con Cristo

Existe todavía otra clase de teodicea, una que no busca brindar una justificación teórica del mal sino al contrario enfatiza la presencia de Cristo con la persona que sufre, en medio de su sufrimiento (o viceversa, la presencia del que sufre con Cristo en su sufrimiento). La mayoría de estos acercamientos derivan su inspiración de textos como Romanos 8:17; 2 Corintios 4:10–11, 14; Filipenses 3:10–11 (en los cuales Pablo expresa que él mismo comparte los sufrimientos de Cristo en esperanza de compartir su resurrección) o de Colosenses 1:24, en donde el autor asevera que está "completando en mí mismo lo que falta en las aflicciones de Cristo."

Algunos teólogos interpretan estos textos en un sentido místico, argumentando que existe algo redentor en el sufrimiento de las criaturas, de modo que, por medio del sufrimiento, las criaturas participan en la actividad redentora de Cristo. Por ejemplo, Eduardo Echeverría, invocando la carta apostólica del Papa Juan Pablo II, *Salvifici dolores*, arguye, "Christ through His own salvific suffering is very much present in *every human suffering*, and can act from within that suffering by the powers of His Spirit of Truth."[38] En otras palabras, cada caso de sufrimiento humano se une místicamente al sufrimiento de Jesús y así es una ocasión de actividad redentora divina.[39]

No estamos convencidos, empero, que esta línea de interpretación representa adecuadamente el testimonio paulino. Los comentarios de Pablo sobre el sufrimiento con Cristo en esperanza de ser resucitado con Cristo (Ro 8:17; 2Co 4:10–11, 14; Flp 3:10–11) se entienden mejor en el mismo sentido de Marcos 8:34–35; 10:38–39, es decir, que uno imita el compromiso auto sacrificial de Cristo al evangelio, lo cual a menudo resulta en el sufrimiento y la muerte, a sabiendas de que, tal como uno sufre como y para Cristo, así también uno resucitará con Cristo.[40] Así, no es el sufrimiento en sí que es redentor, sino el alinearse con Cristo como parte de su cuerpo y así morir y levantarse con él.

Sin embargo, las teodiceas que se enfocan en la unión del sufridor con Jesús pueden tomar otra forma, enfatizando la comunión con el Dios que sufrió en Cristo en la cruz. Uno quizás argumentará que el conocimiento proposicional de una persona

---

38. Eduardo J. Echeverria, "The Gospel of Redemptive Suffering: Reflections on John Paul II's *Salvifici Doloris*," en *Christian Faith and the Problem of Evil*, ed. Peter van Inwagen (Grand Rapids: Eerdmans, 2004), 131, citando *Salvifici dolores* par. 26, énfasis agregado.

39. Así también Plantinga, "Supralapsarianism," 13–14.

40. Col 1:24, con sus comentarios únicos sobre el cumplimiento de lo que falta en el sufrimiento de Cristo, es un caso ligeramente distinto. Aunque se han propuesto varias interpretaciones, parece más probable que el comentario que Pablo estaba "completando . . . lo que falta de las aflicciones de Cristo" se debe entender como una expresión de la creencia judía en la existencia de una cuota fija de sufrimientos o de sufridores que se tiene que lograr antes del desenlace total del reino mesiánico (así Ap 6:11; 1En 47:4; 4Es 2:40–41; 4:35–37; 2 Bar 30:2); Peter T. O'Brien, *Colossians and Philemon*, Word Biblical Commentary, vol. 44 (Waco, TX: Word, 1982), 79–80; F.F. Bruce, *The Epistles to the Colossians, to Philemon, and to the Ephesians*, New International Commentary on the New Testament (Grand Rapids: Eerdmans, 1984), 83–84.

es menos profundo que el conocimiento experiencia del que se deriva de una relación vivida con otro, de modo que nuestro conocimiento de Dios es profundizado al invitar a Dios a entrar en nuestro sufrimiento y gozar de solidaridad con Jesús como el que sufrió por nosotros.[41] Siguiendo a Jürgen Moltmann, algunos han explorado las ramificaciones de la aseveración de Pablo que, en la crucifixión, Dios estaba en Cristo (θεὸς ἦν ἐν Χριστῷ κόσμον καταλλάσσων[42] ἑαυτῷ) reconciliando el mundo consigo mismo (2Co 5:19).[43] Si Dios verdaderamente estuvo presente en Cristo en su sufrimiento, entonces, *pace* la tradición de la impasibilidad divina,[44] Dios es un Dios que sufre. Entonces, si Dios sufre en la cruz, Dios así ha generado "the conditions for the fellowship of sinners with himself, and through this fellowship, the real conditions for a solidarity with victims."[45] En este sentido, el sufridor tiene la oportunidad de un conocimiento personal más profundo de Dios, del Dios que sufre.[46]

Aunque el énfasis Moltmann-iano en el Dios sufriente de pronto sería incómodo para el evangélico colombiano,[47] una forma templada de esta teodicea, la cual se enfoca en conocer el sufrimiento de Cristo, de pronto sería atractiva. Los colombianos posiblemente se entusiasmarían con la noción de que Jesús conoce de primera mano qué es el sufrimiento, y que, por sufrir, pueden llegar a entender y ser hechos más "conforme a la imagen de" Cristo (Ro 8:29).

Es más, podemos exponer esta teodicea en relación con la migración. Aunque los teólogos anteriormente mencionados se enfocan en el sufrimiento de Jesús en la cruz, los Evangelios narran las numerosas dificultades experimentadas por el Mesías, incluso sus experiencias de migración voluntaria e involuntaria. Jesús huyó repetidas veces de la persecución, tanto como un niño como durante su ministerio (Mt 2:12–22; 4:12; 14:13; 15:21), y fue también un predicador migrante que no tenía donde recostar la cabeza (Lc 9:58; 10:28–31).[48] A la luz de esta representación de Jesús como un migrante, tiene sentido que, en el Juicio de las ovejas y las cabras (Mt 25:31–46), el

---

41. Véase, por ejemplo, Plantinga, "Supralapsarianism," 19.

42. Moltmann es de pronto excesivamente creativo con el verbo copulativo en esta oración, el cual es parte de una construcción perifrástica, en conjunto con el participio καταλλάσσων.

43. Jürgen Moltmann, *The Crucified God*, 40th Anniversary ed. (Minneapolis: Fortress, 2015), 274, 76.

44. Contra la cual, véase Gn 6:6; Ex 32:9–10; Sal 68:19; 78:41–49; Laura Waddell Ekstrom, "Suffering as Religious Experience," en *Christian Faith and the Problem of Evil*, ed. Peter van Inwagen (Grand Rapids: Eerdmans, 2004), 102–05.

45. Paráfrasis de Kenneth Surin, *Theology and the Problem of Evil*, Signposts in Theology (Oxford: Blackwell, 1986), 128; véase, en mayor detalle, Moltmann, *The Crucified God*, 410–18.

46. Waddell Ekstrom, "Suffering," 97; McCord Adams, "Horrendous Evils," 307–8.

47. Especialmente para los que son prevenidos del no-trinitarianismo del pentecostalismo unicitario, el cual está ampliamente difundido en Colombia.

48. Hemos sostenido este punto en mayor detalle en Christopher M. Hays y Milton Acosta, "Jesus as Missional Migrant: Latin American Christologies, the New Testament Witness, and Twenty-first Century Migration," en *Who Do You Say I Am? On the Humanity of Jesus*, eds. George Kalantzis, David B. Capes y Ty Kieser (Eugene, OR: Cascade, 2020), 164–67; véase además Robert Myles, "Echoes of Displacement in Matthew's Genealogy of Jesus," *Colloquium* 45, n.º 1 (2013): 31–41.

Hijo del hombre afirma estar presente en los que son migrantes o extranjeros (ξένοι) (25:38–40; 44–45), ya que él mismo vivió como migrante.⁴⁹ Así, es exegéticamente bien fundamentado extender la teodicea del sufrimiento de Cristo para enfatizar cómo uno puede alcanzar mayor conocimiento de Jesús específicamente (aunque no exclusivamente) a través del sufrimiento de la migración forzada, lo cual Cristo mismo conoce y en el cual Cristo permanece presente con estos los más pequeños (25:40, 45), personas como las víctimas del conflicto armado colombiano.

Este acercamiento a la teodicea también podría aliviar algunas de las consecuencias socialmente dañinas del desplazamiento. El sociólogo colombiano Julián García ha explicado que el desplazamiento resulta en una liminalidad social; "la estructura social a la que pertenecían las personas desplazadas quedó suspendida y sus cotidianidades permeadas por tal estado."⁵⁰ García argumenta que la religión puede ayudar a superar este aislamiento. Citando a Max Weber, explica, "Los símbolos religiosos permiten que el dolor del sufrimiento adquiera sentido . . . que convierte al dolor personal de una conciencia aislada en algo compartido de manera colectiva."⁵¹ En otras palabras, el mensaje que Cristo es de alguna forma presente con la PSD en su desplazamiento, y que ella es unida en su cuerpo migrante a otros que han sufrido de forma similar, puede contribuir al proceso de subsanar su sensación de aislamiento profundo.⁵²

Males horrendos y el cielo

En nuestra exploración de la teodicea de no-identidad, el mecanismo divino de crear personas particulares se justificó parcialmente en la suposición que, en términos generales, la vida de la persona valió la pena. Pero ¿qué pasa si el mal que uno ha sufrido es tan horrible que uno concluye que la vida no valió la pena?⁵³ Experiencias que conllevan a semejante conclusión se han nombrado "males horrendos" (*horrendous evils*) e incluyen atrocidades tales como:

> the rape of a woman and axing off of her arms, psychophysical torture whose ultimate goal is the disintegration of personality . . . having to choose which of one's children shall live and which be executed by terrorists, being the accidental and/or unwitting agent of the disfigurement or death of those one loves best.⁵⁴

---

49. Hays y Acosta, "Jesus as Missional Migrant," 167–71.

50. García, "Dios nos guía," 206.

51. Max Weber, *Ensayos sobre sociología de la religión*, 3 vols., vol. 1, trad. J. Almaraz y J. Carabaña (Madrid: Taurus, 1984), 43, non vidi.

52. Las iglesias evangélicas de Colombia a veces intentan la "sanación de memorias" por medio de decirles a las víctimas, "Jesús estuvo allí contigo en el momento en el cual fuiste violada/desplazada/etc." Este acercamiento a la prédica y la consejería sería altamente compatible con una teodicea que enfatiza cómo uno se podría unir con Cristo y su cuerpo más profundamente en el sufrimiento.

53. McCord Adams, "Horrendous Evils," 299.

54. McCord Adams, "Horrendous Evils," 300.

Marilyn McCord Adams argumenta que las teodiceas que buscan justificar el permiso divino de males horrendos como mecanismos o efectos laterales de perseguir bienes globales mayores a la larga son inadecuadas, por lo menos si uno está obligado a operar dentro de un marco histórico inmanente mundano. Dicho de otra forma, simplemente no hay suficiente bien en esta vida para justificarle a Dios en permitir la tortura, la violación y el asesinato de infantes. Entonces, McCord Adams busca respuestas más allá del horizonte escatológico.

Es una convicción cristiana que Dios en sí mismo es el mayor de todos los bienes y la quintaesencia de la belleza, el amor y la vida. De forma correspondiente, una eternidad en la presencia de semejante Dios, efectivamente ahogaría los males horrendos de nuestro lapso breve en la tierra y explicaría cómo Dios no se tiene que evaluar como un monstruo por haber creado el mundo de forma que permita atrocidades horrorosas.

> God is a being a greater than which cannot be conceived, a good incommensurate with both created goods and temporal evils. Likewise, the good of beatific, face-to-face intimacy with God is simply incommensurate with any merely non-transcendent goods or ills a person might experience. Thus, the good of beatific face-to-face intimacy with God would *engulf*... even the horrendous evils humans experience in this present life here below, and overcome any *prima facie* reasons the individual had to doubt whether his/her life would or could be worth living.[55]

¿Es posible recopilar testimonios bíblicos para aplicar tal teodicea del mal horrendo, en relación específica con la migración forzada?[56] Un texto emerge como particularmente pertinente. El discurso escatológico del Evangelio de Mateo incluye la profecía de una "abominación de la desolación" (Mt 24:15–21; cf. Mc 13:14–20), un evento que inicia una época de "gran tribulación, tal como no ha acontecido desde el principio del mundo hasta ahora, ni acontecerá jamás" (Mt 24:21 LBLA). Jesús les enseña a sus discípulos que, cuando sucede la abominación de la desolación, ellos deben huir (o por lo menos intentar la huida; 24:16–20), ya que una gran multitud perecerá durante aquel tiempo (24:22). A pesar de eso, Jesús extiende a sus seguidores la esperanza de bienaventuranza escatológica a cambio de su fidelidad: ellos entrarán "en el gozo de tu Señor" (25:21, 23; cf. 25:10, 34, 46). Así, el discurso escatológico de Mateo se presta para la elaboración de una teodicea que reconforta a las víctimas de los males horrendos que pueden precipitar la huida y la muerte masivas con la certeza de que sus traumas se superarán por medio de una eternidad con Dios.

---

55. McCord Adams, "Horrendous Evils," 306–7; cf. Swinburne, *Providence*, 236; Echeverria, "Redemptive Suffering," 138.

56. Teniendo en mente que la migración forzosa es una especie de mal, pero no es *de facto* un mal horrendo, aunque los eventos *precipitantes* de la migración forzosa en Colombia muy frecuentemente alcanzan el nivel de un mal horrendo.

Parte 2

Esta teodicea es altamente pertinente para las víctimas del conflicto armado en Colombia, ya que muchas PSD fueron obligadas a huir después de ser víctimas o testigos de las formas más atroces de violación, tortura y asesinato que el ingenio humano perverso ha ideado. En diversas ocasiones, grupos paramilitares han arrastrado pueblos enteros a la calle, alineando y ejecutando supuestos colaboradores de sus enemigos, u obligándolos a correr entre filas de sadistas cargando machetes, quienes ríen mientras hundían su acero en la carne de sus víctimas, o decapitándolos para luego jugar fútbol con sus cabezas delante los ojos de sus seres queridos sollozantes.[57] Como expresa el testimonio trágico de Jerónimo, ninguna ganancia financiera subsecuente (sea en términos de tierra, educación o una moto nueva) puede sanar la memoria de semejante mal horror. Pero creemos que el abrazo eterno de un Dios todo bondadoso sí puede.

CONCLUSIÓN

Este capítulo ha explorado los propósitos de Dios en la migración involuntaria, leyendo desde y para el contexto nacional de la crisis colombiana del desplazamiento forzado. Examinamos el texto canónico teniendo en mente las preguntas que genera la migración forzada colombiana, preguntando qué dice la Biblia sobre por qué las personas son forzadas a migrar y evaluando la suficiencia de las respuestas bíblicas para responder a nuestro contexto. Observamos que la Biblia en varias formas describe el desplazamiento forzado, la consecuencia de las acciones malvadas de humanos (sean las del migrante o de terceros), a veces aún como un castigo de tales acciones malignas, pero a veces e inesperadamente como un mecanismo que Dios utiliza para bendecir a su pueblo o llevar a cabo algún bien mayor para el Reino de Dios. Identificamos cómo algunos de estos acercamientos resuenan con las formas en las que las víctimas colombianas explican su desplazamiento, y también identificamos ciertos peligros con tales explicaciones.

Luego, cambiamos de acercamiento, y recorrimos los textos canónicos una vez más. Examinamos teodiceas cristianas importantes, las cuales son prometedoras como formas de responder a las tragedias de la migración forzosa y preguntamos si tales teodiceas son compatibles con el testimonio bíblico. Demostramos cómo estas teodiceas diferentes se podrían sostener en las Escrituras, y aun cómo se pueden presentar por medio de textos bíblicos relacionados con el sufrimiento de la migración forzada.

Por medio de estos dos acercamientos complementarios, hemos interpretado la Biblia desde y para la crisis colombiana del desplazamiento. Con esto no pretendemos decirle a ninguna persona o comunidad desplazada cuál es la "forma correcta" de entender *su* sufrimiento *específico*. Más bien, ofrecemos estas lecturas como

---

57. Véase, p. ej., Gonzalo Sánchez G., Andrés Fernando Suárez y Tatiana Rincón, *La masacre de El Salado: esa guerra no era nuestra* (Bogotá: Ediciones Semana, 2009).

recursos bíblicos para creyentes y pastores colombianos que buscan respuestas sobre los propósitos de Dios en su desplazamiento, para que ellos, al reflexionar en sus propias experiencias y las Escrituras, escuchen al Verbo de Dios en su propia situación, y así conozcan al Espíritu de Dios como el Gran Consolador (Jn 14:26).

BIBLIOGRAFÍA

Adams, Robert Merrihew. "Existence, Self-Interest, and the Problem of Evil." *Nous* 13, n.º 1 (1979): 53-65.

———. "Love and the Problem of Evil." *Philosophia* 34 (2006): 243-51.

Allen, Leslie C. *Jeremiah: A Commentary*. Old Testament Library. Louisville, KY: Westminster John Knox, 2008.

Bergmann, Michael. "Skeptical Theism and the Problem of Evil." En *The Oxford Handbook of Philosophical Theology*, eds. Thomas P. Flint y Michael C. Rea, 374-99. Oxford: Oxford University Press, 2011.

Berlyn, Patricia. "The Pharaohs Who Knew Moses." *Jewish Bible Quarterly* 39, n.º 1 (2011): 3-14.

Bruce, F.F. *The Epistles to the Colossians, to Philemon, and to the Ephesians*. New International Commentary on the New Testament. Grand Rapids: Eerdmans, 1984.

Davis, Stephen T. "Free Will and Evil." En *Encountering Evil: Live Options in Theodicy*, ed. Stephen T. Davis, 69-83. Atlanta: Westminster John Knox, 1981.

Echeverria, Eduardo J. "The Gospel of Redemptive Suffering: Reflections on John Paul II's *Salvifici Doloris*." En *Christian Faith and the Problem of Evil*, ed. Peter van Inwagen, 111-47. Grand Rapids: Eerdmans, 2004.

García, Julian Esteban. "'Dios nos guía': teodicea del desplazamiento forzado y ciudadanías liminales." *Maguaré* 31, n.º 2 (2017): 195-224.

García Márquez, Gabriel. *El amor en los tiempos del cólera*. Trad. de Edith Grossman. New York: Penguin, 1985.

Hays, Christopher M. "¿Buscar el bienestar de la ciudad, o marcharse mientras ella quema? Una lectura política e intertextual de Jeremías 29 y Lucas 17 con relación a las crisis migratorias del siglo XXI." *Theologica Xaveriana* 71 (2021): 1-31.

———. "What is the Place of My Rest? Being Migrant People(s) of the God of All the Earth." *Open Theology* 7, n.º 2 (2021): 150-68.

Hays, Christopher M. y Milton Acosta. "A Concubine's Rape, an Apostle's Flight, and a Nation's Reconciliation: Biblical Interpretation, Collective Trauma Narratives, and the Armed Conflict in Colombia." *Biblical Interpretation* 28 (2020): 56-83.

———. "Jesus as Missional Migrant: Latin American Christologies, the New Testament Witness, and Twenty-first Century Migration." En *Who Do You Say I Am? On the Humanity of Jesus*, eds. George Kalantzis, David B. Capes y Ty Kieser, 158-77. Eugene, OR: Cascade, 2020.

Hick, John H. "An Irenaean Theodicy." En *Encountering Evil: Live Options in Theodicy*, ed. Stephen T. Davis, 39-52. Atlanta: Westminster John Knox, 1981.

McCord Adams, Marilyn. "Horrendous Evils and the Goodness of God." *Proceedings of the Aristotelian Society, Supplementary Volumes* 63, n.º 297-310 (1989).

Moltmann, Jürgen. *The Crucified God*. 40th Anniversary ed. Minneapolis: Fortress, 2015.

Myles, Robert. "Echoes of Displacement in Matthew's Genealogy of Jesus." *Colloquium* 45, n.º 1 (2013): 31–41.

O'Brien, Peter T. *Colossians and Philemon*. Word Biblical Commentary, vol. 44. Waco, TX: Word, 1982.

Plantinga, Alvin. "The Free Will Defense." En *The Analytical Theist: An Alvin Plantinga Reader*, ed. James F. Sennett, 22–49. Grand Rapids: Eerdmans, 1998.

———. "Supralapsarianism, or 'O Felix Culpa'." En *Christian Faith and the Problem of Evil*, ed. Peter van Inwagen, 1–25. Grand Rapids: Eerdmans, 2004.

Sánchez G., Gonzalo, Andrés Fernando Suárez y Tatiana Rincón. *La masacre de El Salado: esa guerra no era nuestra*. Bogotá: Ediciones Semana, 2009.

Stenschke, Christoph W. "Migration and Mission: According to the Book of Acts." *Missionalia* 44, n.º 2 (2016): 129–51.

Surin, Kenneth. *Theology and the Problem of Evil*. Signposts in Theology. Oxford: Blackwell, 1986.

Swinburne, Richard. "An Irenaen Approach to Evil." En *Finding Ourselves After Darwin: Conversations on the Image of God, Original Sin, and the Problem of Evil*, eds. Stanley P. Rosenberg, *et al.*, 280–92. Grand Rapids: Baker Academic, 2018.

———. *Providence and the Problem of Evil*. Oxford: Clarendon, 1998.

van Inwagen, Peter. "The Argument from Evil." En *Christian Faith and the Problem of Evil*, ed. Peter van Inwagen, 55–73. Grand Rapids: Eerdmans, 2004.

Vitale, Vincent. "Non-Identity Theodicy." *Philosophia Christi* 19, n.º 2 (2017): 269–90.

———. "A Response of Grace." En *Why Suffering? Finding Meaning and Comfort When Life Doesn't Make Sense*, eds. Ravi Zacharias y Vincent Vitale, 59–80. New York: Faithwords, 2015.

Waddell Ekstrom, Laura. "Suffering as Religious Experience." En *Christian Faith and the Problem of Evil*, ed. Peter van Inwagen, 95–110. Grand Rapids: Eerdmans, 2004.

Weber, Max. *Ensayos sobre sociología de la religión*. 3 vols, vol. 1 Trad. de J. Almaraz y J. Carabaña. Madrid: Taurus, 1984.

10

El perdón crea comunidad y sana
Exploración del perdón interpersonal con sobrevivientes del conflicto armado en Colombia

Robert W. Heimburger

El país de Colombia ha vivido una de las guerras civiles (de baja intensidad) más largas del mundo.[1] Este conflicto tiene varios niveles, y en él participan no sólo los grupos armados y el Estado, sino también la comunidad local y el individuo. La situación plantea la cuestión de las formas que podía tomar el perdón tras el conflicto armado en este hermoso, alegre y afligido país. ¿Cómo se materializa esta obra esencial de las buenas nuevas, el perdón interpersonal, en un lugar que se tambalea tras generaciones de guerra, desplazamiento y complejas desigualdades?

En lo que sigue, describo una investigación sobre el perdón entre los sobrevivientes del conflicto en Colombia a través de la lectura popular de la Biblia, enfocada en la parábola del deudor que no perdona de Mateo 18:21–35. Aquellos que

---

1. Secciones de este capítulo se publicaron en forma más larga y en inglés. Robert W. Heimburger, Christopher M. Hays, y Guillermo Mejía Castillo, "Forgiveness and Politics: Reading Matthew 18:21–35 with Survivors of Armed Conflict in Colombia," *HTS Teologiese Studies/Theological Studies* 74, n.º 4 (2019): a5245, https://doi.org/10.4102/hts.v75i4.5245. Este material reelaborado se vuelve a publicar aquí con una licencia CC Attribution 4.0, https://wiki.creativecommons.org/wiki/License_Versions. Robert W. Heimburger, "Debating Forgiveness During Armed Conflict: Colombian Conflict Survivors Christian Ethic of Forgiveness and its Philosophical Critics," de próxima aparición. Guillermo Mejía Castillo, Fernando Abilio Mosquera Brand, Milton Acosta, Francis Alexis Pineda y Laura Cadavid Valencia realizaron el trabajo de campo. Guillermo Mejía Castillo y Christopher M. Hays contribuyeron a la versión anterior de este material y ofrecieron comentarios sobre la redacción; Ivón Natalia Cuervo y Milton Acosta también hicieron comentarios sobre la redacción Lina Hernández Nassif, Nataly Andrea Giraldo Jaramillo, Nancy Estella Marín Naranjo y Lácides Hernández acogieron al autor en la Confraternidad Carcelaria de Colombia y le proporcionaron una visión de primera mano sobre las complejidades del perdón en Colombia. Estoy muy agradecido a cada una de estas personas. Los errores y descuidos son exclusivamente míos.

experimentaron la guerra y el desplazamiento desarrollaron su propia teología del perdón que presento aquí. Advierto que no todas las personas con las que hablamos comentaron su perspectiva sobre el perdón, y que este no debe presentarse de forma que permita a los victimarios seguir abusando de las víctimas ni que les quite la necesidad de arrepentirse y buscar reparación. Sin embargo, la mayoría de las víctimas de las peores atrocidades posibles con quienes hablábamos recomendaron un tipo de perdón robusto. Presentaron esta comprensión teológica del perdón como una forma alternativa de justicia que es necesaria si las comunidades colombianas van a ser comunidades donde las personas vivan en paz unas con otras. También ofrecieron el perdón interpersonal como algo que sana a la persona y la acerca a Dios. Vale la pena escuchar la voz de los sobrevivientes del conflicto colombiano, una voz que dejó claro que el perdón interpersonal es necesario para que las comunidades vivan juntas en paz y para que los individuos experimenten la sanación y el acercamiento a Dios.

HACIA UNA INVESTIGACIÓN DEL PERDÓN

Justo cuando comenzamos nuestra investigación, se redactaban en La Habana los acuerdos de paz entre las FARC y el gobierno colombiano.[2] Las Fuerzas Armadas Revolucionarias de Colombia-Ejército del Pueblo, o las FARC-EP, se habían rebelado activamente contra el gobierno colombiano originalmente en protesta por la concentración de la propiedad de la tierra en manos de unas pocas familias, en nombre de la igualdad y los derechos humanos para todos los colombianos. Esta rebelión venía desde 1954, abarcando más de sesenta años de conflicto civil, un conflicto que se extiende por unas tres generaciones. Fue y es un conflicto en el que no sólo participaron las FARC, sino también el ELN (Ejército de Liberación Nacional) y una pluralidad de otros grupos armados. Durante estos años de inestabilidad, no solo los actores estatales y los militares combatieron a los guerrilleros, sino que otros tomaron las armas para proteger la propiedad y defender lo que consideraban la ley y el orden: los grupos paramilitares. A este triple conflicto se sumó el cultivo y el comercio de drogas ilegales. Más recientemente, el conflicto se ha vuelto fragmentario y local: las bandas criminales, conocidas como "bacrim," controlan algunas zonas, ofreciéndose a proteger los negocios locales a cambio de "vacunas" y controlando el comercio de bienes como arepas y huevos, al tiempo que sirven como fuerza policial local y tribunal de justicia.

Se trataba de un conflicto que no solo se caracterizaba por los asesinatos, sino por mucho más, como ser torturado delante de la propia familia o vivir bajo amenazas de violencia. Como un ejemplo de nuestra investigación, Isabella hablaba de haber sido obligada a abandonar su finca. Un grupo armado llegó y exigió que su madre les cocinara, y ella lo hizo; otro grupo llegó y exigió lo mismo. Otros llegaron y les dijeron a Isabella y a su madre que tenían que marcharse, y los recién llegados no

---

2. "Senado refrendó el acuerdo de paz con las Farc," *El Tiempo*, https://www.eltiempo.com/politica/proceso-de-paz/senado-refrendo-acuerdo-de-paz-con-las-farc-44274, 30 de noviembre de 2016.

se identificaron. Poco después de huir de su finca, dos primos de Isabella fueron asesinados, pero su hermano se salvó. Describió cómo un grupo quemó su finca, sus provisiones y se comió sus pollos:

> Le quemaron todo lo de nosotros, nos quemaron todo, nosotros apenas lo que logramos sacar fue la ropa que sacamos, pero lo demás, todo, los puños de arroz los mochaban así, los montones de arroz, las gallinas se las comieron, todo lo que teníamos, todo lo quemaron, todo lo que tenía lo quemaron.[3]

Isabella y su familia no fueron los únicos que se vieron obligados a huir de sus hogares, a menudo por amenazas de grupos que temían nombrar porque querían evitar represalias por tomar partido. En Colombia, un país de 48 millones de habitantes, hay más de 8 millones de casos registrados de personas en situación de desplazamiento a mayo de 2021.[4]

En Colombia, continúan las conversaciones sobre la paz y la justicia, incluso entre las comunidades de cristianos comprometidos con algún tipo de perdón. Por un lado, hay voces como estas: "Tenemos que aprender a perdonar. Si no aprendemos a perdonar, a dejar atrás el pasado y a aprender a convivir, el conflicto no se detendrá." Por el otro lado, hay voces como estas: "Pero también tenemos que considerar la justicia. Los grupos armados y militares han hecho cosas horribles. Tenemos que escuchar a las víctimas y sus necesidades. Si dejamos que los perpetradores se vayan sin sufrir consecuencias, volverán a hacer cosas horribles."

Entonces surge una pregunta, ¿el perdón se opone a la justicia? Sin duda, tanto el perdón como la justicia son intrínsecos a la proclamación de Jesús en los Evangelios. En el Evangelio de Mateo, por ejemplo, la justicia o rectitud (δικαιοσύνη, Mt 5:10, 20; 6:1, 33) es un tema recurrente en las enseñanzas de Jesús, y también lo es el perdón interpersonal. Jesús en Mateo les dijo a sus seguidores que perdonaran a su hermano y a su hermana (ἀδελφός, 18:22, 35), pero no sólo esto, sino que también perdonaran a los seres humanos (τοῖς ἀνθρώποις) y su Padre celestial los perdonaría. Por el contrario, si no perdonaban a los seres humanos lo que les debían, su Padre no les perdonaría lo que le debían (6:14–15).

El perdón interpersonal era intrínseco a la predicación de Jesús. ¿Qué tracción tiene en un país que esperaba el fin del conflicto? Con el proyecto *Fe y Desplazamiento* y junto con varios colegas, investigamos cómo los sobrevivientes del conflicto armado, personas en situación de desplazamiento más que nada, experimentaron y pensaron sobre el perdón.

---

3. "Mateo 18 y el perdón—Puerto Libertador," lectura popular de la Biblia, Torre Fuerte, Puerto Libertador, Córdoba, 9 de diciembre de 2016. Participantes: cinco mujeres y tres hombres. Los nombres han sido alterados para proteger la identidad de los sujetos.

4. Unidad para las Víctimas, "Registro único de víctimas," https://www.unidadvictimas.gov.co/es/registro-unico-de-victimas-ruv/37394, último acceso el 31 de mayo de 2021.

Parte 2

NUESTRA INVESTIGACIÓN SOBRE EL PERDÓN

En nuestra investigación, para conocer las opiniones y experiencias de los colombianos sobre el perdón, junto con otras investigaciones que se estaban llevando a cabo, teólogos y científicos sociales trabajaron junto a los líderes de las iglesias locales para hablar con quienes habían vivido el conflicto colombiano. La mayoría de ellos se encontraban entre los ocho millones de personas en situación de desplazamiento (PSD) del país, aunque no todos. En Colombia, los actos legislativos y las personas que han vivido la guerra utilizan el término "víctimas," pero nuestro equipo consideró que este término arrojaba una luz demasiado pasiva a las personas con las que hablamos. Por lo tanto, utilizamos el término "sobrevivientes del conflicto" para abarcar a quienes vivieron lo peor de los conflictos armados en Colombia, indicando su respuesta activa a esos conflictos.

En nuestra investigación, en lugar de hacer preguntas directas sobre el perdón, optamos por facilitar debates abiertos sobre la parábola del deudor que no perdona de Mateo 18:21–35. Los debates se llevaron a cabo al estilo de la lectura popular de la Biblia, permitiendo a los miembros de cada grupo habitar la historia, identificarse con los personajes de la historia y decir si los miembros de su comunidad se parecen a los personajes de la parábola.[5] Terminamos preguntando por las implicaciones políticas, por lo que le pasaría a la comunidad si sus miembros imitasen al rey que perdonó al siervo una enorme deuda. A la inversa, preguntamos qué pasaría si sus miembros imitaran al siervo que, aunque le perdonaron una deuda enorme, no perdonó a su compañero una deuda menor.

Los debates sobre la parábola del deudor implacable tuvieron lugar en once grupos de ocho localidades, desde grandes ciudades como Bogotá hasta pueblos de tamaño medio como Puerto Libertador (Córdoba) y zonas rurales como Piendamó (Cauca). La mayoría de los sitios de reunión fueron iglesias evangélicas y pentecostales locales, que invitaron a sus miembros y a otras personas de sus comunidades a venir a discutir las condiciones que rodean al desplazamiento, y la lectura popular de esta parábola fue una de las varias entrevistas y grupos focales en los que pudieron

---

5. Nos inspiramos en la lectura popular de la Biblia descrita por Carlos Mesters y Pablo Richard, un método similar al estudio bíblico contextual descrito por Gerald O. West. Véase Carlos Mesters, *The Use of the Bible in Christian Communities of the Common People*, ed. Sergio Torres y John Eagleson (Maryknoll, NY: Orbis Books, 1981); Carlos Mesters, *Flor sin defensa: una explicación de la Biblia a partir del pueblo* (Bogotá: Confederación Latinoamericana de Religiosos CLAR, 1987); Pablo Richard, "40 años de la teología de la liberación en América Latina y el Caribe (1962–2002)," *Documentos del ocote encendido* 25 (2003): 4–27; Gerald O. West, *Biblical Hermeneutics of Liberation: Modes of Reading the Bible in the South African Context* (Pietermaritzburg: Cluster Publications, 1991), 174–80; Gerald O. West, "Do Two Walk Together? Walking with the Other through Contextual Bible Study," *Anglican Theological Review* 93, n.º 3 (2011): 431–49; Gerald O. West, "Locating 'Contextual Bible Study' within Biblical Liberation Hermeneutics and Intercultural Biblical Hermeneutics," *HTS Teologiese Studies/Theological Studies* 70, n.º 1 (2014): 1–10, https://doi.org/10.4102/hts.v70i1.2641; Gerald O. West, "Reading the Bible with the Marginalized: The Value/s of Contextual Bible Reading," *Stellenbosch Theological Journal* 1, n.º 2 (2015): 235–61, https://doi.org/10.17570/stj.2015.v1n2.a11.

participar. La mayoría de las discusiones fueron facilitadas por colegas colombianos, y yo sólo participé en una discusión. Una discusión, la lectura popular de Biblia en Granada (Antioquia), fue la única que no se realizó en colaboración con una iglesia, sino con la Confraternidad Carcelaria. Estas discusiones ocurrieron entre noviembre de 2016 y marzo de 2017 mientras se concluían e implementaban los acuerdos de paz entre el gobierno colombiano y las FARC.[6]

Dos advertencias

Anticipábamos encontrar reacciones de odio o venganza, pero nos sorprendió descubrir tantas ocasiones en que los sobrevivientes del conflicto participaron en lo que parecía imposible, el magnánimo perdón ilustrado en la parábola de Mateo. Sin embargo, hago dos advertencias. La primera es que no todos aquellos con quienes hablamos estaban tan esperanzados en la posibilidad de perdonar como otros. Hubo miembros de tres grupos que dijeron que el perdón era "difícil" o "no fácil": Camila,[7] Gabriela[8] y Sandra Milena.[9] Al decir esto entre otros que hablaron a favor del perdón, tal vez indicaba una oposición más fuerte al perdón, aunque la declaración de Sandra Milena de que el perdón no es fácil vino después de afirmar que Dios nos ayuda a perdonar.

Otros miembros de los grupos quizá no expresaron sus dudas sobre el perdón, tanto al hablar como al guardar silencio. Hubo algunos que no hablaron, aunque su número fue escaso: no hubo ningún miembro callado en tres de los grupos, aunque hubo un miembro callado en cinco grupos, dos miembros callados en dos grupos, y varios miembros callados en un grupo más grande, sumando aproximadamente once que no hablaron de unas noventa y seis personas en total.

La segunda advertencia para las iglesias que sirven a los sobrevivientes del conflicto armado es que nada de lo que se dice aquí debe interpretarse como un trámite religioso para ignorar la responsabilidad del arrepentimiento y la restauración de los victimarios. Minimizar esta responsabilidad, convertiría el perdón en un instrumento

---

6. Durante el mismo período, para obtener una perspectiva más amplia sobre el perdón en Colombia, acompañé a los trabajadores de la Confraternidad Carcelaria a observar su plan de estudios Árbol Sicómoro para la "reparación, restauración y resocialización" entre los miembros de la guerrilla en la Cárcel de Bellavista en Medellín y en pueblos y aldeas de Antioquia. Confraternidad Carcelaria de Colombia, *Confraternidad Carcelaria de Colombia (pfcolombia.org)*, https://www.pfcolombia.org/, último acceso el 30 de junio de 2021.

7. "Mateo 18 y el perdón—Cartagena," lectura popular de la Biblia, Colegio El Salvador, Cartagena, 26 de enero de 2017. Participantes: ocho mujeres y tres hombres.

8. "Mateo 18 y el perdón—Puerto Libertador," lectura popular de la Biblia, El Libertador, Puerto Libertador, Córdoba, 10 de diciembre de 2016. Participantes: seis mujeres y cuatro hombres. Investigador Guillermo Mejía Castillo.

9. "Mateo 18 y el perdón—Puerto Libertador," lectura popular de la Biblia, El Libertador, Puerto Libertador, Córdoba, 10 de diciembre de 2016. Participantes: tres mujeres y dos hombres. Investigador Milton Acosta Benítez.

para profundizar la injusticia social, una preocupación que los autores Bridget Illian, Francis Machingura y Elaine J. Ramshaw tienen razón al plantear.[10] Tampoco debe decirse nada aquí como una manipulación ingenua del instrumento liberador que el perdón representa para perpetuar o validar los abusos de los victimarios.

El perdón encomendado por esta lectura popular de Mateo 18:21-35 nunca debe ser leído, entendido o aplicado sin respetar y proteger la vulnerabilidad y fragilidad de los sobrevivientes del conflicto armado. Pero lo que aquí se escribe no debe alejar a las víctimas de experimentar el poder liberador y sanador del perdón en la forma contagiosa e incondicional que exhibieron muchos de nuestros compañeros de conversación. Uno de ellos fue Juan Esteban, PSD indígena de Piendamó, quien dijo: "Entonces me tocó que ir a pedir perdón, estrechar mano. Ahí fue que yo me quedé libre."[11]

EL PERDÓN Y NUEVAS FORMAS DE COMUNIDAD

De los sobrevivientes del conflicto escuchamos un diálogo abierto sobre la parábola del deudor que no perdona de Mateo 18. En ese contexto escuchamos en primer lugar, que el perdón permite un nuevo tipo de vida comunitaria y política. Esa afirmación comenzó con una discusión sobre las diferentes formas de la deuda, deudas típicas del contexto de los participantes desplazados.

La deuda

Los grupos que participaban en la lectura popular de la Biblia hablaron de varios tipos de deuda. En Batata (Córdoba), por ejemplo, los miembros del grupo mencionaron el adulterio, el asesinato y las palabras mal colocadas junto con la deuda financiera.[12] Mientras que algunos grupos comenzaron con deudas financieras, la discusión en Medellín se convirtió inmediatamente en perdón por otros tipos de agravios que implican endeudamiento. Una mujer que se llama Natalia relacionó la parábola con su hijo, diciendo que su hijo no podía perdonar el asesinato de su nieta.[13]

Ella era solo una de los sobrevivientes del conflicto que revelaron experiencias de profundo sufrimiento a través de la lectura popular de esta parábola, sufrimiento por

---

10. Bridget Illian, "Church Discipline and Forgiveness in Matthew 18:5-35," *Currents in Theology and Mission* 37, n.º 6 (2010): 444-50; Francis Machingura, "The Reading & Interpretation of Matthew 18:21-22 in Relation to Multiple Reconciliations: the Zimbabwean Experience," *Exchange* 39, n.º 4 (2010): 331-54, https://doi.org/10.1163/157254310X537016; Elaine J. Ramshaw, "Power and Forgiveness in Matthew 18," *Word & World* 18, n.º 4 (1998): 397-404.

11. "Mateo 18 y el perdón—Piendamó," lectura popular de la Biblia, Villa Mercedes, Grandeza de Dios, Piendamó, Cauca, 14 de enero de 2017. Participantes: nueve hombres.

12. "Mateo 18 y el perdón—Batata," lectura popular de la Biblia, Batata, Córdoba, 21 de enero de 2017. Participantes: tres mujeres y nueve hombres. Investigador:

13. "Mateo 18 y el perdón—Medellín," lectura popular de la Biblia, Granizal, Medellín, 28 de enero de 2017. Participantes: cuatro mujeres.

las formas de endeudamiento. En Bogotá, por ejemplo, Sofía habló de lo que podría hacer si se encontrara con los que mataron a sus hijos y la obligaron a abandonar su finca. Manuel, del mismo grupo, dijo que tener un hijo asesinado es un sufrimiento que no se puede olvidar.[14]

En Puerto Libertador (Córdoba), escuchamos la historia de Isabella sobre quienes la obligaron a abandonar su finca.[15] Otros en Puerto Libertador describieron cómo los grupos armados les daban a los jóvenes mandados para hacer. Hablaron de tiroteos, de ser atropellados por motocicletas, de amenazas y demandas, y de necesitar dinero hasta para comprar sus alimentos, en vez de cultivarlos ellos mismos. Dijeron que fueron humillados. Contaban estas historias como ejemplos de las formas como habían sido agraviados, poniendo a los agraviantes en deuda con ellos.[16]

Además de otros tipos de deuda, la deuda financiera con las personas también era común entre los sobrevivientes del conflicto. Socorro, propietaria de una pequeña empresa en Puerto Libertador, describió cómo ella prestaba a sus clientes. Dijo que una vez escuchó hablar a una mujer que le debía dinero. Esta mujer estaba hablando del otro lado de la pared a alguien que le debía dinero a la mujer, exigiéndole que le devolviera el dinero.[17] Esta historia mostró la dinámica de la parábola, que los deudores tienen deudores. También en Puerto Libertador, un hombre que se llama Gabriel habló de prestar un animal para llevar arroz a otra ciudad, y surgió una disputa cuando el prestatario trajo el animal a la casa tarde y sin haberlo bañado.[18] El joven Juan David que recientemente llegó a Batata dijo que aún no había pedido dinero prestado, pero era su hábito pedir prestado o "embalarse," porque "el que no se embala, no tiene."[19] Y en un barrio a las afueras de Bogotá, los participantes sabían de conflictos por deudas que conducen a asesinatos, deudas de tan solo veinte mil pesos (COP$20,000 o US$5).[20]

En resumen, las personas con las que hablamos en varios lugares de Colombia relacionaron las deudas de la parábola de Mateo 18 con tipos de deudas que habían experimentado. Hablaban de que debían y les debían dinero, pero también tenían un

---

14. "Mateo 18 y el perdón—Bogotá," lectura popular de la Biblia, Santa Viviana, Bogotá, 3 de diciembre de 2016. Participantes: al menos siete hombres y mujeres.

15. "Mateo 18 y el perdón—Puerto Libertador," lectura popular de la Biblia, 9 de diciembre de 2016.

16. "Mateo 18 y el perdón—Puerto Libertador," lectura popular de la Biblia, 10 de diciembre de 2016, investigador G. Mejía Castillo, 9 de diciembre de 2016.

17. "Mateo 18 y el perdón—Puerto Libertador," lectura popular de la Biblia.

18. "Mateo 18 y el perdón—Puerto Libertador," lectura popular de la Biblia, 10 de diciembre de 2016, investigador M. Acosta Benítez.

19. "Mateo 18 y el perdón—Batata," lectura popular de la Biblia, Batata, Córdoba, 22 de enero de 2017. Participantes: varios hombres y mujeres.

20. "Mateo 18 y el perdón—Bogotá," lectura popular de la Biblia. Para más información sobre la notable diferencia entre las lecturas de los sobrevivientes del conflicto de la parábola del deudor que no perdona de Mateo 18:21–35 y las lecturas de los comentaristas del Nuevo Testamento del Atlántico norte, véase Heimburger, Hays, y Mejía Castillo, "Forgiveness and Politics," 3–5.

sentido más amplio de la deuda: al experimentar la violencia, el desplazamiento y los ataques verbales, veían a sus atacantes como gente en deuda con ellos.

El perdón y la política

Los que han vivido la violencia y el desplazamiento vieron un fuerte vínculo entre el perdón y el bienestar personal. También creían que el perdón tiene un rol en la vida comunitaria e interpersonal. Los miembros de cada grupo establecieron un fuerte vínculo entre el perdón interpersonal y la viabilidad de la comunidad, y entre el perdón y un potencial de paz en Colombia. Dado que el perdón da forma a las relaciones de poder y las condiciones de paz en una comunidad, escucho a aquellos con los que hablamos decir que el perdón tiene un papel político. En ese sentido, consideran que las dimensiones personales y políticas del perdón están estrechamente vinculadas. Cuando vinculaban el perdón y la vida política, los sobrevivientes del conflicto no decían casi nada sobre la policía o el sistema judicial como conectados a la resolución de disputas. El Estado a menudo estaba ausente de la discusión, y el Estado pareció estar ausente en la vida de los participantes.

La dimensión política del perdón se volvió obvia cuando los que interpretaban la parábola contaron historias sobre venganza y destierro. En Puerto Libertador, Sebastián (quien es cristiano) dijo que él y Mateo, su socio de negocios, compraron cuatro novillas pero descubrieron que los animales eran robados. Puerto Libertador, dijo Sebastián, era un lugar donde no se perdona este tipo de cosas. Resultó que el joven que les vendió los animales, Carlos, se los había robado a su propia abuela. Carlos fue llevado a ellos, y Sebastián dijo que Mateo "quería . . . que hubiese una venganza, una justicia, inmediatamente." A Carlos lo amarraron para matarlo, pero Sebastián dijo que no estaba de acuerdo con hacerle daño, que había perdonado al joven y que estaba listo para perder el dinero. Mateo, que no era cristiano, dijo, "Profe, si usted lo hace yo también lo hago." Los animales fueron devueltos, y los dos compañeros vivieron con la pérdida monetaria a pesar de que vivían en un lugar donde estaba un grupo armado listo para resolver este tipo de disputas. Sebastián dijo que Dios lo había bendecido y que Carlos todavía estaba vivo tres años después. Pero hubo un giro: Sebastián y Mateo le pidieron a Carlos que se comportara de manera diferente y que abandonara la región para que pudiera seguir con vida.[21]

Consecuencias políticas del perdón

Estas historias sirven como ejemplos de perdón como un fenómeno político. Otros testimonios de sobrevivientes de conflictos provienen de preguntas más directas de los investigadores, como ésta: ¿Qué consecuencias políticas habría si su comunidad sigue

21. "Mateo 18 y el perdón—Puerto Libertador," lectura popular de la Biblia, 10 de diciembre de 2016, investigador G. Mejía Castillo.

el ejemplo del rey que perdonó al siervo o el ejemplo del deudor que no perdona? Las respuestas revelan un consenso entre estos sobrevivientes del conflicto: el perdón es esencial no solo para una comunidad pacífica, sino también para la posibilidad misma de ser una comunidad.

En Bogotá, los que preguntaron sobre las consecuencias del perdón dijeron que el perdón conducirá al entendimiento, brindando unidad y fortaleza. La falta de perdón, por otro lado, perpetuará la violencia, la inseguridad y una división entre ricos y pobres.[22]

Cuando a un grupo formado principalmente por PSD en Puerto Libertador se le preguntó sobre las consecuencias del perdón para la comunidad, Emmanuel respondió que, si todos vivieran como el rey, "nunca habría conflictos." Él dijo que el perdón traería "una comunión, una armonía feliz." Una mujer dijo que, sin perdón, "todo se volvería una mazamorra." El grupo se reía de su colorida manera de indicar confusión.[23]

La belleza es lo que vendrá para su comunidad si sus miembros practican el perdón, dijeron las PSD en Batata.[24] El gobierno prudente y las oportunidades económicas eran lo que un grupo en Tierralta (Córdoba) que en su mayoría no eran PSD, dijo que llegaría a una comunidad que practica el perdón. Al preguntársele qué consecuencias políticas tendría Tierralta con su pasado violento si sus miembros actúan como el rey, los entrevistados también mencionaron refresco, alegría, una visión clara, bienestar comunitario y paz. Sin embargo, actuando como el siervo, Colombia volvería a la violencia, dijo María Fernanda en Tierralta. Cuando se le preguntó qué sucedería si Tierralta no perdonara a los paramilitares, guerrilleros, bandas criminales y otros criminales, ella dijo que los niños crecerían con resentimiento e iniciarán nuevos grupos armados para satisfacer su deseo de venganza. Alexander dijo que la envidia y el rencor le quitarían posibilidades de prosperidad económica: "Vamos a tener un pueblo siempre en ruina . . . No va a ser un pueblo que va a traer empresa, industria, mercados al pueblo porque vamos a tener una actitud de venganza."[25]

Actuando como el siervo produce la espeluznante escena que describió Natalia en el Granizal de Medellín. Ella dijo que las cosas no funcionaron, todos pelearon, y uno tenía que protegerse. Ella continuó: "Diez, veinte, treinta muertos. El perrito muerto, el gato muerto, el vecino muerto. La vecina y el vecino muertos. Pasa uno por encima de los cadáveres." Por otro lado, si los miembros de la comunidad actúan como el rey, habría compasión, paz y entendimiento. Nadie debe tener hambre o dormir en la acera: habría pan de cada día.[26]

---

22. "Mateo 18 y el perdón—Bogotá," lectura popular de la Biblia.
23. "Mateo 18 y el perdón—Puerto Libertador," lectura popular de la Biblia, 9 de diciembre de 2016.
24. "Mateo 18 y el perdón—Batata," lectura popular de la Biblia, 22 de enero de 2017.
25. "Mateo 18 y el perdón—Tierralta," lectura popular de la Biblia, Cristo Rey, Tierralta, Córdoba, 23 de enero de 2017. Participantes: diez hombres y mujeres.
26. "Mateo 18 y el perdón—Granizal," lectura popular de la Biblia.

En Cartagena, la diferencia entre el perdón o la falta de perdón era una diferencia tan transcendente como mundana. Era la diferencia entre el cielo y el infierno, dice Valeria; si fuéramos "cómo el rey, vea, feliz, estaríamos en la gloria." En otro sentido, el perdón trata de una decisión de cooperar como activistas y dar de su propio bolsillo para buscar el bien del vecindario, dijo Juliana. Andrés Felipe declaró,

> Con cualquier cosita el vecino se enfurece y le viene contra usted con la rula, con el revólver, con lo que sea, entonces el perdón está lejos. . . . Si nosotros nos perdonáramos cada uno los errores . . . siquiera en la calle donde usted habita, que todo el mundo se perdonara, que todo el mundo viviera en armonía, que todo el mundo viviera en paz . . . . Si el vecino necesita arreglar una pared, "Vecino, aquí estamos nosotros, vamos a hacerlo," esa calle o ese barrio, no lo detiene nadie, eso va para adelante, porque la gente está unida.[27]

A los sobrevivientes del conflicto que tenían esta visión expansiva de las consecuencias políticas del perdón también se les preguntó si conocían a personas en sus comunidades que perdonaran magnánimamente como el rey. En muchos de los grupos, los miembros identificaron a personas en sus comunidades que se asemejan al rey que perdona, así como a otros que se asemejan al siervo que no perdona, aunque su deuda sea cancelada. Nos intrigó observar que todos los encuestados que pudieron identificar a personas que se parecen al rey residieron en ciudades pequeñas o en zonas rurales.[28] En tres grupos formados principalmente por PSD en las grandes ciudades de Bogotá, Medellín y Cartagena, los participantes dijeron que conocían a alguien de su entorno que actúa como el siervo, un personaje que era perdonado pero que no perdona a los demás, pero no podían nombrar a personas en sus comunidades que fueran como el rey. Parece que los sobrevivientes del conflicto en las áreas metropolitanas conocían menos a personas que perdonan grandes deudas o grandes males que los de los pueblos y aldeas.

Conclusiones acerca del perdón, la comunidad y la justicia

Para resumir la naturaleza del perdón y su relación con la justicia en la comunidad, vuelvo al ejemplo del perdón que Sebastián ofreció a Carlos por abigeato. En este caso ya comentado, la extensión del perdón no significó renunciar a la justicia. Por el contrario, hizo posible una forma diferente de justicia. En esta historia el perdón

---

27. "Mateo 18 y el perdón—Cartagena," lectura popular de la Biblia.

28. "Mateo 18 y el perdón—Granada," lectura popular de la Biblia, Salón del Nunca Más, Granada, Antioquia, 10 de marzo, 2017. Participantes: varios hombres y mujeres. "Mateo 18 y el perdón—Batata," lectura popular de la Biblia, 22 de enero de 2017; "Mateo 18 y el perdón—Puerto Libertador," lectura popular de la Biblia, 9 de diciembre de 2016; "Mateo 18 y el perdón—Puerto Libertador," lectura popular de la Biblia, 10 de diciembre de 2016, investigador G. Mejía Castillo; "Mateo 18 y el perdón—Puerto Libertador," lectura popular de la Biblia, 10 de diciembre de 2016, investigador M. Acosta Benítez; "Mateo 18 y el perdón—Tierralta," lectura popular de la Biblia.

proporcionó una alternativa a una ejecución extrajudicial por robo, pero ese perdón se combinó con un castigo diferente, una orden para abandonar la región. Este perdón no implicó el olvido ya que este perdón dejó a Sebastián preparado para hablar y reconocer las relaciones rotas que el robo de ganado provocó. Lo que significó en cambio, fue dejar de lado el resentimiento. Significó también liberar a Carlos del castigo de muerte y limitar ese castigo al destierro, algo que protegería su vida sin dejar de ser una especie de castigo. En la historia la acción de liberación fue contagiosa, ya que al ver a Sebastián renunciar a una demanda de retribución completa, Mateo también renunció a esa demanda. Este es el "efecto dominó" del perdón que identificó Mariana en Granada. Esta acción de liberar y perdonar a Carlos dio vida y libertad.

Más allá de cambiar las relaciones entre estos tres hombres en la historia de Sebastián, el perdón representó una separación e interrupción del conflicto armado en lugar de simplemente un intercambio entre dos individuos. Junto con un juicio en ausencia del Estado, el perdón no fue simplemente un vehículo para el saneamiento y la transformación personal. Esto es lo que afirmó Javier de Piendamó cuando dijo que el perdón entre él y su hermano creó la paz, la paz que Colombia necesita.[29]

Existía un consenso entre quienes experimentaron la violencia y el desplazamiento del conflicto en Colombia. Perdonar o no perdonar es la diferencia entre recoger basura o no, entre vivir en seguridad o pisar cadáveres, entre niños que forman nuevos grupos armados o niños que trabajan en nuevos negocios. Perdonar o no perdonar es la diferencia entre la paz y la guerra, entre la comunidad y la falta de comunidad, entre dejar vivir y matar, entre vivir en gloria y vivir en el infierno.

EL PERDÓN SANA Y LO ACERCA A UNO A DIOS

Las personas con quienes hablamos dijeron más. El perdón no sólo hace posible nuevas formas de comunidad y política a través de una forma alternativa de justicia. También aporta a la sanidad personal y nos acerca a Dios. Un grupo de indígenas evangélicos de la comunidad nasa describió la falta de perdón como algo paralizante, en cuanto atribuyó al perdón un poder sanador.[30] Otro grupo de personas en situación de desplazamiento, reasentados en Batata (Córdoba), respondió a la parábola enfatizando en el perdón "de todo corazón."[31] En respuesta a la pregunta de un inves-

---

29. "Mateo 18 y el perdón—Piendamó," lectura popular de la Biblia. Para ver cómo el testimonio de los sobrevivientes del conflicto responde a las objeciones filosóficas al perdón de Martha C. Nussbaum, Jeffrie G. Murphy, William Ian Miller y Jacques Derrida, véase el artículo de Robert W. Heimburger, "Debating Forgiveness During Armed Conflict," de próxima aparición

30. "Mateo 18 y el perdón—Piendamó," lectura popular de la Biblia.

31. "Mateo 18 y el perdón—Batata," lectura popular de la Biblia, 22 de enero de 2017. Mientras que otros grupos usaron la Nueva Versión Internacional cuando habla de perdonar "de corazón," el grupo de enfoque de Batata de 22 de enero, 2017 se basa en una de las traducciones de Reina Valera de Mateo 18:35 que decía, "Así también mi padre celestial hará con vosotros si no perdonáis de todo corazón cada uno a sus hermanos sus ofensas." La frase "de todo corazón" aparece en las ediciones Reina Valera 1960, 1995 y Contemporánea pero no en las ediciones Antigua, 1977 o Actualizada-2015.

tigador sobre si el perdón en la historia de un participante era genuino, los miembros del grupo respondieron que el perdón "de todo corazón" era la marca del verdadero perdón. Perdonar y luego volver a sentir rencor no cuenta como perdón, dijo Luciana. "Lo mejor es perdonar de todo corazón, porque si yo digo que perdono a mi hermano y sigo con ese rencor, eso no se llama perdón," dijo Miguel Ángel. En otro momento, él mismo dijo que la gente necesita perdonar "de todo corazón" las cosas horribles que se han hecho en la zona durante el conflicto, o de lo contrario el Señor no los perdonará.

La lectura de la parábola en la iglesia Torre Fuerte en Puerto Libertador (Córdoba) reveló nuevos giros en la dimensión personal del perdón. Las personas en situación de desplazamiento allí vieron el perdón como una forma de sacar a alguien del odio y la pérdida para llorar, abrazar a otra persona y dar lugar a la reconciliación. También, vieron el perdón como una forma de hacer que el corazón sea flexible y tranquilo y como un acercamiento a Dios. Como ejemplo de alguien que no perdona, Salomé contó la historia de un familiar que fue desplazado, que no perdonaba a los que lo desplazaron y deseaba que los mataran. Ella hizo énfasis en que esa persona no es cristiana. El miembro de la familia "tenía allá su finquita, tenía ganado, tenía bestias," pero "acá en el pueblo todo es comprado." Entonces, "él reniega, . . . maldice todo."[32]

Para algunos en la lectura popular de la Biblia en la iglesia Torre Fuerte, el perdón se hizo posible en respuesta a la oración y como resultado del cambio que Dios hizo en sus corazones. Luz Marina habló de un conflicto con otra mujer que intentó iniciar una pelea. Luz Marina dijo que no pelearía porque era cristiana. Después de un largo rato, oró por la mujer, y finalmente la mujer llegó a su casa, se arrodilló, lloró y pidió perdón. Isabella, al hablar de su desplazamiento, contó que tuvo un problema con un cuñado que la amenazó con atropellarla con una motocicleta. Ella dijo que era capaz de perdonarlo porque su corazón había cambiado y la presencia de Cristo en el corazón de alguien le permite a una persona amar y buscar la paz. Otros miembros del grupo siguieron a estos dos proponiendo un fuerte vínculo entre la fe cristiana y la posibilidad del perdón.[33]

Emmanuel contó su cambio de actitud de no perdonar a perdonar. Él tenía un vecino que lo amenazó con golpear a uno de sus hijos. El vecino se enfermó e iba a morir, pero Emmanuel no dijo si visitaría a su vecino o no. Con el tiempo, la esposa del vecino le pidió a Emmanuel que fuera, y él fue:

> Cuando yo vi el tendidito, así como en la cama, yo con un pesar hermano, yo no fui capaz de sentir, me dio un pesar de verdad, y lo abracé así, le dije "hermano, . . . de mi parte . . . si quiere entrar al reino de los cielos, de mi parte está perdonado, hermano."

Cinco minutos después de lo que él le dijo, el vecino murió. Emmanuel describió un cambio: "Entonces, de ahí para acá yo reflexioné y le pedí al Señor, mi corazón

---

32. "Mateo 18 y el perdón—Puerto Libertador," lectura popular de la Biblia, 9 de diciembre de 2016.
33. "Mateo 18 y el perdón—Puerto Libertador," lectura popular de la Biblia, 9 de diciembre de 2016.

ponlo más flexible todavía, más sencillito, para servir a la gente, para tener paciencia y calma." Dijo que cuando se trata de perdonar: "Para mí, pues, no hay gente mala. Ni las personas armadas, ni nadie."[34]

Estas historias ponen de relieve otro aspecto de nuestros hallazgos, un vínculo que varios participantes establecieron entre el perdón y Dios. Algunas de las personas que participaron en los grupos focales estuvieron de acuerdo en que el perdón fue facilitado por Dios y acerca a los seres humanos a él. Pero esta opinión se hizo más evidente en una iglesia donde los participantes en la lectura popular de la Biblia no habían sido desplazados. En uno de ellos, Sandra Milena dijo que "el país [Colombia] necesita reconocer, primero, que tenemos un Dios . . . que es el que nos ayuda a que nosotros podamos reconocer e ir a perdonar, porque no es fácil."[35] Sin embargo, en un contexto diferente, mientras Laura Valentina dijo que Dios permite un proceso de perdón, Alexander contó una historia que escuchó de un conferencista que no era cristiano y que perdonó a la persona que asesinó a su hermano.[36] Otro ejercicio de lectura popular se centró en pedir perdón, ya sea en una relación cercana con Dios o más allá del alcance del perdón de Dios: "Arrodillarse y pedir perdón es como arrodillarse ante Dios," dijo Juan David, y "no ofrecer este perdón a un ser humano significa que Dios no perdonará a la persona," dijo Daniel. Saber esto motiva a Daniel a perdonar a aquellos que "han malogrado nuestra sociedad."[37]

Según el testimonio de varios sobrevivientes del conflicto armado, entonces, el perdón interpersonal no sólo permite que una comunidad conviva con un mayor grado de paz y justicia. El perdón también sana a la persona, y sana las relaciones entre familiares y entre vecinos. En última instancia, el perdón entre los seres humanos los acerca a Dios.

DISCUSIÓN A LA LUZ DE OTRAS PUBLICACIONES SOBRE EL PERDÓN EN COLOMBIA

Para profundizar en estas reflexiones basadas en las percepciones de víctimas del conflicto armado, es útil analizar una selección de tres estudios adicionales sobre el perdón en Colombia, de los cuales surgen algunas comparaciones y contrastes intrigantes con respecto a las posibilidades del perdón. En primer lugar, en cuanto a la metodología, cada una de las tres investigaciones tuvo lugar en una sola localidad y no pudieron ofrecer una comparación entre localidades como lo hizo nuestro estudio con sus ocho localidades.[38] La diversidad geográfica de la investigación nuestra nos

---

34. "Mateo 18 y el perdón—Puerto Libertador," lectura popular de la Biblia.
35. "Mateo 18 y el perdón—Puerto Libertador," lectura popular de la Biblia, 10 de diciembre de 2016, investigador M. Acosta Benítez.
36. "Mateo 18 y el perdón—Tierralta," lectura popular de la Biblia, 22 de enero de 2017.
37. "Mateo 18 y el perdón—Batata," lectura popular de la Biblia.
38. Laura Castrillón-Guerrero et al., "Comprensiones de perdón, reconciliación y justicia en víctimas

permitió identificar que los habitantes de las ciudades pequeñas y de las zonas rurales tenían experiencias de perdón diferentes a las de los habitantes de las ciudades. Además, estos estudios (a pesar de haber sido realizados por psicólogos con sumo cuidado y, en el caso de López-López et al.,[39] con cierta atención a las narrativas) no tuvieron discusiones abiertas acerca de historias y parábolas, en contraste con nuestra investigación. La ventaja de nuestro acercamiento fue que alimentó nuestro estudio con una mayor diversidad de experiencias a través de narraciones personales en lugar de afirmaciones generales sobre el perdón.

En segundo lugar, los otros estudios presentaban concepciones del perdón que diferían de las nuestras en ciertos aspectos. Dos estudios dijeron que las víctimas con las que hablaron se inclinaban a entender el perdón como un olvido,[40] mientras que las personas con las que hablamos estaban dispuestas a perdonar, pero a la vez persistían en decir la verdad sobre las formas en que habían sido agraviadas, porque no habían olvidado el agravio. Los otros estudios encontraron que las víctimas exigieron el cumplimiento de varias condiciones como prerrequisitos para el perdón que las nuestras, como las disculpas, el cese de las ofensas y la reparación.[41] Sus discusiones resultaron ser más robustas porque mantuvieron esos factores. Los otros estudios también imaginaron el perdón como algo previo a la reconciliación[42] o a la reintegración de los perpetradores de la violencia,[43] pero nuestro estudio deja indeterminado lo que debería o podría seguir después del perdón.

En tercer lugar, la comparación de nuestro estudio con los otros estudios demuestra que, durante la época de los acuerdos con las FARC, quienes estaban más cerca del conflicto armado estaban más dispuestos a perdonar que quienes vivían alejados del conflicto. En uno de los estudios, López-López et al. entrevistaron a personas en Bogotá en lugares céntricos y públicos en 2015-16, muchos de los cuales eran de clase media-baja, clase media-alta o ricos.[44] Encontraron que no eran propensos a querer perdonar ofensas graves, aunque sí observaron una tendencia relativa hacia un mayor grado de apertura al perdón en comparación con las respuestas al estudio

---

de desplazamiento forzado en Colombia," *Revista de Estudios Sociales*, Comprensiones de perdón, n.º 63 (2018): 84-98; Elsy Mercedes Domínguez de la Ossa y María Angélica Aleán Romero, "Narrativas para la emergencia del perdón, la reparación y la reconciliación en víctimas del conflicto armado en Colombia," *Aposta* 84 (2020): 62-78; Wilson López-López et al., "Forgiving Former Perpetrators of Violence and Reintegrating Them into Colombian Civil Society: Noncombatant Citizens' Positions," *Peace and Conflict: Journal of Peace Psychology* 24, n.º 2 (2018): 201-15, https://doi.org/10.1037/pac0000295.

39. López-López et al., "Forgiving Former Perpetrators of Violence," 206.

40. Domínguez De la Ossa y Aleán Romero, "Narrativas para la emergencia del perdón," 67; Castrillón-Guerrero et al., "Comprensiones de perdón," 88.

41. Domínguez De la Ossa y Aleán Romero, "Narrativas para la emergencia del perdón," 68-69; Castrillón-Guerrero et al., "Comprensiones de perdón," 89, 91.

42. Domínguez De la Ossa y Aleán Romero, "Narrativas para la emergencia del perdón," 72; Castrillón-Guerrero et al., "Comprensiones de perdón," 90.

43. López-López et al., "Forgiving Former Perpetrators of Violence," 206, 208.

44. López-López et al., "Forgiving Former Perpetrators of Violence," 207, 212.

de su equipo realizado en 2010–11.[45] En las afueras del área metropolitana de Bogotá, Castrillón-Guerrero et al. entrevistaron a PSD en Soacha, Cundinamarca, y, en contraste con el estudio en el centro de Bogotá, encontraron que las víctimas tenían una alta disposición a perdonar todas las ofensas.[46] Este contraste cuadra con lo que descubrió nuestra investigación: que las PSD y otros sobrevivientes del conflicto estaban altamente dispuestos a perdonar ofensas graves, en contraste con los habitantes de clase media y rica de la ciudad que estaban menos dispuestos a perdonar. En el mismo sentido, nosotros también observamos que los habitantes de las grandes ciudades conocían a menos personas que estaban dispuestas a perdonar las ofensas graves que los que vivían en ciudades pequeñas o en zonas rurales.

En cuarto lugar, el papel de Dios surgió como crucial para el perdón, incluso cuando los investigadores no esperaban escuchar tanto sobre la religión. Castrillón-Guerrero et al. señalan esto como su hallazgo más relevante, y los entrevistados en Soacha mencionaron consistentemente el papel de Dios como altamente significativo por ser quien perdona.[47] Domínguez y Aleán también reconocen la importancia del papel trascendente de Dios como facilitador del perdón.[48] Nuestro punto de partida de discutir un pasaje bíblico impulsó a nuestros interlocutores a destacar el papel divino en el perdón, pero incluso las investigaciones realizadas en el marco de la psicología o las ciencias sociales descubrieron que los participantes hablaron claramente de Dios.

En resumen, esta comparación entre nuestro estudio y otros tres demuestra cuatro cosas. En primer lugar, la invitación de compartir narrativas personales fue efectivo en facilitar que hablaran los sobrevivientes del conflicto sobre sus experiencias. En segundo lugar, vale la pena seguir discutiendo las precondiciones que se pueden imponer al perdón, incluso estando abiertos al perdón incondicional. Tercero, los más afectados por el conflicto colombiano estaban más dispuestos a perdonar que los que vivían más lejos del conflicto. Cuarto, los sobrevivientes colombianos del conflicto tenían claro que Dios facilitaba y hacía posible el perdón.

OPORTUNIDADES PARA PROMOVER EL PERDÓN ENTRE LOS SOBREVIVIENTES DE CONFLICTOS

Las iglesias que atienden a las PSD y otros sobrevivientes del conflicto armado en Colombia pueden encontrar un gran estímulo a partir de las experiencias compartidas en nuestra investigación de campo. Esas experiencias insinúan un horizonte de esperanza, la dinámica virtuosa del perdón, el saneamiento y la resiliencia política. Es fácil

---

45. López-López et al., 204, 211; véase Wilson López-López et al., "Forgiving Perpetrators of Violence: Colombian People's Positions," *Social Indicators Research* 114, n.º 2 (2013): 287–301, https://doi.org/10.1007/s11205-012-0146-1.

46. Castrillón-Guerrero et al., "Comprensiones de perdón," 91.

47. Castrillón-Guerrero et al., "Comprensiones de perdón," 93–95.

48. Domínguez De la Ossa y Aleán Romero, "Narrativas para la emergencia del perdón," 70–71.

imaginar un entorno en el que el perdón se promueva y practique incluso en asuntos triviales, donde el perdón da paso a la curación y a los sentimientos de liberación, una libertad contagiosa y generosa que podría abrir el camino para tratar asuntos más graves. Esta práctica del perdón puede a su vez generar oportunidades para la construcción de la memoria. El perdón, particularmente en el contexto político de Colombia, definitivamente no debe confundirse con el olvido, ya que las historias compartidas por los sobrevivientes pueden ayudar a unir las complejidades más grandes del conflicto armado colombiano y pueden construir el potencial para una reconciliación más duradera.

Mientras dejamos que las voces de los sobrevivientes del conflicto encomienden la práctica del perdón, es importante tener en mente las dos advertencias con las que comenzamos. En primer lugar, no todos aquellos con quienes hablamos tenían algo que decir para animar a otros a buscar el perdón, y algunos reconocieron que el perdón era difícil. En segundo lugar, el perdón nunca debe ser abusado de forma que permita que los victimarios descuiden las importantes acciones de arrepentimiento y reparación. Las víctimas no deben ser manipuladas en nombre del perdón para dejar de buscar la reparación de un orden político fracturado. Nuestras recomendaciones aquí avanzan a la luz de estas advertencias.

Para ayudar a las iglesias a promover el perdón a través de la lectura popular de la Biblia, como equipo creamos dos recursos. Uno es un currículo que ayuda a quienes han experimentado el desplazamiento a explorar el perdón, y otro es una cartilla que permite a otros en las iglesias locales ser anfitriones de espacios donde se discute el perdón. El currículo y la cartilla están siendo implementados alrededor de Colombia a través de *Fe y Desplazamiento*, y ya han sido actualizados una vez en respuesta a la retroalimentación de quienes los usan.[49]

A medida que las iglesias brindan liderazgo espiritual, las vemos expandirse a otras prácticas comunales y políticas, incluida la oración comunitaria regular centrada en el perdón y la reconciliación, lecturas de la Biblia enfocadas en la paz y grupos de apoyo que pueden ayudar a manejar las cargas emocionales de los sobrevivientes. Visualizamos iglesias que miran más allá de las lágrimas y los lamentos, identificando a los actores políticos que surgen de las cenizas de la expoliación entre aquellos que perdonan atrocidades imperdonables.

A través de estos medios, un gran número en Colombia puede responder al testimonio de los sobrevivientes del conflicto que nos dicen que el perdón ofrecido más allá de la propia comunidad religiosa para todo tipo de ofensas, incluyendo las financieras y las violentas, es la ruta hacia la paz y la sanación que tanto necesita un país estropeado por tres generaciones de conflicto civil. Como nos dijo Emmanuel,

---

49. Robert W. Heimburger et al., *Iglesia, política y desplazamiento. Currículo para personas en situación de desplazamiento*, ed. David López Amaya y Guillermo Mejía Castillo, 2a ed. (Medellín, Colombia: Publicaciones SBC, 2020); Robert W. Heimburger et al., *Iglesia, política y desplazamiento. Cartilla para profesionales*, ed. David López Amaya y Guillermo Mejía Castillo, 2a ed. (Medellín, Colombia: Publicaciones SBC, 2020).

"Habría una comunión, una armonía feliz . . . nunca habría conflictos si viviéramos como el rey, perdonándonos los unos a los otros."[50]

BIBLIOGRAFÍA

Castrillón-Guerrero, Laura et al. "Comprensiones de perdón, reconciliación y justicia en víctimas de desplazamiento forzado en Colombia." *Revista de estudios sociales*, Comprensiones de perdón, n.º 63 (2018): 84–98.

Confraternidad Carcelaria de Colombia. https://www.pfcolombia.org/. Último acceso el 30 de junio de 2021.

Domínguez De la Ossa, Elsy Mercedes, y María Angélica Aleán Romero. "Narrativas para la emergencia del perdón, la reparación y la reconciliación en víctimas del conflicto armado en Colombia." *Aposta* 84 (2020): 62–78.

Heimburger, Robert W. "Debating Forgiveness During Armed Conflict: Colombian Conflict Survivors Christian Ethic of Forgiveness and its Philosophical Critics." De próxima aparición.

Heimburger, Robert W., Christopher M. Hays, y Guillermo Mejía Castillo. "Forgiveness and Politics: Reading Matthew 18:21–35 with Survivors of Armed Conflict in Colombia." *HTS Teologiese Studies/Theological Studies* 74, n.º 4 (2019): 1–9. https://doi.org/10.4102/hts.v75i4.5245.

Heimburger, Robert W. et al. *Iglesia, política y desplazamiento. Cartilla para profesionales*. Editado por David López Amaya y Guillermo Mejía Castillo. 2.ª ed. Medellín, Colombia: Publicaciones SBC, 2020.

Heimburger, Robert W. et al. *Iglesia, política y desplazamiento. Currículo para personas en situación de desplazamiento*. Editado por David López Amaya y Guillermo Mejía Castillo. 2.ª ed. Medellín, Colombia: Publicaciones SBC, 2020.

Illian, Bridget. "Church discipline and forgiveness in Matthew 18:5–35." *Currents in Theology and Mission* 37, n.º 6 (2010): 444–50.

López-López, Wilson et al. "Forgiving Perpetrators of Violence: Colombian People's Positions." *Social Indicators Research* 114, n.º 2 (2013): 287–301. https://doi.org/10.1007/s11205-012-0146-1.

López-López, Wilson et al. "Forgiving Former Perpetrators of Violence and Reintegrating Them into Colombian Civil Society: Noncombatant Citizens' Positions." *Peace and Conflict: Journal of Peace Psychology* 24, n.º 2 (2018): 201–15. https://doi.org/10.1037/pac0000295.

Machingura, Francis. "The Reading & Interpretation of Matthew 18:21–22 in Relation to Multiple Reconciliations: the Zimbabwean Experience." *Exchange* 39, n.º 4 (2010): 331–54. https://doi.org/10.1163/157254310X537016.

"Mateo 18 y el perdón." Lectura popular de la Biblia. Batata, Córdoba, 21 de enero de 2017. Participantes: tres mujeres y nueve hombres. Investigador: Fernando Abilio Mosquera Brand.

"Mateo 18 y el perdón." Lectura popular de la Biblia. Batata, Córdoba, 22 de enero de 2017. Participantes: varios hombres y mujeres. Investigador: Francis Alexis Pineda.

"Mateo 18 y el perdón." Lectura popular de la Biblia. Santa Viviana, Bogotá, 3 de diciembre de 2016. Participantes: al menos siete hombres y mujeres. Investigador: Milton Acosta.

---

50. "Mateo 18 y el perdón—Puerto Libertador," lectura popular de la Biblia, 9 de diciembre de 2016.

"Mateo 18 y el perdón." Lectura popular de la Biblia. Colegio El Salvador, Cartagena, 26 de enero de 2017. Participantes: ocho mujeres y tres hombres. Investigador: Guillermo Mejía Castillo.

"Mateo 18 y el perdón." Lectura popular de la Biblia. Cristo Rey, Tierralta, Córdoba, 23 de enero de 2017. Participantes: diez hombres y mujeres. Investigador: Fernando Abilio Mosquera Brand.

"Mateo 18 y el perdón." Lectura popular de la Biblia. El Libertador, Puerto Libertador, Córdoba, 10 de diciembre de 2016. Participantes: seis mujeres y cuatro hombres. Investigador: Guillermo Mejía Castillo.

"Mateo 18 y el perdón." Lectura popular de la Biblia. El Libertador, Puerto Libertador, Córdoba, 10 de diciembre de 2016. Participantes: tres mujeres y dos hombres. Investigador: Milton Acosta.

"Mateo 18 y el perdón." Lectura popular de la Biblia. Granizal, Medellín, 28 de enero de 2017. Participantes: cuatro mujeres. Investigador: Guillermo Mejía Castillo.

"Mateo 18 y el perdón." Lectura popular de la Biblia. Salón del Nunca Más, Granada, Antioquia, 10 de marzo de 2017. Participantes: varios hombres y mujeres. Investigador: Robert W. Heimburger.

"Mateo 18 y el perdón." Lectura popular de la Biblia. Torre Fuerte, Puerto Libertador, Córdoba, 9 de diciembre de 2016. Participantes: cinco mujeres y tres hombres. Investigador: Guillermo Mejía Castillo.

"Mateo 18 y el perdón." Lectura popular de la Biblia. Villa Mercedes, Grandeza de Dios, Piendamó, Cauca, 14 de enero de 2017. Participantes: nueve hombres. Investigadores: Fernando Abilio Mosquera Brand y Laura Cadavid Valencia.

Mesters, Carlos. *Flor sin defensa: una explicación de la Biblia a partir del pueblo*. Bogotá: Confederación Latinoamericana de Religiosos CLAR, 1987.

Mesters, Carlos. *The Use of the Bible in Christian Communities of the Common People*. Editado por Sergio Torres y John Eagleson. Maryknoll, NY: Orbis Books, 1981.

Ramshaw, Elaine J. "Power and Forgiveness in Matthew 18." *Word & World* 18, n.º 4 (1998): 397–404.

Richard, Pablo. "40 años de la teología de la liberación en América Latina y el Caribe (1962–2002)." Documentos *del ocote encendido* 25 (2003): 4–27.

"Senado refrendó el acuerdo de paz con las Farc." *El Tiempo*. https://www.eltiempo.com/politica/proceso-de-paz/senado-refrendo-acuerdo-de-paz-con-las-farc-44274. 30 de noviembre de 2016.

Unidad para las Víctimas. "Registro único de víctimas."https://www.unidadvictimas.gov.co/es/registro-unico-de-victimas-ruv/37394. Último acceso el 31 de mayo de 2021.

West, Gerald O. *Biblical Hermeneutics of Liberation: Modes of Reading the Bible in the South African Context*. Pietermaritzburg: Cluster Publications, 1991.

West, Gerald O. "Do Two Walk Together? Walking with the Other through Contextual Bible Study." *Anglican Theological Review* 93, n.º 3 (2011): 431–49.

West, Gerald O. "Locating 'Contextual Bible Study' within Biblical Liberation Hermeneutics and Intercultural Biblical Hermeneutics." *HTS Teologiese Studies/Theological Studies* 70, n.º 1 (2014): 1–10. https://doi.org/10.4102/hts.v70i1.2641.

West, Gerald O. "Reading the Bible with the Marginalized: The Value/s of Contextual Bible Reading." *Stellenbosch Theological Journal* 1, n.º 2 (2015): 235–61. https://doi.org/10.17570/stj.2015.v1n2.a11.

11

La teología cristiana y el avance económico de las personas en situación de desplazamiento

Aportes bíblico-teológicos a la superación financiera de las víctimas

Christopher M. Hays

Religion must necessarily produce both industry and frugality,
and these cannot but produce riches.

—John Wesley[1]

INTRODUCCIÓN

Desde la publicación del trabajo magistral de Max Weber, *La ética protestante y el espíritu del capitalismo*, los sociólogos han explorado la relación entre la teología y la ética protestantes y el éxito de las economías capitalistas.[2] Weber sostuvo que el florecimiento del capitalismo en Europa y los EE. UU. se debe en gran medida al protestantismo que predomina en aquellas regiones. Conforme con la observación de John Wesley citada arriba, Weber resaltó la pertinencia económica del énfasis protestante sobre la frugalidad y el rechazo del lujo, ya que estas virtudes aumentan la proporción de ingresos disponible para reinvertir en un negocio.[3] Además, argumentó acerca de

---

1. Max Weber, *The Protestant Ethic and the Spirit of Capitalism*, trad. Talcott Parsons (New York: Charles Scribner's Sons, 1958), 175.

2. Para un resumen del estudio de la tesis de Weber en el siglo XX, con referencia particular al mundo mayoritario, véase Amy L. Sherman, *The Soul of Development: Biblical Christianity and Economic Transformation in Guatemala* (Oxford: Oxford University Press, 1997), 22–37.

3. Weber, *Protestant Ethic*, 120, 124–5, 170.

los énfasis protestante y puritano sobre la laboriosidad, y la censura correspondiente de la indolencia y la pereza,[4] para explicar la correlación entre el protestantismo y el crecimiento capitalista económico de los países de Europa y Norte América.

Estudios recientes han confirmado la relevancia de la tesis de Weber en América Latina, mostrando cómo la adopción del protestantismo y pentecostalismo en América Latina ha fomentado virtudes como la honestidad, la puntualidad y la frugalidad, además de una cosmovisión orientada hacia el futuro, todos los cuales, en cambio, han contribuido al avance económico de los conversos.[5] La conversión al protestantismo también contribuye a la disminución de los comportamientos "machistas" dañinos—tales como el desperdicio de dinero en el alcohol y la prostitución, lo cual malgasta un capital potencialmente productivo—y la redirección de fondos hacia la educación y el bienestar de las familias.[6] Conversos protestantes y pentecostales en América Latina también evidencian altos niveles de cooperación intragrupal, funcionando como una especie de familia alternativa, especialmente en tiempos de crisis.[7] Bajo esta luz sociológica, es razonable pensar que las iglesias evangélicas en Colombia podrían tener un impacto positivo en el florecimiento económico de las personas en situación de desplazamiento (PSD).

Esta suposición justificó, de forma preliminar, el acercamiento del equipo de Economía de *Fe y Desplazamiento* (FyD), que combinó teorías y prácticas desde la teología cristiana y las ciencias sociales, para fomentar la superación económica de las PSD, desde la base de la misión integral de iglesias evangélicas locales (véase el capítulo 6). El capítulo actual resume el trabajo teológico-exegético que subyace a la intervención curricular de la línea de Economía. Se partió desde los retos económicos claves enfrentados por las PSD,[8] los cuales incluyen:

- el desempleo
- el asistencialismo
- el fatalismo
- la incompatibilidad entre las habilidades agrícolas y el entorno urbano
- la usura
- la tendencia desproporcionada hacia el empleo informal
- la desconfianza de las PSD de parte de y hacia empleadores potenciales.

---

4. Weber, *Protestant Ethic*, 157-9.

5. David Martin, *Tongues of Fire: The Explosion of Protestantism in Latin America* (Oxford: Blackwell, 1990), 212, 16, 28, 31; Sherman, *Soul of Development*, 45-46.

6. Martin, *Tongues of Fire*, 221; Sherman, *Soul of Development*, 46, 116-7, 153-4.

7. Martin, *Tongues of Fire*, 218-9; Sherman, *Soul of Development*, 46.

8. Enumerados en Christopher M. Hays, "Justicia económica y la crisis del desplazamiento interno en Colombia," en *Conversaciones teológicas del sur global americano: violencia, desplazamiento y fe*, eds. Milton Acosta y Oscar Garcia-Johnson (Eugene, OR: Wipf and Stock, 2016), 44-64.

El capítulo no volverá a poner los cimientos económicos de este argumento, sino que enumerará selectos temas bíblico-teológicos pertinentes a la recuperación económica de las PSD. Específicamente, se propondrá una perspectiva teológica del trabajo, y se explorarán temas de la innovación, la ética y el fatalismo, recurriendo en particular al texto bíblico, conforme con la epistemología biblista que predomina entre los evangélicos colombianos. En el trascurso de esta exploración, se indicará cómo tales aportes se llegaron a integrar en los materiales curriculares de la línea de Economía, para dejar en claro cómo la investigación teológica se incorporó en la intervención del equipo.

UNA PERSPECTIVA TEOLÓGICA DEL TRABAJO

El tema de la labor remunerada es de importancia primaria para la recuperación de las PSD. Este tema abarca varios problemas económicos claves: el desempleo, el asistencialismo y los desincentivos al trabajo.[9] Si las PSD se van a recuperar económicamente, requieren de una fuente de ingresos. Naturalmente, temas de empleo y dependencia se deben abordar de forma sensible, ya que existen numerosos obstáculos (económicos, educacionales, psicológicos, sociales) que las PSD tienen que superar para conseguir empleo. Sin embargo, la dependencia y el fatalismo son parte de la mezcla de factores que contribuyen al desempleo de las PSD. Así, un acercamiento al tema de la recuperación económica de las PSD, tiene que equilibrar las realidades gemelas de las PSD que son, a la vez, víctimas y sujetos activos de su propia recuperación. Consecuentemente, la siguiente discusión teológica del trabajo se elabora en aras de apoyar a las PSD como sujetos económicos activos, resistiendo la pasividad y el fatalismo que resulta de la experiencia de la victimización.[10]

La dignidad de la labor

Una visión teológica y bíblica de la dignidad del trabajo puede contribuir a inspirar a las PSD a comprometerse de forma proactiva y creativa con sus propios futuros económicos.

---

9. La relación entre la caridad y la dependencia, o entre el apoyo gubernamental y el asistencialismo, es ampliamente reconocida; Robert D. Lupton, *Toxic Charity: How Churches and Charities Hurt Those They Help (and How to Reverse It)* (New York: HarperCollins, 2011), 129–30; Peter Greer, "'Stop Helping Us': A Call to Compassionately Move Beyond Charity," en *For the Least of These: A Biblical Answer to Poverty* eds. Anne R. Bradley y Art Lindsley (Grand Rapids: Zondervan, 2014), 232–7.

10. Donny Meertens, "Género, Desplazamiento, Derechos," http://aprendeenlinea.udea.edu.co/lms/moodle/file.php/232/Unidad_3/DonnyMeertens.pdf.

Parte 2

Cooperación con el trabajo de Dios en el mundo

Lejos de ser el trabajo una fuente perpetua de monotonía, indignidad, desesperación o presión, en el texto bíblico, el trabajo se representa como una actividad divina. Génesis 1 indica que, en el comienzo, Dios trabajó, creando y organizando el cosmos. El trabajo de Dios comienza por generar la existencia de la creación y progresivamente transforma el caos inicial del universo en orden (Gn 1:2). Pero el trabajo de Dios no finaliza al generar la existencia de la creación. El texto bíblico indica que Dios continúa su trabajo en el sostenimiento de la creación (Sal 104:10-22; 145:15-16). El trabajo no es una actividad que merece desdén, sino que es algo que le da gozo a Dios mismo (cf. el estribillo de Génesis 1, "y Dios consideró que era bueno").[11]

El clímax del trabajo creativo original de Dios es representado en el jardín del Edén y los humanos adentro. Pero, en vez de personal e independientemente finalizar el trabajo de transformar el resto del mundo caótico, en la misma belleza y orden que distinguen el jardín, Dios escoge involucrar a los humanos en el proceso, y los comisiona a trabajar (Gn 1:2; 2:15). Es más, el mandato de someter la creación (Gn 1:28) es parte del discurso de Génesis sobre qué significa que la humanidad fue creada a imagen de Dios, es decir, la antropología teológica. En Genesis 1, Dios crea la humanidad a su imagen (v. 27) y después le da el mandato de someter y dominar la tierra (v. 28).[12] El trabajo, entonces, es una parte prototípica de la dignidad humana, ofreciéndonos el privilegio de participar activamente en el proyecto creativo de Dios.[13] En otras palabras, la imagen de Dios implica trabajar con Dios en la creación.

Ya que el texto bíblico indica que Dios continúa su trabajo en la creación, y que los seres humanos trabajan en la creación para hacer la voluntad de Dios, los teólogos describen a Dios y la humanidad como cocreadores y co-obreros en el mundo (cf. Jn 5:17).[14] Toca resistir el error de pensar que los humanos han sido abandonados en su trabajo, además del exceso opuesto y fatalista de pensar que el trabajo mundano es nimio (cf. Sal 127:1). Al contrario, cuando el sudor y el ingenio mortales aran los

---

11. Kenman L. Wong y Scott B. Rae, *Business for the Common Good: A Christian Vision for the Marketplace*, Christian Worldview Integration Series (Downer's Grove: IVP Academic, 2011), 52-54; Timothy Keller, *Every Good Endeavor: Connecting Your Work with God's Work* (New York: Dutton, 2012), 33-35.

12. Esto se llama una antropología "funcional," y aunque la antropología teológica se ha desarrollado en otras formas, la raíz de la antropología teológica en la Biblia es funcional; véase además Mark Harris, "The Biblical Text and a Functional Account of the *Imago Dei*," en *Finding Ourselves After Darwin: Conversations about the Image of God, Original Sin, and the Problem of Evil*, eds. Stanley P. Rosenberg, et al. (Grand Rapids: Baker Academic, 2018); Emily R.R. Burdett y Justin L. Barrett, "The Circle of Life: A Cross-Cultural Comparison of Children's Attribution of Life-Cycle Traits," *British Journal of Developmental Psychology* 34, n.º 2 (2015): 3-10.

13. Joshua R. Sweeden, *The Church and Work: The Ecclesiological Grounding of Good Work* (Eugene, OR: Pickwick, 2014), 64-65.

14. Lausanne Committee for World Evangelization, *Business as Mission*, Lausanne Occasional Paper, vol. 59 (Lausanne, Switzerland: Lausanne Committee for World Evangelization, 2004), 15-16; Sweeden, *Church and Work*, 20-21, 63-64; Wong y Rae, *Business for the Common Good*, 48-52.

campos, o construyen colegios, o facilitan el comercio en apoyo del florecimiento colectivo, la humanidad coopera con la labor de Dios en el mundo.[15]

El trabajo no es un "mal necesario"

Por supuesto, el trabajo cotidiano no siempre se percibe como cooperación con propósitos divinos, y puede ser causa de frustración o aun injusticia. Consecuentemente, algunas personas tildan al trabajo como "un mal necesario," algo que se hace solo para sobrevivir, a veces recurriendo al relato de la caída de Adán y Eva para justificarse (Gn 2–3). Pero tal interpretación es una distorsión del texto bíblico.

La narrativa de Génesis indica que el trabajo *precede* a la caída (Gn 1:26; 2:15), y es parte de la manera en que la humanidad sirve como la imagen de Dios; deja en claro que el trabajo no es intrínsecamente resultado de la corrupción humana. El relato de la caída reconoce que el trabajo es, a menudo, difícil e insatisfactorio (Gn 3:17–19), pero no dice que es fútil. Cuando la humanidad trabaja la tierra produce espinas, sí, además de comida.[16]

Eclesiastés afirma que el trabajo debe ser una fuente del placer (Ec 3:9–13; cf. 2:24–25; 3:22; 5:18–19) y los profetas añoran (Miq 4:3; cf. Is 2:4) un día cuando "weapons of war will be transformed into implements of productive work (plowshares and pruning hooks)."[17] Además, cuando Dios se encarnó en Jesús de Nazaret, no inició en seguida su ministerio itinerante; al contrario, hasta cumplir los 30 años, se dedicaba a la carpintería (Mc 6:3).[18] Así también, Pablo laboraba como hacedor de tiendas de campaña (Hch 18:1–3), y no consideraba su labor manual como algo incompatible con su estatus de apóstol (1 Co 4:11–13; 1 Ts 2:9; 2 Ts 3:8). Si Dios y el apóstol optaron por trabajar con las manos, la labor manual tiene dignidad y valor.[19]

En contra de la supuesta indignidad de la labor manual

También se debe resistir la perspectiva, cada vez más común en las naciones industrializadas con clases medias crecientes, que la labor manual es menos dignificada que la labor "de cuello blanco." Muchos discursos sobre la dignidad de la labor se enfocan en trabajos de clase media-alta: médicos, científicos, periodistas, profesores, etc. Pero

---

15. El tema de la dignidad de la labor, en conjunto con muchos de estos mismos textos, se enfatiza para los profesionales cristianos en Christopher M. Hays, *El profesional cristiano y la recuperación económica de las personas en situación de desplazamiento*, 2.ª ed. (Medellín: Publicaciones SBC, 2020), 18, y para la PSD en Christopher M. Hays y H. Leonardo Ramírez, *La esperanza económica después del desplazamiento forzoso: manual del facilitador*, 2.ª ed. (Medellín: Publicaciones SBC, 2020), 19–21.

16. Keller, *Every Good Endeavor*, 95.

17. Wong y Rae, *Business for the Common Good*, 47.

18. For an introduction to this theme, and critiques, see Sweeden, *Church and Work*, 23–26.

19. La temática de esta sección subyace Jobs for Life, Alexander Fajardo Sánchez y Christopher M. Hays, *Trabajos para la vida* (Medellín: Publicaciones SBC, 2018), 29–32.

un discurso que enfatice semejantes vocaciones puede disminuir el percibido valor del tipo de trabajo disponible para la mayoría de las PSD, dados sus trasfondos educacional y profesional. Sin embargo, contra cualquier menosprecio a la labor manual, Proverbios 22:29 comenta, "¿Has visto alguien diligente en su trabajo? Se codeará con reyes, y nunca será un don Nadie." Este proverbio indica que la labor manual, realizada con excelencia, debe ganar el respeto de los líderes de la sociedad.[20]

Es más, la buena labor facilita el amor al prójimo. La teología cristiana afirma que Dios utiliza la labor del agricultor, el mecánico y el zapatero para cuidar y amar a su pueblo. Cuando una mujer cosecha papas o teje ropa, participa en el trabajo divino de alimentar y vestir la humanidad. Con razón, Tim Keller resalta los comentarios de Martín Lutero:

> Luther says that "when you pray for 'daily bread' you are praying for everything that contributes to your having and enjoying your daily bread. . . . You must open up and expand your thinking, so that it reaches not only as far as the flour bin and baking oven but also out over the broad fields, the farmlands, and the entire country that produces, processes, and conveys to us our daily bread and all kinds of nourishment." So how does God "feed every living thing" (Psalm 145:16) today? Isn't it through the farmer, the baker, the retailer, the website programmer, the truck driver, and all who contribute to bring us food?[21]

Es más, la especialización ocupacional permite a los trabajadores generar bienes con mayor eficiencia de lo que cualquier persona podría producir individualmente, aumentando así el bien común.[22] Ya que Dios nos sacia por medio de la cooperación del agricultor, el panadero, el conductor de camiones y los empleados en mercados, la teología cristiana debe celebrar las diversas contribuciones del empleo mundano.

La vocación

Ya que la labor manual es una forma de cooperar con el trabajo de Dios y una expresión de ser la imagen (representante) de Dios en el mundo, los esfuerzos para motivar el empleo de las PSD pueden apoyarse en una teología robusta de la vocación cristiana (o el "llamado cristiano"; latín *vocare*, "llamar"). Cada persona es llamada por Dios a servir la voluntad de Dios en el mundo, conforme con sus habilidades y circunstancias únicas.

El apóstol Pablo escribió a la iglesia de Corinto para confrontar a los que creían erróneamente que sus dones espirituales o roles de liderazgo en la iglesia él los había elevado por encima de los demás. Usando la imagen del cuerpo, que funciona de forma óptima cuando el ojo, la mano y la pie operan en armonía, Pablo señala que

---

20. Este tema se aborda en Life, Fajardo Sánchez y Hays, *Trabajos para la vida*, 128–9.
21. Keller, *Every Good Endeavor*, 70.
22. Keller, *Every Good Endeavor*, 75–76.

la iglesia solo hace la voluntad de Dios cuando todos cooperan conforme con sus diferentes fortalezas y dones (1Co 12:14–18). Pablo advertía que el cuerpo sería disminuido en caso de honrar a pocos miembros y rechaza la tendencia—tan común en las iglesias y la sociedad de hoy—a honrar ciertos roles (por ejemplo, el pastor, el doctor, el profesor), mientras se desdeña a otros (el aseador, el cocinero, el conductor) (1Co 12:21–26). En caso de carecer una comunidad de las vocaciones supuestamente "humildes," toda la comunidad sufriría por falta de, por ejemplo, instalaciones limpias y transporte seguro.

Al escribir a los creyentes en Corinto, Pablo utiliza la metáfora del cuerpo explícitamente con referencia a las operaciones religiosas de la iglesia local. Sin embargo, la misma lógica aplica a la actividad más general de Dios y su pueblo en el mundo. Ya que el Salmo 24:1 dice, "Del Señor es la tierra y todo cuanto hay en ella," no debemos imaginar que el único trabajo que sirve a Dios sucede dentro de las iglesias. De igual manera, Juan Crisóstomo dijo:

> God created human beings with different ambitions and skills. One person is a good carpenter, another a good preacher; one person can make crops grow in the poorest soil, another can heal the most terrible diseases. Thus each person specializes in the work for which God has ordained him . . . In God's eyes one skill is not superior to another; every form of honest labor is equal.[23]

A lo largo de la Edad media, se volvió cada vez más típico describir los ministerios de sacerdotes y monjes como "vocaciones" religiosas, insinuando así que los que no tomaban parte en la vida religiosa tampoco contaban con llamados divinos. Martín Lutero enfrentó aquel desequilibrio, señalando que todos los humanos son llamados por Dios y sirven la voluntad divina, aun sin ser líderes en la vida litúrgica o monástica de la iglesia.[24] Sin embargo, a pesar de la influencia de Lutero en la teología protestante subsecuente, la dicotomía entre los que tienen un llamado religioso y "los demás" persiste en el cristianismo popular hasta el día de hoy. Es especialmente aparente en América Latina, debido a la influencia de la distinción entre los cleros y los laicos que predomina en la práctica de la Iglesia católica.

La teología cristiana debe resistir cualquier jerarquía de vocaciones, como si la Iglesia fuera una pirámide, en la cual los pastores y misioneros se categorizan sobre los llamados "menores," tal vez con vocaciones "respetables" (médico, psicólogo, profesor) en la mitad y obreros manuales en la base. Contra semejante elitismo espiritual, toca traer a la mente los ejemplos de Jesús "el mesías carpintero" y el apóstol Pablo, que cosía tiendas de campaña a lo largo de su ministerio apostólico. Martín Lutero argumentó que, los que sirven a sus prójimos para trabajar en fincas o tiendas funcionan como "máscaras" de la actividad de Dios en el mundo.[25]

---

23. Chrystostom, *On Living Simply* 14, cited in Sweeden, *Church and Work*, 30, *non vidi*.
24. Sweeden, *Church and Work*, 37–38; Wong y Rae, *Business for the Common Good*, 59–61.
25. Keller, *Every Good Endeavor*, 70. Este tema se explora en el video "Las vocaciones y las máscaras

Ya que Dios ha dado una vocación a cada persona para el bien de su prójimo, uno tiene la responsabilidad espiritual de ser un buen "mayordomo" de su don.[26] La parábola de los talentos (Lc 19:11-27) expresa que cada persona o "mayordomo" tendrá que rendir cuentas delante de Dios para explicar cómo utilizaron sus recursos y tiempo.[27] Aunque sería un error interpretar este texto exclusivamente en términos financieros, también sería equivocado excluir toda referencia al uso del tiempo, recursos y las habilidades profesionales.[28]

Estas perspectivas teológicas sobre la función de la labor precluyen las quejas indolentes basadas en "desincentivo" al empleo productivo (por ejemplo, "¿para qué trabajo si el gobierno me quitará los beneficios que ya recibo y no terminaré mejor?"). Poniendo a un lado el hecho de que, a largo plazo, la labor remunerada puede elevar los ingresos de las PSD más allá su nivel actual de apoyo gubernamental, la visión cristiana primaria del trabajo va más allá de la capacidad de suplir las necesidades de subsistencia. Una visión cristiana del trabajo reconoce que nuestra labor beneficia al bien común, que somos las máscaras y manos de Dios, quien siempre está activo en suplir las necesidades de su creación. Es más, nuestros talentos implican obligaciones morales: nos toca ser mayordomos fieles de nuestras vidas, por amor a Dios y al prójimo, ya que tendremos que rendir cuentas de cómo usamos esos "talentos."

La preocupación de Dios por los pobres poderosos

Los temas de la dignidad del trabajo y el rol de las PSD como cocreadores con Dios se pueden complementar con el motivo teológico de "la opción preferencial por los pobres." Tal como la teología de la liberación lo señaló hace décadas, el Dios de la Biblia está comprometido con los pobres.[29] Entonces, los que nombren al Dios de Israel como su Señor deben compartir el amor de Dios por los vulnerados y marginados.[30] De forma correspondiente, una de las afirmaciones básicas del ministerio de Jesús era que los pobres y marginados son especialmente valorados por Dios.[31] Jesús enmarca

---

de Dios" y en los materiales escritos de Hays, *El profesional cristiano*, 36–40; Alexander Fajardo Sánchez y Christopher M. Hays, *Corporaciones para el Reino* (Medellín: Publicaciones SBC, 2018), 19–23.

26. Un amigo de Milton Acosta le preguntaba, "¿Por qué será que ningún hijo de rico tiene vocación de taxista?" Esta pregunta pertinente conecta temas de justicia social con preguntas de la operación de la soberanía dentro de los parámetros de diferentes momentos histórico-culturales. Pero por razón de la complejidad del tema, se tendrá que explorar en otra publicación.

27. Donald Hay, *Economics Today: A Christian Critique* (Vancouver: Regent College Publishing, 1989), 73.

28. Esta interpretación subyace Life, Fajardo Sánchez y Hays, *Trabajos para la vida*, 51–53.

29. Ex 22:25-27; Dt 10:17-19; 2S 2:22-28; Sal 9:19; 10:17-18; 12:6; 35:10; 68:5-6; 72:4, 12-13; 76:9; 146:7-10; Is 3:14-15; 25:4; 58:6; Am 8:4-7.

30. C. René Padilla, *Economía humana y economía del Reino de Dios* (Buenos Aires: Kairos, 2002), 45, énfasis original.

31. Los siguientes tres párrafos traducen material de Christopher M. Hays, "The Early Church, the Roman State, and Ancient Civil Society: Whose Responsibility are the Poor?," en *Poverty in the Early*

su predicación como buenas nuevas para los pobres (Lc 4:18) y llama a los pobres "bienaventurados" (Lc 6:20; cf. Stg 2:5; Ap 2:9), afirmando su valor en un contexto que, a menudo, consideraba que la indigencia era evidencia en contra de la dignidad e integridad de la persona.[32] Jesús mismo se describe como alguien que acepta la penuria voluntariamente (Lc 9:58).

Pero el Nuevo Testamento no meramente describe a los pobres como beneficiarios del Reino; también afirma *el potencial* de los pobres como agentes de la misericordia. Juan el Bautista elaboró una ética de la solidaridad entre los pobres; compartir una de las dos túnicas (Lc 3:10-11) no es una ética dirigida hacia los ricos. Además, Segunda a los Corintios 8 celebra la munificencia de los cristianos empobrecidos de Macedonia, que, a pesar de su "pobreza extrema" dieron "aún más de lo que podían" para los creyentes necesitados de Jerusalén (2 Co 8:2-4; cf. Mc 2:41-44//Lc 21:1-4).[33]

Los pobres también son agentes de la *justicia*, oponiéndose a los ricos y poderosos que, a menudo, fomentan la injusticia. Jesús denunció la explotación y negligencia de los poderosos cuando purificó el templo (Mc 11:15-19)[34] y cuando denunció a los escribas por devorar las casas de las viudas (Mc 12:40//Lc 20:47//Mt 23:14).[35] Y justo después de denunciar los líderes del templo, Jesús asignó a sus discípulos puestos de autoridad; pescadores humildes como Pedro se nombran para reemplazar la cueva de ladrones que era la elite del templo (Mc 11:23-25//Mt 21:21-22). Así, el Nuevo Testamento nos recuerda que los poderosos a menudo son el problema, en vez de la solución. La respuesta de Dios al sufrimiento de los pobres implica liderazgo por parte de los marginados, que siguen al predicador campesino que los poderes crucificaron.

Este es un mensaje que se tiene que comunicar tanto los pobres como a los ricos de la Iglesia de hoy. En las palabras de René Padilla,

> Quizá la tarea más importante de la Iglesia hoy día, en relación con la pobreza, sea redescubrir para la gente de clase media para arriba, ese evangelio de solidaridad con los pobres, y para los pobres, es evangelio de apoyo mutuo, para que juntos encuentren modelos de superar su situación.[36]

Church and Today: A Conversation, eds. Steve Walton y Hannah Swithinbank (London: T&T Clark, 2018), 176-7, utilizados con la autorización del editorial original.

32. Véase Christopher M. Hays, *Luke's Wealth Ethics: A Study in Their Coherence and Character*, Wissenschaftliche Untersuchungen zum Neuen Testament II, vol. 275 (Tübingen: Mohr Siebeck, 2010), 27.

33. Este argumento se presenta en Hays, *El profesional cristiano*, 52-55.

34. Algunos de los sumos sacerdotes recurrieron a sobornos para ganar el poder y usaron la violencia para privar a los sacerdotes pobres de sus diezmos; véase Joséfo, *Ant.* 20.8.8; 20.9.2; Richard Bauckham, "Jesus' Demonstration in the Temple," en *Law and Religion: Essays on the Place of the Law in Israel and Early Christianity: by Members of the Ehrhardt Seminar of Manchester University*, ed. Barnabas Lindars (Bristol: James Clark, 1988), 72-89.

35. A veces los escribas que supervisaron las herencias de viudas analfabetas malversaron aquellos fondos; J. Duncan M. Derrett, "'Eating Up the Houses of Widows': Jesus's Comment on Lawyers?," *Novum Testamentum* 14, n.º 1 (1972): 1-9.

36. C. René Padilla, "Pobreza y mayordomía," *Boletín teológico* 23, n.º 42/43 (1991): 101.

Parte 2

La autosuficiencia económica en la teología cristiana

Los textos bíblicos también incluyen enseñanzas sobre la importancia de la autosuficiencia económica, los cuales son relevantes para las dinámicas de dependencia que a veces socavan la autonomía económica de las PSD.

Las leyes del Antiguo Testamento incluyen mecanismos para asegurar que los pobres entre el pueblo de Dios se cuidan financieramente. Prominentes entre las provisiones para los necesitados del Israel antiguo son las leyes relacionadas con espigar, el segundo diezmo para los necesitados (cada tres años), y los mandatos de brindar préstamos sin intereses a personas que están enfrentando dificultades financieras.[37] El Antiguo Testamento reconoce que las circunstancias, a veces conspiran contra las personas y las dejan en" necesidad desesperada. Pero esto no debe ocultar que el Antiguo Testamento presupone que la primera línea de defensa contra la pobreza es el trabajo productivo. La herencia perpetua de todos los israelitas (salvo los levitas, que se mantenían con el diezmo) era una porción de la tierra prometida, la cual fue trabajada por cada familia en aras de asegurar su propia estabilidad y cuidar de las necesidades de los miembros de su comunidad (Nm 36:7–8; Lv 25:23).

Por supuesto, el Antiguo Testamento reconoce que a veces, las circunstancias negativas le obligarían a una familia a vender su tierra, de modo que la Torá obliga la devolución de la tierra ancestral de cada familia en el año jubileo (es decir, cada 50 años) (Lv 25:13, 28). Durante los años entre la pérdida de la tierra y la restauración de la misma en el año jubileo, Deuteronomio exigía que los israelitas ofrecieran labor remunerada (Dt 24:14–15) para el hermano en tiempos difíciles, expresando que el empleo productivo debe mantener al trabajador físicamente capaz, y no meramente donaciones benéficas.[38] De forma similar, las prácticas del año sabático implicaban que cada siete años todas las deudas dentro de Israel se cancelaran, para que la gente tuviera la libertad de utilizar todos los ingresos de su labor, en vez de ser amarrada por obligaciones a sus prestamistas (Dt 15:1–2, 9–10).[39] Aun las leyes del espigueo (Lv 19:9–10; Dt 24:19–21; Rt 2) requieren la participación proactiva de los pobres para sacar provecho de la ayuda que la Ley les permitía.[40] Dicho de otra forma, la Ley encomendaba la generosidad como una red de seguridad para los necesitados, pero su meta fundamental era asegurar que todos los miembros de la nación contaran con acceso a recursos productivos para que pudieran suplir sus propias necesidades.[41]

---

37. Para mayor detalle sobre el cuidado de los pobres en el judaísmo antiguo, véase Hays, *Luke's Wealth Ethics*, 39–45.

38. Hay, *Economics Today*, 24.

39. Cuando Deuteronomio, en el contexto de una discusión de las leyes sabáticas, dice "gente pobre en esta tierra, siempre la habrá" (Dt 15:11), el autor indica que la pobreza no sería abolida exclusivamente por la intervención divina, sino que se enfrentaría por una colaboración entre la generosidad, el perdón de deudas y acceso renovado a la tierra; Evangelization, *Business as Mission*, 18.

40. Greer, "'Stop Helping Us,'" 237.

41. Brian Griffiths, "Fighting Poverty through Enterprise," en *For the Least of These: A Biblical*

El Nuevo Testamento conserva esta idea básica. El apóstol Pablo enseñó a los Tesalonicenses "a trabajar con sus propias manos . . . para que por su modo de vivir . . . no tengan que depender de nadie" (1 Ts 4:11–12). 1 Timoteo 5:8 dice, "El que no provee para los suyos . . . ha negado la fe y es peor que un incrédulo"; Pablo mismo se dedicaba a la labor manual en aras de no ser una carga a nadie más (2 Ts 3:7–12; Hch 20:33–35).[42] Aunque el pueblo de Dios debe mantener a los que no pueden suplir sus propias necesidades, esa sensibilidad nunca se debe distorsionar en una justificación de la indolencia.[43]

La meta de esta reflexión no es implicar que los pobres son pobres por causa de la pereza; tampoco pretende ignorar los grandes obstáculos (educacional, infraestructural, psicológico, social, etc.) que dificultan por ejemplo, la consecución de empleo por las PSD. Todas estas consideraciones se tienen que tomar en serio. Esta sección tiene un enfoque estricto, el cual es confrontar a los que esquivan el trabajo porque los beneficios financieros del empleo remunerado resultarían en la pérdida de los apoyos gubernamentales disponibles a la vez que cuentan con ingresos. La ética cristiana no cobija a los que reducen el trabajo simplemente porque puede recibir ingresos equivalentes desde fuentes gubernamentales o caritativas. Especialmente, dado que los recursos financieros actuales del gobierno no alcanzan para suplir las necesidades de todas las PSD conforme con sus derechos constitucionales, los que cuenten con la capacidad (física, emocional e intelectual) de reemplazar el apoyo gubernamental con su propia labor tienen una obligación moral de realizar trabajo productivo.

La labor remunerada y el amor al prójimo

Estas reflexiones sobre la importancia de la autosuficiencia económica nos permiten ver además que la búsqueda de la autosuficiencia económica va de la mano del amor al prójimo. Esto aplica no solo en la medida en que uno deje de utilizar recursos que se podrían destinar a los de mayor vulnerabilidad, sino también porque la independencia económica le permite al trabajador practicar la generosidad y amar a su prójimo más empobrecido.

En las enseñanzas morales de Jesús, se destacan los mandamientos a amar a Dios y al prójimo (Mc 12:31//Mt 22:39//Lc 10:27). Participar en la labor productiva empodera al trabajador para expresar el amor al prójimo, primeramente, contribuyendo

---

Answer to Poverty, eds. Anne R. Bradley y Art Lindsley (Grand Rapids: Zondervan, 2014), 141; Wong y Rae, *Business for the Common Good*, 73; Hay, *Economics Today*, 41; Padilla, *Economía humana*, 31, 34, 38, 41.

42. Esta temática se enfatiza en Hays, *El profesional cristiano*, 25–28.

43. Pr 5.6–11; 10:4; 12:27; 13.4; 21:5; 24.30–34; Izak Spangenberg, "'The Poor Will Always Be with You': Wealth and Poverty in a Wisdom Perspective," en *Plutocrats and Paupers: Wealth and Poverty in the Old Testament*, eds. H.L. Bosman, I.G.P. Gous y I.J.J. Spangenberg (Pretoria, South Africa: J.L. van Schaik, 1991), 232; Raymond C. Van Leeuwen, "Wealth and Poverty: System and Contradiction in Proverbs," *Hebrew Studies* 33 (1992): 25–36.

al bien común a través de lo que producimos en nuestra vocación. Martín Lutero argumentaba que el amor al prójimo es un componente central de la vocación de los cristianos laicos.[44] Cualquier trabajo que contribuya al bien común (cosechar, atender, reciclar, etc.) es una forma de amar a los prójimos.

Además, la labor productiva nos permite amar a nuestros prójimos precisamente porque nos aporta los recursos para dar generosamente. Pablo enseño a la iglesia en Éfeso, "El que robaba, que no robe más, sino que trabaje honradamente con las manos para tener qué compartir con los necesitados" (Ef 4:28). De igual forma, en el discurso en Mileto, Lucas reporta que el apóstol trabajaba de forma productiva precisamente para suplir no solo sus propias necesidades sino también las de sus compañeros de viaje y de los miembros vulnerables de la comunidad (Hch 20:33–35). Así, parte de la razón por la cual las PSD se deben animar a conseguir el empleo remunerado es porque hacerlo les permitiría amar a sus prójimos, tanto por medio del trabajo que hacen para el bien común de su comunidad y en la medida en que semejante labor eventualmente les permitiría ayudar a los demás que sufren la necesidad.

De nuevo recalco que este argumento no pretende ser insensible a las PSD que no están en capacidad de mantenerse personalmente. Pero en el espíritu de los comentarios de Donny Meertens sobre la importancia de equilibrar las identidades de las PSD como víctimas y agentes de su propia recuperación,[45] es importante hablar claramente sobre las obligaciones morales de los que son capaces de contribuir al bien de la sociedad y a su propia independencia económica. Quedarse callado sobre este punto socava la dignidad y el potencial de las PSD que están en capacidad física y emocional de contribuir al bienestar de su comunidad a través del trabajo.

LA CREATIVIDAD Y LA INNOVACIÓN

La teología cristiana no siempre se ha enfocado en el tema de la creatividad, pero la creatividad y la innovación son de gran importancia para la recuperación económica de las PSD. Las PSD frecuentemente tienen que enfrentar tensión u hostilidad de parte de otros en sus sitios de acogida, (a) en parte porque representan mayor competencia para los trabajos que los demás en sus barrios de bajos recursos ya buscan, y (b) en la medida en que las PSD tienen un sueldo de reserva inferior en comparación a los no desplazados, de modo que deprimen los sueldos en el mercado laboral. Además, debido a la incongruencia entre sus habilidades agrícolas y los entornos urbanos a los cuales se desplazan, la mayoría de las PSD buscan ingresos en el sector informal (tal como es típico para los pobres en contextos urbanos colombianos); naturalmente, el sector informal suele producir bajos niveles de ingresos,[46] especialmente cuando el

---

44. Sweeden, *Church and Work*, 150–54; Weber, *Protestant Ethic*, 81.

45. Meertens, "Género, Desplazamiento, Derechos."

46. No es ninguna coincidencia que negocios pequeños y medianos constituyen aproximadamente la mitad del PIB de países desarrollados, mientras representa un sexto de la economía de países menos

mercado informal ya está saturado.[47] Las consecuencias de estas dinámicas incluyen pobreza intergeneracional, ya que los bajos salarios y la falta de costumbre de ahorrar generan trampas de pobreza.

La respuesta sencilla a estos problemas económicos es que las PSD tienen que buscar empleo en un sector no saturado de la economía local, lo cual requiere innovación y creatividad enormes. Sin embargo, el primer instinto de la mayoría de las PSD es trabajar en, por ejemplo, servicio doméstico, jardinería, ventas de dulces o bolsas plásticas en las calles y glorietas, etc.

Sin embargo, las dinámicas del mercado laboral mencionadas en esta sección pueden conspirar con suposiciones problemáticas de cosmovisión para exacerbar las tensiones entre las PSD y la comunidad local y para arrastrar el avance emprendedor. Una de las caracterizaciones antropológicas clásicas de la sociedad campesina argumenta que personas con menores grados de educación viviendo en entornos rurales y trabajando en la economía agraria suelen ver la riqueza como un "bien limitado" que se puede redistribuir, pero no crear. El trabajo duro y la creatividad entonces no se ven como formas moralmente legítimas de avanzar su propio enriquecimiento, en la medida en que se supone que la persona que ha aumentado sus bienes lo ha hecho a expensas de su prójimo (lo cual es obviamente moralmente problemático, especialmente en una cultura colectivista). Esto no implica que personas en sociedades campesinas escatimen el trabajo duro, sino que típicamente trabajan en aras de comer y mantener su ubicación social actual en vez de avanzar en la sociedad.[48]

La investigación de Amy Sherman ha confirmado que la perspectiva de bienes limitados sigue predominante entre "folk-Catholics" en entornos rurales.[49] Aunque esta cosmovisión probablemente no predomina en entornos colombianos urbanos hoy, tales presuposiciones posiblemente persisten en las mentes de personas que se desplazaron desde contextos rurales. Probablemente no cuentan con una creencia fuerte en la viabilidad de generación significativa de riquezas, especialmente porque su desplazamiento ha implicado que ha perdido el bien productivo limitado (la tierra) que anteriormente poseían. Se requiere de esfuerzo significativo para ayudar la gente a reconocer la viabilidad y legitimidad de la generación y acumulación de bienes significativos.

De pronto la educación en temas de economía, en vez de formación teológica, será el mecanismo principal de estimular el ingenio y la creatividad de las PSD. No obstante, la teología cristiana puede contribuir a estimular la innovación. Al nivel

---

desarrollados; Griffiths, "Fighting Poverty through Enterprise," 145–46. "Activities that promote the informal sector in these countries, however well-intentioned, will continue to condemn these nations to poverty" (Griffiths, "Fighting Poverty through Enterprise," 145).

47. El tema de la formalización se aborda en Global Disciples *et al.*, *Desarrollo de la microempresa: manual del facilitador*, 2.ª ed. (Medellín: Publicaciones SBC, 2020), 204–13.

48. George M. Foster, "Peasant Society and the Image of Limited Good," *American Anthropologist* 67, n.º 2 (1965): 293–315.

49. Sherman, *Soul of Development*, 9–10, 64–66, 152.

básico, la teología cristiana puede resaltar que la actividad de Dios en la creación del mundo es (etimológica y genuinamente) creativa, innovadora. Al formar el universo, Dios genera novedad y diversidad tremendas. Y como imagen de Dios, los humanos continúan el trabajo creativo de Dios en el mundo, imitando y ampliando lo que Dios ya ha hecho, en cooperación con el Espíritu Santo. Como tal, practicar la creatividad ejerce algunas de las características que nos hacen similares a Dios.

Siendo franco, mi instinto es que este énfasis sobre el ingenio creativo quizás sería beneficioso para algunos desplazados emprendedores, pero no será la estrategia más eficaz para la mayoría de las PSD. Aún en circunstancias normales, pocas personas cuentan con la disposición y los rasgos de personalidad (osado, arriesgado, visionario, perseverante) necesarios para el emprendimiento exitoso. Tales rasgos son aún menos comunes entre las PSD que la población en general, dado que los tipos de traumas psicológicos que resultan de los eventos precipitantes del desplazamiento también generan una preferencia por un comportamiento económico de bajo riesgo y baja recompensa.[50] Esta realidad, combinada con el hecho de que las PSD suelen tener niveles educacionales por debajo del promedio nacionales, sugieren que pocos desplazados estarán en capacidad de superar presiones sociológicas y del mercado en aras de salir de la pobreza por medio de la innovación emprendedora.

Así, aunque se justifica apoyar aquella porción de la comunidad desplazada que tiene una inclinación creativa y emprendedora—tanto por medio de capacitación en microemprendimiento y la oferta de microfinanzas—este acercamiento típico al desarrollo económico no debe ensombrecer a otras estrategias más apropiadas y eficaces para las PSD. Sería sabio animar a empresarios no desplazados a crear nuevas empresas en aras de generar trabajos adicionales para las PSD que carecen de los recursos educacionales y emocionales necesarios para generar su propio microemprendimiento,[51] y después a contratar a PSD para trabajar en su nueva empresa.[52]

LA INTEGRIDAD Y LA ÉTICA

Más allá de la doctrina, la ética cristiana es un tema vital para la recuperación económica de las PSD. Existe abundante información sobre las formas en que la corrupción[53]

---

50. Andrés Moya, "Violence, Emotional Distress and Induced Changes in Risk Aversion among the Displaced Population in Colombia," *Working Paper* No. 105, Programa dinámicas territoriales rurales (2012): 1–54, https://www.rimisp.org/wp-content/files_mf/1366287774N1052012ChangesRiskAversionDisplacedPopulationColombiaMoya.pdf, último acceso febrero 11, 2014.

51. Para este fin, se elaboró el currículo Fajardo Sánchez y Hays, *Corporaciones para el Reino*. Cf. Ronald Hoksbergen, "Transformational Development: The Role of Christian NGOs in SME Development," en *Economic Justice in a Flat World: Christian Perspectives on Globalization*, ed. Steve Rundle (Colorado Springs: Paternoster, 2009), 201–21.

52. Véase entonces Hays, *El profesional cristiano*, 90–91.

53. Para una reflexión bíblica sobre la corrupción, desde América Latina, véase Milton A. Acosta, *El mensaje del profeta Oseas: una teología práctica para combatir la corrupción* (Lima: Puma, 2018). El equipo de Economía eligió interactuar con este tema usando lenguaje positivo de la "integridad," en

genera ineficiencias en el mercado y socava el florecimiento social y empresarial al largo plazo. Ya que se sabe que virtudes como la confianza, la honradez, la equidad, la perseverancia y la disciplina generan beneficios empresariales,[54] hay buenas razones para explicar que la integridad sería conducente a la trayectoria económica a largo plazo. Y puesto que las PSD ya se perciben con sospecha y resentimiento en sus sitios de acogida, la integridad en la conducta económica de las PSD entonces será aun de mayor importancia para conseguir y mantener el empleo.

Por supuesto, uno no debe ser ingenuo al dialogar sobre los beneficios económicos de la integridad. A corto plazo, la buena ética puede ser costosa. Pero a largo plazo, buenas prácticas empresariales han demostrado ser propicias para generar mayor productividad de parte de los empleados, para mejorar la calidad de los productos del negocio, para cultivar relaciones armoniosas con proveedores y para aumentar la probabilidad de "return business" de clientes.[55] Aunque hay excepciones en estos patrones, aplican especialmente en negocios para los cuales los mecanismos de reputación son importantes.[56]

El cristianismo tiene mucho que decir sobre el tema de la integridad. Un fundamento fuerte para abordar la integridad es una teología robusta de la vocación, la medida en que ver el "work as a calling . . . translates into virtues such as integrity, honesty, compassion . . . ."[57] Obviamente, si uno percibe la profesión como parte del llamado de Dios, a una ética recta no es negociable.[58] Pero el texto bíblico también directamente repudia la falta de integridad de los negocios. Esto es patente en las denuncias veterotestamentarios de pesas y medidas deshonestas, las cuales los vendedores usaban para estafar a los clientes,[59] y en las críticas paulinas de los cristianos que no trabajan duro al no ser directamente observado (Ef 6:5-8; Col 3:23-24).

---

vez de la terminología negativa de "corrupción," precisamente por la falta de reflexividad de los colombianos sobre el hecho de que muchas prácticas comunes son deshonestas o corruptas (lo que otra cultura llama corrupción o deshonestidad, colombianos a menudo consideran "viveza"), y porque, en todos contextos culturales, las acciones deshonestas se racionalizan de tal forma que difícilmente se reconocen como corruptas; Vikas Anand, Blake E. Ashforth y Mahendra Joshi, "Business as Usual: The Acceptance and Perpetuation of Corruption in Organizations," *Academy of Management Executive* 18, n.º 2 (2004): 39-54.

54. Wong y Rae, *Business for the Common Good*, 95-100.

55. Wong y Rae, *Business for the Common Good*, 170-78.

56. Cuando aplican "mecanismos de reputación," los negocios se benefician de conducta virtuosa; cuando hay una asimetría de información entre consumidores y proveedores (por ejemplo, cuando una industria es nueva) tales mecanismos exógenos tal vez no serán suficientes; Donald Hay, "Do Markets Need a Moral Framework?," en *Integrity in the Private and Public Domains*, eds. Alan Montefiore y David Vines (London: Routledge, 1999), 258-68.

57. Hoksbergen, "Transformational Development," 217; CLADE 4, "Conclusiones de la consulta sobre testimonio cristiano en el ámbito empresarial," en *Negocios para el Reino: el ministerio de promover actividades económicas comp arte de la misión de la Iglesia*, ed. David R. Befus (Miami: Latin America Mission, 2001), 193.

58. Wong y Rae, *Business for the Common Good*, 171.

59. Pr 11:1; 20:10; Am 8:4-6, Os 12:7-9; Miq 6.9-10; Ez 45:9-12; véase además Padilla, *Economía*

Por razón de los beneficios económicos de la integridad en los negocios, además del hecho de que desafortunadamente las PSD tiene que superar una cantidad de prejuicio y desconfianza, es lógico concluir que la enseñanza cristiana sobre la ética puede apoyar de forma significativa el éxito económico de las PSD a largo plazo. Entonces se decidió incorporar este tema, de diversas formas, en los materiales de la línea de Economía.[60]

EL FUTURO Y EL FATALISMO

Un último conjunto de temas teológicos beneficiosos para la recuperación económica de las PSD tiene que ver con preparación para el futuro. La pobreza intergeneracional en la población desplazada se debe en buena medida a comportamientos económicos insuficientemente orientados hacia el futuro, tal como las dinámicas de dependencia en ayudas gubernamentales y una preferencia para el empleo informal.[61] Estos comportamientos económicos radican parcialmente en una tendencia fatalista[62] y una desesperanza que son comunes entre las PSD como resultado de su trauma psicosocial y la devastación de su proyecto vital.[63] La teología cristiana puede, no obstante, contribuir constructivamente a superar la pasividad fatalista y a generar hábitos prácticos (ahorros y planeación) y orientaciones más amplias (esperanza, perseverancia) conducentes a trayectorias de escape de la pobreza.

---

humana, 33. Con relación al Colombia de hoy, Milton Acosta me comentó que este tema bíblico le hizo pensar en los grandes compradores a quienes los campesinos les vendían. Estos compradores ponen el peso y el precio, las condiciones de compra y plazo de pago, de modo que tienen toda la capacidad (y a veces, la voluntad) de explotar a los campesinos sin la menor consecuencia.

60. Véase el video "Tres temas éticos claves para los negocios" y Hays, *El profesional cristiano*, 59–68; Hays y Ramírez, *La esperanza económica: manual*, 118–23; Disciples et al., *Desarrollo de la microempresa: manual del facilitador*, 86–95; Life, Fajardo Sánchez y Hays, *Trabajos para la vida*, 81–85.

61. Es más, aun sin tomar en cuenta el desplazamiento forzado, en Colombia se requieren de *once* generaciones para que una familia salga de la pobreza, más que el doble del promedio de los países de la OCDE. OECD, *A Broken Social Elevator? How to Promote Social Mobility* (Paris: OECD, 2018), 27.

62. La tendencia hacia el fatalismo se ha visto en diversas poblaciones cristo-paganas de América latina; Sherman, *Soul of Development*, 98–100. Sin embargo, el trauma experimentado por las PSD y su sentido de desconexión de la cultura de sus sitios de acogida indudablemente empeoran una tendencia cultural más amplia hacia el fatalismo.

63. Gloria Amparo Camilo, "Impacto psicológico del desplazamiento forzoso: estrategia de intervención," en *Efectos psicosociales y culturales del desplazamiento*, eds. Martha Nubia Bello, Elena Martín Cardinal y Fernando Jiovani Arias (Bogotá: Universidad Nacional de Colombia, 2000), 27–35; Liliana Álvarez Woo, "Lectura de las implicaciones psicosociales derivadas del desplazamiento en las familias pertenecientes a la organización ADESCOP en el marco del proceso de restitución del derecho a la vivienda," en *Mesa de trabajo de Bogotá sobre desplazamiento interno* (Bogotá: Fundación Menonita Colombiana para el Desarrollo, 2006), 7–11.

Ahorros y planeación

La Biblia incluye varios textos que animan a la planeación y el ahorro, tales como la historia de José. José mismo fue forzosamente desplazado de su hogar y llevado a la esclavitud en un país lejano. Su proyecto vital se deshizo dos veces (primero cuando fue vendido como esclavo [Gn 37], y segundo cuando las acusaciones de la esposa de Potifar resultaron en su encarcelamiento [Gn 39]), pero sus recursos espirituales le permitieron comenzar de nuevo. Al ser elevado a una posición de autoridad en Egipto, pudo guiar a Egipto a través de un periodo de siete años de hambre debido a su planeación excelente para el futuro, por el hecho de que ahorró agresiva y estratégicamente a lo largo de los siete años de abundancia (Gn 41). Así, José es un caso de un desplazado cuya espiritualidad, planeación y ahorros prudentes colaboraron no solo para restaurar su propia vida sino para salvar a la nación de Egipto y a su propia familia (Gn 42–46).

Además, los Proverbios animan a la planeación para el futuro y advierten contra el consumo de los recursos de uno para un beneficio o placer de corto plazo (Pr 6:6–8; 21:20). De forma complementaria, Eclesiastés 11:1–2, 6 anima a la diligencia y la diversificación de prácticas empresariales e inversiones, a protegerse de la incertidumbre del futuro por medio de un "portafolio diversificado." Los materiales de la línea de Economía utilizaron estas Escrituras para inspirar a las PSD en su planeación para el futuro, en aras de ayudarles a escapar de las trampas de la pobreza.[64]

La esperanza y la perseverancia

Quizás la mayor contribución que la teología cristiana puede aportar a la recuperación económica de las PSD es fortalecer sus recursos emocionales y espirituales para perseverar y salir adelante en sus situaciones tan difíciles.

Toca admitir que la Teología de la Prosperidad en América latina ha distorsionado los textos bíblicos sobre la esperanza y el auxilio divino para que funcionaran como garantías sencillas de la prosperidad para los que tienen fe. Similares promesas de la prosperidad han animado a personas en Colombia a asumir préstamos o crédito que no están en capacidad de pagar o para los cuales no tienen un plan de negocios, como una expresión de la fe que pretende activar la intervención divina a su favor. Sin embargo, la Teología de la Prosperidad sí facilita el tipo de comportamiento arriesgado que a menudo posibilita el éxito emprendedor.[65] David Martin ha explorado cómo

---

64. Sobre el tema de planeación para el futuro, véase Disciples et al., *Desarrollo de la microempresa: manual del facilitador*, 81–92, 193–96, 237–45. La interpretación de José elaborada arriba, se comparte en el video "José—un soñador desplazado" Hays y Ramírez, *La esperanza económica: manual*, 81–83 y en Fajardo Sánchez y Hays, *Corporaciones para el Reino*, 48–51; Life, Fajardo Sánchez y Hays, *Trabajos para la vida*, 40, 100–107.

65. Helen Rhee, *Loving the Poor, Saving the Rich: Wealth, Poverty, and Early Christian Formation* (Grand Rapids: Baker, 2012), 210–19.

el pentecostalismo ha influenciado el comportamiento económico, en la medida en que sus principios religiosos animan a la gente a imaginar una vida transformada y les concede los recursos emocionales necesarios para perseguir ese cambio.[66] Entonces, toca lograr un equilibrio delicado entre animar la esperanza de la gente y no ocultar que los desafíos no desaparecerán de forma mágica por la mera razón de tener fe.

Los siguientes textos bíblicos facilitarían precisamente este tipo de comprensión cristiana equilibrada de esperanza y perseverancia para las PSD. Jeremías 29, por ejemplo, se dirige a los israelitas en el exilio, asegurándoles que Dios no los ha abandonado, a pesar de su desplazamiento forzoso de Judá.[67] Jeremías 29 no promete que Dios inmediatamente restauraría a los israelitas para regresarlos a su hogar. Jeremías advierte que ellos pasarían generaciones en Babilonia, de modo que los exhorta a que "busquen el bienestar de la ciudad a donde los he deportado... Porque el bienestar de ustedes depende del bienestar de la ciudad" (Jer 29:7). Les instruye a construir casas y plantar huertas y comenzar nuevas vidas (29:6), y denuncia a los llamados profetas que prometían una restauración a sus tierras (29:8–9). Así, Jeremías 29 se puede usar para animar a las PSD a construir nuevas vidas en sus ciudades, sin sucumbir a su creencia de que su retorno es inminente[68] ni a la conclusión errónea que Dios los haya abandonado.[69]

El libro de Rut es también tierra fértil para la reflexión de las PSD sobre la recuperación económica. Tal como muchas mujeres desplazadas, las protagonistas del libro, Rut y Noemí, habían perdido un esposo y dos hijos; no tuvieron tierras y Rut se trasladó a una región que le fue desconocida (Rt 1). Rut fue obligada a realizar labor física la cual la dejó vulnerable (porque, una mujer soltera espigando era vulnerable a los ataques de los hombres; cf. Rt 2:8–9). Pero trabajaba duro, sin descansar (Rt 2:7), y de esta forma ella cuidó de sí misma y su suegra (Rt 2:23).[70]

De forma distinta, los libros de Esdras y Nehemías contribuyen a reflexiones sobre los temas del desplazamiento, retorno y recuperación. Ambos describen israelitas que regresan desde el exilio y se encuentran asediados por enemigos y en peligro perpetuo. Esdras describe el retorno de un contingente de israelitas del exilio, con esperanzas de reconstruir el templo y restaurar su hogar. En el capítulo 3, ellos ponen los cimientos del templo y los mayores de edad se pusieron a llorar, al reconocer cuán enorme sería la tarea de reestablecer sus vidas y su culto (3:12–13). Luego, enemigos en

---

66. Martin, *Tongues of Fire*, 206.

67. Véase Christopher M. Hays, "¿Buscar el bienestar de la ciudad, o marcharse mientras ella quema? Una lectura política e intertextual de Jeremías 29 y Lucas 17 con relación a las crisis migratorias del siglo XXI," *Theologica Xaveriana* 71 (2021): 1–31.

68. No obstante, la legitimidad de un anhelo a retornar y la posibilidad de esta en ciertas circunstancias, semejante retorno no es asegurado ni inminente para la mayoría de las PSD.

69. Esta interpretación de Jeremías se comparte en Hays y Ramírez, *La esperanza económica: manual*, 84–87; cf. Fajardo Sánchez y Hays, *Corporaciones para el Reino*, 36.

70. La historia de Rut se utiliza en Life, Fajardo Sánchez y Hays, *Trabajos para la vida*, 75–81; Booz es el enfoque de Hays, *El profesional cristiano*, 63–67.

su sitio de llegada sobornaron a oficiales para frustrar sus planes (4:5) y aún legislaron en su contra (4:6-24). No obstante, ellos perseveraron y finalmente reconstruyeron el templo (5:13-15), ejemplificando así cómo la esperanza y la perseverancia cooperan con el auxilio divino para triunfar ante una oposición formidable.

Dinámicas similares ocurren en el libro de Nehemías. Nehemías consiguió permiso para llevar otro contingente de judíos a Jerusalén, en aras de reconstruir el muro de la ciudad y así brindar seguridad para sus habitantes (Neh 2:17). Pero al llegar y emprender el trabajo en el muro, los habitantes paganos de la región se burlaron de los israelitas (2:19; 4:2-3) y aun atacaron sus sitios de construcción, de modo que los obreros tuvieron alternar entre el trabajo de construcción y servicio de vigilancia, aun llevando espadas mientras trabajaban (4:10-23). Fueron explotados por prestamistas usureros (5:3-13), y, sin embargo, trabajaron de sol a sol sin cesar (4:21). Como resultado de su perseverancia, lograron terminar el muro (6:15-7:4).

Los puntos de contacto entre Esdras-Nehemías y la experiencia de las PSD son numerosos. Los libros cuentan historias de esperanza y apoyo divino, pero el avance de los israelitas se logró en medio de gran adversidad. Sufrieron la discriminación y la oposición, en formas de sobornos y la expedición de legislación injusta. Fueron explotados por prestamistas usureros y asediados por grupos armados y de delincuentes. A pesar de todo eso, por razón de su trabajo arduo, su perseverancia y la promesa de Dios, reconstruyeron sus vidas.[71]

CONCLUSIÓN

Numerosos temas de las Escrituras, la teología y la ética cristianas son pertinentes para la recuperación económica de las PSD y para la superación de sus obstáculos mayores (tales como el desempleo, la informalidad, el fatalismo, la dependencia, la hostilidad de los sitios de llegada, etc.). Mensajes teológicos cristianos sobre la dignidad y el valor del trabajo pueden inspirar y sostener a las PSD mientras buscan empleo remunerado o crean nuevos negocios contra todo pronóstico y a pesar de desincentivos económicos. La ética cristiana además se opone a la falta de integridad que estorba a la recuperación económica de las PSD. La teleología cristiana se opone al fatalismo, la pereza y la dependencia al brindar una visión de la esperanza y la perseverancia en cooperación con el Dios que actúa a favor de los marginados. Aunque estas ideas morales y teológicas no se deben considerar alternativas a intervenciones económicas empresariales sabias, pueden funcionar en conjunto con buenas prácticas de negocios para que los campos de la economía, los negocios y la religión cooperen para responder de forma más integral los retos enfrentados por las PSD y fomentar así la restauración de su autosuficiencia económica.

---

71. Este acercamiento a Esdras y Nehemías se utiliza en Hays y Ramírez, *La esperanza económica: manual*, 114-7.

BIBLIOGRAFÍA

Acosta, Milton A. *El mensaje del profeta Oseas: una teología práctica para combatir la corrupción*. Lima: Puma, 2018.

Álvarez Woo, Liliana. "Lectura de las implicaciones psicosociales derivadas del desplazamiento en las familias pertenecientes a la organización ADESCOP en el marco del proceso de restitución del derecho a la vivienda". En *Mesa de trabajo de Bogotá sobre desplazamiento interno*, 7–15. Bogotá: Fundación Menonita Colombiana para el Desarrollo, 2006.

Amparo Camilo, Gloria. "Impacto psicológico del desplazamiento forzoso: estrategia de intervención." En *Efectos psicosociales y culturales del desplazamiento*, eds. Martha Nubia Bello, Elena Martín Cardinal y Fernando Jiovani Arias, 27–40. Bogotá: Universidad Nacional de Colombia, 2000.

Anand, Vikas, Blake E. Ashforth y Mahendra Joshi. "Business as Usual: The Acceptance and Perpetuation of Corruption in Organizations." *Academy of Management Executive* 18, n.º 2 (2004): 39–53.

Bauckham, Richard. "Jesus' Demonstration in the Temple." En *Law and Religion: Essays on the Place of the Law in Israel and Early Christianity: by Members of the Ehrhardt Seminar of Manchester University*, ed. Barnabas Lindars, 72–89. Bristol: James Clark, 1988.

Burdett, Emily R.R. y Justin L. Barrett. "The Circle of Life: A Cross-Cultural Comparison of Children's Attribution of Life-Cycle Traits." *British Journal of Developmental Psychology* 34, n.º 2 (2015): 276–90.

CLADE 4. "Conclusiones de la consulta sobre testimonio cristiano en el ámbito empresarial." En *Negocios para el Reino: el ministerio de promover actividades económicas comp arte de la misión de la Iglesia*, ed. David R. Befus, 191–200. Miami: Latin America Mission, 2001.

Derrett, J. Duncan M. "'Eating Up the Houses of Widows': Jesus's Comment on Lawyers?" *Novum Testamentum* 14, n.º 1 (1972): 1–9.

Fajardo Sánchez, Alexander y Christopher M. Hays. *Corporaciones para el Reino*. Medellín: Publicaciones SBC, 2018.

Foster, George M. "Peasant Society and the Image of Limited Good." *American Anthropologist* 67, n.º 2 (1965): 293–315.

Global Disciples, et al. *Desarrollo de la microempresa: manual del facilitador*. 2.ª ed. Medellín: Publicaciones SBC, 2020.

Greer, Peter. "'Stop Helping Us': A Call to Compassionately Move Beyond Charity." En *For the Least of These: A Biblical Answer to Poverty* eds. Anne R. Bradley y Art Lindsley, 231–44. Grand Rapids: Zondervan, 2014.

Griffiths, Brian. "Fighting Poverty through Enterprise." En *For the Least of These: A Biblical Answer to Poverty*, eds. Anne R. Bradley y Art Lindsley, 139–52. Grand Rapids: Zondervan, 2014.

Harris, Mark. "The Biblical Text and a Functional Account of the *Imago Dei*." En *Finding Ourselves After Darwin: Conversations about the Image of God, Original Sin, and the Problem of Evil*, eds. Stanley P. Rosenberg, et al., 48–63. Grand Rapids: Baker Academic, 2018.

Hay, Donald. "Do Markets Need a Moral Framework?" En *Integrity in the Private and Public Domains*, eds. Alan Montefiore y David Vines, 258–68. London: Routledge, 1999.

———. *Economics Today: A Christian Critique*. Vancouver: Regent College Publishing, 1989.

Hays, Christopher M. "¿Buscar el bienestar de la ciudad, o marcharse mientras ella quema? Una lectura política e intertextual de Jeremías 29 y Lucas 17 con relación a las crisis migratorias del siglo XXI." *Theologica Xaveriana* 71 (2021): 1–31.

———. "The Early Church, the Roman State, and Ancient Civil Society: Whose Responsibility are the Poor?" En *Poverty in the Early Church and Today: A Conversation*, eds. Steve Walton y Hannah Swithinbank. London: T&T Clark, 2018.

———. *El profesional cristiano y la recuperación económica de las personas en situación de desplazamiento*. 2.ª ed. Medellín: Publicaciones SBC, 2020.

———. "Justicia económica y la crisis del desplazamiento interno en Colombia." En *Conversaciones teológicas del sur global americano: violencia, desplazamiento y fe*, eds. Milton Acosta y Oscar Garcia-Johnson, 44–64. Eugene, OR: Wipf and Stock, 2016.

———. *Luke's Wealth Ethics: A Study in Their Coherence and Character*. Wissenschaftliche Untersuchungen zum Neuen Testament II, vol. 275. Tübingen: Mohr Siebeck, 2010.

Hays, Christopher M. y H. Leonardo Ramírez. *La esperanza económica después del desplazamiento forzoso: manual del facilitador*. 2.ª ed. Medellín: Publicaciones SBC, 2020.

Hoksbergen, Ronald. "Transformational Development: The Role of Christian NGOs in SME Development." En *Economic Justice in a Flat World: Christian Perspectives on Globalization*, ed. Steve Rundle, 201–21. Colorado Springs: Paternoster, 2009.

Jobs for Life, Alexander Fajardo Sánchez y Christopher M. Hays. *Trabajos para la vida*. Medellín: Publicaciones SBC, 2018.

Keller, Timothy. *Every Good Endeavor: Connecting Your Work with God's Work*. New York: Dutton, 2012.

Lausanne Committee for World Evangelization. *Business as Mission*. Lausanne Occasional Paper, vol. 59. Lausanne, Switzerland: Lausanne Committee for World Evangelization, 2004.Lupton, Robert D. *Toxic Charity: How Churches and Charities Hurt Those They Help (and How to Reverse It)*. New York: HarperCollins, 2011.

Martin, David. *Tongues of Fire: The Explosion of Protestantism in Latin America*. Oxford: Blackwell, 1990.

Meertens, Donny. "Género, desplazamiento, derechos." http://aprendeenlinea.udea.edu.co/lms/moodle/file.php/232/Unidad_3/DonnyMeertens.pdf., fecha de último acceso el 20 de agosto de 2020.

Moya, Andrés. "Violence, Emotional Distress and Induced Changes in Risk Aversion among the Displaced Population in Colombia." Working Paper No. 105, Programas dinámicas territoriales rurales Rimisp—Centro Latinoamericano para el Desarrollo Rural, 2013. http://andresmoya.weebly.com/uploads/1/3/8/3/13836830/moya_violenceriskaversion.pdf, fecha de último acceso February 11, 2014.

OECD. *A Broken Social Elevator? How to Promote Social Mobility*. Paris: OECD, 2018. doi:https://doi.org/10.1787/9789264301085-en.

Padilla, C. René. *Economía humana y economía del Reino de Dios*. Buenos Aires: Kairos, 2002.

———. "Pobreza y mayordomía." *Boletín teológico* 23, n.° 42/43 (1991): 93–101.

Rhee, Helen. *Loving the Poor, Saving the Rich: Wealth, Poverty, and Early Christian Formation*. Grand Rapids: Baker, 2012.

Sherman, Amy L. *The Soul of Development: Biblical Christianity and Economic Transformation in Guatemala*. Oxford: Oxford University Press, 1997.

Spangenberg, Izak. "'The Poor Will Always Be with You': Wealth and Poverty in a Wisdom Perspective." En *Plutocrats and Paupers: Wealth and Poverty in the Old Testament*, eds. H.L. Bosman, I.G.P. Gous y I.J.J. Spangenberg, 228–46. Pretoria, South Africa: J.L. van Schaik, 1991.

Sweeden, Joshua R. *The Church and Work: The Ecclesiological Grounding of Good Work.* Eugene, OR: Pickwick, 2014.

Van Leeuwen, Raymond C. "Wealth and Poverty: System and Contradiction in Proverbs." *Hebrew Studies* 33 (1992): 25–36.

Weber, Max. *The Protestant Ethic and the Spirit of Capitalism.* Trad. de Talcott Parsons. New York: Charles Scribner's Sons, 1958.

Wong, Kenman L. y Scott B. Rae. *Business for the Common Good: A Christian Vision for the Marketplace.* Christian Worldview Integration Series. Downer's Grove: IVP Academic, 2011.

12

La necesidad de un acercamiento humilde a la enseñanza de PSD

Saskia Alexandra Donner

Aprendan de mí, pues yo soy apacible y humilde de corazón.
(Mt 11:29, NVI)

La labor de enseñanza a personas en situación de desplazamiento (PSD) requiere de diversas características de parte de un maestro: creatividad, perseverancia y amabilidad, entre otras. Una característica importante que quizás no sobresalga inicialmente al pensar en la labor pedagógica con PSD es la *humildad*. De manera práctica, la humildad implica evitar cualquier tipo de condescendencia o arrogancia que surja de pensar que, como maestros, nuestros conocimientos y habilidades nos hacen superiores a las PSD. Pero en un sentido más amplio, la humildad es el reconocimiento del valor que tienen nuestros alumnos como seres humanos creados a imagen de Dios y el reconocimiento, también, de nuestras propias limitaciones como maestros.

En el presente capítulo se argumentará, a partir de la visión del ser humano que se plantea en la Biblia y el ejemplo de Jesús como maestro, que la humildad es una característica clave para la labor de enseñanza con personas en situación de desplazamiento. Luego, se plantearán ideas puntuales de cómo se puede manifestar la humildad en la labor pedagógica con PSD. Estas ideas se plantean como estrategias que permiten, mediante un acercamiento humilde, dignificar a la persona en situación de desplazamiento e invitarla a crecer y a florecer como ser humano.

Parte 2

LA ANTROPOLOGÍA BÍBLICA

La razón para considerar al ser humano a partir de un acercamiento bíblico y teológico es que genera una visión diferente de la persona. Esta visión reconoce que todo ser humano es creado a la imagen de Dios y es amado por Dios, y que su valor reside en estas realidades y no en sus conocimientos, habilidades, nivel económico, ni ninguna otra característica externa. La comprensión de esta verdad debe tener un impacto profundo en el acercamiento a la enseñanza.

En primer lugar, se destaca en la antropología bíblica el valor que tiene todo ser humano por ser creado a imagen de Dios. Al inicio del relato bíblico se hace claro que una de las marcas particulares del ser humano es que, a diferencia de otros seres creados, es hecho a imagen y semejanza de Dios (Gn 1:26). Esta característica distintiva le permite a la persona relacionarse con Dios y representarlo en la creación.[1] Cuando los seres humanos se rebelan contra Dios y se distorsiona su relación con él, la imagen de Dios no se pierde, y sigue siendo un elemento que marca al ser humano y determina el trato que merece de otros (Gn 5:1-2; 9:6; Stg 3:9). De manera particular, en la dinámica de enseñanza-aprendizaje, el hecho de que tanto el maestro como el alumno sean creados a imagen de Dios les da a ambos un alto valor.[2] Este valor significa que el maestro no debe enseñorearse sobre el estudiante, ni tratarlo como si fuese inferior por su condición de aprendiz (o por cualquier otra circunstancia o característica). Al contrario, debe darle un trato honroso y digno.

El ser humano está dotado de múltiples capacidades que lo habilitan para desenvolverse en su entorno. Tiene capacidades intelectuales que le permiten conocer a Dios, a otros seres humanos, el mundo en el cual está y a sí mismo. Tiene también capacidades morales que lo habilitan para distinguir entre el bien y el mal, capacidades emocionales, volitivas y físicas.[3] Aunque estas capacidades son de gran valor para el ser humano en el desarrollo de su vida, es necesario reconocer también que el ser humano es limitado. Sus capacidades, al igual que su ser, no son infinitas. La enseñanza debe aprovechar las capacidades del alumno e invitarlo a desarrollarlas más, sin embargo, se necesita también un acercamiento humilde que reconoce las limitaciones tanto del maestro como del alumno, aunque algunas de dichas limitaciones puedan manifestarse de manera diferente en cada individuo.

Además de las limitaciones naturales a causa de su finitud, toda persona está limitada también por el impacto del pecado tanto en su vida personal como en el entorno que lo rodea. Como lo dice Plantinga, el pecado es el vandalismo del *shalom* (la paz y el bienestar) para el cual Dios diseñó el mundo, una fuerza de corrupción que daña la creación de Dios, que tuerce hacia el mal aquello que Dios ha diseñado para bien

---

1. Louis Berkhof, *Systematic Theology* (Grand Rapids, MI: Eerdmans, 1993), 206.

2. Gordon R. Lewis y Bruce A. Demarest, *Integrative Theology*, vol. 2 (Grand Rapids, MI: Zondervan, 1990), 172.

3. Wayne Grudem, *Systematic Theology: An Introduction to Biblical Doctrine* (Grand Rapids, MI: Zondervan, 1994), 446, 448; Lewis y Demarest, *Integrative Theology*, 154.

y actúa en contra del bienestar que Dios anhela para su creación.[4] La realidad del pecado requiere humildad de los maestros en su labor al ver sus propias limitaciones y falencias. Quien busca enseñar a otros debe reconocer sus propias limitaciones que le generan puntos ciegos. Además, debe reconocer su propia disposición hacia el pecado y la manera en que el pecado de otros (a nivel interpersonal y social) le ha afectado. Este reconocimiento de las limitaciones propias permite tener un acercamiento misericordioso hacia las falencias y debilidades de los alumnos, siendo paciente en la medida en que van aprendiendo.

Un elemento final de la antropología bíblica que es necesario resaltar es que el ser humano es amado profundamente por Dios. A causa de este amor Cristo Jesús murió y resucitó para que la relación entre el ser humano y Dios pudiese ser restaurada, y a causa de este amor el Espíritu Santo obra para transformar la vida de aquellas personas que han creído en Cristo como su Señor y salvador. Así, el maestro debe reconocer en humildad que es un colaborador en esta transformación, y que deben ser los propósitos de Dios y no los suyos propios los que guían sus esfuerzos de enseñanza.

Este breve recorrido por algunos aspectos sobresalientes de la antropología bíblica ha resaltado aspectos básicos del ser humano que son razones para que el maestro tenga un concepto apropiado de sí mismo, de sus alumnos y de su labor de enseñanza. La humildad es una respuesta apropiada al reconocimiento que tanto el alumno como el maestro, con todas sus capacidades y limitaciones, son creados a la imagen de Dios y profundamente amados por él. Una segunda motivación para tener un acercamiento humilde a la enseñanza es el ejemplo de Jesús, quien mostró siempre humildad en su interacción con todos aquellos que quisieron aprender de él, particularmente las personas marginadas en su contexto.

JESÚS COMO MAESTRO HUMILDE

Al examinar diferentes aspectos del ministerio de Jesús como maestro, es evidente su acercamiento humilde a la enseñanza. En primer lugar, su humildad se evidencia en la *forma* en la cual enseñó y se relacionó con las personas y, en segundo lugar, en el *mensaje* que compartió y sus implicaciones para sus oyentes. La manera en que Jesús se relacionó con las personas revela el concepto que tenía de las mismas. Estos conceptos se consolidan en el mensaje que Jesús compartió, de modo que en el ministerio de enseñanza de Jesús se ve la vivencia de los planteamientos que hace la teología sobre quién es el ser humano.

---

4. Cornelius Plantinga Jr., *Not the Way It's Supposed to Be: A Breviary of Sin* (Grand Rapids, MI: Eerdmans, 1995), 16, 32, 40.

Parte 2

Jesús como maestro de la ley

En los Evangelios vemos múltiples referencias a Jesús como maestro (Mt 4:23; 7:29; Mc 6:34; 9:5; Lc 4:15; Jn 1:38; 3:1, 26) y encontramos el contenido de lo que enseñó. A la luz de los documentos históricos existentes y los contenidos bíblicos, se puede percibir que Jesús tenía tanto similitudes como diferencias con otros maestros de la época. Como lo resume Newell:

> De algunas maneras, Jesús era un rabino tal como otros rabinos de su época. Convocó discípulos, tal como lo hacían otros. Su ministerio inicial incluyó responsabilidades en la sinagoga. Jesús era un maestro de las técnicas rabínicas que incluían los símiles memorables, los epigramas, las paradojas, hipérboles, humor, preguntas y debates... Los evangelios muestran que otros rabinos del Segundo Templo trataban a Jesús como un par.[5]

Como era común entre los rabinos judíos, Jesús enseñó muchas veces al aire libre, en lugares en los que las actividades cotidianas como la pesca o la agricultura suministraban ilustraciones por medio de las cuales los oyentes de Jesús lograban captar con más facilidad (y recordar por más tiempo) su mensaje.[6]

> Pero de maneras significativas, Jesús no era un rabino típico. Después del período inicial, Jesús no enseñó desde un punto de base, sino que era, esencialmente, un predicador de campo. Sus discípulos no se le ofrecieron para que los instruyera, sino que tuvieron que ser llamados. A diferencia de la mayoría de los rabinos, quienes estudiaban la tradición en busca de respuestas a preguntas actuales, Jesús enseñó con autoridad personal.[7]

La decisión de Jesús de descentralizar la enseñanza de la sinagoga y llevarla a lugares cotidianos como el campo, los caminos, las casas, las calles, la playa, entre otros, le restó formalidad y permitió a la gente del común un acercamiento sencillo pero significativo a las verdades del reino.

Los estudiantes de Jesús

Entre las características que distinguieron a Jesús de otros rabinos está el hecho de que la mayor parte de su ministerio se realizó entre población a la cual los demás rabinos no hubiesen querido contar entre sus discípulos. Su grupo de discípulos más cercanos incluía a un recaudador de impuestos y a personas de clase obrera. Jesús escogió a

---

5. Ted Newell, "Worldviews in Collision," *Journal of Education & Christian Belief* 13, n.º 2 (2009): 141. doi:10.1177/205699710901300206. Todas las traducciones desde el inglés son las de la autora.

6. Brad H. Young, *Meet the Rabbis: Rabbinic Thought and the Teachings of Jesus* (Peabody, MA: Hendrickson, 2007), 32.

7. Newell, "Worldviews in Collision," 141.

estas personas para que convivieran con él y recibieran sus enseñanzas.[8] Entre sus seguidores se incluían también mujeres (Mc 15:40-41; Lc 8:1-3), a quienes en algunas ocasiones les enseñó de manera específica (Lc 10:38-42; Jn 4:1-26). No solamente bendijo a niños (Mc 10:14-16), sino que los utilizó como un ejemplo positivo en sus enseñanzas (Mt 18:3) y obró en sus vidas para traer sanidad y libertad de espíritus malignos (Mt 9:18-26; Mc 7:24-30; Jn 4:43-54).

Jesús también les enseñó a las multitudes (Mt 5:2, 28; 13:34; Mc 4:1), pasó tiempo en casas de personas que eran ampliamente consideradas pecadoras (Mc 2:13-17; Lc 19:1-10) y ofreció perdón a personas que, según la Ley, deberían morir por sus pecados. Incluyó enfermos como la mujer con flujo de sangre (Mt 9:18-26) o los leprosos (Mt 8:1-4; Lc 17:11-19), o a personas en contextos de pobreza, personas rechazadas por la sociedad. La relación de Jesús con estas personas fue uno de los temas que causó problemas entre Jesús y los fariseos (Lc 5:30; 7:39). Sanders señala que esta es realmente la mayor diferencia entre Jesús y otros maestros de la Ley: Jesús comía con los recaudadores de impuestos y pecadores, los invitaba a seguirlo a él y les ofrecía perdón.[9]

Aunque la selección de aprendices que hizo Jesús no es por sí sola una garantía de su acercamiento humilde a la enseñanza, sí puede considerarse una indicación de este. En lugar de marcar distancias y establecer jerarquías, Jesús se hizo como uno de ellos (Jn 1:14; Flp 2:6-7). Es evidente que el trato de Jesús para con las personas no se basa en las capacidades que tienen, ni en su estatus social, ni mucho menos en su estatus religioso (que parece ser un punto en contra, más que a favor, de quienes tienen dicho estatus). Sin embargo, la manifestación de humildad en su acercamiento se expresó no solo en las personas a las cuales acogió como sus alumnos, sino también en la forma en que les enseñó.

Las estrategias de enseñanza

Las estrategias de enseñanza de Jesús se caracterizaban por ser sencillas y cautivantes, que no requerían un conocimiento profundo de asuntos teológicos y doctrinales para poder interesarles a las personas. Sin embargo, estas estrategias invitaban a las personas a pensar con más profundidad, a seguir meditando y reflexionando acerca de lo que habían escuchado o visto, así que las enseñanzas eran asequibles, pero también honraban la capacidad de las personas al llevarlos a pensar profundamente.

En su enseñanza, Jesús se valió de historias, de contrastes entre la enseñanza recibida y la propuesta que él hacía, de preguntas, de parábolas, de discursos, y de muchas enseñanzas prácticas, sobre todo con el grupo de los doce discípulos. En las parábolas, Jesús utilizaba algún aspecto de la vida cotidiana de sus oyentes para relatar una historia que, en general, se les haría familiar. Sin embargo, "usualmente hay un

---

8. Young, *Meet the Rabbis*, 29.
9. E. P. Sanders, *Jesus and Judaism* (Londres: SCM, 1985), 174.

giro inesperado y el oyente tiene que conceder un punto hasta llegar a verse obligado a aplicar la parábola a su propia situación, a cuestionar sus propias suposiciones, a llegar a sus propias conclusiones".[10] Así, los oyentes de las enseñanzas de Jesús se veían obligados a reflexionar y a evaluarse a sí mismos como participantes activos del proceso de enseñanza-aprendizaje.[11]

Este mismo tipo de reflexión se lograba mediante el uso de preguntas y la forma en la cual Jesús respondía a las preguntas que otros le hacían. El método de preguntas era flexible y permitía que las personas interactuaran con el maestro, compartieran su pensamiento y fueran guiados así a una comprensión más profunda de un tema.[12] Dice Pazmiño:

> En respuesta a muchas preguntas, [Jesús] no dio respuestas sencillas y preparadas. Jesús esperaba que sus estudiantes examinaran sus mentes y corazones en relación con sus enseñanzas y consideraran las realidades de la vida.[13]

Aunque diálogos como el que sostuvo Jesús con Nicodemo muestran su conocimiento, perspicacia y capacidad de argumentación, al hablar con las multitudes, Jesús utilizaba estrategias mucho más sencillas y fáciles de comprender. Las conversaciones que Jesús sostuvo con diferentes personas también mostraron su humildad al pasar de lo cotidiano a las verdades profundas que las personas necesitaban escuchar. Este es el caso de la conversación de Jesús con la mujer samaritana. Kealy lo describe así:

> En Juan 4:1–26, Jesús lleva a la mujer samaritana desde una necesidad básica como el agua al misterio del agua viva, de su experiencia diaria de la vida conyugal a la honestidad ante Dios. Del concepto equivocado de Mesías a su enseñanza más sublime de sí mismo como Mesías. De la adoración de un dios falso a la adoración del Dios verdadero . . .[14]

Es también el caso de las enseñanzas que dio Jesús mediante su ejemplo, donde mostró con sus actos su propia sencillez e invitó a sus seguidores a la humildad. Uno de los casos más reconocidos de esto es el relato de Juan 13:1–17, donde Jesús les enseña a sus discípulos que deben ser siervos de otros, en lugar de esperar que otros les sirvan a ellos (como era común entre los rabinos de la época). Jesús, como lo hizo con muchas de sus enseñanzas, en lugar de dar un discurso, dio ejemplo, vivió lo que quería que ellos aprendieran. Al tomar, en Juan 13, el platón y la toalla y lavarles los pies a los discípulos, los obligó a aceptar que él les sirviera en una manera que

---

10. Sean P. Kealy, "Jesus: The Divine Teacher," *African Ecclesial Review* 42, n.º 3 (2000): 136, 138.

11. Newell, "Worldviews in Collision," 142.

12. Young, *Meet the Rabbis*, 32.

13. Robert W. Pazmiño, "Jesus: The Master Teacher," en *Introducing Christian Education: Foundations for the Twenty-First Century*, ed. Michael J. Anthony (Grand Rapids, MI: Baker Academic, 2001), 114.

14. Kealy, "Jesus: The Divine Teacher," 136.

usualmente lo haría un esclavo de la más baja categoría. Luego, en la explicación que da Jesús de sus acciones, dice: "Si yo, el Señor y el Maestro, les he lavado los pies, también ustedes deben lavarse los pies los unos a los otros. Les he puesto el ejemplo, para que hagan lo mismo que yo he hecho con ustedes" (Jn 13:14-15, NVI). Estas palabras dejan claro que lo que Jesús ha hecho está relacionado con su rol como maestro y que tiene la expectativa que los discípulos replicarán esta actitud de servicio humilde en sus interacciones con otros. Al mostrarles a sus discípulos esta actitud de servicio y decirles que debía ser la de ellos con otros, Jesús da una lección fuerte acerca de la humildad que se necesita para liderar a otros y para ser maestro.

Mediante el uso de una diversidad de estrategias de enseñanza, Jesús permitió que personas de trasfondos sencillos escucharan la verdad que él predicaba, aunque con frecuencia sus oidores no lograron captar su mensaje.[15] Presentó su mensaje acerca del Reino de Dios por medio de la cotidianidad: historias de agricultores, experiencias de alimentación, sanidad de enfermos, donde lo sobrenatural se encontraba con el día a día. Jesús invitaba a sus seguidores, aunque eran personas sin mucho conocimiento previo, a cuestionar aquello que habían aprendido en lugar de aceptar ciegamente las enseñanzas de los maestros de la Ley, a reflexionar acerca de parábolas y conceptos que presentaba. En la invitación a vivir de acuerdo con una escala de valores diferente y a pensar en algo más que el pan diario—a la vez que reconocía la necesidad de este y lo proveía para quienes estaban en necesidad.

El mensaje de Jesús para los marginados y desfavorecidos

Una de las particularidades que se nota en la enseñanza de Jesús es que, a diferencia de las expectativas que tenían los judíos de la época, no se enfocó en derribar el imperio romano—lo que hubiese sido la manera esperada de que Jesús les brindara a las personas marginadas de la época (de alguna manera toda la sociedad se sentía marginada) una "mejor vida", o una oportunidad de florecimiento.[16] Sin embargo, fue claro en la proclamación de su Reino en comunicar que este tenía una escala de valores completamente diferente, y que aquellos que se consideraban desafortunados o marginados en este mundo, tenían un lugar de privilegio en su Reino.

Jesús cuestionó el *status quo* que mantenía a las personas en condición de marginación y mostró un camino en el que la relación con Dios impactaba lo social. Esto implica que no solamente les enseñaba a las personas marginadas o las trataba bien, sino que en sus enseñanzas mostró que ellos tenían un acceso privilegiado al Reino que él había venido a proclamar. Esto se puede ver en pasajes como Mateo 5:3-12 y Lucas 6:20-23, conocidos como las bienaventuranzas, donde, dice Lindberg,

---

15. Pazmiño, "Jesus: The Master Teacher," 113.
16. Joel B. Green, "Kingdom of God/Heaven," in *Dictionary of Jesus and the Gospels*, 2.ª ed, eds. Joel B. Green, Jeannine K. Brown y Nicholas Perrin (Downers Grove, IL: InterVarsity Academic, 2013), 472.

Jesús describe a aquellos que son verdaderamente afortunados, los que tenían suerte en su día. Pero no son los emperadores, conquistadores, sacerdotes y los ricos quienes disfrutan de este favor. Más bien, son las personas del común, aquellos a quienes ha pasado por alto el éxito terrenal: los pobres, los mansos, los perseguidos, los pacificadores.[17]

Esto va en contravía, con frecuencia, de lo que pretendemos hacer los maestros. Nuestros esfuerzos suelen enfocarse en llevar a las personas a "superarse" mediante el aprendizaje, de modo que puedan "competir" en medio de las dinámicas del mundo actual. Esto refleja nuestra propia interiorización y acoplamiento a la escala de valores de este mundo. Así, nuestras estrategias de enseñanza, nuestros mecanismos de evaluación y todo nuestro quehacer pedagógico pueden estar orientados a ayudarles a las personas a "encajar" mejor en el mundo. ¿Cómo sería nuestro acercamiento a la enseñanza si alineáramos nuestra forma de pensar con los valores y propósitos del Reino? ¿Cómo impactaría esto nuestro quehacer pedagógico?

En la nueva cosmovisión que presentaba Jesús había una invitación al cambio profundo, a dejar de lado la búsqueda de poder y estatus, los valores que se pregonan en el entorno, y a optar por una escala de valores diferente. Jesús les recalca a sus oyentes, vez tras vez, que la forma en que han entendido, interpretado y aplicado sus textos sagrados es equivocada (Mt 22:29; Jn 5:39). Esto lo hace mediante sus acciones y mediante el contenido de sus enseñanzas, las cuales provocan una reacción de ira en aquellos que se benefician de los imaginarios actuales.[18] Dice Newell:

> Casi todo lo que hace Jesús sirve para reconfigurar el mundo para sus discípulos. Todas sus acciones son también enseñanzas: es para instruir que se recordaron y se registraron sus actos. Lo que implican sus palabras, él lo hace explícito y visual. Involucra a sus discípulos y a su auditorio en la vivencia del Reino, que ha llegado en su persona.[19]

Así, al hablar de la forma como los maestros podemos seguir en las pisadas de Jesús en nuestro ministerio de enseñanza, no es posible limitarnos al uso de actividades creativas similares a las que Jesús utilizó, ni a la búsqueda de estrategias sencillas para comunicar mensajes complejos. Es necesario que nuestra enseñanza conduzca a la generación de una nueva cosmovisión, una cosmovisión que no se ajusta a los parámetros del mundo, a los valores que se exaltan en nuestras sociedades.[20] En esta cosmovisión el marginado es privilegiado, porque encuentra su valor dentro de la realidad del Reino de Dios. El reconocimiento de esta realidad no significa abstraerse de este mundo, o resignarse a su situación, sino obrar y vivir con una visión que busca el bienestar integral de todas las personas en lugar de luchar por acomodarse en un

---

17. Tod Lindberg, "What the Beatitudes Teach," *Policy Review* 144 (2007): 4.
18. Newell, "Worldviews in Collision," 145.
19. Newell, "Worldviews in Collision," 148.
20. Newell, "Worldviews in Collision," 151.

peldaño más alto de la jerarquía terrenal, ya sea mediante la adquisición de conocimientos y habilidades, dinero u otras marcas comunes de estatus.[21]

En el ministerio de Jesús vemos la manifestación de la visión antropológica bíblica del ser humano anteriormente discutida: para Jesús no eran más importantes las personas si tenían más educación o estatus. Vemos que Jesús valoraba a cada una de estas personas, veía a los que otros no veían, los escuchaba, los bendecía. El mensaje transformador y liberador del Reino de Dios era para los pobres en espíritu, para los necesitados. Y a partir de ahí, podemos entonces repensar nuestro ministerio como maestros y lo que nosotros traemos a este ministerio. ¿Cómo vemos nosotros a las personas?, ¿los vemos como personas de un nivel más bajo, un nivel al que tenemos que "bajarnos" nosotros para que nos puedan entender? Aunque es cierto que tenemos que enseñar de forma sencilla, no podemos considerar que somos mejores que ellos porque tenemos educación o capacidad económica. Es necesario, en humildad, reconocer su valor y aliarnos con ellos en la participación en el Reino que Jesús proclamó.

ESTRATEGIAS PARA UN ACERCAMIENTO HUMILDE A LA ENSEÑANZA

Después de argumentar, desde la antropología bíblica y el ejemplo de Jesús como maestro, por qué es importante un acercamiento humilde a la enseñanza de PSD, vale la pena ver algunas maneras en que podemos incorporar en nuestra enseñanza prácticas que promuevan esta humildad. Parte de nuestro llamado como creyentes es a imitar a Jesús, a aprender de él y de su forma de relacionarse y obrar con otros, para poder aplicar en nuestra propia vida sus enseñanzas. Este aprendizaje no implica necesariamente duplicar las técnicas de enseñanza que usó Jesús, sino buscar formas de cultivar sus actitudes y seguir sus principios en el acercamiento a nuestros propios alumnos.

Es importante notar que, en la mayoría de los casos, la formación que ha recibido un maestro es limitada en lo que tiene que ver con capacitación para el trabajo con una población como la desplazada. Pocas veces se capacita a los docentes para el trabajo con personas que tienen limitaciones académicas pero amplia experiencia de vida, que han desarrollado habilidades y resiliencia, que necesitan adquirir capacidades para enfrentar las demandas de una nueva vida, pero que no pueden hacerlo por la ruta tradicional. En esta sección se plantean recomendaciones específicas que surgen de las prácticas de maestros experimentados en el trabajo con PSD. Las recomendaciones permiten ver formas concretas en las cuales es posible tener una actitud humilde en la enseñanza.

---

21. Brian K. Blount, "Jesus as Teacher: Boundary Breaking in Mark's Gospel and Today's church," *Interpretation* 70, 2 (2016): 185, doi: 10.1177/0020964315622997.

Parte 2

Conocer las necesidades y los intereses de las personas

Una estrategia fundamental para el trabajo con las PSD es conocer sus necesidades e intereses antes de proponer algún tipo de aprendizaje. Las mismas PSD son las que mejor conocen su situación, por lo tanto, el maestro debe dedicar tiempo a explorar e identificar con ellos el tipo de contenido y proceso de enseñanza-aprendizaje que les sería verdaderamente útil. Los maestros experimentados en el trabajo con población en situación de desplazamiento enfatizaron la necesidad de acercarse con una actitud de servicio a las PSD y dejar que sean ellos quienes compartan sus ideas. Es decir:

> No llegar como "aquí estamos los maestros que sabemos todo," sino que siempre estamos preguntando . . . siempre estamos preguntándoles a ellos y que las ideas salgan de ellos. No llegamos imponiendo . . . ese es un secreto muy poderoso, no llegar imponiendo 'vamos a hacer esto', sino siempre en un acto más de humildad. Preguntarles "¿qué creen ustedes que es la necesidad primaria, uno A, que ustedes tienen?, ¿cuál es la necesidad?, ¿qué creen ustedes que podemos hacer?" Aunque nosotros veamos la necesidad, no queremos que salga de nosotros, sino que salga de ellos.[22]

Aunque podría parecer difícil tener este acercamiento que permite que sean las PSD las que orientan los procesos de enseñanza y expresan cuáles son sus necesidades, en realidad esto enriquece mucho el proceso de enseñanza.[23]

Los espacios para escuchar a los participantes pueden ser conversaciones informales o actividades más estructuradas. En el caso de preparar una actividad como la cartografía social que describe Silvia Polo, es importante mantener una actitud abierta y amable, que anime a las personas a compartir sus ideas, a dialogar entre ellos y a expresar sus pensamientos.

> Por lo general una cartografía la hace una geógrafa, pero yo he aprendido que voy con un número de preguntas en cuanto a sus necesidades. Manejamos un formato, el formato podría alzarse con un mapa de ubicación. Por ejemplo, vas a trabajar con la vereda . . . se lleva el croquis: [la vereda] está dentro de [el área] y ahí ubicamos dónde queda [la vereda]. Y ellos comienzan a decir cuáles son sus rutas de acceso, se paran y comienzan a dibujar sus ruticas de acceso.
> – ¿Ustedes tienen escuela?
> – Sí.
> – ¿Dónde está?
> – Está acá, está acá.
> – Ubíquenmelas en el mapa.
>
> Esa es una manera de que ellos comiencen a hablar de su cultura, de sus recursos, de sus necesidades suplidas, satisfechas e insatisfechas, ¿verdad? Y

---

22. Enith Díaz, entrevista con Leonardo Ramírez, Medellín, 11 de julio, 2017.
23. Fiona Christie, entrevista con Jhohan Centeno, Medellín, 13 de septiembre, 2016.

también el tema de idiosincrasia y patrimonio histórico, ahí hay otra cosa, puede ser el papel de la mujer,

– ¿Cuál es el papel de la mujer en su comunidad?, ¿ellas participan?, ¿ellas tienen voto en los concejos o cabildos?

– Sí.

– ¿Cómo solucionan ustedes los conflictos?

– No, nos reunimos un comité toda la comunidad.

Otras funciones,

– ¿Qué tipo de enseñanza están recibiendo sus hijos?, ¿hay deserción escolar?, ¿los maestros vienen cuántas veces a la semana?, ¿cuántas veces no vienen?, ¿tienen puesto de salud?

Ahí se abarcan todas las áreas: salud, educación, género, mujer, familia, vías de acceso, geografía, recursos naturales.[24]

Aunque es importante que el acercamiento inicial sea de escuchar las necesidades y los intereses de las PSD, esta actitud se debe mantener a lo largo de todo el trabajo que se haga con ellos. Lo que compartan las PSD inicialmente orientará la selección de temas. El uso de actividades interactivas en la enseñanza permitirá hacer ajustes y enfocarse en asuntos importantes que se compartan a lo largo del proceso de enseñanza.

Un acercamiento relacional

Aunque las labores de enseñanza con PSD frecuentemente nacen en medio de proyectos personales u organizacionales, es sumamente importante que se desarrollen relaciones en las cuales se ve al otro como persona, relaciones que dignifican a la persona. Esto implica tanto mostrar interés por el otro, escucharlo y dialogar con él, como abrirse uno mismo para que otros lo conozcan.[25] Este proceso de formar relaciones se facilita en el trabajo con grupos pequeños, donde las personas pueden compartir y ser escuchados.

Se requiere de habilidad por parte de los facilitadores para hacer buenas preguntas, orientar la conversación y responder a lo que se comparte de una manera positiva, que valore los aportes de los participantes.[26] Para poder entablar estas conversaciones, es importante que haya un acercamiento inicial favorable a las PSD en el cual se manifieste un interés genuino por su bienestar. Dice Enith Díaz: "Nuestra primera herramienta son las brigadas de salud . . . Tratamos de vincular la mayoría de [profesionales] que tengamos al alcance y vamos, nos establecemos ahí una semana con la comunidad".[27] Además de estas brigadas, ella dice que se procura apoyar a las personas de otras maneras prácticas como las siguientes: "Vamos con visitas domiciliarias,

---

24. Silvia Luz Polo Carrera, entrevista con Leonardo Ramírez, Montería, 12 de julio, 2017.
25. Efraín Gallego, entrevista con Jhohan Centeno, Medellín, 20 de septiembre, 2016.
26. Gallego, entrevista.
27. Díaz, entrevista.

escuchamos las historias y llevamos cosas para los hogares como una nevera de segunda, llevamos . . . colchonetas, camas, en fin, tratamos de acercarnos a la gente por medio de esto y escuchar sus historias".[28] El acercamiento que muestra interés en las personas y que brinda ayuda práctica para resolver algunas de sus necesidades, abre la puerta para que pueda haber un acercamiento significativo y las personas estén más dispuestas a compartir. Una vez que se haya establecido un poco de confianza, será posible averiguar más sobre aquellas áreas en las cuales las personas quisieran recibir acompañamiento y enseñanza.

Un acercamiento sencillo y creativo

El acercamiento a la enseñanza de PSD debe ser sencillo, asequible a las habilidades y los saberes de aquellos a quienes les estamos enseñando. Esto no significa, sin embargo, que nuestro acercamiento debe ser simplista o falto de profundidad. Es indispensable que la enseñanza con las PSD valore sus capacidades de reflexión y decisión, que valore la resiliencia que han demostrado al sobreponerse a las situaciones traumáticas que han vivido. Como lo dice la maestra Katia Bello, las actividades creativas llevan a la reflexión y a la interacción que fomenta un aprendizaje profundo.

> Ellos nos trabajan mucho desde el dibujo, esa metodología de trabajo es lo que a nosotros nos da más información. Algo que funciona mucho con ellos es donde ellos puedan plasmar lo que piensan y lo que sienten a través del dibujo. Nosotros les llevamos materiales: los pliegos de periódicos, llevamos témperas, llevamos tijeras, llevamos revistas, entonces cosas de que ellos nos puedan contar por medio del dibujo o por medio de recortes lo que ellos quieren transmitirnos, más que ponerlos a escribir . . . Hay veces que nosotros les podemos interpretar distinto a lo que ellos quisieron contarnos por medio de ese dibujo, entonces el dibujo ellos después lo explican, y ya nosotros simplemente vamos como tomando nota de sus explicaciones.[29]

La creatividad en la enseñanza también facilita la interacción y la disposición de las personas a participar:

> Más que todo es con dinámicas y hacerlo de una forma recreativa . . . porque la gente es muy tímida, entonces es, sí, hacerlo así, de forma recreativa y dinámica para que la gente pueda participar y perder el miedo porque hay mucha gente que no quiere ni hablar, entonces es así: hacer que la gente se sienta segura donde está y con quién está y que pueda participar.[30]

---

28. Díaz, entrevista.
29. Katia Milena Bello Leclerc, entrevista con Leonardo Ramírez, El Bagre, 10 de julio, 2017.
30. Silia Contreras, entrevista con Leonardo Ramírez, Medellín, 11 de julio, 2017.

Algunas de las ideas que compartieron los maestros para la enseñanza de clases creativas son las siguientes: actividades musicales, cuentos, juegos, dinámicas participativas, fotos, filminas y otros elementos visuales, preguntas o dramas que permitan expresar sus vivencias, talleres y práctica de oficios (peluquería, cocina, modistería).[31] Dichas actividades deben realizarse en formatos asequibles, y debe variarse de actividad con frecuencia.[32] Es importante proveer actividades para los niños que les permitan expresar sus emociones y aprender nuevas formas de convivencia. Para esto se utilizan también las estrategias creativas como los torneos deportivos en los que puedan aplicar diferentes valores y principios.[33]

Algunos profesores recordaron enseñanzas específicas en las cuales habían utilizado actividades creativas. A continuación, se dan dos ejemplos de esto:

> Pues, voy a narrarte una clase para que sea como más específico, entonces, por ejemplo, [la diferencia entre] emociones y sentimientos. Entonces se lleva como una ilustración, por ejemplo, la emoción es un fósforo prendido y el sentimiento es una vela encendida, entonces bueno, ¿dura más el sentimiento o la emoción?[34]

> Otra herramienta que también ha sido muy buena ha sido el pacto del perdón, ellos desde el día que llegamos, nos sentamos ahí y empezamos a contar las historias, tenemos una, un día que se llama "cuenta tu historia," ese día cada persona cuenta su historia en una manera grupal. Hay algunas historias que [se trabajan de forma] individual porque son muy horribles, entonces son esas historias que tienen que ver con violaciones, todo eso lo escuchamos individual. Pero esta terapia grupal donde todos cuentan la historia, los escuchamos, lloramos con ellos. Después, al otro día buscamos qué dice la Biblia acerca del perdón y al otro día les animamos a que si quieren perdonar. No les obligamos, les decimos "si ustedes quieren perdonar." Entonces los preparamos y el último día servimos una mesa con pan, con vino, con jugo o con uvas y hacemos un acto simbólico de que perdonamos a los agresores y nos comprometemos de no vengarnos. Eso nos ha dado mucho resultado.[35]

Los aportes de estos maestros muestran la necesidad de estructurar la enseñanza a partir de actividades creativas y participativas. Las actividades que se mencionan aquí son solamente algunas de las muchas que pueden enriquecer el proceso de enseñanza para generar una reflexión profunda.[36] Al planear el uso de actividades creati-

---

31. Carolina Ruíz Koch, entrevista con Leonardo Ramírez, Pasto, 6 de julio, 2017; Gallego, Díaz, Bello Leclerc, Polo Carrera, entrevistas.

32. Gallego, entrevista.

33. Díaz, entrevista.

34. Ruíz Koch, entrevista.

35. Díaz, entrevista.

36. Para más ideas sobre el uso de las actividades artísticas en la enseñanza de PSD, véase Saskia Donner y Leonela Orozco, *Las artes: una herramienta eficaz para la enseñanza de personas en situación de desplazamiento*, 2a ed. (Medellín: Publicaciones SBC, 2020).

vas y sencillas es importante asegurar que las actividades que se plantean sí les estén permitiendo a las PSD utilizar las capacidades que tienen y crecer en ellas.

La valoración de las capacidades de las PSD

El acercamiento pedagógico que se utiliza con las PSD debe valorar y fomentar las capacidades que Dios le ha dado a la persona. Esto significa generar procesos que van más allá de la transmisión de conocimientos y fomentan el florecimiento de la persona en sus diferentes dimensiones. En las estrategias se debe procurar un acercamiento que promueva la máxima participación de quienes aprenden, dando especial valoración a los conocimientos previos de los participantes como aportes fundamentales para el proceso. Por ejemplo, al capacitar a las personas en materia de higiene: "Hay que llevar el agua, el jabón y no usar tanto el tablero, porque la mayoría no pueden leer y no pueden entenderlo muy bien, entonces lo hacemos más en una manera práctica".[37]

Las actividades de aprendizaje participativas y prácticas permiten un mayor aprendizaje, como lo expresa Silia Contreras: "Bueno, la enseñanza que más ha resultado es la práctica, ¿sí? La práctica más . . . hacer cosas más prácticas, porque las comunidades donde vamos, las que impactamos, la mayoría a veces son, pues, de bajo nivel educativo, entonces para ellos es más fácil la práctica".[38] Cabe resaltar que al hablar de aquello que es "más fácil" para el estudiante se están reconociendo sus fortalezas y habilidades, en lugar de pretender que desarrolle capacidades diferentes para poder participar en un proceso formativo. Carolina Ruíz destaca el impacto de los procesos de enseñanza que surgen a partir de las experiencias de las PSD:

> Entonces lo que se hace es más hacia la experiencia de ellos y nos hemos dado cuenta que sí da resultado, que a ellos se les pregunta la siguiente clase, y ellos te dan razón de lo que aprendieron. Los conceptos se interiorizan y también se vuelven prácticos con el tiempo. Porque la idea es esa, no un aprendizaje solo para cumplir nosotros y para que ellos sepan, sino que eso en el tiempo se vea evidenciado en el comportamiento de ellos, en cómo resuelven conflictos, en cómo enfrentan su vida, en el que puedan en algún momento tener un trabajo digno e incluso pues hasta una empresa, digámoslo así.[39]

Tal como lo mencionó Ruiz, es importante que estos procesos que aprovechan las capacidades de las PSD tengan un elemento práctico fuerte. Este tipo de proceso reconoce las capacidades de los participantes y las incorpora dentro del desarrollo de las actividades:

> Que sean ejercicios donde ellos construyan, que sean ejercicios que ellos sean quienes desarrollen los temas, y el facilitador . . . ¿qué hace el facilitador?

37. Díaz, entrevista.
38. Contreras, entrevista.
39. Ruíz Koch, entrevista.

reafirma o alimenta lo que se está haciendo, pero no como de ir a dar los conceptos necesariamente, sino a reafirmar y a alimentar, digamos eso. Pero que por lo general ese ejercicio ellos lo hagan, de construcción ahí en ese espacio, ¿sí?[40]

La generación de buenos resultados de aprendizaje requiere que haya acompañamiento y seguimiento de parte del facilitador:

> Toca hacer un seguimiento para que las cosas funcionen y continúen, pero si tú no haces seguimiento y eso, las cosas no funcionan, la gente deja todo tirado, ya pues como que no le pone interés a lo que se inició. Y de tal manera pues ellos tienen razón, ¿no? Porque si uno no tiene un seguimiento con ellos, un acompañamiento pues las cosas no van a funcionar.[41]

Es esencial, entonces, plantear procesos de aprendizaje que valoren las capacidades de las PSD mediante actividades prácticas y participativas en las cuales se espera que ellos aporten. Tales procesos permitirán un aprendizaje que transforma la vida de la persona. Sin embargo, además de procurar cultivar las capacidades de las PSD en los procesos de aprendizaje, es importante también pensar en los elementos contextuales que deben impactar la logística de la enseñanza, como se verá a continuación.

El respeto por los elementos contextuales

Como parte del acercamiento humilde a la enseñanza es necesario ser respetuosos de las características contextuales en las cuales están envueltas las PSD. Esto incluye elementos logísticos tan básicos como la inversión de tiempo que pedimos que hagan en las clases. Así se muestra respeto por las circunstancias de las personas:

> Bueno eso también va a depender de la comunidad, lo ideal sería no usar más de una hora, ¿sí? Porque son comunidades donde los señores sacan un tiempo y dejan de ir a atender el cultivo, o dejan de ir a trabajar en la finca en la que trabajan o dejan de pescar. O sea, ellos dejan de hacer su actividad para cumplir con las reuniones nuestras, entonces la hora de la reunión es muy importante, que empieces a la hora pactada y que ellos sepan que a la hora ya ellos están desocupados. Hay veces que el tema requiere más tiempo entonces eso se les debe avisar con antelación para que ellos puedan sacar el permiso con sus patrones, o para que ellos puedan disponer y dejar en la casa todo arreglado, por lo menos las mujeres que deben dejar todo cuadrado en su casa.[42]

---

40. Polo Carrera, entrevista.
41. Contreras, entrevista.
42. Bello Leclerc, entrevista.

Además de los factores de circunstancias laborales y de otras obligaciones, es importante considerar también los factores internos que impactan los procesos de aprendizaje de las personas al definir la extensión de una reunión:

> Algo que no debemos hacer es extendernos mucho en la clase, nosotros tenemos clase de 30, máximo 40 minutos porque la, ¿cómo te digo?, la capacidad por los traumas, por las historias, la gente está como muy embolatada, muy estresada, entonces nosotros siempre llevamos clases cortas, contundentes y directas a lo que vamos.[43]

En aquellos casos en los cuales las clases sean más extensas, se debe tener cuidado de que sean tiempos de aprendizaje enriquecedores y agradables. El profesor Nelson Martínez plantea que se pueden trabajar "dos horas de clases, pero distribuidas equitativamente en tiempos que a él le generen, pues, confianza para el aprendizaje, que le generen satisfacción de estar allí sentado".[44]

Hay también otros aspectos logísticos en los que se debe tener en cuenta la realidad de los participantes. Estos incluyen el cuidado en la organización del lugar:

> Cuando nosotros los sacamos de su zona, cuando nosotros los sacamos de sus comunidades entonces nosotros tratamos de garantizarles a ellos un espacio cómodo . . . El aire acondicionado no se lo podemos colocar muy fuerte porque como te digo, son comunidades que no están acostumbradas a esos climas, entonces los tenemos que tener [sic]pendientes porque muchas veces, al principio se nos enfermaban los líderes porque nosotros queríamos tenerlos tan cómodos que les colocábamos el aire full y salían enfermos, que al día siguiente nos llamaban de que estaban enfermos, entonces empezamos a mejorar eso.[45]

Se mencionó también la importancia de considerar las circunstancias familiares en la planeación de eventos: "Es muy común que las familias acuden a los encuentros formativos en compañía de niños, por lo anterior, se debe planear trabajo por separado con esta población".[46] Al tener cuidado de estos y otros aspectos logísticos, se podrán plantear procesos que realmente sirvan a las PSD, en los cuales ellos se sientan a gusto y puedan disfrutar del aprendizaje.

EL CAMINO DE LA HUMILDAD EN LA ENSEÑANZA

Como se ha argumentado en este capítulo, la invitación a la humildad en la enseñanza de PSD surge de la convicción del valor que tienen estas personas como seres creados

---

43. Díaz, entrevista.
44. Nelson Martínez, entrevista con Leonardo Ramírez, Medellín, 28 de julio, 2017.
45. Bello Leclerc, entrevista.
46. Gallego, entrevista.

a imagen y semejanza de Dios y amados por él aún en sus pecados y su fragilidad. Se nutre del ejemplo de Jesús, quien se acercó a las personas marginadas de su época y los invitó a aprender de él mediante estrategias que aprovechaban los conocimientos y las experiencias cotidianas para hacer puentes con las verdades profundas del Reino de Dios, que cuestionaban los valores de la sociedad de la época.

Así como Jesús utilizó estrategias concretas para enseñar a sus seguidores e invitarlos a participar en una realidad diferente, así también los maestros que quieren enseñarles a PSD pueden y deben hacer uso de prácticas intencionales que permiten que la humildad se manifieste en el acercamiento a la población desplazada. Al igual que aquellos pescadores y campesinos a quienes Jesús les enseñó, las PSD tienen conocimientos y habilidades que han adquirido mediante su lucha por sobrevivir y salir adelante en medio de muchas dificultades. Es necesario que quienes enseñan a esta población estén dispuestos a caminar con paciencia a su lado, reconociendo tanto sus capacidades como sus luchas, para ayudarles a desarrollar destrezas que les permitirán desenvolverse mejor en su entorno. Al mostrar interés genuino en las personas, entablar relaciones interpersonales sanas, utilizar metodologías que resaltan sus capacidades y preparar espacios y tiempos que sean apropiados para ellos, se les comunica de maneras directas e indirectas su importancia y valor. El reconocimiento de las limitaciones propias del maestro y de su contribución a la vida del aprendiz, unido a la valoración apropiada de las capacidades y los conocimientos de las PSD, permitirá que los procesos de enseñanza-aprendizaje sean más eficaces y mejor recibidos por parte de esta población tan vulnerable y necesitada.

BIBLIOGRAFÍA

Berkhof, Louis. *Systematic Theology*. Grand Rapids, MI: Eerdmans, 1993.
Blount, Brian K. "Jesus as Teacher: Boundary Breaking in Mark's Gospel and Today's church." *Interpretation* 70, n.º 2 (2016): 184-93. Doi:10.1177/0020964315622997.
Donner, Saskia A. y Leonela Orozco. *Las artes: una herramienta eficaz para la enseñanza de adultos en situación de desplazamiento*. 2.ª ed. Medellín: Publicaciones SBC, 2020.
Grudem, Wayne. *Systematic Theology: An Introduction to Biblical Doctrine*. Grand Rapids, MI: Zondervan, 1994.
Green, Joel B. "Kingdom of God/Heaven." En *Dictionary of Jesus and the Gospels*. 2.ª ed. Eds. Joel B. Green, Jeannine K. Brown & Nicholas Perrin. 468-481. Downer's Grove, IL: InverVarsity Press, 2013.
Kealy, Sean P. "Jesus: The Divine Teacher." *African Ecclesial Review* 42, n.º 3 (2000): 133-141.
Lewis, Gordon R. y Bruce A. Demarest, *Integrative Theology*, vol. 2. Grand Rapids, MI: Zondervan, 1990.
Lindberg, Tod. "What the Beatitudes Teach." *Policy Review* 144 (2007): 3-16.
Newell, Ted. "Worldviews in Collision." *Journal of Education & Christian Belief* 13, n.º 2 (2009): 141-142. Doi:10.1177/205699710901300206.

Parte 2

Pazmiño, Robert W. "Jesus: The Master Teacher." En *Introducing Christian Education: Foundations for the Twenty-First Century,* ed. Michael J. Anthony, 111–116. Grand Rapids, MI: Baker Academic, 2001.

Plantinga, Cornelius, Jr. *Not the Way it's Supposed to Be: A Breviary of Sin.* Grand Rapids, MI: Eerdmans, 1995.

Sanders, E. P. *Jesus and Judaism.* Londres: SCM, 1985.

Young, Brad H. *Meet the Rabbis: Rabbinic Thought and the Teachings of Jesus.* Peabody, MA: Hendrickson, 2007.

PARTE 3

Contribuciones socio-científicas a la praxis de las iglesias

13

El papel de las iglesias comprometidas
con el florecimiento de las PSD en la construcción de la paz en Colombia

Jeiman David López Amaya

INTRODUCCIÓN

El perdón, la reconciliación y la paz son semillas que germinan del terreno del conflicto, al igual que la "cizaña" de la violencia, la agresión y la ofensa. Todo aquel que se reconozca seguidor de Jesucristo tiene el imperativo moral de sembrar y cosechar los frutos de la paz a pesar del terreno de las conflictividades, especialmente entre aquellos que se encuentran vulnerables "junto al camino" de la esperanza. Este capítulo tiene como propósito visibilizar y situar la movilización de las iglesias a favor del florecimiento de las poblaciones en situación de desplazamiento (en adelante PSD) como una contribución a la construcción de paz territorial en Colombia. Si bien el desplazamiento forzado es una de las catástrofes humanitarias del conflicto armado interno que ha vivido Colombia, los marcos de acción propuestos por el acuerdo de paz firmado entre el Gobierno de Colombia y las Fuerzas Armadas Revolucionarias de Colombia (FARC) en 2016 justifican la necesidad de ubicar y contextualizar el trabajo de las iglesias a favor de las víctimas del conflicto en el horizonte de las nuevas condiciones sociales y políticas deseadas para la superación de los ciclos de violencia y el establecimiento de una paz como un modo de práctica cultural para la transformación de conflictos.

Con el fin de brindar reflexiones que ayuden a potenciar el papel de las iglesias como constructoras de paz, este capítulo realiza, en primer lugar, una revisión teórica de las investigaciones para la paz provenientes de las ciencias sociales. En segundo lugar, ofrece una caracterización de los derroteros trazados por el acuerdo de paz colombiano en relación con el reconocimiento del papel de las iglesias. Y, por último, propone un análisis de la percepción que tienen las PSD de las iglesias como promotoras del perdón, la reconciliación y la paz en los territorios, con base en los trabajos de campo realizados por el equipo de interacción con el sector público (ISP) del proyecto de *Fe y Desplazamiento* (en adelante FyD).

De acuerdo con lo anterior, el argumento central que guía este capítulo sostiene que las iglesias comprometidas con el florecimiento de la población desplazada tienen el potencial de ser agentes constructores de paz en dos sentidos. En primer lugar, las iglesias tienen el potencial de empoderar y movilizar relaciones reconciliadoras en comunidades divididas por el conflicto. En segundo lugar, las iglesias tienen el potencial de crear espacios para la transformación y la distensión del conflicto. Dicho de otra manera, las iglesias, especialmente aquellas que trabajan a favor de las PSD, tienen el potencial de servir como "plataformas" para la construcción de la paz territorial una vez logran enmarcar su práctica eclesial dentro de un horizonte conceptual de la paz como vocación.

Este capítulo se organiza en tres partes. La primera sección desarrolla una revisión teórica de la paz, la cual servirá de marco para el análisis del papel de las iglesias como constructoras de paz. La segunda sección realiza una contextualización y revisión del acuerdo de paz firmado en 2016 entre el Gobierno Nacional y las FARC, identificando el reconocimiento que tienen las iglesias en el marco del acuerdo. La tercera sección realiza una revisión empírica de los hallazgos del equipo de ISP del proyecto FyD con relación a la percepción de las PSD sobre el papel de las iglesias con el fin de ofrecer cierta validación de la propuesta teórica. Finalmente, a manera de conclusión se presentan algunas ideas potenciadoras del trabajo de las iglesias a favor de las PSD como agentes constructoras de paz.

REVISIÓN TEÓRICA DE LAS INVESTIGACIONES PARA LA PAZ: AFINANDO CONCEPTOS

Según los estudios fundacionales de la irenología,[1] la paz en principio se conceptualizó en relación a la superación de la guerra y la violencia en el marco de los conflictos internacionales entre los Estados. Desde los años sesenta, los estudios pioneros para la paz se suscribieron a una distinción fundamental entre la concepción de una *paz negativa* y una *paz positiva*. Como lo argumenta el politólogo español Fernando Harto de Vera, la distinción fundamental entre una paz positiva y una paz negativa se puede sintetizar así: "La paz negativa se definiría como simple ausencia de guerra y violencia directa," mientras que la paz positiva "se definiría como ausencia de guerra y violencia directa junto con la presencia de la justicia social."[2] El concepto de *paz negativa* tuvo una

---

1. Disciplina de las ciencias sociales que desarrolla una epistemología de la paz.
2. Fernando Harto de Vera, "La construcción del concepto de paz: paz negativa, paz positiva y paz

mayor acogida entre los investigadores norteamericanos como Kenneth Boulding.[3] En cambio, el concepto de *paz positiva* tuvo bastante aceptación entre los investigadores europeos, cuyo máximo exponente ha sido el sociólogo noruego Johan Galtung.[4]

El concepto de *paz negativa* tuvo su mayor auge entre 1930 y 1959 debido a la necesidad del buen entendimiento y las relaciones diplomáticas de los estados a propósito de las causas que animaron la Segunda Guerra Mundial. Posteriormente, hacia 1960 se instalaría la idea de una idea de *paz positiva* con la creación del Instituto para la paz de Oslo por parte del sociólogo noruego Johan Galtung. Esta idea marcó un paradigma en la comprensión de la paz que se mantuvo hasta los años noventa, motivado por el fin de la *guerra fría* con la caída del muro de Berlín (1989) y la disolución de la Unión Soviética (1991). Desde entonces se ha marcado lo que se podría considerar un "giro epistemológico" en el cual la paz se define de manera sustantiva, ya no de manera instrumental, es decir, la paz definida como ausencia de guerra y la violencia.

La concepción sustantiva de la paz, definida desde la paz misma y no desde la violencia, se desarrolló a fines del siglo XX debido a la proliferación de conflictos armados internos prolongados cuyas causas se relacionaban con el fracaso o precariedad institucional del Estado para garantizar gobernabilidad, participación incluyente y justicia social. En este sentido, el denominado "giro epistemológico" de la paz "plantea la necesidad de construir una teoría general de los conflictos que, en tanto constituye una característica inherente a los seres humanos, no derivan siempre en violencia, por el contrario, la mayor parte de ellos conducen hacia soluciones pacifistas que es necesario reconocer y potenciar."[5]

Visto de esta forma, en esta última etapa de los estudios para la paz se instalan nuevas categorías de análisis para teorizar la paz que, como se ha mencionado anteriormente, señalan una definición sustantiva de la misma, y apuestan por una idea de la paz que reconoce la permanencia de la conflictividad, pero que, al mismo tiempo, propone un camino pacífico o alternativo a la violencia como medio de gestión o transformación de los conflictos. En este marco epistemológico, se proponen nuevas categorías de análisis: la *paz imperfecta*, propuesta por Francisco Muñoz; la *paz neutra* de Francisco Jiménez Bautista, ambos investigadores del Instituto de Paz y Conflictos de la Universidad de Granada, España; y por último la categoría de *peace building* (construcción de paz) del sociólogo estadounidense Jean Paul Lederach, es decir, la paz como un proceso de construcción social de relaciones reconciliadoras para lograr una cambio social constructivo. Todas estas categorías de análisis de la paz tienen en

---

imperfecta," *Revista cuadernos de estrategia* 183 (2016): 130–31.

3. Para consulta de una obra de referencia, ver Kenneth Boulding, *The Stable Peace* (New York: University of Texas Press, 1978).

4. Para consulta de una obra de referencia, ver Johan Galtung, "Violence, Peace, and Peace Research," *Journal of Peace Research* 6, n.º 3 (1969): 167–91.

5. Mario Hernán López Becerra, "Reflexiones sobre las desigualdades en el contexto de los estudios de paz," *Revista paz y conflictos* 4 (2011): 9.

común la consideración de la paz como una forma alternativa de gestión del conflicto social y en cierta medida apuntan a la idea de transformar las relaciones violentas que están tanto en el nivel social como cultural. No obstante, se pueden precisar algunos matices que permiten su diferenciación conceptual, como se puede ver a continuación.

La noción de *paz imperfecta* acuñada por Francisco Muñoz busca capturar las manifestaciones pacíficas para gestionar el conflicto sin que esto signifique necesariamente su solución o deje de existir.[6] Como objetivo se propone desescalar las acciones que promueven las manifestaciones de violencia bien sea directa o estructural. En opinión de Harto de Vera, la *paz imperfecta* de F. Muñoz "comprende tanto a la paz negativa como a la paz positiva puesto que su foco de interés se sitúa tanto en los instrumentos de prevención de las manifestaciones de la violencia directa como en los mecanismos de reducción de los niveles de violencia estructural."[7]

Por otro lado, el concepto de *paz neutra* nace como crítica a la idea de *paz imperfecta*, ya que, según Francisco Jiménez Bautista, quien es su exponente, si bien es cierto que el concepto de *paz imperfecta* surge a partir de todas las situaciones en las que se consigue el máximo de paz posible de acuerdo con las condiciones sociales, a fin de cuentas es condescendiente con cierto nivel de injusticia ya que no propende por "neutralizar" las relaciones conflictivas que promueven la acción violenta.[8] En este sentido, Jiménez apunta al concepto de *paz neutra*, aquella que propende por eliminar toda forma de violencias culturales y simbólicas. De acuerdo al autor, "Lo esencial de la paz neutra es neutralizar los elementos violentos (culturales y/o simbólicos) que habitan en los patrones culturales que posee cada sociedad para organizar sus relaciones entre los individuos, la familia, los grupos y la sociedad en su conjunto."[9]

Por otro lado, el investigador estadounidense, Jean Paul Lederach desarrolla la concepción de la paz como un proceso de construcción (*Peace building*), en el cual se introduce la noción de la *reconciliación sustentable* como un medio y paradigma para la construcción de una paz centrada en el mantenimiento de relaciones pacíficas en contextos de conflictos violentos prolongados. Posteriormente el autor complementa sus ideas al desarrollar también el concepto de *imaginación moral* como una capacidad creativa para sostener la paz a través de relaciones constructivas para el cambio social en contextos de conflictividad. De acuerdo con el autor, la construcción de paz se refiere a "un concepto global que abarca, produce y sostiene toda la serie de procesos, planteamientos y etapas necesarias para transformar los conflictos en relaciones más pacíficas y sostenibles."[10] De esta manera, el autor se distancia de la

---

6. Francisco Muñoz, "La paz imperfecta," en *La Paz Imperfecta*, ed. Francisco Muñoz (Granada: Universidad de Granada, 2001), 21–66.

7. Harto de Vera, *La construcción del concepto de paz*, 142-3.

8. Francisco Jiménez-Bautista, "Paz imperfecta: nuevas querellas amistosas," *Revista de cultura de paz* 2 (2018): 25.

9. Francisco Jiménez Bautista, "Paz neutra: una ilustración del concepto," *Revista de paz y conflictos* 7 (2014): 20.

10. Jean Paul Lederach, *Construyendo la paz: reconciliación sostenible en sociedades divididas,* trad.

idea de construcción de paz centrada en el apoyo internacional a un acuerdo de paz o en la reconstrucción de sociedades destruidas por la guerra, es decir, una visión instrumental de la paz inscrita en una etapa en el tiempo.

Para Lederach, la construcción de la paz es un proceso descentrado de la actividad del Estado y está más orientado a las potencialidades de la sociedad misma para transformar sus relaciones, como lo afirma el autor:

> La construcción de paz debe estar arraigada en las realidades subjetivas y empíricas que determinan las necesidades y expectativas de las personas . . . la práctica de la construcción de paz debe alejarse significativamente de las actividades y el marco tradicional que constituyen la diplomacia de Estado.[11]

Desde este punto de vista, la paz no se entiende como la resolución de un conjunto de materias conflictivas meramente, sino también como un proceso de reconstrucción y restauración de relaciones sociales entre los actores enfrentados inscritos tanto en un nivel superior, medio y bajo del conflicto (como se puede observar en la figura 1). Por lo tanto, la paz requiere de un andamiaje para que pueda sostenerse en el tiempo, sobre todo en contextos con conflictos violentos prolongados en el tiempo.

Figura 1. Actores y enfoques de construcción de paz[12]

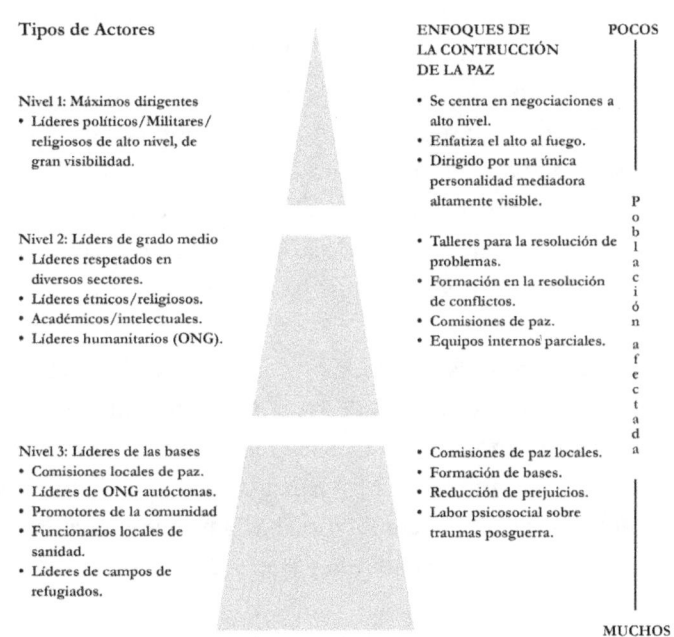

---

de Marta González Moína y Lourdes Paños (Bilbao: Bakeaz, 1998), 48.

11. Lederach, *Construyendo la paz*, 52.

12. Imagen tomada de Lederach, *Construyendo la paz*, 66.

Visto así, la paz centrada en las relaciones y no solamente en las disputas, permite enmarcar el papel que juega la reconciliación bien sea como paradigma y como praxis. Al respecto, para los intereses del presente capítulo vale la pena resaltar lo argumentado por Lederach sobre este punto. En el abordaje teórico del autor, la reconciliación opera como uno de los elementos constitutivos de la construcción de paz en sociedades divididas o polarizadas por un conflicto armado interno de larga duración. De acuerdo con el autor, la reconciliación se puede asumir como *Focus*, enfoque o perspectiva teórica de la paz, y como *Locus*, un espacio o lugar para la praxis. La reconciliación como perspectiva permite una comprensión del proceso de construcción de paz centrada en la transformación de relaciones, mientras que la reconciliación como praxis, permite la comprensión de la construcción de paz como fenómeno social que transcurre en los territorios y cotidianidades de las poblaciones afectadas por el conflicto violento, lo cual supone un nivel empírico de análisis de las conflictividades y las transformaciones constructivas de la misma. En esta forma de comprender la paz, la reconciliación pasa por el abordaje de las percepciones, sentimientos y experiencias vividas por los actores, con el fin de transformarlas hacia relaciones constructivas y una nueva experiencia compartida de cooperación sin negar la existencia de realidades conflictivas.

Por otro lado, la reconciliación como enfoque de un proceso de construcción de paz no solamente se sitúa en la fase posterior a un acuerdo de paz, sino durante el mismo, ya que ofrece un nuevo espacio de encuentro que "vuelve a situar el conflicto y las energías" que motivaron el conflicto.[13] Si bien la paz construida a partir de una negociación política del conflicto exige las potencialidades de los negociadores, la paz construida a partir de un proceso de transformación de relaciones conflictivas hacia relaciones constructivas exigirá las potencialidades de agentes reconciliadores. En este sentido, como lo afirma Mitchell, "el reconciliador se ocupa de las acciones a largo plazo para cambiar las actitudes, estereotipos e imágenes negativas que mantienen en su conjunto los adversarios. Construye nuevas relaciones sobre las divisiones que aún existan."[14]

Sin embargo, transformar las actitudes y percepciones (aspectos emocionales y psicológicos)—productos de relaciones destructivas entre antagonistas—por medio de acciones reconciliadoras no es tarea fácil; se requiere de cierta capacidad creativa que permita reconocer el pasado conflictivo e imaginar el futuro juntos para recontextualizar en el presente las relaciones conflictivas hacia un cambio constructivo sobre la base de la verdad, la misericordia, la justicia y la paz.[15]

---

13. Lederach, *Construyendo la paz*, 183–4.

14. Christopher Mitchell, "The Process and Stages of Mediation: Two Sudanese Cases," en *Making War and Waging Peace: Foreign Intervention in Africa*, ed. David Smock (Washington D.C.: United States Institute of Peace, 1993), citado por Lederach, *Construyendo la paz*, 97.

15. Lederach, *Construyendo la paz*, 59.

En estudios posteriores, Lederach desarrolla el concepto de *imaginación moral* como una categoría para analizar esa capacidad creativa que exige un proceso de reconciliación como tal para poder generar la transformación de una cultura de violencia animada por largos conflictos armados internos a pesar de la existencia o permanencia de las causas del mismo. El concepto de *imaginación moral* no debe entenderse como un aspecto puramente ético o dogmático, sino como un elemento profundamente creativo.[16]

De acuerdo al autor, las condiciones para el desarrollo de la *imaginación moral* basado en sus observaciones de diferentes realidades conflictivas se componen de los siguientes ingredientes: las relaciones, la curiosidad paradójica, las creencias y el riesgo. Las relaciones tienen que ver con la capacidad de los individuos y/o comunidades de imaginarse en una red de relaciones inclusive con sus propios enemigos. La curiosidad paradójica tiene que ver con la capacidad de reunir verdades contradictorias para identificar una verdad mayor. La creatividad se define con relación a la innovación social para generar espacios para el acto reconciliador y la apertura para un nuevo nacimiento de nuevo futuro imaginado. Y el riesgo está relacionado con la voluntad de los actores antagonistas para arriesgarse sin ninguna garantía de éxito o seguridad en el trabajo por la paz.[17]

Finalmente, cabe notar que la evolución de los estudios para la paz (irenología) va de la mano con la evolución de los estudios de la violencia (polemología). Aquí es importante precisar las nociones de violencia mencionadas anteriormente. De acuerdo a los análisis de Johan Galtung sobre el conflicto, la noción de *violencia directa* se puede entender como aquella que se manifiesta a través de las conductas como, por ejemplo, la confrontación armada, la agresión física y verbal y todas aquellas referidas a comportamientos o conductas violentas. Esta violencia tiene efectos visibles como "los muertos, heridos, desplazados, daños materiales, todos golpeando cada vez más a la población civil."[18] Pero la violencia directa es tan solo la punta de un *iceberg* porque esta tiene raíces tanto en la cultura como en la estructura social (figura 2). Del mismo modo, Galtung define la *violencia estructural* como aquella que es promovida por las contradicciones que generan la actuación de las instituciones sociales y políticas respecto a la no garantía de la satisfacción de las necesidades básicas de subsistencia. Esta violencia se expresa de manera vertical, es decir, del Estado hacia sus ciudadanos, a través de la represión y exclusión de poblaciones y comunidades. La *violencia estructural* también se expresa de manera horizontal, es decir, entre los ciudadanos, a través del distanciamiento geográfico de las poblaciones. Del mismo modo, Galtung también

---

16. Jean Paul Lederach, *La imaginación moral: el arte y el alma de la construcción de paz,* trad. de Teresa Toda (Bogotá: Semana Libros, 2016), 84–92.

17. Lederach, *La imaginación moral,* 84–92.

18. Johan Galtung, *Tras la violencia, 3R: reconstrucción, reconciliación, resolución: afrontando los efectos visibles e invisibles de la guerra y la violencia,* trad. de Teresa Toda (Bilbao: Bakeaz, 1998), 16.

define la *violencia cultural* como aquella relacionada con las actitudes, prejuicios al interior de las relaciones sociales que legitiman prácticas de violencia.

Figura 2. Triángulo de la violencia y de la construcción de la paz[19]

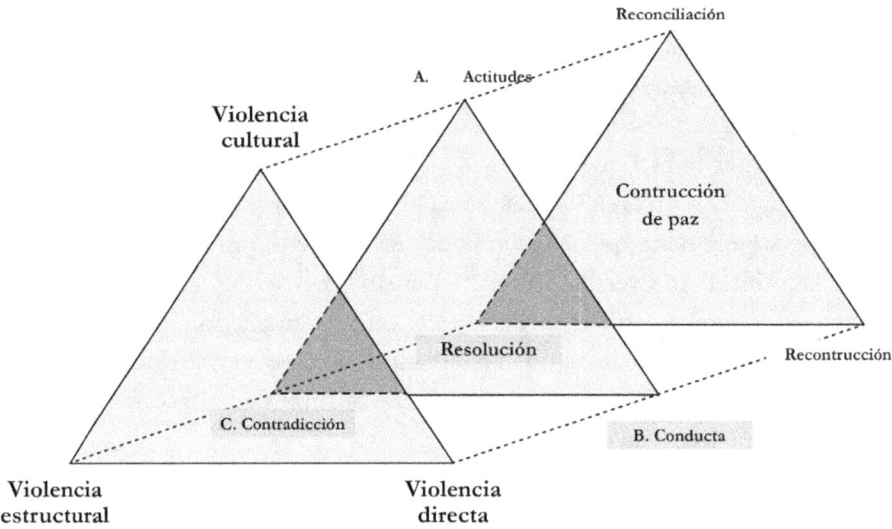

Si se toma en cuenta el ciclo de la violencia presentado por Galtung mencionado arriba, también es posible situar la respuesta o la propuesta de las diferentes categorías analíticas de la paz con el fin de tener una visión holística de la misma. En este sentido, es posible situar la idea de la *paz imperfecta* en el nivel de respuesta a la violencia estructural. En cambio, la noción de la paz *neutra* al igual que la *paz reconciliadora* de Lederach podría situarse en el nivel de respuesta a la violencia cultural. Sin embargo, cabe anotar que mientras la *paz neutra* enfoca su interés en la educación y la comunicación para la paz, la *paz reconciliadora* enfoca su interés en la creación de espacios para el encuentro y la promoción de relaciones constructivas en el nivel comunitario y social, a pesar del nivel de conflictividad situado en tales contextos, lo que implica un proceso sostenido en el tiempo. Es en este último nivel de comprensión teórica de la paz, el nivel relacional siguiendo la propuesta de Lederach, donde pretendo encontrar los elementos prácticos que pueden enmarcar el trabajo de las iglesias comprometidas con el florecimiento de las PSD como agentes constructores de paz en el territorio a partir de su función reconciliadora. Pero antes, será importante tener en cuenta del mismo modo los derroteros que en el reciente acuerdo de paz firmado entre el gobierno colombiano y las FARC (2016) fueron trazados en cuanto al reconocimiento

---

19. Imagen tomada de Johan Galtung, *Tras la violencia, 3R*, 18.

del papel de las iglesias, ya que servirá también de insumo para enmarcar del papel reconciliador de las iglesias en la construcción de la paz en Colombia.

LAS IGLESIAS EN EL RECIENTE ACUERDO DE PAZ EN COLOMBIA

"Colombia es experto en acuerdos de paz, pero no en procesos de reconciliación." Estas fueron las palabras que el Sr. Rodrigo Rivera, Comisionado de Paz del Gobierno de Colombia, pronunció en la instalación de una mesa interreligiosa para la promoción del perdón, la reconciliación y la construcción de paz en el marco de la implementación del acuerdo de paz en septiembre de 2017, en la cual el autor sirvió como moderador de la misma, a lo que a su vez agregó "Las iglesias tienen un rol en la reconciliación irremplazable."[20] Evidentemente, Colombia es el país del hemisferio occidental que se ha caracterizado por tener el conflicto armado interno más prolongado de la región y al mismo tiempo ser el país con más acuerdos de paz firmados para la terminación de conflictos armados internos. De acuerdo a los análisis de Ramírez, Fortou y Caicedo, Colombia ha tenido entre 1975 y 2018 veintidós (22) acuerdos de paz firmados encabezando la lista de países hispanoamericanos, seguido de Guatemala con 16, Salvador con 13, México con 6 y Nicaragua con 2.[21] Esta realidad refleja del mismo modo las limitaciones que trae el entendimiento de la paz como ausencia de guerra y definida desde una perspectiva meramente instrumental a través de un acuerdo o un documento pactado entre las partes en conflicto. En el caso del reciente acuerdo de paz firmado entre el gobierno colombiano y las FARC en 2016, se puede afirmar que es un acuerdo orientado no solamente a la terminación de la confrontación armada entre la fuerza pública y el grupo guerrillero—una guerra sostenida por más de medio siglo—sino también orientado a la implementación de una agenda de desarrollo social y político nacional sobre la base de garantizar procesos de verdad, justicia, reparación y no repetición de las víctimas del conflicto armado, entre las cuales están consideradas las poblaciones en situación de desplazamiento.[22]

El acuerdo entre el gobierno colombiano y las FARC firmado el 24 de noviembre de 2016 fue fruto de un proceso de encuentros, diálogos y negociación que duraron alrededor de 4 años. Tuvo una fase de acercamientos privados en 2011 y posteriormente se suscribió públicamente una agenda de negociación en agosto de 2012 titulada "Acuerdo general para la terminación del conflicto y la construcción de una paz estable y duradera." Finalmente, el acuerdo de paz fue firmado por las partes y

20. Ministerio del Interior–Dirección de Asuntos Religiosos, http://gapv.mininterior.gov.co/el-ministro-del-interior-guillermo-rivera-el-alto-comisionado-para-la-paz-rodrigo-rivera-y-la-coordinadora-de-asuntos-religiosos-del-ministerio-del-interior-lorena-rios-sostuvieron-un-encuentro-con-el-sector-religioso-con-el-fin-de-socializar-el-pa, último acceso 27 de mayo, 2021.

21. Jorge Giraldo Ramírez, José Antonio Fortou y María Paulina Gómez Caicedo, "200 años de guerra y paz en Colombia: números y rasgos estilizados," *Revista co-herencia* 16, n.º 31 (2019): 376.

22. Consejería Presidencial para la Estabilización y la Consolidación, http://portalparalapaz.gov.co/publicaciones/809/texto-del-acuerdo/, último acceso 30 mayo, 2021.

refrendado por una consulta popular vía mecanismo de plebiscito el 2 de octubre de 2016. Sin embargo, dado que el resultado en las urnas fue a favor del *No* por una mínima diferencia respecto del *Sí*, el acuerdo de paz tuvo una última fase de ajuste con una refrendación en el Congreso de la República el 29 de noviembre de 2016. De esta manera, a partir del 1 de diciembre de 2016 comenzaría su proceso de implementación hasta la fecha por un periodo de 10 años.

El acuerdo de paz entre el Gobierno y las FARC es un documento en el cual el grupo guerrillero se compromete a un plan de desarme, renuncia a la lucha armada y reincorporación a la sociedad civil con la garantía de participación política para continuar con su proyecto político trazado en 1962, pero por la vía democrática. A cambio, el gobierno se compromete a la implementación de un proceso de justicia transicional para garantizar principios de verdad, justicia, reparación y no repetición a las víctimas del conflicto, que hasta la fecha suman más de 8 millones reconocidas por el Estado Colombiano. Aun así, pese al objetivo manifiesto de alcanzar la paz, el acuerdo sugiere una definición instrumental de la paz especialmente en lo relacionado con la búsqueda de poder. Es decir, como un medio para, y no se centra en su definición y construcción ontológica, lo cual podría permitirnos aproximarnos a la paz como una forma de justicia social. Esta percepción es lo que podría explicar, por un lado, la contradicción que trajo el acuerdo de paz a la política colombiana en cuanto a que, en vez de generar un gran consenso nacional, al estar orientada a la consolidación de un poder político específico, la de un sector beligerante, generó cierta polarización política y social. La búsqueda de un mínimo de justicia para ganar un máximo de paz ha sido controversial para ciertos sectores políticos y de la sociedad colombiana. Aun así, el acuerdo de paz por su alcance institucional y la agenda de desarrollo social y político que conlleva se convierten en un horizonte que permite enmarcar el quehacer de las iglesias y su trabajo a favor de las víctimas del conflicto.

Pese a que el acuerdo firmado entre el Gobierno Colombiano y las FARC coloca como centro de atención las víctimas del conflicto, el acuerdo también contempla la mención y su inclusión de diversos sectores de la sociedad para su fase de implementación; entre ellos se encuentra la inclusión de las iglesias. Sobre este punto, las iglesias se mencionan en todos los puntos del acuerdo, lo que significa grandes oportunidades para el papel de las iglesias en el proceso de implementación del mismo. En la siguiente tabla se relacionan los tipos de participación y sus respectivas citas textuales tomando en cuenta los seis puntos de agenda del acuerdo de paz, que se encuentran actualmente en su fase de implementación:

Tabla 1. Potencialidades de las iglesias en la implementación del acuerdo de paz en Colombia (2016)

Punto del acuerdo del acuerdo de paz	Participación de las iglesias*	Potencialidades
Punto 2. Participación política: apertura democrática para construir la paz	En el Consejo Nacional para la Reconciliación y la Convivencia.[23]	En este espacio las iglesias contribuyen con propuestas culturales, educativas o sociales que contribuyan al fomento de una cultura de reconciliación y convivencia.
Punto 3. Fin del conflicto	El Pacto Político Nacional y Regional.[24]	Una instancia de alcance regional y nacional promovida por las partes firmantes y actores de la sociedad civil, entre ellas las iglesias, con fin de consolidar la renuncia definitiva de la lucha armada como forma de lucha política.
Punto 4. Solución al problema de las drogas ilícitas (este punto está vinculado con el punto 1 de Reforma Rural Integral)	Programa Nacional Integral de Sustitución de Cultivos de uso ilícito (PNIS).[25]	En este programa las iglesias están incluidas como actores que hacen parte del proceso de seguimiento y evaluación de los PNIS.
Punto 5. Acuerdo sobre las víctimas del conflicto	Medidas de Reparación Integral para la construcción de la paz.[26]	En este punto las iglesias son consideradas como facilitadoras de encuentros y actos simbólicos para el reconocimiento de responsabilidades de los actores armados y su afectación a las víctimas como medidas de reparación simbólica.
Punto 6. Implementación del acuerdo	La libertad religiosa como principio orientador de implementación del acuerdo de paz.[27]	La libertad religiosa considerada como principio orientador de la implementación del acuerdo reconoce que las iglesias como víctimas del conflicto armado, no obstante, la implementación, deberán garantizar el libre ejercicio de la actividad eclesial como medida de garantía y protección de las libertades fundamentales.

23. Mesa de Conversaciones, *Acuerdo final para la terminación del conflicto y la construcción de una paz estable y duradera* (Bogotá: Mesa de Conversaciones, 2017), 47.
24. Mesa de Conversaciones, *Acuerdo final*, 80.
25. Mesa de Conversaciones, *Acuerdo final*, 111.
26. Mesa de Conversaciones, *Acuerdo final*, 178.
27. Mesa de Conversaciones, *Acuerdo final*, 193.

Protocolos y Anexos sobre cese al fuego, bilateral y definitivo.	Las iglesias como fuentes primarias de monitoreo y verificación.[28]	El reconocimiento de las iglesias como fuentes primarias de monitoreo tiene que ver con la aportación de información que signifique alguna violación al acuerdo en su fase implementación en lo tocante a la dejación definitiva de armas y cese al fuego.
*En el acuerdo de paz (AP) las iglesias son citadas de forma plural de la siguiente manera: "Las iglesias, confesiones religiosas, organizaciones basadas en la fe y organizaciones del sector religioso."		

Al tomar en cuenta el análisis detallado de las menciones explícitas del papel de la iglesia en el acuerdo de paz y su proceso de implementación podemos, destacar que las iglesias son reconocidas como: 1) facilitadoras y garantes de espacios de reconciliación entre víctimas y victimarios; 2) actores de políticas públicas que propendan por la promoción de una cultura de reconciliación y convivencia pacífica en los territorios; 3) veedores de procesos de implementación de programas institucionales en lo tocante al desarrollo territorial prioritarios de las zonas de conflicto y la garantía de la convivencia pacífica en dichos territorios. En resumen, el reconocimiento de las iglesias en el acuerdo de paz se da en relación con el reconocimiento de sus potencialidades como actores sociales que acompañan y participan en el proceso de implementación del mismo. La inclusión explícita del respeto a la libertad religiosa como principio de interpretación del acuerdo en su fase de implementación por razón de la victimización del sector religioso en el marco del conflicto se convierte también en un marco de garantía para el papel de la iglesia como constructora de paz en los territorios.

No obstante a lo anterior, hay que reconocer que el acuerdo de paz firmado entre el gobierno colombiano y las FARC, como todo acuerdo, a la luz de lo reseñado en la primera sección de este capítulo sobre una teoría de la paz, tiene sus límites manifiestos. Siguiendo las observaciones de Lederach, los acuerdos de paz son limitados en sus alcances si no se sostienen sobre una *plataforma para el cambio social* en el largo plazo que promueva la transformación pacífica de contextos de violencia (ver Tabla 2). Una de las grandes limitantes de los acuerdos de paz es el déficit de autenticidad popular, que se manifiesta casi siempre en la fase posterior a la firma del acuerdo.[29]

El gran desafío de un acuerdo de paz no consiste tanto en cómo poner fin al conflicto armado, sino en cómo construir la paz como un futuro deseado, lo que en

---

28. Mesa de Conversaciones, *Acuerdo final*, 132.
29. Lederach, *La imaginación moral*, 103–5.

palabras de Lederach se podría denominar como el "cambio social constructivo" de la fase posterior al acuerdo de paz.[30] Para tal fin, habría que despolitizar la paz y situarla en un horizonte de agenda social (es decir, de la sociedad) que propende por relaciones justas; de ahí la importancia de la instalación de una cultura reconciliadora como un valor social que reconoce el conflicto, pero propende por la transformación del mismo a través de acciones pacíficas.

Tabla 2. Diferencias entre la paz como un "acuerdo" y la paz como "proceso"[31]

Alcances	Paz como acuerdo	Paz como proceso (construcción)
Abordaje del conflicto	Centrado en la solución de los problemas en disputa	Centrado en la transformación de las relaciones
Nivel de solución	Nivel superior del conflicto	Niveles medio y bajos del conflicto
Actores	Negociadores de alto nivel de las partes en conflicto	Líderes y organizaciones sociales civiles entre actores antagonistas
Fines	Cese de hostilidades, desarme, desescalamiento de la confrontación	Restauración y transformación de las relaciones, pactos de convivencia pacífica
Mecanismos de mediación	Negociación política / diplomacia en mesas de trabajo especializadas entre expertos	Creación de espacios para encuentros y diálogos que propendan por la reconciliación de comunidades
Educación	Capacitación/ pedagogía del acuerdo	Aumento de capacidades locales en reconciliación y transformación de conflictos.
Modalidad	Espacios institucionales/ privados	Espacios sociales y comunitarios en los territorios
Temporalidad	Línea del tiempo según agenda entre las partes negociadoras	Proporcional a la durabilidad de la progresividad conflictiva en la base social
Enfoque de implementación	Integración vertical: de arriba (institucional) hacia abajo (social)	Integración vertical (de abajo hacia arriba) + integración horizontal (entre las partes en conflicto)
Nivel de reconocimiento	Legal institucional	Legitimidad social

LAS IGLESIAS COMO CONSTRUCTORAS DE PAZ

Como se ha señalado en la introducción de este capítulo, en este apartado analizo las investigaciones de campo realizadas por el equipo de Interacción con el sector público

30. Lederach, *La imaginación moral*, 110.

31. Elaboración propia del autor basada en la lectura de los trabajos de Lederach, *La imaginación moral* y *Construyendo la paz*.

(ISP) del proyecto FyD en las cuales se encuentran las percepciones que las personas en situación de desplazamiento tienen sobre las iglesias como constructora de la paz, con el fin de caracterizar las potencialidades de las iglesias piloto del proyecto FyD, como agentes constructoras de paz en sociedades ampliamente divididas por las afectaciones de un conflicto armado interno. De acuerdo a lo anterior, tomaré como base el análisis selectivo de las respuestas aportadas por 13 PSD pertenecientes a las comunidades piloto del proyecto FyD referidas específicamente a dos preguntas realizadas en la entrevista de campo:

   a. ¿Está usted de acuerdo con la siguiente frase: las iglesias son verdaderos santuarios de paz? Explique su opinión.

   b. ¿Cuál cree usted que es la posición de la iglesia frente al perdón y la venganza? ¿Compartes o no esa posición? Explique, por favor, su opinión.

Las iglesias como santuarios de paz

En relación a la pregunta si las PSD entrevistadas están de acuerdo o no con la expresión afirmativa sobre "las iglesias como santuarios de paz," para la mayoría de las PSD esta expresión tiene validez en su experiencia de vida comunitaria en las iglesias donde asisten. De acuerdo a sus respuestas, para la mayoría de las PSD las iglesias se constituyen en "espacios de distensión," bien sea de sus conflictos personales y/o comunitarios, es decir, el conflicto situado en el nivel de las relaciones cotidianas. De ahí que la comprensión de la paz se asuma como un tipo de estado emocional y espiritual de armonía en relación con Dios que posibilita y habilita a la persona para relacionarse de manera armoniosa con su entorno. Así las cosas, la paz se vive y se percibe en un nivel moral, en el cual la fe juega el papel de una fuente motivadora y transformadora de la persona. Así lo podemos constatar en algunos fragmentos como los siguientes:

> Uno quiere llegar a la iglesia y salir en paz, con Dios, que uno sienta que entró a la iglesia, que le abren las puertas y uno sienta esa paz, uno sienta ese amor que hay en la iglesia, y eso se siente y eso es consagrado.[32]
>
> Sí, aunque dicen que las iglesias somos cada quien ¿cierto?... Con el problema de mi papá [asesinado por paramilitares] pues no busqué ni psicólogo, solo busqué la iglesia; cuando me siento triste voy a la iglesia, como atribulada.[33]

Del mismo modo, la iglesia también es percibida como un tipo de "comunidad de refugio," un espacio terapéutico para vencer los temores y las desconfianzas generados por los traumas del desplazamiento. De ahí que para algunas PSD estar en la

---

32. Anónima (mujer en condición de desplazamiento), entrevista con Milton Mejía, Bogotá, 2 de diciembre, 2016.

33. Anónima (mujer en condición de desplazamiento), entrevista con Guillermo Mejía Castillo, Puerto Libertador, 9 de diciembre, 2016.

iglesia implique reencontrarse con ese estado de confianza y tranquilidad asociado a su vida campesina antes de sufrir los embates de las guerras y el desplazamiento. En los siguientes fragmentos las PSD aluden a este tipo de percepciones:

> [Cuando voy a la iglesia] no me siento con miedo de lo que me pasó. Ya, vamos a coger por ahí, pa' que me entienda un poquito. Entonces yo me siento como... así como amplia cuando yo vivía en esa tierra, entonces yo me siento como en la iglesia que el Señor me está cuidando.[34]

De igual modo, la iglesia "santuario de paz" también es percibida así, por cumplir una función docente, de ahí la idea de la iglesia como "comunidad docente" de la paz. Al respecto algunas PSD entrevistadas en sus respuestas dejan ver la expectativa sobre la labor docente que las iglesias podrían tener alrededor de temáticas como la paz, el perdón y la reconciliación. Al tiempo que reconocen su autoridad moral en la comunidad para hacerlo, a raíz del mensaje proclamado relacionado con las enseñanzas de Jesús. Así se puede observar en los siguientes fragmentos:

> [Sí, las iglesias son santuarios de paz,] porque si Jesús perdonó a los que lo mataron, lo ofendieron a él entonces cómo no vamos a perdonar a nosotros, entonces por medio de la iglesia nosotros tenemos que seguir y perdonar... Yo diría que la iglesia... inculcarle a la gente que se perdone pa' que haiga paz.[35]
>
> Esta iglesia que está aquí... de ahí nace el perdón, nace la enseñanza, los caminos bien, ahí no se va a enseñar caminos malos, sino caminos bien, de paz, de Jesús; de solucionar los problemas en nuestros hogares, en fin, etcétera.[36]

Sin embargo, si bien es cierto que la mayoría de las respuestas estuvieron de acuerdo con la afirmación sobre las iglesias como verdaderos santuarios de paz, de las 12 entrevistas analizadas, una manifestó no estar de acuerdo. Entre las razones que argumentó, está la percepción de conflictos entre los miembros de la comunidad de fe, lo que significó para ella una paradoja como se revela en el siguiente fragmento:

> Pues yo pienso que uno va a la iglesia y se siente... es un rato para uno estar en paz, con armonía. Pero no quiere decir que todo, porque a veces hay conflictos con los hermanos.[37]

Aunque la paz se comprende en un sentido moral, hay también una conciencia de la paz como medio de convivencia social. Así lo deja ver un miembro de la

---

34 Anónima (mujer en condición de desplazamiento), entrevista con Laura Cadavid, Puerto Libertador, 9 de diciembre, 2016.

35. Anónima (mujer en condición de desplazamiento), entrevista con Guillermo Mejía Castillo, Granizal, Medellín, 2 de diciembre, 2016.

36. Anónimo (hombre en condición de desplazamiento), entrevista con Guillermo Mejía Castillo, Puerto Libertador, 9 de diciembre, 2016.

37. Anónima (mujer en condición de desplazamiento), entrevista con Laura Cadavid, Puerto Libertador, 9 de diciembre, 2016.

iglesia indígena del municipio de Piendamó (Departamento del Cauca) al resaltar que, mientras el acuerdo de paz que promueve el gobierno no atienda las condiciones de desigualdad, la paz es inviable, aunque reconoce al igual que los demás PSD entrevistadas que la iglesia ha funcionado como una comunidad de distensión:

> Entonces nosotros hablamos de paz en la ciudad, pero en población así alrededor de los campesinos, así los indígenas o afros y ahí pues no hay paz porque no hay igualdad, si hay igualdad todos los que tienen mejoramientos buenos hay unos que están aguantando hambre y sin descuido del Estado mismo.[38]

A pesar de lo anterior, también fue posible identificar algunas percepciones negativas hacia las iglesias como santuarios de paz. Al respecto se identifican dos aspectos. Por un lado, la consideración de la iglesia como una comunidad "alienante," que no participa en los asuntos de la protesta social, como lo señaló en el caso de la PSD perteneciente la comunidad indígena al declarar la no aceptación que tienen en la comunidad indígena los miembros de la iglesia evangélica ya que según el resto de la comunidad: "los evangélicos no salen a hacer paro," razón por la cual los miembros de la comunidad evangélica sufren discriminación dentro de su propio resguardo. Del mismo modo, otra PSD señaló la imagen de descrédito que tienen las iglesias como espacio donde se sufre cierta manipulación de la fe para fines de lucro pastoral, como se puede observar en el siguiente fragmento: "yo era una de las que decía 'Es que las iglesias cristianas, la mayoría eran . . . lo hacían como para llenarse de plata."[39] En este sentido, tales situaciones se convierten en aspectos que hacen que la iglesia no se vea como una comunidad integradora de la convivencia en medio del conflicto, sino por el contrario, se perciba como una comunidad que reproduce las dinámicas de injusticia que están en la base del conflicto.

La iglesia como promotora del perdón y la reconciliación

En este apartado se analizan las respuestas de las PSD ante la invitación a considerar la enseñanza sobre el perdón como uno de los mecanismos para romper la cadena de venganzas y violencia en el marco del conflicto armado. Al respecto, se logran identificar varias líneas de interpretación.

En primer lugar, la iglesia se presenta para las PSD como una "comunidad para la praxis del perdón." Si bien es cierto que el perdón es una decisión perteneciente al fuero de la conciencia de cada individuo, la iglesia que promueve el evangelio del perdón genera espacios para empoderar emocionalmente a los individuos que viven su fe a partir de una experiencia de perdón en Dios. De esta forma, la experiencia de

---

38. Anónimo (hombre en condición de desplazamiento), entrevista con Fernando Mosquera, Piendamó, Cauca, 14 de enero, 2017.

39. Anónimo (mujer en condición de desplazamiento), entrevista con Guillermo Mejía, Bogotá, 2 de diciembre, 2016.

perdón espiritual tiene el potencial para traducirse en un tipo de perdón social en el nivel de las relaciones cotidianas de los individuos creyentes que han sufrido violencia. Así lo deja ver el siguiente fragmento:

> /EXT]Pues yo pienso que el perdón se da en la iglesia porque si uno entiende y cree que hay un Dios, que él es el único que lo puede sanar todo, y entiende que uno si no tiene a nuestro señor Jesucristo en su corazón nunca va a entender, nunca va a valorar lo justo que es la iglesia pues nunca va a entender y como nunca va a entender y como no sabe y si no se deja llevar entonces para esa persona es como si no existiera.[40]

Por otro lado, la iglesia agente de perdón también se percibe como una "comunidad docente" del perdón. En este caso, las PSD entrevistadas reconocen haber aprendido sobre el perdón y haberlo experimentado en la iglesia, por lo tanto, la iglesia adquiere cierto reconocimiento de autoridad moral en las PSD. Dicha experiencia para algunos ha sido más eficiente en su proceso de resiliencia que las mismas ayudas del gobierno. Y aunque la experiencia se da en el nivel personal de las PSD, estas esperan que la iglesia también pueda cumplir su papel docente del perdón en la comunidad como lo expresan los siguientes fragmentos:

> Sí, porque yo diría que la iglesia tendría que jugar un papel importante buscando a las personas que están así haciendo mucho conflicto, a que perdonen, a que no hagan más cosas malas.[41]
>
> La posición . . . es como orientar más a la persona, porque es que a veces el gobierno lo único que piensa es que "los desplazados o víctimas, vamos a pagarle, vamos a darle tanto," pero eso no sana, y eso no nos hace crecer.[42]

Al analizar algunas metáforas del perdón utilizadas por las PSD para explicar sus experiencias de perdón vividas a partir de la fe y la vida comunitaria en la iglesia podemos captar la simplicidad y autenticidad de las percepciones y comprensiones sobre este principio sublime, que bien podría ser tenida en cuenta para potencializar la función docente de la iglesia en el nivel comunitario.

A partir de las respuestas de los entrevistados, podemos sintetizar las siguientes metáforas del perdón:

- El perdón lo da Dios y el individuo lo aprende.[43]

---

40. Anónima (mujer en condición de desplazamiento), entrevista con Milton Mejía, Bogotá, 2 de diciembre, 2016.

41. Anónima (mujer en condición de desplazamiento), entrevista con Guillermo Mejía Castillo, El Granizal, Medellín, 28 de noviembre, 2016.

42. Anónima (mujer en condición de desplazamiento), entrevista con Guillermo Mejía, Puerto Libertador, 9 de diciembre, 2016.

43. Anónima (mujer en condición de desplazamiento), entrevista con Laura Cadavid, Puerto Libertador, 9 de diciembre, 2016.

- El perdón es de corazón no de palabra.[44]
- El perdón es como quitar un peso de encima.[45]
- El perdón es como creer que el ofensor es inocente.[46]

Una metáfora del perdón identificada en una de las respuestas de los entrevistados tuvo que ver con el perdón como "engaño," así lo señaló una PSD entrevistada al referirse a la idea que hay entre aquellos que no participan de la comunidad de fe.[47] Esto podría interpretarse como evidencia de un elemento diferenciador entre quienes participan del perdón desde una experiencia espiritual en Jesús y quienes no.

Hasta aquí he conceptualizado las percepciones que las PSD tienen en relación al papel de las iglesias como constructoras de paz como espacios alternativos que, si bien promueven la reconciliación espiritual del individuo con Dios, también cumplen una función reconciliadora a nivel comunitario en dos sentidos prácticos. Primero, las iglesias pueden funcionar como creadoras de espacios de "distensión" del conflicto. En segundo lugar, las iglesias también pueden funcionar como creadoras y promotoras de espacios "docente" para la paz, el perdón y la reconciliación. No obstante, vale la pena destacar que, a pesar de estas peculiaridades intrínsecas de tales comunidades de fe, el enfoque de dichas potencialidades deberá trascender el plano puramente individual y propender por procesos comunitarios que exigirán un proceso de traducción de los valores espirituales propios de la comunidad de fe en valores sociales de convivencia reconocidos por los individuos que habitan los territorios. Sin embargo, dicho proceso cuenta con la facilidad que, en el contexto colombiano, los habitantes y su población en general se caracteriza por la alta importancia que le otorgan al imaginario espiritual y religioso. Colombia es un país mayoritariamente creyente, lo que hace que la religión juegue un rol importante en su vida. Sería una gran ganancia en favor de la paz la traducibilidad de la riqueza espiritual cristiana evangélica en términos del perdón, la reconciliación y la paz en valores sociales para la paz y la convivencia pacífica en los territorios.

Por otro lado, un concepto propio que bien podría conectar con las potencialidades de las iglesias como agentes reconciliadores en el contexto local tiene que ver con la creación de *plataformas para el cambio social constructivo*. Este concepto, desarrollado por Lederach y mencionado arriba, permite potenciar el rol de la iglesia como un agente conciliador inscrito en un proceso autónomo, respecto al nivel superior del acuerdo de paz y las instituciones creadas para tal fin, con el objeto de tejer relaciones

---

44. Anónimo (hombre en condición de desplazamiento), entrevista con Guillermo Mejía, Puerto Libertador, 9 de diciembre, 2016.

45. Anónimo (hombre en condición de desplazamiento), entrevista con Guillermo Mejía, Puerto Libertador, 9 de diciembre, 2016.

46 Anónimo (hombre en condición de desplazamiento), entrevista con Guillermo Mejía, Puerto Libertador, 9 de diciembre, 2016.

47. Anónimo (hombre en condición de desplazamiento), entrevista con Fernando Mosquera, Piendamó, Cauca, 14 enero, 2017.

especialmente entre individuos y grupos cuyas relaciones se han fracturado a causa de la violencia destructiva. De acuerdo a Lederach, las plataformas para el cambio social constructivo se orientan a tres propósitos: 1) fomentar la participación constructiva de las personas que han estado divididas históricamente; 2) enfatizar la necesidad del mantenimiento de relaciones en medio de un conflicto armado que no desaparece del todo, en medio del sufrimiento y las injusticias vividas; 3) fomentar un compromiso genuino de autenticidad para sostener el proceso.[48] Desde esta perspectiva o lugar de acción, las iglesias podrían desarrollar contribuciones significativas articulando relaciones en el nivel comunitario y social como agentes constructores de paz. La siguiente lista resume las contribuciones de las iglesias de acuerdo a lo visto en este capítulo:

1. La promoción de una experiencia orgánica de la reconciliación entre los habitantes afectados por el conflicto a partir de las movilizaciones de sus recursos espirituales como la oración, la alabanza y la lectura comunitaria de la Biblia.

2. El empoderamiento ciudadano de las PSD a través del lugar que tiene la experiencia de fe como recurso de resiliencia, y fuente motivadora para el desarrollo de capacidades para el perdón y la reconciliación.

3. La creación de espacios de distensión para "la praxis" y "docencia" del perdón, la reconciliación y la paz entre actores antagonistas con el fin de desactivar prácticas de violencia e introducir prácticas pacíficas de gestión de los conflictos comunitarios.

Para ello es indispensable identificar algunas ventajas comparativas que tienen las iglesias respecto a otros actores sociales involucrados en la construcción de la paz, como las siguientes:

1. La proximidad y presencia de las iglesias en las regiones y localidades afectadas por el conflicto, a pesar de la ausencia de actores estatales. Esto facilita la legitimidad de su liderazgo comunitario respecto a otros actores sociales.

2. Dada la importancia que tiene la religión en las vidas de los colombianos y la confiabilidad que tienen los liderazgos del conflicto, existe una proximidad natural con las personas y población afectada por la guerra, ya que la religión y la espiritualidad para las PSD pueden servir como espacios de mediación de sus procesos de adaptación a los entornos receptores. Al tiempo que la fe es una fuente regeneradora de sentido y trascendencia en contextos de crisis y conflicto. Esto permite establecer conexiones de confiabilidad con poblaciones cuya confianza en las instituciones ha sido quebrantada.

---

48. Lederach, *La imaginación moral*, 105–6.

3. Las iglesias como comunidades de fe en red facilitan espacios organizacionales y capacidades de liderazgo para agenciar programas, iniciativas y procesos comunitarios que propendan por la resolución de problemas.

A MODO DE CONCLUSIÓN

En este capítulo se ha enfatizado sobre la importancia de distinguir entre una paz instrumental, es decir, aquella orientada a la terminación de una confrontación armada, y la paz asumida en su dimensión sustantiva, es decir, comprendida como un valor supremo y principio de convivencia social a pesar de la conflictividad propia de la sociedad humana. La paz comprendida en su forma sustantiva en contextos de violencia prolongada requiere de una cultura que la sostenga. Esta debe nutrirse del compromiso por la transformación de relaciones destructivas hacia relaciones constructivas que gestionen los conflictos. En el marco de este andamiaje epistemológico de la paz he propuesto la necesidad de identificar las potencialidades de las iglesias comprometidas con el florecimiento de las PSD y víctimas del conflicto armado como constructoras de paz, las cuales, como comunidades de fe presentes en los territorios poseen un capital social capaz de movilizar la voluntad creativa para la construcción de la paz en los territorios. También he propuesto una caracterización de las iglesias como comunidades reconciliadas, las cuales pueden cumplir desde sus experiencias de fe con la función de agentes reconciliadores en los territorios donde están presentes. Como se ha reiterado, la reconciliación en este caso se comprende no solo en una dimensión puramente espiritual, sino también social. En este sentido, la reconciliación se comprende como la restauración de las relaciones humanas y sociales entre actores antagonistas con el fin de poder imaginar un futuro compartido a pesar de un pasado fracturado por los efectos visibles de la violencia directa. Queda ahora como tarea que el lector comprometido con la vocación reconciliadora, la cual nos constriñe a los hombres y mujeres de fe, asuma los riesgos de la paz. Esto implica a su vez tener la voluntad de actuar a pesar de la no garantía de éxito. Tener la capacidad de imaginar a pesar de lo improbable. Y tener la capacidad de creer, lo que demanda navegar en el mundo de la fe por una paz estable y duradera.

BIBLIOGRAFÍA

Boulding, Kenneth. *The Stable Peace*. New York: University of Texas Press, 1978.

Galtung, Johan. "Violence, Peace, and Peace Research." *Journal of Peace Research* 6, n.° 3 (1969): 167-191.

Galtung, Johan. *Tras la violencia, 3R: reconstrucción, reconciliación, resolución: afrontando los efectos visibles e invisibles de la guerra y la violencia*. Trad. de Teresa Toda. Bilbao: Bakeaz, 1998.

Giraldo Ramírez, Jorge, José Antonio Fortou y María Paulina Gómez Caicedo. "200 años de guerra y paz en Colombia: números y rasgos estilizados." *Revista co-herencia* 16, n.º 31 (2016): 375–393.

Harto de Vera, Fernando. "La construcción del concepto de paz: paz negativa, paz positiva y paz imperfecta." *Revista cuadernos de estrategia* 183 (2016): 119–146.

Jiménez-Bautista, Francisco. "Paz neutra: una ilustración del concepto." *Revista de paz y conflictos* 7 (2014): 19–52.

Jiménez-Bautista, Francisco. "Paz imperfecta: nuevas querellas amistosas." *Revista de cultura de paz* 2 (2018): 25–43.

Lederach, Jean Paul. *Construyendo la paz: reconciliación sostenible en sociedades divididas*. Trad. de Marta González Moína y Lourdes Paños. Bilbao: Bakeaz, 1998.

Lederach, Jean Paul. *La imaginación moral: el arte y el alma de la construcción de paz*. Trad. de Teresa Toda. Bogotá: Semana Libros, 2016.

López Becerra, Mario Hernán. "Reflexiones sobre las desigualdades en el contexto de los estudios de paz." *Revista paz y conflictos* 4 (2011): 1–15.

Mesa de conversaciones. *Acuerdo final para la terminación del conflicto y la construcción de una paz estable y duradera*. Bogotá: Mesa de Conversaciones, 2017.

Mitchell, Christopher. "The Process and Stages of Mediation: Two Sudanese Cases." En *Making War and Waging Peace: Foreign Intervention in Africa*, ed. David Smock. Washington D.C.: United States Institute of Peace, 1993.

Muñoz, Francisco. "La paz imperfecta." En *La paz imperfecta*, ed. Francisco Muñoz, 21–66. Granada: Universidad de Granada, 2001.

14

El lamento
Terreno fértil de resiliencia política de las personas en situación de desplazamiento

Guillermo Mejía Castillo

INTRODUCCIÓN

El concepto de resiliencia ha sido incorporado al español como la capacidad de adaptación de un ser vivo frente a la adversidad. Recientemente se ha aplicado a catástrofes de variada índole: ecológica, económica, violencia urbana, etc.[1] La resiliencia política en este capítulo se refiere a la habilidad de las personas en situación de desplazamiento (PSD) para recuperar el equilibrio y para florecer como agentes político-burocráticos. Tal habilidad encuentra enormes desafíos en los altísimos niveles de corrupción y en el desbordamiento del Estado colombiano para enfrentar la catástrofe humanitaria del desplazamiento forzoso,[2] así como en cierto desdén en la iglesia evangélica frente a la política y frente al lamento. Bien afirma David López que "la interacción de las iglesias cristianas no católicas con lo público se ha limitado a una reivindicación política confesional de libertad religiosa."[3]

Sin embargo, la reconocida capacidad de incidencia política de la iglesia en el mundo se deriva del reconocimiento de la soberanía de Jesucristo sobre los demás poderes y autoridades para encausarlos, tanto como sea posible, hacia el cumplimiento

---

1. Ver Bruce Evan Goldstein, "Introduction" en Bruce Evan Goldstein ed., *Collaborative Resilience: Moving Through Crisis to Opportunity* (Cambridge, MA: The MIT Press, 2012), 7.

2. Ver capítulo 8 sobre la experiencia del equipo de Interacción con el sector público.

3. *Informes de investigación* §5.4.3. David López es pastor, historiador e investigador en este proyecto de *Fe y Desplazamiento*.

de la intención de Dios. El lamento bien puede erigirse como manifestación efectiva de dicha incidencia en la construcción de resiliencia política de las PSD. Este capítulo propone que el acompañamiento de la iglesia a las PSD en la práctica bíblica del lamento coadyuva al fomento del florecimiento humano holístico de estas personas. El lamento tiene un potencial importante para convertirse en terreno fértil de construcción de resiliencia política a partir de la altísima participación que el lamento requiere de parte de la PSD y de su eficacia para hacer surgir la capacidad humana de actuar en el mundo al poner en palabras el dolor.[4] De esta manera específica y humilde, la iglesia puede cooperar con el Estado y con otras organizaciones en la enorme tarea de superar los desafíos que acompañan la catástrofe humanitaria del desplazamiento forzoso en Colombia.

Aunque el lamento se encuentra ampliamente reportado en la Biblia, con todo y un libro homónimo, la liturgia evangélica en Colombia parece desdeñarlo en aras o en razón de cierto triunfalismo que confunde los momentos y dinámicas de la victoria teleológica de Jesucristo con el drama de la cruz que continúa vigente entre nosotros: "En el mundo tenéis tribulación; pero confiad, yo he vencido al mundo" (Jn 16:31, LBLA). Así las cosas, aquí ponderamos la práctica bíblica del lamento para el propósito de (1) promover la construcción de resiliencia político-burocrática en las personas en situación de desplazamiento, en línea con la Investigación Acción Misional, particularmente en sus componentes de prestar atención sostenida a las fuentes religiosas del conocimiento, especialmente la Biblia, (2) responder a problemas del mundo real como es el desplazamiento forzoso, y (3) movilizar las comunidades cristianas locales.[5]

Comenzamos con la identificación de la precariedad de agencia política de la persona en situación de des"plaza"miento, reconociendo que la PSD requiere de un nivel muy superior de reciedumbre político-burocrática para lograr el resarcimiento del Estado por sus derechos conculcados. Luego examinamos algunas características de la práctica bíblica del lamento. A renglón seguido, entrecruzamos esas características con el testimonio de Alfonso Narváez, una persona en situación de desplazamiento que tuvimos el privilegio de entrevistar. Allí identificamos algunas coincidencias útiles para hacer el tránsito del choque sicológico inicial producido por la catástrofe a la socialización que puede emanar del lamento. Finalmente, ponderamos el potencial del lamento como terreno fértil de resiliencia política.

PRECARIEDAD DE AGENCIA POLÍTICA DE LA PERSONA EN SITUACIÓN DE DES"PLAZA"MIENTO

El Estado está en deuda con las PSD al no haber cumplido con su razón de ser de protegerlos en su vida, honra y bienes; incumplimiento que facilitó la perpetración del

---

4. Cf. Kathleen H. O'Connor, *Lamentations and the Tears of the World* (Maryknoll, New York: Orbis), 83.

5. Ver capítulo 2.

desplazamiento forzoso. Las personas y comunidades en situación de desplazamiento, sin embargo, adolecen de precariedad de agencia política cuando precisamente requieren de enorme agencia política en sus gestiones político-burocráticas para obtener el resarcimiento por sus derechos conculcados. Por vergüenza, temor o simple inercia, el desplazamiento forzoso en Colombia tiende a ser acallado, silenciado o negado, tanto por las víctimas como por la sociedad circundante, incluyendo gran parte de la iglesia evangélica. Este amordazamiento empeora la precariedad de agencia política de las PSD e inhibe el florecimiento humano.[6] El ético cristiano Luke Bretherton asegura que una de las formas más graves de impotencia social y política es la del desplazamiento como desarraigo de la "plaza" ("plaza" en su connotación de lugar, espacio, sitio, hogar, casa). Ese desarraigo expone a la persona a la precariedad y a una disminución enorme de su agencia social y política.

> A major form of powerlessness, particularly today, is displacement. The experiences of the unhomed can be wholly different in kind . . . But what unites them is precariousness . . . and the lack of place within their immediate context. This precariousness and the lack of place are constituted by an absence within their immediate setting of what constitutes them as persons recognizable in relation to others through time and space . . . To be unhomed is to lack status and worth within a place and thereby to have a diminished agency and be vulnerable and easily exploitable by others who have the right connections or orientations in that place.[7]

Esta atrofia de la interacción social, particularmente política, de las personas vulnerables, como son las que se encuentran en situación de desplazamiento, es corroborada en la investigación de Araceli Serrano Pascual y otros.

> [L]a pobreza, la vulnerabilidad y la precariedad no son las situaciones de partida más óptimas para la articulación de una acción socio-política organizada, como consecuencia de los procesos de desintegración social a los que las personas pobres se encuentran sometidas; la ausencia de estructuras colectivas en los grupos más vulnerables y la carencia de recursos (económicos, sociales, relacionales, culturales o temporales) que estos procesos llevan aparejada. Así, han sido habituales los trabajos que constatan efectos de aislamiento y desapego con respecto a la comunidad y a la política entre los hogares pobres.[8]

---

6. Cf. O'Connor, *Lamentations*, 87.

7. Luke Bretherton, *Christ and the Common Life: Political Theology and the Case for Democracy* (Grand Rapids, MI: Eerdmans, 2019), 62.

8. Araceli Serrano Pascual, María Paz Martín y Carlos Pericacho de Castro, "Sociologizando la resiliencia: el papel de la participación socio-comunitaria y política en las estrategias de afrontamiento de la crisis," *Revista española de sociología* 28, n.º 2 (2019): 230. Ver también, Graciela Malgesini, "Reflexiones sobre el concepto de participación social en el caso de las personas afectadas por procesos de exclusión," *Documentación social* 135 (2004): 109–24.

A la postración de la persona en situación de des"plaza"miento *vis-à-vis* la necesaria gestión político-burocrática, se suma la complejidad de la gestión en un Estado altamente burocratizado como el colombiano; además de la corrupción asquerosa, de las dinámicas sociales y económicas inequitativas que azuzan el conflicto armado, y del desbordamiento del Estado frente a la catástrofe del desplazamiento. De manera que la tarea que debe adelantar la PSD para que el Estado le resarza sus derechos conculcados parece perdida aun antes de mover un dedo e impone una reciedumbre superior que las PSD sencillamente, y por lo general, no tienen. Aquí es precisamente donde se requiere a gritos el acompañamiento de otras personas, particularmente de la iglesia, con su reconocida, aunque subutilizada, incidencia pública.

Somos entonces conminados en nuestra acción misional a priorizar la construcción de resiliencia político-burocrática de las personas en situación de desplazamiento. Tal prioridad reconoce que una carencia crucial que entorpece el florecimiento de las PSD es su anonadación,[9] ese estado de choque sicológico inicial que la catástrofe produce. Para ello, promovemos el empoderamiento político de las personas en situación de desplazamiento con el acompañamiento de la iglesia a través de la práctica bíblica del lamento. Esta práctica entraña una alta participación de la PSD y se constituye, como sugerimos aquí, en potencial de terreno fértil para construir resiliencia política.

ALGUNAS CARACTERÍSTICAS DEL LAMENTO BÍBLICO

Se examinan ahora algunas características de la práctica bíblica del lamento que se da como respuesta legítima del pueblo de Dios frente a realidades aciagas en la sociedad. La identificación de esas características ayudará a entender cómo el lamento coadyuva el transitar desde el choque sicológico inicial que la catástrofe produce a la resiliencia. Jesús mismo utiliza el lamento frente a la hipocresía religiosa en Jerusalén, en un contexto de fustigación contra los líderes religiosos que no logran comprender la naturaleza ética de los verdaderos ciudadanos del reino de los cielos (Mt 23:37). Jesús, además, expresa con lloro su lamento frente a la muerte de Lázaro, su amigo (Jn 11:35, 38). En la inminencia de su propia muerte, Jesús se lamenta como ser sentipensante, "Mi alma está destrozada de tanta tristeza, hasta el punto de la muerte" (Mt 26:38, NTV). En su suplicio en la cruz, Jesús se lamenta por el abandono de parte de Dios, con el grito salido desde las profundidades insondables de su ser (Mt 27:46). Aunque el libro de Lamentaciones es nuestro texto guía para identificar algunas características de la práctica bíblica del lamento, estas breves referencias a la práctica del lamento por parte de Jesús confirman que el lamento es una práctica registrada no solo en el Antiguo Testamento, sino también en el Nuevo, incluyendo el mismo Jesús.

El libro de Lamentaciones registra, en cinco capítulos que comentamos muy someramente, la respuesta polifónica a la catástrofe de la destrucción de la ciudad

---

9. Cf. Bretherton, *Christ and the Common Life*, 55.

y del templo de Jerusalén por parte del imperio babilonio, así como al exilio, el desplazamiento de parte de la población judía a Babilonia en el año 587 a.C., (ver 2 R 25). La catástrofe genera en el ser sentipensante la añoranza de la "plaza" perdida que se expresa en el lamento y trata de comprender sus causas, traducir los sentimientos en balbuceos sobre lo indecible y rastrear los laberintos de la justicia.

El primer capítulo presenta la voz de la endechadera que personifica a Jerusalén. La endecha funeraria describe el estrago causado en Sión, la ciudad de Dios, "la reina de las naciones, pero hoy... esclava de ellas" (Lm 1:1, TLA), por la brutalidad insensible de su adversaria, reconocida por propios y extraños como Babilonia, la mayor potencia político-militar de la época. Jerusalén ha sido avergonzada frente a todo el mundo (Lm 1:8). Este primer movimiento literario es un diagnóstico de la catástrofe que incluye una multiplicidad de realidades externas, pero también de sentimientos como desolación, muerte, llanto (Lm 1:1-2, 16), exilio, amargura, cautiverio, dispersión (Lm 1:3-4), vergüenza, orfandad, desnudez, pillaje, angustia y desconcierto (Lm 1:5-7, 10). También incluye cierto reconocimiento de la justicia de Dios y de la rebelión de Jerusalén (Lm 1:8-9, 18), así como la abjuración de la protección divina (Lm 1:15).

El comienzo del lamento es una descripción visceral y pública de la catástrofe. No hay mejor forma de comenzar el lamento que dimensionando sin recato la tragedia y llamando "al pan, pan y al vino, vino." El lamento no soslaya la desgracia, sino que, por el contrario, ofrece un espacio sinigual para sacar de lo recóndito del agraviado palabras que describan el dolor y la tragedia.[10] Y en el mismo acto de poner palabras al dolor, comienza la generación de conciencia terapéutica de la injusticia sufrida, al hacer una radiografía de la desgracia que le permite a la víctima comenzar a salir del ofuscamiento producido por el desbarajuste. Debe reconocerse, sin embargo, que no hay sabiduría humana que pueda dar cuenta en su totalidad de este tipo de catástrofes tan aplastantes como la sufrida por Jerusalén o como el indecible desplazamiento forzoso en Colombia.[11] Este reconocimiento, sin embargo, no nos exonera de la responsabilidad de hurgar en la catástrofe, tanto como se pueda, para generar conciencia y otear horizontes de florecimiento. El primer capítulo encara la catástrofe en toda su dimensión y complejidad, busca explicaciones y comienza a sensibilizar al lector sobre la destrucción del tejido social, religioso y político como para reconocer la tarea de recoger los mil pedazos de la destrucción y tal vez, sí, tal vez, comenzar a soñar la restauración. El componente político está muy presente desde este primer capítulo, con el señalamiento contra la destrucción brutal infligida por el imperio enemigo. También está presente en la personificación de Jerusalén, la capital política y religiosa vilipendiada, y en la identificación de la impotencia de sus gobernantes para

---

10. Ver O'Connor, *Lamentations*, 95.

11. Cf. Soong-Chan Rah, *Prophetic Lament: A Call for Justice in Troubled Times* (Downers Grove, IL: InterVarsity, 2015), 67.

evitar la catástrofe, descritos como "venados que no hallan pasto y anduvieron sin fuerzas delante del perseguidor" (Lm 1:6, RVA 2015).

En el capítulo 2, el endechador articula la acción de Dios contra Jerusalén como resultado del despliegue de su ira; habiéndola deshonrado con todo y su rey y sus príncipes, quitándole todo poder y dejándola sola frente al imperio enemigo. Más aun, describe el accionar de Dios como un incendio sin control, como un enemigo contra ella, eliminando a sus seres queridos, multiplicándole su luto y sus lamentos. Al templo, el lugar de encuentro de Dios con su pueblo, fue al que peor le fue porque Dios rechazó su altar y abandonó su santuario. En este capítulo se registran las voces y el sufrimiento de las víctimas: niños, niñas, madres, jóvenes, hombres, ciudadanos, mutilados, huérfanos, viudas, gobernantes y sacerdotes que proveen un significado cumulativo.[12] Los niños y niñas, por ejemplo, claman por comida y mueren por inanición en los brazos de sus madres (Lm 2:12). Como sugiere Rah, las voces de las víctimas, individualmente consideradas, deben ser escuchadas para que haya una expresión lo más completa y honesta posible del sufrimiento.[13]

Este lamento, sin escandalizarse y más bien sincerándose, reconoce que Dios, finalmente soberano, fue el agente activo de la catástrofe.[14] Las víctimas levantan sus voces de angustia que deben mover al lector a misericordia. Al levantar la queja ante Dios y en medio del silencio de Dios, las voces del lamento son las que tienen la palabra y, al ejercitarla, las víctimas comienzan a liberarse de la estupefacción producida por la destrucción. Al hablar, las víctimas convierten el dolor en palabras. En vez de la negación y del amordazamiento de la catástrofe que inhibe el florecimiento y coarta la pasión por la justicia,[15] el lamento polifónico vocifera para tratar de articular las causas de la desdicha y la posibilidad del consuelo (ver Lm 2:13–14).

El género literario de cada uno de los capítulos de Lamentaciones es poético en forma de acróstico siguiendo las veintidós letras del abecedario hebreo, pero el tercer capítulo presenta cada una de sus veintidós secciones como acróstico breve que, en su conjunto, intensifica dicha forma literaria.[16] Ese capítulo registra la reflexión de una persona que sufrió en carne propia la tragedia infligida y habla en representación de la comunidad sufriente.[17] El vocero ha experimentado la desolación y el aislamiento que acallan sus gritos de auxilio (Lm 3:1–11). Esta endecha descubre además que la catástrofe ha impactado la totalidad del ser, tanto en las realidades externas como en los sentimientos, mostrando un alma abatida por el horror.

---

12. Cf. F. W. Dobbs-Allsopp, *Lamentations*, Interpretation (Louisville, KY: John Knox, 2002), 13.

13. Ver Rah, *Prophetic Lament*, 101.

14. Cf. Robin Parry, "Lamentations and the Poetic Politics of Prayer," *Tyndale Bulletin* 62, n.º 1 (2011): 85.

15. Cf. O'Connor, *Lamentations*, 87.

16. Esta sofisticada estructura literaria explica que Lamentaciones 1, 2, 4 y 5 tengan 22 versículos, mientras que Lamentaciones 3, el capítulo central, tenga 66 versículos. Cf. O'Connor, *Lamentations*, 44.

17. Ver Rah, *Prophetic Lament*, 119.

> Ha quebrado con guijarro mis dientes,
> ha hecho que me revuelque en el polvo.
> Y mi alma ha sido privada de la paz,
> he olvidado la felicidad.
> Digo, pues: Ha perecido mi vigor,
> y mi esperanza que venía del Señor (Lm 3:16–18, NVI).

Justo en medio del abatimiento surge una expresión de esperanza que podría, en una primera lectura, considerarse como un cambio abrupto de la anonadación a la esperanza: "algo más me viene a la memoria, lo cual me llena de esperanza" (Lm 3:21, NVI). La expresión de esperanza se da por el reconocimiento de la misericordia de Dios y de su fidelidad a sus promesas, pero también de la necesidad de confesión por parte de la comunidad. La esperanza así está ligada al acatamiento de los designios de Dios; y para ello se invita a la comunidad a examinar y repensar sus caminos (Lm 3:40–42). Sin embargo, la manifestación de esperanza parece ser más desiderativa que inequívoca: "quizá haya esperanza" (Lm 3:29b, LBLA). Es más, el mismo vocero vuelve a visitar la catástrofe: "Basura y escoria nos has hecho en medio de los pueblos" (Lm 3:45, LBLA) y apela a Dios por justicia y venganza. De manera perspicaz, Kathleen H. O'Connor identifica una esperanza vacilante en el vocero y en el libro de Lamentaciones.

> It is not clear that hope is the book's radiant center nor that a theology of explicit hope dominates the book. Instead, the realities of suffering and death and of a God remembered rather than encountered repeatedly moderate and overcome hope. Numerous times across the poem, the speaker flip-flops between doubt and hope in abrupt shifts typical of both the lament form and of healing processes. Hope rarely implants itself permanently or even enduringly after tragedy. Often survivors reenter their suffering, briefly see beyond it, and then fall back into pain and loss, only to emerge again much later.[18]

Son apenas atisbos de esperanza los que la víctima de la catástrofe puede balbucear en la práctica del lamento. La esperanza de la víctima viene y se va, aparece y desaparece. Para este vocero, la misericordia y fidelidad de Dios aseguran la esperanza de restauración, pero también está la tarea de la comunidad de "hacer un examen de conciencia" (Lm 3:40, NVI). El desempeño de la comunidad en el cumplimiento de esta tarea puede ser lo que introduce incertidumbre y vacilación en la víctima en cuanto a la esperanza. Sea como fuere, los atisbos de esperanza reflejan que el lamento da lugar a una conciencia terapéutica de las injusticias; en otras palabras, el lamento permite a la víctima comenzar a superar la anonadación generada por la violencia indecible, al dar voz a su dolor y tener ahora atisbos de esperanza. Y, sin embargo, la identificación que hace O'Connor se convierte en un llamado a la prudencia en cuanto a los límites del lamento.

---

18. O'Connor, *Lamentations*, 45.

En paralelo con Lamentaciones 2, el capítulo 4 registra la activación de la ira de Dios contra Jerusalén, particularmente contra sacerdotes, profetas y gobernantes (Lm 4:1–16). Estos han sido defenestrados por el pueblo y por Dios mismo (Lm 4:15–16). De hecho, el contubernio entre esos líderes surge como la causa de la catástrofe, "¡por derramar sangre inocente en las calles de la ciudad!" (Lm 4:13, NVI). El paralelo también se refleja en la variedad de personas de la ciudad que sufren lo indecible, incluidos los niños, los sacerdotes y aun el rey. El narrador expone la adversidad más espantosa, como la madre que cocina a su propio hijo para su alimento (Lm 4:10), "la más completa deshumanización de los sobrevivientes."[19] El desquiciamiento del entramado social y político se manifiesta, entre otras, en la degradación de sus príncipes que ahora se revuelcan en la inmundicia y son como el hollín (Lm 4:7–8).

En realidad, el capítulo 4 presenta una regresión desde los atisbos de esperanza del capítulo 3 a la añoranza por la "plaza" perdida, al retomar el diagnóstico de la catástrofe, ahora en su máxima expresión de calamidad como mostramos en el párrafo anterior. La sección de Lamentaciones 4:17–22 se refiere por primera vez en el libro a la invasión del imperio enemigo que infligió la catástrofe y remata con la caída del rey, "la sombra que nos protegía era nuestro rey; Dios mismo nos lo había dado. ¡Pero hasta él cayó prisionero!" (Lm 4:20, TLA). El pueblo que se lamenta alcanza a dimensionar ahora que la catástrofe tocó también al rey, al tiempo que alcanza a susurrar otro hálito de ilusión: "Oh bella Jeusalén, tu castigo tendrá fin; pronto regresarás del destierro" (Lm 4:22, NTV).

Como bien señala Rah, "el lamento demanda nuestra disposición para habitar en el espacio de nuestra humanidad sin recurrir a una narrativa triunfalista."[20] Lamentaciones 4 ejemplifica la necesidad de autopsia de la catástrofe social y política y la capacidad del lamento genuino de erigirse como bisturí quirúrgico para examinar las entrañas de nuestras catástrofes. Solo así puede darse una catarsis que avizore la resiliencia y el florecimiento de quienes lo han perdido todo.

Finalmente, Lamentaciones 5 constituye una plegaria para que Dios no se haga el desentendido sino testigo de la penuria del pueblo. La penuria es descrita en una retahíla de infortunios que dejó el despojo: orfandad, viudez, enorme dificultad de conseguir lo más rudimentario para la existencia como el agua y la leña, las consecuencias para la nueva generación de la iniquidad de sus antepasados, trabajos forzados y la derrota de la corona real. Tal desgracia conlleva la pérdida de dignidad, del honor y de la seguridad, al tiempo que refleja el colapso de la vida social, comunitaria y política. El cúmulo de infortunios se ilustra al final con la ocupación de la "plaza" por las repugnantes zorras que merodean en Sión y por cierto entumecimiento del alma:

> Por esto está abatido nuestro corazón,
> por estas cosas se nublan nuestros ojos,

---

19. O'Connor, *Lamentations*, 61.
20. Rah, *Prophetic Lament*, 139.

> por el monte Sión que está asolado;
> las zorras merodean en él (Lm 5:17–18, LBLA).

Pero Dios permanece en silencio. La palabra que se escucha en el capítulo 5 es el lamento del pueblo. Este último suspiro del lamento, aunque reconoce el reinado de Dios, expresa sentimientos de dubitación en cuanto a que el abandono y la ira por parte de Dios pudieran ser irreversibles. La plegaria es desesperanzada. El horizonte sigue nublado aun al final del libro. La audacia del libro se encuentra precisamente en que el doliente es el que habla y su voz es legitimada para hablar sobre su sufrimiento.[21] El abatido cobra fuerza de donde nada le queda y, aferrándose a la vida, balbucea su anhelo de restauración:

> Restáuranos a ti, oh Señor, y seremos restaurados;
> renueva nuestros días como antaño (Lm 5:21, LBLA).

El capítulo 5 finaliza con perplejidad sobre la posibilidad sombría de que la deidad haya repudiado totalmente al pueblo:

> a no ser que nos hayas desechado totalmente,
> y estés enojado en gran manera contra nosotros (Lm 5:22, LBLA).

Kathleen O'Connor sugiere que dicha manifestación constituye un final maravilloso del libro de Lamentaciones por su realismo desconcertante, al permitir que el lamento hospede el dolor sin recurrir a una negación insulsa del sufrimiento ni a un escapismo teológico:

> .It is wonderful because it is truthful, because it does not force hope prematurely, because it expresses what many in worlds of trauma and destruction know to be true. Its very unsettledness enables the book to be a house for sorrow, neither denied nor overcome with sentimental wishes, theological escapism, or premature closure.[22]

A partir de estas breves observaciones y como recapitulación, identificamos las siguientes características del lamento que nos ayudan a ponderar el potencial del lamento en la construcción de resiliencia política:

1. Honra el hablar sobre sufrimiento en toda su crudeza.

2. Concede la palabra al doliente de manera generosa y reconoce la legitimidad de su voz.

3. Al hacer uso de la palabra, las víctimas comienzan a liberarse de la estupefacción producida por la tragedia.

---

21. Cf. O'Connor, *Lamentations*, 71.
22. O'Connor, *Lamentations*, 80.

4. No soslaya la desgracia, sino que ofrece un espacio sinigual para hurgar el impacto de la tragedia en el doliente.

5. Permite diagnosticar la catástrofe, tanto sus realidades externas como los sentimientos de los dolientes. Ello es así, aunque los esbozos de las víctimas parezcan, al principio, una retahíla deshilvanada de infortunios; en realidad, vociferan la desdicha tratando de articular sus causas y la posibilidad del consuelo.

6. Da espacio para la protesta, abriendo la posibilidad real de apelar a la justicia.

7. Invita a la comunidad a examinar y repensar sus caminos.

8. Se permite expresar una esperanza desiderativa y no necesariamente inequívoca, así como balbucear el anhelo de restauración.

Hecha esta identificación de las características del lamento bíblico, se presenta a continuación la imperiosa necesidad de socialización en el tránsito del choque sicológico inicial que produce la tragedia a la resiliencia política.

DEL CHOQUE SICOLÓGICO A LA SOCIALIZACIÓN

El testimonio de Alfonso Narváez, persona en situación de desplazamiento, sugiere el tránsito (del choque sicológico inicial producido por la catástrofe a la socialización) que puede emanar del lamento. Su testimonio coincide con varias de las características identificadas del lamento bíblico; lo que permite prever que el lamento bien acompañado conlleva importante potencial de convertirse en terreno fértil para la construcción de resiliencia política.

> Al momento uno como que se indigna, como que realmente no puede entender qué pasó, por qué hacen eso, pero a medida que uno se mete como en la relación con Dios, a orar, a meditar en las cosas y bueno viene el perdón . . . El cambio afectó profundamente hasta el momento de no desear tener vida, sino desear estar ya en la presencia del Señor, yo debiera estar ya con el Señor porque pensé que ya todo se había acabado por ahí. Es un choque sicológico ¿ya? Por qué no decirlo como una idea suicida ¿ya? De, "'ombe' ¿por qué el Señor no me llevó?," para enfrentar algo que ayer lo tenía todo, hoy no tengo nada, sin trabajo, sin conocer a nadie, sin saberse desenvolver uno, entonces eso afectó profundamente. También ese proceso de socialización fue duro porque ya tenía uno que tratar con otras personas que son diferentes al lenguaje, a la cultura y todo eso, entonces llegar a otra cultura, el proceso de adaptamiento [sic] fue un poquito difícil, pero bueno gracias a Dios ha mejorado ese aspecto.[23]

Se percibe aquí al ser "sentipensante" balbuceando sentimientos de indignación y de suicidio que, simultáneamente, reconoce su carencia de capital lingüístico y de

---

23. Alfonso Narváez, entrevista con Fernando Mosquera, Tierralta, 23 de enero, 2017.

precariedad social. Alfonso identifica el choque sicológico sufrido, evidenciando así la anonadación producida por la catástrofe y su propia añoranza de la "plaza" perdida: "una idea suicida... para enfrentar algo que ayer lo tenía todo, hoy no tengo nada, sin trabajo, sin conocer a nadie, sin saberse desenvolver uno." La añoranza de Alfonso refleja una carencia crucial (en sus propias palabras, 'carencia total' en: "ya todo se había acabado por ahí") que entorpece su florecimiento y que se traduce en precariedad político-burocrática como se ha sugerido aquí. Sin embargo, la identificación del choque sicológico y de la añoranza abren posibilidades de indagación sobre las realidades externas, los procesos, las fuerzas, las motivaciones y las causas de la catástrofe, y de los sentimientos de las personas en situación de desplazamiento como Alfonso. Tal indagación puede tener lugar en medio de dinámicas de lamento de las PSD y preferiblemente en desarrollo de la acción misional en las iglesias. Se crea así un espacio propicio para honrar la voz de la PSD, concediéndole el uso de la palabra de manera generosa y reconociendo su legitimidad que son características del lamento identificadas aquí.

En ese espacio, la PSD tiene la prerrogativa de poner palabras al dolor y comenzar así la generación de conciencia terapéutica. Esta conciencia consiste en la comprensión cada vez más clara que la víctima obtiene sobre las injusticias sufridas a partir de la reflexión que el lamento le permite hacer. Como se registró en los breves comentarios sobre el capítulo 2 de Lamentaciones, al ejercitar el uso de la palabra, las víctimas comienzan a liberarse del ofuscamiento producido por la catástrofe. Además, el lamento polifónico al vociferar la desgracia, trata de articular las causas de la desdicha y otea horizontes de restauración. En cuanto a nuestra catástrofe del desplazamiento forzoso en Colombia, el vocear de la PSD, en un contexto de lamento con el acompañamiento fraterno de la iglesia, permite hacer una radiografía más fidedigna y mejorar el entendimiento de sus causas, dinámicas y contextos. La conciencia terapéutica se refiere asimismo al mayor conocimiento que la PSD y la iglesia, acompañante del lamento, obtienen tanto de las realidades externas como del sufrimiento infligido y los propios sentimientos de la PSD frente a la catástrofe. Alfonso, por ejemplo, pudo expresar los sentimientos de indignación y de suicidio frente a la catástrofe. Para vocear la desgracia, sin embargo, la PSD requiere de un ambiente que le brinde confianza y seguridad como puede ser el que se cree en medio del lamento acompañado por la fraternidad de la comunidad cristiana. Allí, la PSD puede abrir su corazón y contar sus traumas o heridas emocionales. En vez de la negación y del amordazamiento de la catástrofe que inhibe el florecimiento y coarta la pasión por la justicia, un espacio de lamento así, además de ser muy sagrado, tiene gran potencial para generar conciencia sanadora de la injusticia.

Como bien señala Bruce Evan Goldstein, la colaboración comunitaria no resuelve necesariamente la crisis, sino que provee conciencia terapéutica de la injusticia y permite aumentar la capacidad y la solidaridad comunitarias.

> In these cases [segregación en Bainbridge Island, Washington y apartheid en África del Sur], the point of collaboration is not to resolve an immediate crisis so much as to provide therapeutic awareness of past injustice in order to increase community capacity and solidarity.[24]

Este hallazgo de Goldstein coincide con nuestra observación sobre el primer capítulo de Lamentaciones en el sentido que el lamento encara la catástrofe en toda su dimensión y complejidad, busca explicaciones y comienza a sensibilizar al lector sobre la destrucción del tejido social, religioso y político. Cuando encaramos la catástrofe en una mayor dimensión y complejidad, surge la pregunta, "¿Y ahora qué hacemos?" La acción misional impele entonces a recoger los mil pedazos de la destrucción y tal vez, sí, tal vez, comenzar a soñar la restauración. Es en esta búsqueda, precisamente, donde el acompañamiento de la iglesia se hace más necesario y más relevante, toda vez que el des"plaza"miento mutila la conexión social de la PSD. Alfonso alude a esta mutilación social: "sin conocer a nadie, sin saberse desenvolver uno, entonces eso afectó profundamente." Alfonso también registra lo difícil de la adaptación social en su nuevo territorio: "[E]se proceso de socialización fue duro porque ya tenía uno que tratar con otras personas que son diferentes al lenguaje, a la cultura y todo eso, entonces llegar a otra cultura, el proceso de adaptamiento fue un poquito difícil."

La investigación ya citada, "Sociologizando la resiliencia; el papel de la participación socio-comunitaria y política en las estrategias de afrontamiento de la crisis," confirma la gran necesidad de integración social que tienen las personas vulnerables y corrobora que la satisfacción de las necesidades de integración ayuda a potenciar la resiliencia frente a la crisis.[25] De manera que el acompañamiento de la iglesia a la PSD en la práctica del lamento puede satisfacer en gran parte esas necesidades de integración social. Así se hace el tránsito, intuido por Alfonso, del choque inicial a la socialización. La iglesia que acompaña el lamento de la persona en situación de desplazamiento se convierte entonces en la comunidad de fe que ayuda a crear un nuevo tejido social de la PSD. El lamento y el acompañamiento del lamento tienen gran potencial de convertirse en prácticas que aumentan la capacidad y la solidaridad comunitarias.

DE LA SOCIALIZACIÓN A LA RESILIENCIA POLÍTICA

Contar con dinámicas de lamento y acompañamiento de la iglesia que propicien mayor socialización y reconstrucción del tejido social de las PSD permite otear la construcción de resiliencia política a partir de la integración social y de la adhocracia. Tanto la integración social como la adhocracia constituyen una alternativa liberadora,

---

24. Bruce Evan Goldstein, "Conclusion: Communicative Resilience," en *Collaborative Resilience: Moving Through Crisis to Opportunity*, ed. Bruce Evan Goldstein (Cambridge, MA: MIT Press, 2012), 361.
25. Ver Serrano Pascual, Paz Martín y Pericacho de Castro, "Sociologizando la resiliencia," 240.

propia de la misiología integral, a la desidia generalizada frente a la catástrofe del desplazamiento forzoso en Colombia.

Integración social

El recelo frente a la esfera de la política por parte de las personas en situación de pobreza y su carencia de capital lingüístico (el testimonio de Alfonso también menciona este tipo de carencia), entre otros, se yerguen como obstáculos para la transformación y dignificación de su vivencia de precariedad y vulnerabilidad social, al tiempo que la satisfacción de las necesidades de integración social, entre otros recursos, potencia la resiliencia frente a la crisis.[26] La práctica del lamento bien puede satisfacer las necesidades de integración y, de contera, desmontar el recelo de las PSD frente a la esfera política, solventando en parte la carencia de capital lingüístico y facilitando así la construcción de resiliencia política. Esto se puede lograr porque la práctica del lamento, además de ayudar a romper la estupefacción inicial y a generar procesos de concientización acerca de la tragedia, brinda una oportunidad inigualable para gestar conocimiento empoderador a partir de la activación del componente afectivo de la persona en situación de desplazamiento como ser "sentipensante." Es decir, a partir del reconocimiento de que cualquier persona, pero particularmente aquellas en estado de vulnerabilidad como las PSD, puede comunicar más y mejor, en una coyuntura dada, sus convicciones a través de sus sentimientos y emociones que a través de una formulación lógica.[27] En esta misma dirección, Oscar Acevedo observa, a partir de su investigación sistemática con sesenta víctimas del conflicto armado colombiano, que "el dolor y la tristeza pueden llegar a transformarse en situaciones y emociones políticamente productivas."[28]

Para ello se requiere tratar de traducir bien esos sentimientos y emociones y hacer el registro sagrado de las "deeply held emotions—love, pride, dignity, honor, hate, envy, and so on—and the agonies, tragedies, triumphs, and peaks of human experience embedded in people's actions, activities and behavior" como los describe Stringer.[29] Así, el lamento no soslaya la desgracia, sino que, por el contrario, ofrece un espacio inigualable para hurgar el impacto de la tragedia en el doliente como también

---

26. Ver Serrano Pascual, Paz Martín y Pericacho de Castro, "Sociologizando la resiliencia," 240.

27. Orlando Fals Borda, "Remaking Knowledge," en *Action and Knowledge: Breaking the Monopoly with Participatory Action Research*, eds. Orlando Fals Borda y Muhammad Anisur Rahman (New York: Apex, 1991), 150. Cf. el capítulo 2.

28. Oscar Acevedo, *El corazón de las víctimas: aportes a la verdad para la reconciliación en Colombia* (Bogotá: San Pablo, 2016), 196. Esta publicación sistematiza algunas memorias de las sesenta víctimas que, seleccionadas de manera transparente y conjunta por la ONU, la Universidad Nacional de Colombia y la Conferencia Episcopal de Colombia, presentaron sus testimonios, entre el 16 de agosto de 2014 y el 15 de diciembre de 2015, ante la Mesa de Conversaciones entre el gobierno de Colombia y las FARC, en la Habana, Cuba.

29. Ernest T. Stringer, *Action Research.*, 3.ª ed. (Los Angeles: Sage, 2007), 208.

se identificó en el lamento bíblico. Hurgar el impacto de la tragedia permite hacer un diagnóstico, tanto de las realidades externas como de los sentimientos de los dolientes, que pueden parecer deshilvanados en una primera instancia, pero que, con el acompañamiento de la iglesia, es dable hacer el registro sagrado que sugiere Stringer. Es precisamente, a partir de este registro, que el lamento puede dar espacio a la protesta, abrir la posibilidad de apelar a la justicia, invitar a la comunidad a examinar y repensar sus caminos y a que la PSD balbucee el anhelo de florecimiento. Estas últimas son características del lamento bíblico que se identificaron arriba y que pueden seguir emanando de la práctica del lamento de las PSD con el acompañamiento de la iglesia. De esta manera se puede transitar de la socialización a la resiliencia político-burocrática.

Mas aun, el lamento reconoce lo ignominioso del desastre y se convierte en un acto político en cuanto protesta y manifestación de indignación y de enfado. Alfonso, por ejemplo, atisbó cierta indignación frente a su desplazamiento forzoso. Bien afirma Emmanuel Katongole lo siguiente:

> El lamento es una invitación a ver la realidad a través de los ojos de los más vulnerables, y a nombrar y admitir lo que está roto . . . [T]iene potentes implicaciones políticas en tres sentidos: nos conecta con los oprimidos, dice la verdad a los gobiernos y trasciende las fronteras políticas partidistas . . . [N]os lleva a la solidaridad con los oprimidos . . . a un compromiso político más profundo [y] a una profunda solidaridad con los que lloran, los oprimidos y los marginados . . . [B]usca dar a la política un nuevo corazón y espíritu, desafiando el statu quo. Nos lleva profundamente a la visión de Dios de reconciliar todas las cosas.[30]

El lamento entonces, como práctica bíblica del pueblo de Dios, es un instrumento necesario y poderoso para cambiar la respuesta de violencia y venganza que ha hecho parte de nuestra historia. Este capítulo presenta una alternativa tanto al "deje así" del fatalismo como al "esto no se queda así" de la venganza. Ni el fatalismo ni la venganza nos han permitido enfrentar bien las dificultades complejas de nuestra sociedad como es la catástrofe humanitaria del desplazamiento forzoso en Colombia. La ausencia de lamento adormece la conciencia, esteriliza la resiliencia político-burocrática y refleja, por un lado, cierta alienación entre la iglesia y la revelación de Dios, y por otro lado, cierta alienación entre la iglesia y nuestras realidades sociales y políticas. Sin proponérnoslo, la ausencia del lamento equivale al "tapen, tapen" que amordaza el potencial liberador de la explicación restauradora de la catástrofe. La ausencia de lamento

---

30. Emmanuel Katongole, "Por qué la política necesita del lamento," *Comité central menonita: historias.* https://mcc.org/stories/por-que-la-politica-necesita-del-lamento?fbclid=IwAR1Ovzw5IA00-zZHScUT_6RucHfMPQ_4wzAaa187XH7TtVdq19lLgGp1dBo, 26 de mayo, 2021. El Instituto Kroc, donde enseña el profesor Katongole, es responsable de monitorear el avance del Acuerdo final para la terminación del conflicto y la construcción de una paz estable y duradera que firmaron el gobierno colombiano y las Fuerzas Armadas Revolucionarias de Colombia-Ejército del Pueblo (FARC-EP) el 12 de noviembre, 2016.

refleja cierta desidia y respuesta facilista frente a nuestras realidades sociales injustas, parecidas a las de los profetas falsos de Israel que no dimensionaron oportunamente la enormidad del horror infligido por Babilonia (ver Jeremías 29).

Sobre esto, O'Connor, que rechaza la negación de la catástrofe, asevera que el miedo a la verdad es lo que motiva la negación y que la negación es simplemente una táctica de sobrevivencia tanto sicológica como política.

> Fear of truth motivates its denial. Denial refers to the refusal, perhaps even the psychic and spiritual inability, to see the horrible, to name it, to allow it space in the world. Denial means to live knowingly or unknowingly with lies. In both psychological and political terms, denial can be a survival tactic, a banishing of events too shattering to face. It can be a way to stay alive and to continue to function in the face of horrible events.[31]

Adhocracia

Contrario al ostracismo de las víctimas y de la memoria de la catástrofe que la negación refleja, el lamento, como se ha tratado de articular aquí, tiene el potencial de desatar el balbuceo de la persona que ha sufrido el trauma en una corriente liberadora y articuladora de los pensamientos recónditos de la víctima, derribando de paso las murallas de vergüenza e impotencia erigidas por la catástrofe y dando lugar a la *adhocracia*. Este concepto, aunque un tanto novedoso, es útil y bastante sencillo. Zolli y Healy explican que, contrario a la burocracia, es el poder del trabajo social de voluntarios que de manera flexible responde a la problemática local teniendo en cuenta las características del entorno.[32] Así las cosas, la adhocracia es entendida aquí como el poder *ad hoc*, es decir, lo que el profesional cristiano logre hacer en favor del empoderamiento político-burocrático de las personas en situación de desplazamiento a partir de prácticas bíblicas como el lamento.

Se ha sugerido que el lamento pone palabras al estremecimiento de las entrañas frente a la consternación indecible. En el lamento, como lo muestra el libro de Lamentaciones, particularmente su capítulo 1, emanan palabras, pensamientos, sentimientos, emociones, preguntas, ideas, planes, permitiendo que los conceptos abstractos de justicia, reparación, restauración, florecimiento, gestión política se puedan encausar hacia acciones concretas que surjan de las víctimas mismas.

Esas dinámicas de lamento de las personas en situación de desplazamiento, acompañadas por líderes en nuestras comunidades de fe, pueden ser encausadas de manera sensible y natural hacia la transformación social de los efectos de la catástrofe

---

31. O'Connor, *Lamentations*, 86.

32. Andrew Zolli y Ann Marie Healy, *Resilience: Why Things Bounce Back* (Nueva York: Free Press, 2012), 264.

en esas personas, la construcción de confianza en un futuro posible y la dignificación de su propia vivencia de precariedad social, dando lugar a

> sujetos movilizados políticamente que acumulan capital social y militante que potencia la resiliencia frente a la crisis, facilitando, a través de las redes desplegadas, el acceso a información, recursos, servicios, contactos y satisfaciendo necesidades de integración.[33]

Serrano y otros también afirman:

> es el espacio político de lo reivindicativo que aúna, en sí mismo, la contienda política tradicional y las nuevas formas de hacer política basadas en la auto-organización, las capacidades colectivas, la movilización, la democratización amplia y la exigencia de derechos... El empoderamiento es una ayuda fundamental que se provee en momentos de crisis, con el objetivo de que los ciudadanos sean capaces de reclamar los servicios y los espacios de intervención y decisión que se les deben. Dicho empoderamiento activa la lógica transformadora y reivindicativa que, a su vez, es fuente de resiliencia política articuladora.[34]

El acompañamiento pues de las iglesias a las personas en situación de desplazamiento, así como el encausamiento hacia la resiliencia político-burocrática de las dinámicas que se generen alrededor del lamento, constituiría una nueva forma de hacer política que identificamos aquí como adhocracia.

Finalmente, la cartilla *Iglesia, política y desplazamiento* de la línea de Interacción con el sector público del proyecto *Fe y Desplazamiento* sugiere acciones concretas, particularmente la de construir una ruta de resiliencia política, para el acompañamiento de la iglesia en el florecimiento político de las PSD. Esas sugerencias surgieron de reflexiones académicas basadas en la teología, la filosofía, la historia, la ciencia política, la teología política, el derecho y la ética, pero también de una robusta investigación de campo, y están plasmadas en lecciones sobre la iglesia y resiliencia política, barreras y condicionamientos de la interacción entre la iglesia local y el sector público, la política como gestión, dimensiones de la justicia, perdón y política.[35] Dicha cartilla se propone ayudar al profesional cristiano laico a movilizar a su iglesia local, en pro del florecimiento político de las personas en situación de desplazamiento, a través de forjar y/o consolidar una conciencia política y social desde la praxis cristiana y de demostrar que los profesionales laicos sí pueden ayudar a generar un ambiente propicio para que las PSD se empoderen políticamente. La lección "Iglesia y resiliencia política" de esa cartilla identifica el diagnóstico, la confesión, la generación de confianza, el perdón, el lamento, la conciencia terapéutica de las injusticias y el testimonio

---

33. Serrano Pascual, Paz Martín y Pericacho de Castro, "Sociologizando la resiliencia," 240.
34. Serrano Pascual, Paz Martín y Pericacho de Castro, "Sociologizando la resiliencia," 242.
35. David López Amaya y Guillermo Mejía Castillo, *Iglesia, política y desplazamiento*, 2.ª ed. (Medellín: Publicaciones SBC, 2020).

de otras PSD dentro del abanico de prácticas bíblicas a disposición de la iglesia para su acompañamiento al florecimiento en resiliencia política de las PSD.[36]

Las reflexiones y las sugerencias de acciones prácticas consignadas en la cartilla parten del reconocimiento de que la tragedia del desplazamiento ha dejado, entre otras cosas, un capital político subutilizado de las personas en situación de desplazamiento. En las investigaciones de campo se halló, por ejemplo, que muchas de estas personas son conscientes de varios de los factores sociopolíticos que dieron lugar al desplazamiento forzoso y de las responsabilidades del Estado en esta tragedia.[37] Este capítulo sobre el lamento y su potencial de resiliencia política provee un marco, a la luz de la reflexión bíblica, de ciencias sociales y de teología política, de uno de los componentes del abanico de posibilidades que el profesional cristiano tiene a su disposición para acompañar a las personas en situación de desplazamiento en la construcción de resiliencia político-burocrática.

CONCLUSIÓN

El evangelio que creemos y promovemos resulta fofo y débil cuando no interactúa redentoramente con las realidades globales y locales trágicas del momento actual de la raza humana. Como lo muestra con creces el libro de Lamentaciones, no tenemos que conformarnos con el expediente fácil y no bíblico de cierta tradición triunfalista de que al fin y al cabo tenemos la vida eterna y que por lo tanto podemos pasar de agache frente a las injusticias y tragedias presentes, en desconocimiento de que, con el evento de Jesús, el reino de los cielos ya se ha acercado. El lamento constituye más bien una suerte de eslabón perdido para que el evangelio no tenga que hacer abstracción de la catástrofe y podamos transitar de la catástrofe a la celebración, pasando por la esperanza y la restauración.

Este capítulo ha explorado la construcción de resiliencia política a partir de la práctica bíblica del lamento como componente clave en el abanico de prácticas bíblicas que la iglesia tiene a su disposición para cumplir los compromisos de la acción misional. La idea es promover que las comunidades de fe cristiana aúpen la resiliencia política de las personas en situación de desplazamiento a través del lamento en su liturgia y en su acompañamiento a esas personas.

De esta manera contestamos nuestra pregunta de investigación sobre cómo puede la iglesia promover resiliencia en las comunidades de personas en situación de desplazamiento forzoso en Colombia. Hemos ponderado la práctica bíblica del lamento para el propósito de acompañar la construcción de resiliencia política en las PSD. Nos cercioramos hemos cerciorado del enorme potencial de la iglesia para orientar el empoderamiento político-burocrático de las PSD a partir de la práctica bíblica del lamento. Hemos articulado, además, cómo el lamento frente al desplazamiento

36. López Amaya, *Iglesia, política y desplazamiento*, 14–18.
37. Ver capítulo 8.

forzoso llega a convertirse en conciencia terapéutica y cómo puede construir y/o fortalecer resiliencia política. Proponemos entonces que debe reconocerse, más y mejor, el lamento como una práctica bíblica con potencial de transformar la vejación del desplazamiento forzoso en resiliencia política.

BIBLIOGRAFÍA

Acevedo, Oscar. *El corazón de las víctimas: aportes a la verdad para la reconciliación en Colombia*. Bogotá: San Pablo, 2016.

Bretherton, Luke. *Christ and the Common Life: Political Theology and the Case for Democracy*. Grand Rapids, MI: Eerdmans, 2019.

Dobbs-Allsopp, F.W. *Lamentations*. Interpretation. Louisville, KY: John Knox, 2002.

Goldstein, Bruce Evan., ed. *Collaborative Resilience: Moving Through Crisis to Opportunity*. Cambridge, MA: MIT Press, 2012.

Katongole, Emmanuel. "Por qué la política necesita del lamento." *Comité central menonita: historias*. https://mcc.org/stories/por-que-la-politica-necesita-del-lamento?fbclid=IwAR1Ovzw5IA00-zZHSsUT_6RucHfMPQ_4wzAaa187XH7TtVdq191LgGp1dBo. Fecha de publicación 26 de mayo de 2021.

Fals Borda, Orlando. "Remaking Knowledge." En *Action and Knowledge: Breaking the Monopoly with Participatory Action Research*. Eds. Orlando Fals Borda y Muhammad Anisur Rahman, 146–166. New York: Apex, 1991.

López Amaya, David y Mejía Castillo, Guillermo. *Iglesia, política y desplazamiento*. 2.ª ed. Medellín: Publicaciones SBC, 2020.

Malgesini, Graciela. "Reflexiones sobre el concepto de participación social en el caso de las personas afectadas por procesos de exclusión." *Documentación social* 135 (2004): 109–124.

O'Connor, Kathleen M. *Lamentations and the Tears of the World*. Maryknoll, New York: Orbis, 2002.

Parry, Robin. "Lamentations and the Poetic Politics of Prayer." *Tyndale Bulletin* 62, n.º 1 (2011): 65–88.

Pham, Xuan Huong Thi. *Mourning in the Ancient Near East and the Hebrew Bible*. Journal for the Study of the Old Testament, vol. 302. Sheffield, Inglaterra: Sheffield Academic, 1999.

Rah, Soong-Chan. *Prophetic Lament: A Call for Justice in Troubled Times*. Downer's Grove, IL: InterVarsity Press, 2015.

Serrano Pascual, Araceli, María Paz Martín y Carlos Pericacho de Castro. "Sociologizando la resiliencia; el papel de la participación socio-comunitaria y política en las estrategias de afrontamiento de la crisis." *Revista española de sociología* 28, n.º 2 (2019): 227–47.

Stringer, Ernest T. *Action Research*. 3.ª ed. Los Angeles: Sage, 2007.

Zolli, Andrew, y Ann Marie Healy. *Resilience: Why Things Bounce Back*. Nueva York: Free Press, 2012.

15

El Dios de las personas en situación de desplazamiento

Milton Acosta y Laura Milena Cadavid Valencia

INTRODUCCIÓN

En la novela *El apicultor de Alepo*,[1] hay una escena donde la pareja protagonista (Nuri y Afra) sale de su escondite en el jardín cuando sienten que los soldados que los buscan para matarlos ya se han ido. Al entrar a la casa, descubren que esta ha sido completamente revolcada. Nuri no dice nada para no alarmar a su mujer invidente. Afra de todos modos comienza a darse cuenta de lo que han hecho los soldados. Se sienta en el suelo y empieza a palpar y a reconocer sus cosas. Una de estas es un objeto religioso precioso para ella donde están grabados los 99 nombres de Allah. El objeto está hecho pedazos. Sin embargo, empieza a recitar de memoria esos nombres que describen y definen a su Dios y su fe en este. Uno de esos nombres es, Protector.

Desde afuera, el lector se pregunta incrédulo, cómo puede alguien seguir creyendo en Dios en semejantes circunstancias. Tal vez se responderá a sí mismo diciendo que eso puede pasar en una novela, pero no en la realidad o que eso les pasa a los musulmanes, pero no a los cristianos. Sin embargo, contrario a esta intuición, en la investigación de campo del proyecto *Fe y Desplazamiento* hemos constatado que el fenómeno se repite. Ante los padecimientos más atroces, la mayoría de los creyentes siguen creyendo; algunos hasta se aferran a su fe todavía más que antes. Y nos

---

1. Christy Lefteri, *El apicultor de Alepo*, trad. Ana Belén Fletes Valera (Madrid: Maeva Ediciones, 2020).

preguntamos cómo puede ser tal cosa, porque mal haríamos en corregir a quienes así experimentan su fe.

En otra escena de esta novela, la pareja, ahora en Turquía a orillas del Mar Mediterráneo, espera órdenes para subir a la embarcación que, al amparo de la oscuridad, los llevará a Grecia. En esas, un niño de siete años, llamado Mohamed, le pregunta a Nuri sobre el poder de Allah y por qué no ayudó a los niños que decapitaron. Esto es lo que Nuri se pregunta a sí mismo en sus cavilaciones solitarias.

Las dos escenas retratan el dilema del creyente ante la calamidad, aferrarse a su fe o renunciar a ella. Pero, contrario a lo que la lógica y la razón indicarían, las personas de fe, en su mayoría, no reniegan de sus creencias ante la adversidad, por mucho que esta parezca un abandono de Dios. Así como, en el siglo sexto, los judíos exiliados en Babilonia se aferraron a su fe y su Dios, así mismo lo hacen la mayoría de las víctimas del desplazamiento forzoso en Colombia. La explicación, si acaso hay alguna, tendrá que venir primero de quienes ostentan una fe así.

Hay estudios que demuestran que más del 90% de las víctimas del desplazamiento forzoso en Colombia sigue creyendo en Dios y que la mayoría de estos asegura que su fe se ha fortalecido por causa de las penurias causadas por el desplazamiento. La conclusión del teólogo Nelson Mafla es que la fe de estas personas cumple una función esencial en quienes estas penurias han sufrido. El beneficio colateral de esta experiencia es algo de lo cual todas las personas en Colombia podemos estar agradecidos: su renuncia a la venganza y a la perpetuación del ciclo de la violencia.

Mafla sostiene que "estudiar esta poderosa estructura humana [la religión] es estudiar al ser humano, sus esperanzas y sus anhelos más profundos."[2] Por eso, en su investigación, la religión se toma "como una unidad constituida por este *factor ignotus*, un objeto de sentido y el puente que se establece entre *factor ignotus* y el objeto de sentido hacia el que cada persona de manera única e irrepetible orienta las expectativas de su vida." Esta definición amplia de religión intenta desligar el término de las definiciones tradicionales y unilaterales para apuntar principalmente a "la orientación hacia lo que cada uno considera el objeto de sentido de su vida."[3] Es decir, quien decide el significado y el valor de la religión para la vida de un creyente es el creyente mismo, no quien desde afuera investiga el papel de la religión en los creyentes. Esto es precisamente lo que nos proponemos explorar en este capítulo a partir de testimonios dados por personas en situación de desplazamiento en nuestro país.

Por tratarse de un tema de fe, y específicamente de la fe cristiana y de la Biblia, este capítulo se propone investigar cómo es el Dios de las PSD y qué creen de ese Dios estos colombianos que, a pesar de tanto sufrimiento, no han caído en el agnosticismo[4]

---

2. Nelson Roberto Mafla Terán, *La función de la religión en la vida de las víctimas del desplazamiento forzado en Colombia* (Bogotá: Pontificia Universidad Javeriana, 2017), 142.

3. Mafla Terán, *La función de la religión*, 151.

4. De hecho, se ha argumentado que la crisis provoca el fervor religioso. En el caso de los judíos, permitió que esto fuera ayudado por el mensaje de los profetas. George A. Barton, "Influence of the

ni en la retaliación. En algunos asuntos puntuales compararemos esas expresiones de la fe con la de los judíos exiliados en Babilonia en tiempos del Antiguo Testamento. A partir de estas indagaciones propondremos algunas reflexiones y conclusiones sobre la experiencia de Dios en la fe de las PSD.

Se debe de advertir que la fe expresada en los textos bíblicos es producto de la reflexión durante siglos, formulada en textos literarios de diferente índole, incluyendo lamentaciones, relatos históricos, y demás. De modo pues que las comparaciones se limitan a asuntos específicos sobre el creer y los fundamentos de ese creer, mas no en las formas de la literatura. Los desplazados en Colombia, por su parte, no han producido una literatura que todos identifiquen como suya y como elaboración del trauma, cosa que para los judaítas sí ocurrió, tal y como lo reflejan los textos bíblicos (ver capítulo 17).

EL DIOS DE LAS PERSONAS EN SITUACIÓN DE DESPLAZAMIENTO EN COLOMBIA: HALLAZGOS DE LA INVESTIGACIÓN *FE Y DESPLAZAMIENTO*

Si bien un número considerable de las personas que participaron en esta investigación tiene algún tipo de vínculo religioso institucional, los hallazgos de este estudio se enfocan en la fe existencial y personal, no en la dogmática. Por esto, es necesario indicar la tensión propia del tema. Por un lado, no pretendemos justificar la situación del desplazamiento y sus causas, pero por otro lado, tampoco es nuestro interés deslegitimar el sentimiento religioso y las convicciones de fe de las personas cuyos testimonios aquí recogemos.

La presentación y análisis de la experiencia de fe de las PSD se hará a partir de lo que las PSD mismas han dicho; así que, en lo posible, se dejará constancia de sus propias palabras. Los testimonios que aparecen a continuación están clasificados según la afinidad en el contenido y el contexto donde se obtuvieron.

Sufrimiento—la salida

En una iglesia proveniente de una vereda en Córdoba, escuchamos la historia de la iglesia y su creencia en Dios narrada colectivamente. Esta comunidad sufrió varios desplazamientos forzosos; para el segundo, basados en su fe, buscaron resistir desde la oración:

> Entre todos se tomó el acuerdo de quedarnos en la iglesia, estar ayunando y orando, pidiéndole a Dios que nos dijera si era su voluntad, entonces esa era la visión de todos. Y nos mantuvimos ahí. Hasta desplazarnos . . . .[5]

Babylonian Exile on the Religion of Israel," *The Biblical World* 37, n.º 6 (1911): 369–78.

5. "Grupo focal del equipo de misiología—Tierralta," grupo focal, zona rural de Tierralta, 21 de

Para esta misma comunidad, en los dos desplazamientos forzados, el miedo se "señoreó" sobre ellos. El acto de violencia rompió la fortaleza espiritual, pues concebían a Dios como el que guía, quien orienta, pero el hecho de la violencia los afectó en esa relación de confianza:

> Arriba hay otras dos iglesias, entonces al ver nosotros que la gente se iba bajando y éramos los últimos, eso nos llenó de miedo, quedamos aquí de blanco, ya los que quedamos fuimos nosotros, y no fuimos capaces. El miedo se señoreó de nosotros, se apoderó de nosotros, fue tremendo . . . un miembro de la iglesia lo mataron. La iglesia sufrió la pérdida de un hermano muy joven, y eran dos, pero el otro no lo mataron, lo tenían amarrado . . . . y usted sabe que, como seres humanos, uno mira eso, y transmite mucho miedo a la comunidad.[6]

Expresaron que, en ese momento de temor, perdieron mucho "espiritualmente," lo mismo que en una dimensión social y comunitaria. Es decir, "el impacto que tiene la iglesia frente a la comunidad donde está, es que (aunque muchas personas) todavía no han recibido al Señor[7] . . . (si) la iglesia se va, eso hace un impacto, ellos se van."[8] El desplazamiento forzado interfirió así con sus prácticas espirituales, de comprensión del cristianismo como un lugar de fortaleza y su capacidad de evangelización.

De forma similar lo narraron en Cauca, en donde se identificó el impacto del hecho del desplazamiento forzado en la creencia y la capacidad de "ver a Dios" por la dificultad del proceso de asentamiento "puesto que nosotros hemos sido sacados . . . para estar en otro lugar . . . y no llegaba nada de apoyo, entonces era como que si Dios no existía."[9] Esta comunidad cristiana sufrió el desplazamiento forzado colectivamente, y generó un impacto en sus creencias y la percepción de Dios. Lograron afrontar la confusión causada por el hecho del desplazamiento forzado comparando su situación con lo que se expresa en la Biblia sobre el pueblo de Israel y su paso por el desierto:

> Dios mismo estaba utilizando todo esto, pues la comunidad, todos eran conocedores de Dios. Entonces esa era la situación de la espiritualidad que se estaba decayendo, pero gracias a Dios mismo que les ayudó porque si nosotros decíamos que el pueblo de Israel anduvo 40 años [en el desierto] y no le faltó vestido, no le faltó comida, entonces hicimos entender eso a la gente y la gente lo acogió para impulsar, para tener nuevas fuerzas.[10]

En el caso de la comunidad de Córdoba, su retorno al lugar del cual fueron expulsados se basó en su búsqueda de Dios, su relación con él, y lo articularon así:

---

enero, 2017.

6. "Grupo focal del equipo de misiología—Tierralta," grupo focal.
7. No han recibido al Señor: no son cristianas.
8. "Grupo focal del equipo de misiología—Tierralta," grupo focal.
9. "Grupo focal del equipo de misiología—Cauca," grupo focal, zona rural de Cauca, 13 de enero, 2017.
10. "Grupo focal del equipo de misiología—Cauca," grupo focal.

cuando regresamos, muchas personas que no habían regresado, al mirar que la iglesia nuevamente llega a la comunidad y nuevamente empieza a reunirse, a mucha gente les da el ánimo de regresar . . . los primeros dicen, ah, esto es un pueblo que está buscando al Señor y hace mucho impacto porque atrae, trae a las personas y muchas personas han regresado, han retornado. Eso ha hecho impacto y muchas personas que llegan se han congregado a la iglesia, de nuevamente han empezado a caminar al Señor.[11]

Dios acompaña y guía

A pesar de las dificultades y de reconocer que en el momento del desplazamiento forzado fue difícil ver a Dios, escucharlo y confiar, se identifica a Dios como guía y quien acompaña en medio de la dificultad:

Nos quitaron las parcelas y quedamos solamente con manos cruzadas, sin nada . . . Pero así seguimos luchando con el Dios todopoderoso, para nosotros como pueblo cristiano fue duro, absolutamente duro. Pero Dios nunca nos ha dejado solos, siempre ha estado con nosotros a pesar de todo ese duro problema que estamos cruzando, pero la comunidad siempre, solamente acogida de Dios; y más cosas pasaban y más acudían al Señor solamente y así nosotros pudimos resistir ahí.[12]

En este relato, se observa a Dios como aquel que da apoyo a quien lo pide, quien brinda compañía en la desgracia, y como el único a quien pueden pedir ayuda en medio de las dificultades del desplazamiento. Sin embargo, fue común en las entrevistas y grupos focales encontrar referencias al deseo de muerte o intentos de suicidio debido a las dificultades vividas tras el desplazamiento forzado, pero al mismo tiempo, encontramos afirmaciones de Dios como aquel que ayudó a salvar la vida y a sobrevivir en medio de las dificultades:

yo llegué a pensar que preferiblemente hubiera muerto en esa tragedia para no tener que estar enfrentando esa situación, pero yo creo que era por emocionalmente que las cosas se estaban manejando, sino consideramos que Dios, nuestro Señor, ayudó bastante, puesto que los hermanos orando uno por los otros y eso permitió que las cosas no pasaran a mayores.[13]

Para estas personas creyentes que han padecido el desplazamiento, Dios en el sufrimiento es quien los mantiene con vida, quien les ayuda a superar la depresión. Fue común la referencia a enfermedades mentales ocasionadas por el empobrecimiento y la perdida a nivel económico, no tener alimentos, un trabajo digno o medios para

---

11. "Grupo focal del equipo de misiología—Tierralta," grupo focal.
12. "Grupo focal del equipo de misiología—Cauca," grupo focal.
13. "Grupo focal del equipo de misiología—Cauca," grupo focal.

la producción, ó una vivienda como consecuencia del desplazamiento forzado. Al momento de afrontar el trauma fruto del hecho violento, lo verbalizan como causas de tristeza profunda, depresión y muerte. En contraste, y a pesar de todo, Dios se mantiene como fuente de esperanza, fortaleza, compañía y consuelo, sin embargo, se puede percibir el sufrimiento, la lucha interior, y el esfuerzo por conservar la vida:

> a uno eso le da mucha depresión, le da mucha tristeza, se acompleja porque uno donde acá tenía todas sus cositas, trabajo, todo, y al salir afuera y uno encontrarse que ha perdido todo y que está en un momento como de esclavitud, de humillación en el trabajo . . . no, eso gracias a Dios que Dios le ayudó a sostenerse a uno, que uno todavía mantenga la vida, pero, una depresión muy grande, depresión muy grande. Y así fue muchas personas. Muchas personas.[14]

Dios consuela y fortalece

Las PSD en las iglesias reconocieron a Dios como fuente de consuelo y fortaleza, cuyo vehículo es la oración. Resaltaron las visitas a los vecinos y personas en sufrimiento, y por medio de la oración, buscaban la posibilidad de traer consuelo:

> En un momento de que la persona esté deprimida, la persona esté pasando un momento duro. En un momento de que una persona va y le da consuelo, aquella persona siente un alivio. Aquella persona puede sentir mejoría, puede descansar, puede estar como esté, deprimido, pero aquella persona va a quedar totalmente casi sana. Usted sabe que cuando una persona está mal en una cama pa' morirse y llega alguien y le empieza a decir: "tú no te vas a morir, tú tienes mucha vida todavía por delante, mira Dios está conmigo, Dios está contigo, tú no te vas a morir, no te aflijas," aquella persona se va a sentir, en el momento, fortalecida.[15]

Dios trae perdón y ayuda a perdonar

Dios se referencia como aquel que perdona y ayuda a perdonar, da valor y fortaleza para lograrlo, pues se referencia como una lucha, como algo que requiere de fuerza y valor, lo cual se obtiene de Dios:

> En el desplazamiento perdí a mi mamá; a mi mamá la asesinaron; asesinaron a mi hermano mayor y el otro que le seguía al mayor y a nosotros nos despojaron de todos los bienes, animales, terrenos, tierra y todo. Prácticamente casi todos los días veía a los, a los que habían hecho el daño. Bueno, en algún momento les quise como que guardar rencor y, y había como que ese sentimiento

---

14. "Grupo focal del equipo de misiología—Tierralta," grupo focal, Tierralta, 21 de enero, 2017.
15. "Grupo focal del equipo de misiología—Tierralta," grupo focal.

de rencor en mi corazón, pero un día decidí perdonarlos y bueno, llegó hasta el momento que, que les, me tocó servirles a ellos, a los que habían hecho el daño . . . Entonces, decidí perdonar y los perdoné. Fue luchado porque pedí a Dios que me diera la ayuda para perdonar porque a veces solo también es difícil, cuando a uno lo han herido, le han hecho tanto daño. Bueno, Dios es nuestro amigo y nos ayudó a perdonar a mí y a mi familia.[16]

La visión del perdón de Dios se identificó en los niveles individual, familiar y también como herramienta para avanzar colectivamente hacia la paz en el país. Dios es percibido como alguien superior que trae perdón, un perdón difícil de lograr y que se logra conociendo su palabra: "yo creo que la iglesia debe de levantarse en esto y proclamar a Dios y proclamar llevando la paz, llevándole el mensaje de la Palabra de Dios a la gente que no conoce la Palabra de Dios."[17]

Así, el perdón se identificó como un proceso difícil de lograr, pero también como un estado al que se aspira desde la voluntad personal o colectiva, por un lado, y la fortaleza que viene de Dios del otro. El perdón se reconoce como algo necesario en el marco del conflicto armado, donde la palabra de Dios trae paz y reconciliación:

la iglesia tiene que levantarse muy fervientemente a proclamar la paz, pero llevando paz a cada vida, a cada persona, llevándole el mensaje de la palabra de Dios para que podamos sanar de pronto a algunas personas que no quieren perdonar, algunas personas que tienen sed de venganza.[18]

Un estudio realizado por el grupo de investigación "Lazos sociales y culturas de paz," de la Pontificia Universidad Javeriana de Bogotá, encontró que el perdón es parte importante en el discurso de las PSD y que en la mayoría de los casos este perdón está asociado a la fe en Dios que estas personas profesan. Este estudio es importante para nuestra investigación porque, como lo dice el resumen, "surge de manera emergente la relevancia que tiene la religión en los procesos de perdón y reconciliación."[19] Estas personas deducen que perdonar es un deber porque es lo que Dios hace con los seres humanos, como lo enseña la fe judeocristiana: "estas creencias religiosas aparecen como determinantes en la forma como se construyen las ideas de perdón y reconciliación."[20] Parece entonces que la decisión de perdonar no es una especie de consolación secundaria, como parece sugerir el artículo unos párrafos antes.

"Las creencias religiosas también cumplen un papel primordial pues . . . una persona vinculada a determinada práctica religiosa comprende y práctica el perdón

---

16. Entrevista del equipo de interacción con el sector público, entrevista con Fernando Mosquera, zona rural de Tierralta, 21 de enero, 2017.

17. Entrevista del equipo de interacción con el sector público, entrevista.

18. Entrevista del equipo de interacción con el sector público, entrevista.

19. Laura Castrillón-Guerrero et al., "Comprensiones de perdón, reconciliación y justicia en víctimas de desplazamiento forzado en Colombia," *Revista de estudios sociales* 63 (2018): 84–98, https://dx.doi.org/10.7440/res63.2018.07.

20. Castrillón-Guerrero et al., "Comprensiones de perdón," 96.

y la reconciliación, enmarcada dentro de los lineamientos de su postura."[21] Llama la atención que las víctimas que perdonan con base en su fe, lo hacen por haber llegado a la conclusión que el daño del que han sido víctimas es irreparable.[22] Claro está que esto mismo puede llevar a otros a la decisión opuesta.

Los autores afirman que en el caso colombiano ha habido perdón de parte de las víctimas sin que esto haya producido reconciliación ya que los victimarios pocas veces se acercan a sus víctimas a pedirles perdón.[23] Tal vez por eso es que el conflicto colombiano está en la categoría de intratable. Además, las múltiples formas de violencia que producen víctimas siguen en su mayoría operando en gran parte del territorio nacional.

Las víctimas creen más en la justicia divina que en el sistema judicial colombiano. Pero de todos modos creen que, si no hay justicia aquí en la tierra, tampoco habrá reconciliación.[24]

> Para las personas entrevistadas, el perdón es un proceso que implica un cambio en la víctima que está mediado o facilitado por "Dios." Es necesario indagar más en esta variable, por cuanto aún no conocemos todas las implicaciones que tiene la religión como configuradora y facilitadora del proceso de perdón y reconciliación en contextos de guerra, aunque se ha investigado ampliamente sobre los conflictos armados por razones religiosas. En este sentido, este es uno de los hallazgos más relevantes de la investigación.[25]

Las siguientes afirmaciones se podrían desafiar puesto que presentan la práctica del perdón como una acción secundaria que reemplaza a un ideal imposible: "De este modo, no es posible creer en la justicia que ofrece el Estado, por lo que las víctimas acuden a sus creencias religiosas como esperanza para obtener justicia."[26]

De todos modos, el asunto es de una gran complejidad. La desconfianza en la justicia del Estado es clara. Sin embargo, la justicia se percibe cuando hay reparación y garantía de no repetición, mientras que algunos todavía albergan la esperanza de que los victimarios sean castigado o de poder vengarse.

Dios empodera frente a la violencia

La violencia y el desplazamiento forzado se identificaron como una fuente de angustia, con impactos económicos, familiares y psicológicos que pervivían al momento de las entrevistas. En este contexto se expresó que en el proceso del desplazamiento forzado

---

21. Castrillón-Guerrero et al., "Comprensiones de perdón," 87.
22. Castrillón-Guerrero et al., "Comprensiones de perdón," 87.
23. Castrillón-Guerrero et al., "Comprensiones de perdón," 86.
24. Castrillón-Guerrero et al., "Comprensiones de perdón," 92.
25. Castrillón-Guerrero et al., "Comprensiones de perdón," 95.
26. Castrillón-Guerrero et al., "Comprensiones de perdón," 95.

Dios parecía distante, como se presentó anteriormente, y parecía como si Dios no estuviese presente y no fuera soberano. Sin embargo, en la construcción del relato y la memoria se presenta a Dios como guía, como fortaleza para resistir y como aquel que proveyó gracia para sobrevivir a una situación de violencia y empobrecimiento.

En el caso de la comunidad rural de Córdoba, que sufrió varios desplazamientos, se expresó que para una tercera arremetida de la violencia la comunidad decidió quedarse y resistir, y Dios se presentó como aquel que proveyó gracia y protección para mantenerse:

> ya entre nosotros, la comunidad y la iglesia (decidimos) que, mejor que nos mataran, pero no íbamos a salir más, porque los primeros (desplazamientos) fueron muy duros, fueron terribles, fueron difíciles para nosotros económicamente y espiritualmente, entonces al llegar de nuevamente nos aguantamos y por la gracia de Dios estamos aquí.[27]

Ese Dios que protege, habla y brinda orientación a su pueblo, se considera que lo hace por medio de la palabra expresada en la Biblia, "guiados por la Palabra de Dios" pero también por medio de guía pastoral y de relevación en la oración. Así lo expresa un participante de un grupo focal,

> Hacíamos ayuno y en medio de ese ayuno el Señor nos habló, por medio de un hermano; que nos iba a dar un lugar espacioso . . . Porque nos tocaba a veces así, la casita chiquitita y ahí toditos amontonaos cantando. Y ahí nos arrodillábamos a veces. En una frialdad que había horrible.[28]

En este contexto, resalta la creencia que Dios envía líderes en medio de la perdida de la cohesión social y el temor, expresando su protección y guía: "comenzamos a orar y le damos gracias al Señor que él trajo una pareja. La pareja pastoral, pa' qué, muy guiado por el Señor."[29]

Los líderes que vivieron desplazamiento forzado se refirieron a Dios como aquel que los orienta y ayuda a actuar, quien trae sabiduría: "yo lo hacía todo en el nombre del Señor, dije 'estoy aquí en este pueblo como líder, dirígeme, ayúdame, que las palabras no sean mías sino tuyas', en casos así, él me ayudó bastante."[30]

Dios

Dios toma en el relato una función durante el proceso del desplazamiento forzado, pero también encontramos características y descripciones de quién es Dios. Se entiende a

---

27. "Grupo focal del equipo de misiología—Tierralta," grupo focal.
28. "Grupo focal del equipo de misiología—Tierralta," grupo focal.
29. "Grupo focal del equipo de misiología—Tierralta," grupo focal.
30. Entrevista del equipo Interacción con el Sector Público con persona anónima (hombre en situación de desplazamiento), vereda de Córdoba, 22 de enero, 2017.

Dios como soberano, Dios de amor, Dios que trae paz, Dios quien brinda respuestas, Dios quien trae reconciliación, Dios como un camino a seguir y Dios como el dueño de todo. Al leer los testimonios, es necesario tener en cuenta la tenacidad de la fe de estas personas, dado que sus afirmaciones de Dios se dan en un contexto de extrema adversidad.

La voluntad de Dios a través del desplazamiento forzado pone de manifiesto una dicotomía entre la violencia y la paz, entre el sufrimiento y la bendición, a través del reconocimiento de Dios en circunstancias de sufrimiento, dando protección y guía en medio de la violencia que han vivido como personas y comunidades desplazadas.[31] Por ello nos llamó la atención su fe en medio de la violencia del desplazamiento, reconocer a un Dios de amor y protección en medio del drama del desplazamiento forzado: "el amor de Dios es tan grande pues yo y mi familia y mi esposa hablamos y decíamos 'nosotros a pesar de que ya casi pa' cuatro años así en desplazamiento, pero nunca, nunca nos ha faltado nada, sino que estamos bien.'"[32]

SOBRE LA FE DE LOS DESPLAZADOS EN COLOMBIA

En esta sección nos proponemos corroborar que nuestros hallazgos se mantienen en línea con lo que otros ya han encontrado. Es decir, a la luz de nuestra investigación y de las hechas por otros, podemos concluir que el cuadro que nos vamos formando es bastante cercano a la realidad y no se trata de asuntos anecdóticos aislados de comunidades cristianas en lugares remotos.

El tema de la fe que siguen profesando las PSD, a pesar de las circunstancias tan adversas que han vivido, ha sido estudiado y documentado en detalle por Nelson Mafla Terán.[33] Este autor afirma que al analizar la función de la religión en cualquier contexto es imperioso notar también la disfunción.[34] No es ningún secreto que la religión ha sido utilizada desde tiempos antiguos para cometer toda suerte de abusos contra los mismos creyentes. Recordamos el fatalismo y determinismo otrora promulgado por líderes religiosos en nuestro continente colonial para que los pobres y los oprimidos aceptaran su condición como designio divino inapelable. Suficiente tuvimos con eso.

(Un dato importante en la investigación de Mafla, y que queda como asunto para investigar, es que el número de hombres es prácticamente igual al de las mujeres, lo cual indica que entre las PSD se rompe el patrón al que estamos acostumbrado, donde

---

31. Mark Juergensmeye, "Religious Violence," en *The Oxford Handbook of the Sociology of Religion* (Oxford: Oxford University Press, 2009).

32. Entrevista del equipo de interacción con el sector público, entrevista con Fernando Mosquera, zona rural del Cauca, 13 de enero, 2017.

33. Mafla Terán, *La función de la religión*, 203–28.

34. Mafla Terán, *La función de la religión*, 36.

"las mujeres son más inclinadas a la religión" que los hombres,[35] como se evidencia en la demografía de muchas congregaciones locales.)

La estrategia de Mafla ha sido comprender la función de la religión a partir del impacto que causa el desplazamiento forzoso en la vida cotidiana. Su tesis es que el desplazamiento forzoso, al desconfigurar completamente la existencia de las personas, hace que Dios se convierta "en una figura tremendamente significativa que apuntala la vida entera."[36] Cita a Bergen para mostrar la relación religión-sociedad, especialmente en personas que provienen del campo, para quienes la religión desempeña un papel esencial. Afirma también Mafla que "la percepción que los desplazados tienen de la religión, de Dios y de su propia experiencia religiosa está matizada, influenciada y hasta determinada por factores como [l]a discriminación, la exclusión, la agresión social, la humillación y el sufrimiento."[37] Estos son factores importantes en la descripción que algunos hacen al hablar de la condición liminal de las PSD. Son personas que nunca han pertenecido de manera completa a la sociedad de la que supuestamente hacen parte.

Muchas de las descripciones que siguen, al igual que las ya anotadas, podrían ir acompañadas de la expresión, "contrario a lo que uno se imaginaría." El investigador de las PSD se sorprende al constatar no solamente la supervivencia de la fe, sino el fervor con el que las PSD hablan de su fe y del papel que esta juega en sus vidas.

Así lo vemos en los testimonios de la comunidad del Cauca que fue desplazada colectivamente. Expresaron en el grupo focal, "nuestro Dios es el único Dios y en eso permanecemos . . . estamos aquí radicados como desplazados por persecución, pero de todas maneras nosotros vamos persistiendo en la fe que es en Cristo Jesús."[38] Y por ello su confianza radica en él: "a pesar de esos obstáculos que hay, Dios nos dará la última palabra y él es el dueño de todas las cosas, confiamos en Dios y yo sé que Dios nos va a ayudar.[39]

Dios es identificado como un ser personal: poderoso, grande y maravilloso, padre y salvador. Parece contraevidente que vean a Dios de esa forma aun después de haberlo perdido todo, incluyendo familiares cercanos. Da la impresión que el hecho de estar vivo es suficiente para afirmar que Dios es todo.

DIOS DE LOS DESPLAZADOS EN LA BIBLIA: LA EXPERIENCIA DEL PROFETA JEREMÍAS

La experiencia de los judíos exiliados en Babilonia, a partir de los inicios del siglo sexto a.C., jugó un papel importante en la forma final de los textos del Antiguo Testamento

---

35. Mafla Terán, *La función de la religión*, 71–72.
36. Mafla Terán, *La función de la religión*, 102.
37. Mafla Terán, *La función de la religión*, 112.
38. "Grupo focal del equipo de psicología—Cauca," grupo focal, zona rural de Cauca, 13 de enero, 2017.
39. Grupo focal del equipo de Psicología en zona rural de Cauca el 13 de enero, 2017.

como los conocemos hoy. Sin embargo, el testimonio de Dios allí registrado, con todo y los textos de lamentación y hasta de protesta, es bastante positivo:

> The most remarkable theological aspect of the exile is that the profound losses of 587 did not lead to despair and a loss of faith. Rather, the exile became a remarkable moment in the life of the Jewish community for inventive and generative faith, which experimented with new articulations of that faith and which produced much of the more eloquent and more determined literature of the Old Testament.[40]

A los exiliados los sostiene la fe; gracias a esta interpretan la tragedia y albergan la esperanza de volver a su tierra. Que sepamos, entre estos judaítas muy probablemente no había ateos ni agnósticos. Pero el hecho es que, aunque en general reconocían el exilio como castigo, al mismo tiempo seguían creyendo en Dios, hasta más que antes, según algunos. En otras palabras, mal haríamos al suponer que el exilio desembocaría en un abandono de la fe. Un claro ejemplo de esto se observa en el libro de Jeremías, libro en el cual nos concentraremos en esta sección.

La elección de Jeremías se debe a que los profetas y otros escritores del exilio intentan darles a los exiliados "recursos para una supervivencia teológica y autoconsciente." Jeremías es uno que lo hace de diversas maneras, incluyendo una carta (Jer 29:1-9) en la cual anima "a aceptar el exilio en Babilonia como el lugar donde deben vivir su fe y desarrollar modos sostenibles para la existencia comunitaria por fuera de Jerusalén."[41]

En los estudios de Jeremías se ha discutido mucho la autoría, cuánto del texto viene de los labios y la pluma del profeta Jeremías mismo y cuánto es elaboración posterior de discípulos, predicadores, editores y redactores. Como quiera que haya sido esa historia y dado que no existe acuerdo sobre estos temas, en este capítulo seguiremos la pauta marcada por Walter Brueggemann, cual es, poner más atención al libro de Jeremías como "persona profética" que a la persona de Jeremías.[42] Brueggemann es un intérprete creativo con interés en contextualizar el mensaje del Antiguo Testamento a las realidades del mundo actual. Por eso, a la hora de estudiar Jeremías propone investigar el tema de la "fábrica diaria de exiliados" y en la esperanza que les da a ellos este libro. Estas personas no pueden ser desconocidas ni olvidadas. Esta fábrica de exiliados y resentidos, como han sugerido otros también, es "the necessary by-product of large, self-serving concentrations of powers" that "happens on so many fronts."[43] En otras palabras, existen individuos desplazadores y empresas desplazadoras cuyos objetivos económicos se logran desplazando personas de manera sistemática, como lo argumenta Duberney Rojas en el capítulo 18 de este libro.

---

40. Bruce C. Birch et al., *A theological introduction to the Old Testament* (Nashville: Abingdon Press, 2005), 355.

41. Birch et al., *A Theological Introduction*, 355.

42. Walter Brueggemann, *Like Fire in the Bones: Listening for the Prophetic Word in Jeremiah* (Minneapolis: Fortress Press, 2006), 65.

43. Brueggemann, 107-10. Brueggemann, *Like Fire in the Bones*, 107-10.

El ministerio profético de Jeremías se desarrolla entre finales del siglo séptimo y principios del sexto a.C. Es decir, la época entre el anuncio del exilio y el cumplimiento del mismo. Muy seguramente, el libro pasó por varias ediciones hasta adquirir la forma como lo conocemos hoy. Nos interesa observar en este libro quién es Dios en cuanto a la experiencia del exilio qua desplazamiento forzoso. En el caso de Jeremías, hay un antes y un después. Primero es el anuncio del exilio y luego la experiencia del exilio, de la cual el mismo profeta participó, pero no hacia Babilonia, sino a Egipto, como ocurrió con otros cientos de judíos.[44]

Otra razón por la que nos valemos aquí de Jeremías es lo devastadora que fue la experiencia del exilio bíblico, así como lo es el desplazamiento forzoso. En su comentario sobre Jeremías 4:24–26, Brueggeman dice que esto "is the step-by-step subtraction from the 'very good' creation" de Génesis 1 "upon which Israel has counted and in which its own life is lived"; este es el "scenario in which nothing reliable or life-sustaining is left."[45] Los testimonios recogidos en este libro sobre este mismo tema son abundantes.

Dios es soberano sobre Israel y todas las naciones

Con todo y lo trágico del exilio, y contrario a la evidencia del momento, intriga observar que el libro de Jeremías se empecina en afirmar la soberanía de Dios. La razón teológica fundamental para hacerlo es que Dios no solamente no es ajeno a la historia, sino que esta es precisamente el escenario donde se cumple la voluntad de Dios (Jer 7).[46] Tal convicción resulta difícil de aceptar porque quien afirma estas palabras es víctima de los poderes en su propia nación y de los poderes imperiales babilonios. Para poder ser formulada, la afirmación requiere grandes ajustes a la teología creída hasta el momento en Judá.

La primera diferencia entre Jeremías y las PSD hoy es, entre muchas otras cosas, que Jeremías es un profeta bíblico y estos por definición ya no existen. Sin embargo, la condición de profeta no hace que el desplazamiento provocado por la invasión militar extranjera sea físicamente menos doloroso, psicológicamente menos traumático o teológicamente más comprensible (Jer 32:17, 27). Así como lo encontramos en testimonios en Granizal:

> Con el transcurrir del tiempo Dios sanará nuestro corazón, nos fortalece y nos ama, ya es duro recordar las tristezas, el pasado el dolor . . . a veces uno está en la casa y recuerda y uno llora de las injusticias, es duro, pero hay que echar pa' delante por eso se pega uno a Dios. Porque nos fortalece y nos ayuda a sobresalir o si no yo creo que ninguno estaríamos vivo.[47]

---

44. El lugar de destino más conocido en Egipto fue Elefantina, donde se fundó una comunidad judía conocida hoy por los papiros del siglo V a.C. y el templo que allí se han encontrado.

45. Brueggemann, *Like Fire in the Bones*, 120.

46. Brueggemann, *Like Fire in the Bones*, 48.

47. Mujer en situación de desplazamiento, vereda de Bello, Antioquia, Grupo Focal de psicología,

Por eso, nos referimos a los hechos fundamentales que hacen comparables las dos experiencias, ya que Jeremías (y con él numerosos judíos) y los desplazados actuales de los que hablamos son creyentes y que ambos tratan de comprender a Dios y expresar su fe en medio de esta experiencia.

¿Castigo divino?

Es necesario observar ahora las diferencias entre la experiencia de los judíos, interpretada por Jeremías, y las PSD en Colombia. A diferencia de los desplazados actuales, Jeremías acepta el exilio como castigo divino. Aunque es común entre las PSD creyentes de hoy hablar de cosas positivas que han resultado por el desplazamiento, no interpretan su experiencia como castigo divino por faltas que ellos hubieran cometido. Eso es claro. Los victimarios de los desplazados actuales tampoco son vistos por ellos como "siervos" ni "ungidos" de Dios, como describieron Isaías y Jeremías a los emperadores de Asiria y Babilonia respectivamente (Is 44:28; 45:1; Jer 25:9; 27:6; 43:10).

También es diferente el lugar desde donde Brueggemann interpreta Jeremías en comparación con las PSD de Colombia. Con todo, vale la pena observar que Brueggemann encuentra un paralelo entre la sociedad conformista judaíta del siglo sexto y la sociedad estadounidense. Sostiene que, aunque lejana la comparación, hay un paralelo entre la destrucción de las torres gemelas y la destrucción de Jerusalén. Es claro que este tampoco es el punto de partida de los desplazados colombianos. Quizá sí lo es para el apicultor de Aleppo, quien disfruta de una vida muy cómoda antes de verse obligado a huir con su mujer.

El reconocimiento de los poderes militares como agentes de juicio divino no representaba para Jeremías (ni para el autor de Lamentaciones) una licencia indefinida para invadir otras naciones o un permiso para expandir territorios de manera ilimitada, ni una carta blanca para cometer los abusos propios de las guerras. Los profetas bíblicos, al tiempo que interpretaron algunas invasiones militares extranjeras como juicio divino, también afirmaron que estas naciones invasoras en su tiempo serían igualmente castigadas por Dios, principalmente por su arrogancia y por los abusos cometidos (Jer 25, 50 y 51). Esta teología del juicio es acorde con la influencia del (los) Deuteronomista(s) que la interpretación contemporánea normalmente le atribuye al libro de Jeremías. Sin embargo, la palabra profética no es una "abdicación piadosa."[48]

En general, se supone que los poemas originales de Jeremías fueron reelaborados posteriormente en tiempos del exilio a la luz de la teología Deuteronomista que, entre otras cosas, critica duramente la monarquía y procura imaginarse un futuro más allá del exilio; es decir, las promesas se cumplen aunque haya que pasar por el juicio.[49] Teológicamente, esto es fundamental porque de este modo se mantiene la soberanía

---

28 de noviembre, 2016.

48. Brueggemann, *Like Fire in the Bones*, 200.
49. Brueggemann, *Like Fire in the Bones*, 70–74, 154.

de Dios y se ve la tragedia del exilio como medio para mantener sus promesas. Así fue como las víctimas de la invasion del ejército babilonio replantearon su fe en el libro de Jeremías: "Canonically—beyond historically—the book of Jeremiah offers an act of paradigmatic imagination whereby God is always terminating what is most treasured and then giving again beyond explanation."[50]

Si bien las PSD en Colombia mantienen su fe, como lo muestran los testimonios antes registrados, Dios a fin de cuentas, no solamente no los ha abandonado, sino que les ha dado cosas buenas y en ocasiones hasta mejores de lo que tenían en el campo. No se escucha en la narrativa de la mayoría un sentimiento de traición, engaño y abandono, como figura de manera prominente en el libro de Jeremías.[51] Por ejemplo, en los grupos de lectura popular de la Biblia donde se les preguntó a las PSD en tres localidades diferentes qué pensaban de las palabras de Noemí contra Dios (Rt 1), consideraron que Noemí estaba equivocada y no debía haberse referido a Dios de esa forma.

Otro punto de contacto entre las PSD en Colombia y lo que ocurre con Jeremías es la experiencia del sufrimiento en sí vista cristológicamente y aplicada al discipulado cristiano:

> Jeremiah as the person who suffers and hopes most in ancient Israel continues as a powerful presence *into the New Testament*. The suffering of Jeremiah and the end of Israel, which he embodies, the hope of Judah and the new Israel he articulates have become modes for understanding Jesus, the one who can be destroyed and raised up (Jn 2:19). Jeremiah had led faithful people to listen for the weeping of death (Jer 31:15; Mt 2:18), and to live in hope of newness (Jer 31:31–34; Heb 8:8–12; 10:16–17). The words linger with power. This speaker in whom they are rooted continues as an agent of hard, hopeful truth.[52]

Es posible que las PSD en Colombia no hagan elaboraciones teológicas con este tipo de precisiones, pero de todos modos expresan ideas similares, seguramente nutridas de su conocimiento cercano de la Biblia.

Pero el libro de Jeremías ahonda en su tema hasta llegar a puntos teológicamente incómodos para la ortodoxia tradicional. El libro indica desde el inicio que el profeta ha sido puesto para destruir y construir. Así, los capítulos 31–37 proclaman un mensaje de esperanza y estabilidad.[53] Varios autores sostienen que esta nueva realidad hace parte de la presentación bíblica de Dios como creador. La clave está en Jeremías 32:17, 25, donde se afirma, ante la presencia de tantos desastres, que nada es imposible para Dios.[54] La razón para poder hablar así es que el desastre es la realidad "penúltima."[55]

---

50. Brueggemann, *Like Fire in the Bones*, 83.
51. Brueggemann, *Like Fire in the Bones*, 58.
52. Brueggemann, *Like Fire in the Bones*, 61–62.
53. Brueggemann, *Like Fire in the Bones*, 121.
54. Brueggemann, *Like Fire in the Bones*, 137.
55. Brueggemann, *Like Fire in the Bones*, 142.

Allí precisamente radica la esperanza: "a reality in which the Creator offers the only possibility for creation."[56]

La presencia de Dios en el discurso de las PSD no un simple accesorio espiritual que cumple una función social en gente sin educación, "el opio del pueblo." Así como el texto bíblico no tiene sentido si se elimina el elemento religioso, tampoco es posible entender las experiencias de las PSD creyentes si no se considera su fe en Dios. Así lo explica Brueggemann con respecto a Jeremías: "One cannot, I suggest, simply reduce YHWH to a social function in an Israelite text and eliminate YHWH as agent and yet hope to understand what is being done and said."[57] Más todavía, "it seems important to me, in the end, to recognize as well that the book of Jeremiah, without reference to YHWH, is no book at all, and that its sustained act of imagination is emptied of any force if YHWH is flattened out to be only a code-term for aggressive land acquisition".[58] Algo parecido, quizá menos elocuente, dice Mafla con respecto a la fe de las PSD en Colombia al hablar de "factor ignotus."

Un aspecto que poco se toca en los círculos de la fe es la razón del desplazamiento forzoso. ¿Por qué tantos millones de personas son desplazadas dentro de un país y no hay gobierno ni autoridad capaz de ponerle freno? Normalmente decimos que las personas son desplazadas por la violencia, que son víctimas del conflicto y frases por el estilo, todo en realidad eufemístico. Brueggemann pone el dedo en la llaga, así como lo ha hecho Duberney Rojas en el capítulo 18 de este libro:

> Prophetic speech demystifies pain and sees clearly that much pain is principally caused by the manipulation of economic and political access whereby the strong regularly destroy the weak. Such suffering is not a legitimate, bearable cost; and it is not inexplicable. Instead, social pain is a product of social relationships that can be transformed. Prophetic speech focused in hurt speaks against any tidy administration of social relations that crushes human reality in the interest of order, progress, profit, or 'the common good'."[59]

Hasta donde hemos podido observar, la pregunta de la mayoría de las PSD creyentes no es, ¿dónde estaba Dios y por qué no nos protegió?, como en *El apicultor de Aleppo*, quizá porque sus testimonios los hemos recibido años después de los eventos que los desplazaron y ahora tienen otra perspectiva de las cosas, tal vez como lo encontramos en los profetas: "Prophetic speech . . . is not an act of criticism. It is rather *an act of relentless hope that refuses to despair* and that refuses to believe that the world is closed off in patterns of exploitation and oppression."[60]

---

56. Brueggemann, *Like Fire in the Bones*, 146.
57. Brueggemann, *Like Fire in the Bones*, 163.
58. Brueggemann, *Like Fire in the Bones*, 170.
59. Brueggemann, *Like Fire in the Bones*, 197–8.
60. Brueggemann, *Like Fire in the Bones*, 199.

La pregunta para las PSD, entonces, no es si la palabra de Dios tiene poder. La pregunta según Brueggeman es, "Can the synagogue and the church, the communities committed to this prophetic claim, do the hard, demanding, intellectual, rhetorical work that will construe the world according to this memory and this discourse?"[61]

No se trata pues de ejercicios mentales para llegar a establecer un dogma. "The issue of a history-making word is not an intellectual question about whether modern people can believe ancient claims. It is a political question of what kind of power has power for life."[62] Es decir, el testimonio de las PSD no es solamente para uso privado de ellos, sino para conocimiento y reflexión de la sociedad donde se produce el desplazamiento. Sobre este tema en Colombia nos queda un largo camino por recorrer, si acaso hemos empezado a caminar.

Como hijos de la modernidad, esperamos de los libros bíblicos una teología clara y coherente. En esto a Jeremías le ha ido mal. Se ha catalogado como un texto "incoherent," "unreadable." Así es si se le mira a la luz de la idea occidental de un libro: que exponga una idea de manera sostenida de principio a fin. Jeremías no puede ser así porque se trata de "a commentary on, a reflection about, and an engagement with an 'unreadable' lived experience. . ." es decir, lo que le pasó a " . . . Jerusalem with the Babylonian assault, culminating in the destruction and deportation of 587 B.C.E.."[63] Podemos imaginarnos que hubo "discerning people who themselves are *not sure* what they are witnessing and living through and therefore *not sure* what is to be said."[64]

Cuando a los intérpretes nos parece que un texto es ilógico o incoherente, tendemos a proponer teorías para ajustarlo. Los modelos histórico-críticos tradicionales por lo general resuelven estos asuntos afirmando que la incoherencia surge por "later judgments" que reflejan una elaboración de la comunidad en otras circunstancias, la famosa "gloss."[65] Para Brueggeman existe una mejor opción en el caso de Jeremías: "our work is to see what this strange, disruptive utterance might intend, rather than to silence or distort."[66]

El problema de la interpretación moderna es asumir que hay solo una lectura. "What these utterances recognize, however, is that lived reality is not so single, neat, or obvious as to permit single, unchallenged construal."[67] De modo que la diversidad en la teología no existe solo en la actualidad, sino que existe en el texto mismo.[68]

---

61. Brueggemann, *Like Fire in the Bones*, 201.
62. Brueggemann, *Like Fire in the Bones*, 206.
63. Brueggemann, *Like Fire in the Bones*, 210–11.
64. Brueggemann, *Like Fire in the Bones*, 213.
65. Brueggemann, *Like Fire in the Bones*, 222.
66. Brueggemann, *Like Fire in the Bones*, 221.
67. Brueggemann, *Like Fire in the Bones*, 224.
68. Brueggemann, *Like Fire in the Bones*, 234.

CONCLUSIÓN

La experiencia de Dios en muchas PSD no se da en el vacío ni de manera aislada. La pertenencia a congregaciones de las cuales participan semanalmente constituye redes sociales vitales donde, por ejemplo, se le concede importancia a la educación y al trabajo, lo cual a la postre puede contribuir a la movilidad social, que en Colombia, por cierto, es de una dinámica pasmosamente demorada. En Colombia a una persona de bajos ingresos le toma once (11) generaciones para alcanzar el ingreso promedio del país; más generaciones que en China, India, Brasil y Sudáfrica.

El desplazamiento forzoso en Colombia no ha terminado. Se ha convertido en una condición permanente de este país que nos obliga a mantener una reflexión permanente y sin excluir los temas que para los desplazados son de vital importancia como la fe y el perdón. Ningún estudio podrá hacer justicia a la realidad de los desplazados mientras este elemento quede por fuera. Si el investigador no alcanza a tener, si no admiración, por lo menos respeto por este hecho, quizá podría considerarlo como un factor sin el cual no es posible describir de manera completa la complejidad del conflicto armado en Colombia.

La experiencia de fe de las PSD debe ser un asunto tan sagrado y fundamental para los investigadores como lo es para ellos. La fe de las PSD en Dios merece todo el respeto dado que se constituye en una cosmovisión que los mantiene cuerdos, les da esperanza y los motiva a seguir adelante. La proclividad de las PSD al perdón representa un enorme beneficio para la sociedad colombiana, pero tampoco se constituye en una apología a la impunidad ni a la evasión de las responsabilidades que como sociedad tenemos hacia ellos.

Un tema que queda por estudiar en la experiencia colombiana es el de la violencia en la segunda generación de las víctimas del desplazamiento forzoso. Muchas de estas víctimas se asientan en sectores subnormales de las ciudades, los cuales históricamente han sido terreno fértil para la violencia en todas sus formas. Es posible que las víctimas adultas estén dispuestas a no buscar venganza y a perdonar, pero sus hijos experimentan esta violencia de una manera diferente. Sabido es que en los barrios subnormales es donde se recluta el mayor número de sicarios, donde se registran más casos de violencia intrafamiliar, embarazo de niñas adolescentes, etc. La violencia entonces se posterga, se transforma, muta, cambia de lugar, pero no se acaba.

BIBLIOGRAFÍA

Birch, Bruce C., *et al. A Theological Introduction to the Old Testament.* Nashville: Abingdon Press, 2005.
Brueggemann, Walter. *Like Fire in the Bones: Listening for the Prophetic Word in Jeremiah.* Minneapolis: Fortress Press, 2006.

Castrillón-Guerrero, et al. "Comprensiones de perdón, reconciliación y justicia en víctimas de desplazamiento forzado en Colombia." *Revista de estudios sociales* 63 (2018): 84–98. https://dx.doi.org/10.7440/res63.2018.07.

Lefteri, Christy. *El apicultor de Alepo*. Trad. Ana Belén Fletes Valera. Madrid: Maeva, 2020.

Juergensmeye, Mark. "Religious Violence." En *The Oxford Handbook of the Sociology of Religion*. Oxford: Oxford University Press, 2009.

Mafla Terán, Nelson Roberto. *La función de la religión en la vida de las víctimas del desplazamiento forzado en Colombia*. Bogotá: Pontificia Universidad Javeriana, 2017.

16

Avances y desafíos de las organizaciones basadas en la fe

en los procesos de integración social de las personas en situación de desplazamiento en Colombia

Ivón Natalia Cuervo

INTRODUCCIÓN

A finales del año 2015, Colombia llegó a ser el país del mundo con el mayor número de personas en situación de desplazamiento interno. En ese tiempo, el país contaba con 6,9 millones de personas desplazadas[1] por causa del conflicto armado.[2] Hasta inicios del año 2020, la Red Nacional de Información de la Unidad de Víctimas en Colombia registraba 8,3 millones de personas desplazadas por causa del conflicto armado interno.[3] Actualmente, según datos globales del Observatorio sobre el Des-

---

1. La Red Nacional de Información (RNI) de la Unidad de Víctimas en Colombia publica las cifras oficiales sobre desplazamiento interno, esta cifra corresponde al registro acumulado de víctimas del conflicto armado en el país, sistematización anual que tiene como punto de partida el año 1985. Sobre la realidad que reflejan estas cifras, la RNI hace la salvedad que "la suma no refleja el número total de desplazados, teniendo en cuenta que una persona pudo ser desplazada en varios años" (Ver Unidad de Víctimas, *Red Nacional de Información (RNI)*, https://cifras.unidadvictimas.gov.co/Home/Desplazamiento, último acceso, 2 de noviembre, 2020. Vale destacar que, según la Agencia de la ONU para los Refugiados (ACNUR) en Colombia, pocos desplazados internos retornan a su lugar de residencia habitual. Véase ACNUR-Alto Comisionado de las Naciones Unidas para los Refugiados, *Tendencias globales: desplazamiento forzado en 2015, forzados a huir*, http://www.acnur.org/t3/fileadmin/Documentos/Publicaciones/2016/10627.pdf, último acceso 27 de enero, 2017.
2. ACNUR- Alto Comisionado de las Naciones Unidas para los Refugiados, *Tendencias globales*.
3. RNI- Red Nacional de Información, *Registro Único de Víctimas*, https://cifras.unidadvictimas.

plazamiento Interno (IDMC), Colombia continúa reportando el mayor número de personas en situación de desplazamiento en el mundo.[4]

En la última década, Colombia pasó a ser el primer país receptor de venezolanos migrantes y refugiados. De acuerdo con cifras de Migración Colombia, el país cuenta con casi dos millones de migrantes venezolanos.[5] Adicionalmente, entre 2016 y 2021, el mismo ente gubernamental detectó la presencia de más de 115 mil migrantes irregulares, no venezolanos, en el territorio colombiano.[6] Las cifras están mostrando que mientras las crisis en países como Haití, Cuba y Afganistán se recrudecen aumenta el número de personas que migran de forma irregular al país, principalmente por su ubicación geográfica, por ser un lugar de paso hacia el norte del continente.

Si reflexionamos en la realidad social que estas cifras representan, el panorama se torna todavía más crítico, porque el trauma del desplazamiento forzado implica la pérdida tanto del territorio físico como del espacio social que sus moradores construyen en él y de la noción de una continuidad histórica en sus vidas. Como resultado, ocurre un proceso de desterritorialización, que marca una ruptura en varios aspectos que configuran las identidades individuales y colectivas. Las personas desplazadas por la violencia sufren pobreza, exclusión, desintegración de sus redes de tipo afectivo y desprotección social.[7]

Ante esa situación que desestructura de manera súbita la vida de las personas,[8] tanto el Estado como las instituciones de la sociedad civil tienen la responsabilidad social de proteger, asistir y garantizar el restablecimiento de sus derechos. Como parte de la sociedad civil, las organizaciones basadas en la fe (OBF)[9] pueden jugar

---

gov.co/Home/General. Fecha de corte: 01 de enero, 2020, último acceso 5 de febrero, 2020.

4. UNHCR- United Nations High Commissioner for Refugees, *Global Trends: Forced Displacement in 2020*, https://www.unhcr.org/statistics/unhcrstats/60b638e37/global-trends-forced-displacement-2020.html, último acceso 06 de junio, 2021.

5. Migración Colombia, "En un hecho sin precedentes, Colombia busca darle la mano a más de dos millones de venezolanos," *Migración: ministerio de relaciones exteriores,* https://www.migracioncolombia.gov.co/noticias/en-un-hecho-sin-precedentes-colombia-busca-darle-la-mano-a-mas-de-dos-millones-de-venezolanos, fecha de publicación 8 de febrero, 2021.

6. El Tiempo, "Se disparó el tránsito de los migrantes no venezolanos," *El tiempo,* https://www.eltiempo.com/justicia/investigacion/migracion-ya-no-son-los-venezolanos-los-que-mas-pasan-por-colombia-614717, fecha de publicación 1 de septiembre, 2021.

7. Varios trabajos académicos describen el empeoramiento de las condiciones de vida de las personas en situación de desplazamiento después de que ocurre el hecho victimizante. Véase, por ejemplo, los estudios de Martha Nubia Bello et al., *Relatos de la violencia: impactos del desplazamiento forzado en la niñez y la juventud* (Bogotá: Unibiblos, 2000) y de Laura Milena Cadavid, "Condiciones de miseria y desigualdad en 100 familias en situación de desplazamiento asentadas en Bogotá y Soacha" (tesis de maestría, Universidad Nacional de Colombia, Facultad de Ciencias Económicas Instituto de Estudios Políticos y Relaciones Internacionales—IEPRI, 2011).

8. Cuando hablamos de una situación desestructurada nos referimos al fenómeno que Emile Durkheim denominó "anomia," véase: Emile Durkheim, *La división del trabajo social* (Madrid: Ediciones, 2001), que corresponde a un estado en el que la sociedad no está cumpliendo las funciones básicas de integrar y regular las relaciones entre los individuos.

9. El término "Organizaciones basadas en la fe" (OBF) engloba a los grupos de actores religiosos,

un rol integrador en este proceso, en aspectos como la asistencia humanitaria,[10] la reconstrucción de redes sociales[11] y la reconfiguración de su identidad en los lugares receptores.[12]

Algunos estudios reportan que existe participación de diversos grupos religiosos (cristianos, judíos, musulmanes, budistas e hinduistas) en actividades de atención humanitaria. Sobre este tema, véase, por ejemplo, el *dossier* temático titulado *Faith and Responses to Displacement* publicado por la revista *Forced Migration Review* en noviembre de 2014.[13] Algunos autores afirman que los que se involucran con mayor frecuencia son los grupos cristianos.[14]

Este estudio[15] se realizó con una muestra de las organizaciones de base pentecostal, que corresponden a un fragmento de la totalidad de organizaciones cristianas en Colombia. Para describir la distribución de la confesión religiosa en Colombia, cito los resultados de la Encuesta Nacional de Diversidad Religiosa (2019):[16] 57,2% de los colombianos encuestados se identifican como católicos, 21,5% se identificaron como evangélicos, pentecostales, protestantes o adventistas, mientras que 13,2% se reconocen como creyentes no afiliados a ninguna iglesia, 6,3% se declaran ateos/agnósticos, 1% Testigos de Jehová y 0.9% señalan tener otras filiaciones religiosas (entre ellas, mormones, judíos, budistas, musulmanes e hinduistas).

---

formales o informales, y a las organizaciones no-gubernamentales que tienen una filiación religiosa, sobre este tema, véase Fiona Samuels, Rena Geibel y Fiona Perry, "Collaboration between Faith-Based Communities and Humanitarian Actors when Responding to HIV in Emergencies," *Overseas Development Institute-ODI Project Briefing* 41, https://cdn.odi.org/media/documents/5902.pdf, último acceso 05 de julio, 2018.

10. Allen, Ryan, "The Bonding and Bridging Roles of Religious Institutions for Refugees in a Non-Gateway Context," *Ethnic and Racial Studies* 33, n.º 6 (2010): 1049–68.

11. Susana Borda Carulla, "Resocialization of 'Desplazados' in Small Pentecostal Congregations in Bogotá, Colombia," *Refugee Survey Quarterly* 26, n,o 2 (2007): 36–46.

12. Jorge Palacio, Alfredo Correa, Margarita Díaz y Sandro Jiménez, "La búsqueda de la identidad social," *Investigación y desarrollo* 11, n.º 1 (2003): 26–55.

13. Refugee Studies Centre de Oxford Department of International Development, "Faith and Responses to Displacement," *Forced Migration Review* 48 (2014), https://www.fmreview.org/sites/fmr/files/FMRdownloads/en/faith.pdf.

14. Joey Ager, Elena Fiddian-Qasmiyeh y Alastair Ager, "Local Faith Communities and the Promotion of Resilience in Contexts of Humanitarian Crisis," *Journal of Refugee Studies* 28, n.º 2 (2015): 202–21.

15. Este artículo corresponde a una versión ampliada y actualizada de una ponencia de mi autoría: Ivón Natalia Cuervo-Fernández, "El rol potencial de las organizaciones basadas en la fe en la integración social de personas en situación de desplazamiento en Colombia" en *Memorias del IV Seminario Internacional Culturas, desarrollos y educaciones (SICDES): migraciones, interculturalidad y buen vivir: diálogos y resistencias*, eds. Elcio Cecchetti y Josani Crusaro (Chapecó: Argos, 2018): 797–806.

16. La *Encuesta Nacional de Diversidad Religiosa* fue realizada a 11.034 personas residentes en el territorio colombiano, mayores de 18 años, de todos los estratos socioeconómicos en todas las regiones del país. Véase William Mauricio Beltrán y Sonia Larotta, *Diversidad religiosa, valores y participación política en Colombia: resultados de la encuesta nacional sobre diversidad religiosa 2019* (Bogotá: Act Iglesia Sueca, World Vision, Comisión Intereclesial de Justicia y Paz, Universidad Nacional de Colombia, 2020).

En Colombia, el trabajo social de las OBF ha sido poco documentado. Generalmente, esta labor se desarrolla de modo empírico y, normalmente, se hace con fondos recaudados al interior de las instituciones religiosas sin contar con apoyo del gobierno. Solo algunas instituciones logran tener acceso a los programas sociales financiados con recursos públicos. Las OBF suelen carecer de una sistematización de sus experiencias en las obras sociales. Sin embargo, existen algunos trabajos publicados sobre este tema.[17]

En este estudio analizamos algunos casos entre las OBF de base pentecostal que desarrollan obras sociales que incluyen a la población en situación de desplazamiento, enfocándonos en los territorios rural-urbanos de El Granizal (Bello, Antioquía), La Granja (Puerto Libertador, Córdoba), La Grandeza de Dios (Piendamó, Cauca), Batata (Tierralta, Córdoba) y en los barrios urbanos Nelson Mandela (Cartagena, Bolívar), Santa Viviana y Santa Cecilia Alta (Bogotá D.C.).

La discusión teórica tiene como base la perspectiva de Peter Berger[18] de la religión como una construcción social, actualizando ese análisis con investigaciones contemporáneas sobre la relación entre las OBF y los migrantes. La metodología utilizada tiene un enfoque cualitativo, con base en análisis documental, grupos focales y entrevistas semiestructuradas realizadas entre diciembre de 2016 y enero de 2017 a miembros de las OBF focalizadas.[19]

Inicio con un análisis del papel potencial de las OBF en el trabajo de acompañamiento psicosocial a las personas en situación de desplazamiento en Colombia. Luego, realizo una exposición de varios desafíos para las OBF que ya desarrollan o que están interesadas en realizar ese tipo de misión, y finalizo con algunas reflexiones a modo de conclusión.

NUEVAS FUENTES DE SENTIDO DE VIDA

Entre las iglesias evangélicas en Colombia, aquellas que pertenecen a la corriente pentecostal son las mayores receptoras de la población desplazada porque se localizan, mayoritariamente, en los sectores marginales.[20] Inicialmente, las iglesias pentecostales

---

17. Véase, por ejemplo, los estudios publicados por Jhohan Centeno, "Labor social del pentecostalismo frente a las poblaciones en condición de desplazamiento forzado," en *Conversaciones teológicas del sur global americano: violencia, desplazamiento y fe*, eds. Oscar García-Johnson y Milton Acosta (Eugene: Puertas Abiertas, 2016), 171–89; Fabio Lozano, "Evangélicos y pobreza: reflexiones a partir del estudio de la acción social de las iglesias evangélicas en Colombia," en *¿El reino de Dios es de este mundo?: el papel ambiguo de las religiones en la lucha contra la pobreza*, eds. Genaro Zalpa y Hans Offerdal (Bogotá: Siglo del Hombre Editores/ CLACSO, 2008), 253–74; Pablo Moreno (ed.) *La acción social de las iglesias evangélicas en Colombia* (Bogotá: CEDECOL, 2009).

18. Peter Berger, *El dosel sagrado: elementos para una teoría sociológica de la religión,* 2a ed. (Buenos Aires: Amorrortu, 1969).

19. Al citar las entrevistas y grupos focales, los nombres reales son cambiados por nombres ficticios para proteger la identidad de las personas entrevistadas.

20. William Mauricio Beltrán, *Del monopolio católico a la explosión pentecostal: pluralización*

receptoras de esa población procuran suplir algunas necesidades inmediatas tales como alimentación y refugio temporal. Así cuenta su experiencia un joven miembro de la Iglesia Cristo Rey en Tierralta, cuyo templo sirvió como albergue para familias desplazadas durante una emergencia humanitaria en el año 1998:

> Yo fui desplazado de Batata y llegué a Tierralta con mi familia. En la iglesia siempre me tenían en cuenta en las actividades sociales, me decían: "vamos a ir a tal comunidad," y yo siempre estaba allí. Mi deseo ha sido ayudar a muchas familias, porque continuamente llegaban familias desplazadas. Y eso me motivó a seguir mi carrera de psicología.[21]

Dado que desarrollan este tipo de acciones sociales, las iglesias hacen parte de los lugares de encuentro a los que llegan personas víctimas del desplazamiento forzado.

Una de las mayores crisis que atraviesan las personas en situación de desplazamiento es lo que, desde la mirada del sociólogo Peter Berger, podríamos llamar una "ruptura en el proceso de socialización":

> Es esta la razón por la cual la separación completa del mundo social, o anomia, constituye una amenaza tan grande para el individuo. No solo porque el individuo pierde en tales casos vínculos emocionalmente satisfactorios, sino también porque pierde su orientación en la experiencia. En los casos extremos, hasta pierde su sentido de realidad e identidad.[22]

De esta forma, el desplazamiento forzado constituye un estado de anomia, en el que las relaciones y las circunstancias a las que el individuo estaba acostumbrado a vivir se desintegran. Esa ruptura abrupta e involuntaria de sus experiencias cotidianas puede ocasionar un trauma psicológico que, incluso, puede llevarlo a la pérdida del sentido de vida. Es por esto que las iglesias se tornan comunidades de sentido capaces de ofrecer a sus miembros un conjunto de hábitos y costumbres de la conducta social con el cual reorientarse en la vida; porque existe una base compartida de valores en el grupo social de la iglesia que sus miembros procuran transmitir al recién llegado. Se trata de estar inmerso en un mundo social que ordena y le da significado a la vida y, por ende, a la conciencia individual.

Berger concluye que ese tipo de conducta, siendo una construcción social, se impone a los individuos como una fuerza externa a ellos. Dentro de esta lógica, "la religión es la empresa humana por la cual se establece un cosmos sagrado . . . Es el audaz intento de concebir todo el universo como humanamente significativo."[23]

Sin embargo, las explicaciones que recibe el individuo sobre el sentido de la vida están en un proceso constante de legitimación, buscando incorporar a los fenómenos

---

religiosa, secularización y cambio social en Colombia (Bogotá: Universidad Nacional de Colombia, 2013).

21. Manuel Villalba, 26 años (miembro de la iglesia Cristo Rey), entrevista con Ivón Natalia Cuervo, Tierralta, Córdoba, 23 de enero, 2017.

22. Berger, *El dosel sagrado*, 35.

23. Berger, *El dosel sagrado*, 40.

anómicos que podrían desestructurarlo. Dentro de ese marco de referencia, los fenómenos anómicos como el desplazamiento forzado requieren de una explicación que contribuya a superar la experiencia de sufrimiento: "Una explicación de esos fenómenos en términos de legitimaciones religiosas, sea cual fuere su grado de complejidad teórica, puede ser llamado una teodicea."[24]

La situación de desplazamiento causa afectaciones en los ámbitos económico, psicológico, social, político y cultural.[25] Por esta razón, la persona que se encuentra en esa situación requiere un espacio social en el que pueda participar y reconfigurar su identidad.

Una parte de las personas entrevistadas para esta investigación, explicaron que el vincularse a una iglesia les provee un sentido de pertenencia, fortalece sus vínculos sociales y les abre oportunidades en momentos de crisis:

> La iglesia nos ayudó mucho. Nos sentimos agradecidos por parte de Dios, por parte del hermano pastor que nos atendió bien. Me acuerdo que nosotros pasamos ese tiempo sin cobija, esta iglesia se motivó, me hicieron una remuneración. El hermano pastor nos trajo muchas cosas, hasta comida. Se hacían unos eventos cada quince días y el pastor o la pastora iban a la casa. Yo todo el tiempo he sido trabajador, no estaba atenido solamente a ellos, después me dediqué fue a la minería para ganarnos la comidita. Y sí, esa parte si le doy gracias a Dios que esas manos nos salvaron.[26]

Por el contrario, otras personas refirieron que los únicos que los ayudaron después del desplazamiento fueron sus familiares y amigos, y no las instituciones:

> A mí no me ayudó ninguna iglesia ni nada. Yo cuando llegué, que me desplacé por segunda vez, vine aquí a Puerto Libertador donde una amiga y ahí llegó un señor y me dijo que me fuera a trabajar a un campito con él y yo recogí mis bienes y me fui a trabajar con él.[27]

Tras la ruptura del vínculo con sus territorios de origen, algunas personas que han sido desplazadas encuentran en las OBF una comunidad que les ayuda a re-territorializarse.[28] Además, las iglesias facilitan la conformación de grupos de apoyo con base en relaciones de confianza que les permiten a los recién llegados procesar sus duelos y reconstruir sus memorias sin la preocupación de ser revictimizados.[29] Por

24. Berger, *El dosel sagrado*, 71.

25. Véase Bello et al., *Relatos de la violencia Condiciones de miseria y desigualdad*.

26. "Experiencias vividas de desplazamiento forzado," grupo focal, Puerto Libertador (Córdoba), 11 de diciembre, 2016. Participantes: cinco mujeres anónimas y tres hombres anónimos.

27. "Experiencias vividas de desplazamiento forzado," grupo focal.

28. Juan Diego Demera, "Ciudad, migración y religión: etnografía de los recursos identitarios y de la religiosidad del desplazado en Altos de Cazuca," *Theologica Xaveriana* 162 (2007): 314, https://revistas.javeriana.edu.co/index.php/teoxaveriana/article/view/13242.

29. Héctor Fabio Henao, "The Colombian Church and Peacebuilding," en *Colombia: Building Peace in a Time of War*, ed. Virginia M. Bouvier (Washington, D.C.: United States Institute of Peace

consiguiente, el capital social, económico y simbólico con el que cuentan las OBF les provee a las personas en situación de desplazamiento un espacio social en el que pueden satisfacer algunas de sus necesidades sociales, afectivas, espirituales y materiales.

Desde una perspectiva ontológica, el ser humano nace solo y construye su identidad en una relación dialéctica con la sociedad, como explica Berger: "El individuo se apropia del mundo en conversación con otros. Tanto la identidad como el mundo son reales para él solo en la medida en que puede continuar esta conversación."[30] Concluye que: "Nunca puede completarse la socialización, debe haber un proceso que se mantiene a lo largo de toda la vida del individuo."[31] En consecuencia, el desplazamiento implica una ruptura en el proceso personal de socialización.

Ante esa ruptura, las OBF hacen parte de los grupos de la sociedad civil que reciben al recién llegado y le ofrecen un espacio para continuar su proceso de socialización, tanto al que se presenta como "creyente" como al que es considerado "simpatizante" y, por lo tanto, un creyente potencial. Es común encontrar personas que visitan las OBF de forma contingencial, pues rotan de una institución a otra, esperando que cada una les ayude a suplir alguna necesidad. Normalmente, la construcción de relaciones de confianza y solidaridad se hace más ágil si el recién llegado cuenta con experiencia previa como partícipe de alguna iglesia, pues suele desarrollarse una relación fluida como "familia en la fe," dado que el individuo ya tenía interiorizado el tipo de conducta que ordena las experiencias del grupo.

En síntesis, la interacción social tiene una función reguladora, en donde la experiencia personal es ordenada por la integración de significados comunes que el individuo asume como propios. El sentido de pertenencia a un grupo es fundamental para continuar haciendo planes en el lugar receptor. Además, le sirve al individuo para adaptarse y conocer las "reglas de convivencia" locales. Esto sucede, por ejemplo, en el caso del campesino que entra en un proceso de adaptación al modo de vida urbana. Por esta razón, la socialización dentro de la iglesia llega a tener un papel orientador del sentido que esa persona le da a su vida y del concepto que tiene de sí misma (su autoestima) ayudándole a reorientar su proyecto de vida.

ALGUNOS DESAFÍOS PARA LAS ORGANIZACIONES BASADAS EN LA FE

Hasta esta parte, he señalado las potencialidades de las OBF para la integración social de las personas en situación de desplazamiento. Vale señalar, también, que no todas las iglesias o instituciones religiosas manifiestan tener esa vocación social. Sin embargo, quienes desarrollan esta labor de manera intencional y aquellos que desean asumirla podrían tener en cuenta los desafíos que se plantean a continuación.

Press, 2009), 173–190.

30. Berger, *El dosel sagrado*, 19.
31. Berger, *El dosel sagrado*, 30.

Cabe recordar que el desplazamiento forzado no se trata de hechos aislados de unas personas que amenazan a otras, sino que es una estrategia política, económica y militar que los grupos armados han usado de forma sistemática para acaparar tierras y lograr el control territorial. Este hecho victimizante ha afectado a más de ocho millones de personas en Colombia y continúa siendo efectuado.

Los resultados de una encuesta aplicada por el equipo de psicología del proyecto Fe y Desplazamiento a 250 líderes religiosos (católicos y evangélicos),[32] revelaron que una parte de la feligresía de las iglesias expresa un sentimiento de inseguridad y de desconfianza hacia las personas en situación de desplazamiento que llegan a sus lugares de reunión. A la pregunta de selección múltiple sobre cuáles son las barreras para proveer algún tipo de servicio a las personas en situación de desplazamiento en sus iglesias, la opción "los miembros de la congregación tienen miedo de trabajar con esta población" fue marcada por el 93% de los encuestados y la opción "los miembros de la congregación no parecen estar interesados en este tipo de trabajo" fue marcada por el 78%.

En este caso, se manifiesta un hecho social que trasciende los límites de las iglesias y que remite a las grandes brechas económicas presentes en la sociedad colombiana que marcan una fuerte distinción por estratos socioeconómicos. Respecto a la "desconfianza," las personas encuestadas se refirieron a la incertidumbre de si la persona es realmente víctima o es, simplemente, una persona que se aprovecha de las ayudas ofrecidas a quienes están en esa condición.

La indecisión entre actuar a favor de esta población o no, también puede derivarse de la idea de que su situación es producto de la acción de grupos armados y que la sociedad civil está exenta de esa "culpa." Sin embargo, el desplazamiento forzado es producto de una injusticia estructural que concierne a la sociedad colombiana en su conjunto.

Los teóricos sociales han debatido intensamente sobre las estructuras de las sociedades, pero, para dar una definición general, cito al sociólogo Peter Blau: "Una estructura social puede ser definida como un espacio multidimensional de posiciones sociales diferenciadas entre las cuales se distribuye una población."[33]

Siguiendo al sociólogo Pierre Bourdieu,[34] en ese espacio social, los individuos se distinguen porque sus diferentes posiciones sociales les dan accesos diferenciados a los tipos de capital social, económico y cultural. De modo que una persona en situación de desplazamiento que llega del campo a la ciudad, empobrecida, sin una red de apoyo social y sin un oficio que la localice rápidamente en el mercado de trabajo

32. El cuestionario de la encuesta fue auto-diligenciado por 250 líderes religiosos cristianos (46% mujeres y 54% hombres) entre los 20 y los 70 años de edad. El tema de la encuesta fue: "Las consecuencias multidimensionales del trauma psicológico." Fue aplicada en las instalaciones de la Fundación Universitaria Seminario Bíblico de Colombia en Medellín el 11 de marzo, 2017.

33. Peter Blau, *Inequality and Heterogeneity* (New York: The Free Press, 1977), 4. Traducción de la autora a partir del original en inglés.

34. Pierre Bourdieu, *Razones prácticas* (Barcelona: Anagrama, 1997).

urbano está en una posición estructural desventajosa. Si tenemos en cuenta, también, las características de las personas según género, etnia y capacidades adquiridas, entendemos que ciertas personas son más vulnerables que otras a la exclusión social.

Como explicó la filósofa Iris Young,[35] la desigualdad de oportunidades y los menores beneficios para una parte de la población se traducen en mayores oportunidades y beneficios para los más privilegiados de la estructura social. Cuando los procesos sociales privan a una parte de la población de los medios para ejercer o desarrollar sus capacidades, estamos frente a una injusticia estructural.

De acuerdo con los postulados de Young, la alternativa frente a la injusticia estructural es poner en práctica un modelo de conexión, en el que cada agente social decide a qué se puede comprometer y conforme a sus capacidades (colectivas e individuales) decide y actúa. Entendemos esta como una responsabilidad moral compartida, es decir que somos corresponsables con los diferentes actores sociales (instituciones o individuos) que trabajan con la población en situación de desplazamiento. El resultado esperado de este modelo de acción es que al reconectarse socialmente en las OBF las personas que experimentaron la ruptura causada por la violencia puedan ganar, primero, un tipo de "agenciamiento moral" que les permita, luego, un "agenciamiento político,"[36] es decir ejercer plenamente su ciudadanía.

Esta propuesta para actuar como colectivo desde las OBF entra en consonancia con los principios y virtudes de amor al prójimo promovidos por la tradición cristiana, tales como la hospitalidad, la solidaridad, la generosidad y el servicio.[37] Se entiende que una respuesta coherente ante esta realidad es reconocernos como agentes moralmente responsables de prestar acompañamiento social a las personas en situación de desplazamiento y orientar nuestras acciones hacia un cambio social.

Hasta ahora, he mencionado las percepciones de los líderes religiosos sobre lo que sucede al interior de sus iglesias cuando llegan personas en situación de desplazamiento. A continuación, me referiré a la evaluación que estas últimas personas hicieron al ser entrevistadas sobre el efecto de las acciones sociales de las OBF con las que han interactuado. Algunas personas en situación de desplazamiento expresaron un sentimiento de decepción frente a la ayuda o el trato que esperaban recibir en las iglesias a las que llegaron, razón por la cual dejaron de frecuentarlas:

> Yo fui varias veces por invitaciones a una iglesia que queda en Bosa, la señora que me invitó dijo: "Es que ella es víctima, ella es víctima de desplazamiento, ella es una persona que necesita no solamente consagrarse aquí como cristiana . . . ." Pues usted entenderá cómo viven las víctimas, y yo vi que el pastor como

---

35. Iris Marion Young, "Responsibility and Global Justice: A Social Connection Model," *Social Philosophy and Policy* 23, n.º 1 (2006): 114.

36. Julián Esteban García, "'Dios nos guía': teodicea del desplazamiento forzado y ciudadanías liminales," *Maguaré* 31, n.º 2 (2017): 195–224.

37. Leonardo Boff, *Virtudes para um outro mundo possível* (São Paulo: Vozes, 2005).

que no le sonó mucho, que le dio lo mismo, "Listo, desplazada" y listo. Entonces yo fui unas veces allá pero me quedaba pesado, y no fui más.[38]

En las sociedades contemporáneas marcadamente individualistas, las OBF se convierten en uno de los pocos espacios públicos donde las personas todavía esperan ser acogidas y comprendidas.[39] Así mismo, tienen como expectativa pertenecer a una comunidad que les brinde un ambiente protector, les ayude a conseguir oportunidades laborales y, a largo plazo, a reconstruir su proyecto de vida.[40]

Siendo consecuentes con esta situación, es necesario realizar un trabajo de sensibilización entre los líderes y los miembros de las iglesias, para que conozcan la dimensión del daño que el desplazamiento forzado ha causado en todo el país y examinen cómo su comunidad religiosa puede ser parte de la respuesta ante este problema social.[41] Además, es importante tener en cuenta que la acción social debe estar enfocada en los intereses y las necesidades que las personas en situación de desplazamiento manifiesten y no solo en lo que la comunidad receptora considere que puede o debe hacer.

También, es necesario entender que no siempre las motivaciones de los receptores del servicio corresponden con las expectativas de quienes lo ofrecen. Por ejemplo, es posible que hacer la "confesión de fe" responda a una estrategia de sobrevivencia más que a una decisión de continuar siguiendo esa conducta religiosa a largo plazo. Como documenta Gamarra,[42] a partir de un estudio de caso en Perú, la conversión religiosa puede ser una estrategia de adaptación ante presiones externas (por ejemplo, una amenaza de muerte) que llevan a los individuos a intensificar la cohesión social a través de las prácticas religiosas; pero, una vez superada la etapa de violencia hay personas que pierden el interés por la conducta religiosa. Además, la constante movilidad de la población en situación de desplazamiento hace que con frecuencia asistan de forma itinerante a varias iglesias.

---

38. Elsa Zambrano (persona en situación de desplazamiento), entrevista con David López, Fontibón, Bogotá, 2 de diciembre, 2016.

39. Nathan Toews y Pablo Stucky, *Una iglesia acogedora y sanadora: capacidades claves para una comunidad de fe restauradora: testimonios y reflexiones bíblicas,* 2a ed. (Bogotá: Coordinación Eclesial para la Acción Psicosocial, 2017).

40. Sobre este tema, véase, por ejemplo: Carulla, "Resocialization of 'Desplazados'" y Centeno, "Labor social del pentecostalismo."

41. El proyecto *Fe y Desplazamiento* ha producido varios materiales pedagógicos que son de utilidad para las iglesias que deseen trabajar con la población en situación de desplazamiento. Véase, por ejemplo, las actividades propuestas por Christopher M. Hays, Isaura Espitia y Steban Villadiego, *La misión integral de la iglesia: cómo fortalecer o crear un ministerio a favor de personas en situación de desplazamiento: manual del facilitador,* 2.ª ed. (Medellín: Publicaciones SBC, 2020), 28–29, 60–62, 113–6 y Christopher M. Hays, *El profesional cristiano y la recuperación económica de las personas en situación de desplazamiento,* 2.ª ed. (Medellín: Publicaciones SBC, 2020), 22–24, 45–49.

42. Jefrey Gamarra, "Conflict, Post-Conflict and Religion: Andean Responses to New Religious Movements," *Journal of Southern African Studies* 26, n.º 2 (2000): 271–87.

Otro asunto a ser tenido en cuenta a la hora de planear la manera en que será atendida esta población por parte de las OBF es cómo se aplicará el enfoque diferencial[43] en las dimensiones de género, generación, etnia y discapacidad. Esta cuestión no suele tener la atención que merece en el momento de la planeación, generando exclusiones y daños causados de forma no intencional en la población.[44]

El desafío para las OBF es pasar de hacer actividades meramente asistencialistas, que ayudan a las personas pero que tienden a mantener la situación de vulnerabilidad, para ayudarles a construir capacidades a través de las cuales estas personas se asuman y sean reconocidas por los demás como agentes de transformación de su propia situación. Esto es lo que Carse identifica como dignidad y agencia efectiva[45] que, en otras palabras, implica salir del aislamiento y retomar su sentido de dignidad y autoridad para hablar en público, bien sea en la iglesia, o ante cualquier otra persona o institución. Por esta razón, son importantes los grupos de apoyo y los espacios litúrgicos en los que estas personas se sienten confiadas y en plena libertad para compartir su testimonio, orar o dar su interpretación de la lectura bíblica, sin ser cuestionadas o estigmatizadas.

Las zonas rurales han sido las más azotadas por el conflicto armado en Colombia, también allí actúan iglesias, de diferentes vertientes del cristianismo: católicas, pentecostales y del protestantismo histórico,[46] cuyas prácticas religiosas tienen como fundamento las ideas de paz, perdón y reconciliación. Estos casos de construcción de paz desde la base han sido documentados en otros estudios.[47] A partir de los testimonios publicados en estos estudios, se hace evidente que en estas comunidades la fe en Dios

---

43. El enfoque diferencial se define como una "perspectiva de análisis que permite obtener y difundir información sobre grupos poblacionales con características particulares en razón de su edad o etapa del ciclo vital, género, pertenencia étnica, campesina y discapacidad, entre otras; para promover la visibilización de situaciones de vida particulares y brechas existentes, y guiar la toma de decisiones públicas y privadas (adaptado del artículo 13 de la Ley 1448 de 2011, Ley de Víctimas)." DANE- Departamento Administrativo Nacional de Estadística, *Guía para la inclusión del enfoque diferencial e interseccional* (Bogotá: DANE, 2020).

44. Laura Milena Cadavid e Ivón Natalia Cuervo-Fernández, *Enfoque y metodologías participativas, dar voz a las comunidades* (Medellín: Publicaciones SBC, 2018).

45. Alicia Carse, "Vulnerability, Agency, and Human Flourishing," en *Health and Human Flourishing*, eds. Carol Taylor y Roberto Dell'Oro (Washington: Georgetown University Press, 2006): 33–52.

46. Entre las iglesias categorizadas dentro del protestantismo histórico están la Iglesia Menonita, la Iglesia Presbiteriana, la Iglesia Bautista, la Iglesia Anglicana y la Iglesia Luterana.

47. Sobre este tema, véase, por ejemplo: William Mauricio Beltrán e Ivón Natalia Cuervo, "Pentecostalismo en contextos rurales de violencia. El caso de El Garzal, sur de Bolívar, Colombia," *Revista Colombiana de Antropología* 52, n.º 1 (2016): 139–168; CNMH-Centro Nacional de Memoria Histórica, *Memoria y comunidades de fe en Colombia: crónicas* (Bogotá: CNMH, 2018); William Donado, *El papel de la Iglesia en el post conflicto*, Documento de trabajo (Lima: Miqueas Global—6a Consulta Global, 2014); JUSTAPAZ-Asociación Cristiana Menonita para Justicia, Paz y Acción No violenta y CEDECOL-Comisión de Paz del Consejo Evangélico de Colombia, *Un llamado profético: las iglesias cristianas en el conflicto armado colombiano* (Bogotá: JUSTAPAZ/CEDECOL, 2020) y Marten J. van den Toren, "Towards Pentecostal Imaginaries and Practices of Peace: The Pentecostal Apparatus of Capture in Post-Conflict Córdoba, Colombia" (MS tesis, Utrecht University, 2019).

inspira sus ideas y sus prácticas religiosas en pro de la paz. Además, estudios realizados en el campo de las ciencias médicas argumentan que la espiritualidad es una dimensión de la salud humana,[48] lo que nos permite afirmar que existen prácticas espirituales promovidas por las OBF que repercuten en el bienestar holístico de las personas.

Algunos teólogos demuestran que una práctica usual en las iglesias como es la lectura de la Biblia puede ser enriquecida si se aborda desde una lectura comunitaria que tenga en cuenta las experiencias vividas por sus lectores, ya que cada persona tiene capacidades distintas para encontrarle sentido a su experiencia.[49] En conclusión, una lectura renovada del texto bíblico, en la que los lectores vean reflejadas sus experiencias de vida, incluida la situación de desplazamiento forzado, y puedan resignificarlas desde la perspectiva de la fe es otra forma de ayudarles a superar las experiencias traumáticas.

CONSIDERACIONES FINALES

Las OBF tienen el potencial de cumplir un papel integrador de las personas en situación de desplazamiento en los lugares receptores. Principalmente, aquellas que están localizadas en sectores marginales tienen la facilidad de brindar una asistencia humanitaria inmediata supliendo algunas necesidades básicas como orientación, alimentación y refugio temporal. También, pueden facilitar la reconstrucción de redes sociales y la reconfiguración de identidades individuales y colectivas. Sin embargo, no todos los miembros de las OBF son conscientes de estas necesidades o no saben cómo responder ante los problemas que atraviesa una persona que ha sido desplazada por el conflicto armado interno.

Por las razones anteriormente expuestas, considero útil realizar procesos pedagógicos al interior de las OBF que les ayuden a comprender mejor esta situación y a prepararse para recibir a este tipo de población. Parte de este trabajo es el que viene adelantando la Fundación Universitaria Seminario Bíblico de Colombia, a través del proyecto Fe y Desplazamiento, con la producción de materiales pedagógicos y ciclos de enseñanza para las iglesias. Una de las funciones que puede cumplir un grupo religioso es acoger a la población desplazada, que ya ha sido bastante excluida y discriminada, escuchar sus relatos y ayudarles a superar sus experiencias de sufrimiento con el acompañamiento de la comunidad. Posteriormente, pueden orientarla para

---

48. Rodrigo Toniol, "Espiritualidade que faz bem: pesquisas, políticas públicas e práticas clínicas pela promoção da espiritualidade como saúde," *Sociedad y religión* XXV, n.º 43 (2015): 110–43.

49. Sobre la Lectura popular de la Biblia con personas migrantes, refugiadas y/o desplazadas internas, véase Christopher M. Hays y Milton Acosta, "A Concubine's Rape, an Apostle's Flight, and a Nation's Reconciliation: Biblical Interpretation, Collective Trauma Narratives, and the Armed Conflict in Colombia," *Biblical Interpretation* 28, n.º 1 (2020): 56–83; Robert W. Heimburger, Guillermo Mejía-Castillo y Christopher M. Hays, "Forgiveness and Politics: Reading Matthew 18:21–35 with Survivors of Armed Conflict in Colombia," *HTS Theological Studies* 75, n.º 4 (2019): 1–9; Hans de Wit, Louis Jonker, Marleen Kool, Daniel Schipani eds., *Through the Eyes of Another: Intercultural Reading of the Bible* (Elkhart: Institution of Mennonite Studies, 2004).

recibir atención especializada o para conocer las rutas de atención de las instituciones gubernamentales.

Si partimos de un modelo de corresponsabilidad social, se hace necesario fomentar la interacción entre el sector público y las OBF, bajo una comprensión de lo que cada institución puede aportar como aliada.[50] Este modelo de corresponsabilidad social supera la idea de que la persona en situación de desplazamiento es "beneficiaria" de programas específicos del Estado y nos lleva a trabajar de manera conjunta por la recuperación de su estatus como ciudadanos en el ejercicio pleno de sus derechos y por su inclusión efectiva en el tejido social.

BIBLIOGRAFÍA

ACNUR- Alto Comisionado de las Naciones Unidas para los Refugiados, *Tendencias globales: desplazamiento forzado en 2015, forzados a huir* (Madrid: ACNUR, 2016). http://www.acnur.org/t3/fileadmin/Documentos/Publicaciones/2016/10627.pdf

Ager, Joey, Elena Fiddian-Qasmiyeh y Alastair Ager. "Local Faith Communities and the Promotion of Resilience in Contexts of Humanitarian Crisis." *Journal of Refugee Studies*, 28, n.º 2 (2015): 202–221.

Allen, Ryan. "The Bonding and Bridging Roles of Religious Institutions for Refugees in a Non-gateway Context." *Ethnic and Racial Studies*, 33, n.º 6 (2010): 1049–1068.

Beltrán, William Mauricio. *Del monopolio católico a la explosión pentecostal: pluralización religiosa, secularización y cambio social en Colombia*. Bogotá: Universidad Nacional de Colombia, 2013.

Beltrán, William Mauricio e Ivón Natalia Cuervo. "Pentecostalismo en contextos rurales de violencia. El caso de El Garzal, sur de Bolívar, Colombia." *Revista colombiana de antropología* 52, n.º 1 (2016): 139–168.

Beltrán, William Mauricio y Sonia Larotta. *Diversidad religiosa, valores y participación política en Colombia: resultados de la encuesta nacional sobre diversidad religiosa 2019*. Bogotá: Act Iglesia Sueca, World Vision, Comisión Intereclesial de Justicia y Paz, Universidad Nacional de Colombia, 2020.

Bello Albarracín, Martha Nubia et al. *Relatos de la violencia: impactos del desplazamiento forzado en la niñez y la juventud*. Bogotá: Universidad Nacional de Colombia, 2000.

Berger, Peter. *El dosel sagrado: elementos para una teoría sociológica de la religión*. 2a ed. Buenos Aires: Amorrortu, 1969.

Blau, Peter. *Inequality and Heterogeneity*. New York: The Free Press, 1977.

Boff, Leonardo. *Virtudes para um outro mundo possível*. Vozes, 2005.

Borda Carulla, Susana. "Resocialization of "Desplazados" in Small Pentecostal Congregations in Bogotá, Colombia." *Refugee Survey Quarterly* 26, n.º 2 (2007): 36–46.

Bourdieu, Pierre. *Razones prácticas*. Barcelona: Anagrama, 1997.

Cadavid, Laura Milena. *Condiciones de miseria y desigualdad en 100 familias en situación de desplazamiento asentadas en Bogotá y Soacha*. Tesis de Maestría, Universidad Nacional

---

50. Para conocer más a fondo algunas acciones estratégicas para que las OBF interactúen de manera eficaz con el sector público, véase David López-Amaya y Guillermo Mejía-Castillo, *Iglesia, política y desplazamiento*, 2.ª ed. (Medellín: Publicaciones SBC, 2020).

de Colombia, Facultad de Ciencias Económicas Instituto de Estudios Políticos y Relaciones Internacionales—IEPRI, 2011.

Cadavid, Laura Milena, e Ivón Natalia Cuervo-Fernández. *Enfoque y metodologías participativas, dar voz a las comunidades*. Medellín: Publicaciones SBC, 2018.

Carse, Alicia. "Vulnerability, Agency, and Human Flourishing." En *Health and Human Flourishing*, eds. Carol Taylor y Roberto Dell'Oro, 33–52. Washington: Georgetown University Press, 2006.

Centeno, Jhohan. "Labor social del pentecostalismo frente a las poblaciones en condición de desplazamiento forzado." En *Conversaciones teológicas del sur global americano: violencia, desplazamiento y fe*, eds. Oscar García-Johnson y Milton Acosta, 171–189. Eugene: Puertas Abiertas, 2016.

CNMH- Centro Nacional de Memoria Histórica. *Memoria y comunidades de fe en Colombia. Crónicas*. Bogotá: CNMH, 2018.

Cuervo-Fernández, Ivón Natalia. "El rol potencial de las organizaciones basadas en la fe en la integración social de personas en situación de desplazamiento en Colombia." En *Memorias del IV Seminario Internacional Culturas, desarrollos y educaciones (SICDES). Migraciones, interculturalidad y buen vivir: diálogos y resistencias*, eds. Cecchetti, Elcio y Josani Crusaro, 797–806. Chapecó: Argos, 2018.

DANE- Departamento Administrativo Nacional de Estadística. *Guía para la Inclusión del Enfoque Diferencial e Interseccional*. Bogotá: DANE, 2020.

Demera, Juan Diego. "Ciudad, migración y religión: etnografía de los recursos identitarios y de la religiosidad del desplazado en Altos de Cazuca." *Theologica Xaveriana*, 162 (2007): 303-320. http://revistas.javeriana.edu.co/index.php/teoxaveriana/article/view/13242

Donado, William. *El papel de la Iglesia en el post conflicto*. Documento de trabajo. Lima: Miqueas Global—6a Consulta Global, 2014.

Durkheim, Emile. *La división del trabajo social*. 4.a edición. Madrid: Ediciones Akal, 2001.

El Tiempo. "Se disparó el tránsito de los migrantes no venezolanos." *El tiempo*, https://www.eltiempo.com/justicia/investigacion/migracion-ya-no-son-los-venezolanos-los-que-mas-pasan-por-colombia-614717. Fecha de publicación 1 de septiembre de 2021.

Gamarra, Jefrey. "Conflict, Post-Conflict and Religion: Andean Responses to New Religious Movements." *Journal of Southern African Studies* 26, n.° 2 (2000): 271-287.

García, Julián Esteban. "'Dios nos guía': teodicea del desplazamiento forzado y ciudadanías liminales," *Maguaré* 31, n.° 2 (2017): 195–224.

Hays, Christopher M. y Milton Acosta. "A Concubine's Rape, an Apostle's Flight, and a Nation's Reconciliation: Biblical Interpretation, Collective Trauma Narratives, and the Armed Conflict in Colombia." *Biblical Interpretation* 28, n.° 1 (2020): 56–83.

Hays Christopher M., Isaura Espitia Zúñiga y Steban Andrés Villadiego Ramos, *La misión integral de la iglesia: cómo fortalecer o crear un ministerio a favor de personas en situación de desplazamiento: manual del facilitador*, 2.ª ed. Medellín: Publicaciones SBC, 2020.

Hays Christopher M., *El profesional cristiano y la recuperación económica de las personas en situación de desplazamiento*, 2.ª ed. Medellín: Publicaciones SBC, 2020.

Heimburger, Robert W., Guillermo Mejía-Castillo y Christopher M. Hays. "Forgiveness and Politics: Reading Matthew 18: 21–35 with Survivors of Armed Conflict in Colombia." *HTS Theological Studies* 75, n.° 4 (2019): 1–9.

Henao, Héctor Fabio. "The Colombian Church and Peacebuilding." En *Colombia: Building Peace in a Time of War*, ed. Virginia M. Bouvier, 173–90. Washington, D.C.: United States Institute of Peace Press, 2009.

Justapaz y la comisión de restauración, vida y paz (CEDECOL). *Un llamado profético: las iglesias cristianas en el conflicto armado colombiano.* Bogotá: JUSTAPAZ/CEDECOL, 2020.

López-Amaya, David y Guillermo Mejía-Castillo. *Iglesia, política y desplazamiento*, 2.ª ed. Medellín: Publicaciones SBC, 2020.

Lozano, Fabio. "Evangélicos y pobreza: reflexiones a partir del estudio de la acción social de las iglesias evangélicas en Colombia." En *¿El reino de Dios es de este mundo?: el papel ambiguo de las religiones en la lucha contra la pobreza*, eds. Zalpa, Genaro y Hans Offerdal, 253-274. Bogotá: Siglo del Hombre Editores/ CLACSO, 2008.

Migración Colombia. "En un hecho sin precedentes, Colombia busca darle la mano a más de dos millones de venezolanos." *Migración: ministerio de relaciones exteriores.* https://www.migracioncolombia.gov.co/noticias/en-un-hecho-sin-precedentes-colombia-busca-darle-la-mano-a-mas-de-dos-millones-de-venezolanos. Fecha de publicación 8 de febrero de 2021.

Moreno, Pablo, ed. *La acción social de las iglesias evangélicas en Colombia.* Bogotá: CEDECOL, 2009.

Palacio, Jorge, Alfredo Correa, Margarita Díaz y Sandro Jiménez. "La búsqueda de la identidad social." *Investigación y Desarrollo* 11, n.º 1 (2003): 26-55.

RNI- Red Nacional de Información. *Registro Único de Víctimas.* Fecha de corte: 01 de enero de 2020. https://cifras.unidadvictimas.gov.co/Home/General. Último acceso 5 de febrero de 2020.

Refugee Studies Centre de Oxford Department of International Development. "Faith and responses to displacement." *Forced Migration Review* 48 (2014). https://www.fmreview.org/sites/fmr/files/FMRdownloads/en/faith.pdf.

Samuels, Fiona, Rena Geibel y Fiona Perry. "Collaboration between Faith-Based Communities and Humanitarian Actors when Responding to HIV in Emergencies." *Overseas Development Institute-ODI Project Briefing* 41 (2010). https://cdn.odi.org/media/documents/5902.pdf. Último acceso 05 de julio de 2018.

Toews, Nathan, y Pablo Stucky. *Una iglesia acogedora y sanadora: capacidades claves para una comunidad de fe restauradora: testimonios y reflexiones bíblicas.* 2a ed. Bogotá: Coordinación Eclesial para la Acción Psicosocial (CEAS), 2017.

Toniol, Rodrigo. "Espiritualidade que faz bem. Pesquisas, políticas públicas e práticas clínicas pela promoção da espiritualidade como saúde." *Sociedad y religión* 25, n.º 43 (2015): 110-143.

Toren, Marten J. van den. "Towards Pentecostal Imaginaries and Practices of Peace: The Pentecostal Apparatus of Capture in Post-Conflict Córdoba, Colombia." MS tesis, Utrecht University, 2019.

UNHCR- United Nations High Commissioner for Refugees. *Global Trends. Forced Displacement in 2020.* Copenhagen: UNHCR, 2021. https://www.unhcr.org/statistics/unhcrstats/60b638e37/global-trends-forced-displacement-2020.html. Último acceso 6 de junio de 2021.

Wit, Hans de, Louis Jonker, Marleen Kool y Daniel Schipani eds. *Through the Eyes of Another: Intercultural Reading of the Bible.* Elkhart: Institution of Mennonite Studies, 2004.

Young, Iris Marion. "Responsibility and Global Justice: A Social Connection Model." *Social Philosophy and Policy* 2, n.º 1 (2006): 102-130.

17

La violación de una concubina, la huida de un apóstol y la reconciliación de una nación

Interpretación bíblica, relatos de trauma colectivo y el conflicto armado en Colombia[1]

Christopher M. Hays y Milton Acosta

INTRODUCCIÓN: CÓMO (NO) ENTENDER EL CONFLICTO ARMADO EN COLOMBIA

Durante más de 50 años, la nación colombiana ha sido teatro de un prolongado conflicto entre grupos guerrilleros (FARC [Fuerzas Armadas Revolucionarias de Colombia], ELN [Ejército de Liberación Nacional], EPL [Ejército Popular de Liberación], etc.), diversas organizaciones paramilitares, el ejército colombiano y cárteles de narcotráfico en guerra. Este medio siglo de violencia ha dejado más de un cuarto de millón de muertos y casi ocho millones de desplazados internos (PSD).[2]

---

1. Originalmente publicado en inglés, Christopher M. Hays y Milton Acosta, "A Concubine's Rape, an Apostle's Flight, and a Nation's Reconciliation: Biblical Interpretation, Collective Trauma Narratives, and the Armed Conflict in Colombia," *Biblical Interpretation* 28 (2020). Traducido por Milton Acosta y publicado de nuevo con permiso.

2. Red Nacional de Información, "Registro único de víctimas," http://rni.unidadvictimas.gov.co/RUV, fecha de último acceso 2 de febrero, 201; ver más en Laura Milena Cadavid Valencia, "Elementos para comprender el desplazamiento forzado en Colombia: un recorrido por normas, conceptos y experiencias," en *Conversaciones teológicas del sur global americano: violencia, desplazamiento y fe*, eds. Oscar Garcia-Johnson y Milton Acosta (Eugene, OR: Wipf and Stock, 2016), 4–6.

Con el segundo mayor número de desplazados internos de cualquier país del mundo,³ el desplazamiento forzado en Colombia es una crisis humanitaria. El desplazamiento es provocado de diversas maneras, amenazas, violaciones, asesinatos y masacres. Las personas a menudo huyen de sus hogares solo con lo que pueden llevar. Frecuentemente sufren de trastornos psicológicos traumáticos.⁴ Sus redes sociales están destrozadas, y muchas veces las familias nucleares han sido desmembradas por la pérdida de un esposo o un hijo.⁵ La tasa de pobreza extrema de quienes se desplazan de las áreas rurales a las urbanas es del 85%.⁶ En esencia, las vidas de ocho millones de colombianos han sido destruidas en solo un par de décadas.

Si bien los números de esta tragedia son ampliamente conocidos, no hay acuerdo sobre por qué ha sucedido esto, quién es responsable, qué significa esto para la nación y qué se debe hacer para seguir adelante. Individuos y naciones han luchado durante mucho tiempo para responder a estas preguntas, pero solo en los últimos años esta lucha por la creación de sentido ha llamado la atención de los científicos sociales, en el campo relativamente nuevo de la *teoría del trauma colectivo*.⁷

Este artículo propone una lectura de los libros de Jueces y Hechos a la luz de la teoría del trauma, indagando si y cómo podrían abordar las preocupaciones atendidas por los relatos de trauma, y analizando cómo podrían proporcionar recursos para un relato de trauma constructivo en respuesta a la crisis del trauma del desplazamiento forzado interno en Colombia. Comenzamos con una introducción al concepto de trauma colectivo, prestando especial atención a las nuevas investigaciones

---

3. Internal D Internal Displacement Monitoring Centre, "Global Report on Internal Displacement," *Internal Displacement Monitoring Center*, http://www.internal-displacement.org/globalreport2016/#ongrid, último acceso 2 de febrero, 2017.

4. Dos tercios de los hogares de desplazados internos reportan problemas psicosociales; sólo el 2% de ellos recibe asistencia; Angela Consuelo Carillo, "Internal Displacement in Colombia: Humanitarian, Economic and Social Consequences in Urban Settings and Current Challenges," *International Review of the Red Cross* 91, n.° 875 (2009): 541. Economic and Social Consequences in Urban Settings and Current Challenges," 875 (2009).

5. El 39% de los hogares de desplazados internos tienen un solo padre, 91% de los cuales son mujeres; Carillo, "Internal Displacement in Colombia," 531. El 39% de las mujeres cabeza de hogar reportan haber presenciado personalmente el asesinato de un esposo o de un hijo varón; Jairo Arboleda y Elena Correa, "Forced Internal Displacement," en *Colombia: The Economic Foundation of Peace*, ed. Marcelo M. Guigale, Olivier Lafourcade y Connie Luff (Washington D.C.: World Bank, 2003), 834.

6. Carillo, "Internal Displacement in Colombia," 534. Sobre los aspectos económicos del desplazamiento, ver Christopher M. Hays, "Justicia económica y la crisis del desplazamiento interno en Colombia," en *Conversaciones teológicas del Sur Global*, ed. Milton Acosta y Oscar Garcia-Johnson (Eugene, OR: Wipf and Stock, 2016), 44–64.

7. Para trabajos recientes que aplican la teoría del trauma colectivo a la interpretación bíblica, ver Elizabeth Boase, "Fragmented Voices: Collective Identity and Traumatization in Lamentations," en *Bible Through the Lense of Trauma*, ed. Elizabeth Boase y Christopher G. Frechette, Semeia Studies, vol. 86 (Atlanta: SBL Press, 2016), 49–66; Philip Browning Hesel, "Shared Pleasure to Soothe the Broken Spirit: Collective Trauma and Qoheleth," en *Bible through the Lens of Trauma*, ed. Elizabeth Boase y Christopher G. Frechette, Semeia Studies, vol. 86 (Atlanta: SBL Press, 2016), 85–103. Se han realizado más investigaciones desde la perspectiva del trauma individual, como la conmovedora obra de Shelly Rambo, *Spirit and Trauma: A Theology of Remaining* (Louisville, KY: Westminster John Knox, 2010).

sociológicas sobre los *relatos de trauma colectivo*, que son historias a través de las cuales una colectividad busca dar sentido a un trauma. Sobre esa base, explicamos que la construcción de relatos sanos del trauma (relatos *reconciliadores* en vez de *polarizadores*) es una tarea urgente para Colombia en la incipiente era del posconflicto, y afirmamos que las comunidades religiosas cristianas pueden desempeñar un papel influyente en el nacimiento esos relatos de trauma.

Por lo tanto, en un acto de lo que podría llamarse "partería interpretativa," examinamos los libros de Jueces y Hechos a través de la lente de la teoría del trauma colectivo. Argumentamos que partes de ambos libros cumplen las funciones de relatos de trauma, en formas que son pertinentes para la situación colombiana. Describimos cómo Jueces 19-21 se resiste a polarizar los relatos del trauma y plantea un relato reconciliador que rechaza los binarios víctima/victimario. De manera complementaria,[8] mostramos cómo Hechos (6-8, 12) ofrece relatos de trauma sobre sufrimiento de los primeros líderes de la Iglesia (Esteban, Santiago, Pedro). Sugerimos que esos textos pueden facilitar la elaboración de un relato contextual específicamente del trauma colombiano, prestando atención a temas como: la insensatez del sufrimiento; el perdón ante la justicia divina y/o humana;[9] los sentimientos de culpa frente a la decisión de huir o resistir la violencia; y la búsqueda de esperanza después del desplazamiento forzado. El análisis se refuerza con datos extraídos de entrevistas realizadas por los autores a víctimas colombianas del conflicto armado.

EL TRAUMA COLECTIVO

Películas como *The Deer Hunter* y *Mystic River* han contribuido a una mayor conciencia sobre el trastorno de estrés postraumático y el hecho de que los eventos traumáticos dejan marcas indelebles en la psique de *individuos* previamente sanos. Menos conocida, sin embargo, es la realidad del trauma *colectivo*. El término *trauma colectivo* describe cómo las experiencias destructivas causan estragos en el tejido *social* que conecta a los individuos entre sí.

El teórico pionero del trauma colectivo es Kai Erikson. Su investigación de la inundación de Buffalo Creek en 1972 en Virginia Occidental arrojó luz sobre la forma como una inundación de una represa rota destrozó los lazos de una comunidad muy unida, generando efectos negativos que se extendieron mucho más allá de la recuperación inmediata de la inundación. Erikson caracterizó el trauma colectivo como un

---

8. Dada la naturaleza de estos textos, Hechos es tratado de manera más breve que Jueces, y con diferentes énfasis especialmente pertinentes al conflicto colombiano.

9. Esto de ninguna manera pretende socavar la importancia de buscar justicia y restitución para las víctimas. El presente artículo se escribió en el contexto del proceso de paz colombiano, que tiene como principales virtudes: la verdad, la justicia, la reparación y la no repetición. El artículo busca complementar esos compromisos y servir a la Iglesia en el ínterin entre la victimización y la reparación.

"golpe a los tejidos básicos de la vida social que daña los lazos que unen a las personas y perjudica el sentido predominante de comunidad."[10]

Si bien los eventos traumáticos siempre tienen ramificaciones sociales, cuando esos eventos ocurren en sociedades o culturas colectivistas, el daño es geométricamente mayor. Especialmente en las culturas colectivistas, "Es la comunidad la que amortigua el dolor, la comunidad la que proporciona un contexto para la intimidad. . . ."[11] Por lo tanto, cuando un trauma colectivo desgasta los lazos sociales, ya sea por dislocación o por traumatizar a toda una comunidad, también debilita uno de los medios más cruciales de recuperación del evento traumático: la comunidad, que es una fuente importante de consuelo, cuidado, identidad y restauración.

No todos los episodios violentos o desastres naturales traumatizan a las personas.[12] Una de las razones por las que los eventos violentos o desastrosos generan *trauma*, en lugar de permanecer como formas más circunscritas de sufrimiento, es porque cuestionan las metanarrativas de las personas, poniendo en peligro su capacidad encontrarle sentido al mundo.[13] Sin la capacidad de explicarse a sí mismo su sufrimiento, la persona se desengancha, se disloca de la seguridad y la esperanza; de hecho, sin la capacidad de explicarse a sí mismos su sufrimiento, el sentido del mundo y de su propia identidad de una persona está en peligro. En palabras de un experimentado pastor de desplazados internos: "Cuando son desplazados, una persona sufre una desintegración. Todo el tejido social que tenían en su pueblo está deshecho. . .. Se sienten disminuidos, se sienten menos que los demás, no se les valora como personas."[14]

En todas las sociedades, pero en mayor grado en las culturas colectivistas, uno deriva su sentido de significado e identidad en cierta medida de las personas de su comunidad. Sin la comunidad, que proporciona un contexto de creación de sentido y constituye parte de la identidad de uno, el hastío toma el control.[15] Así, los eventos destructivos adquieren un estatus *socialmente* traumático en parte cuando estropean el contexto colectivo de construcción de identidad.[16]

Estas observaciones son pertinentes para los desplazados internos colombianos. La cultura dominante de Colombia, como la mayoría de las naciones latinoamericanas,

---

10. Kai T. Erikson, *Everything in Its Path: Destruction of Community in the Buffalo Creek Flood* (New York: Simon & Schuster, 1976), 153; cf. Hesel, "Shared Pleasure," 99. Todas las traducciones desde el inglés fueron realizadas por Milton Acosta.

11. Erikson, *Everything in Its Path*, 193–4.

12. Jeffrey Alexander argumenta que los eventos no son intrínsecamente traumáticos; más bien, los hechos llegan a ser traumáticos en función de la forma en que se interpretan. Véase Jeffery C. Alexander, *Trauma: A Social Theory* (Cambridge: Polity, 2012), 12; Neil J. Smelser, "Psychological Trauma and Cultural Trauma," en *Cultural Trauma and Collective Identity*, ed. Jeffery C. Alexander, et al. (Berkeley: University of California Press, 2004), 35.

13. Erikson, *Everything in Its Path*, 199.

14. Pedro Ramón González Yanes y Leonardo López González (Líderes de la iglesia Cristo el Rey), entrevista con Christopher M. Hays, Tierralta, 23 de enero, 2017.

15. Erikson, *Everything in Its Path*, 203.

16. Alexander, *Trauma*, 15.

es colectivista,[17] especialmente en contextos rurales. Sin negar las diferencias considerables entre las culturas latinoamericana y de West Virginia, muchas de las observaciones de Erikson sobre Buffalo Creek son válidas para Colombia, de modo que uno podría incluso aplicar la descripción de Erikson de la cultura colectivista en las zonas rurales de Virginia Occidental a la Colombia rural, reemplazando las palabras "neighborhoods" y "hollow" con *barrio* y *pueblo*. "Esos [barrios] eran como el aire que respiraba la gente: a veces áspero, a veces frío, pero siempre un hecho básico de la vida. Para bien o para mal, la gente del [pueblo] estaba imbricada en el tejido de su comunidad; de allí sacaban su ser."[18] Esto significa que cuando la violencia expulsa a las personas de sus comunidades, esas personas son desarraigadas de manera significativa de aquello que sustentaba su propio sentido de identidad.

Esto también significa, por extensión, que las personas desplazadas no pueden simplemente echar raíces nuevas y generar una nueva comunidad al llegar a sus lugares de destino. Es un error común de las personas en las culturas individualistas suponer que el colectivismo es idéntico a la sociabilidad o la extroversión, de modo que los miembros de las culturas colectivistas pueden desligarse fácilmente de un contexto social y reintegrarse a otro en una nueva ubicación. Eso no es correcto.

> La dificultad es que cuando uno invierte tanto de sí mismo en ese tipo de encuadre social, queda absorbido por este... y la colectividad más amplia que lo rodea se convierte en una extensión de su propia personalidad... "Ser vecino" no es una cualidad que uno pueda llevar consigo a una nueva situación como moneda emocional negociable; la antigua comunidad era el nicho en el sentido ecológico clásico, y la habilidad para uno relacionarse con ese nicho no es una habilidad que se transfiera fácilmente a otro entorno.[19]

Así, el hecho de que la cultura colombiana sea colectivista no implica que los colombianos desplazados regeneren fuertes lazos sociales en sus nuevas comunidades. Por el contrario, según la teoría del trauma colectivo, la fortaleza e integralidad de los lazos sociales que disfrutaban anteriormente estos colombianos implicaría que las personas desplazadas experimenten un mayor nivel de sufrimiento emocional y posean una capacidad disminuida de recuperación posterior al desplazamiento.

RELATOS DE TRAUMA COLECTIVO

Hasta aquí nos hemos centrado en cómo los eventos destructivos tienen ramificaciones en los colectivos directamente afectados. Existe, sin embargo, un sentido extendido de trauma colectivo, según el cual los miembros del grupo social más amplio llegan

---

17. Geerte Hofstede, "What about Colombia?," https://geert-hofstede.com/colombia.html, fecha de último acceso 7 de julio, 2016.

18. Erikson, *Everything in Its Path*, 214–5.

19. Erikson, *Everything in Its Path*, 191.

a sentir que ellos también han sido implicados o traumatizados por un evento del cual no fueron víctimas inmediatas. Si se *percibe* que un trauma individual o circunscrito ha herido la identidad del grupo social más amplio, puede *llegar a funcionar* como un trauma colectivo para aquellos que no se vieron directamente golpeados por el evento.

Pero este proceso de extender un trauma a un público más amplio no se da automáticamente.[20] Más bien, la extensión del alcance del trauma más allá de los efectos inmediatos al grupo más grande requiere un trabajo cultural significativo, y ese trabajo se logra a través de un relato colectivo del trauma.[21]

Un relato de trauma colectivo es una historia que explica cómo un evento representa una amenaza para la identidad de un grupo y articula cómo debe responder el grupo.[22] Para hacerlo, responden lo que Jeffrey Alexander y Elizabeth Butler Breese han denominado las cuatro preguntas "Q": "¿Qué pasó? ¿Quiénes fueron sus víctimas? ¿Quiénes fueron sus perpetradores? ¿Y qué se puede hacer?"[23]

Por ejemplo, considere el movimiento *Black Lives Matter*, que nació después del asesinato de Trayvon Martin en 2012. Trayvon Martin no fue el primer joven negro asesinado de manera irracional en los EE. UU. Pero por una variedad de razones, su muerte llegó a interpretarse como un evento cargado de significado para todas las personas negras en los Estados Unidos. De manera similar, considere la respuesta a la masacre en las oficinas de la revista satírica francesa *Charlie Hebdo* en enero de 2015. El eslogan *Je suis Charlie* fue adoptado (especialmente entre periodistas y luego en muchos sectores de la sociedad) como una forma de expresar solidaridad con las 12 personas asesinadas, y más ampliamente como una forma de defender la libertad de expresión y una red más amplia de ideologías occidentales. No todo tiroteo en los lugares de trabajo o niño asesinado se concibe como una amenaza para la identidad de la sociedad en general; esos eventos finitos solo ocasionalmente adquieren un mayor significado bajo la influencia de fuerzas y agentes culturales particulares.

Es importante aclarar que, como eventos generadores de significado, la verdad y la falsedad no son los términos esenciales con los que los sociólogos juzgan los relatos de trauma colectivo. Su interés tiene más que ver con cómo funcionan los relatos del

---

20. Alexander, *Trauma*, 30.

21. El sociólogo Jeffrey Alexander, líder en la teoría del trauma, usa el término "trauma cultural" para denotar lo que este ensayo llama "relatos de trauma colectivo." Sin embargo, otros académicos usan el término "trauma cultural" para indicar cómo los eventos traumáticos dañan las marcas culturales únicas de un grupo; Smelser, "Psychological Trauma and Cultural Trauma," 38. B. Hudnall Stamm, Henry E. Stamm, Amy C. Hudnall y Craig Higson Smith, "Considering a Theory of Cultural Trauma and Loss," *Journal of Loss and Trauma* 9 (2004): 95. Dado que el último sentido de "trauma cultural" es más intuitivo, el presente ensayo describe las explicaciones que la gente elabora sobre eventos corporativamente traumáticos usando el término "relatos de trauma colectivo."

22. Alexander, *Trauma*, 15.

23. Jeffrey C. Alexander y Elizabeth Butler Breese, "On Social Suffering and Its Cultural Construction," en *Narrating Trauma: On the Impact of Collective Suffering*, ed. Ron Eyerman, Jeffery C. Alexander y Elizabeth Butler Breese, The Yale Cultural Sociology Series (Boulder, CO: Paradigm, 2011), xxvii.

trauma, por qué ciertas historias tienen éxito y otras no: "Desde la perspectiva de una sociología cultural, el contraste entre declaraciones fácticas y ficticias no es un punto arquimediano. La verdad de un guion cultural no depende de su precisión empírica, sino de su poder y representación simbólicos."[24]

Debido a que las historias de trauma son, por naturaleza, interpretaciones de lo que significa un evento traumático, no existen como una cuestión de realidad objetiva. Son productos hermenéuticos que deben ser creados por *agentes culturales*.[25] Los grupos sociales en abstracto no crean significados; más bien, agentes particulares dentro de esos grupos crean significados que en diversos grados surgen de sus contextos sociales más amplios y se refieren a ellos. Los agentes culturales pueden ser periodistas, políticos, artistas, líderes sociales o líderes religiosos, por nombrar algunos.[26] Crean relatos sobre lo que sucedió y cómo responder, y ayudan a extender el alcance de los traumatizados a una colectividad aún más grande.

Quizá sea obvio que los relatos de trauma no son historias elaboradas por académicos, debatidas en congresos y publicadas en revistas especializadas. Se *representan*, más bien, en un escenario público, ya sea un mitin político, una película popular, las redes sociales, una manifestación pública o un servicio religioso.[27] (Nuevamente, piense en #*BlackLivesMatter*). Para captar la imaginación de la colectividad, un relato de trauma tiene que ser representado, una observación que ha llevado a algunos científicos sociales a referirse a los relatos de trauma como "trauma dramas."

Para que este énfasis en el papel de los agentes intencionales en la construcción de relatos de trauma colectivo no suene maquiavélico, vale la pena aclarar que el desarrollo de un relato de trauma colectivo puede ser un acto constructivo de solidaridad, un paso hacia la aceptación de la responsabilidad por una situación desagradable y movimiento hacia la acción. Al interpretar el sufrimiento de un grupo circunscrito como una afrenta al colectivo más grande,[28] la sociedad opta de manera más amplia por identificarse con aquellos que han sufrido y se compromete con un plan de acción en respuesta.[29]

Relatos de trauma que polarizan o reconcilian

La pregunta clave, sin embargo, es *¿qué tipo de respuesta?* Después de todo, las historias que nos contamos a nosotros mismos tras el sufrimiento no siempre son sensatas;

---

24. Alexander, *Trauma*, 4; cf. Alexander y Butler Breese, "On Social Suffering and Its Cultural Construction," xxii-xxiii.

25. Alexander, *Trauma*, 16.

26. Smelser, "Psychological Trauma and Cultural Trauma," 38.

27. Alexander, *Trauma*, 3–4.

28. Para atraer al resto de la sociedad a la solidaridad con quienes sufren, el relato de trauma debe articular la relación entre quienes sufren y el colectivo más amplio, generalmente destacando rasgos o valores que tienen en común; Alexander, *Trauma*, 19.

29. Alexander, *Trauma*, 6; Alexander y Butler Breese, "On Social Suffering and Its Cultural Construction," xii.

a menudo están imbuidas de ira y tal vez de un deseo de venganza.[30] Por esta razón, los teóricos del trauma reconocen que los relatos de trauma pueden *polarizar* o *reconciliar*,[31] aunque la mayoría de las veces hacen lo primero.[32] Los relatos de trauma pueden "*desencadenar reparaciones significativas en el tejido civil o instigar nuevas olas de sufrimiento social.*"[33]

El trabajo de Jeffrey Alexander sobre relatos de trauma colectivo se esfuerza por ser neutral en cuanto a los valores, en el sentido de evitar enredarse en las cuestiones de qué expresiones de trauma colectivo son verdaderas o falsas. Pero cuando se trata del tema del valor relativo de los relatos de trauma en polarizar o reconciliar, él parece inclinarse implícitamente a favor de los relatos de trauma que reconcilian. Al menos en el caso del conflicto colombiano, es difícil para los presentes autores desdeñar esta preferencia.

RELATOS DE TRAUMA COLECTIVO Y EL CONFLICTO ARMADO EN COLOMBIA

Durante las últimas décadas, los relatos polarizantes del trauma han demostrado ser extremadamente exitosos en Colombia. Desde el asesinato del candidato presidencial Jorge Eliécer Gaitán en 1948, el conflicto violento ha sido la historia de la nación. El conflicto ha mutado a lo largo de tres generaciones, pero el hecho de que las FARC (recientemente desmovilizadas) y el ELN sean los ejércitos guerrilleros más antiguos del mundo (ambos fundados en 1964) es un testimonio de la eficacia de los relatos que esos grupos han desarrollado. De hecho, la realidad de Colombia es que las guerrillas, los grupos paramilitares y las propias fuerzas armadas del gobierno han sido parte de graves injusticias, y cada bando del conflicto se siente agraviado por los demás. Lo relatos polarizantes del trauma, indudablemente basados en (al menos una selección de) hechos históricos, han causado que la violencia rebote de un lado a otro entre grupos como un sistema perverso de movimiento perpetuo,[34] siempre atizado por

---

30. Angélica Pinilla Mususú, trabajadora social que trabaja con desplazados internos en la periferia de Bogotá, explica: "Si a mí me expulsa un grupo paramilitar, me vuelvo enemiga de los paramilitares . . . O, por el contrario, si la guerrilla me expulsa y soy una persona desplazada y una víctima, genero tanto odio y tanta sed de venganza que termino uniéndome a los grupos paramilitares en busca de una justicia que el Estado no ha podido dar"; Angélica Pinilla Mususú (trabajadora de la Fundación Social El Encuentro), entrevista con Christopher M. Hays, Santa Viviana, Bogotá, 3 de diciembre, 2016.

31. Alexander y Butler Breese, "On Social Suffering and Its Cultural Construction," xxx; Smelser, "Psychological Trauma and Cultural Trauma," 44; Alexander, *Trauma*, 3–4.

32. Smelser, "Psychological Trauma and Cultural Trauma," 55.

33. Alexander y Butler Breese, "On Social Suffering and Its Cultural Construction," xi–xii, énfasis añadido; véase también Alexander, *Trauma*, 3–4.

34. María (seudónimo), una desplazada interna cuyo padre fue asesinado por paramilitares dos años atrás, reflexiona: "Cuando alguien piensa en venganza, si tú me provocas, yo te acabo. Nunca se detendrá. Al contrario, crece"; María, entrevista con Guillermo Mejía Castillo, Puerto Libertador, Córdoba, 9 de diciembre, 2016.

relatos polarizantes del trauma que se excluyen mutuamente, ninguno de los cuales son infundados, y ninguno de los cuales cuenta toda la historia.

El 30 de noviembre de 2016, las FARC firmaron un acuerdo de paz con el gobierno colombiano y se inició el proceso de desmovilización y reinserción. Este es un gran paso adelante para restaurar la paz en Colombia, ya que las FARC son el grupo armado más grande de los muchos en Colombia. Sin embargo, será un proceso difícil, en la medida en que la paz con las FARC sigue siendo muy controvertida (un plebiscito nacional sobre un acuerdo de paz muy similar fue rechazado el 2 de octubre de 2016). Los relatos de trauma colectivo que han alimentado las últimas siete décadas de violencia no desaparecerán así no más. Uno de los grandes desafíos para asegurar que el período de posconflicto se convierta realmente en un tiempo de paz es la generación de relatos de trauma nuevos y reconciliadores.

Como se mencionó anteriormente, los relatos de trauma colectivo son guiones que definen cuatro preguntas "Q": ¿Qué pasó? ¿Quiénes fueron las víctimas? ¿Quiénes fueron los perpetradores? Y lo más importante, ¿qué se debe hacer?[35] La sociedad colombiana ha avanzado mucho en la última década al contar las historias de qué ha pasado, quiénes fueron las víctimas y los victimarios. Esto representa un progreso significativo en la construcción del relato del trauma de la nación,[36] pero el elemento más crucial del relato de trauma, "¿qué se debe hacer?," sigue siendo muy disputado.

Relatos de trauma colectivo y comunidades cristianas colombianas

¿Cuál es la relevancia de todo esto para los biblistas y para las comunidades cristianas colombianas? Dijimos que los relatos de trauma no surgen espontáneamente de la conciencia colectiva de una nación, sino que son elaborados por agentes culturales. En la medida en que Colombia es un país muy religioso, los sacerdotes, los obispos y pastores se encuentran entre los agentes culturales más poderosos de la sociedad colombiana.[37] Esto es especialmente así porque la sociedad civil en sí misma es bastante

---

35. Alexander y Butler Breese, "On Social Suffering and Its Cultural Construction," xxvii.

36. La elaboración y afirmación de la categoría de "víctima" ha contribuido significativamente al progreso de la sociedad colombiana, ya que la aceptabilidad social de esta etiqueta ha creado un espacio para que las personas compartan sus historias y creen lazos afectivos que traspasan las fronteras ideológicas; Myriam Jimeno, "¿Hay progreso en Colombia? La 'víctima' y la construcción de comunidades emocionales," *Revista de estudios Colombianos* 36 (2010): 7–15. Sin embargo, estos avances emocionales no sanan automáticamente las divisiones de la sociedad colombiana; Carlo Tognato, "Extending Trauma Across Cultural Divides: On Kidnapping and Solidarity in Colombia," en *Narrating Trauma: On the Impact of Collective Suffering*, ed. Ron Eyerman, Jeffery C. Alexander y Elizabeth Butler Breese, The Yale Cultural Sociology Series (Boulder, CO: Paradigm, 2011), 197–99. Carl Tognato ha defendido la importancia de elaborar dramas del trauma que intencionalmente se ciernen sobre la ambigua frontera entre los dos campos ideológicos dominantes en Colombia, para resistir ser finamente categorizados en una u otra visión del mundo; Tognato, "Extending Trauma," 199, 202–9.

37. Específicamente en relación con el conflicto armado, ver William Elvis Quezada Plata y Jhon Janer Vega Rincón, "Religión, conflicto armado colombiano y resistencia: un análisis bibliográfico," *Anuario de historia regional y de las fronteras* 22, n.° 2 (2015): 125–55; Nelson Mafla Terán, *La función*

más anémica en Colombia que en muchas otras naciones. Los colombianos tienden a poner mayor énfasis en dos niveles de relaciones interpersonales: parentesco y gobierno. La familia es el centro de la vida colombiana en un grado mucho más alto que en las culturas dominantes del Atlántico Norte, y es a la familia a la que uno le debe la lealtad primordial. Por otro lado, el gobierno colombiano no necesariamente cuenta con el patriotismo ferviente de parte de sus ciudadanos (como se observa en países como Estados Unidos), pero es al gobierno a quien los colombianos acuden para la solución de sus problemas. Entre estos dos niveles de relaciones sociales, la familia y el gobierno, existen pocas organizaciones cívicas. Sin embargo, los agentes más importantes de la sociedad cívica en Colombia son las iglesias cristianas, y la iglesia católica es la organización cívica más activa en la promoción de la paz en Colombia.[38] Especialmente dada la polarización de la política colombiana, la complicidad del gobierno en las atrocidades del conflicto y el regionalismo dominante (en contraste con el nacionalismo) de Colombia,[39] la Iglesia cristiana es el colectivo social con más capacidad para fomentar la unidad en esa nación altamente fragmentada.

Además, las comunidades cristianas de Colombia no son ajenas al desplazamiento. Las iglesias proporcionan una continuidad clave para los desplazados internos colombianos después del desplazamiento, a veces simplemente debido a la ubicación de la Iglesia Católica, a veces porque las iglesias protestantes en realidad se desplazan en masa como comunidad y reconstruyen sus vidas juntas en sus lugares de destino.[40] Como las iglesias son a menudo iglesias de desplazados internos, y como los pastores, siendo líderes comunitarios, a menudo son objeto de amenazas y expulsión por parte de grupos armados,[41] es lógico que los líderes religiosos cristianos que son desplazados internos sean quienes tomen la iniciativa en el proceso de elaboración de relatos de trauma colectivo para Colombia. Lo que dice Judith Herman sobre el trauma individual probablemente es moralmente óptimo en el caso del trauma colectivo: "La decisión de confrontar los horrores del pasado recae en el sobreviviente."[42] Si bien una

---

de la religión en la vida de las víctimas del desplazamiento forzoso en Colombia. Religión, cultura y sociedad, vol. 41 (Bogotá: Pontificia Universidad Javeriana, 2017), 193–202.

38. P. Mauricio García Durán, "El papel de la Iglesia Católica en la movilización por la paz en Colombia," en *Creando un clima de reconciliación: escenarios para la verdad, la justicia, y la paz*, ed. P. Mauricio García Durán, et al. (Bogotá: Codice, 2007), 53–73.

39. German Puyana García, *¿Cómo somos? Los Colombianos: reflexiones sobre nuestra idiosincrasia y cultura*, 2a ed. (Bogotá: Bhandar, 2002), 83–86.

40. Este fue el caso de la *Iglesia Cristiana Evangélica Nasa*, una denominación formada en 2009 por desplazados internos de la etnia Nasa que habían sido desplazados forzosamente. En lugar de dispersarse como unidades familiares, formaron nuevos asentamientos compuestos casi exclusivamente por cristianos nasa con quienes se desplazaron.

41. Cf. el notable caso de resistencia de una comunidad pentecostal en el sur de Bolívar, contado en William Mauricio Beltrán y Ivón Natalia Cuervo, "Pentecostalismo en contextos rurales de violencia: el caso de El Garzal, sur de Bolívar, Colombia," *Revista colombiana de antropología* 52, n.º 1 (2016): 139–68.

42. Judith Lewis Herman, *Trauma and Recovery* (New York: Basic, 1992), 175.

persona que no es desplazada podría construir un relato de trauma colectivo sobre el desplazamiento, a los presentes autores les parece que la complejidad de la experiencia del desplazamiento la entiende mejor una persona desplazada internamente, y que cualquier propuesta de avance será más creíble si viene de un desplazado interno.

Esto no niega que otros puedan apoyar la construcción de relatos colectivos de trauma, especialmente dado que los relatos colectivos de trauma hacen formulaciones no solo sobre la realidad de aquellos que están traumatizados por el sufrimiento, sino también sobre la sociedad en general implicada en el trauma. Pero quizás las personas que no son desplazadas internas deberían pensar en sí mismas como "parteras" en el nacimiento de los relatos de trauma colectivo, no como quienes hacen el trabajo de parto. Una partera puede brindar conocimiento especializado, aliento y perspectiva, pero no es ella quien da a luz. Dado que los presentes autores somos profesores en un seminario protestante en Medellín, queremos ser "parteros" de los pastores colombianos, apoyando su creación de relatos de trauma reconciliadores para el posconflicto.[43] Por lo tanto, dedicamos el resto de este artículo a preguntarnos cómo se pueden obtener pistas de los textos bíblicos para elaborar una visión de reconciliación y restauración después de los horrores del desplazamiento forzoso.

UN COMENTARIO SOBRE METODOLOGÍA

A continuación, examinamos dos libros bíblicos (Jueces y Hechos) que tratan eventos de sufrimiento con implicaciones para el colectivo pueblo de Dios y que responden las cuatro preguntas "Q" que responden los relatos de trauma: "¿Qué pasó? ¿Quiénes fueron las víctimas? ¿Quiénes fueron los victimarios? ¿Y qué se puede hacer?"[44] No hay forma de probar si los eventos bíblicos descritos en efecto traumatizaron a los involucrados; tampoco es necesario sostener que los autores de esos libros pretendieron responder a los eventos traumáticos en cuanto eventos traumáticos. Entretenerse con esas preguntas nos parece una distracción anacrónica. Nuestro objetivo es más bien ver cómo estos textos responden al tipo de preguntas que los relatos de trauma tienen que responder, e indagar si nos brindan una perspectiva para construir un relato de trauma colombiano. Comenzamos con el libro de Jueces y luego dirigimos nuestra atención a los Hechos de los Apóstoles.

Nuestro método interpretativo combina un enfoque narrativo-crítico y sociohistórico (que es el más adecuado para las comunidades eclesiales colombianas) con

---

43. Con este fin, hemos comenzado a enseñar sobre estos textos con líderes de la iglesia colombiana. Hays utilizó el contenido de este ensayo para enseñar sobre la respuesta de las iglesias a la violencia doméstica cuando fue el orador principal en la Convención Pastoral Anual de la *Denominación Iglesias Evangélicas del Caribe* en julio de 2017; Christopher M. Hays, *La relevancia de la Reforma protestante para la iglesia evangélica en Colombia en el siglo XXI* (Sincelejo, Colombia: AIEC, 2017). Acosta también ha presentado algunas de estas ideas en su curso de exégesis del hebreo en el *Seminario Bíblico de Colombia*.

44. Alexander y Butler Breese, "On Social Suffering and Its Cultural Construction," xxvii.

las categorías derivadas de la teoría del trauma. Ambos textos bíblicos se describirán, para empezar, utilizando las cuatro preguntas "Q" de la teoría del trauma. Además, el texto de Jueces se analiza a través de las categorías de narrativas traumáticas reconciliadoras y polarizadoras.

Los pasajes de Hechos se analizan con especial atención a la cuarta pregunta "Q" (¿qué se debe hacer?). Cuando Lucas reflexiona sobre los eventos traumáticos colectivos que experimentaron los primeros cristianos, toca una serie de temas pertinentes al contexto colombiano, específicamente: la sinrazón del sufrimiento, el perdón antes de la justicia, la culpa por la decisión de huir de la amenaza del peligro y cómo tener esperanza después del desplazamiento forzado. Proponemos que estos temas puedan integrarse en una respuesta a la cuarta pregunta "Q" de un relato de trauma cristiano colombiano.

Se eligieron los textos de Jueces y Hechos porque cuadran perfectamente con las categorías de la teoría del trauma y comunican mensajes teológicos y éticos que los autores consideran pertinentes para el contexto específico del conflicto colombiano. Esto es, naturalmente, un esfuerzo selectivo, en el que nosotros, como intérpretes, tomamos decisiones, con base en nuestra propia ubicación cultural y juicios teológicos, sobre qué mensajes bíblicos podrían ser más constructivos para la iglesia colombiana en esta coyuntura de la historia de la nación.

JUECES 19–21 Y LOS RELATOS DE TRAUMA COLECTIVO

El libro de Jueces está atestado de relatos de hechos atroces, especialmente la sección final del libro (capítulos 17–21), que se compone de historias donde no hay jueces, aunque el texto dice curiosamente, no que no hay juez, sino que no hay rey en Israel

(17:7; 18:1; 19:1; 21:25).[45] Lo más espantoso de todo[46] es el relato de la violación y asesinato de la *pilegesh* (en adelante traducido como "concubina") del levita y la cascada de violencia resultante. En lo que sigue, argumentamos que el editor de Jueces incorpora estos eventos atroces en lo que es, en efecto, un relato de trauma colectivo para el pueblo de Israel. Jueces, sin embargo, no es relato de trauma colectivo sencillo. Más bien, el editor de Jueces registra un relato de trauma simple (es decir, unilateral y reduccionista) (el que el levita elabora en 20:4-10), y luego lo subvierte al incorporarlo en un relato de trauma reconciliador más grande. Esta técnica es potencialmente pertinente para el contexto colombiano en este momento de la historia cuando múltiples relatos de trauma colectivo compiten entre sí, de modo que merece una inspección más detallada.

El relato de trauma del levita (Jueces 19:1—20:7)

Es común que las personas construyan su identidad parcialmente en oposición a un "otro" que por defecto se supone inferior o a veces incluso malvado;[47] esto es parte de lo que hace que los relatos polarizadores del trauma sean tan instintivos. A primera vista, la historia del levita y la concubina parece jugar con esos binarios, expresados particularmente en términos tribales. Un levita de las montañas de Efraín toma una

---

45. Probablemente funcionando como "propaganda promonárquica" (la palabra "propaganda" no necesita entenderse *in malem partem*) a favor del ideal (si no la realidad) de la monarquía davídica (Marc Zvi Brettler, "The Book of Judges: Literature as Politics," *Journal of Biblical Literature* 108, n.º 3 (1989)), Jueces describe al Israel premonárquico en un estado de anarquía donde *todos hacían lo que bien les parecía*. El texto probablemente exalta la noción de un rey *ideal*, al estilo del Salmo 72, ejemplificado en al menos los mejores momentos de los reinados de David, Salomón y Josías. Esto no implica una visión de ensueño de la monarquía en general, ya que, según el libro de Reyes, que junto con Josué, Jueces y 1-2 Samuel es parte de la llamada Historia Deuteronomista, los reyes perversos llevan la responsabilidad principal del exilio, la época en que probablemente se compuso Jueces (Jue 18:30). Ver más en Andrew D.H. Mayes, "Deuteronomistic Royal Ideology in Judges 17-21," *Biblical Interpretation* 9, n.º 3 (2001): 241-58. Hay, sin embargo, otra manera de ver esto. Según Gordon McConville, siguiendo a Dennis T. Olsen, el tema va más allá del clásico debate pro-/anti-monarquía, y tiene que ver con "la provisionalidad de todo gobierno humano," J. Gordon McConville, *God and Earthly Power: An Old Testament Political Theology: Genesis-Kings* (London: T&T Clark, 2006); Dennis T. Olson, "The Book of Judges," en *New Interpreter's Bible*, ed. Thomas G. et al. Long, vol. 2 (Nashville: Abingdon, 1998), 727, *non vidi*. Niditch ve en estos relatos una "voz humanista," según la cual "la monarquía es inevitable, si no siempre gloriosa," aunque argumenta que, en general, el libro de Jueces es más crítico que favorable a la monarquía; Susan Niditch, *War in the Hebrew Bible: A Study in the Ethics of Violence* (Oxford: Oxford University Press, 1995).

46. Uno podría objetar que otros eventos descritos en Jueces son igualmente reprochables, o incluso rechazar la noción de una jerarquía de sufrimientos. Sin embargo, parece que el editor de Jueces retrata la violación y el desmembramiento de la concubina como más perversos que los eventos descritos anteriormente en la narración, dada la pregunta retórica: "¿Ha sucedido semejante cosa desde el día en que los israelitas vinieron de la tierra de Egipto hasta el día de hoy? (Jue 19:17). No obstante, uno podría proponer que el subsiguiente casi genocidio y los crímenes de guerra contra las mujeres (Jue 21-22) representan el punto ético final más bajo del relato.

47. Anna Triandafyllidou, "National Identity and the 'Other,'" *Ethnic and Racial Studies* 21, n.º 4 (1998): 593-612.

concubina de Belén de Judá (19:1). Después de una desavenencia (cuya naturaleza no está clara), la concubina se marcha a casa de su padre, por lo que el levita viaja a Belén para recuperarla. La naturaleza de esta relación y el mal que la mujer, su esposo y su padre pueden haber cometido son temas de debate.[48] Dado que este es el libro de los Jueces, difícilmente se espera una observancia consistente de las normas codificadas en textos legales posteriores. (P. ej., apedrear a la mujer en caso de que se piense que ha sido infiel, según Lv 20:10). Toda la historia existe precisamente porque la voluntad de Dios no se observa y tal vez ni siquiera se conoce, como el libro sugiere claramente en los capítulos iniciales (p. ej., Jue 2:10).

El padre de la mujer, ostensiblemente un judaíta, ejemplifica la virtud de la hospitalidad[49] en la espléndida bienvenida –cinco días de comida tranquila– que le brinda al levita (19:1-10). Pero en la víspera del quinto día, el levita parte y llega hasta Jebús (es decir, la Jerusalén no conquistada) cuando el sol comienza a ponerse. El levita rehúsa alojarse en Jebús e insiste en proseguir hasta la ciudad de Guibeá (la ciudad natal de Saúl).[50] El levita supone que los habitantes de Guibeá, *qua* Benjamín, deben ser buenas personas, mientras que los habitantes de Jebús son "extranjeros, que no pertenecen al pueblo de Israel," y por lo tanto no son de fiar (19:12). He aquí el grave error del levita, porque en Israel hay una tribu, la de Benjamín, que es peor incluso que los no israelitas: en contraste con el padre betlemita de la concubina, nadie en Guibeá le ofrece hospitalidad al levita, excepto un anciano que es natural de Efraín.

En lo que sigue, los binarios tribales parecen nuevamente separar a los buenos de los malos. Los benjaminitas "perversos" (19:22) intentan violar en grupo al levita. La única "solución" que el anfitrión efraimita puede concebir es ofrecer a su propia hija virgen y a la concubina del levita para que sean violadas en lugar del levita.

La concubina es violada hasta la muerte, y el levita está furibundo, por lo que hace una declaración pública. Habiendo troceado a la mujer en doce pedazos, "la envió por todo el territorio de Israel" (19:29), junto con un mensaje: "¿Ha sucedido algo semejante desde el día en que los israelitas subieron de la tierra de Egipto hasta el día de hoy? Considérenlo, juzguen y pronúnciense" (19:30). Los jefes de las tribus se reúnen y el levita despliega su relato de trauma personal: presenta un resumen de los eventos traumáticos y explica, o tal vez justifica, su propia carnicería diciendo que despedazó a su concubina porque los benjaminitas habían cometido depravación y ultraje en Israel (20:3-6). Para usar el lenguaje de Jeffrey Alexander, el relato del levita hace "un

---

48. Véase, por ejemplo, Pamela Tamarkin Reis, "The Levite's Concubine: New Light on a Dark Story," *Scandinavian Journal of the Old Testament* 20, n.º 1 (2006).

49. Sobre la complejidad y ambigüedad de la hospitalidad, véase Diane M. Sharon, *Patterns of Destiny: Narrative Structures of Foundation and Doom in the Hebrew Bible* (Winona Lake, IN: Eisenbrauns, 2002), 94; sobre la hospitalidad que salió mal, véase Frank M. Yamada, *Configurations of Rape in the Hebrew Bible: A Literary Analysis of Three Rape Narratives*, Studies in Biblical Literature, vol. 109 (New York: Peter Lang, 2008), 67-100.

50. Los comentaristas han reconocido los matices a favor de David y en contra de Saúl en el relato; Mayes, "Deuteronomistic Royal Ideology," 241-58.

reclamo por algún daño fundamental, una exclamación de la aterradora profanación de algún valor sagrado, una narración sobre un proceso social horriblemente destructivo, ... y una exigencia de ... reparación y reconstitución emocional, institucional y simbólica."[51] En consecuencia, el levita exige una respuesta de su pueblo: "Ahora pues, israelitas, todos ustedes, den su juicio y consejo aquí" (20:7).

Como respuesta, las otras tribus acuerdan "como un solo hombre"; כְּאִישׁ אֶחָד (20:1, 8, 11) para pelear contra Guibeá. El hecho de que la expresión "como un solo hombre" se mencione tres veces antes de la guerra indica que el trauma del levita ha sido adoptado e interiorizado por el colectivo, que por unanimidad decide eliminar al enemigo. En este punto, el relato de trauma individual del levita se convierte en un relato de trauma colectivo. Se ha cometido un agravio contra la identidad de Israel y debe corregirse: "¿Qué mal es este que ha ocurrido entre ustedes? Entreguen, pues, ahora a estos hombres, los hombres perversos de Guibeá, para que los matemos y purguemos la maldad de Israel" (20:12–13). En este sentido, la experiencia del levita pasa a funcionar como un trauma colectivo: se percibe un daño, no solo para el levita, sino para la identidad de todo un grupo de personas.[52]

Vale la pena recordar que los relatos de trauma exitosos no solo los escriben los escribas; para que se arraiguen deben ser realizados, idealmente, por agentes culturales potentes. El desmembramiento atroz de la concubina hace efectiva la representación del relato del trauma del levita, especialmente dada la autoridad religiosa con la que el levita está investido (cf. 17:7–13; 18:15–20). El resultado es una guerra.

En resumen, Jueces 20:4–11 transmite lo que efectivamente es la narración del trauma colectivo del levita y las once tribus. Es un relato de trauma *polarizante*, que responde a las cuatro preguntas "Q";[53] *qué* sucedió (violación, intento de asesinato y homicidio); *quiénes* fueron las víctimas (el levita y su concubina); *quiénes* fueron los perpetradores (los hombres de Gabaa); y *qué* se debe hacer (guerra contra Guibeá).

Cuestionamiento del relato de trauma del Levita: rechazo del binomio víctima/victimario

Aunque el libro de Jueces transmite la narración del trauma del levita, al mismo tiempo expone lo inadecuado de la historia llana del levita como víctima inocente agraviada, y los culpables llevados ante la justicia por la colectividad más grande de once tribus. Jueces subvierte la distinción del levita entre los inocentes "nosotros" y los malvados "ellos."

---

51. Alexander, *Trauma*, 16.
52. Alexander, *Trauma*, 2.
53. Alexander y Butler Breese, "On Social Suffering and Its Cultural Construction," xxvii.

Problematización de la inocencia de Efraín

Para empezar, el levita de Efraín no es que sea un buen hombre. Fue él quien empujó a su concubina en brazos de los violadores,[54] el que la dejó en el escalón de la puerta hasta el amanecer, el que insensiblemente le dijo: "Levántate; vamos," y el que profanó su cuerpo (19:25-29). Si bien su anfitrión de Efraín inicialmente parece una figura positiva, fue él quien sugirió entregar a la concubina y su propia hija a la turba enardecida. De hecho, lo que se le hizo a la mujer se interpreta legítimamente como un agravio serio a una colectividad, pero esta no es una historia sobre una colectividad buena (Efraín), siendo víctima de una colectividad malvada (Benjamín). Nadie tiene las manos limpias en esta historia.

La guerra poco santa (Jueces 20:7-48)

El editor usa las mismas oraciones de Israel para ilustrar este asunto. Al comienzo del libro, Israel ora antes de atacar a los *cananeos* (1:1). Pero en estos capítulos finales, cuando Israel ora es para buscar la aprobación divina para atacar a *Benjamín*, uno de los suyos (20:18). Así, el editor utiliza las prácticas religiosas de Israel para revelar un problema grave: Israel se ha vuelto contra sí mismo.

Al comienzo de Jueces, la aprobación de Dios a la oración de Israel queda clara en la rápida victoria que concede a su pueblo (1:4-10). Pero ahora, al final del libro, se cuestiona la legitimidad de la causa israelita, ya que Dios les dice dos veces a los israelitas que vayan a la batalla, y dos veces les permite ser derribados por la fuerza más pequeña (20:18-25). Después de perder la primera batalla contra Benjamín, Israel llora toda la noche y, cuando oran antes de la segunda y tercera batalla, llaman a Benjamín "mi hermano," אָחִי (20:23, 28).

El simple binomio víctima/victimario se problematiza aún más cuando los propios israelitas lloran en la presencia de Dios porque una de las tribus de Israel casi ha desaparecido. En otras palabras, la retribución es tan desproporcionada que los victimarios originales se convierten en las nuevas víctimas, y a tal grado que las víctimas originales lloran por el triste estado de sus victimarios e intentan apoyar su recuperación (21:2-24).

La restauración de Benjamín (Jueces 21): multiplicación de asesinatos y violaciones

En la restauración putativa de Benjamín es precisamente donde las categorías binarias de víctima inocente y justo vengador pierden toda relevancia. Después de destruir

---

54. Existe cierto debate sobre quién entregó a la mujer a los violadores, pero la mayoría de las lecturas indican que fue el levita. Véase David Z. Moster, "The Levite of Judges 19-21," *Journal of Biblical Literature* 134, n.º 4 (2015): 721-30.

a los benjamitas y quemar sus ciudades, Israel lamenta la casi extinción de su tribu hermana (21:2-3), lamentando que no tendrán mujeres con quienes casarse. Esto puede implicar que las mujeres habían sido incluidas en la matanza (cf. 20:48),[55] tal vez incluso como objetivo militar. En circunstancias normales, las mujeres y los niños sin duda se convierten en víctimas de la guerra, pero los que mueren son en su mayoría hombres. No en este caso. Parece como si parte del objetivo de Israel en esta guerra fuera dejar a la tribu de Benjamín sin mujeres como castigo por lo que le habían hecho a una mujer. La violencia contra muchas mujeres sirve como castigo por la violencia contra una mujer: "La violación de una se ha convertido en la violación de cuatrocientas."[56]

Los israelitas se sienten obligados a buscar esposas para los sobrevivientes de Benjamín, pero antes habían jurado que ninguno de ellos "daría su hija en matrimonio a Benjamín" (21:7). Entonces los israelitas atacan a Jabes-Guilead, un pueblo que no fue con ellos a la batalla contra Benjamín (21:8), y matan aún más gente, incluyendo a todas las mujeres que ya no eran vírgenes (21:11). Se llevan a las vírgenes para que sean esposas de los benjaminitas. Una vez más, su solución a una situación provocada por la violencia intestina es más violencia intestina.

Pero las cuatrocientas vírgenes de Jabes-Guilead no fueron suficientes para los benjaminitas (21:14). Así que los israelitas idean otro plan. Con motivo de la fiesta del Señor que tiene lugar en Silo,[57] los benjaminitas raptan y violan a muchas otras jóvenes, y luego las conservan como esposas (21:20-23). De modo que una ceremonia religiosa se convierte en la ocasión para el secuestro y la violación en masa. En resumen, este texto desarrolla una reacción en cadena de venganza autodestructiva, ya que cientos de mujeres son asesinadas, secuestradas y violadas a causa de la violación y asesinato de una mujer. Esta es la consecuencia del relato de trauma polarizador del levita: la proliferación precisamente del mal que sufrió su concubina.

Como respuesta, Dios no dice nada. En esta historia, Dios parece darles a las personas lo que quieren, permitiéndoles hundirse cada vez más en sus conductas violentas (cf. 2S 12; Jer 13:20-27). Y así termina el libro de Jueces, rematado con el estribillo, "en aquellos días no había rey en Israel; todo el pueblo hacía lo que bien le parecía a sus propios ojos" (21:25).

---

55. La quema de la ciudad, la gente y los animales (20:48) en algunos sentidos evoca las prácticas de חֵרֶם del relato de la conquista (ver, p. ej., Jos 6:17-18; 7:1, 11-13; cf. 1S 15:21; 1R 20:42), pero aquí la legitimidad de la acción se pone inmediatamente en duda cuando los israelitas lamentan su decisión (Jue 21:2-3).

56. Phyllis Trible, *Texts of Terror: Literary-Feminist Readings of Biblical Narratives*, Overtures to Biblical Theology (Philadelphia: Fortress, 1984), 83.

57. El papel de Silo en este período no es del todo claro. La "casa de Dios" en 18:31 podría referirse a un templo, y no necesariamente al tabernáculo (ver Donald G. Schley, *Shiloh: A Biblical City in Tradition and History* (London: T&T Clark, 2009), 127-38).

El relato de trauma reconciliador de Jueces

Cuando se ve a la luz de la teoría del trauma, es posible identificar no solo que el levita e Israel habían desarrollado un relato de trauma para ellos mismos, sino que el editor de Jueces discrepa con ese relato de trauma. La historia del levita es una donde él es víctima inocente de los malvados benjaminitas, e Israel toma ese relato polarizador, junto con una espada, para impartir justicia.

Pero Jueces no permite que este relato polarizador se mantenga. Más bien, muestra que cuando los supuestamente justos intentan vengar a la víctima inocente, su "justicia" engendra un mal exponencialmente mayor: fratricidio, genocidio, secuestro y violación. Así, la violencia insensibiliza a las personas frente al sufrimiento y el dolor. Cuando la violencia se normaliza, deshumaniza tanto a la víctima como al victimario; ciega a las personas y les impide buscar otras alternativas para detenerla.[58] Esta multiplicación de la violencia es el fruto del relato de trauma polarizador del levita. Cuando se ve a la luz de los capítulos anteriores de Jueces, esta historia funciona como una especie de clímax turbio,[59] el resultado lógico y abismal de la espiral de violencia a la que la gente se habituó tanto que la violencia misma se volvió "buena a sus propios ojos."

Al relatar esta proliferación de la violencia, Jueces subvierte el relato de trauma polarizador del levita y ofrece una interpretación diferente de los eventos traumáticos (en particular, implica que la falta de un rey ideal ha dejado a Israel a su suerte, cayendo en las formas más atroces de maldad).[60] Jueces no reivindica a Efraín contra Benjamín o viceversa. Muy al contrario, se dirige a los israelitas, a los judaítas y a todos aquellos que ven en el enfrentamiento armado la solución a todas las disputas intestinas, invitándolos a reflexionar, consultar y hablar sobre lo que sucede con los violentos y vengativos. En este sentido, Jueces puede interpretarse como un relato de

---

58. John Paul Lederach, *The Moral Imagination: The Art and Soul of Building Peace* (Oxford: Oxford University Press, 2005), 25–26.

59. Existe un acuerdo académico general de que Jueces 19–21 representa la conclusión literaria de una "espiral descendente de violencia." Sin embargo, existe un debate sobre el propósito retórico de ese final. Creach, por ejemplo, argumenta que Jueces condena la monarquía (como parte de la historia deuteronomista más amplia, especialmente cuando se ve junto con Reyes); Jerome F.D. Creach, *Violence in Scripture* (Louisville: Westminster John Knox, 2013), 127. Por otro lado, Pressler dice que Jueces es propaganda monárquica; Carolyn Pressler, *Joshua, Judges, and Ruth* (Louisville: Westminster John Knox, 2002), 238.

60. Puede ser útil extender un poco esta línea de indagación, evaluando críticamente el relato de trauma que propone el editor de Jueces, ya que no es del todo libre de sesgos morales, y dado que somos muy conscientes de cómo un rey supuestamente ideal podría, no obstante, convertirse en el agente de cualquier cantidad de acciones traumáticas. Hemos optado por no dar ese otro paso en este ensayo, primero, porque estamos de acuerdo con los puntos clave que parece señalar el editor (a saber, el peligro de polarizar las narrativas del trauma, la forma como la venganza engendra mayor violencia y la problematización del binomio víctima-victimario), y segundo, porque un acercamiento que problematiza la perspectiva editorial del libro no sería productivo entre los líderes religiosos colombianos, que en su gran mayoría comparten sin titubeos las posturas de los escritores bíblicos tal como las entienden.

trauma reconciliador. Llama al mal de cada lado por su nombre y se niega a promulgar un binomio simple entre inocente y culpable, víctima y victimario. Jueces no hace esto para condenar a ninguna tribu de Israel en particular, o a todas las tribus colectivamente, sino para sentar las bases de un nuevo camino a seguir. Jueces 19–21 indican que los relatos de trauma polarizadores son malos ayos de la paz. Esta lección no es solo relevante para el antiguo Israel.

Conciliando las narrativas del trauma y Colombia

Jueces 19–21 muestra la complejidad propia de endilgar culpas por la horrible guerra entre Benjamín y las otras tribus.[61] Como se mencionó anteriormente, los teóricos del trauma colectivo tienden a eludir la cuestión de la veracidad de un relato de trauma, aparentemente debido a las dificultades asociadas con la representación adecuada de las dinámicas entretejidas de causalidad y culpa que desencadenan cualquier evento en particular.[62] Pero ese no es un lujo que tienen los colombianos del siglo XXI.

En Colombia estamos enmarañados en relatos de recriminación mutua, y cada uno tiene su propia historia de quién tiene la culpa. Uno de los mayores obstáculos para la implementación del acuerdo de paz entre el gobierno colombiano y la guerrilla de las FARC es precisamente responder a la pregunta de cómo llegamos a la situación actual.[63] Indudablemente, las FARC han cometido atrocidades. Pero las personas que insisten en una justicia proporcional a los crímenes cometidos por los insurgentes tienden a hablar como si las instituciones nacionales como gobierno, políticos, fuerzas armadas, medios de comunicación y empresas no tuvieran responsabilidad en cometer, fomentar y financiar la violencia en Colombia durante las últimas décadas.[64] Esa es una historia falsa. Mientras persista el binomio polarizador de "nosotros" (gente buena) versus "ellos" (gente mala), será imposible lograr una verdadera paz y

---

61. De hecho, desde el comienzo de esta historia no es claro si la huida de la concubina del levita debe considerarse justificada (19:2). El texto no es claro sobre varios asuntos clave: la naturaleza de la relación entre el hombre y la mujer, por qué ella regresó a la casa de su padre y por qué él buscó una reconciliación con ella. Una discusión extensa se puede ver en Tammi J. Schneider, *Judges*, Berit Olam (Collegeville, MN: Liturgical, 2000), 245–60.

62. Quienes son retratados como autores de delitos inevitablemente rechazan tales versiones de la historia.

63. Durante las conversaciones de paz con las FARC, se le pidió a un grupo de diez historiadores que escribieran una breve historia de las causas históricas de la guerra. Después de unos meses, había diez historias, no una, lo que ilustra cuán insuperable es el problema de contar la historia de Colombia de una manera que satisfaga a todas las partes. Hay, sin embargo, algunos esfuerzos serios por escribir representaciones imparciales de la historia reciente de Colombia. Un ejemplo es Ricardo Arias Trujillo, *Historia de Colombia contemporánea (1920-2010)* (Bogotá: Universidad de los Andes, 2011), que no es en sí mismo un relato de trauma colectivo, pero sienta unas buenas bases para ello.

64. Cf. Arias Trujillo, *Historia de Colombia contemporánea (1920-2010)*; Fernán E. González, "Colombia entre la guerra y la paz: aproximación a una lectura geopolítica de la violencia colombiana," *Revista venezolana de economía y ciencias sociales* 8 (2004): 13–49.

reconciliación, independientemente de los acuerdos de paz que se firmen. El relato polarizador del trauma tiene que cambiar.

HECHOS DE LOS APÓSTOLES Y LOS RELATOS DE TRAUMA COLECTIVO

Para enriquecer nuestras reflexiones sobre cómo usar los textos bíblicos para apoyar los relatos de trauma colectivo para la Colombia del posconflicto, nos volcamos ahora al libro de los Hechos.

La mayoría de los eruditos del Nuevo Testamento está de acuerdo en que Hechos fue escrito a finales del primer siglo, después de la ejecución de Pedro y Pablo.[65] El libro reflexiona sobre la muerte de varios líderes clave de la comunidad: Jesús en primer lugar (2:22-36; 3:13-26; 4:8-12, 27-29; 13:24-41), así como Esteban (7:2-60), Santiago el Menor (12:1-3) y, al menos implícitamente, Pablo (9:16; 20:22-24, 37-38; 21:11-13). Explicar esas muertes era una tarea de no poca importancia, dado que destinos tan violentos podían ser vistos como evidencia de la maldición de los difuntos (Dt 21:23; cf. Hch 5:30),[66] una percepción que tendría ramificaciones obvias sobre cómo los cristianos sobrevivientes dieron sentido a sus pérdidas y sus futuros. Entonces, a continuación examinaremos los relatos de creación de sentido (*meaning-making narratives*) que Lucas elabora en torno a la muerte de Esteban (Hch 6-8), la ejecución de Santiago el Menor y el encarcelamiento y la huida de Pedro (Hch 12).

En lugar de ofrecer un análisis exhaustivo de estos textos o espejar el análisis anterior de Jueces, nuestro objetivo es mostrar que la narración de Lucas sobre estos eventos de sufrimiento proporciona puntos de contacto útiles para los líderes cristianos colombianos que elaboran sus propios relatos de trauma colectivo. Además de describir cómo Hechos 6-8 responde las cuatro preguntas "Q" de los relatos de trauma, describimos cómo Hechos 12 aborda temas que son pertinentes para el contexto colombiano (culpa por la decisión de huir de la violencia; esperanza de una nueva vida después del desplazamiento forzoso), y que pueden ser parte de un relato de trauma cristiano colombiano, específicamente en relación con la pregunta final: "Qué hay que hacer."

Esteban (Hechos 6-8): sobre el trauma y el perdón

Nos centramos primero en el martirio de Esteban, a la luz de las cuatro preguntas "Q" de la teoría del trauma. Lucas aclara "quién" es culpable de la muerte de Esteban:

---

65. Joseph A. Fitzmyer, *The Acts of the Apostles: A New Translation with Introduction and Commentary*, Anchor Bible (New York: Doubleday, 1998), 51-54; Hans Conzelmann, *Acts of the Apostles: A Commentary on the Acts of the Apostles*, Hermeneia, trad. James Limburg et al. (Philadelphia: Fortress, 1987), xxxiii.

66. Ver David M. Carr, *Holy Resilience: The Bible's Traumatic Origins* (New Haven: Yale University Press, 2014), 254.

los miembros de la sinagoga de los Libertos de Cirene, Alejandría, Cilicia y Asia (v. 9); "el pueblo, así como los ancianos y los escribas" (v. 12); el sanedrín y el Sumo Sacerdote (6:12–7:1); e incluso Saulo (7:58–8:1). En otras palabras, los culpables de la muerte de Esteban son diversos líderes judíos y judíos del común, tanto de Palestina como de fuera.[67]

A la pregunta, "qué pasó," el texto responde que las enseñanzas de Esteban sobre Jesús, el Templo y la Ley ocasionaron una gran ofensa (6:11–14; 7:54–60), de tal magnitud que fue linchado por una turba enardecida mientras el Sanedrín observaba inmóvil y tácitamente aprobaba la conducta de la multitud. En un ataque de ira, la gente se abalanzó sobre Esteban y lo apedreó, violando el debido proceso, ya que el Sanedrín no tenía autoridad para implementar la pena de muerte, al menos no en este tipo de casos.[68]

La pregunta de "quién es la víctima" es quizás un poco más complicada de lo que parece a primera vista. Sí, Esteban es la víctima, pero no es el único: su muerte tiene implicaciones para el colectivo cristiano mayor, por dos razones. Primero, la muerte de Esteban confirma que ser discípulos del Mesías no garantiza que los seguidores de Jesús estarán protegidos de una ejecución injusta,[69] lo que implica que otros pueden compartir su destino. Segundo, su martirio tiene ramificaciones colectivas porque la mayor parte de la iglesia en Jerusalén es esparcida por la persecución que desencadena la muerte de Esteban (8:1); sólo los apóstoles se quedan y siguen predicando a los que asesinaron a su hermano. Entonces, la muerte de Esteban tiene ramificaciones colectivas y no se trata de un hecho aislado.

Sin embargo, la dispersión de la iglesia de Jerusalén no se presenta como un giro totalmente negativo de los acontecimientos; debido a este evento, el evangelio es proclamado más allá de los confines de la Ciudad Santa, en el resto de Judea y hasta Samaria (8:4–40). Dado que esta progresión fue ordenada explícitamente por Cristo resucitado y es un paso crucial en el desarrollo de la narración a lo largo de líneas geográficas "en Jerusalén, en toda Judea y Samaria, y hasta los confines de la tierra" (1:8), el libro afirma la soberanía de Dios incluso en y a través de la muerte y

---

67. Esto es parte de una historia más amplia del rechazo y la persecución de los cristianos a manos del pueblo judío, una historia que comienza con la crucifixión de Jesús, continúa en la mayoría de las visitas de Pablo a la sinagoga mencionadas en Hechos (ver, p. ej., 13:44–48; 17:1–5; 18:4–8; 19:8–9) y persiste hasta el final del libro (28:24–28).

68. Ver Juan 18:31; Josefo, *Guerra* 2.117; Fitzmyer, *The Acts of the Apostles*, 391; Raymond E. Brown, *La muerte del Mesías: desde Getsemaní hasta el sepulcro*, 2 vols. (Estella: Verbo Divino, 2005), 445–55.

69. Está bien establecido que Lucas retrata los ministerios de Jesús, Pedro, Esteban y Pablo en paralelo (ver, p. ej., Robert C. Tannehill, *The Narrative Unity of Luke-Acts: A Literary Interpretation: Volume 2: The Acts of the Apostles* (Minneapolis: Fortress, 1994), 51–52, 91–92, 97–100, 77–78; Luke Timothy Johnson, *The Literary Function of Possessions in Luke-Acts*, SBL Dissertation Series, vol. 39 (Missoula, MT: Scholars, 1977), 61–69). Esto sirve no solo para afirmar el linaje de Jesús a los apóstoles, sino también para explicar que sus sufrimientos, antes que falsificar sus credenciales, demuestran que son fieles discípulos del mesías sufriente (Lc 9:23–24; 14:27).

la persecución. Ese mismo asunto se subraya cuando el Cristo ascendido reivindica el testimonio de Esteban (7:55-57). Por eso, con su último aliento, Esteban imita a Jesús, encomendando su vida a su Señor (Hch 7:59; cf. Lc 23:46) y orando por el perdón de sus perseguidores (Hch 7:60; cf. Lc 23:34[70]). Entonces, cuando uno plantea la última pregunta del relato de trauma de Alexander a este texto y pregunta: "¿Qué se puede hacer?" ante la muerte de Esteban y la persecución de la Iglesia, la respuesta (muy distante de lo que uno constata en Jueces 19-20) parece ser: perdonar y perseverar en el anuncio de la Palabra de Jesús (7:60-8:4).

Para la erudición del Nuevo Testamento, esto no es trabajo exegético pesado. Pero si uno considera las ramificaciones al integrar esta perspectiva de Lucas en un relato de trauma colombiano, el asunto repentinamente adquiere peso. No es una frivolidad perdonar a los paramilitares que descuartizaron a tu padre ante tus ojos; no es poca cosa reconciliarse con los guerrilleros que violaron a tu hermana antes de robarte tu finca. De hecho, la atroz enormidad de estos crímenes ha provocado que muchos cristianos colombianos se resistan al proceso de paz[71] con el argumento de que "no puede haber perdón sin justicia." El hecho es que, por correcto y legítimo que sea el deseo de justicia, en Colombia solo se avecina un pálido reflejo de la justicia penal, y exigir algo parecido a una justicia retributiva estricta descarrilaría el proceso de paz y aseguraría otra generación de masacres. Así que nos aventuramos a sugerir una lección que los relatos de trauma cristianos colombianos podrían obtener de Hechos 6-8: que, tras el trauma, ya sea que el pueblo de Dios huya a las ciudades o permanezca en sus fincas y en peligro, encuentren una manera de perdonar y hablar palabras de reconciliación.[72]

Santiago y Pedro (Hechos 12): el sinsentido del sufrimiento y la esperanza de la justicia divina

Después del martirio de Esteban, las cosas no se calmaron para los cristianos. Saulo asoló "la iglesia entrando casa por casa; arrastrando a hombres y mujeres, los metió en

---

70. Lucas 23:34 ha sido impugnado textualmente, aunque persiste entre corchetes dobles en UBS4 y NA27. Si bien puede no haber aparecido en el texto original de Lucas, Metzger argumenta a favor de la historicidad dominical del logion y su temprana incorporación a la historia de transmisión del tercer Evangelio; Bruce M. Metzger, *A Textual Commentary on the Greek New Testament*, 2a ed. (Stuttgart: United Bible Societies, 1994), 154.

71. Sarah Eekhoff Zylstra, "Why Many Colombian Protestants Oppose Peace with FARC Fighters: Three Seminary Leaders Explain How Believers Balanced Justice vs. Grace," *Christianity Today*, 1 de diciembre, 2016.

72. Alfonso Narváez Cabeza, un desplazado interno que tenía dos hermanos y un cuñado asesinados por actores armados, explicó su decisión de perdonar a los asesinos diciendo: "El perdón nos ayuda a vivir juntos en la era del posconflicto, porque nos vamos a encontrar con esa gente, esos victimarios... [El perdón] nos ayuda a sanar el corazón,... a aceptarlos en nuestras iglesias, porque ellos también merecen ser aceptados, merecen perdón, merecen la salvación" (Alfonso José Narváez Cabeza (PSD y pastor), entrevista con Christopher M. Hays, Tierralta, Córdoba, 23 de enero, 2017).

la cárcel" (8:3). Posteriormente, estalló la hambruna que dejó a los cristianos de Judea en serios aprietos (11:27–30). "Por esos días" nada menos que "el rey Herodes echó mano violentamente sobre algunos que pertenecían a la iglesia. Hizo matar a espada a Santiago, el hermano de Juan. Viendo que esto agradaba a los judíos, procedió a arrestar también a Pedro" (12:1–3).

La historia que cuenta Lucas de la primera generación de cristianos no es de total y valerosa victoria; Santiago, el hermano de Juan, apóstol de Jesús, a quien Jesús llamó Hijo del Trueno (Marcos 3:17), había sido ejecutado. ¿Alguna vez tuvo realmente la oportunidad de vivir a la altura de su auspicioso nombre? ¿Qué habría significado esto para su hermano, con quien tuvo la audacia de pedir puestos de preeminencia en el Reino de Jesús (Mc 10:37)? La narración de Lucas no se toma el tiempo para hacer esas preguntas.[73] Enseguida explica que la ejecución de un apóstol había complacido tanto a Herodes que él mismo arrebató a Pedro, planeando matarlo después de la Pascua, como habían hecho con Jesús no muchas pascuas antes.[74] En este caso, Dios interviene salvando a Pedro milagrosamente. ¿Por qué Dios rescató a Pedro, pero no a Santiago? Lucas no se aventura a responder.

Tras la fuga de Pedro, en lugar de quedarse en Jerusalén para oponerse a las autoridades como lo había hecho tres veces antes (4:19–31; 5:40–42; 8:1), el apóstol optó por huir (12:17). Al poco, Herodes recibió su merecido: fue herido por el Ángel del Señor y comido por gusanos (12:20–23). La razón obvia por la que Lucas encaja el relato de la muerte de Herodes enseguida del relato de la ejecución de Santiago y el arresto de Pedro es para dejar claro que ni siquiera los reyes pueden perseguir al pueblo de Dios y quedar impunes. Si bien pueden estar fuera del alcance de la justicia terrenal, Dios vengará a su pueblo.[75]

Este capítulo doce de Hechos incluye una mezcla fascinante de realismo y esperanza, una mezcla que le vendría bien al relato de trauma colombiano. Lucas no pretende que las muertes nunca ocurrieron, ni implica que el cristianismo es un talismán que protegerá a los fieles del peligro. Por razones que son absolutamente inescrutables, Dios a veces libera a sus fieles de manera milagrosa, y a veces Dios los deja morir. Las muertes no se deben (por regla general) a algún pecado oculto o la falta de fe, y el intento de aducir una razón generalmente genera no más que culpa falsa y ansiedad. Casi sin falta, las víctimas de trauma preguntan "¿Por qué yo?," pero

---

73. Quizás el tercer Evangelio omite la mención del apodo de Santiago precisamente por esta razón.

74. Hch 12:3–4; cf. Lc 22:7; Conzelmann, *Acts*, 93; Justo L. González, *Hechos*, Comentario bíblico hispanoamericano (Miami: Caribe, 1992), 188–9.

75. El punto de vista de Lucas sobre el sistema de justicia penal es complicado, tanto porque la experiencia de los cristianos en los tribunales fue complicada como porque Lucas en cierta medida estaba haciendo una defensa del cristianismo, explicando que no era una amenaza para Roma. Así, el Sanedrín queda mal en Hechos (4:5–18; 5:21–28; 6:12–15; 7:54–58; 23:12–15; cf. Lucas 22:66–71; 23:4–5, 13–18) y Félix es acusado de corrupción (24:26). Por otro lado, Galio favorece a Pablo en Corinto (18:12–17); Festo y Agripa reconocen la inocencia de Pablo (26:30–32); y la apelación de Pablo al César le brinda protección romana (25:11–12).

esa no es una pregunta que un relato de trauma deba intentar responder... porque no hay respuesta satisfactoria. (Como hemos visto, los relatos de preguntan quiénes son las víctimas y los victimarios, qué pasó y qué se debe hacer).

Lucas también aclara que no existe una respuesta cristiana única ante la *amenaza de muerte*. A veces lo correcto es quedarse, como lo hizo Pedro en Jerusalén en múltiples ocasiones; y a veces está bien huir, como lo hizo la mayoría de la Iglesia después de la muerte de Esteban, como lo hizo Pedro después de su encarcelamiento. En la narración de Lucas está implícita la opinión de que Dios no tiene una política fija sobre el luchar o huir. Dios puede obrar a través de cualquiera de las dos decisiones, razón por la cual, aun cuando Pedro huyó, "la palabra de Dios siguió avanzando y ganando adeptos" (12:24; pero véase también 8:25, 40).

Estos comentarios son importantes para los desplazados internos colombianos por varias razones. Es vital afirmar a las comunidades colombianas que lucharon con la pregunta de cuánto tiempo permanecer en peligro para resistir la violencia y cuándo tomar la desgarradora decisión de huir. Si bien es fácil celebrar la perseverancia de las comunidades religiosas que lograron hacer retroceder a sus agresores por medios pacíficos,[76] es importante no difamar a quienes cautelosamente percibieron que huir era la conducta más sabia para minimizar la pérdida de vidas.[77]

Quienes se desplazan, especialmente por rumores o amenazas antes que, por la experiencia directa de la violencia, a menudo luchan con la culpa, el dolor y la duda sobre si hicieron lo correcto.[78] Las dificultades que experimentan en sus nuevas vidas los dejan con el temor de haber huido de forma precipitada; se preguntan si deberían haber sido más valientes. Sin embargo, un relato de trauma cristiano colombiano debería rehusarse a exacerbar esta culpa y duda al barnizar indiscriminadamente con una capa de espiritualidad el hecho de quedarse. Pedro también huyó.

En efecto, después de huir, hay esperanza y vida nueva. Si bien uno de los grandes desafíos de los desplazados internos colombianos es recuperar la esperanza y el sentido de propósito en la vida, Lucas identifica que Dios trae nueva vida incluso a partir del sufrimiento y la huida. Un relato de trauma cristiano colombiano necesita esta mezcla de realismo y esperanza; necesita contar historias de liberación, pérdida y descubrimiento. Sorprendentemente, algunas víctimas de hecho reflexionan sobre su sufrimiento con elementos de gratitud, al percibir que sus tremendas pérdidas

---

76. Ver, por ejemplo, Beltrán y Cuervo, "Pentecostalismo en contextos rurales," 139–68.

77. Este fue el caso de la iglesia Nuevo Horeb en el pueblo de Batata: bajo el liderazgo de su pastor, la iglesia oró y persistió por un tiempo, creyendo que Dios los había llamado a quedarse, y luego partieron hacia la cercana ciudad de Tierralta, donde buscaron refugio durante un año antes de regresar y reconstruir.

78. Liliana Álvarez Woo, "Lectura de las implicaciones psicosociales derivadas del desplazamiento en las familias pertenecientes a la organización ADESCOP en el marco del proceso de restitución del derecho a la vivienda," en *Mesa de trabajo de Bogotá sobre desplazamiento interno* (Bogotá: Fundación Menonita Colombiana para el Desarrollo, 2006), 9.

también crearon oportunidades que de otro modo hubieran sido imposibles para su propio florecimiento y el de sus hijos.[79]

A pesar del sinsentido del asesinato de Santiago, y a pesar de que el rey Herodes parecía intocable, Lucas también deja en claro que Herodes no está fuera del alcance de Dios. Quizás esto también sea relevante para el relato de trauma colombiano; quizás "Mía es la venganza, dice el Señor" (Ro 12:19, citando Dt 32:35) no sea meramente un consejo de indolencia. Una de las principales razones por las que muchos cristianos colombianos votaron en contra del plebiscito por la paz de 2016 fue por miedo a la impunidad, miedo a que los criminales quedaran impunes;[80] y, sin embargo, prolongar la guerra indefectiblemente habría extendido aún más el sufrimiento y la barbarie. Quizás creer que Dios puede hacer justicia para el pueblo de Dios y lo hace es lo que permite que esas mismas personas digan con Esteban: "Padre, perdónalos." Quizá en un país como Colombia, confiar en Dios para que haga justicia es la forma como se puede perdonar y buscar la paz sin ver aún que se haga justicia.[81]

CONCLUSIÓN

Este artículo aplicó la teoría del trauma colectivo a la interpretación bíblica. Utilizando el concepto científico-social de relatos de trauma colectivo, investigamos cómo los libros de Jueces y Hechos de los Apóstoles responden al tipo de preguntas a las que los relatos traumáticos buscan responder (específicamente las cuatro preguntas "Q" de Jeffery Alexander). El artículo no buscó solo usar la teoría del trauma para examinar el texto bíblico por un interés anticuario, sino también investigar cómo se podría aplicar de manera fructífera la teoría del trauma a la interpretación bíblica con el propósito de abordar una crisis humanitaria contemporánea: el conflicto violento en Colombia.

Después de presentar una visión general de la teoría del trauma, los relatos de trauma colectivo y su relevancia para la comunidad religiosa colombiana, centramos nuestra atención en Jueces 19—21. Invocando la distinción entre relatos de trauma polarizadores y reconciliadores, identificamos cómo el relato polarizador del levita en 20:4-10 tuvo consecuencias nefastas. Argumentamos que el contexto más amplio de Jueces subvierte el relato polarizador del levita y tiene como objetivo promover la reconciliación destacando la culpa de todas las partes e ilustrando la terrible destrucción

---

79. "[El desplazamiento] ha sido para algunos una oportunidad porque algunos se han hecho profesionales... Han educado a sus hijos... La vida nos ha hecho levantarnos... Las oportunidades se presentan en la vida, y más cuando encontramos en la Biblia que Dios está con nosotros, que Dios provee, que Dios es nuestra ayuda, que Dios abre puertas" (Narváez Cabeza, entrevista). Esto no se dice para negar el peligro de crear relatos de nueva vida que "le resten importancia a las realidades del dolor y la pérdida"; (Rambo, *Spirit and Trauma*, 143).

80. Eekhoff Zylstra, "Why Many Colombian Protestants," 2016.

81. Entrevistador: "Y tú, Carlos, ¿qué crees que es el perdón?" Carlos (PSD): "Perdón, el perdón es paz." Carlos Blanco Ozuna (PSD viviendo en Cartagena), entrevista con Guillermo Mejía Castillo, Nelson Mandela, Cartagena, 27 de enero, 2017.

interna que resulta de tales relatos. Sugerimos que las iglesias colombianas deberían resistir de manera similar los relatos polarizadores que predominan hoy, en aras de detener el ciclo de violencia en el que ha estado sumida la nación durante décadas.

De allí, pasamos a Hechos, para examinar cómo las historias del martirio de Esteban (Hechos 6—8) y el arresto y la huida de Pedro (Hch 12) pueden verse como narraciones de trauma para la comunidad cristiana primitiva. Argumentamos que las narraciones de trauma en Lucas comunican mensajes (p. ej., perdonar a los enemigos mientras se espera la retribución divina; la validez tanto de la resistencia como de la huida frente a la violencia; la esperanza después del desplazamiento forzado) que pueden ser utilizados por las comunidades religiosas colombianas que se preguntan "Qué se puede hacer" después de un conflicto violento.

Los conceptos de la teoría del trauma colectivo y los relatos de trauma brindan herramientas poderosas para interpretar el texto bíblico, tanto como un documento antiguo como un recurso religioso contemporáneo. Estamos convencidos de que este enfoque puede beneficiar a las comunidades religiosas de nuestro país, Colombia, a medida que sus ciudadanos construyen la paz después de décadas de guerra. Quizás algún día todos podamos vernos a la vez como víctimas y victimarios; de hecho, para acelerar ese día, haríamos bien en escribir relatos de trauma reconciliadores como los de Jueces 19—21 y Hechos 6—8, 12. Pero aclaramos que un relato de trauma reconciliador no es aquel que pasa por alto el mal, porque seguramente el hecho de no identificar a la víctima, al victimario y al crimen no es para nada un relato, sino un acto de represión. Más bien, si pudiéramos sacar una lección final de Jueces, un relato de trauma reconciliador para Colombia diría toda la verdad sobre el trauma, incluida la forma en que los relatos de trauma polarizadores se expanden en un crescendo de venganza. Solo a la luz de la maldad total de una venganza tan voraz puede un relato de trauma reconciliador llamar a cada mal por su nombre, y luego invocar la paz.

BIBLIOGRAFÍA

Alexander, Jeffery C. *Trauma: A Social Theory*. Cambridge: Polity, 2012.
Alexander, Jeffrey C. y Elizabeth Butler Breese. "On Social Suffering and Its Cultural Construction." En *Narrating Trauma: On the Impact of Collective Suffering*, eds. Ron Eyerman, Jeffery C. Alexander y Elizabeth Butler Breese, xi-xxxv. The Yale Cultural Sociology Series. Boulder, CO: Paradigm, 2011.
Álvarez Woo, Liliana. "Lectura de las implicaciones psicosociales derivadas del desplazamiento en las familias pertenecientes a la organización ADESCOP en el marco del proceso de restitución del derecho a la vivienda". En *Mesa de trabajo de Bogotá sobre desplazamiento interno*, 7-15. Bogotá: Fundación Menonita Colombiana para el Desarrollo, 2006.
Arboleda, Jairo y Elena Correa. "Forced Internal Displacement." En *Colombia: The Economic Foundation of Peace*, eds. Marcelo M. Guigale, Olivier Lafourcade y Connie Luff, 825-48. Washington D.C.: World Bank, 2003.
Arias Trujillo, Ricardo. *Historia de Colombia contemporánea (1920-2010)*. Bogotá: Universidad de los Andes, 2011.

Beltrán, William Mauricio y Ivón Natalia Cuervo. "Pentecostalismo en contextos rurales de violencia: el caso de El Garzal, sur de Bolívar, Colombia." *Revista colombiana de antropología* 52, n.º 1 (2016): 139-68.

Blanco Ozuna, Carlos (PSD viviendo en Cartagena). Entrevista con Guillermo Mejía Castillo. Nelson Mandela, Cartagena, 27 de enero de 2017.

Boase, Elizabeth. "Fragmented Voices: Collective Identity and Traumatization in Lamentations." En *Bible Through the Lens of Trauma*, eds. Elizabeth Boase y Christopher G. Frechette, 49-66. Semeia Studies, vol. 86. Atlanta: SBL Press, 2016.

Brettler, Marc Zvi. "The Book of Judges: Literature as Politics." *Journal of Biblical Literature* 108, n.º 3 (1989): 395-418.

Brown, Raymond E. *La muerte del Mesías: desde Getsemaní hasta el sepulcro*. 2 vols. Estella: Verbo Divino, 2005.

Browning Hesel, Philip. "Shared Pleasure to Soothe the Broken Spirit: Collective Trauma and Qoheleth." En *Bible through the Lens of Trauma*, eds. Elizabeth Boase y Christopher G. Frechette, 85-106. Semeia Studies, vol. 86. Atlanta: SBL Press, 2016.

———. "Shared Pleasure to Soothe the Broken Spirit: Collective Trauma and Qoheleth." En *Bible through the Lens of Trauma*, eds. Elizabeth Boase y Christopher G. Frechette. 2016.

Cadavid Valencia, Laura Milena. "Elementos para comprender el desplazamiento forzado en Colombia: un recorrido por normas, conceptos y experiencias." En *Conversaciones teológicas del sur global americano: violencia, desplazamiento y fe*, eds. Oscar Garcia-Johnson y Milton Acosta, 3-26. Eugene, OR: Wipf and Stock, 2016.

Carillo, Angela Consuelo. "Internal Displacement in Colombia: Humanitarian, Economic and Social Consequences in Urban Settings and Current Challenges." *International Review of the Red Cross* 91, n.º 875 (2009): 527-46.

Carr, David M. *Holy Resilience: The Bible's Traumatic Origins*. New Haven: Yale University Press, 2014.

Centre, Internal Displacement Monitoring. "Global Report on Internal Displacement." Internal Displacement Monitoring Center. http://www.internal-displacement.org/globalreport2016/#ongrid. Fecha de último acceso 2 de febrero, 2017.

Conzelmann, Hans. *Acts of the Apostles: A Commentary on the Acts of the Apostles*. Hermeneia, Trad. de James Limburg et al. Philadelphia: Fortress, 1987.

Creach, Jerome F.D. *Violence in Scripture*. Louisville: Westminster John Knox, 2013.

Eekhoff Zylstra, Sarah. "Why Many Colombian Protestants Oppose Peace with FARC Fighters: Three Seminary Leaders Explain How Believers Balanced Justice vs. Grace." *Christianity Today*, December 1, 2016.

Erikson, Kai T. *Everything in Its Path: Destruction of Community in the Buffalo Creek Flood*. New York: Simon & Schuster, 1976.

Fitzmyer, Joseph A. *The Acts of the Apostles: A New Translation with Introduction and Commentary*. Anchor Bible. New York: Doubleday, 1998.

García Durán, P. Mauricio. "El papel de la Iglesia Católica en la movilización por la paz en Colombia." En *Creando un clima de reconciliación: escenarios para la verdad, la justicia, y la paz*, eds. P. Mauricio García Durán, et al., 53-73. Bogotá: Codice, 2007.

González, Fernán E. "Colombia entre la guerra y la paz: aproximación a una lectura geopolítica de la violencia colombiana." *Revista venezolana de economía y ciencias sociales* 8 (2004): 13-49.

González, Justo L. *Hechos*. Comentario bíblico hispanoamericano. Miami: Caribe, 1992.

González Yanes, Pedro Ramón y Leonardo López González (Leaders of the church Cristo el Rey). Entrevista con Christopher M. Hays. Tierralta, January 23 de 2017.

———. (Líderes de la iglesia Cristo el Rey). Entrevista con Christopher M. Hays. Tierralta, 23 de enero de 2017.

Hays, Christopher M. "Justicia económica y la crisis del desplazamiento interno en Colombia." En *Conversaciones teológicas del Sur Global*, eds. Milton Acosta y Oscar Garcia-Johnson, 44–64. Eugene, OR: Wipf and Stock, 2016.

———. *La relevancia de la Reforma protestante para la iglesia evangélica en Colombia en el siglo XXI*. Sincelejo, Colombia: AIEC, 2017.

Hays, Christopher M. y Milton Acosta. "A Concubine's Rape, an Apostle's Flight, and a Nation's Reconciliation: Biblical Interpretation, Collective Trauma Narratives, and the Armed Conflict in Colombia." *Biblical Interpretation* 28 (2020): 56–83.

Herman, Judith Lewis. *Trauma and Recovery*. New York: Basic, 1992.

Hofstede, Geerte. "What about Colombia?" https://geert-hofstede.com/colombia.html. Fecha de último acceso 7 de julio, 2016.

Hudnall Stamm, B. , Henry E. Stamm, Amy C. Hudnall y Craig Higson Smith. "Considering a Theory of Cultural Trauma and Loss." *Journal of Loss and Trauma* 9 (2004): 89–111.

Información, Red Nacional de. "Registro Único de Víctimas." http://rni.unidadvictimas.gov.co/RUV. Fecha de último acceso February 2, 2017.

Jimeno, Myriam. "¿Hay progreso en Colombia? La 'víctima' y la construcción de comunidades emocionales." *Revista de estudios Colombianos* 36 (2010): 7–15.

Johnson, Luke Timothy. *The Literary Function of Possessions in Luke-Acts*. SBL Dissertation Series, vol. 39. Missoula, MT: Scholars, 1977.

Lederach, John Paul. *The Moral Imagination: The Art and Soul of Building Peace*. Oxford: Oxford University Press, 2005.

Mafla Terán, Nelson. *La función de la religión en la vida de las víctimas del desplazamiento forzoso en Colombia*. Religión, cultura y sociedad, vol. 41. Bogotá: Pontificia Universidad Javeriana, 2017.

María. Entrevista con Guillermo Mejía Castillo. Puerto Libertador, Córdoba, 9 de diciembre de 2016.

Mayes, Andrew D.H. "Deuteronomistic Royal Ideology in Judges 17–21." *Biblical Interpretation* 9, n.º 3 (2001): 241–58.

McConville, J. Gordon. *God and Earthly Power: An Old Testament Political Theology: Genesis-Kings*. London: T&T Clark, 2006.

Metzger, Bruce M. *A Textual Commentary on the Greek New Testament*. 2 ed. Stuttgart: United Bible Societies, 1994.

Moster, David Z. "The Levite of Judges 19–21." *Journal of Biblical Literature* 134, n.º 4 (2015): 721–30.

Narváez Cabeza, Alfonso José (PSD y pastor). Entrevista con Christopher M. Hays. Tieralta, Córdoba, 23 de enero de 2017.

Niditch, Susan. *War in the Hebrew Bible: A Study in the Ethics of Violence*. Oxford: Oxford University Press, 1995.

Olson, Dennis T. "The Book of Judges." En *New Interpreter's Bible*, ed. Thomas G. et al. Long. vol. 2. Nashville: Abingdon, 1998.

Pinilla Mususú, Angélica (Social worker in the Fundación Social El Encuentro). Entrevista con Christopher M. Hays. Santa Viviana, Bogotá, December 3 de 2016.

———. (trabajadora de la Fundación Social El Encuentro). Entrevista con Christopher M. Hays. Santa Viviana, Bogotá, 3 de diciembre de 2016.

Pressler, Carolyn. *Joshua, Judges, and Ruth*. Louisville: Westminster John Knox, 2002.

Puyana García, German. *¿Cómo somos? Los Colombianos: reflexiones sobre nuestra idiosincrasia y cultura*. 2nd ed. Bogotá: Bhandar, 2002.

Quezada Plata, William Elvis y Jhon Janer Vega Rincón. "Religión, conflicto armado colombiano y resistencia: un análisis bibliográfico." *Anuario de historia regional y de las fronteras* 22, n.º 2 (2015): 125-55.

Rambo, Shelly. *Spirit and Trauma: A Theology of Remaining*. Louisville, KY: Westminster John Knox, 2010.

Reis, Pamela Tamarkin. "The Levite's Concubine: New Light on a Dark Story." *Scandinavian Journal of the Old Testament* 20, n.º 1 (2006): 125-46.

Schley, Donald G. . *Shiloh: A Biblical City in Tradition and History*. London: T&T Clark, 2009.

Schneider, Tammi J. *Judges*. Berit Olam. Collegeville, MN: Liturgical, 2000.

Sharon, Diane M. *Patterns of Destiny: Narrative Structures of Foundation and Doom in the Hebrew Bible*. Winona Lake, IN: Eisenbrauns, 2002.

Smelser, Neil J. "Psychological Trauma and Cultural Trauma." En *Cultural Trauma and Collective Identity*, eds. Jeffery C. Alexander, *et al.*, 31-59. Berkeley: University of California Press, 2004.

Tannehill, Robert C. *The Narrative Unity of Luke-Acts: A Literary Interpretation: Volume 2: The Acts of the Apostles*. Minneapolis: Fortress, 1994.

Tognato, Carlo. "Extending Trauma Across Cultural Divides: On Kidnapping and Solidarity in Colombia." En *Narrating Trauma: On the Impact of Collective Suffering*, eds. Ron Eyerman, Jeffery C. Alexander y Elizabeth Butler Breese, 191-212. The Yale Cultural Sociology Series. Boulder, CO: Paradigm, 2011.

Triandafyllidou, Anna. "National Identity and the 'Other.'" *Ethnic and Racial Studies* 21, n.º 4 (1998): 593-612.

Trible, Phyllis. *Texts of Terror: Literary-Feminist Readings of Biblical Narratives*. Overtures to Biblical Theology. Philadelphia: Fortress, 1984.

Yamada, Frank M. *Configurations of Rape in the Hebrew Bible: A Literary Analysis of Three Rape Narratives*. Studies in Biblical Literature, vol. 109. New York: Peter Lang, 2008.

18

Desplazamiento forzado en Colombia
¿Muerte o subjetivación política del campesinado?[1]

Duberney Rojas Seguro

INTRODUCCIÓN

> En el año 1992, [...] escuchamos que un grupo al margen de la ley irrumpió a las ocho de la noche [...] buscaban a un alias "Manteca." [...] y comenzaron disparando a mansalva, a todo mundo; los que estaban en las cantinas, dos primos y un tío, más ocho personas que estaban adentro fueron amarrados y quemados vivos. Al administrador de la cantina, que era un primo, lo sacaron preguntándole por el Manteca [...] y al no dar información le volaron la cabeza con un machete. Mi abuela salió de la casa desesperada buscándonos [...] esta gente no se detuvo a ver que era una anciana y le disparó por la espalda, aparte de eso le mocharon los dedos para sacarle los anillos [...]. Mi abuelo lo mataron por detrás de la puerta [...] mi otro tío cuando vio que mataron a mi abuela salió corriendo [...] le dispararon también. En total murieron seis miembros de la familia esa noche [...]
> Se dio el proceso de vender las tierras [...] bastante traumático, porque en una zona roja ¿a quién se le pueden vender las tierras?, a ellos mismos.[2]

---

1. Presentado originalmente como ponencia en Duberney Rojas Seguro, "¿Muerte del campesino o su subjetivación política?" (ponencia, *XIII Congreso español de sociología,* Valencia, 3–6 julio de 2019), 151. https://congreso.fes-sociologia.com/wp-content/uploads/2021/02/Libro-Actas-XIII-Congreso.pdf. Editado póstumamente por Milton Acosta.

2. Diego (desplazado y líder comunitario), entrevista, Puerto Libertador, Córdoba, 9 de diciembre, 2016. Debido a la protección de las fuentes, cada entrevistado en el artículo es citado con un pseudónimo.

Entre diez y once años tenía Diego cuando presenció los hechos que acá relata en detalle. A partir de su descripción podría sospecharse a la ligera que quienes dispararon, cercenaron e incineraron en vida a las víctimas, fueran desquiciados mentales, pero no es así. Los autores materiales pertenecen a disciplinados ejércitos asalariados e ilegales que, en algunos casos, interactuaban en o con apoyo de los organismos de seguridad del Estado colombiano.[3] El accionar de estos grupos debe por tanto ser analizado situándolo entre lógicas racionales que no se agotan en el mero interés de producir terror o en el mero interés de generar condiciones beneficiosas para la concentración de tierras en favor de las élites económicas, políticas y militares del país. Así, entonces, las dos preguntas que motivan este capítulo son, ¿cuáles son esas lógicas racionales que instrumentalizan sistemáticamente el terror en su empresa productora de desplazados? y ¿está este exitoso proceso sistemático de despojo violento de la tierra provocando el fin de la identidad campesina en Colombia?

Para buscar respuesta a estos dos interrogantes, es necesario establecer vínculos entre esferas macro y micro sociológicas, ligando, por tanto, reflexiones en torno a las causas estructurales del fenómeno del desplazamiento en Colombia, y reflexiones en torno a sus efectos en la subjetividad de los desterrados. En función de la primera esfera se propone analizar la ilación entre, el concepto "destrucción creativa"[4] y las dinámicas de terror instrumentalizadas durante el desplazamiento. Con respecto a la segunda esfera, este capítulo establece un diálogo entre posturas teóricas que tratan la construcción social de la identidad, entre ellas las ya clásicas de Giddens[5] y Gergen,[6] confrontadas con las posturas de la socióloga boliviana Silvia Rivera Cusicanqui.[7]

De esta fusión analítica surgen elementos para entender cómo parte de la respuesta a esta presión violenta y sistemática contra la cultura campesina ha sido, no su desaparición identitaria, sino su deriva hacia la condición de actor político.

---

3. Francisco Gutiérrez Sanín y Mauricio Barón, "Estado, control territorial paramilitar y orden político en Colombia," en *Nuestra guerra sin nombre: transformaciones del conflicto en Colombia*, eds. Francisco Gutiérrez Sanín, María Emma Willis O., y Gonzalo Sánchez G. (Bogotá: Norma, 2006), 267–312.

4. Joseph A Schumpeter, *Capitalismo, socialismo y democracia*, trad. de Atanasio Sánchez (Barcelona: Folio, 1946).

5. Anthony Giddens, *Modernidad e identidad del yo: el yo y la sociedad en la época contemporánea* (Barcelona: Península, 1995).

6. Kenneth J. Gergen, *El yo saturado: dilemas de identidad en el mundo contemporáneo* (Barcelona: Paidós Ibérica, 2006).

7. Silvia Rivera Cusicanqui, "El potencial epistemológico y teórico de la historia oral: de la lógica instrumental a la descolonización de la historia," en *Teoria crítica dos direitos humanos no século XXI*, ed. Alejandro Rosillo Martínez (Porto Alegre: EDIPUCRS, 2008), 157–78; Silvia Rivera Cusicanqui, *Ch'ixinakax utxiwa: una reflexión sobre prácticas y discursos descolonizadores* (Buenos Aires: Tinta Limón; Retazos, 2010).

DESTRUCCIÓN CREATIVA: LÓGICA SUBYACENTE DEL DESPLAZAMIENTO FORZOSO COLOMBIANO

El concepto "destrucción creativa" fue popularizado por Schumpeter en *Capitalismo, socialismo y democracia*,[8] texto donde rentabiliza aportes del sociólogo Werner Sombart. Básicamente, Schumpeter combina aportes de Karl Marx y Max Weber; del primero toma su percepción del "desarrollo incesante de las fuerzas productivas" y del segundo, el "proceso histórico de la racionalización." "Destrucción creativa" es, por tanto, un "proceso del capital y sus detentadores consistente en destruir constantemente las antiguas formas de producción y de intercambio, para reemplazarlas por formas más innovadoras, [. . .] técnicamente más eficaces y financieramente más rentables."[9]

Este resultado que algunos saludan como esencia innovadora capitalista, irrumpe para otros a modo de masacres, violencia y despojo tal como lo sufren no solo los más de ocho millones de campesinos desplazados, sino también aquella a quienes los indígenas andinos reconocen como "tierra viviente en su conjunto y en cualquier lugar" o "Pachamama."[10]

La "destrucción creativa" es teoría hecha carne que, en fenómenos como el desplazamiento forzado, muestra su cara negativa, irrumpiendo según Diego: sin avisar, sin argumentos innovadores, abriéndose paso con fuego, machetes y balas. Esta lógica capitalista con su promesa de crecimiento eterno asume la destrucción como paso necesario para crear y con ello no narra precisamente una historia unidimensional de inofensivos y admirables innovadores futuristas con sus fórmulas mágicas para potenciar la producción agropecuaria, sino que también narra el proceso de despojo que Marx describió al analizar los precedentes de la acumulación capitalista en la revolución industrial de Inglaterra.

Marx (1818-1883), en su análisis de Inglaterra, describió lo que consideró la "prehistoria del capital" y del régimen capitalista de producción; en su famoso texto, "De la llamada acumulación originaria," muestra cómo la acumulación está paradójicamente precedida de ataques legalizados a la propiedad privada de los "campesinos libres" o pequeños propietarios; y, sin que fuera precisamente el tema de la identidad su foco de análisis, describe y conceptualiza el nuevo sujeto identitario tras este proceso de destierro, mismo que terminará siendo constituido para el autor como el sujeto de la revolución socialista. En ese sentido, Marx muestra cómo ocurre una recomposición de los campesinos en desheredados lanzados violentamente al mercado de trabajo en donde terminan siendo "proletariados libres" u obreros. La crudeza de este proceso quedó expresada en una de sus frases icónicas:

---

8. Schumpeter, *Capitalismo, socialismo y democracia*.

9. Claude Dubar, *La crisis de las identidades: la interpretación de una mutación* (Barcelona: Bellaterra, 2002), 115.

10. Luis Alberto Reyes, *El pensamiento indígena en América: los antiguos andinos, mayas y nahuas* (Buenos Aires: Biblos, 2008), 61.

Si el dinero, según Augier, "nace con manchas naturales de sangre en un carrillo," el capital viene al mundo chorreando sangre y lodo por todos los poros, desde los pies hasta la cabeza.[11]

A ese indeseable bebé recién nacido han tenido que soportar los campesinos colombianos desplazados, un infante impregnado no de cálida sangre y placenta, sino chorreante de sangre y lodo frío de abajo hacia arriba.

Dicho proceso de acumulación de capital, caracterizado por la historia sistemática de despojo violento, ha marcado las dinámicas sociales, políticas, económicas y culturales de la esfera rural colombiana. Ha sido un proceso creador de condiciones extremas de acumulación o concentración de tierra, tendencia intensificada a mediados de la década de 1980, según demuestran los estudios de OXFAM. Basados en el último Censo Agropecuario (2014), y otras cifras oficiales, afirma OXFAM que Colombia es en la nación que presenta más desigualdad en distribución de tierra, donde más de ocho millones de hectáreas de tierra han sido robadas durante el conflicto reciente, dejando a un millón de hogares campesinos con menos tierra que una vaca y provocando que "el 1% de las explotaciones (agropecuarias) de mayor tamaño posean más del 80% de la tierra."[12]

Las descripciones de Marx, referentes a los procesos de despojo previos a la acumulación de capital, encajan bastante bien con la historia rural y con las vivencias de los desplazados internos colombianos. No obstante, las diversas formas de resistencia de este campesinado hacen sospechar, por el momento, que estamos ante otro tipo de desenlace respecto al tema identitario. Dichas resistencias campesinas, en el caso colombiano, hacen pensar no en una deriva unidimensional y masiva hacia la condición de "proletarios libres u obreros," sino en la construcción de una subjetividad política en la población desplazada. Esta subjetivación política tiene su motor en dos dinamizantes: la lucha por la tierra y la negación o resignificación del rótulo negativo "desplazado," desembocando todo ello en una especie de identidad imposible o paradójica: los campesinos sin tierra. Esta recomposición identitaria se puede entrever en el carácter existencial de la lucha de los campesinos por el retorno a sus tierras: "campesino sin tierra no es nada, entonces, muérase en el campo, trabajando la tierra, mi tierra [. . .]."[13]

Así pues, no solo la lucha por mantener la identidad campesina a pesar de no poseer tierra, sino también la lucha por mantener la dignidad perturbada durante el desplazamiento y confrontada rutinariamente por las estrategias de supervivencia a

---

11. Karl Marx, *El capital: crítica de la economía política*, trad. de Wenceslao Roces (México: Fondo de Cultura Económica, 2014).

12. Aratxa Guereña, "Radiografía de la desigualdad: Lo que nos dice el último censo agropecuario sobre la distribución de tierra en Colombia," *Oxfam International*, https://www.oxfam.org/es/informes/radiografia-de-la-desigualdad, 4 de julio, 2017.

13. Daniel Alvares Ospina, "Campesinos desplazados en Colombia: 'invisibles,'" fragmento del documental "Invisibles" producido por Javier Corcuera Bardem (2007), video de YouTube, 4:29, https://www.youtube.com/watch?v=fYW_YoexkBs.

las que se ven arrojadas las víctimas del destierro en sus nuevos entornos urbanos. El hecho de estar obligadas las PSD a vender frutas en una carretilla o trabajar en construcción en los espacios urbanos, no solo les implica esfuerzos físicos diferentes a los que enfrentaba ante sus cultivos, sino también esfuerzos psíquicos para mantener conciencia de su "yo." Son esos esfuerzos por cerrar la brecha entre su identidad ancestral y su realidad cotidiana lo que dinamiza la subjetivación política de la víctima del desplazamiento.

En palabras de uno de ellos, "no somos lo que la televisión colombiana quiere mostrar, somos gente que estamos acostumbrados a luchar, [. . .] a trabajar, [. . .] a salir adelante, a vivir nuestra propia vida, a vivir con libertad, eso somos los desplazados. [. . .]."[14]

La resistencia de aquellos a quienes su "yo" ha sido puesto en cuestionamiento mediante la expropiación de uno de los elementos estructurantes de su identidad—la tierra—deviene en a) insistencias por mantener la identidad campesina en espacios que le obligan a condiciones de incoherencia identitaria y b) en rechazo o resignificación a la identidad o rótulo negativo de "desplazado"; ambas tejen en medio de la cotidianidad la subjetivación política del campesino.

NO ES LA TIERRA, SINO LA "TIERRITA": ELEMENTO ESTRUCTURAL DE LA IDENTIDAD CAMPESINA

> Entrevistador: Y el desplazamiento que sufriste, ¿cómo cambió tus sueños de futuro?
> Fiona: Ah no, eso sí me la cambió. Uff, demasiado, porque ahí perdí mi compañero, quedé sola con mis tres hijos. Rodaba pa' allá y pa' acá. Y ya usted sabe lo que es, lo duro uno perder su tierrita donde está amparado, pa' que uno coger pa' un futuro a donde uno no sabe ni qué lo espera. Ahí con tres niños yo aquí.[15]

La "tierrita" juega un papel estructurante en el "yo" campesino. Labrador y tierrita construyen un vínculo emocional, haciendo del inesperado divorcio violento e involuntario algo que exige lecturas más complejas. Los campesinos no han sido separados de cualquier objeto sino de uno en particular que articula su "yo"; de allí que la lucha por retornar a la tierra es también la lucha por reafirmar su identidad.

Empecemos mencionando que, visto a la ligera, se podría pensar que del destierro de los más de ocho millones de campesinos hubiese surgido un holocausto identitario o disolución del "yo" campesino, como si la identidad estuviera ligada funcionalmente o fuera totalmente codependiente del hecho de ser propietario, en este

---

14. Ospina, "Campesinos desplazados," 2:35.
15. Fiona (mujer adulta en situación de desplazamiento), entrevista, Cartagena, Bolívar, 27 de enero, 2017.

caso, de la tierra. Esta percepción equivale a decir, casi matemáticamente, que: poseer tierra o dedicarse a su labranza rutinaria es ser campesino, y no poseerla o no labrarla rutinariamente equivale a poseer una identidad diferente a la de campesino. Con esa fórmula matemática es que interpreta Jorge Larraín el vínculo entre la identidad y las posesiones, para lo cual destaca el autor, que no hay frontera clara entre ambas. En esa línea de pensamiento, cita al poeta William James:

El sí mismo de un hombre es la suma total de todo lo que él puede llamar suyo, no sólo su cuerpo y sus poderes psíquicos, sino sus ropas y su casa, su mujer y sus niños, sus ancestros y amigos, su reputación y trabajos, su tierra.[16]

Contrario a Larraín, aquí proponemos que también es válido pensar que la identidad, en este caso la campesina, es susceptible de pervivir como tal, aun habiendo perdido parcial o definitivamente el vínculo con la tierra. Esto implica afirmar que la identidad campesina se mantiene incluso en condiciones de incoherencia: sin tierra y empleado en actividades de subsistencia diferentes a las campesinas.

Entre campesino y tierrita se crean vínculos que penetran a tal nivel de intimidad que su separación forzada no desemboca indefectiblemente en un matrimonio con otro modo identitario. Estos vínculos provienen de diálogos entre el que amasa, da forma, alimenta, protege, etc., y la que, con cierto toque de incertidumbre, transforma o devuelve esos esfuerzos en forma de frutos para la siega.

Es necesario hacer un pequeño paréntesis en este momento para apuntar que dicho vínculo emocional del campesino y su tierrita es diferenciable del vínculo mercantil entre el agricultor industrial y sus terrenos, e incluso, diferente al vínculo de sacralidad que construyen el indígena andino latinoamericano y su Pachamama. En esa medida, no se trata entonces de una relación campesino/tierrita exclusivamente mercantil, pero tampoco está marcada por la sacralidad. En su lugar, lo que se crea es un vínculo más de carácter horizontal, de paridad entre ambos. Podría decirse que es más un vínculo semejante al de la amistad.

Ahora bien, ya en términos no tan coyunturales sino estructurales, es decir, pensando no en la primera generación de personas en situación de desplazamiento, sino en las posteriores, ¿es dicha perturbación violenta del vínculo emocional campesino/tierrita razón suficiente para pensar que estamos *ad portas* del fin de la identidad campesina en Colombia que se concretará en posteriores generaciones?

Al respecto tomemos en consideración los análisis del sociólogo francés Henri Mendras expresados en su famoso libro *La fin des paysans*, donde aseguró que Francia experimentaba el fin de la identidad campesina y el surgimiento de un nuevo sujeto identitario, "los agricultores."[17] Nuestro autor describió dicho proceso como algo mediado por la implementación masiva de nuevas técnicas y tecnologías en las labores del campo. Dicha incorporación normalizada de nuevas tecnologías a la agricultura

---

16. Jorge Larraín, "El concepto de identidad," *Revista FAMECOS* 10, n.º 21 (2003): 33.

17. Henri Mendras, *La fin des paysans: suivi d'une réflexion sur la fin des paysans vingt ans après* (Paris: Babel, 1992), 365.

y sus efectos en el constructo identitario, se evidencia contemporáneamente en actos como las protestas de los agricultores franceses. Al respecto, el 17 de octubre del 2009 en los Campos Elíseos- Paris, se presentó una de estas protestas que convocó a 50.000 agricultores acompañados con más de 7000 tractores y 1000 animales.[18] Para nada es ese cuadro comparable a los modos como se desarrollan las protestas campesinas en Colombia, donde los campesinos bloquean las vías con piedras, palos y llantas encendidas, en lugar de hacerlo como los franceses con enormes bloques de paja perfectamente compactadas como si hubieran salido de impresoras 3D. Y, en lugar de tractores, es el mismo cuerpo de los campesinos el que se pone en escena durante sus protestas mediante sus marchas por las vías.

Cuando menos, la comparación de los modos de resistencia entre campesinos colombianos y agricultores franceses ofrecen diferencias que saltan a la vista. Sin embargo, entretanto, sigue abierta la pregunta por la posible desaparición de la identidad campesina en las segundas y terceras generaciones de familias campesinas sometidas al desplazamiento forzoso; población que, tras la pérdida de la tierra, crea la sospecha de un cambio identitario en condiciones de devenir. ¿Experimentará Colombia un apocalipsis identitario semejante al de Francia, mediado claro está, no por la implementación de nuevas tecnologías en el campo sino por una masiva y sistemática expropiación del elemento estructural de la identidad campesina, sus tierras?

Responder afirmativamente esta pregunta obligaría a pasar por alto un elemento discursivo fuertemente presente en los campesinos desplazados: su insistencia en identificarse como campesinos, lo cual nos lleva a la paradoja identitaria "campesinos sin tierra." Dar crédito a un eventual fin de la identidad campesina en Colombia implicaría, por una parte, interpretar la insistencia de estos desterrados a autoidentificarse como campesinos como parte de un juego teatral incoherente con los datos de la realidad y, por otra parte, obliga *de facto* a admitir que la expresión conceptual "campesino sin tierrita" es una contradicción de términos. El desplazamiento forzoso pone sobre el tapete el reto de analizar el conflicto entre un "yo" imaginado, proveniente de sujetos sociales lanzados a vidas discordantes con la identidad pregonada.

El numeroso conjunto poblacional de desterrados, expertos en las labores campesinas, pero dedicados en las grandes ciudades a trabajos y a dinámicas sociales inconsecuentes con su identidad, justifican la pregunta: ¿constituyen los discursos identitarios de este conjunto poblacional un acto teatral que pone al descubierto una identidad irrealizable? De ser así, se asumiría a los desplazados como un tipo de "camaleón social" que continuamente presta "fragmentos de identidad de cualquier origen y los adecúa a una situación determinada."[19] Adoptar esta postura convertiría a los desterrados autoidentificados como campesinos—sin tierra—en poco menos que

---

18. La nación, "Fuertes protestas de los agricultores en Francia," *La Nación*, https://www.lanacion.com.ar/el-mundo/fuertes-protestas-de-los-agricultores-en-francia-nid1187259/, fecha de publicación 17 de octubre, 2009.

19. Gergen, *El yo saturado*, 196.

simples "manipuladores estratégicos de la imagen,"[20] propietarios de "identidades pastiche," "artistas del fraude."[21] No obstante, otra ruta posible para leer tanto la insistencia de estos desplazados en autoidentificarse como campesinos, así como la paradoja "campesinos sin tierra," es la de asumir ambos como actos de resistencia política.

CAMPESINO SIN TIERRA, ¿UN YO IMPOSIBLE?

Es claro que los datos empíricos que surgen de observar las rutinas de los desplazados dejan poco margen para considerar que hay condiciones de coherencia entre estos actores y su identidad pregonada. Dicho de otro modo, al no tener tierra, al desarrollar "estilos de vida"[22] incoherentes, al tener ropas que ya no exhiben "la crónica interna de la identidad del yo"[23] campesino, al experimentar un control del tiempo mediado por otros ritmos, al ya no despertarse y acostarse con los cantos del gallo, al perder su capacidad de mantenerse "fiel o leal a sí mismo,"[24] es decir, al "yo" campesino construido a partir de cosmovisiones, creencias, opiniones e ideales, pareciera que todo en su conjunto lleva a pensar en una disolución identitaria promovida por las exigencias urbanas. En esa medida, lo que queda ya no sería un campesino sino un artista a quien la tierra en sus uñas y el olor a campo, en su nuevo contexto, ya no demuestran su calidad de campesino laborioso e incansable, sino la falta de higiene. Pareciera entonces que el desplazamiento forzoso diera paso a una masiva camaleonización del campesinado o al holocausto identitario.

Contrario a esta aparente realidad, proponemos, siguiendo los aportes de la socióloga boliviana Silvia Rivera Cusicanqui, analizar lo ocurrido en la esfera del "yo" campesino como una superposición de elementos conflictivos que conviven en un mismo sujeto sin aspirar a hibridarse. Así, entonces, la insistencia de autoidentificación como campesino y la resignificación o rechazo del rótulo "desplazado," constituyen no un acto camaleónico sino el espacio y momento fundador del actor político, momento que hace referencia al conflicto subjetivo entre quien se imagina anclado a su yo ancestral y a la vez se ve obligado a vivir como un otro.

Rivera Cusicanqui analiza los constructos identitarios "indio," "mestizo" y "negro" en Sur América. Construye sus formulaciones tomando como punto de partida conceptos inspirados en la sabiduría de indígenas quechua y aimara-hablantes. Populariza el concepto "Ch´ixi," proveniente del quehacer de las tejedoras que, al yuxtaponer hilos, por ejemplo, negros y blancos, provocan a la distancia la ficción de un tercer color, el gris. De tal modo que lo "Ch´ixi" viene a ser una superposición o abigarramiento conflictivo de colores que nunca se concretan en un híbrido o tercer color.

20. Gergen, *El yo saturado*, 192.
21. Gergen, *El yo saturado*, 219.
22. Giddens, *Modernidad e identidad del yo*, 106.
23. Giddens, *Modernidad e identidad del yo*, 83–84.
24. Giddens, *Modernidad e identidad del yo*, 103–4.

El mestizo es, por consiguiente, no una identidad sino la continua conflictividad de diversas identidades, una serie de opuestos contrastados permanente que nunca se funden, dando a entender que allí perviven a la vez el ser y el no ser: "Un color gris ch'ixi es blanco y no es blanco a la vez, es blanco y también es negro, su contrario."[25]

Cusicanqui no insiste como Giddens en la identidad como unicidad, es decir, como un único relato biográfico coherente. El mestizo (simultáneamente indio y europeo) no es una unidad identitaria sino una serie de diferencias superpuestas, no hibridadas, que obligan al individuo a permanecer conscientemente en un proceso de autoidentificación o proyecto político que la autora denomina, "prácticas descolonizadoras o descolonización de la historia."[26]

Esta perspectiva teórica abre puertas para pensar la identidad como espacio en el que conviven las paradojas, los opuestos e incoherencias, tales como "campesinos sin tierra." Asumirse como campesino, a pesar de no tener o laborar la tierra o, a pesar de no tener rutinas congruentes con la vida rural sino urbana, no tiene por qué juzgarse como actos de camaleones sociales, sino más bien como mecanismos y discursos de resistencia política que dan indicios de la subjetivación política del campesinado.

SUBJETIVACIÓN POLÍTICA COMO ACTO COLECTIVO DE LOS CAMPESINOS SIN TIERRA

Jacques Rancière conceptúa el proceso de subjetivación como "la formación de un uno que no es un yo o uno mismo, sino que es la relación de un yo o de uno mismo con otro."[27] Dicho autor considera que la subjetividad política o el actor político, en cuanto "parte de los que no tienen parte," actúa en una brecha, en el "entremedio" o intervalo, y que por ello encarna un "indeterminado," alguien imposible de vincular con un nombre específico.[28] La subjetivación política, en cuanto actor político que pretende verificar el daño de la igualdad, es de por sí un sujeto que posee una "identificación imposible"; y en esa medida, posee el potencial de enfrentar el orden natural de la dominación instituido por la política (poder de gobernar).[29]

Asumir el campesinado desplazado como subjetividad política, obliga, por un lado, a percibir sus luchas por la tierra y sus esfuerzos de desidentificación o de desclasificación, en este caso, de los contenidos inmersos en la atribución del rótulo "desplazado," como actos de resistencia política. Dicha subjetividad política, rotulada desde arriba como "desplazado," no es obra de arte firmada, sino un "yo" en

25. Rivera Cusicanqui, *Ch'ixinakax utxiwa*, 69.
26. Rivera Cusicanqui, "Potencial epistemológico y teórico."
27. Jacques Rancière, "Política, identificación y subjetivación," en *El reverso de la diferencia: identidad y política*, ed. Benjamín Arditi (Caracas: Nueva Sociedad, 2000), 148.
28. María Concepción Delgado Parra, "El sujeto político en términos del intervalo o 'entremedio' en Jacques Rancière," *Reflexión política (Bucaramanga)* 10, n.º 19 (2008): 30.
29. Delgado Parra, "El sujeto político," 34.

construcción al ritmo de sus resistencias tanto hacia afuera, con su lucha por la tierra, como hacia dentro, con su rechazo y resignificación del rótulo desplazado: "No somos lo que la televisión colombiana quiere mostrar, somos gente que estamos acostumbrados a luchar, [. . .] a trabajar, [. . .] a salir adelante, a vivir nuestra propia vida, a vivir con libertad, eso somos los desplazados [. . .]."[30]

Actos colectivos, como el protagonizado por el Consejo Regional Indígena del Cauca (CRIC) con su llamado en marzo 2019 a la Minga,[31] reflejan la capacidad de movilización inserta en la lucha por la tierra. En esta ocasión, expresamente exigían el cumplimiento de los compromisos del Estado durante los últimos tres gobiernos hacia las comunidades de indígenas, campesinos y afrodescendientes, de tal modo que les fueran entregadas tierras. En medio de ello logran incluso acuerdos que marcan la ruta para el reconocimiento del campesinado como sujeto político de derechos.[32]

Los datos de la realidad disuelven la sospecha de que la identidad campesina experimente en Colombia su desaparición. Más bien, estos campesinos marginados, sean indígenas, mestizos o afrodescendientes, vienen tejiendo una respuesta resistente, tanto a nivel individual como colectivo, a través de la cual se puede seguir la huella de una recomposición identitaria que hace del campesinado desplazado subjetividades políticas.

Aparte de los procesos de negación o resignificación del rótulo "desplazado" y de las movilizaciones campesinas en su lucha por la tierra, hay una tercera forma en la que se pueden encontrar huellas de esta recomposición identitaria o subjetivación política del campesinado colombiano. Durante las entrevistas realizadas en la investigación de campo del proyecto Fe y Desplazamiento, se pudo notar una continua referencia a la actividad que los desterrados denominan como "gestión." Con ella designan las acciones mediante las cuales, personal o colectivamente se hace presión en la esfera pública para acceder a recursos de entidades gubernamentales y privadas, nacionales e internacionales. La gestión es entonces un modo rutinario mediante el

30. Ospina, "Campesinos desplazados," 2:35.

31. "Minga" es básicamente la forma como los indígenas colombianos designan el acto de reunirse para intercambiar la palabra, los saberes y para desarrollar actividades de interés común. El 14 de marzo el CRIC convocó en el suroccidente colombiano a la "Minga social por la defensa de la vida, el territorio, la democracia, la justicia y la paz." Esta actividad política puso en jaque durante un mes el actual gobierno mediante el taponamiento de la vía que lleva por nombre "La Panamericana," probablemente la más importante en la actividad económica del país. Véase CRIC, "¿En qué consiste la minga social que se realiza en el suroccidente colombiano?," *CRIC,* https://www.cric-colombia.org/portal/por-que-nos-movilizamos-en-minga/, 14 de marzo, 2019. Aunque fue iniciativa principalmente indígena, fue nutrida por amplios sectores campesinos y de afrocolombianos víctimas del desplazamiento forzoso. Se debe reconocer también aquí que los líderes nasa cristianos están a favor del reclamo de sus derechos, pero en contra de las actividades que perturben el orden público y por ello se abstienen de participar.

32. TeleSUR—JGN, "Minga social colombiana se declara en máxima alerta," *TelesurTV.net,* https://www.telesurtv.net/news/colombia-minga-social-declara-alerta-maxima-20190503-0003.html, fecha de publicación 3 de mayo, 2019.

cual los desterrados avanzan hacia el cubrimiento de sus nuevas necesidades en el entorno urbano.

Al respeto, durante la investigación fue significativo encontrar que hay entre el sector femenino de campesinas desterradas una intensa implicación en la tarea de gestionar recursos públicos y privados. Dos acciones ejemplares en este sentido son: la "declaración" y la presión a las instituciones gubernamentales por mejoras en la infraestructura de los sitios de acopio de las víctimas del desplazamiento forzoso.

En esencia, la "declaración" es el mecanismo oficial mediante el que estas personas ingresan a las bases de datos gubernamentales para ser asumidas como víctimas del desplazamiento forzoso. Este trámite en muchas ocasiones va tomando la forma de una batalla política, como la narrada a continuación por una mujer anciana en situación de desplazamiento, residente en Bogotá y de la cual me permito incluir una extensa cita:

> "Mírame bien la cara, si tú me ves aquí mañana escúpame la cara, pero yo soy mujer de palabra," y me he devuelto. Yo llevaba una semana yendo todos los días, madrugaba, porque allá sí había que madrugar porque no reparten sino ocho fichas. No pude conseguir nada, y duré casi un mes viniendo [...] para hacer la declaración de nuevo y para que me dieran ayuda; iba casi todos los días, desde el hospital me llevaban en la ambulancia, ni así me escuchaban, hasta que ese día me llevaron en la ambulancia, y yo le dije al muchacho, "Sabe qué, yo no me voy a ir de aquí, me voy a quedar aquí, o ellos me escuchan o si no que me echen la policía porque yo qué puedo hacer, pero de aquí no me voy a mover." [...] Pues así hice, no me moví... ese día nos quedamos como 60 personas, víctimas que habían llegado a Bogotá y que nadie les había prestado ayuda, y nos quedamos. A la una de la mañana nos cayó un aguacero, pero nadie se movía de la fila, porque si usted se movía de la fila perdía el tiempo, aguantamos ese aguacero y después [...] y ¿sabe a cómo vendían los puestos?[33] [...] a 30 y a 50 mil pesos y a 40 mil pesos. Si usted quería llegar de primerito aquí y coger la ficha, tenía que dar eso, comprar los puestos y de ahí todos los días esa gente estaba ahí, [...]. Y nosotros ese día estábamos dispuestos a no dejarlos hacer ahí y a no dejarlos vender ni comprar puestos... y nos quedamos ahí, como a las 11 de la mañana yo no sé de a dónde apareció palo, piedra, botellas, y rompieron esas oficinas de ahí de Puente Aranda, [...], pero fue la única forma que fuimos escuchados, eran estas horas y esa gente nos estaban atendiendo ¿sabe a qué hora me atendieron a mí? Como a las 7:30 de la noche, ya llevábamos casi un mes yendo todos los días madrugando, [...] era que nunca alcanzaban las fichas, y era que atendían al que le daba la gana y al que no que se fuera. [...] abuelitos, abuelitas, mujeres con niños, nadie se movía, y gracias a eso, ese día que vino la policía [...] eso llamaron a todo el mundo para que vinieran a respaldar cuando ya todos los ventanales estaban rotos. Entonces cuando llegó

---

33. En medio de estas dinámicas hay personas, no vinculadas al Estado, que hacen fila y luego venden su puesto a quien esté dispuesto a pagar altas sumas de dinero.

la policía, [. . .] nosotros les dijimos [. . .] "¿ustedes vienen o a ayudar a las víctimas o a ayudarlos a ellos?" dicen: "a ayudar a las víctimas," yo le dije "pues no parece, porque ustedes llegaron aquí con esas vainas, ¿para qué son, para qué? Si ustedes confrontan con nosotros pues nosotros los encendemos a ustedes a piedra, vamos a ver cuál de los dos gana. Yo sé que ganan ustedes porque aquí nos llevan un poco presos, pero de todas formas nos van a tener que soltar, porque somos nosotros las víctimas, tenemos derechos.[34]

La declaración para figurar en estas bases de datos gubernamentales está, en medio de las dinámicas descritas por Rut, convertida en un escenario de lucha política donde se pone a prueba: la capacidad de resistencia individual y colectiva, la capacidad de asociación de las víctimas para estratégicamente ser más efectivos en su presión a las entidades gubernamentales, y la capacidad de convencimiento personal y colectivo del estatus de víctima y de sujeto de derechos. En estas dinámicas de resistencia, son las mujeres campesinas en situación de desplazamiento quienes vienen jugando un papel protagónico dada su forma y su desparpajo para increpar cara a cara a los funcionarios de seguridad (¡y a cualquiera!) en un país con una fuerte tradición matriarcal. Este papel de las mujeres llama aún más la atención si se considera que en la cultura campesina colombiana dicho sector venía desempeñando un papel más ligado a las actividades privadas, es decir, al cuidado de la familia, al cultivo de las pequeñas huertas, a la cría de animales para el consumo familiar. El salto de las campesinas hacia la esfera pública se confecciona a partir de su destierro y, en el caso más extremo, potenciada también en virtud de su condición de viudas cabeza de hogar.

Esta misma incursión en la esfera pública por parte de las mujeres campesinas en situación de desplazamiento se aprecia en su gestión a favor de mejoras en la infraestructura de los barrios improvisados, tal como se aprecia en María:

> . . . con una vecina visitamos todo el barrio, fuimos a la Alcaldía, y el muchacho, el secretario de infraestructura nos dijo que nos iba a ayudar a gestionar esos postes con una finca aquí vecina. Fue y lo hizo. Solo teníamos que ir nosotros a cortar los postes [. . .] Y de todo el barrio solamente se presentaron 5 hombres.
> Entrevistador: Y ¿quién organizó a estos hombres? ¿Ustedes?
> María: Sí señor. La vecina y mi persona. [. . .] Y recogimos de cada familia, pues visitamos a las familias y nos colaboraron en cinco mil pesos y buscamos una máquina, que nos costó dos trabajos por $ 70.000 pesos los postes.[35]

Estos ejemplos muestran que, a pesar de todos los estragos producidos en el tejido social campesino, el desplazamiento forzoso ha venido también potenciando

---

34. "Rut (mujer en situación de desplazamiento), entrevista, Bogotá, 2 de diciembre, 2016. Se trata de una mujer anciana con problemas de salud que limitan su movilidad y que durante el desplazamiento le asesinan a su hijo de 21 años de edad.

35. María (mujer adulta, líder comunitaria), entrevista, Puerto Libertador, Córdoba, el 9 de diciembre, 2016. Esta actividad política también se ejerce de manera formal como lo registra el equipo de ISP en el currículo diseñado para PSD con un video titulado "María teje política" (pp. 15–18).

el ingreso del sector femenino campesino hacia la esfera pública. Las circunstancias violentas terminan contribuyendo al rompimiento de esa barrera de cristal que ellas deben enfrentar entre lo privado y lo público. Los quehaceres de estas mujeres se han visto forzados a cruzar la frontera de la vida íntima, a incorporar acciones de coordinación hacia fuera y hacia dentro de sus nuevas comunidades, a convocar y dirigir a la fuerza masculina, a recaudar fondos dentro y fuera, a situarse en el vértice entre comunidad y sectores público y privado, a cuestionar y desafiar cara a cara el quehacer de los funcionarios públicos, a apersonarse del discurso de los derechos. Se han visto obligadas a sumar saberes y capacidades políticas, a crear redes espontáneas o perdurables en sus luchas reivindicativas.

CONCLUSIONES

El desplazamiento forzoso en Colombia y su masiva producción de desplazados es un fenómeno que encaja con la constante dinámica destructiva y creativa del sistema capitalista. En el caso colombiano, a diferencia del británico (descrito por Marx) y del francés (descrito por Mendras), no ha desembocado, por el momento, en una destrucción u holocausto identitario semejante al "fin des Paysans" o a la construcción unidimensional de un "proletariado libre" y próspero. En su lugar, derivó, fragmentariamente, en paradojas identitarias en las que subyace la subjetivación política de los campesinos sin tierra.

Este despojo sistemático de la "tierrita" en la historia colombiana ha potenciado la subjetivación política del campesino, siendo particularmente las mujeres campesinas quienes mejor evidencian dicho tránsito radical de la vida privada al ejercicio del activismo político. Valga insistir que, entre el conjunto de los millares de ingresados a la fuerza al ejercicio de lo político, hay que poner especial atención al sector femenino, que con su ingreso masivo y peculiar a las tareas políticas desde abajo, tienen la posibilidad de sorprender imprimiendo otras características al modo de vivenciar la política desde las bases sociales.

En términos generales, la subjetividad política o identidad política del campesino sin tierra expresa, en primer lugar, su potenciada capacidad política mediante su gestión de los recursos públicos y privados. En segundo lugar, construye un quehacer político tanto hacia fuera como hacia dentro de la comunidad. Y tercero, construye su agenda programática como mínimo inspirándose en dos objetivos, acceso a la "tierrita" y reivindicación de la dignidad de su identidad campesina, esta última mediada por un rechazo o resignificación del rótulo "desplazado."

Esta construcción del sujeto político a partir del drama implicado en la empresa de despojo de la tierra en Colombia hizo de las víctimas del desplazamiento uno de los principales actores en la construcción desde abajo de lo político. Colombia tiene en el campesino sin tierra que actúa políticamente, a uno de sus más prometedores sujetos de la transformación social o del cambio estructural.

Parte 3

BIBLIOGRAFÍA

Alvares Ospina, Daniel. "Campesinos desplazados en Colombia: 'invisibles.'" Fragmento del documental "Invisibles" producido por Javier Corcuera Bardem. Video de Youtube. https://www.youtube.com/watch?v=fYW_YoexkBs.

CRIC, "¿En qué consiste la minga social que se realiza en el suroccidente colombiano?," *CRIC*, https://www.cric-colombia.org/portal/por-que-nos-movilizamos-en-minga/, 14 de marzo de 2019.

Delgado Parra, María Concepción. "El sujeto político en términos del intervalo o 'entremedio' en Jacques Rancière." *Reflexión política* 10, n.º 19 (2008): 30–35.

Dubar, Claude. *La crisis de las identidades: la interpretación de una mutación*. Barcelona: Bellaterra, 2002.

La Nación. "Fuertes protestas de los agricultores en Francia." https://www.lanacion.com.ar/el-mundo/fuertes-protestas-de-los-agricultores-en-francia-nid1187259/. Fecha de publicación 17 de octubre de 2009.

Gergen, Kenneth J. *El yo saturado: dilemas de identidad en el mundo contemporáneo*. Barcelona: Paidós Ibérica, 2006.

Giddens, Anthony. *Modernidad e identidad del yo: el yo y la sociedad en la época contemporánea*. Barcelona: Península, 1995.

Güereña, Aratxa. "Radiografía de la desigualdad: Lo que nos dice el último censo agropecuario sobre la distribución de tierra en Colombia." *Oxfam International*. https://www.oxfam.org/es/informes/radiografia-de-la-desigualdad. 10 de julio de 2017.

Larraín, Jorge. "El Concepto de identidad." *Revista FAMECOS* 10, n.º 21 (2003): 30–42.

Marx, Karl. *El capital: crítica de la economía política*. Trad. de Wenceslao Roces. México: Fondo de Cultura Económica, 2014.

Mendras, Henri. *La fin des paysans: suivi d'une réflexion sur la fin des paysans Vingt ans après*. Paris: Babel, 1992.

TeleSUR—JGN. "Minga social colombiana se declara en máxima alerta." *TelesurTV.net*. https://www.telesurtv.net/news/colombia-minga-social-declara-alerta-maxima-20190503-0003.html. Fecha de publicación 3 de mayo de 2019.

Rancière, Jacques. "Política, identificación y subjetivación." En *El reverso de la diferencia: identidad y política*, ed. Benjamín Arditi, 145–52. Caracas: Nueva Sociedad, 2000.

Reyes, Luis Alberto. *El pensamiento indígena en América: los antiguos andinos, mayas y nahuas*. Buenos Aires: Biblos, 2008.

Rivera Cusicanqui, Silvia. *Ch'ixinakax utxiwa: una reflexión sobre prácticas y discursos descolonizadores*. Buenos Aires: Tinta Limón; Retazos, 2010.

———. "El potencial epistemológico y teórico de la historia oral: de la lógica instrumental a la descolonización de la historia." En *Teoría crítica dos direitos humanos no século XXI*, ed. Alejandro Rosillo Martínez, 157–78. Porto Alegre: EDIPUCRS, 2008.

Sanín, Francisco Gutiérrez, y Mauricio Barón. "Estado, control territorial paramilitar y orden político en Colombia." En *Nuestra guerra sin nombre: transformaciones del conflicto en Colombia*, ed. Francisco Gutiérrez Sanín, María Emma Willis O. y Gonzalo Sánchez G., 267–312. Bogotá: Norma, 2006.

Schumpeter, Joseph A. *Capitalismo, socialismo y democracia*. Trad. de Atanasio Sánchez. Barcelona: Folio, 1946.

19

Conclusión

Milton Acosta

VIOLENCIA Y DESPLAZAMIENTO FORZADO EN COLOMBIA

Mientras escribo estas líneas (28 de junio de 2022) se presenta en Colombia el informe de la *Comisión de la Verdad* que fue creada a partir del Acuerdo de paz firmado entre el gobierno colombiano y el grupo guerrillero FARC el 24 de noviembre de 2016. El informe recoge 28.000 testimonios obtenidos por 11 comisionados apoyados en un equipo de más de 200 personas. Incluye víctimas y victimarios del conflicto armado colombiano de 1964 a 2016. Aunque cada colombiano tiene su versión de esta historia, el propósito del informe de la comisión es "narrar el sufrimiento nacional" bajo el lema, "hay futuro si hay verdad."[1] El propósito del informe es que todos los colombianos podamos decir que esa es nuestra historia de los últimos sesenta años.

El desplazamiento forzado en Colombia ha sido una forma sistemática de expropiación de tierras sostenida durante décadas. Es un fenómeno complejo, creado por diversos actores a los que llamamos "grupos armados al margen de la ley." Han sido más de ocho millones de civiles indefensos despojados de sus tierras y bienes a lo largo y ancho del país, de forma sostenida durante seis décadas sin que el estado ni la sociedad civil lo hayan impedido. Quienes hoy están en situación de desplazamiento son los sobrevivientes de esta violencia que ha dejado más de un millón de muertos y 189.000 desaparecidos en el mismo periodo.[2] Estos que ya no están son, en

---

1. "Los retos de la memoria en caliente," *El Espectador*, 2022, https://www-pressreader-com.banrep.basesdedatosezproxy.com/colombia/el-espectador/20220628/page/10/textview.

2. https://www.unidadvictimas.gov.co/es/registro-unico-de-victimas-ruv/37394.

su mayoría, la familia de los desplazados y de tantos otros colombianos. Será difícil exagerar la magnitud del dolor y el sufrimiento que inunda este país. Hemos nadado y seguimos nadando en sangre. Los colombianos probablemente somos las personas en el mundo de cuyas bocas salen con mayor frecuencia las palabras, "lo mataron," "los mataron," "desaparecidos," "no se volvió a saber de ellos," "se los llevaron," "las violaron," "nos dispararon," "una nueva masacre," "alias . . . ." Así hablamos mientras comemos, paseamos y contamos chistes.

Apenas nos estamos enterando de lo que ya sabíamos, de lo que hemos ignorado y de lo que no queríamos saber. Por donde se le mire, el desplazamiento forzado de tantos millones de civiles no combatientes es un horror indescriptible. No menos horroroso es haberlo dejado pasar, haberlo ignorado y seguir de brazos cruzados, como si no fuera con nosotros, como si no fueran seres humanos, como si no fueran nuestros hermanos. El físico miedo de unos a morir, el enriquecimiento de otros y la indiferencia de la mayoría ha sido el espacio donde la violencia y la muerte han hecho estos estragos. Esta expropiación sistemática de tierras ha dejado a su paso un país lleno de profundas heridas, desconfianza generalizada y miedo. Por mucho que quisiéramos abarcarlo todo o por lo menos buena parte de esta situación, la investigación retratada en este libro ha tenido y tendrá que conformarse con un propósito modesto, pero basado en una convicción firme.

LA TEOLOGÍA HERMANADA CON LAS CIENCIAS SOCIALES

El proyecto de investigación del cual resulta este libro, ha tenido como propósito movilizar a los profesionales de las iglesias evangélicas de Colombia para buscar el florecimiento de las personas en situación de desplazamiento.[3] La investigación ha sido interdisciplinar en cuanto a que integra, combina y pone a dialogar a la teología con las ciencias sociales, movida por la convicción de que tanto la teología como las ciencias sociales logran más de forma conjunta que de manera separada. Creemos que la investigación se enriquece tanto en metodología como en resultados cuando considera la totalidad o la mayor parte del fenómeno investigado, y además involucra a los sujetos objeto de estudio, como nos lo enseña la Investigación-acción participativa (IAP). Aquí se ha hecho una combinación de la teología de la misión integral con las ciencias sociales y la hemos llamado Investigación-acción misional.[4] Los capítulos de este libro son una demostración del valor y el potencial de este tipo de interdisciplinariedad encarnado en la movilización de los profesionales en busca del bienestar integral de las PSD.

La investigación plasmada en este libro demuestra que las iglesias colombianas que articulan su identidad y misión a partir de la teología de la misión integral han sido las más inclinadas a desarrollar ministerios tendientes al mejoramiento de la vida

3. Véase el capítulo 1.
4. Véase el capítulo 2.

de las PSD. Las iglesias con las que entramos en contacto recibieron este proyecto de investigación con beneplácito y con el expreso deseo de aprender, aportar y avanzar. De todos los materiales producidos por las líneas de investigación planteadas en el proyecto, el que más acogida tuvo fue *La misión integral de la iglesia*, lo cual da cuenta no solo del interés de las iglesias en la misión en sí, sino en la movilización y creación de ministerios nuevos en pro de las PSD.[5] La investigación plasmada en este libro está marcada por su sensibilidad a la condición total de la población a la que está dirigida y el mejor aprovechamiento de los recursos y talentos disponibles, tanto de las comunidades basadas en la fe con ministerios enfocados en las PSD como las mismas PSD.

La primera realidad con la que nos encontramos en la investigación de campo es el elevado analfabetismo entre las PSD. Esto significó que los instrumentos de recolección de datos y los materiales producidos no podían estar basados en la lectoescritura, excepto los que están dirigidos a profesionales. Así, se establecieron algunos principios y fundamentos para la tarea pedagógica: 1) el punto de partida de los procesos enseñanza aprendizaje está en lo que interesa a las PSD y en los recursos que tienen a la mano; 2) el foco principal de los procesos de enseñanza-aprendizaje es el establecimiento y fortalecimiento de las relaciones interpersonales; 3) las metodologías y programación de actividades necesitan flexibilizarse ya que muchas PSD, por causa de sus condiciones laborales y de vivienda, y porque no son completamente dueñas de su horario; 4) por razones culturales y del bajo grado de escolarización, algunas actividades que con otro público se desarrollarían de manera individual, para las PSD es preferible hacerlas en grupo o con el acompañamiento de un líder comunitario.[6] El diplomado creado por el equipo de Pedagogía para la capacitación de profesionales en la segunda fase del proyecto acogió todas estas experiencias y se aseguró de incluirlas en las lecciones.

Una gratificación casi inmediata para los investigadores de este proyecto la tuvo el equipo de Economía. Vieron cómo algunas comunidades de PSD, a partir de instrumentos y actividades propicias para su escolaridad, adquirieron conciencia de los talentos y recursos que poseen ellos mismos y los pusieron a funcionar enseguida para generar nuevos ingresos y fortalecer sus economías.[7] Si bien las teorías económicas y de desarrollo comunitario nutren esta investigación, fue importante observar aspectos de la economía solidaria en el estudio de textos bíblicos específicos y reflexionar sobre la ética cristiana que estos promueven.[8] La adquisición de la conciencia de capacidad individual y comunitaria se constituye en uno de los elementos liberadores y esperanzadores para el futuro de las PSD. La capacidad existe; la tarea es despertarla, y para ello se necesitan líderes.

Aunque las palabras "liderar," "líder" y "liderazgo" hayan perdido prestigio, creemos que en las comunidades de fe, especialmente entre las PSD, sus líderes y

5. Véase el capítulo 3.
6. Véase el capítulo 4.
7. Véase el capítulo 6.
8. Véase el capítulo 11.

lideresas siguen ocupando una posición estratégica; el respeto y aprecio hacia ellos se mantiene. Por eso, el proyecto FyD sostiene y defiende la necesidad urgente de capacitar a los líderes y lideresas que trabajan con comunidades que han sufrido el desplazamiento forzado. El equipo de Psicología investigó y documentó el aporte que puede hacer la psicología en combinación con la teología para reconocer y lidiar con el trauma producido por el desplazamiento forzado.[9] Así, para el diplomado creado por este proyecto se diseñaron materiales cortos para desarrollar en grupos pequeños como una forma eficaz de ayudar a las PSD a comprender lo que les ha ocurrido y comprenderse a sí mismas; de este modo, con los recursos de la fe y de la psicología, tienen la posibilidad de emprender un camino hacia la recuperación de los efectos multidimensionales producto del desarraigo, sea que la persona regrese a su tierra o eche raíces en otro lugar.

Este proyecto de investigación demuestra que el desplazamiento forzado no es ajeno a la Biblia, a la fe, ni a las ciencias sociales. Por eso el diálogo y la cooperación entre la teología cristiana, la misión de la iglesia, las ciencias sociales y la IAP no son forzados ni descabellados. Así como lo hace la psicología, es posible afirmar que la Biblia entiende al desplazado, lo representa, le da una voz, lo escucha y lo anima a seguir adelante porque el camino no ha terminado y Dios no lo ha abandonado. La PSD creyente necesita saber esto, pero para que ocurra se necesitan teólogas, teologías y ministros que practiquen y propongan una lectura bíblica y una teología dialogantes con las ciencias sociales, incluyendo la economía.

PERDÓN, LAMENTO Y PAZ

Sin embargo, por mucho que las personas en situación de desplazamiento tengan una fe incólume, se hagan cargo de su situación personal y comunitaria, descubran sus potenciales, y decidan enfrentar lo que la vida les presenta, las carencias engendradas por el desplazamiento forzado superan con creces cualquier buen propósito y buena orientación que se tenga para superarlas. Ante este panorama atroz, las comunidades cristianas de PSD encuentran en su fe recursos prácticos para entender y entenderse con el sector público; es decir, con el Estado y las diversas instituciones que lo representan. El proyecto FyD constató de primera mano cuánta riqueza y cuanta virtud enarbolan las PSD cristianas al decidir fusionar los valores del reino de Dios, como el perdón y el lamento no paralizante, con acciones político-burocráticas tendientes al aseguramiento de los recursos del Estado para responder a esta catástrofe humanitaria gigantesca y de vieja data. Si bien hay testimonios personales de iniciativas exitosas, el acompañamiento de la iglesia cristiana nacional es indispensable para consolidar buenas prácticas políticas comunitarias tendientes al florecimiento resiliente de las

---

9. Véase el capítulo 7.

PSD. Hacia estos propósitos se encaminan los materiales diseñados por el equipo de Interacción con el sector público.[10]

El desplazamiento forzado en Colombia ha creado un nuevo ciudadano: el campesino como actor político en la ciudad. Cabe destacar que en realidad han sido más que todo actrices, porque son las mujeres quienes en mayor número han transitado de la vida privada en el campo al activismo político en las urbes colombianas. Por obvias razones, son los campesinos quienes mejor entienden las necesidades de los que trabajan la tierra, las condiciones en las que se hace y la clase de vida que permite. Estos nuevos agentes políticos representan un potencial invaluable como interlocutores del Estado y sus agencias para la restitución de tierras y el mejoramiento de la actividad agraria en pequeña y mediana escala en Colombia.[11] De este modo, y como reiteramos a lo largo de este libro, así como se reconoce la existencia de la violencia, la muerte y el sufrimiento, pero, como lo hacen los campesinos activistas políticos, también afirmamos que la vida sigue y que hay un futuro por construir.

A pesar de los padecimientos causados por el desplazamiento forzado, el hecho ignorado que posibilitó la firma del acuerdo de paz, evitó una guerra civil total, y con ella el aumento exponencial del número de muertos en Colombia es que millones de víctimas hayan decidido no vengarse y perdonar. Todo estudio del conflicto armado en Colombia y del desplazamiento forzado será más completo y cercano a la realidad en la medida en que tenga en cuenta la fe de las PSD, no como un asunto marginal, sino como algo fundamental de sus vidas.[12]

Es necesario reconocer, sin embargo, que cuando se habla del desplazamiento forzoso y se dice que quienes lo han sufrido encuentran en su fe recursos para perdonar a sus victimarios, inmediatamente suenan las alarmas de la justicia. Estas nos sugieren que el perdón no puede ser sinónimo de impunidad, que el perdón de la víctima en ningún caso reemplaza ni excluye la justicia. No obstante, tanto la investigación de campo realizada por este proyecto como la literatura especializada sobre el tema coinciden en afirmar que la mayoría de las PSD, con el tiempo, han hecho una elaboración de su experiencia, algunos acompañados de líderes y lideresas de fe, y decide perdonar a sus victimarios.[13] Además, un porcentaje alto de los creyentes afirman que Dios ha cumplido propósitos significativos por causa del desplazamiento. Estas conclusiones encuentran su paralelo en la Biblia, particularmente en el exilio de los judíos en Babilonia. Aunque las PSD creyentes no entiende su desplazamiento como castigo por pecados que hayan cometido, como sí ocurre en libros bíblicos como Lamentaciones, afirman que Dios los ha bendecido, que el sufrimiento no es lo único que las define, y que sus vidas siguen adelante.[14] Pero la discusión no termina allí.

10. Véase el capítulo 8.
11. Véase el capítulo 18.
12. Véase el capítulo 15.
13. Véase el capítulo 10.
14. Véase el capítulo 14.

Sobre este tema, vale la pena añadir tres cosas. Primero, la experiencia del desplazamiento forzado en Colombia no se puede separar del aparato estatal que incluye el cumplimiento de la Constitución, particularmente para este caso, en la defensa de la vida honra y bienes de todos los colombianos. Más de ocho millones de colombianos nunca han experimentado ese artículo de la Constitución.[15] Es decir, el Estado les ha fallado de manera sostenida por décadas. En segundo lugar, los creyentes y los teólogos tienen la teodicea; la teología que se propone explicar el mal desde los postulados de la fe. En este libro afirmamos dos cosas sobre este tema, que teodicea no hay una sola ni puede ser impuesta de arriba hacia abajo; pero tampoco se puede negar la teodicea elaborada por quien ha sufrido males atroces, como el desplazamiento forzoso, y que gracias a esta decide, por un lado, perdonar a sus victimarios, y por otro, afirmar que Dios ha redimido su sufrimiento y a partir de este le ha dado y ha hecho cosas nuevas por las que está agradecido hasta el punto de sentirse bendecido.[16] En tercer lugar, en Colombia, y por mandato de la Constitución política, el Estado está en la obligación de reconocer las faltas cometidas por omisión y por acción contra este gran número de colombianos indefensos, resarcirlos sin dilapidaciones, y aplicar las leyes contra los victimarios de la manera como la sociedad decida hacerlo. Esto último lo decimos porque ante tantos millones de delitos y casos a lo largo y ancho del país y por tanto tiempo, resulta físicamente imposible juzgar cada delito individualmente según la justicia penal ordinaria. Así, en su condición de ciudadano liminal, intenta el creyente desplazado comprender su realidad.

RIQUEZA EN LA ESCASEZ

Por todo lo anterior, los materiales diseñados por los diferentes equipos del proyecto FyD les dan a las PSD la oportunidad de reflexionar sobre el perdón cristiano, sin desconocer la importancia capital de la justicia y de los derechos y deberes ciudadanos básicos para promover la paz. La tensión entre estos componentes de la vida del cristiano en una sociedad violenta como la colombiana deben animarlos a mantenerse fieles a sus creencias y procurar la paz del país; paz a la que podemos aspirar si estos delitos se detienen y no se repiten. Para esto, la Lectura popular de la Biblia ha jugado un papel fundamental, tanto en la investigación de campo, como en el diseño de los materiales y la implementación de estos en el diplomado.[17]

Las iglesias que hicieron parte de este proyecto de investigación tienen una comprensión rica y esperanzadora de la paz. Por eso gozan de una posición privilegiada y cuenta con un capital humano y cultural inigualables para participar en procesos de construcción de paz en los territorios donde se localizan. Las iglesias que así entienden su esencia y misión son reconciliadas y reconciliadores. Es decir, la labor de estas

15. Véase el capítulo 8.
16. Véase el capítulo 9.
17. Véase los capítulos 5 y 8.

iglesias no se limita a las actividades tradicionalmente conocidas como eclesiásticas, sino que se extienden, de forma orgánica, a lo social. El evangelio tiene todo que ver con las realidades sociales tanto locales como globales donde está inmersa la iglesia. Si algo necesitarán las iglesias en este peregrinaje es, como diría Lederach, "imaginación moral."[18] Solo así podrán pensar por fuera del molde social y cultural con el que hemos pensado la mayoría de los colombianos a lo largo de nuestra historia de violencias. De esto ya nos han dado las PSD abundantes ejemplos, que aquí empezamos a sistematizar y visibilizar.

Sin pretensión alguna de superioridad, la iglesia cristiana reconoce que posee en su fe recursos invaluables a través de los cuales tramitar su dolor ante Dios y en la sociedad. Comprender las implicaciones sociales de la presencia del reino de los cielos en la tierra para la iglesia significa resistirse a ignorar la maldad y el daño que esta causa. Por medio del lamento, la iglesia reconoce y rechaza la violencia, al tiempo que decide no responder de la misma manera.[19] Para los cristianos, el lamento es una práctica que tiene componentes litúrgicos, sociales y psicológicos. Sin embargo, no es una práctica litúrgica formal y corriente en las iglesias cristianas. Por eso, se necesitan líderes y lideresas que, junto con las comunidades y las redes sociales que construyan, desarrollen y entiendan los procesos propios de su situación y los nuevos que decidan construir a partir de la resiliencia política. Esta última se entiende aquí como producto del trámite del dolor en el culto y en comunidad; de aquí surge la celebración y la alegría, que son, en últimas, la expresión más sublime de la resiliencia. Este potencial de las iglesias cristianas todavía está por descubrirse y ponerse al servicio de la sociedad colombiana en general.

Así como a lo largo de este proyecto hemos celebrado y aprendido tanto de las iglesias que han decidido responder a la crisis humanitaria del desplazamiento forzado en Colombia, también debemos decir, con tristeza, que son muchas las que han sido escasas en su respuesta a esta enorme crisis humanitaria. El desafío fundamental es doble, responder y responder bien. Esperamos que continúe y crezca la tarea ya iniciada por las iglesias con las que trabajamos en este proyecto y muchas otras que lo han hecho de manera individual y sin hacer ruido. Por su naturaleza, las iglesias tienen mucho que ofrecer a las PSD. Lo mejor sería aprovechar los recursos que ya existen, aprendiendo de la experiencia de otras comunidades que llevan un camino recorrido desde la recepción de las PSD hasta programas de capacitación para su florecimiento. La meta no es responder a todos ni a todas las necesidades, sino encaminar, iluminar el camino, abrir paso y despertar nuevas posibilidades entre todos y con el apoyo de las entidades estatales con funciones relevantes para que las PSD alcancen la condición constitucional de ciudadanos plenos.

---

18. Véase el capítulo 13.
19. Véase el capítulo 16.

CONCLUSIÓN

HISTORIA Y TRAUMA COLECTIVO

Finalmente, ha sido imposible hablar del desplazamiento forzoso en Colombia sin decir algo sobre la historia de Colombia y el papel que esta ha jugado en nuestra forma de interpretar nuestro presente. La polarización reinante en el mundo tiene su expresión colombiana. Un componente fundamental es la interpretación de nuestra historia reciente, los últimos sesenta años, la época en la que se formaron, primero los grupos guerrilleros, luego los paramilitares y, finalmente, la delincuencia organizada dedicada al narcotráfico. Esta última ha jugado un papel notorio, no solo en todos los grupos armados, sino también en el Estado colombiano. A la postre, todo se ha revuelto, como lo demuestran miles de procesos judiciales que incluyen funcionarios y agentes del Estado desde los cargos menores hasta la presidencia. Ante este panorama de múltiples actores armados, crímenes, venganzas y contravenganzas, las líneas que separan víctimas y victimarios se han desdibujado.

La polarización que aquí nos ha interesado es la que proclama, "los buenos somos más" y "ellos son los enemigos de la paz"; y de allí no pasamos. Con el estudio de textos bíblicos de Jueces y Hechos nos propusimos demostrar, como lo hace el texto bíblico, que es posible superar esta perspectiva binaria, víctima/victimario, y reconocer que la mayoría hemos sido parte de la cultura de la violencia por acción, omisión o indiferencia.[20] Las ciencias sociales nos ofrecen el camino del trauma colectivo, por medio del cual la sociedad colombiana podría empezar a reescribir su historia en textos, canciones, arte y poesía reconciliadores. Quienes han sufrido la violencia y el desplazamiento forzado también encuentran en la teoría del trauma colectivo un camino hacia la restauración, primero expresando creativamente lo que ha ocurrido y luego preguntándose con esperanza qué se puede hacer de aquí en adelante. De esta manera mostramos la utilidad de una teoría de la sociología actual para la interpretación bíblica con un resultado relevante y práctico para la paz de la sociedad colombiana marcada por la violencia, el sufrimiento y la polarización.

---

20. Véase el capítulo 17.

Bibliografía

Acevedo, Óscar. *El corazón de las víctimas: aportes a la verdad para la reconciliación en Colombia*. Bogotá: San Pablo, 2016.

Acosta, Milton A. *El mensaje del profeta Oseas: una teología práctica para combatir la corrupción*. Lima: Puma, 2018.

ACNUR- Alto Comisionado de las Naciones Unidas para los Refugiados. *Tendencias globales: desplazamiento forzado en 2015, forzados a huir* (Madrid: ACNUR, 2016). http://www.acnur.org/t3/fileadmin/Documentos/Publicaciones/2016/10627.pdf

Adams, Robert Merrihew. "Existence, Self-Interest, and the Problem of Evil." *Nous* 13 (1979) 53–65.

———. "Love and the Problem of Evil." *Philosophia* 34 (2006) 243–51.

Adelman, Clem. "Kurt Lewin and the Origins of Action Research." *Educational Action Research* 1 (1993) 7–24.

Ager, Joey, Elena Fiddian-Qasmiyeh y Alastair Ager. "Local Faith Communities and the Promotion of Resilience in Contexts of Humanitarian Crisis." Journal of Refugee Studies, 28 (2015) 202–21.

Alexander, Jeffery C. *Trauma: A Social Theory*. Cambridge: Polity, 2012.

Alexander, Jeffrey C. y Elizabeth Butler Breese. "On Social Suffering and Its Cultural Construction." En *Narrating Trauma: On the Impact of Collective Suffering*, eds. Ron Eyerman, Jeffery C. Alexander y Elizabeth Butler Breese, xi-xxxv. The Yale Cultural Sociology Series. Boulder, CO: Paradigm, 2011.

Allen, Leslie C. *Jeremiah: A Commentary*. Old Testament Library. Louisville, KY: Westminster John Knox, 2008.

Allen, Ryan. "The Bonding and Bridging Roles of Religious Institutions for Refugees in a Non-gateway Context." *Ethnic and Racial Studies*, 33 (2010) 1049–68.

Alto Comisionado de la Naciones Unidas para los Refugiados (ACNUR). *Personas desplazadas internas*. https://www.acnur.org/personas-desplazadas-internas.html. Último acceso 31 de octubre de 2021.

Álvares Ospina, Daniel. "Campesinos desplazados en Colombia: 'invisibles.'" Fragmento del documental "invisibles" producido por Javier Corcuera Bardem. Video de Youtube. https://www.youtube.com/watch?v=fYW_YoexkBs.

Álvarez Woo, Liliana. "Lectura de las implicaciones psicosociales derivadas del desplazamiento en las familias pertenecientes a la organización ADESCOP en el marco del proceso de restitución del derecho a la vivienda." En *Mesa de trabajo de Bogotá sobre desplazamiento interno*, 7–15. Bogotá: Fundación Menonita Colombiana para el Desarrollo, 2006.

Amparo Camilo, Gloria. "Impacto psicológico del desplazamiento forzoso: estrategia de intervención." En *Efectos psicosociales y culturales del desplazamiento*, eds. Martha Nubia Bello, Elena Martín Cardinal y Fernando Jiovani Arias, 27-40. Bogotá: Universidad Nacional de Colombia, 2000.

Anand, Vikas, Blake E. Ashforth y Mahendra Joshi. "Business as Usual: The Acceptance and Perpetuation of Corruption in Organizations." *Academy of Management Executive* 18 (2004) 39-53.

Andersson, Per, y Andreas Fejes. "Mobility of Knowledge as a Recognition Challenge: Experiences from Sweden." *International Journal of Lifelong Education* 29 (2010) 201-18. Doi: 10.1080/02601371003616624.

Andersson, Sven B., e Ingrid Andersson. "Authentic Learning in a Sociocultural Framework: A Case Study of Non-formal learning." *Scandinavian Journal of Educational Research* 49 (2005) 419-36. Doi: 10.1080/00313830500203015.

Arboleda, Jairo y Elena Correa. "Forced Internal Displacement." En *Colombia: The Economic Foundation of Peace*, eds. Marcelo M. Guigale, Olivier Lafourcade y Connie Luff, 825-48. Washington D.C.: World Bank, 2003.

Argyris, Chris y Donald Schön. "Participatory Action Research and Action Science Compared: A Commentary." En *Participatory Action Research*, ed. William Foote Whyte, 85-96. London: Sage, 1991.

Arias Trujillo, Ricardo. *Historia de Colombia contemporánea (1920-2010)*. Bogotá: Universidad de los Andes, 2011.

Balcazar, Fabricio E. "Investigación acción participativa (iap): aspectos conceptuales y dificultades de implementación." *Fundamentos en humanidades* 4 (2003) 59-77.

Banuelos, Stephanie. "Sexual Violence and Moral Injury Among Internally Displaced Women in Colombia." Tesis de maestría, Fuller Theological Seminary, 2019.

Bauckham, Richard. "Jesus' Demonstration in the Temple." En *Law and Religion: Essays on the Place of the Law in Israel and Early Christianity: by Members of the Ehrhardt Seminar of Manchester University*, ed. Barnabas Lindars, 72-89. Bristol: James Clark, 1988.

Bedford, Nancy Elizabeth. "La misión en el sufrimiento y ante el sufrimiento." En *Bases bíblicas de la misión: perspectivas latinoamericanas*, ed. C. René Padilla, 383-403. Buenos Aires: Kairós, 1998.

Bello Albarracín, Martha Nubia et al. *Relatos de la violencia: impactos del desplazamiento forzado en la niñez y la juventud*. Bogotá: Universidad Nacional de Colombia, 2000.

Beltrán Cely, William Mauricio. "Pluralización religiosa y cambio social en Colombia." *Theologica Xaveriana* 63 (2013) 57-85.

———. *Del monopolio católico a la explosión pentecostal: pluralización religiosa, secularización y cambio social en Colombia*. Bogotá: Universidad Nacional de Colombia, 2013.

Beltrán, William Mauricio, e Ivón Natalia Cuervo. "Pentecostalismo en contextos rurales de violencia. El caso de El Garzal, sur de Bolívar, Colombia." *Revista Colombiana de Antropología* 52, n.º 1 (2016) 139-68.

Beltrán, William Mauricio, y Sonia Larotta. *Diversidad religiosa, valores y participación política en Colombia. Resultados de la encuesta nacional sobre diversidad religiosa 2019*. Bogotá: Act Iglesia Sueca, World Vision, Comisión Intereclesial de Justicia y Paz, Universidad Nacional de Colombia, 2020.

Berger, Peter. *El dosel sagrado: elementos para una teoría sociológica de la religión*. 2.a ed. Buenos Aires: Amorrortu Editores, 1969.

Bergmann, Michael. "Skeptical Theism and the Problem of Evil." En *The Oxford Handbook of Philosophical Theology*, eds. Thomas P. Flint y Michael C. Rea, 374–99. Oxford: Oxford University Press, 2011.

Bergold, Jarg y Stefan Thomas. "Participatory Research Methods: A Methodological Approach in Motion." *Forum Qualitative Sozialforschung* 13 (2012) 110 paragraphs.

Berkhof, Louis. *Systematic Theology*. Grand Rapids, MI: Eerdmans, 1993.

Berlyn, Patricia. "The Pharaohs Who Knew Moses." *Jewish Bible Quarterly* 39 (2011) 3–14.

Bevans, Stephen B. y Roger P. Schroeder. *Constants in Context: A Theology of Mission for Today*. Maryknoll, NY: Orbis, 2004.

Birch, Bruce C., et al. *A theological introduction to the Old Testament*. Nashville: Abingdon Press, 2005.

Blau, Peter. *Inequality and Heterogeneity*. New York: The Free Press, 1977.

Blount, Brian K. "Jesus as Teacher: Boundary Breaking in Mark's Gospel and Today's church." *Interpretation* 70 (2016) 184–93. Doi:10.1177/0020964315622997.

Boase, Elizabeth. "Fragmented Voices: Collective Identity and Traumatization in Lamentations." En *Bible Through the Lense of Trauma*, eds. Elizabeth Boase y Christopher G. Frechette, 49–66. Semeia Studies, vol. 86. Atlanta: SBL Press, 2016.

Boff, Leonardo. *Jesus Christ Liberator: A Critical Christology for Our Time*. Trad. de Patrick Hughes. Maryknoll, NY: Orbis, 1978.

———. *Virtudes para um outro mundo possível*. Vozes, 2005.

Borda Carulla, Susana. "Resocialization of "Desplazados" in Small Pentecostal Congregations in Bogotá, Colombia." *Refugee Survey Quarterly* 26 (2007) 36–46.

Boulding, Kenneth. *The Stable Peace*. New York: University of Texas Press, 1978.

Bourdieu, Pierre. *Razones prácticas*. Barcelona: Anagrama, 1997.

Bretherton, Luke. *Christ and the Common Life: Political Theology and the Case for Democracy*. Grand Rapids, MI: Eerdmans, 2019.

Brettler, Marc Zvi. "The Book of Judges: Literature as Politics." *Journal of Biblical Literature* 108 (1989) 395–418.

Brown, Raymond E. *La muerte del Mesías: desde Getsemaní hasta el sepulcro*. 2 vols. Estella: Verbo Divino, 2005.

Browning Hesel, Philip. "Shared Pleasure to Soothe the Broken Spirit: Collective Trauma and Qoheleth." En *Bible through the Lens of Trauma*, eds. Elizabeth Boase y Christopher G. Frechette, 85–106. Semeia Studies, vol. 86. Atlanta: SBL Press, 2016.

———. "Shared Pleasure to Soothe the Broken Spirit: Collective Trauma and Qoheleth." En *Bible through the Lens of Trauma*, eds. Elizabeth Boase y Christopher G. Frechette. 2016.

Bruce, F.F. *The Epistles to the Colossians, to Philemon, and to the Ephesians*. New International Commentary on the New Testament. Grand Rapids: Eerdmans, 1984.

Brueggemann, Walter. *Like Fire in the Bones: Listening for the Prophetic Word in Jeremiah*. Minneapolis: Fortress Press, 2006.

Burdett, Emily R.R. y Justin L. Barrett. "The Circle of Life: A Cross-Cultural Comparison of Children's Attribution of Life-Cycle Traits." *British Journal of Developmental Psychology* 34 (2015) 276–90.

Cadavid Valencia, Laura Milena. *Condiciones de miseria y desigualdad en 100 familias en situación de desplazamiento asentadas en Bogotá y Soacha*. Tesis de Maestría, Universidad Nacional de Colombia, Facultad de Ciencias Económicas Instituto de Estudios Políticos y Relaciones Internacionales—IEPRI, 2011.

———. "Elementos para comprender el desplazamiento forzado en Colombia: un recorrido por normas, conceptos y experiencias." En *Conversaciones teológicas del sur global americano: violencia, desplazamiento y fe*, eds. Oscar Garcia-Johnson y Milton Acosta, 3–26. Eugene, OR: Wipf and Stock, 2016.

Cadavid Valencia, Laura Milena e Ivón Natalia Cuervo Fernández. *Enfoque y metodologías participativas: dar voz a las comunidades*. Medellín: Publicaciones SBC, 2018.

Cuervo Fernández, Ivón Natalia, y Laura Milena Cadavid Valencia *Acompañamiento social a jóvenes en situación de desplazamiento: un camino de reflexión personal, empoderamiento y trabajo colectivo*. Medellín: Publicaciones SBC, 2018.

Cameron, Helen, Deborah Bhatti, Catherine Duce, James Sweeney y Clare Watkins. *Talking about God in Practice: Theological Action Research and Practical Theology*. London: SCM, 2010.

Cárdenas, Mauricio y Carolina Mejía. "La informalidad en Colombia: nueva evidencia." *Fedesarrollo Working Papers* 35 (2007).

Cárdenas, Mauricio S., y Sandra Rozo. "Informalidad empresarial en Colombia: problemas y soluciones." *Desarrollo y Sociedad* 63 (2009) 211–43.

Carillo, Angela Consuelo. "Internal Displacement in Colombia: Humanitarian, Economic and Social Consequences in Urban Settings and Current Challenges." *International Review of the Red Cross* 91 (2009) 527–46.

Carr, David M. *Holy Resilience: The Bible's Traumatic Origins*. New Haven: Yale University Press, 2014.

Carse, Alicia. "Vulnerability, Agency, and Human Flourishing." En *Health and Human Flourishing*, eds. Carol Taylor y Roberto Dell'Oro, 33–52. Washington: Georgetown University Press, 2006.

Castiblanco-Castro, Carolina Andrea. "Efectos del desplazamiento forzado sobre el acceso a la educación en Colombia." *Revista Investigación desarrollo e innovación* 10 (2020) 297–310. Doi: 10.19053/20278306.v10.n2.2020.10241.

Castrillón-Guerrero, Laura et al. "Comprensiones de perdón, reconciliación y justicia en víctimas de desplazamiento forzado en Colombia." *Revista de Estudios Sociales* 63 (2018) 84–98. https://dx.doi.org/10.7440/res63.2018.07.

Centeno, Jhohan. "Labor social del pentecostalismo frente a las poblaciones en condición de desplazamiento forzado." En *Conversaciones teológicas del sur global americano: violencia, desplazamiento y fe*, eds. Oscar García-Johnson y Milton Acosta, 171–89. Eugene: Puertas Abiertas, 2016.

Centre, Internal Displacement Monitoring. "Global Report on Internal Displacement." Internal Displacement Monitoring Center. http://www.internal-displacement.org/globalreport2016/#ongrid. Fecha de último acceso 2 de febrero, 2017.

Chambers, Robert. "Poverty and Livelihoods: Whose Reality Counts?" *Environment and Urbanization* 7 (1995) 173–204.

CLADE 4. "Conclusiones de la consulta sobre testimonio cristiano en el ámbito empresarial." En *Negocios para el Reino: el ministerio de promover actividades económicas comp arte de la misión de la Iglesia*, ed. David R. Befus, 191–200. Miami: Latin America Mission, 2001.

CNMH- Centro Nacional de Memoria Histórica. *Memoria y comunidades de fe en Colombia. Crónicas*. Bogotá: CNMH, 2018.

Colmenares E., Ana Mercedes. "Investigación-acción participativa: una metodología integradora del conocimiento y la acción." *Voces y silencios: revista latinoamericana de educación* 3 (2012) 102–15.

Confraternidad Carcelaria de Colombia. *Confraternidad Carcelaria de Colombia (pfcolmbia. org)*. https://www.pfcolombia.org/. Último acceso el 30 de junio de 2021.

"Consejos prácticos." *Fe y Desplazamiento.* https://www.feydesplazamiento.org/materiales/ensenanza-aprendizaje/manuales-de-facilitadores.

Contreras Lara, Nancy Milena y José Daniel Gutiérrez Rodríguez. "La parte religiosa e ignorada de Orlando Fals Borda." Corporación Universitaria Minuto de Dios, 2012.

Contreras O., Rodrigo. "La investigación acción participativa (IAP): revisandos sus metodologías y potencialidades." En *Experiencias y metodología de la investigación participativa*, eds. John Durston y Francisca Miranda, 9–17. Políticas sociales, vol. 58. Santiago, Chile: Naciones Unidas, 2002.

Conzelmann, Hans. *Acts of the Apostles: A Commentary on the Acts of the Apostles*. Hermeneia, Trad. de James Limburg et al. Philadelphia: Fortress, 1987.

Corbett, Steve y Brian Fikkert. *When Helping Hurts: How to Alleviate Poverty without Hurting the Poor . . . and Yourself*. Chicago: Moody, 2012.

Cornwall, Andrea y Rachel Jewkes. "What is Participatory Research?" *Social Science & Medicine* 41 (1995) 1666–76.

Corte Constitucional, Sentencia T-025 de 2004. *Corte Constitucional* http://www.corteconstitucional.gov.co/relatoria/2004/T-025-04.htm. Fecha de publicación el 17 de junio de 2004.

Crawford, Nicholas, et al. *Protracted Displacement: Uncertain Paths to Self-Reliance in Exile*. Londrés: Humanitarian Policy Group, 2015. https://cdn.odi.org/media/documents/9851.pdf.

Creach, Jerome F.D. *Violence in Scripture*. Louisville: Westminster John Knox, 2013.

CRIC. "¿En qué consiste la minga social que se realiza en el suroccidente colombiano?" *CRIC.* https://www.cric-colombia.org/portal/por-que-nos-movilizamos-en-minga/, 14 de marzo de 2019.

Cuervo-Fernández, Ivón Natalia. "El rol potencial de las organizaciones basadas en la fe en la integración social de personas en situación de desplazamiento en Colombia." En *Memorias del IV Seminario Internacional Culturas, desarrollos y educaciones (SICDES). Migraciones, interculturalidad y buen vivir: diálogos y resistencias*, eds. Cecchetti, Elcio y Josani Crusaro, 797–806. Chapecó: Argos, 2018.

Currier, Joseph M. et al. "Development and Evaluation of the Expressions of Moral Injury Scale: Military Version." *Clinical Psychology Psychotherapy* 25 (2018) 474–88.

Currier, Joseph M. et al. "Spiritual Struggles and Ministry-Related Quality of Life among Faith Leaders in Colombia." Psychology of Religion and Spirituality 11 (2019) 148–56.

DANE- Departamento Administrativo Nacional de Estadística. *Guía para la Inclusión del Enfoque Diferencial e Interseccional*. Bogotá: DANE, 2020.

Davidovic, Giorgia, Simren Herm-Singh, y Luke Stuttgen. *Internally Displaced People and Their Access to Health Care in the Metropolis: The Case of Bogotá*. París: Human Development Research Initiative, 2018.

Davis, Stephen T. "Free Will and Evil." En *Encountering Evil: Live Options in Theodicy*, ed. Stephen T. Davis, 69–83. Atlanta: Westminster John Knox, 1981.

Delgado Parra, María Concepción. "El sujeto político en términos del intervalo o 'entremedio' en Jacques Rancière." *Reflexión política* 10 (2008) 30–35.

Demera, Juan Diego. "Ciudad, migración y religión: etnografía de los recursos identitarios y de la religiosidad del desplazado en Altos de Cazuca." *Theologica Xaveriana*, 162 (2007) 303–20. http://revistas.javeriana.edu.co/index.php/teoxaveriana/article/view/13242

Derrett, J. Duncan M. "'Eating Up the Houses of Widows': Jesus's Comment on Lawyers?" *Novum Testamentum* 14 (1972) 1–9.

Dobbs-Allsopp, F.W. *Lamentations*. Interpretation. Louisville, KY: John Knox, 2002.

Donado, William. *El papel de la Iglesia en el post conflicto*. Documento de trabajo. Lima: Miqueas Global—6a Consulta Global, 2014.

Donner, Saskia A. "Using Art in Adult Christian Education: An Option for Reflecting on Scripture and Building Relationships amongst Internally Displaced Adults in Colombia." *Christian Education Journal* 17 (2020) 38–51.

———. *Diplomado de Fe y Desplazamiento: cuaderno de trabajo*. Medellín: Publicaciones SBC, 2020.

Donner, Saskia A., con Jhohan E. Centeno, Isabel Orozco, Leonela Orozco y Leonardo Ramírez. *Una nueva identidad*. Medellín: Publicaciones SBC, 2018.

———. *Una nueva identidad*. 2.a ed. Medellín: Publicaciones SBC, 2020.

Donner, Saskia A. y Leonela Orozco. *Las artes: una herramienta eficaz para la enseñanza de adultos en situación de desplazamiento*. Medellín: Publicaciones SBC, 2018.

———. *Las artes: una herramienta eficaz para la enseñanza de adultos en situación de desplazamiento*. 2.a ed. Medellín: Publicaciones SBC, 2020.

Domínguez De la Ossa, Elsy Mercedes, y María Angélica Aleán Romero. "Narrativas para la emergencia del perdón, la reparación y la reconciliación en víctimas del conflicto armado en Colombia." *Aposta* 84 (2020) 62–78.

Dubar, Claude. *La crisis de las identidades: la interpretación de una mutación*. Barcelona: Bellaterra, 2002.

Durkheim, Émile. *Las formas elementales de la vida religiosa*. Madrid: Alianza, 1993.

———. *La división del trabajo social*. 4.a ed. Madrid: Ediciones Akal, 2001.

Echeverria, Eduardo J. "The Gospel of Redemptive Suffering: Reflections on John Paul II's *Salvifici Doloris*." En *Christian Faith and the Problem of Evil*, ed. Peter van Inwagen, 111–47. Grand Rapids: Eerdmans, 2004.

Eekhoff Zylstra, Sarah. "Why Many Colombian Protestants Oppose Peace with FARC Fighters: Three Seminary Leaders Explain How Believers Balanced Justice vs. Grace." *Christianity Today*, 1 de diciembre de 2016.

El Tiempo. "¿Ha cumplido el país en la reparación de víctimas? *El Tiempo*. https://www.eltiempo.com/politica/proceso-de-paz/ley-de-victimas-ha-cumplido-el-pais-en-reparacion-de-las-victimas-594859. Publicado el 16 de junio de 2021.

El tiempo. "Senado refrendó el acuerdo de paz con las Farc." *El Tiempo*. https://www.eltiempo.com/politica/proceso-de-paz/senado-refrendo-acuerdo-de-paz-con-las-farc-44274. Fecha de publicación el 30 de noviembre de 2016.

El Tiempo. "Se disparó el tránsito de los migrantes no venezolanos." *El tiempo*, https://www.eltiempo.com/justicia/investigacion/migracion-ya-no-son-los-venezolanos-los-que-mas-pasan-por-colombia-614717. Fecha de publicación 1 de septiembre de 2021.

Erikson, Kai T. *Everything in Its Path: Destruction of Community in the Buffalo Creek Flood*. New York: Simon & Schuster, 1976.

Escobar, Samuel "Doing Theology on Christ's Road." En *Global Theology in Evangelical Perspective: Exploring the Contextual Nature of Theology and Mission*, eds. Jeffrey P. Greenman y Gene L. Green, 67–85. Downer's Grove, IL: Intervarsity, 2012.

Fajardo Sánchez, Alexander y Christopher M. Hays. *Corporaciones para el Reino*. Medellín: Publicaciones SBC, 2018.

Fals-Borda, Orlando y Mohammad Anisur Rahman, eds. *Action and Knowledge: Breaking the Monopoly with Participatory Action Research*. New York: Apex, 1991.

Fals Borda, Orlando. *El problema de como investigar la realidad para transformala por la praxis*. 7.a ed. Bogotá: Tercer mundo, 1997.

———. "Orígenes universales y retos actuales de la IAP." *Análisis político* 38 (1999) 71–88.

———. "Remaking Knowledge." En *Action and Knowledge: Breaking the Monopoly with Participatory Action Research*, eds. Orlando Fals Borda y Muhammad Anisur Rahman, 146–66. New York: Apex, 1991.

———. "Some Basic Ingredients." En *Action and Knowledge: Breaking the Monopoly with Participatory Action Research*, eds. Orlando Fals Borda y Muhammad Anisur Rahman, 3–12. New York: Apex, 1991.

Fitzmyer, Joseph A. *The Acts of the Apostles: A New Translation with Introduction and Commentary*. Anchor Bible. New York: Doubleday, 1998.

Foster, George M. "Peasant Society and the Image of Limited Good." *American Anthropologist* 67 (1965) 293–315.

Freire, Paulo. *Pedagogy of the Oppressed*. 30th Anniversary ed. Trad. de Myra Bergman Ramos. New York: Continuum International, 2000.

Galtung, Johan. "Violence, Peace, and Peace Research." *Journal of Peace Research* 6 (1969) 167–91.

———. *Tras la violencia, 3R: reconstrucción, reconciliación, resolución: afrontando los efectos visibles e invisibles de la guerra y la violencia*. Trad. de Teresa Toda. Bilbao: Bakeaz, 1998.

Gamarra, Jefrey. "Conflict, Post-Conflict and Religion: Andean Responses to New Religious Movements." *Journal of Southern African Studies* 26, n.º 2 (2000) 271–87.

García Durán, P. Mauricio. "El papel de la Iglesia Católica en la movilización por la paz en Colombia." En *Creando un clima de reconciliación: escenarios para la verdad, la justicia, y la paz*, eds. P. Mauricio García Durán, et al., 53–73. Bogotá: Codice, 2007.

García, Julian Esteban. "'Dios nos guía': teodicea del desplazamiento forzado y ciudadanías liminales." *Maguaré* 31 (2017) 195–224.

García Márquez, Gabriel. *El amor en los tiempos del cólera*. Trad. de Edith Grossman. New York: Penguin, 1985.

Gergen, Kenneth J. *El yo saturado: dilemas de identidad en el mundo contemporáneo*. Barcelona: Paidós Ibérica, 2006.

Giddens, Anthony. *Modernidad e identidad del yo: el yo y la sociedad en la época contemporánea*. Barcelona: Península, 1995.

Giraldo Ramírez, Jorge, José Antonio Fortou y María Paulina Gómez Caicedo. "200 años de guerra y paz en Colombia: números y rasgos estilizados." *Revista co-herencia* 16 (2016) 375–93.

Global Disciples, et al. *Desarrollo de la microempresa*. Medellín: Publicaciones SBC, 2018.

———. *Desarrollo de la microempresa: manual del facilitador*. 2.a ed. Medellín: Publicaciones SBC, 2020.

Goldstein, Bruce Evan. Ed. *Collaborative Resilience: Moving Through Crisis to Opportunity*. Cambridge, MA: The MIT Press, 2012.

Gómez, Ricardo. *The Mission of God in Latin America*. Lexington, KY: Emeth, 2010.

González, Fernán E. "Colombia entre la guerra y la paz: aproximación a una lectura geopolítica de la violencia colombiana." *Revista venezolana de economía y ciencias sociales* 8 (2004) 13-49.

González, Justo L. *Hechos*. Comentario bíblico hispanoamericano. Miami: Caribe, 1992.

Graham, Elaine. "Is Practical Theology a Form of 'Action Research.'" *International Journal of Practical Theology* 17 (2013) 148-78.

Greer, Peter. "'Stop Helping Us': A Call to Compassionately Move Beyond Charity." En *For the Least of These: A Biblical Answer to Poverty* eds. Anne R. Bradley y Art Lindsley, 231-44. Grand Rapids: Zondervan, 2014.

Green, Joel B. "Kingdom of God/Heaven." En *Dictionary of Jesus and the Gospels*. 2.a ed. Eds. Joel B. Green, Jeannine K. Brown & Nicholas Perrin. 468-81. Downer's Grove, IL: InverVarsity Press, 2013.

Griffiths, Brian. "Fighting Poverty through Enterprise." En *For the Least of These: A Biblical Answer to Poverty*, eds. Anne R. Bradley y Art Lindsley, 139-52. Grand Rapids: Zondervan, 2014.

Grudem, Wayne. *Systematic Theology: An Introduction to Biblical Doctrine*. Grand Rapids, MI: Zondervan, 1994.

Guadagno, Lorenzo. "Moving from One Risk to Another: Dynamics of Hazard Exposure and Disaster Vulnerability for Displaced Persons, Migrants and Other People on the Move." *Internal Displacement Monitoring Centre*, 2021. https://www.internal-displacement.org/global-report/grid2021/downloads/background_papers/background_paper-risk.pdf.

Guereña, Aratxa. "Radiografía de la desigualdad: Lo que nos dice el último censo agropecuario sobre la distribución de tierra en Colombia." *Oxfam International*. https://www.oxfam.org/es/informes/radiografia-de-la-desigualdad. 10 de julio de 2017.

Gutiérrez, Gustavo. *A Theology of Liberation: History, Politics, and Salvation*. Rev. ed. Trad. de Sister Caridad Inda y John Eagleson. Maryknoll, NY: Orbis, 1973.

Harris, Mark. "The Biblical Text and a Functional Account of the *Imago Dei*." En *Finding Ourselves After Darwin: Conversations about the Image of God, Original Sin, and the Problem of Evil*, eds. Stanley P. Rosenberg, et al., 48-63. Grand Rapids: Baker Academic, 2018.

Harto de Vera, Fernando. "La construcción del concepto de paz: paz negativa, paz positiva y paz imperfecta." *Revista cuadernos de estrategia* 183 (2016) 119-46.

Hay, Donald. "Do Markets Need a Moral Framework?" En *Integrity in the Private and Public Domains*, eds. Alan Montefiore y David Vines, 258-68. London: Routledge, 1999.

———. *Economics Today: A Christian Critique*. Vancouver: Regent College Publishing, 1989.

Hays, Christopher M. "Collaboration with Criminal Organisations in Colombia: An Obstacle to Economic Recovery." *Forced Migration Review* 58 (2018) 26-28.

———. *El profesional cristiano y la recuperación económica de las personas en situación de desplazamiento*. Medellín: Publicaciones SBC, 2018.

———. *El profesional cristiano y la recuperación económica de las personas en situación de desplazamiento*. 2.a ed. Medellín: Publicaciones SBC, 2020.

———. "Justicia económica y la crisis del desplazamiento interno en Colombia." En *Conversaciones teológicas del sur global americano: violencia, desplazamiento y fe*, eds. Milton Acosta y Oscar Garcia-Johnson, 44-64. Eugene, OR: Wipf and Stock, 2016.

———. "El discipulado de los laicos para el servicio integral en el mundo: un experimento misiológico evangélico a favor de las personas en situación de desplazamiento en Colombia." *Albertus Magnus* 10 (2019) 13-32.

———. "Teología económica para las víctimas del desplazamiento forzoso, a la luz del Documento de Medellín." *Albertus Magnus* 9 (2018) 13–33.

———. *La relevancia de la Reforma protestante para la iglesia evangélica en Colombia en el siglo XXI*. Sincelejo, Colombia: AIEC, 2017.

———. "¿Buscar el bienestar de la ciudad, o marcharse mientras ella quema? Una lectura política e intertextual de Jeremías 29 y Lucas 17 con relación a las crisis migratorias del siglo XXI." *Theologica Xaveriana* 71 (2021) 1–31.

———. "What is the Place of My Rest? Being Migrant People(s) of the God of All the Earth." *Open Theology* 7 (2021) 150–68.

———. "The Early Church, the Roman State, and Ancient Civil Society: Whose Responsibility are the Poor?" En *Poverty in the Early Church and Today: A Conversation*, eds. Steve Walton y Hannah Swithinbank. London: T&T Clark, 2018.

———. *Luke's Wealth Ethics: A Study in Their Coherence and Character*. Wissenschaftliche Untersuchungen zum Neuen Testament II, vol. 275. Tübingen: Mohr Siebeck, 2010.

Hays, Christopher M. y Milton Acosta. "A Concubine's Rape, an Apostle's Flight, and a Nation's Reconciliation: Biblical Interpretation, Collective Trauma Narratives, and the Armed Conflict in Colombia." *Biblical Interpretation* 28 (2020) 56–83.

———. "Jesus as Missional Migrant: Latin American Christologies, the New Testament Witness, and Twenty-first Century Migration." En *Who Do You Say I Am? On the Humanity of Jesus*, eds. George Kalantzis, David B. Capes y Ty Kieser, 158–77. Eugene, OR: Cascade, 2020.

Hays, Christopher M., Isaura Espitia Zúñiga y Steban Andrés Villadiego Ramos. *La misión integral de la iglesia: cómo fortalecer o crear un ministerio a favor de personas en situación de desplazamiento: cuadernillo del participante*. 2.a ed. Medellín: Publicaciones SBC, 2020.

———. *La misión integral de la iglesia: cómo fortalecer o crear un ministerio a favor de personas en situación de desplazamiento: manual del facilitador*. 2.a ed. Medellín: Publicaciones SBC, 2020.

———. *La misión integral de la iglesia: cómo fortalecer o crear un ministerio a favor de personas en situación de desplazamiento: cuadernillo para participantes*. Medellín: Publicaciones SBC, 2018.

———. *La misión integral de la iglesia: cómo fortalecer o crear un ministerio a favor de personas en situación de desplazamiento: manual del facilitador*. Medellín: Publicaciones SBC, 2018.

Hays, Christopher M. y H. Leonardo Ramírez. *La esperanza económica después del desplazamiento forzoso: cuadernillo para participantes*. 2.a ed. Medellín: Publicaciones SBC, 2020.

———. *La esperanza económica después del desplazamiento forzoso: manual del facilitador*. 2.a ed. Medellín: Publicaciones SBC, 2020.

———. *La esperanza económica después del desplazamiento forzoso: manual del facilitador*. Medellín: Publicaciones SBC, 2018.

Heimburger, Robert W. et al. *Iglesia, política y desplazamiento: cartilla para profesionales*. Medellín: Publicaciones SBC, 2018.

———. *Iglesia, política y desplazamiento: cartilla para profesionales*. Editado por David López Amaya y Guillermo Mejía Castillo. 2.a ed. Medellín, Colombia: Publicaciones SBC, 2020.

———. *Iglesia, política y desplazamiento: currículo para personas en situación de desplazamiento*. Editado por David López Amaya y Guillermo Mejía Castillo. 2.a ed. Medellín, Colombia: Publicaciones SBC, 2020.

Heimburger, Robert W., Christopher M. Hays, y Guillermo Mejía Castillo. "Forgiveness and Politics: Reading Matthew 18:21–35 with Survivors of Armed Conflict in Colombia." *HTS Teologiese Studies/Theological Studies* 74 (2019) 1–9. https://doi.org/10.4102/hts.v75i4.5245.

Heimburger, Robert W. "Debating Forgiveness During Armed Conflict: Colombian Conflict Survivors Christian Ethic of Forgiveness and its Philosophical Critics." De próxima aparición.

Henao, Héctor Fabio. "The Colombian Church and Peacebuilding." En *Colombia: Building Peace in a Time of War*, ed. Virginia M. Bouvier, 173—190. Washington, D.C.: United States Institute of Peace Press, 2009.

Herr, Kathryn y Gary L. Anderson. *The Action Research Dissertation: A Guide for Students and Faculty*. Thousand Oaks, CA: Sage, 2012.

Herman, Judith Lewis. *Trauma and Recovery*. New York: Basic, 1992.

Hick, John H. "An Irenaean Theodicy." En *Encountering Evil: Live Options in Theodicy*, ed. Stephen T. Davis, 39–52. Atlanta: Westminster John Knox, 1981.

Hofstede, Geerte. "What about Colombia?" https://geert-hofstede.com/colombia.html. Fecha de último acceso 7 de julio, 2016.

Hoksbergen, Ronald. "Transformational Development: The Role of Christian NGOs in SME Development." En *Economic Justice in a Flat World: Christian Perspectives on Globalization*, ed. Steve Rundle, 201–21. Colorado Springs: Paternoster, 2009.

Holmes, Arthur F. *All Truth is God's Truth*. Grand Rapids: Eerdmans, 1977.

Hudnall Stamm, B. Henry E. Stamm, Amy C. Hudnall y Craig Higson Smith. "Considering a Theory of Cultural Trauma and Loss." *Journal of Loss and Trauma* 9 (2004) 89–111.

Hwang Koo, Josephine et al. *La iglesia y el trauma: una guía de recursos para profesionales de la salud mental cristianos que trabajan con personas en situación de desplazamiento en sus congregaciones*. Medellín: Publicaciones SBC, 2018.

Ibáñez, Ana María, y Andrea Velásquez. "El impacto del desplazamiento forzoso en Colombia: condiciones socioeconómicas de la población desplazada, vinculación a los mercados laborales y políticas públicas." *Políticas sociales* 145 (2008) 5–75.

Ibáñez, Ana María y Andrés Moya. "Do Conflicts Create Poverty Traps? Asset Losses and Recovery for Displaced Households in Colombia." En *The Economics of Crime: Lessons for and from Latin America*, eds. Rafael Di Tella, Sebastian Edwards y Ernesto Schargrodsky, 137–72. Chicago: University of Chicago Press, 2010.

———. "Vulnerability of Victims of Civil Conflicts: Empirical Evidence for the Displaced Population of Colombia." *World Development* 38 (2009) 647–63.

Illian, Bridget. "Church discipline and forgiveness in Matthew 18:5–35." *Currents in Theology and Mission* 37 (2010) 444–50.

Información, Red Nacional de. "Registro Único de Víctimas." http://rni.unidadvictimas.gov.co/RUV. Fecha de último acceso 2 de febrero de 2017.

Jiménez-Bautista, Francisco. "Paz neutra: una ilustración del concepto." *Revista de paz y conflictos* 7 (2014) 19–52.

———. "Paz imperfecta: nuevas querellas amistosas." *Revista de cultura de paz* 2 (2018) 25–43.

Jimeno, Myriam. "¿Hay progreso en Colombia? La 'víctima' y la construcción de comunidades emocionales." *Revista de estudios colombianos* 36 (2010) 7–15.

Jobs for Life, Alexander Fajardo Sánchez y Christopher M. Hays. *Trabajos para la vida*. Medellín: Publicaciones SBC, 2018.

Johnson, Luke Timothy. *The Literary Function of Possessions in Luke-Acts*. SBL Dissertation Series, vol. 39. Missoula, MT: Scholars, 1977.

Juergensmeye, Mark. "Religious Violence." En *The Oxford Handbook of the Sociology of Religion*. Oxford: Oxford University Press, 2009.

Justapaz. "Oseas." *Justapaz*. https://www.justapaz.org/observatorio-de-realidades/. Ultimo acceso 31 de mayo del 2021.

Justapaz y la comisión de restauración, vida y paz (CEDECOL). "Las iglesias colombianas documentan su sufrimiento y su esperanza." *Un llamado profético informe* (2006) 5–38. https://www.justapaz.org/wp-content/uploads/PDF/llamado-profetico-informe1.pdf

———. *Un llamado profético: las iglesias cristianas en el conflicto armado colombiano*. Bogotá: JUSTAPAZ/CEDECOL, 2020.

Kairós, Comunidad. *Iglesia, comunidad y cambio: manual de actividades*. Buenos Aires: Kairós, 2002.

———. *Iglesia, comunidad y cambio: manual del coordinador*. Buenos Aires: Kairós, 2002.

———. *Iglesia, comunidad y cambio: manual del facilitador*. Buenos Aires: Kairós, 2002.

Karlsen, Jan Irgens. "Action Research as Method: Reflections from a Program for Developing Methods and Competence." En *Participatory Action Research*, ed. William Foote Whyte, 143–57. London: Sage, 1991.

Katongole, Emmanuel. "Por qué la política necesita del lamento." *Comité central menonita: historias*. https://mcc.org/stories/por-que-la-politica-necesita-del-lamento?fbclid=IwAR1Ovzw5IA0o-zZHSsUT_6RucHfMPQ_4wzAaa187XH7TtVdq191LgGp1dB0. Fecha de publicación 26 de mayo de 2021.

Kealy, Sean P. "Jesus: The Divine Teacher." *African Ecclesial Review* 42 (2000) 133–41.

Keller, Timothy. *Every Good Endeavor: Connecting Your Work with God's Work*. New York: Dutton, 2012.

Kindon, S., R. Pain y M. Kesby. "Participatory Action Research." En *International Encyclopedia of Human Geography*, eds. Rob Kitchin y Nigel Thrift, 90–95. Amsterdam: Elsevier, 2009.

Kirkpatrick, David C. "C. René Padilla and the Origins of Integral Mission in Post-War Latin America." *Journal of Ecclesiastical History* 67 (2016) 351–71.

Krause, Mariane. "Investigación-acción-participativa: una metodología para el desarrollo de la autoayuda, participación y empoderamiento." En *Experiencias y metodología de la investigación participativa*, eds. John Durston y Francisca Miranda, 41–56. Políticas sociales, vol. 58. Santiago, Chile: Naciones Unidas, 2002.

Kretzmann, John P., y John McKnight. *Building Communities from the Inside Out: A Path Toward Finding and Mobilizing a Community's Assets*. Evanston, IL: Asset-Based Community Development Institute, 1993.

Krueger, Richard. *Analyzing & Reporting Focus Group Results: Focus Group Kit*. Thousand Oaks, CA: Sage, 1998.

La Nación. "Fuertes protestas de los agricultores en Francia." *La nación*. https://www.lanacion.com.ar/el-mundo/fuertes-protestas-de-los-agricultores-en-francia-nid1187259/. Fecha de publicación 17 de octubre de 2009.

Larraín, Jorge. "El Concepto de Identidad." *Revista FAMECOS* 10, n.º 21 (2003) 30–42.

Lausanne Committee for World Evangelization. *Business as Mission*. Lausanne Occasional Paper, vol. 59. Lausanne, Switzerland: Lausanne Committee for World Evangelization, 2004.

Leal, Eduardo. "La investigación acción participativa, un aporte al conocimiento y la transformación de Latinoamérica, en permanente movimiento." *Revista de investigación* 67 (2009) 13-34.

Lederach, Jean Paul. *Construyendo la paz: reconciliación sostenible en sociedades divididas*. Trad. de Marta González Moína y Lourdes Paños. Bilbao: Bakeaz, 1998.

———. *La imaginación moral: el arte y el alma de la construcción de paz*. Trad. de Teresa Toda. Bogotá: Semana Libros, 2016.

———. *The Moral Imagination: The Art and Soul of Building Peace*. Oxford: Oxford University Press, 2005.

Lefteri, Christy. *El apicultor de Alepo*. Trad. Ana Belén Fletes Valera. Madrid: Maeva Ediciones, 2020.

Le Roux, Elisabet et al. "Getting Dirty: Working with Faith Leaders to Prevent and Respond to Gender-Based Violence." *The Review of Faith & International Affairs* 14 (2016) 22-35.

Le Roux, Elisabet y Laura Cadavid Valencia. "'There's No-one You Can Trust to Talk to Here': Churches and Internally Displaced Survivors of Sexual Violence in Medellín, Colombia." *HTS Theological Studies* 75 (2019) 1-10.

Lewin, Kurt. "Action Research and Minority Problems." *Journal of Social Issues* 2 (1946) 34-36.

Lewis, Gordon R. y Bruce A. Demarest. *Integrative Theology*, vol. 2. Grand Rapids, MI: Zondervan, 1990.

Lindberg, Tod. "What the Beatitudes Teach." *Policy Review* 144 (2007) 3-16.

López Amaya, David, y Mejía Castillo, Guillermo. *Iglesia, política y desplazamiento: cartilla para profesionales*. 2.a ed. Medellín: Publicaciones SBC, 2020.

———. *Iglesia, política y desplazamiento: currículo para personas en situación de desplazamiento*. 2.a ed. Medellín: Publicaciones SBC, 2020.

López Becerra, Mario Hernán. "Reflexiones sobre las desigualdades en el contexto de los estudios de paz." *Revista paz y conflictos* 4 (2011) 1-15.

López-López, Wilson et al. "Forgiving Perpetrators of Violence: Colombian People's Positions." *Social Indicators Research* 114 (2013) 287-301. https://doi.org/10.1007/s11205-012-0146-1.

López-López, Wilson et al. "Forgiving Former Perpetrators of Violence and Reintegrating Them into Colombian Civil Society: Noncombatant Citizens' Positions." *Peace and Conflict: Journal of Peace Psychology* 24 (2018) 201-15. https://doi.org/10.1037/pac0000295.

Lozano, Fabio. "Evangélicos y pobreza. Reflexiones a partir del estudio de la acción social de las iglesias evangélicas en Colombia." En *¿El reino de Dios es de este mundo?: el papel ambiguo de las religiones en la lucha contra la pobreza*, eds. Genaro Zalpa y Hans Offerdal, 253-74. Bogotá: Siglo del Hombre Editores/ CLACSO, 2008.

Lupton, Robert D. *Toxic Charity: How Churches and Charities Hurt Those They Help (and How to Reverse It)*. New York: HarperCollins, 2011.

Machingura, Francis. "The reading & interpretation of Matthew 18:21-22 in relation to multiple reconciliations: the Zimbabwean experience." *Exchange* 39 (2010) 331-54. https://doi.org/10.1163/157254310X537016.

Mafla Terán, Nelson. *La función de la religión en la vida de las víctimas del desplazamiento forzoso en Colombia*. Religión, cultura y sociedad, vol. 41. Bogotá: Pontificia Universidad Javeriana, 2017.

Malgesini, Graciela. "Reflexiones sobre el concepto de participación social en el caso de las personas afectadas por procesos de exclusión." *Documentación social* 135 (2004) 109–24.

María teje política. "Videos." *Fe y Desplazamiento*. https://feydesplazamiento.org/videos/interaccion-con-el-sector-publico.

Martin, Ann W. "Action Research on a Large Scale: Issues and Practices." En *The SAGE Handbook of Action Research: Participative Inquiry and Practice*, eds. Peter Reason y Hilary Bradbury, 394–406. Los Angeles: SAGE, 2008.

Martin, David. *Tongues of Fire: The Explosion of Protestantism in Latin America*. Oxford: Blackwell, 1990.

Marx, Karl. *El capital: crítica de la economía política*. Trad. de Wenceslao Roces. México: Fondo de Cultura Económica, 2014.

Mayes, Andrew D.H. "Deuteronomistic Royal Ideology in Judges 17–21." *Biblical Interpretation* 9 (2001) 241–58.

McClintock Fulkerson, Mary. *Places of Redemption: Theology for a Worldly Church*. Oxford: Oxford University Press, 2007.

McConville, J. Gordon. *God and Earthly Power: An Old Testament Political Theology: Genesis-Kings*. London: T&T Clark, 2006.

McCord Adams, Marilyn. "Horrendous Evils and the Goodness of God." *Proceedings of the Aristotelian Society, Supplementary Volumes* 63 (1989) 297–323.

Mead, Geoff. "Muddling Through: Facing the Challenges of Managing a Large-Scale Action Research Project." En *The SAGE Handbook of Action Research: Participative Inquiry and Practice*, eds. Peter Reason y Hilary Bradbury, 629–42. Los Angeles: SAGE, 2008.

Meertens, Donny. "Desplazamiento e identidad social." *Revista de estudios sociales* 11, (2002) 101–2. http://journals.openedition.org/revestudsoc/27596.

———. "Género, desplazamiento, derechos." http://aprendeenlinea.udea.edu.co/lms/moodle/file.php/232/Unidad_3/DonnyMeertens.pdf., fecha de último acceso el 20 de agosto de 2020.

Mendras, Henri. *La fin des paysans: suivi d'une réflexion sur la fin des paysans vingt ans après*. Paris: Babel, 1992.

Mesa de conversaciones. *Acuerdo final para la terminación del conflicto y la construcción de una paz estable y duradera*. Bogotá: Mesa de Conversaciones, 2017.

Mesters, Carlos. *Flor sin defensa: una explicación de la Biblia a partir del pueblo*. Bogotá: Confederación Latinoamericana de Religiosos CLAR, 1987.

———. *The Use of the Bible in Christian Communities of the Common People*. Ed. Sergio Torres y John Eagleson. Maryknoll, NY: Orbis Books, 1981.

Metzger, Bruce M. *A Textual Commentary on the Greek New Testament*. 2.a ed. Stuttgart: United Bible Societies, 1994.

Micah Network. "Visión y misión." *Micah Global*. https://www.micahnetwork.org/es/vision mission/. Fecha de último acceso 3 de febrero.

Migración Colombia. "En un hecho sin precedentes, Colombia busca darle la mano a más de dos millones de venezolanos." *Migración: ministerio de relaciones exteriores*. https://www.migracioncolombia.gov.co/noticias/en-un-hecho-sin-precedentes-colombia-busca-darle-la-mano-a-mas-de-dos-millones-de-venezolanos. Fecha de publicación 8 de febrero de 2021.

Míguez Bonino, José. *Christians and Marxists: The Mutual Challenge to Revolution*. Grand Rapids: Eerdmans, 1976.

———. *Doing Theology in a Revolutionary Situation*. Confrontation Books. Philadelphia: Fortress, 1975.

Mitchell, Christopher. "The Process and Stages of Mediation: Two Sudanese Cases." En *Making War and Waging Peace: Foreign Intervention in Africa*, ed. David Smock. Washington D.C.: United States Institute of Peace, 1993.

Moltmann, Jürgen. *The Crucified God*. 40th Anniversary ed. Minneapolis: Fortress, 2015.

Moon, Zachary. *Lo que tu iglesia debe saber sobre el Daño Moral de la guerra*. https://bpfna-bautistasporlapaz.squarespace.com/ https://static1.squarespace.com/static/5c9a4a395 1f4d4d72672aa1a/t/5daa1e13211c951f7bdaffd5/1571429908794/Moral_stress_ monograph_es.pdf. Último acceso 10 de octubre de 2021.

Moreno, Pablo, ed. *La acción social de las iglesias evangélicas en Colombia*. Bogotá: CEDECOL, 2009.

Morrice, Linda. "Learning and Refugees: Recognizing the Darker Side of Transformative Learning." *Adult Education Quarterly* 63 (2012) 251–71. Doi: 10.1177/0741713612465467.

Mosquera Brand, Fernando Abilio y Isaura Espitia Zúñiga. *Misiología y antropología: un enfoque bíblico-filosófico*. Medellín: Publicaciones SBC, 2018.

Moster, David Z. "The Levite of Judges 19–21." *Journal of Biblical Literature* 134 (2015) 721–30.

Moya, Andrés. "Violence, Emotional Distress and Induced Changes in Risk Aversion among the Displaced Population in Colombia." *Working Paper* No. 105, Programa dinámicas territoriales rurales (2012). https://www.rimisp.org/wp-content/files_mf/1366287774N 1052012ChangesRiskAversionDisplacedPopulationColombiaMoya.pdf. Último acceso 11 de febrero de 2014.

Muñoz, Francisco. "La paz imperfecta." En *La paz imperfecta*, ed. Francisco Muñoz, 21–66. Granada: Universidad de Granada, 2001.

Myers, Bryant L. *Walking with the Poor: Principles and Practices of Transformational Development*. Maryknoll, NY: Orbis, 1999.

Myles, Robert. "Echoes of Displacement in Matthew's Genealogy of Jesus." *Colloquium* 45 (2013) 31–41.

Newell, Ted. "Worldviews in Collision." *Journal of Education & Christian Belief* 13 (2009) 141–42. Doi:10.1177/205699710901300206.

Niditch, Susan. *War in the Hebrew Bible: A Study in the Ethics of Violence*. Oxford: Oxford University Press, 1995.

O'Brien, Peter T. *Colossians and Philemon*. Word Biblical Commentary, vol. 44. Waco, TX: Word, 1982.

O'Connor, Kathleen M. *Lamentations and the Tears of the World*. Maryknoll. New York: Orbis, 2002.

OECD. *A Broken Social Elevator? How to Promote Social Mobility*. Paris: OECD, 2018. doi:https://doi.org/10.1787/9789264301085-en.

Office for the Coordination of Humanitarian Affairs (OCHA). *Humanitarian Needs Overview 2018—Colombia*. https://www.humanitarianresponse.info/en/operations/colombia/doc ument/humanitarian-needs-overview-colombia-2017. Último acceso 15 de julio de 2021.

Olson, Dennis T. "The Book of Judges." En *New Interpreter's Bible*, ed. Thomas G. Long et al. vol. 2. Nashville: Abingdon, 1998.

Padilla, C. René, ed. *Bases bíblicas de la misión: perspectivas latinoamericanas*. Buenos Aires: Kairós, 1998.

―――. "Pobreza y mayordomía." *Boletín teológico* 23 (1991) 93–101.

―――. "Ciencias sociales y compromiso cristiano." *Boletín teológico* 20 (1988) 247–51.

―――. *Economía humana y economía del Reino de Dios*. Buenos Aires: Kairos, 2002.

―――. "Economía y plenitud de vida." En *Economía humana y economía del Reino de Dios*. Buenos Aires: Kairos, 2002.

―――. "Globalization, Ecology and Poverty." En *Creation in Crisis: Christian Perspectives on Sustainability*, ed. Robert S. White, 175–91. London: SPCK, 2009.

―――. "Hacia una definición de la misión integral." En *El proyecto de Dios y las necesidades humanas*, eds. Tetsunao Yamamori y C. René Padilla, 19–33. Buenos Aires: Kairós, 2000.

―――. "Introduction: An Ecclesiology for Integral Mission." En *The Local Church, Agent of Transformation*, eds. Tetsunao Yamamori y C. René Padilla, 19–49. Buenos Aires: Kairós, 2004.

―――. "La trayectoria histórica de la misión integral." En *Justicia, misericordia y humildad: la misión integral y los pobres*, ed. Tim Chester, 55–80. Buenos Aires: Kairós, 2008.

―――. *Misión integral: ensayos sobre el Reino y la iglesia* Grand Rapids/Buenos Aires: Eerdmans/Nueva Creación, 1986.

―――, ed. *The New Face of Evangelicalism: An International Symposium on the Lausanne Covenant*. Downer's Grove: InterVarsity, 1976.

Padilla, Catalina F. de. "Los 'laicos' en la misión en el Nuevo Testamento." En *Bases bíblicas de la misión: perspectivas latinoamericanas*, ed. C. René Padilla, 405–35. Buenos Aires: Kairós, 1998.

Padilla DeBorst, Ruth Irene. "Integral Mission Formation in Abya Yala (Latin America) A Study of the *Centro de Estudios Teológicos Interdisciplinarios* (1982–2002) and *Radical Evangélicos*." Boston University, 2016.

Palacio, Jorge, Alfredo Correa, Margarita Díaz y Sandro Jiménez. "La búsqueda de la identidad social." *Investigación y Desarrollo* 11 (2003) 26–55.

Paredes, Rubén. "Fe cristiana, antropología y ciencias sociales." *Boletín teológico* 20 (1988) 215–30.

Parry, Robin. "Lamentations and the Poetic Politics of Prayer." *Tyndale Bulletin* 62 (2011) 65–88.

Pausigere, Peter. "Education and Training Initiatives at the Central Methodist Church Refugee House in Johannesburg." *Perspectives in Education* 31 (2013) 42–53. https://journals.ufs.ac.za/index.php/pie/article/view/1804.

Pazmiño, Robert W. "Jesus: The Master Teacher." En *Introducing Christian Education: Foundations for the Twenty-First Century*, ed. Michael J. Anthony, 111–16. Grand Rapids, MI: Baker Academic, 2001.

Perry, Bruce D. "Fear and Learning: Trauma-Related Factor in the Adult Education Process." En *New Directions for Adult and Continuing Education* 110 (2006) 21–27. Doi: 10.1002/ace.215.

Pew Research Center. *Religion in Latin America: Widespread Change in a Historically Catholic Region*. https://www.pewforum.org/2014/11/13/religion-in-latin-america. Fecha de publicación 13 de noviembre de 2014.

Pham, Xuan Huong Thi. *Mourning in the Ancient Near East and the Hebrew Bible*. Journal for the Study of the Old Testament, vol. 302. Sheffield, Inglaterra: Sheffield Academic, 1999.

Plantinga, Alvin. "The Free Will Defense." En *The Analytical Theist: An Alvin Plantinga Reader*, ed. James F. Sennett, 22–49. Grand Rapids: Eerdmans, 1998.

———. "Supralapsarianism, or 'O Felix Culpa'." En *Christian Faith and the Problem of Evil*, ed. Peter van Inwagen, 1–25. Grand Rapids: Eerdmans, 2004.

Plantinga, Cornelius, Jr. *Not the Way it's Supposed to Be: A Breviary of Sin*. Grand Rapids, MI: Eerdmans, 1995.

Presidencia de la República de Colombia. "El Estado no tiene capacidad para reparar a todas las víctimas de un día para otro." *Presidencia de la república*. http://wsp.presidencia.gov.co/Prensa/2014/Abril/Paginas/20140409_01–El-Estado-no-tiene-capacidad-para-reparar-a-todas-las-victimas-de-un-dia-para-otro-Presidente-Santos.aspx. Fecha de publicación el 9 de abril de 2014.

Pressler, Carolyn. *Joshua, Judges, and Ruth*. Louisville: Westminster John Knox, 2002.

Putnam, Robert D. *Bowling Alone: The Collapse and Revival of American Community*. New York: Simon & Schuster, 2000.

Puyana García, German. ¿Cómo somos? Los *Colombianos: reflexiones sobre nuestra idiosincrasia y cultura*. 2.a ed. Bogotá: Bhandar, 2002.

Quezada Plata, William Elvis y Jhon Janer Vega Rincón. "Religión, conflicto armado colombiano y resistencia: un análisis bibliográfico." *Anuario de historia regional y de las fronteras* 22 (2015) 125–55.

Rah, Soong-Chan. *Prophetic Lament: A Call for Justice in Troubled Times*. Downer's Grove, IL: InterVarsity Press, 2015.

Rambo, Shelly. *Spirit and Trauma: A Theology of Remaining*. Louisville, KY: Westminster John Knox, 2010.

Ramshaw, Elaine J. "Power and forgiveness in Matthew 18." *Word & World* 18 (1998) 397–404.

Rancière, Jacques. "Política, identificación y subjetivación." En *El reverso de la diferencia: identidad y política*, ed. Benjamín Arditi, 145–52. Caracas: Nueva Sociedad, 2000.

Refugee Studies Centre de Oxford Department of International Development. "Faith and responses to displacement." *Forced Migration Review* 48 (2014). https://www.fmreview.org/sites/fmr/files/FMRdownloads/en/faith.pdf.

Reis, Pamela Tamarkin. "The Levite's Concubine: New Light on a Dark Story." *Scandinavian Journal of the Old Testament* 20 (2006) 125–46.

Restrepo, Gabriel. "Seguir los pasos de Orlando Fals Borda: religión, música, mundos de la vida y carnaval." *Investigación y desarrollo* 24 (2016) 199–239.

Reyes, Luis Alberto. *El pensamiento indígena en América: los antiguos andinos, mayas y nahuas*. Buenos Aires: Biblos, 2008.

Rhee, Helen. *Loving the Poor, Saving the Rich: Wealth, Poverty, and Early Christian Formation*. Grand Rapids: Baker, 2012.

Richard, Pablo. "40 años de la teología de la liberación en América Latina y el Caribe (1962–2002)." Documentos *del ocote encendido* 25 (2003) 4–27.

Rivera Cusicanqui, Silvia. *Ch'ixinakax utxiwa: una reflexión sobre prácticas y discursos descolonizadores*. Buenos Aires: Tinta Limón; Retazos, 2010.

———. "El potencial epistemológico y teórico de la historia oral: de la lógica instrumental a la descolonización de la historia." En *Teoría crítica dos direitos humanos no século XXI*, ed. Alejandro Rosillo Martínez, 157–78. Porto Alegre: EDIPUCRS, 2008.

RNI- Red Nacional de Información. *Registro Único de Víctimas*. Fecha de corte: 01 de enero de 2020. https://cifras.unidadvictimas.gov.co/Home/General. Último acceso 05 de febrero de 2020.

Rojas Seguro, Duberney. *Torneos conciliadores de paz: una propuesta de desarrollo de capacidades en entornos de conflicto.* Medellín: Publicaciones SBC, 2018.

Rojas-Flores, Lisseth y Josie Hwang Koo. *Lideres de la iglesia y el trauma.* https://platformstore.fuller.edu/p roduct/lideres-de-la-iglesia-y-trauma?lang=es.

Rojas-Flores, Lisseth et al. *Líderes de las iglesias como agentes de sanidad después del trauma.* Medellín: Publicaciones SBC, 2018.

Rojas-Flores, Lisseth et al. *Concientización sobre el trauma y la recuperación para la comunidad cristiana: currículo para personas en situación de desplazamiento.* Medellín: Publicaciones SBC, 2018.

Sacipa, Stella, et al. "Understanding Peace through the Lens of Colombian Youth and Adults." *Peace and Conflict: Journal of Peace Psychology* 12 (2006) 157–74. doi: 10.1207/s15327949pac1202_4.

Salinas, J. Daniel. *Latin American Evangelical Theology in the 1970's: The Golden Decade.* Religion on the Americas. Leiden: Brill, 2009.

———. *Taking Up the Mantle: Latin American Evangelical Theology in the 20th Century.* Global Perspective. Carlisle, UK: Langham Global Library, 2017.

Samuels, Fiona, Rena Geibel y Fiona Perry. "Collaboration between Faith-Based Communities and Humanitarian Actors when Responding to HIV in Emergencies." *Overseas Development Institute-ODI Project Briefing* 41 (2010). https://cdn.odi.org/media/documents/5902.pdf. Último acceso 05 de julio de 2018.

Sánchez G., Gonzalo, Andrés Fernando Suárez y Tatiana Rincón. *La masacre de El Salado: esa guerra no era nuestra.* Bogotá: Ediciones Semana, 2009.

Sánchez Torres, Fabio, y Oriana Alvarez Vos. "La informalidad laboral y los costos laborales en Colombia 1984–2009: diagnóstico y propuestas de política." *Documentos CEDE* 009238 (2011).

Sanders, E. P. *Jesus and Judaism.* Londres: SCM, 1985.

Sanín, Francisco Gutiérrez, y Mauricio Barón. "Estado, control territorial paramilitar y orden político en Colombia." En *Nuestra guerra sin nombre: transformaciones del conflicto en Colombia*, ed. Francisco Gutiérrez Sanín, María Emma Willis O., y Gonzalo Sánchez G., 267–312. Bogotá: Norma, 2006.

Schley, Donald G. *Shiloh: A Biblical City in Tradition and History.* London: T&T Clark, 2009.

Schneider, Friedrich, y Dominik Enste. "Shadow Economies: Size, Causes and Consequences." *Journal of Economic Literature* 38 (2000) 77–114.

Schneider, Tammi J. *Judges.* Berit Olam. Collegeville, MN: Liturgical, 2000.

Schultz, James M. et al. "Internal Displacement in Colombia: Fifteen Distinguishing Features." *Disaster Health* 2 (2014) 13–24.

Schumpeter, Joseph A. *Capitalismo, socialismo y democracia.* Trad. de Atanasio Sánchez. Barcelona: Folio, 1946.

Serrano Pascual, Araceli, María Paz Martín y Carlos Pericacho de Castro. "Sociologizando la resiliencia; el papel de la participación socio-comunitaria y política en las estrategias de afrontamiento de la crisis." *Revista española de sociología* 28 (2019) 227–47.

Sharon, Diane M. *Patterns of Destiny: Narrative Structures of Foundation and Doom in the Hebrew Bible.* Winona Lake, IN: Eisenbrauns, 2002.

Sherman, Amy L. *The Soul of Development: Biblical Christianity and Economic Transformation in Guatemala.* Oxford: Oxford University Press, 1997.

Smelser, Neil J. "Psychological Trauma and Cultural Trauma." En *Cultural Trauma and Collective Identity*, eds. Jeffery C. Alexander, et al., 31–59. Berkeley: University of California Press, 2004.

Spangenberg, Izak. ""The Poor Will Always Be with You": Wealth and Poverty in a Wisdom Perspective." En *Plutocrats and Paupers: Wealth and Poverty in the Old Testament*, eds. H.L. Bosman, I.G.P. Gous y I.J.J. Spangenberg, 228–46. Pretoria, South Africa: J.L. van Schaik, 1991.

Stanley, Brian. *The Global Diffusion of Evangelicalism: The Age of Billy Graham and John Stott*. A History of Evangelicalism, vol. 5. Downer's Grove: IVP Academic, 2013.

———. *A World History of Christianity in the Twentieth Century*. Princeton History of Christianity. Princeton: Princeton University Press, 2018.

Stenschke, Christoph W. "Migration and Mission: According to the Book of Acts." *Missionalia* 44 (2016) 129–51.

Stott, John. *The Lausanne Covenant: Complete Text with Study Guide*. Didasko files. Peabody, MA: Hendrickson, 2009.

Strauss, Anselm y Juliet Corbin. *Basics of Qualitative Research: Techniques and Procedures for Developing Grounded Theory*. Thousand Oaks, CA: Sage, 1998.

Stringer, Ernest T. *Action Research*. 3.a ed. Los Angeles: Sage, 2007.

Surin, Kenneth. *Theology and the Problem of Evil*. Signposts in Theology. Oxford: Blackwell, 1986.

Swartz, David R. "Embodying the Global South: Internationalism and the American Evangelical Left." *Religions* 3 (2012) 887–901.

Sweeden, Joshua R. *The Church and Work: The Ecclesiological Grounding of Good Work*. Eugene, OR: Pickwick, 2014.

Swinburne, Richard. "An Irenaen Approach to Evil." En *Finding Ourselves After Darwin: Conversations on the Image of God, Original Sin, and the Problem of Evil*, eds. Stanley P. Rosenberg, et al., 280–92. Grand Rapids: Baker Academic, 2018.

———. *Providence and the Problem of Evil*. Oxford: Clarendon, 1998.

Tannehill, Robert C. *The Narrative Unity of Luke-Acts: A Literary Interpretation: Volume 2: The Acts of the Apostles*. Minneapolis: Fortress, 1994.

Tardillo, Doribeth. "The Role of the Christian Church in the Face of Internally Displaced Communities in Colombia." Tesis doctoral, Fuller Theological Seminary, 2019.

TeleSUR—JGN. "Minga social colombiana se declara en máxima alerta." *TelesurTV.net*. https://www.telesurtv.net/news/colombia-minga-social-declara-alerta-maxima-20190503-0003.html. Fecha de publicación 3 de mayo de 2019.

The Economist Group. "In Brief." *Economist Intelligence (EIU)*. Mayo de 2021. https://country.eiu.com/colombia. Último acceso 20 de mayo de 2021.

The National Intelligence Council. "Global Trends 2040: A More Contested World." *Office of the Director of National Intelligence*. https://www.dni.gov/index.php/gt2040-home/emerging-dynamics/state-dynamics. Último acceso 8 de abril de 2021.

Toews, Nathan y Pablo Stucky. *Una iglesia acogedora y sanadora. Capacidades claves para una comunidad de fe restauradora: testimonios y reflexiones bíblicas*. 2a ed. Bogotá: Coordinación Eclesial para la Acción Psicosocial (CEAS), 2017.

Tognato, Carlo. "Extending Trauma Across Cultural Divides: On Kidnapping and Solidarity in Colombia." En *Narrating Trauma: On the Impact of Collective Suffering*, eds. Ron Eyerman, Jeffery C. Alexander y Elizabeth Butler Breese, 191–212. The Yale Cultural Sociology Series. Boulder, CO: Paradigm, 2011.

Toniol, Rodrigo. "Espiritualidade que faz bem: pesquisas, políticas públicas e práticas clínicas pela promoção da espiritualidade como saúde." *Sociedad y religión* 25 (2015) 110-43.

Toren, Marten J. van den. "Towards Pentecostal Imaginaries and Practices of Peace: The Pentecostal Apparatus of Capture in Post-Conflict Córdoba, Colombia." MS tesis, Utrecht University, 2019.

Triandafyllidou, Anna. "National Identity and the 'Other.'" *Ethnic and Racial Studies* 21 (1998) 593-612.

Trible, Phyllis. *Texts of Terror: Literary-Feminist Readings of Biblical Narratives*. Overtures to Biblical Theology. Philadelphia: Fortress, 1984.

UNHCR- United Nations High Commissioner for Refugees. *Global Trends. Forced Displacement in 2020*. Copenhagen: UNHCR, 2021. https://www.unhcr.org/statistics/unhcrstats/60b638e37/global-trends-forced-displacement-2020.html. Último acceso 6 de junio de 2021.

Unidad para las Víctimas. "Registro único de víctimas." https://www.unidadvictimas.gov.co/es/registro-unico-de-victimas-ruv/37394. Último acceso el 31 de mayo de 2021.

Uribe Escobar, José D. "Informalidad laboral: ¿qué hemos aprendido y qué falta?" *Revista del Banco de la República* 89 (2016).

Un transitar de la indefensión a la resiliencia política. "videos." *Fe y Desplazamiento*, https://feydesplazamiento.org/videos/interaccion-con-el-sector-publico.

Valencia Arias, Alejandro. "De la Colombia rural a la alienación urbana." *Revista migraciones forzadas* 40 (2012) 12-13. http://hdl.handle.net/10045/25025.

Van Inwagen, Peter. "The Argument from Evil." En *Christian Faith and the Problem of Evil*, ed. Peter van Inwagen, 55-73. Grand Rapids: Eerdmans, 2004.

Van Leeuwen, Raymond C. "Wealth and Poverty: System and Contradiction in Proverbs." *Hebrew Studies* 33 (1992) 25-36.

Vélez Caro, Olga Consuelo. "El quehacer teológico y el método de investigación acción participativa: una reflexión metodológica." *Theologica Xaveriana* 67 (2017) 187-208.

Vella, Jane. *Learning to Listen, Learning to Teach*. San Francisco: Jossey-Bass, 2002.

Villadiego Ramos, Steban Andrés y Andrés Steban Villadiego Ramos. "Una apropiación misio-teológica de una estrategia de desarrollo comunitario para la movilización de laicos y PSD (personas en situación de desplazamiento) en ministerios a favor de las PSD." Fundación Universitaria Seminario Bíblico de Colombia, 2018.

Vitale, Vincent. "Non-Identity Theodicy." *Philosophia Christi* 19 (2017) 269-90.

———. "A Response of Grace." En *Why Suffering? Finding Meaning and Comfort When Life Doesn't Make Sense*, eds. Ravi Zacharias y Vincent Vitale, 59-80. New York: Faithwords, 2015.

Von Unger, Hella. "Partizipative Gesundheitsforschung: Wer partizipiert woran?" *Forum: Qualitative Sozialforschung* 13 (2012) 79 paragraphs.

Waddell Ekstrom, Laura. "Suffering as Religious Experience." En *Christian Faith and the Problem of Evil*, ed. Peter van Inwagen, 95-110. Grand Rapids: Eerdmans, 2004.

Walter, Maggie. "Participatory Action Research." En *Social Research Methods*, ed. Maggie Walter. Oxford: Oxford University Press, 2010.

Weber, Max. *Ensayos sobre sociología de la religión*. 3 vols, vol. 1 Trad. de J. Almaraz y J. Carabaña. Madrid: Taurus, 1984.

———. "La ética protestante y el espíritu del capitalismo." En *Obras selectas*. Buenos Aires: Distal, 2003.

———. *The Protestant Ethic and the Spirit of Capitalism*. Trad. de Talcott Parsons. New York: Charles Scribner's Sons, 1958.

Wenger, Etienne. *Communities of Practice: Learning, Meaning, and Identity*. Cambridge, U.K.: Cambridge University Press, 1998.

West, Gerald O. *Biblical Hermeneutics of Liberation: Modes of Reading the Bible in the South African Context*. Pietermaritzburg: Cluster Publications, 1991.

———. "Do Two Walk Together? Walking with the Other through Contextual Bible Study." *Anglican Theological Review* 93 (2011) 431–49.

———. "Locating 'Contextual Bible Study' within Biblical Liberation Hermeneutics and Intercultural Biblical Hermeneutics." *HTS Teologiese Studies/Theological Studies* 70 (2014) 1–10. https://doi.org/10.4102/hts.v70i1.2641.

———. "Reading the Bible with the Marginalized: The Value/s of Contextual Bible Reading." *Stellenbosch Theological Journal* 1 (2015) 235–61. https://doi.org/10.17570/stj.2015.v1n2.a11.

Whyte, William Foote. "Introduction." En *Participatory Action Research*, ed. William Foote Whyte, 1–14. London: Sage, 1991.

———, ed. *Participatory Action Research*. London: Sage, 1991.

Whyte, William Foote, Davydd J. Greenwood y Peter Lazes. "Participatory Action Research: Through Practice to Science in Social Research." En *Participatory Action Research*, ed. William Foote Whyte, 19–55. London: Sage, 1991.

Wiens, Arnoldo. "La misión cristiana en un contexto de corrupción." En *Bases bíblicas de la misión: perspectivas latinoamericanas*, ed. C. René Padilla, 437–64. Buenos Aires: Kairós, 1998.

Wit, Hans de, Louis Jonker, Marleen Kool y Daniel Schipani eds. *Through the Eyes of Another: Intercultural Reading of the Bible*. Elkhart: Institution of Mennonite Studies, 2004.

World Bank. *Doing Business 2016: Ease of Doing Business*. Washington, DC: World Bank, 2016.

Wong, Karina. *Colombia: A Case Study in the Role of the Affected State in Humanitarian Action*. Lóndres: Overseas Development Institute, 2008. https://cdn.odi.org/media/documents/3419.pdf.

Wong, Kenman L. y Scott B. Rae. *Business for the Common Good: A Christian Vision for the Marketplace*. Christian Worldview Integration Series. Downer's Grove: IVP Academic, 2011.

Yamada, Frank M. *Configurations of Rape in the Hebrew Bible: A Literary Analysis of Three Rape Narratives*. Studies in Biblical Literature, vol. 109. New York: Peter Lang, 2008.

Young, Brad H. *Meet the Rabbis: Rabbinic Thought and the Teachings of Jesus*. Peabody, MA: Hendrickson, 2007.

Young, Iris Marion. "Responsibility and Global Justice: A Social Connection Model." *Social Philosophy and Policy* 2 (2006) 102–30.

Zolli, Andrew, y Ann Marie Healy. *Resilience: Why Things Bounce Back*. Nueva York: Free Press, 2012.

www.ingramcontent.com/pod-product-compliance
Lightning Source LLC
Chambersburg PA
CBHW081145290426
44108CB00018B/2448